북한, 조선으로 다시 읽다

북한, 조선으로 다시 읽다

북녘에 실재하는 감춰진 사회의 심층분석

초판 1쇄 발행 2016년 4월 5일
초판 6쇄 발행 2021년 4월 5일

지은이 김병로
펴낸이 오세정
펴낸곳 서울대학교출판문화원

출판등록 제15-3호

주소 08826 서울 관악구 관악로 1
대표전화 02-880-5252 | 팩스 02-889-0785
도서주문 02-889-4424, 02-880-7995
이메일 snubook@snu.ac.kr
홈페이지 www.snupress.com

ISBN 978-89-521-1763-2 93340

*이 저서는 2010년 정부(교육과학기술부)의 재원으로 한국연구재단의 지원을 받아 수행된 연구임(NRF-2010-361-A00017).

북녘에 실재하는
감춰진 사회의 심층분석

북한, 조선으로 다시 읽다

김병로 지음

서울대학교출판문화원

Reading North Korea by *Chosun* Korea

In-depth Analysis of the Real North Korean Society

Philo Kim

Seoul National University Press

책을 펴내며

분단 · 광복 70년을 맞아 준비한 책이 출간되기도 전에 터져 나온 북한의 4차 핵실험과 '인공위성' 로켓 발사는 그야말로 충격 그 자체다. 설상가상으로 지난 10년 동안 가동되어 오던 개성공단마저 폐쇄되는 바람에 단행본 출간으로 홀가분하고 기뻐야 할 마음이 영 편치 않다. 미국의 전략무기가 한반도에 들어오고 사드(THAAD) 배치 문제로 중국과의 갈등까지 고조되어 이 위기가 어떻게 귀결될지 정말 불안하다. 예상치 못한 남북한의 행보에 당혹스럽기 그지없지만, 필자로서는 평화와 통일의 큰 기대감을 갖고 이 책을 준비하였다.

서울대학교로 직장을 옮긴 이후 여러 연구 프로젝트와 강의, 학술행사와 정책자문 등에 참여하다 보니 북한에 관한 제대로 된 책을 내지 못한 채 10여 년이 훌쩍 지나갔다. 여러 활동으로 분주한 탓도 있었지만 평화인문학 10년 프로젝트를 시작하면서 연구의 초점이 북한에서 통일과 평화 쪽으로 옮겨 간 원인이 컸다. 그 덕택에 평화학의 시각에서 북한을 다시 볼 수 있는 기회를 가질 수 있었던 것은 큰 보람이다. 이 책도 그러한 결과의 산물인 셈이다.

북한은 보편적 시각으로 이해하기가 참 어려운 나라다. 수백만 명이 굶주림과 죽음에 내몰려도, 직장에서 월급을 받지 못해도 민중봉기가 일어나지 않고 체제의 급격한 붕괴 조짐은 나타나지 않고 있다. 종합시장이 전국을 휩쓸고 있어도 중동의 재스민 혁명 같은 정치적 변화로 이어지지 않는다. 왜일까? 국가의 폭압적 통치 때문일까? 아니면 주민들의 낮은 의식 수준과 폐쇄성 때문일까? 북한을 이해하기 어려운 만큼 북한에 대한 평가 또한 극단적이다. 북한이 1~2년 내에 붕괴한다는 전문가들로부터 조기붕괴론을 일축하는 학자들까지 다양하다.

필자는 1991년 남북한 비교연구로 박사학위를 받은 이후 통일연구원에서 김일성 · 김정일 저작해제부터 북한의 주체사상, 인권, 체제와 계층, 문화, 종교에 이르기까지 다양한 분야를 깊이 천착했다. 북한관련 책과 논문 등을 100여 편 넘게 썼고 20여 회 가까이 평양과 청진, 남포, 봉산 등 북한의 여러 곳을 방문하여 관찰해 보기도 했다. 또 해외 학술세미나에서 북한학자들과 수차례 열띤 토론과 대화도 나누어 보았고 탈북자들의 체험담도 수없이 들어 보았다. 그러나 북한의 실체에 대한 목마름은 쉬 해결되지 않는 듯하다.

요즘처럼 북한관련 자료와 정보가 홍수처럼 쏟아지는 상황에서도 북한을 제대로 파악하기란 쉽지 않다. 표층적 변화와 심층구조를 판단하기가 어렵고, 이념적 지향과 경험적 사실을 구분하기도 여간 까다롭지 않다. 땅굴에 심취하고 수령제와 선군정치에 몰입하며 위험한 핵무기를 집요하게 붙들고 있는 북한의 고집스러운 행동을 하나의 렌즈로 포착할 수 있는 작업은 결코 쉬운 일이 아니다. 그럼에도 객관적으로 판단하고 과학적으로 분석하는 작업은 현실적으로 요구되는 시급한 과제다.

『북한, 조선으로 다시 읽다』는 그들의 세계로 들어가 북한을 '조선'으로 다시 독해하면서 그동안 잘 드러나지 않았던 북한사회의 진짜 모습을 보여 주고자 했다. 이를 위해 북한사회에 고착된 집단집착의 심리와 구조를 드러낼 수 있는 개념과 분석틀을 새롭게 구성했다. 지역자립체제와 전쟁피해 보상으로 형성된 계층구조, 종교화한 주체사상이라는 필자 나름의 개념을 원용했으며, 전쟁의 체험과 사회주의 경험, 민족과 전통가치, 분단체제와 고난의 행군 등 '조선'이 담고 있는 역사 · 문화적 유산들을 동원했다. 이러한 개념과 도구를 통해 자기충족적 '조선'사회가 어떻게 형성됐으며 그 폐쇄구조와 심성이 어떻게 강화 · 심화되고 있는가를 심층적으로 분석했다. 그렇게 형성된 '조선'의 구조와 심성이 평화의 미래로 나아가는 데는 얼마나 심각한 장애가 되는지, 현실 속에서 전쟁과 폭력이 초래하는 폐해가 얼마가 크고 심대한 것인지를 선명하게 보여 줄 것이다. 이 과정에서 단편적인 증언이나 정보에만 의존하지 않고 자료와 분석의 과학화 · 종합화를 통해 그 해답을 찾고자 했다.

북한이 위험한 핵전략을 지속하고 있는데다 36년 만에 제7차 당대회(2016.5.)를 개최하겠다고 선언한 터여서 관련 연구자뿐만 아니라 많은 일반인들도 북한의 현실분석과 미래전망에 대한 관심이 뜨겁다. 이런 시점에서 지난 30년의 연구경험을 바탕으로 북녘에 현존하는 '조선'사회를 가장 실감나게 보여 줄 수 있는 종합적 사회분석을 과감하게 시도해 보았다. 필자가 탐구한 사회학적 분석의 결정판인 만큼 북한이해와 연구에 크게 기여할 수 있기를 바란다.

이 책을 출간하기까지 많은 분들의 도움과 지원이 있었다. 편안한 연구 환경과 끊임없는 지적 자극으로 좋은 연구결과를 만들어 낼 수 있도록 지원과 격려를 아끼지 않은 서울대학교 통일평화연구원 박명규 원장님과 동료 교수 및 연구진에게 깊은 감사와 고마움을 드린다. 또 많은 분량의 원고를 처음부터 끝까지 꼼꼼히 다듬고 편집하느라 수고를 아끼지 않은 서울대학교출판문화원의 담당 편집자께도 깊은 감사를 드린다. 무엇보다 첫 연구생활을 시작했던 통일연구원의 여러 동료들에게 감사한 마음을 전한다. 사실 이 연구의 상당 부분은 통일연구원 근무시절 동료 연구원들의 토론과 조언으로부터 영감을 얻은 내용들이며 그분들의 도움이 없었다면 오늘날 이와 같은 연구는 불가능했을 것이다.

끝으로 필자를 위해 평생 기도해 오신 어머니와 아버지, 통일조국의 법조인과 학자가 되겠다고 준비하고 있는 딸 미진이와 아들 동진이, 그리고 언제나 삶의 에너지를 아낌없이 공급해 주는 아내에게 존경과 사랑과 고마움을 듬뿍 전하고 싶다. 그들은 존재만으로도 내게 큰 기쁨과 활력소가 된다. 북핵위기가 잔뜩 고조되어 있는 불안한 때이지만, 아무쪼록 분단 · 광복 70년을 맞아 준비한 이 책이 북한에 대한 이해와 남북 서로의 공감을 증진하여 한반도 통일을 준비하는 데 귀중한 밑거름이 되기를 소망한다.

2016년 2월 관악 연구실에서

김병로

차례

제2부 3대혁명과 '주체'사회체제 구축

제4부 사회주의 위기와 '강성국가' 전망

제12장 '강성국가'의 비전과 도전

제13장 김정은 정권의 안정성 분석

서장

북한, '조선'으로 다시 읽어야 하는 이유

1. 코리아 반도의 두 나라

한국과 조선

우리는 남북으로 분단된 한반도 땅을 남한과 북한이라는 말로 구분하여 부른다. 우리가 살고 있는 한반도 남쪽을 남한으로, 북쪽은 북한이라고 부르는 데 꽤 익숙하다. 하지만 우리나라 밖을 조금만 벗어나면 남한과 북한이라는 용어가 더는 통용되지 않는다. 중국, 일본, 러시아같이 한국어를 구사할 줄 아는 사회에서는 남한이라는 말 대신 '한국'을, 북한이라는 말 대신 '조선'이라는 호칭을 사용하는 것을 볼 수 있다.

북한은 국호를 '조선민주주의인민공화국'이라고 쓰기 때문에 공식명칭을 줄여서 보통 '조선'이라고 부른다. 따라서 북한은 남한이 '북한'이라고 부르는 것을 좋아하지 않는다. 1990년대 초반 이러한 호칭문제로 남북한 사람들의 접촉이 매우 불편했다. 남북회담에서는 이러한 불편을 피하기 위해 공식적으로 '남'과 '북'이라는 지리적 표현을 사용하기로 합의했다. 그러나 학술대회 같은 자리에서는 한반도와 조선반도를 어떻게 불러야 하는가 하는 문제로 대화가 매우 어려웠다. 남한이 한반도라 부르면 북한은 조선반도라 주장하고, 남한이 한민족이라 호명하면 북한은 한민족이 아니라 조선민족이라고 고집했다. 북한은 '한(韓)'이라는 명칭을 싫어하고 우리는 '조선(朝鮮)'이라는 호칭에 거부감을 갖기 때문이다. 오랜 논의 끝에 '코리아 반도'라는 영어표현을 쓰기로 했고, 한민족과 조선민족을 아울러 부를 때는 '우리 민족'으로 부르기로 합의했다. '코리아 반도'라는 영어명칭은 시간이 흐르면서 '한(조선)반도'의 병기 형태로 발전하여 오늘날 선호하는 방법이 됐다. 남북한이 서로 타협점을 찾은 것이다.

요사이에는 영어명칭이나 병기방식을 탈피하여 고려반도, 고려민족 등으로 '고려(高麗)'라는 이름을 사용하자는 주장도 대두되고 있으나 '고려'라는 말이 워낙 '고려연방제'라는 북한의 이미지로 각인되어 있어서 아직은 보편적으로 사용하지 못하고 있다. 북한이 '고려'라는 용어를 먼저 제안하고 선점했다는 점에서 '고려' 명칭을 사용하는 것이 퍽 부담스러운 듯하다. 우즈베키스탄 같은 구소련 연방에 거주하는 한인들을 고려인으로 부르고 있음을 생각하면 고려라는 용어가 괜찮을 듯싶지만 말이다. 한국과 조선의 공통점을 찾으려면 아무래도 고려까지 거슬러 올라가는 수밖에 없지 않을까?

'조선'을 북한이라고 부를 때 거기에는 다분히 한국적 시각이 반영되어 있다. 북한이란 한국의 북쪽이라는 의미를 함축하며 이때 '한'의 의미는 '대한민국(한국)'을 지칭한다. 이 때문에 북한은 한국, 남한, 북한과 같이 '한(韓)'이라는 말이 들어가는 용어를 인정하려 하지 않는다. 그것은 우리가 '남조선', 즉 조선의 남쪽으로 불리는 것을 싫어하는 것과 같은 이치일 것이다. 북한이 대한민국을 인정하려 하지 않는 것과 마찬가지로 한국은 북한을 '조선민주주의인민공화국'으로 인정하기를 거북스러워한다. 이념과 사상, 민족과 역사가 담겨 있는 조선과 한국은 좀 무겁고 거리감을 주는 것이 사실이다. 매일 아침 접하는 일간신문 '조선'과 '한국'은 전혀 그렇지 않은데 말이다.

조선과 한국에 대한 호칭은 삼국시대와 현대사를 두고 가장 치열하게 대립된다. 분단 이후 남한(한국)에서는 신라를 중심으로 역사를 해석해 왔다. 대한민국은 통일신라의 정통성을 이어받은 국가라는 점을 강조했고, 신라 중심의 역사해석을 강조하는 과정에서 신라의 정통성을 증명하는 삼한정통론 같은 역사해석을 부각했다. 그러나 북한은 고구려를 중심으로 역사를 해석한다. 즉 고구려를 역사상 가장 강대하고 주체적이었던 나라로 서술하는 반면, 백제와 신라는 철저히 계급적인 시각으로 서술한다. 특히 신라사는 외세에 의존한 반민족적인 역사로 간주한다. 이런 고구려 중심의 역사인식은 고구려 정통성의 근원이 되는 부여의 역사를 부각하는 한편, 통일신라보다 고구려 유민이 세운 발해를 중시하는 경향으로 이어졌다.

북한은 우리 민족이 고조선 이후 맥족(예맥족)과 한족으로 나뉘어 발전했다고 주장한다. 고조선의 주류인 맥(貊)족이 예(濊)족을 흡수하여 북쪽지방에서 부여를 건국하고 정통성이 고구려, 발해, 고려로 이어졌다고 본다. 한(韓)족은 서남쪽으로 내려와 진(辰)국을 건설하고 마한을 본거지로 하여 진한, 변한을 통치한 것으로 설명한다(사회과학원 력사연구소, 1991: 10-13, 129-134, 180-182; 손영종 · 박영해 · 김용간, 1991: 33-43). 고조선(古朝鮮)을 건국한 단군의 왕릉을 1994년 10월에 복원하면서 우리 민족의 시원이 '조선'에 있음을 상기시키고 조선의 정통성을 부각했다. 특히 단군의 네 아들, 즉 부루, 부우, 부소, 부여의 행적을 소개했는데 이는 북한이 단군의 역사화를 통해 민족과 국가의 정통성 경쟁에서 우위를 점유하려는 시도라 할 수 있다. 해방 이후에 남북한은 각각 신라와 고구려 역사를 강조함으로써 서로 자기 쪽이 우리 민족의 정통성을 이어오고 있다고 주장하고 있다. 좁디좁은 한반도 땅에 우리 민족이 북방계 민족과 남방계

민족으로 갈라지게 됐고, 역사도 북쪽 중심의 역사와 남쪽 위주의 역사로 분열되는 불행한 상황에 이르렀다.

북한은 없다

한반도의 남쪽과 북쪽에 실재하는 '한국'과 '조선'은 각자 자기편에서 편리하게 부르는 '남조선'과 '북한'과는 상당한 거리가 있다. 북한사람들에게 남조선은 미제로부터 해방되어야 할 식민지다. 그들의 눈에 비친 남조선 사회는 학생과 노동자들이 연일 반정부 시위를 일삼으며 미국과 그 앞잡이들이 무력으로 정권을 지켜 주지 않으면 당장이라도 붕괴하고 말 취약한 사회다. 그뿐 아니라 돈 때문에 아버지가 자식의 손가락을 칼로 자르고 보험금을 타기 위해 자기의 두 발목을 자르는 끔찍한 일이 벌어지는 곳으로 묘사된다. 미군이 물러가기만 하면 남조선 인민들은 김일성 주석, 김정일 장군, 아니 이제는 김정은 원수를 우러러 모시기 위해 쌍수를 들고 어버이 품으로 달려올 것으로 믿고 있다. 요즘도 『로동신문』에는 남한에서 북한을 흠모하여 여기저기서 모임과 집회가 열렸다고 보도하고 있으니 주민들이 그렇게 생각하는 것도 무리는 아닐 것이다.

그렇다면 남한사람들에게 비춰지고 있는 북한은 어떤가? 대학생들에게 "북한 하면 무엇이 떠오르는가?"를 질문하면 학생들은 여전히 '머리에 뿔 달린 괴물', 김일성 숭배, 극심한 식량난과 수백만의 기아사망자, 꽃제비, 인권유린 등 매우 부정적인 이미지를 쏟아 낸다. 한마디로 도저히 사람 살 곳이 못 되는 곳으로 여긴다. 그러한 부정적 이미지는 학교나 대중매체를 통해 자연스럽게 습득된 것이라 누구를 탓할 수도 없다. 그러다 보니 지리적으로 가장 가까이에 있으면서도 태평양 너머에 있는 미국보다 훨씬 멀리 있는 존재로 생각하는 것이 현실이다. 남한은 북한의 가장 취약한 부분을 '북한'으로 형상화하여 이 세상에서 가장 끔찍한 곳으로 만들어 버렸다. 자유가 없고 극도의 인권유린이 자행되며 먹을 것이 없어 수백만 명이 죽어 나가는 곳, 정말 사람 살 데가 못 되는 곳이 바로 북한이다. 지금은 김정은과 그 일당의 압제에 신음하고 있지만 김정은만 사라지면 온 주민이 자유의 품 대한민국으로 한걸음에 달려와 통일이 될 것 같은 그런 북한으로 생각하고 있는 것은 아닌가? 그러나 그런 북한은 이 지구상 어디에도 존재하지 않는 허상일 뿐이다.

그것은 북한사람들이 생각하는 '남조선'이 한반도 남쪽에 실재하는 '한국'과 전혀 다른 것과 마찬가지다. 북한이 그리는 '남조선'은 위에서 설명한 대로 부정적이며 끔찍한 곳이다. 최근 북한으로 다시 돌아가는 '재입북' 탈북자들은 한결같이 남한사회가 돈 없고 힘없는 사람에게 얼마나 가혹한가를 진지하게 설명하며 비판한다. 그들이 쏟아 내는 남한사회의 부정적이며 취약한 면들은 그들이 개인적으로 경험한 것이니 결코 거짓이 아닐 것이다. 그러나 문제는 남한사회의 극히 일부분을 마치 전체인 것처럼 설명함으로써 실체를 왜곡한다는 점이다. 어느 사회건 아픈 곳, 어두운 곳, 그늘진 곳이 있는가 하면 밝고 희망차고 활기 넘치는 곳이 있다. 남한사회에도 아프고 그늘진 곳이 있지만, 한강의 경제기적을 이루고 스포츠와 예술에서 세계적 한류를 창조하는 저력이 있기도 하다.

북한이 상상하는 '남조선'이 허구이듯, 남한이 생각하는 '북한'도 지구상에 존재하지 않는 허상이다. 남북한은 서로를 '북한'과 '남조선'으로 설정하고 사회의 가장 그늘지고 소외된 부분을 부각하여 온갖 원한과 미움과 분노를 거기에 투사했다. 문제는 그것이 과연 본질인가 하는 것이다. 그럼에도 남북한 사람들은 한반도에 실재하는 조선과 한국을 전혀 이해하려고 하지 않는다. 인류학자인 로이 그링커(Roy Grinker)는 남북한 사람들이 서로를 자기가 규정한 대로만 믿을 뿐, 현재 확연히 달라진 서로의 존재는 전혀 이해하려 들지 않는 현실을 신랄하게 비판한다(Grinker, 1998: 258-271). 자기들이 생각하는 '남조선'은 이렇다, '북한'은 이렇다고 규정하면서 그곳에 사는 사람들의 생각과 가치관의 변화에는 관심조차 없다는 것이다. 그는 이러한 고집불통의 현실을 들면서 한민족 동질성의 신화가 오히려 한반도 통일의 걸림돌이 되고 있다고 지적한다.

2. 전쟁이 낳은 집단 트라우마

전쟁: 조선과 한국 분단의 공고화

"국가는 전쟁을 일으키고 전쟁은 국가를 만든다"(States made war and war made the state)는 찰스 틸리(Charles Tilly)의 말처럼 전쟁은 실로 대단한 위력을 가지고 사회를 변화시킨다. 나라를 붕괴시키기도 하고 새로운 국가를 탄생시키기도 한다. 인류역사는 과거 지구상에 존재했던 수많은 나라들이 전쟁을 겪으면서 사라지고 생성했음을 보여 주고 있다. "전쟁은 모든 것의 아버지이며 모든 것의 왕이다."라는 고대 역사가 헤라클레이토스의 말은 전쟁이 인간사회를 변화시킴에 얼마나 결정적인 역할을 하는가를 절실히 인식한 표현일 것이다. 국가는 전쟁을 촉발시키지만 일어난 전쟁은 국가와 사회를 그대로 두지 않는다. 전쟁을 통해 사회는 재구성되며 질적인 변화를 겪는다. 이런 점에서 전쟁은 중대한 사회적 결과를 낳는다.

한국전쟁도 남북한 사회의 발전과정에 결정적인 영향을 미쳤다. 해방 이후 분단으로 남쪽과 북쪽에 각각 자본주의와 사회주의 이념을 추종하는 독자적인 정권이 세워졌고, 두 체제 간의 갈등과 경쟁 내지는 외적 불안은 전쟁이라는 전면대결로 치달았다. 남북한은 한국전쟁을 치르면서 주요 도시와 산업시설이 파괴되고 사망자와 부상자, 이산가족이 양산되는 엄청난 물적 · 인적 손실을 입었다. 특히 북쪽 조선은 남쪽 한국보다 더 심각한 인적 · 물적 피해를 입으면서 전쟁 이후 기존의 사회구조가 완전히 재편됐다. 전쟁이 끝난 지 60여 년이 지났지만 '조선'은 여전히 전쟁 트라우마에서 벗어나지 못하고 있을 뿐만 아니라 전쟁과 죽음의 공포, 두려움에 완전히 사로잡혀 있음을 본다. 전쟁과 폭력이 한 나라를 얼마나 집요하게 괴롭히고 있는가를 보여 준다. 이런 점에서 이 책은 전쟁과 폭력이 '조선'의 전시체제를 어떻게 형성하고 진화시켜 왔는가를 조명한다.

'조선'의 출발점은 바로 분단과 전쟁이었다. 미국과 소련에 의해 한반도가 분단되고 조선과 한국에 사회주의와 자본주의 체제가 이식됐다. 그러나 조선과 한국의 분단을 공고화한 것은 전쟁이었다. 조선과 한국은 전쟁 속에서 태어나고 전쟁위협 속에서 자라났다. 전쟁의 공포와 불안에서 벗어나기 위해 조선이 고안해 낸 방법이 바로 땅굴 파기였다. '미제'의 공격에서 살아남으려면 군수시설을 지하에 건설하고 지하대피소를 만들어 생명을 보호해야 한다는 의식이 생겨났다. 공장과 건물을 지하에 건설하는 일이 많은 비용이 드는 일임에도 조선은 지하화하는 작업이 오히려 경제적 비용이 적게 든다는 논리까지 펴가며 이를 추진했다. 지하갱도와 땅굴은 대남 통일전선 활동으로까지 확장됐고 김일성과 관련된 사적이나 유품을 보존하기 위한 방편으로도 활용됐다. 한국전쟁 이후 조선이 집착한 지하갱도와 땅굴 파기는 전쟁이 조선에 미친 충격이 얼마나 컸는지를 짐작게 한다. 필사적으로 땅굴을 파고 지하화하려는 '조선'의 집착은 집단자폐의 모습과도 같다. 자기 자신을 보호하기 위해 타자에게 마음을 열지 않는 자폐적 현상이 전쟁 이후 땅굴 파기와 고집스러운 주체사상으로 나타난 것이다. 한국전쟁의 충격으로 형성된 이 폐쇄적 전시사회체제는 오늘날까지 거의 그대로 유지되어 선군체제로 진화하고 있다. 이런 점에서 오늘날의 북한 선군체제는 전쟁과 폭력적 경험이라는 토양에 그 뿌리를 두고 있다.

전쟁 이후 북한이 구축한 체제는 단순히 자립(autarky)이나 폐쇄의 개념으로 설명하기에는 미흡하다. 자립이나 폐쇄보다 정치 · 경제 · 군사 ·

사회문화의 차원에서 자기 충족적 기능이 훨씬 강화되어 있기 때문이다. 전쟁 이후 땅굴과 산업시설의 지역분산에 대한 집착에서부터 핵무기 개발에 이르기까지 북한의 집요한 행태라든가, 외부세계와는 상관없이 자신이 구축한 세계 안에서 해석하고 반응하는 내부순환 기능이 잘 작동하고 있는 측면은 단순히 폐쇄라는 개념만으로 해석하기에는 부족하다. 북한은 자기 체제와 세계관 안에서 통합성과 정체성을 추구하는 자기 충족적 기능이 매우 강하다. 이런 점에서 '자폐성'이라는 개념을 적용하여 북한 사회체제를 조망해 보는 것도 의미 있을 것이다. 그러나 자폐라는 말이 워낙 자폐증이라는 개인의 정신의학적 개념으로 이해되고 있어서 국가나 사회 차원으로 확장·적용하는 데 무리가 따른다. 시어도어 뉴콤(Theodore Newcomb)이나 에리히 린드만(Erich Lindemann), 디터 젱하스(Dieter Senghaas)처럼 자폐(autism)라는 개념을 사회나 국가 차원에 적용한 연구가 없는 것은 아니지만(Senghaas, 1974: 59-103; 2013: 42-71), 아직 심도 있는 연구가 부족한 편이어서 오해를 불러일으킬 소지가 있다. 따라서 이 책에서는 자폐사회나 자폐국가라는 용어 대신에 뉴콤, 린드만, 젱하스가 사용한 자폐라는 개념에 유의하여 '자기 폐쇄적 사회' 혹은 '자폐성을 지닌 사회' 정도로 완화하여 사용한다.

자폐라는 말은 "심리적으로 자기 세계에 고립되어 외부와의 관계를 단절하는 정신 현상"을 지칭한다. 이 용어를 처음 사용한 사람은 스위스의 정신과 의사인 오이겐 블로일러(Eugen Bleuler)로 그는 현실에 근거하지 않고 감정에 집착하여 근거 없는 설명을 하는 사고방식의 한 유형으로 '자폐적 사고'(autistic thinking)를 개념화했다(Bleuler, 1927: 1-7; Senghaas, 1974: 59-103; 2013: 42). 어원으로 따져 보면 자폐는 '자아'(self)를 의미하는 그리스어 'autos'에서 따온 것으로 지나치게 위축되고 자신에게 편집적인 사람의 행동을 지칭하는 정신의학 용어로 사용된다. 즉 사회적 관계를 맺지 못하고 자기 세계에만 빠져 있는 정신분열 현상을 표현하는 용어다. 이후 한스 아스퍼거(Hans Asperger), 레오 카너(Leo Kanner), 브루노 베텔하임(Bruno Bettelheim) 등에 의해, 그리고 1980년대 이후 여러 과학적 연구가 진행되면서 "상호간의 사회적 소통에서 지속적 소통장애를 갖고 있으면서 제한되고 반복적인 행동패턴"을 보이는 자폐스펙트럼장애(autism spectrum disorder)의 넓은 범주로 이해되고 있다(하지현, 2015).

자폐에 관한 연구는 초기에 개인의 수준에서 연구됐다. 자폐의 원인에 대해서는 발달과 양육 과정에서 환경적 요인에 의해 발생한다는 주장과 생물학적 뇌질환이라는 주장이 맞서고 있다. 전자는 1950년대 이후 미국의 주류를 형성한 정신분석학의 영향으로 양육과정에서 아이를 따뜻하게 안아주거나 보살피지 않고 세심히 챙기지 않은 냉담한 엄마가 자폐증의 주원인이라고 설명한다. 아이와 애착을 제대로 형성하지 못하며 아이를 거부하는 냉담한 엄마 때문에 자폐가 형성된다는 주장이다. 그러나 과학적 연구가 진행되면서 자폐는 부당한 양육의 결과가 아니라 생물학적 뇌질환이라는 쪽이 설득력을 얻고 있는 추세다. 원인에 대한 설명은 각기 다르지만 자폐현상이 타인에 대한 반응의 결여와 소통 능력의 전반적 장애, 환경의 여러 측면에 대한 괴이한 반응 등 발달장애의 한 유형으로 간주된다는 점에서는 이견이 없다.

자폐의 특징 중 하나는 사회적 고립과 그에 따른 행동장애다. 외부세계와의 첫 접촉 과정에서 큰 충격을 받으면 자아의 해체와 상실에 대한 불안이 생길 수 있고 이러한 불안에서 벗어나기 위해 집착적인 행동을 하게 된다. 자신을 위협하는 외부 세계는 '무서운 초자아'로 다가오고 개인은 이 대상에 증오를 투사함으로써 불안을 달랜다. 자신의 운명이 악의에 찬 가해자들의 수중에 놓여 있다는 공포에 휩싸이게 되며 세계를 공격성의 근원으로 간주하여 주체는 자신을 보호하기 위한 선제공격에 나서게 된다. 그러나 그럴수록 두려움은 커지고 불안과 두려움이 과도해져서 외부세계는 공포의 대상으로 돌변하고 대상들은 적으로 변하며 개인은 외부세계의 적으로부터 박해위협을 받는 것으로 인식한다(클라인, 2011: 252). 두려움과 증오를 투사(投射)한 외부세계에 대해서는 분노와 공격적 성향을 보이는 동시에 '선한' 대상으로 내사(內射)한 내면세계에 대해서는 사랑과 도움의 욕구를 크게 증가시킨다(클라인, 2011: 303-329). 상대방에 대한 의심과 불신이 점차 깊어지고 자기 세계에 몰입하면서 자신의 세계 안에서 통합성과 질서를 추구하며 전일성과 정체성을 찾는다.

집단 트라우마와 자폐적 적대성

개인과 마찬가지로 사회와 집단도 극도의 스트레스를 받는 환경에서는 구성원 전체가 심대한 심리적 충격을 받아 정신적 외상(外傷)이라 불리는 트라우마(trauma)를 집단적으로 겪게 된다. 천재지변이나 전쟁, 신체적 폭행, 인질사건, 대형사고 등 사회적으로 발생한 사건으로 인해 개인은 물론 구성원 전체가 집단체험을 통해 정신적 외상이나 정신 장애를 남기는 충격을 받는다. 이러한 외상후장애증후군(post-traumatic syndrome)은 특정 사건과 상황을 직접 경험한 개인에게도 형성되지만 공포스러운 사건을 목격하거나 TV시청 등 간접적 체험으로도 형성된다. 사회적 트라우마 혹은 집단적 트라우마로 불리는 이러한 현상은 대개 사회의 다수 구성원이 집단적으로 사건을 경험함으로써 특정 지역 혹은 국가적 범주에서 집단적으로 두려움과 무기력, 분노를 야기한다(Yoder, 2005: 10-13). 전쟁과 학살, 천재지변 등의 참사를 체험하거나 목격하는 구성원들은 깊은 상실감을 느낌과 동시에 죽음에 대한 무서움과 불안 때문에 집착적 행동을 하게 된다. 학살과 재난을 겪으면서 한편으로는 보호본능과 생존의지가 발동하여 어떻게든 살아남아야 한다는 의식이 생겨나고, 다른 한편으로는 삶의 회의와 상실감, 분노의 감정이 심리적 · 정서적 장애를 형성한다. 타 집단을 배척하고 거부하는 집단심성이 형성되어 매우 폐쇄적인 사회의식이 지배하게 된다.

자폐에 관한 연구가 개인의 수준을 넘어 집단차원에 적용된 것은 뉴콤이 처음이 아닌가 싶다(Newcomb, 1947: 69-86). 뉴콤은 적대적 동기가 지속되어 완고한 태도로 굳어지는 사회심리적 조건에 관심을 가졌다. 그는 소통이 단절될수록 적대적 동기가 완화되지 않고 고착화된다는 사실을 증명하면서 자폐(autism)와 적대성(hostility)을 연결시킨다. 그가 말하는 '자폐적 적대성'(autistic hostility)이란 적대감을 지닌 개인이 갖고 있는 '자기중심성'(self-centeredness)을 지칭하는 현상으로 적대적 충동을 증폭하기 위해 자기보호(self-encapsulation)를 강화하는 행동을 말한다. 자기보호를 강화하게 하는 소통의 장애물로는 현시적 장애와 잠재적 장애가 있다. 현시적 장애는 정보 교환의 감소를 말하며 잠재적 장애는 특정한 의미를 잘 이해하지 못함을 지칭한다. 즉 어떤 정보의 의미가 그 집단에 제대로 전달되지 않거나 단절되면 그 의미를 해석하고 이해하기 위해 나름의 의미 있는 준거를 구축하게 되는데, 뉴콤은 이것을 '자폐적 소통구조'라고 불렀다. 이 자폐적 소통구조 안에서 자기중심성과 자폐적 적대성이 강화된다.

개인적 수준과는 달리 집단적 차원에서의 자폐적 적대성은 그것을 야기하는 직접적인 대상이 존재하지 않을 수도 있다. 확실한 경험이나 현실에 근거하지 않은 편견이 그러한 집단적 자폐와 적대성을 야기하기도 한다. 린드만은 적대감을 지닌 집단이 점차적으로 소통채널이 단절되어 적대적 관계가 악순환하는 상태를 '자폐적 적대성'으로 정의했다. 린드만은 '자폐'를 현실에 제대로 반응하지 않거나 소통의 단절을 지칭하는 것을 넘어 국제정치에서 종종 언급되는 희생양 이론(scapegoat theory)으로도 설명한다(Lindemann, 1966: 62-75). 즉 군비경쟁을 치열하게 벌이는 국제사회에서 억지정책(deterrence policy)의 결과로 희생된 국가들에서 자폐적 적대 현상이 전형적으로 생긴다는 것이다. 억지적 관계의 구조에서는 무역이나 관광 등 교류가 최소화되고 상대(적)의 작은 위협도 과장하여 대중에게 전달하며 내부지향적(inner-directed) 과정이 심도 있게 진행됨으로써 내부의 생각과 정책이 재생산되는 자폐적 환경이 조성된다.

아나톨 래퍼포트(Anatol Rapoport)는 그것을 잠금효과(lock-in effect)라고 부른다(Rapoport and Chammah, 1965: 63-66). 스스로 외부와 단절하고 내부논리를 강화함으로써 자기세계에 스스로 갇혀 버린다는 의미다. 데이비드 싱어(David Singer)나 칼 도이치(Karl Deutsch)는 이러한 현상을 국제적 위기나 갈등에서 양쪽이 자기 입장을 긍정적으로 강화하는 환류효과로 설명한다(Senghaas, 1974: 75, 100). 잠금효과나 긍정환류효과 모두 국가행위자 간에 진지한 소통의 기회가 점차 줄어들고 자기 내부의 논리가 점점 강화되어 결국에는 상호간에 선전전만이 난무하는 적대적 관계로 빠져드는 억지정책의 현실을 정확히 지적했다. 국가적 수준에서 적대적 행위자의 행동과 수용자의 반응이 긴밀하게 연결되어 상승작용을 일으키는 현상은 군비경쟁 모델에서 전형적으로 확인된다. 군비경쟁 모델에 의하면 상대의 위협을 인지하고 군비를 증강하는 행동은 외부의 실제 위협에 의한 것보다 일방이 독자적으로 생성한 위협인식에 의해, 때로는 일방적 요소에 의해 관성적으로 진행되는 것이 일반적이다(Senghaas, 1974: 76; 2013: 47). 군비경쟁의 초기에는 실제적인 갈등이슈나 이해관계가 행동촉발의 결정적인 요인으로 작용하지만, 갈등이 지속되고 적대적 이미지가 강렬해지면서 군비경쟁도 자기확장적 형태로 발전한다. 그렇게 되면 군비강화는 실제적 위협과 상관없이 자기 논리에 의해 영속화하는 자폐적 구조에서 진행된다.

디터 젱하스(Dieter Senghaas)는 억지정책에서 발견되는 이러한 자폐모델의 특성을 다섯 가지로 설명한다. 첫째, 분석적 측면에서 볼 때 자폐는 현실인식에 대한 잘못된 학습의 결과에서 비롯한다. 실제적이고 있을 법한 갈등으로 현실을 인식하는 것이 아니라 생각할 수 있는 모든 갈등을 현실인 것으로 착각한다. 둘째, 현실과의 접촉점이 단절된 환경에 놓여 있다. 즉 현실적 문제를 논의할 소통공간이 부재하다는 것이다. 셋째, 자기 정책이 성공적이고 긍정적 효과가 있다는 확신을 가짐으로써 악순환에 빠져든다. 특히 자기 정책이 잘못된 것이라 하더라도 증명할 방법이 없기 때문에 무조건 정당한 것으로 확신하게 된다. 넷째, 폐쇄체제일수록 적대대상을 고정하거나 교체하는 것이 더 수월하다. 적대국으로 상정할 수 있는 나라는 소수이지만 적대대상은 쉽게 교체할 수 있다. 다섯째, 적대적 국가행위자 간의 결정적 정책 변화는 그들 사이에 협상이 가능하다고 생각하는 한 거의 불가능하며, 군비를 해체하고 정치와 경제, 과학 등 사회 여러 분야에 스며들어 있는 군조직과 기구를 해체할 때 일어날 가능성이 높다(Senghaas, 1974: 77-78; 2013: 49-50).

이러한 특징에서 보이듯 자폐는 잘못된 현실지각에서 비롯한다. 한 국가의 현실지각(reality-testing) 능력은 지리적 조건이나 역사, 사회구조에 의해 형성되며, 따라서 일반적으로 한 국가의 정보수집 능력이나 판단 능력은 한계가 있다. 특히 자폐적 적대구조에 놓인 국가는 현실인식을 자기중심적으로 하기 때문에 자폐적 행동징후를 보인다(Senghaas, 1974: 82; 2013: 55). 개인에게 자아(Ego)는 본능적 충동(Id)과 객관적 환경(Super Ego) 사이에서 중재 역할을 하듯, 국가도 마찬가지다. 마치 컴퓨터의 자동제어센터처럼 자아는 개인의 보존과 생존을 담보한다. 그런데 여기서 자아의 기능이 손상되면 자기통제력을 잃어버리고 자기조정 능력을 상실하여 본능적 충동(Id)에 의존하게 된다. 그 결과 공격성이 분출한다. 현실 판단 능력이 제대로 갖추어지지 않은 상태에서 현실과의 접촉점이 사라지고 자기절제 능력까지 약화되면 국가는 상대의 행동을 공격으로 해석하고 적대성을 드러내며 폭력적으로 대응하게 된다. 이처럼 자폐적 적대구조는 한 국가의 자기인식과 자기평가, 즉 현실지각의 오류에서 시작되어 점차 악순환으로 굳어져 간다.

'조선'의 폐쇄적 사회체제 형성과 진화

'조선'은 체제 초기에 외부와 접촉하는 과정에서 전쟁이라는 엄청난 충격을 경험했다. 워낙 사회주의 체제가 자본주의로부터 군사적 위협을 당하는 환경에서 태동함으로써 '피포위의식'(siege mentality)이 강하다는 사실은 여러 연구를 통해 알려져 있다(Kornai, 1992: 339-341). 제국주의의 침략과 약탈적 속성 때문에 제3세계는 발전할 수 없고 폐쇄 혹은 자급자족(autarky)이 발전의 유일한 대안으로 주장되기도 했다(Frank, 1981; Amin et al., 1982). '조선'은 원대한 통일비전을 품고 처음으로 기도한 군사적 모험에서 처절한 패배를 당함으로써 외부 현실에 대한 원초적 경험이 매우 혹독했고 그 결과 자폐적 적대성이 형성되었다. 이 원초적 지각은 피부표면에 닿는 감각을 통해 자기 존재의 경계를 경험하고 이것을 통해 응집적 존재로서의 자기 정체성을 갖게 된다. 전쟁의 혹독함을 겪은 조선은 다시는 전쟁에 패하지 않기 위해 전시대비 사회체제를 발전시켰다.

아래의 〈그림 1〉은 '조선'사회를 지탱하는 중추적 구조가 바로 전쟁의 공포와 두려움임을 보여 준다. 즉 유사시를 대비한 국가발전전략으로 지역자립체제가 정착됐고, 전쟁피해 정도에 따른 계층구조, 그리고 주체사상에 입각한 조직생활이 '조선'의 사회구조로 자리 잡았다. '조선'사회를 구성하는 물적 토대가 가장 가시적으로 나타나는 부분이 지역자립체제이며, 그다음으로 드러나는 부분이 전쟁피해 정도에 따라 형성된 계층구조다. 그리고 눈에 잘 보이지 않지만 눈여겨보아야 할 부분이 바로 주체사상의 가치관과 그에 기초한 조직생활이다. 다분히 폐쇄적이며 종종 자폐적 특성으로 발현되는 요소다. 전쟁의 충격으로 조선 지도부와 주민들에게 깊은 상처와 정신적 외상이 남아 있다는 증거다. 전쟁 트라우마가 낳은 '조선'사회의 폐쇄적 심층구조라 할 수 있다.

이러한 폐쇄적 사회구조는 정치, 경제, 교육, 문화 등 사회 전반으로 확산됐다. 전쟁은 권위주의적 정치세력의 싹을 틔우는 사회적 토양을

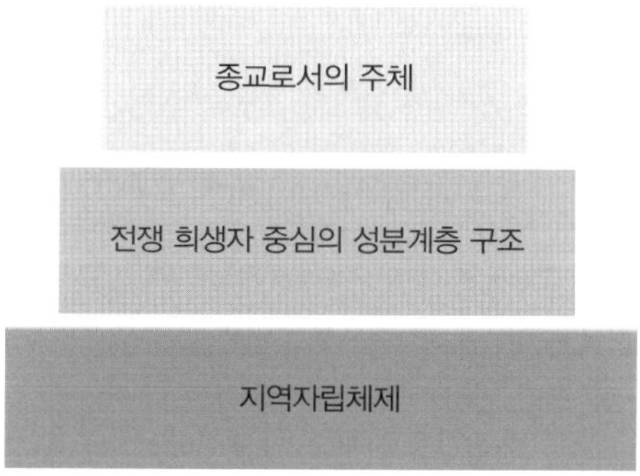

〈그림 1〉 '조선'의 폐쇄적 전시사회체제의 구조

제공했고, 특히 '조선'에는 수령론이라는 유일지배체제가 뿌리내렸다. 전쟁의 상처로 생긴 적대적 이데올로기는 권위주의적 정권의 대결정책으로 남북한의 대립과 갈등을 강화시켰으며, 군사 대결적 바탕 위에 3대혁명을 필두로 한 조선의 군사중심적 사회체제가 자리를 잡았다. 정치-경제-사회-군사 영역에서 국가발전전략이 수립된 이후 주체 이데올로기가 정치, 경제, 사회, 문화 영역에 확장됨으로써 수령의 유일적 영도체계, 주체 발전전략, 집단주의와 교육철학, 민족전통과 실용성을 융합한 문화 등 조선 특유의 사회체제가 구축된 것이다. 사회주의권 붕괴로 이러한 폐쇄적 사회는 더 고립되고 단절되어 갔다.

이러한 조선의 사회체제(societal system)는 문화적 가치가 지배하는 서구형 사회분석 틀로는 적절히 분석할 수 없다. 사회체제를 분석할 때 정치-경제-사회-문화(문화형 사회체제)의 4각 틀로 분석하는 이론은 문화적 가치가 지배하는 서구 선진국 사회에 적합하다. 그러나 물리적 통제와 군사력이 사회와 문화를 압도하는 저개발국이나 사회주의체제 분석에는 정치-경제-문화-군사(군사형 사회체제)의 4각 분석틀이 더 적합하다.[1] 특

1 이러한 군사중심의 발전모형은 사회주의국가와 제3세계에서 보편적으로 발견되는 특징이

경제 (A)	정치 (G)
문화 (L)	사회 (I)

〈그림 2〉 문화형 사회체제 분석틀

사회문화 (주체)	정치 (자주)
경제 (자립)	군사 (자위)

〈그림 3〉 군사형 사회체제 분석틀

히 지난 70년 동안 '조선'이 추구해 온 정책노선은 군사형 사회체제 분석틀과 완전히 일치한다. 북한은 1967년 국가정책의 기조를 주체사상, 자주외교, 자립경제, 자위국방의 네 원칙으로 천명했는데, 이는 군사형 사회체제 분석틀에 정확히 들어맞는다. 북한이 김정일 정권 이후 '선군정치'를 공식적인 국가정책으로 내걸었던 것도 군사형 사회체제를 실감하게 하는 부분이다.

이렇게 구축된 북한의 폐쇄적 사회체제는 '고난의 행군'이라는 대참사를 겪으며 위기와 충격에 빠져든다. 극심한 식량난과 대규모 기아사태, 이를 극복하기 위한 전격적인 시장화의 실험, 그로 인한 계층질서의 균열과 탈북 · 인권 · 종교 등 사회이완과 해체 현상이 발생하는 최대의 위기를 맞는다. 한국전쟁 이후 최대의 위기를 맞아 유엔(UN)과 국제사회에 도움의 손길을 내밀며 다가갔다. 유엔과 한국으로부터 많은 지원을 받았

다(Horowitz, 1985: 79-99).

고 가까스로 생존을 유지했다. 그러나 심각한 도전이 다시 밖으로부터 다가왔다. 야심차게 준비한 북한의 개혁 · 개방이 중국과 미국의 반대로 제동이 걸린 것이다. 특히 북한은 미국의 두 번째 핵문제 제기에 완전히 좌절하고 만다. 그 좌절과 분노는 결국 핵무기를 만드는 집착으로 발전하여 위험한 핵무기 개발에 성공했다. "평화를 위해 절대로 구걸은 하지 않는다. 총창 위에 평화가 있다"며 외부의 어떠한 위협에도 굴복하지 않겠다는 의지를 과시하고 있다. '조선'을 이해해 주지 않는 외부세계에 분노하며 폭력적 발언을 쏟아 내고 있다. 자신을 제외한 외부의 모든 세계를 배척하고 거부하는 자폐적 적대성이 강화되고 있는 모습이다.

이와 같은 자폐적 적대성 현상은 과거 한국 역사에서도 발견된다. 조선왕조 말기 흥선대원군은 극도의 폐쇄적인 외교정책을 추구했다. 고려와 달리 조선왕조는 건국 초기부터 쇄국정책을 고수하여 중국과 일본 두 나라와 폐쇄적인 사대교린관계만 유지해 오다가, 19세기 말 구미 자본주의 나라들의 개방 요구에 완강한 쇄국정책으로 대응했다. 대원군은 위정척사 사상에 의거하여 청나라와의 사대적 외교관계 이외의 모든 대외관계를 차단했다. 대원군은 당시 일본의 도쿠가와 막부(德川幕府)를 무너뜨리고 새롭게 정권을 장악한 메이지 정부(明治政府)도 서양 오랑캐와 같은 무리로 인정하고, 종래 두 나라 사이에 있었던 전통적인 교린관계마저 거부해 버렸다. 그는 1866년(고종 3)에 천주교에 대한 탄압과 당시 우리나라에 잠입한 프랑스 선교사를 처형한 사건으로 프랑스와 전쟁을 했고, 1871년에는 제너럴 셔먼 호(General Sherman號) 사건을 계기로 미국과도 전쟁을 벌였다. "서양 오랑캐의 침입에 맞서서 싸우지 않는 것은 화평하자는 것이며, 싸우지 않고 화평을 주장하는 자는 매국노다(洋夷侵犯非戰則和, 主和賣國)."라는 글을 새긴 척화비를 전국 각지에 세우고, 단호한 쇄국정책을 천명했다.

조선왕조의 역사에 깊이 뿌리내리고 있는 이러한 쇄국정책은 자폐적 적대성을 지닌 북한의 폐쇄주의가 역사 · 문화적으로 특이한 현상은 아니라는 점을 보여 준다. 사회주의 체제가 워낙 자본주의 혹은 제국주의의 군사적 압박 속에서 태동하여 비개방적 속성을 지니고 있기도 하지만, 쇄국정책을 오랫동안 추구해 온 조선왕조의 역사 · 문화적 환경에서 보면 이 또한 낯설지가 않다. 이러한 역사 · 문화적 환경에서 한국전쟁은 미국에 대한 북한의 공포와 불안을 자극하여 미국과 서방에 대한 불신을 더 키우고 극단적인 폐쇄정책과 고립정책을 추구하게 하는 계기를 제공했다.

북한사람들은 종종 세계가 자기를 알아주지 않는 것에 큰 좌절감을 드러내곤 한다. 자기의 순수함과 진정성을 외부세계가 알아주지 않는 데 대한 분노, 좌절감이 있다. 유엔에서 회의장을 박차고 나간다거나, 각종 대외 · 대남 선언에서 격렬한 언어를 동원하여 비난하는 행동은 자기의 진정성을 제대로 이해해 주지 않는 외부세계에 대한 심각한 적대감의 표출인 것이다. 한국전쟁을 경험한 지 60년이 넘었지만 조선은 전쟁피해 상황을 줄줄 외우며 아직도 전쟁의 참상을 생생하게 기억하고 있다. 필자는 2002년 12월 조선이 핵문제로 미국과 치열한 대결을 막 시작하던 때 평양을 방문했던 적이 있다. 당시 접했던 평양주민은 전쟁터를 방불케 할 정도로 한국전쟁의 기억을 생생하게 회상하며 미국에 대한 격렬한 성토를 이어갔다. '조국해방전쟁' 시기에 평양에 포탄이 42만 몇천 발이 떨어졌는데 이것이 당시 평양시민 한 사람당 1.25발에 해당한다며 '미제'의 만행을 폭로했다. 당시 7.1경제개혁으로 기대감에 잔뜩 부풀었던 조선은 그해 10월 미국의 핵문제 제기로 완전히 좌절하고 만다. '조선'의 분노와 좌절은 핵개발 집착을 강화했고 결국 그로부터 4년 만에 핵무기를 만들고야 말았다.

군대를 앞세우는 북한의 선군체제는 이러한 역사 · 문화적 맥락에서 작동되고 있다. 전쟁을 겪고 막대한 피해를 당하면서 자기보호 본능이 발동하여 군사적 보호 기제들을 구축해 나갔다. 군비증강을 멈출 수 없는 것은 그렇게 하는 것만이 자신을 지킬 수 있는 유일한 방법이라 여겼기 때문이다. 남한과 비슷한 시기에 북한에도 군사정부가 들어섰고 군시체제가 발전한 것도 전쟁의 처절한 경험이 작동했을 것임은 두말할 나위가 없다. 남한에서는 다행히 군부통치가 종식되고 민주화가 됐으나, 북한은 군부통치를 더욱 강화하는 체제로 발전했다. 이 선군체제는 결국 자기를 방어하는 체제로 핵무기에 집착하게 되는 필연적 결과를 낳는다. 이런 맥락에서 보면 왜 북한의 선군체제가 민주체제로 변화되지 않고 아직까지 지속되고 있는지 조금은 이해할 수 있다.

스스로를 고슴도치로 비유하며 바짝 웅크린 '조선', 바깥세상에 마음을 열지 못하는 '조선'의 이러한 심정을 이해하기가 참으로 쉽지 않다. 전쟁과 폭력이 사람의 마음에 얼마나 큰 상처를 남기고 피폐하게 했는가를 들여다보지 않으면 결코 이해하기가 어렵다. 굶주림과 빈곤 속에서 땅굴을 파고 핵무기를 개발하는 생존열망은 전쟁 트라우마가 낳은 자폐적 집착으로 이어져 조선을 전 세계에서 찾아보기 힘든 폐쇄국가로 전락시키고 말았다. 땅굴과 핵무기, 수령제와 선군정치 등은 전쟁과 폭력으로 형성된 불안한 심리상태가 한 나라를 얼마나 집요하게 괴롭히고 있는가를 또렷이 보여 준다.

3. '다시 읽기'의 의미

이 책의 목적은 한반도 북녘에 실재하는 '조선'을 심층적으로 분석하는 것이다. 즉 남한의 일방적 기대나 편견이 덧씌워진 '북한'이 아니라 휴전선 너머에 실제로 존재하는 '조선'을 가감 없이 읽어 내는 작업이다. 타성화된 '북한' 이해로부터 탈피하여 북녘에 실재하는 '조선'의 시각으로 북한사회의 형성과 변화를 살펴보려는 것이다.[2] 남한이 원하는 바(wishful thinking)로서의 북한이 아니라 있는 그대로(as it is)의 북한을 이해해 보고자 한다.

강화된 국가성

그렇다면 북한을 '조선'으로 다시 읽는다는 것은 구체적으로 무엇을 의미하는가? 그것은 첫째로, 북한을 하나의 국가적 실체로 인정하며 접근해야 함을 의미한다. 남한의 많은 사람들은 북한을 더 이상 '우리나라'라는 범주에 포함시키려 하지 않는다. 언제부터인가 남한사람들은 자신들만을 '우리'로 부르며 북한을 울타리 밖으로 내몰았다. 대한민국만이 한반도에 유일한 합법정부라고 인정하며 살고 있다. 2014년 한국인을 대상으로 한 통일의식조사에서 "북한도 하나의 국가다"에 52.8%가 공감했다. 이것은 북한의 국가적 실체를 인정하는 사람들이 국민의 절반이 된다는 의미다. "북한도 하나의 국가다"라는 말 속에는 북한도 이제는 국제적으로나, 남북관계에서 국가적 실체로 인정해야 할 만큼 모든 면에서 국가의 성격을 갖추었다는 의미가 담겨 있을 것이다. 그러나 그 말을 뒤집어 보면 그들도 하나의 국가적 실체를 구성했으니 '우리'와는 다른 나라가 됐다고 보는 것이다. 북한은 이제 '우리나라'가 아니라는 의미가 포함되어 있다. 최근에 이를수록 북한을 '우리나라'에 품으려는 사람보다는 '다른 나라'로 간주하여 울타리 밖으로 밀어내는 사람이 늘고 있다.

대한민국만을 유일한 '우리나라'라고 생각하며 사는 사람들에게 한반도에 두 개의 코리아, 두 개의 우리나라가 존재한다는 말이 다소 생뚱맞게 들릴지 모른다. 마치 외동으로 자란 아이가 성인이 된 어느날 자기

2 모든 곳에서 '북한'을 '조선'으로 호명하지는 않을 것이며, 한국과 대비하여 사용하거나 필자의 의도를 드러내고자 하는 곳에서만 '조선'으로 표기할 것이다. '남한'과 대비하여 사용하거나 그 외의 경우에는 기존 '북한'의 호칭을 그대로 사용한다.

에게 친형제자매가 있다는 소식을 접했을 때의 충격과도 같을 것이다. DNA검사라도 해보기 전에는 좀처럼 믿기 어려운 일이다. 분단의 기억이 없는 젊은 세대에게는 특히나 북한을 '우리나라'와 연관짓는 것이 피부에 와닿지 않는다. 대한민국을 한반도의 유일한 합법정부라고 믿고 살아온 기성세대도 그러한 주장이 어색하기는 마찬가지다. 대한민국 헌법 제3조는 "대한민국의 영토는 한반도와 그 부속도서로 한다."라고 되어 있는데 이것을 문자 그대로 해석하면 휴전선 이북에 존재하는 '북한'은 국가보안법에서 규정한 대로 대한민국의 일부지역을 불법적으로 점유하고 있는 '반국가단체'가 된다. 한반도 북쪽에 실재하는 북한은 한반도에서 설 자리를 잃게 된다.

남북한은 1991년 12월 24일 합의한 「남북기본합의서」에 양자의 관계를 "나라와 나라 사이의 관계가 아닌 통일을 지향하는 과정에서 잠정적으로 형성되는 특수관계"라고 간주하고 "남과 북은 서로 상대방의 체제를 인정하고 존중한다"(제1조)고 약속했다. 어렴풋이나마 남북한은 서로가 같은 역사적 뿌리에서 태동했고 하나의 통일된 나라가 되어야 함을 의식하고 있는 것이다. 대한민국만을 유일한 '우리나라'로 알고 있던 사람에게는 '북한'이 또 하나의 '나라', 또 하나의 코리아라는 사실이 혼란스럽고 당혹스러울 것이다.

그러나 이제는 남한과 북한이 아니라 한국과 조선이라는 두 나라가 실재한다고 인식할 필요가 있다. 조선으로 북한을 읽지 않으면 관계개선이나 통일도 불가능하다. 통일을 하려면 통일국가의 이름이 있어야 하는데 한국과 조선을 아우를 수 있는 호칭조차 공감하지 못하고 있는 상황이다. 한국과 조선을 아울러 부를 때는 '코리아'라는 영어명칭을 사용할 수밖에 없는데, '조선'으로 북한을 접근하면 이전에 갖지 못했던 상상력과 창의력을 키울 수 있는 장점이 있다. 조선에는 한국과는 전혀 다른 국가의식뿐만 아니라 민족의식과 역사의식, 정서가 담겨 있기 때문이다. 이런 측면에서 북한을 조선으로 읽도록 독자의 눈을 열어 준다는 점은 이 책의 가장 독창적인 부분이라 할 수 있다. '조선으로 북한읽기'라는 제목을 표제로 삼은 것도 바로 이런 이유 때문이다.

과학적 · 경험적 분석

둘째로, '조선'으로 북한을 읽는다는 말은 북한을 객관적이고 과학적으로 분석하고 평가해야 한다는 의미를 담고 있다. 우리에게 '북한'이라는 이미지는 너무 부정적이며 두려운 존재로 각인되어 있어서 실재하는 북한을 편안하게 이해하기가 어렵다. 관행화되고 타자화되어 있어, 있는 그대로의 실체를 분석하기가 쉽지 않다. 남한은 남한 국민이 스스로 생각하고 일체화하는 '대한민국'이라는 역사와 정체성이 있듯이, 북한도 그들 스스로 정체감을 갖는 '조선'의 역사와 정체성이 있게 마련이다. 한반도에 건설된 남북한의 실체를 객관적으로 이해하려면 북한이 색깔을 입혀 놓은 '남조선'이 아닌 실재하는 '대한민국'을 더 깊이 알아야 하듯, 우리도 편견이 덧씌워진 '북한'이 아닌 있는 그대로의 '조선'을 더 가까이 알아 가야 한다. 북한은 우리에게 이해할 수 없는 대상이며 비이성적 행동을 하는 호전적인 존재로 비치고 있지만, 조선으로 들어가 보면 역사와 전통과 문화적 환경 속에서 나름대로 합리적인 행동 원칙이 그 안에 존재함을 발견하게 된다. 그리고 그 안에는 밖에서 보이지 않는 깊은 좌절과 분노, 한국전쟁의 엄청난 피해와 충격으로 자폐적 특질이 형성되어 있음도 보게 된다.

있는 그대로의 북한을 알아가는 전형적인 방법이 소위 '내재적 접근법'일 것이다. 동유럽 사회주의권이 붕괴되고 냉전이 종식되던 때 우리 사회 안에 '북한바로알기' 운동이 뜨겁게 전개됐다. 냉전시기 '머리에 뿔 달린 괴물'로 인식됐던 북한의 문이 열리고 남북간 교류와 왕래가 시작되면서 반공주의 이데올로기 시각이 아니라 과학적 · 분석적 관점으로 북한을 다시 보아야 한다는 여론이 형성된 것이다. '내재적 접근'의 필요성이 제기된 것도 바로 이런 이유 때문이었다. 북한의 입장에서 구축해 온 역사와 제도, 가치와 문화를 그대로 이해해 보자는 것이었다. 따라서 북한의 공식문헌에 나타난 법적 · 제도적 측면의 연구를 위주로 했다. 특히 법적 자료와 제도를 근거로 한 북한 이해의 접근법은 매우 유용했다. 북한에도 헌법과 형법, 가족법 등 사회 기본법이 있고, 정부행정조직, 경제관리제도, 경제계획과 목표, 교육제도, 산업국유화, 독립채산제, 합영법 등 사회경제 조직과 관련된 여러 법들이 존재한다. 이러한 법 · 제도는 북한의 현실을 직접 설명해 주는 것은 아니지만, 북한의 지향과 비전의 측면을 살펴볼 수 있다는 점에서 북한사회가 지니고 있는 사회주의 체제의 이념형적인 특징을 이해하는 데 유용했다. 북한의 객관적 실상을 전혀 접할 수 없었던 당시로서는 북한이 생산한 문헌과 자료는 북한을 이해하고 연구하는 데 중요한 전기를 마련해 주었다.

그러나 이러한 유용성에도 불구하고 당시의 '북한바로알기' 운동이나 '내재적 접근'은 지나치게 북한의 공식문헌에 의존하는 경향이 있었다. 냉전시기 불온문서로 분류되어 접근하지 못했던 김일성 · 김정일 저작이나 『로동신문』, 『조선중앙연감』 등 북한문헌과 자료가 공개됨으로써 감추어졌던 사실들이 새로 밝혀지는 새로움이 있었으나 공식문헌에 기록되어 있는 내용을 현실로 받아들이는 연구흐름이 조성됐다. 북한 정부나 정권 차원에서 주장하는 내용을 무비판적으로 받아들이다 보니 객관성을 결여한 경우가 생겨났다. 그동안 알려지지 않았던 북한의 공식적 역사해석과 제도구축의 내용이 공개되고, 냉전시기 편향적이던 북한이해의 지평이 확장된 것은 큰 소득이었으나 객관적 · 과학적으로 북한을 이해하기에는 많은 한계가 있었다.

'조선'으로 북한을 읽기 위해서는 내재적 접근을 넘어서야 한다. 공식문헌과 자료를 통해 법과 제도가 지향하는 이념과 비전을 발견했다면 그것이 실제의 삶에 얼마나 밀착되어 있는지 가감 없이 드러내는 경험적인 접근방법이 필요하다. 법과 제도, 정책의 의도와 의미가 실제로 어떻게 시행되는가 하는 결과의 측면에서 살펴보아야 한다. 물론 북한의 공식문헌은 북한이 지향하는 방향성과 목표를 제시해 주는 자료이므로 기본적으로 챙겨야 할 부분이다. 그러나 여기에 머무르지 않고 그러한 비전과 정책이 실제 어떤 결과로 나타나는지를 경험적으로 따져 보아야 한다. 무역통계나 인적 왕래 자료들, 유엔 및 NGO 활동가들의 참여관찰과 조사보고서, 영화나 문학작품, 탈북자 단체에서 입수한 북한자료와 탈북자 조사 결과 등 경험적 자료를 바탕으로 객관적이고 과학적인 평가와 분석을 내려야 한다.

서울대학교 통일평화연구원은 매년 1년 6개월 이내의 탈북자를 대상으로 북한주민통일의식을 조사하고 있고 여기에서 확보된 북한사회의 실태는 귀중한 경험 자료로 사용되고 있다. 지금까지 탈북자 경험 자료는 다분히 개별증언에 의존하거나 일회성의 조사로만 활용됐다. 시계열적으로 어떤 변화를 겪고 있는가를 보여 주는 자료는 없었으며 과학적 분석이 결여되는 경우가 많았다. 탈북자 조사자료에 부분적으로 오류가 없는 것은 아니지만 한두 사람의 증언 위주가 아닌 집단조사로 파악된 통계자료는 북한의 실상을 경험적으로 분석하는 유익한 방법임에는 틀림없다. 이 책에 사용되는 탈북자 경험 자료는 서울대 통일평화연구원이 지난 8년간 축적한 자료로 국내외 어디에서도 아직까지 시도하지 못한 최고의 가치를 지닌다.

종합적 사회분석

셋째로, '조선'으로 북한을 읽는다는 의미는 부분적 분석이 아닌 종합적 분석을 의미한다. 역사상의 정권이나 체제가 식량난 혹은 기아문제로 붕괴된 경우가 없다는 사실은 우리에게 북한사회에 대한 심층 분석의 필요성을 던져 준다. 사회체제(social system)의 관점에서 보면 그 사회의 통합과 해체는 단순히 피의 숙청과 공포정치에 의해서만 좌우되지는 않는다. 물리적 강제력을 구사하여 구성원들을 어떻게 통제하고 있는지를 봐야 하는 것은 당연하지만, 거기에 그치지 않고 정치행위 주체의 설득담론과 선전활동이 구성원들의 불만과 상대적 박탈감을 어느 정도 해소하고 있는지, 어떤 가치와 세계관으로 통합과 공감을 도모해 나가고 있는지를 종합적으로 검토해 보아야 한다.

북한을 어떻게 보아야 하는가라는 질문은 연구의 방법론이자 연구의 핵심내용을 담고 있는 주제이기도 하다. 가장 전통적인 방법으로는 북한을 전체주의(totalitarianism)로 보기도 하고 정치경제학(political economy), 또는 발전론의 시각에서 분석하기도 한다. 또 일상생활과 가치, 문화로 북한을 조명하는 미시적 접근 방법도 활용하고 있다. 북한을 바라보는 이러한 여러 시각과 접근방법은 상호배타적인 범주라기보다는 분석의 성격과 내용에 따라 상호보완적으로 이해되어야 할 문제다. 전체주의와 정치경제, 체계론과 발전론이 북한의 역사적 시점과 환경에 따라 달리 해석될 수 있을 뿐 아니라 여러 요소가 공존하고 있을 것이므로 분석시각은 상호보완적으로 구성해야 할 것이다. 이 책에서는 전체주의나 정치학적 접근보다는 체계론과 발전론의 시각에 비중을 두고 북한을 분석할 것이다. 사회주의든 자본주의든 모든 사회는 생존과 발전의 문제가 가장 중요하며 이 문제를 어떻게 풀어나가느냐 하는 것이 관건이다. 이 책 또한 3대혁명과 강성국가로 이어지는 발전문제와 그것이 미치는 정치사회적 파급효과의 측면에서 북한을 바라보고 해석할 것이다. 그렇지만 사회나 국가는 정치와 경제, 문화, 교육 등 여러 제도가 상호 연관된 체계(system)로서 기능하며 발전한다는 종합적 시각으로 바라보아야 할 필요가 있다. 따라서 이 책은 사회적(social) 체제가 아닌 사회체제(societal system)라는 종합적 시각에서 조망하며 탈콧 파슨스(Talcott Parsons)의 사회체제 분석틀을 변형하여 정치-경제-사회문화-군사라는 틀로 사회를 분석한다.

그동안 북한을 유격대국가(와다 하루키, 2002)로 보기도 하고, 종교사회(김병로, 2000), 극장국가(정병호 · 권헌익, 2013) 등 하나의 틀로 조망하려는 노력이 있어 왔다. 남한이 생각하는 '북한'으로는 파악해 낼 수 없는 것, '조선' 안에 숨 쉬고 있는 생동감 있는 실체를 들여다보는 작업들이다. 북한을 읽는 방법은 다양하지만 전체를 관통하는 일관된 이론적 틀을 찾는 일은 쉽지 않다. 사회체제라는 틀 안에서 이러한 시도를 해석하자면 유격대국가나 정규군국가의 분석은 군사부문이 정치와 경제, 사회문화를 압도하는 사회체제로 보는 것이며, 종교사회는 정치적 신념과 가치가 경제와 사회문화를 지배하는 체제인 것이다. 극장국가도 마찬가지로 정치적 기획이 경제와 문화의 모든 영역에까지 확장되어 조직된 사회체제를 구성하는 것이다. 이러한 분석과 연구는 기존의 전체주의적 분석이나 정치경제적 분석을 넘어 부문과 전체라는 사회체제의 관점에서 시도된 작업이라 할 수 있다.

그럼에도 북한을 보는 시각은 전체주의 이론이 여전히 지배적이다. 나치즘이나 파시즘과 같이 국가가 사회구성원을 강제와 억압으로 압도하는 공산주의 체제로 북한을 바라보는 분석틀이다. 전체주의라는 틀에서 절대 권력으로 통치하는 지도자 중심으로 북한문제에 접근한다. 그런가 하면 정치보다는 경제문제에 초점을 맞추어 분석하는 방법도 있다. 국가가 자본과 생산력을 소유한 자본가로서 어떻게 정치와 경제를 발전시켜 나가는가 하는 측면에서 사회주의 체제를 분석한다. 즉 정치경제학(political economy)의 이론에서 북한을 보는 것이다. 대부분의 사회주의 국가들이 봉건사회에서 자본주의를 거치지 않고 사회주의로 직행하는 데서 생겨나는 여러 가지 '왜곡'된 문제들에 초점을 맞춘다. 즉, 자본주의를 거치지 않고 사회주의로 이행하는 경우에는 경제적 토대보다는 사상을 강조하고 민주주의가 발달하지 못하며 개인숭배에 빠지게 되는 것 등의 문제들을 지적한다.

이렇게 정치나 경제적 시각의 분석이 북한을 이해하는 길잡이가 되는 것은 분명하지만 북한의 현실을 전체주의나 정치경제학의 틀로만 비추어 보려는 것은 북한의 실정에 잘 들어맞지 않는다. 오히려 체계론(system theory)의 입장에서 북한을 분석하는 방법이 유용성을 더해 줄 수 있다. 사회를 상호 연관된 하나의 체계로 보고 다양한 제도와 집단들 간의 기능적이거나 이해관계적인 연결망 속에서 파악하는 방법이다. 북한을 일반 사회체계의 틀에서 투입-산출-피드백(Input-Output-Feedback)의 과정을 통해 보기도 하고 사회체제(social system)로 분석하기도 한다. 전체 체계와 각 하부 체계에서 변화와 변혁이 어떻게 발생하고 있는가에 대한 요인과 조건들을 분석한다. 남북한의 통일논의를 중심으로 한 체제통합의 문제를 다루면서 북한을 이해하는 접근방법도 이런 부류에 속한다.

국가발전이나 근대화라는 발전론의 시각에서 북한을 조망하면 종합적 사회분석에 매우 유용하다. 정치와 경제, 사회와 문화의 각 부문이 전체와의 조화 속에서 어떻게 변화하고 발전해 나가는가를 분석하는 작업이다. 경제부문의 중요성 때문에 경제발전에 비중을 두기는 하지만 경제가 어떻게 정치에 영향을 미치며 사회체제의 변동을 추동하는지 살펴보는 것이다. 특히 이 접근법은 동유럽 사회주의 붕괴 이후 북한 사회주의 체제가 개혁 · 개방을 통해 어떻게 발전해 나갈 것인지에 관해 관심을 갖는다. 또한 소스탈린(small Stalin) 또는 작은 마오쩌둥(little Mao) 등의 모델처럼 북한이 소련식 혹은 중국식 발전모형을 따라가거나 그 유사성에 주목하는 연구가 있는데, 이는 북한을 일종의 '민족주의적 사회주의' 사회로 이해하려는 시도의 일환으로 볼 수 있다. 위와 같은 시도는 제3세계의 국가발전을 분석하는 근대화이론, 관료적 권위주의(BA)이론, 종속이론 등의 여러 이론을 적용하여 북한체제를 경제사회의 전반적인 발전문제와 연결하여 바라보는 논의들이다.

한국과의 비교분석

마지막 넷째로, '조선'으로 북한을 읽는다는 말은 한국과의 관계 속에서 북한을 분석한다는 의미를 담고 있다. 북한은 독립적이고 자율적인 사회체제로 기능한다기보다는 남한과 대립된 분단체제로 존재한다. 그럼에도 많은 연구들이 북한을 북한 자체로만 분석하는 방식으로 이루어졌다. 수령체제나 선군체제를 분석할 때도 그렇고 발전전략을 분석할 때도 그렇다. 북한을 조선으로 읽기 위해서는 북한의 독립적 속성을 인정함과 아울러 한국과의 분단체제 안에서 이해하고 분석해야 한다. 조선은 남한과 비교분석의 관점에서 보아야 그 특성이 가장 잘 드러나기 때문이다. 북한에 대한 연구는 다른 사회주의 체제와의 비교뿐만 아니라 남한과의 비교 관점에서 분석할 때 명쾌하게 이해되는 부분이 있다. 남북한은 같은 민족과 사회 환경 속에서 사회주의와 자본주의, 공산주의와 자유민주주의 등 제도적 차이가 어떻게 발현되는가를 실감나게 보여 줄 수 있는 현장임과 동시에 이러한 차이와 다름에도 불구하고 사회의 심층구조에 동질적인 부분들도 많이 형성되어 있음을 보여 주는 전형적인 사례다. 남북한은 역사적으로 유사한 경험을 통하여 발전과정에서 고유하게 나타나는 점들이 많기 때문에 북한을 남한과 비교하면 북한의 사회주의적 특수성이 두드러지게 나타난다. 예컨대, 북한의 발전은 다른 사회주의 국가와 비교했을 때 상당히 성공한 사례로 평가되지만 남한과 비교해 보면 그 성공이란 주로 발전초기에 달성한 것이었고 발전후기에 올수록 성장이 둔화되는 것을 발견하게 된다. 또한 북한을 남북분단의 상황에서 조명해 보면 사회주의 틀로는 포착되지 않는 '한국적' 요소도 발견하게 된다. 이러한 남북한의 경험으로부터 새로운 사실을 발견하고 그것을 귀납적으로 다른 자본주의 또는 사회주의와 비교해 보는 것이 남북한의 특수성을 이해하는 데 큰 도움이 된다.

조선을 한국과의 비교라는 시각에서 보면 이질적 제도에도 불구하고 동질적인 부분이 많음을 알 수 있다. 유교전통의 가치와 윤리가 인간관계의 토대를 형성하고 있으며, 분단구조 속에서 과도하게 군사화되어 있는 남북한의 특성이 드러난다. 이처럼 불안한 사회 환경 때문에 남북한에서 종교적 가치에 의존하려는 경향이 공통적으로 발견된다. 체제와 이념이 남북을 다르게 만들어 간 부분보다는 전쟁과 대결이라는 분단의 사회 환경이 남한과 북한을 비슷한 사회로 만들어 낸 부분이 훨씬 크다는 사실을 발견할 수 있다. 이 때문에 조선과 한국은 형식적으로는 각각 사회주의와 자본주의 제도를 운영하고 있지만 생각과 가치관과 정서는 유사한 측면이 많다. 이런 점에서 한국과의 분단체제 안에서 조선을 바라보면 북한의 실체를 더 정확히 파악할 수 있다.

4. 책의 구성

이 책은 한국전쟁 이후 북한의 폐쇄적 사회체제가 형성되고 진화하는 과정을 4부로 구성했다. 한국전쟁 이후 전시체제의 형성(1950~60년대), '주체' 사회주의 체제 구축(1970~80년대), 탈냉전 이후 '조선' 사회의 분화(1990~2000년대), 그리고 사회체제의 미래전망(2010~20년대)의 네 시기를 차례로 살펴보았다. 물론 이 시기구분은 북한 사회체제가 집중적으로 형성, 구축, 분화, 발전하는 시기를 의미할 뿐 배타적인 것은 아니며 각 시기의 특성들이 모두 현재적 맥락에 닿아 있음은 두말할 나위가 없다.

제1부는 북한사회가 전쟁의 충격으로 어떻게 재편됐는가를 분석한다. 북한은 엄청난 피해를 당한 전쟁이 끝나자 세 가지 과제에 직면했다. 첫째는 어떻게 파괴된 나라와 경제를 건설할 것인가 하는 문제였고, 둘째는 전쟁 피해자들을 어떻게 처리할 것인가, 셋째는 상심에 빠진 주민들에게 어떤 희망과 비전을 심어 주며 결속시켜 나갈 것인가 하는 문제였다.

국가와 경제를 재건하기 위해 모든 것을 전후복구 건설에 동원하면서 경제-국방 병진노선, 지역자력갱생의 새로운 국가발전전략을 심도 있게 추진했다. 전쟁 피해자들을 처리하기 위해 북한식 '보훈정책'을 추진한 결과, 사회주의 계급질서는 성분중심의 계층구조로 완전히 재편됐다. 그런가 하면 전쟁에서 살아남은 자들의 생존에의 갈망은 자력으로 나라를 지켜야 한다는 주체사상을 만들었고 이는 점차 종교 수준으로 진화됐다.

제2부는 북한 사회주의 체제가 구축되는 시기를 다룬다. 전쟁이 끝난 이후에는 사상, 기술, 문화의 '3대혁명'을 기치로 사회체제를 본격적으로 구축해 나갔다. 한 사회가 유지되려면 대내적으로는 구조기능주의가 강조하는 문화형 사회체계의 필수기능이 작동해야 한다. 즉 생존을 위한 물리적 필요가 충족되어야 하며(경제), 체제의 방향과 목표를 설정하고 이끌어가는 리더십이 원활히 작동해야 하고(정치), 구성원의 행동을 효율적으로 통제해야 하며(사회), 사상 · 문화적으로 의미를 부여하는 기능이 원만하게 작동해야 한다(문화). 그러나 앞에서도 설명했듯이 북한의 군사형 사회체제는 외부의 위협으로부터 체제를 보호하는 기능(군사)이 체제유지에 더 고유한 역할을 한다. 사회가 안정될수록 군사형 사회체제에서 문화형 사회체제로 진화한다. 따라서 북한 사회주의 체제를 살펴보려면 정치, 경제, 군사, 문화의 각 영역에서 인프라와 제도, 리더십과 통제가 어떻게 작동하는가를 따져 보아야 함과 아울러 3대혁명 이후 문화적 기능이 어떻게 분화 · 확장되어 갔는가에 대한 부분도 살펴보아야 한다. 사회주의 붕괴에 대한 비상적 대응으로 전시체제를 작동하며 군사형 사회체제로 다시 강화되어 가는 북한의 모습도 분석해야 한다.

전쟁은 권위주의적 정치세력이 싹을 틔우는 사회적 토양을 제공했고, 특히 북한에는 수령론이라는 유일지배체제가 뿌리내렸다. 전쟁의 상처로 생성된 적대적 이데올로기는 권위주의적 정권의 대결정책으로 남북한의 대립과 갈등을 심화시켰으며, 이러한 자폐적 적대의식은 통일과정에서 민족공동체 형성의 가장 큰 걸림돌이 될 것으로 우려하고 있다. 이러한 군사 대결적 바탕 위에 3대혁명을 필두로 한 북한의 사회주의 체제가 자리를 잡았다. 정치-경제-사회-군사 영역에서 국가발전전략이 수립된 이후 주체 이데올로기가 정치, 경제, 사회, 문화 영역에 확장됨으로써 수령의 유일적 영도체계, 주체 발전전략, 집단주의와 교육철학, 민족전통과 실용성을 융합한 문화 등 '조선' 특유의 사회체제가 구축됐다.

제3부에서는 '고난의 행군' 이후 북한사회가 어떻게 급변하고 있는가를 분석한다. 단단한 콘크리트 건축물처럼 잘 지어진 조선 사회체제는 탈냉전 이후 김일성의 사망과 극심한 식량난을 겪으면서 흔들리게 된다. 와해되는 사회체제를 수습하기 위해 '고난의 행군'을 선포하고 선군정치를 구사하는 한편, 안보위기를 극복하기 위해 핵전략의 모험을 선택한다. 고난의 행군은 탈냉전 이후 북한사회를 이해하는 키워드다. 고난의 행군 이전의 북한과 이후의 북한은 완전히 다르다. 가히 대재난이었다. 정부 차원에서 정책적으로, 혹은 민간에서 사발적으로 시상이 활성화됐고 그에 따라 기존의 계층질서가 달라지게 됐다. 식량을 찾아 체제를 이탈하여 국외로 탈출하는 사람들이 생겨났고 종교의 자유를 포함한 인권문제가 국제사회의 뜨거운 이슈로 떠올랐다.

이러한 위기가 증폭되는 가운데 북한이 체제유지를 위해 선택한 모험이 핵전략이다. 경제-국방 병진노선을 추구해 온 북한에게 경제침체는 곧 군사력 약화를 가져왔고 이를 만회하기 위한 전략으로 핵무기를 붙잡은 것이다. 탈냉전 직후부터 미국과 줄곧 대립하던 북한은 북미대립의 총결산이라 할 수 있는 핵무기를 제작하는 데 성공했다. 미국이라는 대상에 맞서서 기댈 수 있는 존재, 상대방을 위협할 수 있는 마지막 보루, 국제적으로 관심을 끌 수 있는 매개로 북한은 핵무기에 집착했다. 대재난으로 최대의 위기를 맞았던 북한은 핵무기 개발로 안보 불안에서 벗어났을 뿐 아니라 대주민 홍보용으로 크게 성공을 거두었다.

제4부는 사회주의가 세계적인 위기를 맞은 시점에서 북한이 추구하는 '강성국가'의 미래를 전망한다. 김정일의 사망과 태양절 100주년을 계기로 출범한 김정은 정권은 강성국가를 기치로 내걸고 핵개발과 경제발전을 동시에 추진한다는 '병진노선'을 견지하고 있다. 땅굴로 상징되는 전시사회체제가 1970~80년대에 3대혁명을 기치로 주체 사회체제로 확장 · 발전됐고, 1990년대의 '고난의 행군' 체제를 끝내고 2012년 핵무기를 상징하는 '강성국가' 진입을 선포했다. 북한이 핵무기를 보유한 상태에서 경제개발에 성공하여 북한의 주장대로 '병진노선'이 과연 성공할 것인지, 초유의 실험이 진행 중이다. 이런 점에서 제4부에서는 '강성국가'의 비전과 도전 요소들을 검토하고 북한 사회주의 체제의 안정과 불안정, 갈등과 통합, 역사 · 문화적 자원을 종합적으로 평가한다. 마지막으로 종장에서는 '조선'의 미래를 개방과 국제화로의 도전이라는 측면에서 조명하며 자기 폐쇄적 체제의 생존과 변화 가능성을 전망한다.

제1부

한국전쟁과 전시사회체제의 형성

제1장

지역자립체제

1. 전후복구와 전시대비

복구를 위한 동원전략

한국전쟁은 남북한 모두에 엄청난 피해를 주었지만 특히 북한에 훨씬 심각한 피해를 입혔다. 한반도 전체를 통틀어 공장과 도로, 교량을 비롯하여 학교, 교회, 사찰, 병원, 주택이 무수히 파괴되어 남북한 모두 사회 · 경제적 기반이 송두리째 붕괴됐다. 그야말로 대재난이었다. 원산, 평양, 함흥, 청진 등 북한의 주요도시가 미군의 집중적인 공중폭격으로 초토화됐으며 물적 · 인적 파괴가 매우 심각했다(김태우, 2013). 전쟁으로 북한의 광업생산력은 80%가 감소했고 공업생산력의 60%, 농업생산력의 78%가 감소했다. 약 90만 6,500에이커의 농지가 훼손됐으며 약 60만 채의 가옥과 5,000개의 학교, 1,000개의 병원이 파괴됐다. 재산피해액이 4,000억원에 달하는 막대한 손실이었다. 김일성도 전쟁으로 북한의 경제가 완전히 파괴되어 전체적으로 일시에 복구한다는 것은 "도저히 불가능한 일"

이라고 하면서 3단계로 복구 건설을 추진해야 한다고 발언하기도 했다(김일성, 1953: 18). 남한에서 6.25전쟁으로, 북한에서는 조국해방전쟁으로 불리는 한국전쟁은 이처럼 헤아릴 수 없는 피해를 초래했다.

전후 가장 시급한 과제는 파괴된 시설을 어떻게 복구하며 나라를 재건할 것인가 하는 문제였다. 북한은 전쟁 후 "모든 것을 전후 인민경제 복구 건설을 위하여!"라는 구호를 내걸고 전 국민을 동원했다. 농업과 공업 등 전 산업이 극심하게 파괴되어 농업에서의 협동화가 순조롭게 진행될 수 있었고 생산관계의 사회주의적 개조가 비교적 쉽게 진행될 수 있었다. 북한도 남한과 마찬가지로 '선건설 후통일' 정책을 펴며 전쟁으로 파괴된 인민경제를 복구 발전시키고 피폐된 인민생활을 안정 · 향상시켜야 할 국가적 당면 과제 실현에 몰두했다. 북한은 "평화적 기간을 최대한 리용하여 민주기지의 강화를 위한 전후 복구 건설에 모든 힘을 동원"하고자 했다(김일성, 1953: 18).

전후 복구를 위해서는 전략이 필요했다. 전쟁으로 엄청난 물적 피해를 입은 북한은 전쟁을 대비하기 위해 전국을 지역별로 자생력 있는 조직으로 분할하여 통치할 필요를 느꼈다. 사실상 북한은 전쟁 시기에 중앙 공급이 끊겨 이미 지역 자체적으로 생존하며 전투를 수행하는 이른바 전시체제를 시행하고 있었다. 전후 복구과정에서 앞으로 만약에 있을지 모르는 전쟁에 대비하기 위해서는 전시에 맞는 경제건설이 요구됐다. 전시경제체제를 운영하려면 지역개발 및 지역동원이 시급했다. 이 때문에 북한에 이식되어 수년간 강행되던 소련식 중앙집권체제는 3년의 전쟁을 거치면서 변화됐다. 한국전쟁 경험을 바탕으로 전쟁에 대비할 수 있는 새로운 체제, 즉 중앙집권적 정치제도를 유지하면서도 경제적으로 지역에서 자생할 수 있는 사회체제가 필요했다.

전시경제를 운영하기 위해 가장 중요한 것은 산업시설을 한 곳에 집중하지 않고 여러 지역에 분산 배치하는 것이었다. 적의 공격으로부터 피해를 최소화하기 위한 군사전략적 목적 때문이었다. 이를 위해 한국전쟁 중에 행정구역을 개편하여 전시체제 구축을 지원했다. 북한은 한국전쟁이 막바지에 접어들던 1952년 12월에 군과 리 사이에 있던 면 단위 행정구역을 없애는 대신 리 단위를 통합개편했다. 그리고 군을 세분화하는 한편, '로동자구'를 설치했다. 그 결과 리(里)는 1만 120개에서 3,658개로 줄어들었고 98개였던 군은 168개로 늘어났다. 농촌지역에 로동자구가 설치되어 자력갱생 체제가 강화됐다.

김일성은 지방 행정체계와 행정구역을 개편한 배경에 대해 군인민위원회와 리인민위원회 등 지방정권기관들의 기능과 역할을 증대시키고 농촌경제를 발전시키기 위한 것이라고 강조했다. 특히 리와 군 단위의 행정체계를 강화함으로써 군과 리의 유기적 연계를 도모하고자 했다.

> 행정구역은 군을 세분화하고 리를 좀 크게 만들며 필요한 곳에는 읍과 로동자구를 내오는 방향에서 전반적으로 개편하게 됩니다. 이번에 지방행정구역을 개편하는 중요한 목적이 바로 리인민위원회사업을 더욱 강화하려는 데 있습니다. ... 리인민위원회를 강화하고 그 사업수준을 높여야 인민정권을 강화할 수 있으며 당과 정부의 시책을 신속정확히 관철할 수 있습니다. ... 지방행정체계와 행정구역을 개편하는 의의는 또한 군인민위원회의 기능과 역할을 높이며 지방정권기관이 인민대중과의 련계를 더욱 민활히 할 수 있게 한다는 데 있습니다.(김일성, 1952: 379-380)

지역별 자력갱생

전시에 행정구역을 개편한다는 것은 다소 무리일 수 있다. 그럼에도 행정구역 개편을 단행한 것은 지방행정구역 체계의 복잡성을 개혁함으로써 모든 사업을 신속하고 정확하게 집행하기 위함이었다. 이러한 북한의 시도는 군이 행정말단 단위인 리를 직접 지도할 수 있도록 함으로써 지역사령탑으로서의 군 기능과 자력갱생 역량을 강화하기 위한 것이었다. 한국전쟁 시기에 군 단위 행정조직을 강화하는 행정체계 개편을 추진한 것은 중앙의 명령을 인민에게 신속하게 전달하고 유사시 군 단위를 세포조직으로 하여 생존할 수 있는 지역별 자립체제 수립이 필요했기 때문이다. 김일성도 "당의 이러한 조치에 따라 군의 역할은 더욱더 높아졌으며 특히 ... 군을 꾸리고 그 역할을 높이는 사업에서는 커다란 성과가 이룩됐습니다."라고 함으로써 이러한 행정적 조치에 의해 군의 자립적 기능이 한층 높아졌음을 언급했다(김일성, 1968b: 499).

이러한 행정개편이 중앙집권을 소홀히 하고 지역분권화만 추구하는 것은 물론 아니었다. 오히려 분권화의 경향이 나타날수록 이를 중앙 차원에서 통합하려는 노력은 더욱 강화될 수밖에 없다. 전시체제를 유지하기 위해 명령체계를 일원화하고 중앙의 명령이 지방에서 효율적으로 시행되도록 지역체제를 정비하는 작업은 필수적이었다. 그러나 전쟁으로 폐허가 된 시설을 복구하고 생산성을 증대하기 위해 중앙정부는 지역주민들의 창발성과 지역의 인적 · 물적 자원을 최대한 동원하는 것이 필요했다. 전국적으로 경제발전을 위한 자원이 부족한 상황에서 국가는 지방에 책임을 부과하는 방식, 즉 북한식 '현장관리' 방식을 택한 것이다(스칼라피노 · 이정식, 1987: 608; 최진욱, 1997: 26, 78). 북한은 1954년 10월 31일 새로운 「지방 주권기관 구성법」을 공포하여 지방 주권기관으로 인민회의가, 집행기관으로 인민위원회가 설립됐다. 주권기관과 집행기관을 분리하여 지방 주권기관의 권위와 책임을 높여 주었다. 지방의 자발적인 참여를 확대함으로써 북한은 지역의 잉여자원을 최대한 끌어내어 전후 복구사업을 신속하게 완수하고자 했다.

북한은 1955년 12월 당 선전선동대회를 통하여 사상에서의 주체를 선언하고 1956년 12월 당중앙위원회 전원회의에서 경제에서의 자립을 천명했으며, 뒤이어 1957년 12월에는 정치에서의 자주를, 1962년 12월에는 국방에서의 자위를 각각 체제의 정책목표로 내걸고 폐쇄적인 발전전략을 수립했다. 이는 마침내 1967년 12월 16일 최고인민회의 제4기 1차 회의에서 북한의 정부정강으로 발표되기에 이르렀다(김일성, 1967b: 481-548). 이러한 전반적인 국가정책의 목표 아래 '주체사상'에 입각하여 사회 각 분야로 확장된 북한의 국가 발전모형이 형성됐다.

북한의 국가발전전략 수립 과정에서 농업정책 노선을 두고 논쟁이 가열됐다. 한국전쟁 이후 1954~1958년에 농업협동화가 단행됐으며 중국의 대약진운동을 모방한 '천리마운동'이 대대적으로 전개됐다. 일반적으로 농업협동화는 물적 토대가 선행되지 않고서는 불가능한 것으로 인식됐기 때문에 북한에서 농업협동화 문제를 둘러싼 논쟁이 치열했다. 즉 농업협동화를 뒷받침해 줄 수 있는 주민의 의식수준이나 기계화가 아직 갖추어지지 않았기 때문에 이를 단행할 수 없다는 반대에 부딪혔다. 김일성은 농업협동화가 시기상조라고 반대하는 사람들을 교조주의적인 집단이라고 비난하면서 북한에서는 물적 토대가 없어도 생산관계를 사회주의적으로 개조할 수 있다고 주장하고 나섰다. 이처럼 협동농장화를 무리하게 시행한 것은 자립체제를 구축하기 위해 농업의 자급자족이 충족되어야 했기 때문이다. 1957년까지 규모가 작게는 20~30호, 크게는 100호 정도로 구성됐던 협동농장은 1958년 10월 평균 300호의 규모로, 경작지 면적은 평균 500정보로 확장할 것을 결의하여 같은 해 11월 20일까지 완료했다.

중국식 발전모델의 영향

한편, 1958년 8월 시, 군 등 각 지역별로 한 개 이상의 중소규모 지방산업공장을 건설하도록 지시했다. 이에 따라 3개월 동안 1,000여 개의 지방산업공장이 설립됐고 1960년대 초에는 군 단위에 평균 10여 개의 지방공장이 들어섰다. 지방산업공장은 소비품 생산에서 절반을 차지할 정도로 급성장했다. 북한은 중국의 대약진운동과 같은 대중동원방식인 천리마운동을 전개하여 연평균 20~44%의 고속성장을 이룩했다(Kim, 1992: 67). 지방공업의 육성은 중국과 거의 동일한 시기에 비슷한 방법으로 전개됐는데, 이는 북한이 중국 발전모형의 영향을 받아 기존의 소련식으로부터 탈피를 시도했음을 보여 준다. 한국전쟁 시기부터 1958년까지 북한은 북한에 주둔한 중국군과의 밀착관계로 1953년부터 시작된 중국의 제1차 5개년 계획과 중국식 발전노선에 영향을 받았다.

이런 점에서 북한의 전시 대비 발전전략은 소련과 중국의 발전노선을 현실성 있게 수용한 것이라 할 수 있다. 북한의 발전전략은 한국전쟁 이후 군사적으로 긴장된 상황에서 형성됐기 때문에 기본적으로 중공업 위주의 스탈린식 발전전략을 취하고 있으나, 전시대비 지역자립체제를 구축하기 위해 농업과 경공업 중심의 중국식 발전노선을 적극 도입했다. 중소분쟁이 가열되는 1960년대 초에 이르러 소련과의 갈등이 고조되자 중국식 발전노선을 흡수하면서 북한식 자력갱생 발전노선으로 진화됐다. 주체사상이 대두한 시기에도 중국의 예를 들었던 것을 상기한다면 북한의 자립노선이 친중국 정책과 같은 시기에 등장했다는 것은 주목할 만하다. 한국전쟁을 통해 형성된 중국과의 관계로 말미암아 지역 특수성을 중요시하는 중국식 사회주의 발전전략의 영향을 크게 받았다.

북한이 한국전쟁 시기에 단행한 행정개편과 전후 복구사업의 일환으로 추진한 산업의 지역분산 전략은 전쟁이라는 유사시 상황을 가정한 자위적 성격이 강하다. 전후복구 과정에서 국방태세를 강화하는 가운데 경제를 어떻게 효율적으로 배치하고 운영해야 하는지에 대한 초보적인 고민이 담긴 국가발전전략을 적극 모색했다. 이러한 군사중심적 발전전략은 1960년대의 군사적 위기 상황에서 경제-국방 병진노선으로 발전했다.

2. '경제–국방 병진노선'과 지역자립체제

국방력 강화 필요성

1960년대에 들어 남한의 반공 군사정권 출현을 시작으로 쿠바미사일 사태, 베트남전쟁 격화 등으로 인해 북한에서는 국방력 강화의 필요성이 대두됐다. 1962년 12월에 개최된 로동당 제4기 5차 전원회의는 새롭게 전개되는 국제정세에 대응하기 위한 전략으로 '4대군사노선'을 천명하고 군사력 강화에 치중하기 시작했다. 이러한 결정의 배경에는 "인민경제발전에서 일부 제약을 받더라도 우선 국방력을 강화해야 한다"는 자위국방 우선원칙이 강하게 자리 잡고 있었다.

이러한 군사중시 관점은 이후 지속적으로 경제정책에 반영되어 1966년 10월에 개최된 제2차 당대표자회에서는 경제건설과 국방건설을 동시에 병행 추진한다는 이른바 '경제-국방 병진노선'을 공식화했다.[1] 경제-국방 병진노선은 전쟁을 대비하되 전시체제가 장기화될 것에 대비하여 경제건설과 군사건설을 동시에 실현한다는 것이며 경제건설을 군사적 관점에서 추진한다는 정책이다. 김일성은 "전쟁이 일어나면 다 파괴될 것이라고 하여 국방건설에만 치우치고 경제건설을 제대로 진행하지 않는 것도 잘못이며 평화적 기분에 사로잡혀 경제건설에만 치우치고 국방력을 충분히 강화하지 않는 것도 잘못입니다."(김일성, 1966: 416)라는 표현으로 한반도에서 경제-국방 병진노선의 필요성을 강조했다.

> 현대전에서의 승패는 전쟁수행에 필요한 인적 및 물적 자원을 장기적으로 원만히 보장하는가 못하는가에 많이 달려 있습니다. 그렇기 때문에 우리는

1 김일성은 여기서 경제-국방 병진노선이 이미 1962년 12월 로동당 제4기 5차 전원회의에서 제기되어 실행해 왔다고 주장한다(김일성, 1966: 418).

후방을 공고히 하는 데 깊은 주의를 돌려야 합니다. 특히 군사전략상 중요한 지대들을 잘 꾸리고 군수공업을 발전시키며 필요한 물자의 예비를 조성하여야 합니다. 또한 일단 유사시에는 모든 경제를 급속히 전시체제로 개편하며 전시에도 생산을 계속할 수 있도록 평상시부터 준비하고 있어야 합니다.(김일성, 1966: 428)

1963년부터 국방력 강화노선이 구체화되자 1958년 8월부터 건설을 추진한 지방산업과 1960년대 초에 도입한 천리마작업반운동, 대안의 사업체계 등 분권적 관리방식, 그리고 김일성이 1962년 8월 지방당 및 경제부문 간부들에게 행한 '창성련석회의' 및 1964년 2월 발표된 「사회주의 농촌테제」 등은 국방력 강화 차원에서 새롭게 해석됐다. 1966년 10월에 개최된 '당대표자회의'에서는 지방공업시설을 군사적 측면에서 지역별로 분산 · 발전시켜야 한다는 주장이 제기됐다.

유사시에 중공업 제품, 소비물자, 농산물을 끊임없이 생산할 수 있도록 경제를 편성하지 않으면 안 된다. 특히 경제적 이익과 국방상의 이익을 합리적으로 관련시켜 각 지방을 균형 있게 발전시키는 원칙에 서서, 대규모 기업소와 중소기업소의 발전을 적정하게 배합하여, 생산력의 지리적 배분을 조정하지 않으면 안 된다.(김일, 1966: 2-5; 이항동, 1994: 452 재인용)

김정일은 "경제건설과 국방건설에서 혁명적 앙양을 일으키기 위한 사상선전을 강화할 데 대하여"(1967.7.3.)에서 북한이 추진한 경제-국방 병진노선이 형식적인 수사에 불과한 것이 아니라 실제로 의미 있게 진행되고 있음을 다음과 같이 강조했다.

세상에 경제건설과 국방건설을 하지 않는 나라는 없다고 말할 수 있습니다.

> 그러나 다른 나라들에서 하고 있는 것과 우리 당의 병진로선은 근본적으로 다릅니다. 우리 당이 내놓은 경제건설과 국방건설을 병진시킬 데 대한 로선은 사회주의 경제건설을 계속 힘있게 밀고 나가면서 그에 못지않게 국방건설에 큰 힘을 넣을 것을 요구하는 혁명적인 로선입니다.(김정일, 1967: 262)

농촌에서 경제건설과 국방건설을 병진시키는 당의 방침을 철저히 관철하라는 1967년 김일성의 연설을 통해서 보면 경제건설에 한층 무게를 두고 있음을 발견하게 된다. 당시 베트남전쟁의 발발로 북한도 전쟁위기에 휩싸여 있었다. 어떤 사람들은 전쟁이 당장 일어날지 모른다고 생각하여 덮고 있던 이불을 뜯어서 배낭을 만들 정도로 전쟁발발에 대한 위기감이 고조됐던 것으로 보인다. 이러한 현상을 비판하면서 김일성은 전쟁준비를 위해 경제건설을 뒤로 미루는 것이 아니라 더욱 적극적으로 생산 활동에 동참하는 것이 결국 전쟁능력을 배양하는 것이라고 강조했다. 더욱이 국방력 강화를 위해서는 주민들의 사상을 튼튼히 무장시켜야 하는데 이를 위해서도 경제건설이 필요하다고 역설했다(김일성, 1967a: 110).

군(郡) 단위 자립체제

전쟁위협이 항존하는 한반도에서 국방력을 결정적으로 강화하기 위한 아이디어로 지역자립체제에 관한 구상이 제기됐다. 김정일은 1964년 자신의 대학졸업논문을 통해 사회주의 건설에서 군(郡) 단위의 지역별 자립발전이 얼마나 중요한지를 역설했다. 군(郡)을 중심으로 한 지방경제 건설의 군사적 필요성에 대해 이론적으로 설명하면서 한반도에서는 전쟁과 같은 유사시를 대비하여 군 단위의 자급자족 체제가 필요함을 다음과 같이 강조했다.

군을 거점으로 하여 지방경제를 발전시키는 것은 국방상 견지에서 보아도 매우 중요하다. ... 우리의 모든 문제를 전쟁적 관점에서 풀어나가야 한다. ... 우리는 유사시에 군 안의 주민들의 생활을 군 자체의 힘으로 꾸려나갈 수 있도록 군들에 중소규모의 지방산업공장들을 더 많이 건설하여야 한다.(김정일, 1964: 11)

경제-국방 병진노선에 따라 지역별로 자력갱생 체제가 제도적으로 구축됐다. 각 공장과 기업소에 민수생산과 군수생산을 동시에 병행할 수 있도록 생산라인을 건설했으며, 가능한 한 미군의 공중폭격에 견딜 수 있도록 군사시설을 지하화(8,000곳)했고, 특히 유사시에 보급로가 차단되더라도 각 지역이 자급자족하면서 전투를 수행할 수 있도록 군(郡) 단위 이상의 지역별 자립체제를 갖추었다. 1970년대와 1980년대에는 독립채산제, 연합기업소, 지방예산제 등을 도입함으로써 지역자립체제를 제도화하고자 했다. 생산 효율성이 떨어지자 효율성을 제고하기 위한 가치법칙이 생산관리의 모든 영역에 걸쳐 활발하게 도입됐고 경제규모가 커짐에 따라 생산관리체계도 분권화했다. 1973년부터 지방예산제를 도입하고 1974년부터 이를 전면적으로 시행함으로써 지방경제를 도 단위 이하의 지방주권기관들이 책임지도록 했다. 1985년 중앙공업 부문에 연합기업소 제도를 전면적으로 도입함과 더불어 1987년부터 각 시 · 군의 지방산업공장들이 지방공업종합공장으로 통합되어 군을 단위로 한 지방경제의 종합적 발전이 강조됐다. 이러한 시도는 결국 기업 자율성의 범위를 확대시키고 지역자립체제를 제도화하는 데 기여했다.

사회주의권 붕괴는 1990년대 북한에 경제적 · 군사적 부담을 주었으며, 북한은 개혁 · 개방의 방향을 재조정했다. 제3차 7개년 계획을 마무리한 1994년부터 소위 '혁명적 경제전략'을 제시하고 지방공업 육성을 강조하는 한편, 도 · 시 · 군 지역단위의 무역을 허용함으로써 지방의 자율성을 신장시키고 분권화를 촉진했다. 지방차원의 행정 · 주권의 통합체제가 1972년 이전으로 회기했다. 한국전쟁 이후 1954년 행정과 주권이 통합된 형태로 일사불란한 지휘체계를 갖추었고 협동농장이 생겨나면서 도, 군 단위에서 생산활동을 주권기관이 책임지고 있던 1950년대와 1960년대의 지도체계를 다시 활용하고 있는 셈이다. 한국전쟁 이후 체제의 존립기반이 취약해진 환경에 일사불란하게 대응하고 중앙의 부담을 경감하며 유사시에 중앙의 지원이 없어도 생존할 수 있는 지역차원의 자립체제를 갖추었던 북한이었다. 1990년대 체제의 위기를 맞자 체제의 생존기간을 연장하고 유사시를 대비할 필요성이 커짐으로써 지역분산적, 지역분권적 자립체제를 다시 작동하기 시작했다. 그 결과 1990년대에 지역단위의 자력갱생 체제는 한층 강화됐다.

전쟁대비 국가전략

북한의 지역자립체제는 중국과 비슷한 형성과정과 변화를 겪었다고 볼 수 있다. 즉 북한의 지역자립체제는 형성 초기에 지역 간 균형발전이라는 경제적 측면과 더불어 군사적 측면이 고려됐다. 지역자립체제가 북한에서 확고하게 자리잡게 된 배경에는 제국주의의 공격으로부터 체제를 보호하겠다는 군사적 목적이 강하게 스며들어 있었다. 이러한 현상은 1960년대 중국에서 진행된 분권화 현상과 유사하다고 볼 수 있다. 그러나 중국에서는 시장개념의 도입과 함께 개혁 · 개방정책을 적극적으로 추진하는 가운데 지역자립체제가 경제적 효율성을 높이기 위한 방향으로 질적인 변화를 보이는 반면, 북한에서는 사회주의권의 붕괴로 체제의 군사적 · 경제적 위기가 고조됨으로써 군사전략적 개념에서 벗어나지 못하고 있다. 특히 식량난 등 경제능력이 약화되고 핵문제와 미사일문제가 불거진 탈냉전시기에 북한은 경제적 효율성과 지역 간 비교우위 등에 입각한 지역자립체제를 발전시키지 못했다. 이는 같은 아시아 사회주의권이면서도 정치경제적 환경이 다르고 분단구조의 성격이 다른 데서 연유한다고 볼 수 있다.

한국전쟁에서 처절한 경험을 한 북한은 모든 정책을 전쟁에 대비하기 위한 방향으로 집중했다. 지역자립체제의 골자는 전쟁 시에 대비하여 경제와 국방을 동시에 건설하며 적어도 시 · 군 · 구역 단위에서 자력갱생한다는 것이다. 농업기반이 취약한 도시지역에 협동농장을 배치하고, 공업시설이 부재한 농촌지역에는 소위 '로동자구'를 설치하여 자력갱생을 도모한다는 국가전략이다. 만약 도시지역에 농업기반이 없다면 유시시 보급로가 차단됐을 경우 생존할 수 없게 될 것이다. 또한 농촌의 경우에도 공업시설이 없이 농장만 있다면 먹고사는 데는 지장이 없지만 전시에는 게릴라전과 같은 무장투쟁을 벌일 수 없게 된다. 도시지역과 농촌지역이 중공업과 농업, 경공업이 균형 있게 발전해야만 전쟁준비와 경제건설을 동시에 수행할 수 있다. 적어도 이론적으로는 유사시에 보급로가 차단되더라도 각 지역이 자급자족하면서 전투를 수행할 수 있도록 군(郡) 단위 이상의 200여 개 지역에 지역별 자립체제가 구축된 것이다. 이를 위해 지역의 각 공장과 기업소에는 민수생산과 군수생산을 동시에 병행하도록 생산라인을 건설하고 가능한 한 전시 공중폭격에 견딜 수 있도록 군사시설을 지하화했다.

3. 지역분산과 땅굴

산업시설의 분산

전후 산업과 경제를 재건하는 과정에서 한국전쟁 경험은 중요한 교훈이 됐다. 우선 공장이나 기업소 등의 산업시설이 전쟁의 폭격으로부터 피해를 입지 않도록 지역적으로 분산시키고 주요 시설들은 지하화하는 전략을 구상한 것이다. 북한은 한국전쟁 동안 전시생산을 보장하기 위해 중요생산시설을 안전한 지대에 분산배치하고 지방 공업기지를 여러 지역에 신설하고자 한 바가 있었다(김익성 외, 1989: 291). 전쟁이 끝나자 본격적으로 만약에 있을지 모르는 전시를 대비하여 산업시설을 여러 지역으로 분산시키는 산업화 전략을 추진한 것이다. 이러한 지역분산 전략에 따라 전후복구 3개년 계획 기간 중에 새로 건설되는 공장, 기업소들은 희천, 상계, 덕천 등 북부 내륙 깊숙한 지역에 배치됐다. 전국적으로 군 단위에 고르게 배치할 것을 당의 정책으로 발표하여 군 단위에 중앙공업 가공공장과 탄광, 광산, 임산사업소, 수산사업소 등이 여러 개씩 배치됐으며 지방산업공장들이 10여 개씩 배치됐다(김익성 외, 1989: 291).

일반적으로 공장시설은 수자원을 활용할 수 있고 해외수출이 용이한 항구나 해안도시에 건설된다. 하지만 북한은 전시생산을 보장하기 위해 주요 산업시설을 지리적으로 분산시켜 내륙지역에도 공업을 발전시켰다.

김일성은 산업시설을 지역적으로 적절히 분산배치함으로써 전쟁발발 상황에서도 인민들이 경제생활을 영위하며 전투를 수행할 수 있도록 해야 한다고 설명했다. 지역별로 지방공업을 분산 · 발전시키는 것이 국방력을 강화하는 견지에서도 중요하다고 주장했다.

> 전시조건에서 인민들의 경제생활을 고려하여 생산력을 적당하게 배치하는 것도 국방력을 강화하는 데서 중요한 의의를 가집니다. 도시에만 공장을 집중시켰다가는 일단 유사시에 그것들을 옮기기도 힘들고 적의 공습이나 당하면 한꺼번에 다 마사질 수 있습니다. 그러나 온 나라 방방곡곡에다 지방산업공장들을 건설하여 놓으면 전시에 도시의 중앙공업이 마사져도 능히 먹고 입는 문제를 풀 수 있습니다. ... 이것은 국방상 큰 힘으로 됩니다.(김일성, 1962b: 254)

특히 지방 차원에서 지방공업을 튼튼히 발전시키는 것이 국방적 관점에서 매우 중요한 의의를 지니고 있음을 지적한다. 지방공업을 발전시켜 중소규모의 지방공장을 전국에 분산배치하면 일단 유사시에 생산을 계속하여 전선과 후방의 전시수요를 원만하게 보장할 수 있다는 것이다(김명훈, 1997: 11).

> 군들에 지방산업공장들을 튼튼히 꾸리는 것은 전쟁준비를 잘하는 데서도 좋습니다. 전쟁이 일어나면 적들이 큰 공장들은 파괴할 수 있지마는 지방산업공장들까지 다 파괴할 수는 없습니다. 매개 군마다 지방산업공장에서 천도 짜고 종이도 만들고 여러 가지 일용품을 많이 생산하면 전쟁이 일어나도 소비품에 대한 수요를 얼마든지 충족시킬 수 있을 것입니다.(김일성, 1975: 231-232)

동부-서부 지구

시 · 군 단위 지역자립체제가 강화되기 위해서는 전국적으로 분산된 산업시설을 효율적으로 활용해야 한다. 특히 도 단위에서 중앙공업을 효과적으로 이용하면서 도내의 각 지역별 분업과 협업체계를 갖추어야 한다. 북한은 경제적 · 군사적 관점에서 전국을 동부지구와 서부지구로 크게 이분화했다. 동부지구는 함경남북도, 량강도, 강원도를 포괄하고 서부지구는 평안남북도와 황해남북도, 자강도, 평양, 남포, 개성을 포함한다. 따라서 북한의 산업시설은 전략적 관점에서 동부지구와 서부지구로 분산되어 있고, 그 안에 다시 각 도 및 시 · 군별로 지역배치가 이루어져 있다(차석칠 · 박청송 · 박석규 외, 1990).

동부지구는 농업기반이 취약한 반면 함경도, 강원도 등에 석탄과 광물 등 자연자원과 다양한 산업시설들이 분포되어 있다. 북한에서 가장 큰 무산광산(함경북도)은 철과 무연탄 생산에서 큰 비중을 차지하며, 김책제철소도 전략적 중요성을 지니고 있다. 산림지대인 량강도에는 임산자원과 수자원이 풍부하다. 산업발전의 기반이 되는 전력은 동부지구와 서부지구가 비슷한 규모의 발전량을 보유한다. 서부지구는 수풍, 운봉, 강계청년, 장자강, 대동강, 미림갑문 등의 수력발전소와 북창, 평양, 청천강 등의 화력발전소를 확보하고 있으며, 동부지구에는 장진강, 부전강, 허천강, 3월17일, 부령, 통천 등의 수력발전소와 6월16일 화력발전소가 들어서 있다.

한편, 서부지구는 농업과 자연자원이 비교적 고르게 갖추어져 있어 동부지구보다는 자급자족체제를 유지하기에 유리하며, 평양, 남포, 개성 등 주요 도시가 자리 잡고 있기 때문에 중요하게 간주되고 있다. 서부지구는 북쪽(평북)에 옥수수 생산과 남쪽(황남)에 쌀과 과일생산이 큰 비중을 차지하여, 지역농산물을 활용한 물엿, 포도당, 전분 등 지방식료산업이 발전했다. 동시에 자연자원과 산업시설도 발달하여 평안남도에는 북한경제의 자급자족에 필요한 석탄이 북한 전체의 약 70~80%가 집중되어 있고, 황해북도[2]에는 황해제철연합기업소를 비롯하여 사리원광산기계공장, 2.8시멘트연합기업소, 만년광산, 수안광산, 홀동광산, 은파광산 등 중요한 국영기업소가 자리 잡고 있어 국가적 차원에서 중요한 지역으로 간주되고 있다.

서부지구에서 신설공업지대로 발전한 자강도는 전국적 차원에서 매우 중요한 지역이다. 이 지역은 기존의 공업시설이 밀집된 지역을 피하여 산업시설을 희천, 강계, 덕천(평남) 등 북부내륙지역으로 분산한다는 정책에 의해 개발된 지역이다. 전국적으로 볼 때 북부내륙지역에 대규모 공업단지가 새로 조성되어 있는 셈이다. 자강도의 희천시에 희천공작기계공장과 2.26공장이, 강계시에 강계건설기계공장과 강계농기계공장 등 중요한 기계공업이 발전됐다.

---

2 황해북도는 북한에서 지방공업의 비중이 가장 높은 지역으로 공업생산액을 기준으로 볼 때 중앙공업과 지방공업이 각각 절반씩 차지한다.

중앙과 지방

산업을 지역별로 분산시키는 정책이 산업시설을 전국에 지리적으로 균등하게 분산시킨 것은 물론 아니다. 각 지역별로 구분해 볼 때 주요 공업시설은 도 소재지와 시 등 교통이 편리한 철도 주변의 공업도시에 집중될 수밖에 없다. 특히 규모가 큰 중앙산업공장들은 도시지역에 분포되어 있다. 지방산업이 군 단위로 이루어지는 데 비하여 현대적이며 대규모로 갖추어진 중앙산업을 도 단위에서 상호 유기적으로 연결시킴으로써 지역별 자립도를 높이는 것이다. 도 소재지를 중심으로 주요 공업시설이 집중되어 있고 광산, 탄광, 임산사업소, 수산사업소들은 로동자구에 분산되어 있다. 도시지역에는 대규모 중앙산업을 건설하고 농촌지역에는 지방산업을 배치하여 균형을 이룬다.

200여 개 지역에 들어서 있는 각종 공장을 경영주체에 따라 나누어 보면 중앙산업공장과 지방산업공장으로 분류된다. 즉 중앙경제기관의 관할하에 전국적인 규모로 소비품을 생산 · 공급하는 중앙공업이 있고, 지방기관에 소속되어 중소규모로 소비품을 생산하는 지방공업이 있는 것이다. 그러나 지역에는 중앙기관이 관리하는 생산수단을 생산하는 공장과 기업소도 들어서 있다. 즉 주민소비품을 생산하는 식료공장, 방직 및 피복공장, 일용품공장, 도자기공장 등과 함께 생산수단의 생산을 담당하는 중공업의 성격을 띤 기계공장, 화학공장, 건재공장, 유리공장, 펄프 및 제지공장, 중소규모 탄광, 광산, 발전소 등도 갖추어져 있다.

시 · 군 단위에서 산업시설의 지역분산 배치를 보면 각 지역에 중앙공업의 가공공장과 탄광, 광산, 임산사업소, 수산사업소 등을 건설하고 지방산업공장을 별도로 건설하여 운영하고 있다. 공업시설을 지역에 분산배치하기 위해 건설된 지역이 로동자구다. 현재 전국적으로 251개의 로동자구가 건설되어 있다. 로동자구는 대부분 원료, 연료, 동력 생산단계의 공업도시다. 로동자구는 크게 탄광, 광산, 임산 지역으로 성격이

〈표 1-1〉 영변군의 주요 공장 · 기업소의 조업 연대

조업 연대	중앙공업	지방공업
1946~50	영변견직공장, 팔원견직공장, 양곡가공공장	가구생산협동조합
1951~60	전기자기공장	맹인일용품공장, 식료공장, 농기구공장
1961~70	옥창광산	피복공장, 분강피복공장, 철제일용품공장, 목도리공장
1971~80	-	종이공장, 벽돌공장, 배합먹이공장
1981	-	기름공장, 기계수리공장

구분된다. 탄광로동자구는 석탄 등의 연료를 채취하고 선별하여 수송하는 일을 전문적으로 담당하고, 광산로동자구는 광석의 채취와 선광 및 수송을 담당한다. 삼림자원을 수집하고 가공하는 임산로동자구도 있다. 농업지역인 황해남북도에는 로동자구가 상대적으로 적을 뿐만 아니라 량강도와 마찬가지로 탄광이나 발전소 개발을 위한 로동자구는 없는 것으로 보인다.

탄광과 광산, 전력, 금속공업, 기계공업, 화학공업, 철도, 자동차공업 등 국가에서 관리하는 중앙공업 부문은 지역자립체제를 유지하는 데 중요하다. 그 가운데서도 유사시를 대비한 지역자립체제를 구축하는 데 필요한 기초에너지를 제공하는 탄광과 광산 개발은 중요하다. 북한경제는 자급자족을 위해 탄광과 광산 개발을 적극적으로 추진했다. 전국적으로 유망한 지역에 대규모 탄광을 개발하는 한편, 석탄이 매장되어 있는 곳은 전국 어느 지역을 막론하고 중소규모 탄광을 개발하도록 정책을 추진했다. 로동자구는 탄광이나 광산 개발지역이 절반 정도를 차지하며 나머지는 임산, 수산, 군수산업 지역 등으로 형성되어 있다.

해안과 내륙

공업시설의 분산배치는 경제적 측면에서 전통사회가 남겨 놓은 지역적

차이를 없애고 합리적인 재생산의 지역적 균형발전을 보장하는 방도이며 지역적 분업과 협업의 조화를 실현하는 항구적 요인으로 작용한다. 이러한 논리에 근거하여 북한은 산업과 철도가 주로 동해안 및 서해안 지대에 편중되어 있던 것을 농촌지역과 내륙지대로 연결시켰다고 주장한다(리기성, 1992: 374). 따라서 산업시설의 분산배치는 원료확보라는 경제적 목적 외에도 사회정책적 목적을 띠고 있다고 할 수 있다. 탄광과 광산, 발전소를 비롯하여 전문식료품공장, 도자기공장 등을 원료생산지에 근접한 지역에 건설하는 것도 원료확보라는 단순한 경제적 목적 외에 중소규모의 지방산업시설을 고르게 분산시킨다는 지역분산정책에 근거하고 있다(윤복녀, 1992: 19). 북한은 대규모 중앙공업과 중소규모 지방공업을 지역별로 균형 있게 배합하여 발전시키는 생산력의 분산배치를 실시함으로써 주민들의 지역 간 생활격차를 줄이고 재생산의 지역적 균형을 보장할 수 있게 됐다고 주장한다(리기성, 1992: 374-375). 이러한 지역발전개념에 근거하여 산업시설의 집중화를 방지하고 분산배치를 실시하고 있다.

이같이 경제-국방 병진전략에 입각하여 산업시설을 전국적으로 분산배치하는 것이 경제적으로 반드시 비효율적이 아니라는 점이 공식적으로 강조됐다. 산업시설의 지역별 분산배치는 가능한 한 그 지역에서 재원조달과 생산물의 수급을 자력갱생의 원칙에 입각하여 시행하며 결과적으로 경제 · 국방을 발전시킨다는 정책으로, 경제적 측면에서도 유리하다는 주장이다. 즉 원료산지에 가까운 위치에 공장을 건설하여 원료를 쉽게 확보함으로써 불필요한 비용을 줄인다는 것이다. 또 상품의 생산과 소비를 가능한 한 가까운 지역에서 이루어지도록 함으로써 수송비를 절감한다는 생산-소비 근접화 원칙은 산업시설의 지역적 발전을 가능케 한 또 하나의 요인이라고 할 수 있다.

산업시설의 지하화

한편, 북한은 자위국방을 도모하기 위해 지역적 특성에 따라 산업시설을 지하화하는 작업을 추진해 왔다. 예컨대 산지가 많은 자강도에는 특별히 지하공장을 많이 건설하도록 방침을 정했다. 김일성은 1971년 2월 자강도의 간부들에게 한 연설에서 산이 많은 자강도의 지역특성을 살려 지하공장을 많이 건설하도록 지시한 바 있다.

> 자강도 건설에서 중요한 것은 지하공장을 많이 건설하는 방향으로 나가는 것입니다. 자강도는 산이 많고 벌이 적은 조건에서 될수록 공장들을 지하에 건설하는 것이 좋습니다. ... 공장을 땅 밑에 건설하면 운영비가 적게 들어 좋습니다. 공장을 땅 우에 건설하면 겨울철에 난방용 석탄이 많이 요구되지만 땅 밑에 건설하면 난방용 석탄이 적게 듭니다. 그렇기 때문에 추운 지대에 있는 북구라파 나라들에서도 지하공장을 많이 건설하고 있습니다. 지하공장은 건설하기도 쉽습니다. 굴을 뚫고 거기에 통풍시설을 하여 환기와 습도 조절이 잘되게 하고 조명을 밝게 하면 됩니다. ... 앞으로 지하공장을 많이 건설하려면 지하건설연구소 같은 것도 내오고 어떻게 하면 지하공장을 빨리 건설할 수 있겠는가 하는 것을 비롯하여 지하건설에서 나서는 문제들을 연구하여야 합니다.(김일성, 1971a: 96-97)

김정일도 산업시설을 지하에 건설하는 것이 '우리식 공장건설방식'이라고 하면서 지하공장을 많이 건설할 것을 각곡히 지시했다(김광욱, 1999: 2). 지하공장을 건설하는 일이 지상건물을 건축하는 일보다 경제적으로 불리할 것이라는 일반적 견해와는 달리, 북한은 김일성 · 김정일의 지하공장건설 방침을 뒷받침하기 위해 지하공장건설이 여러 측면에서 유리하다고 평가하고 있다.

지역의 자위국방을 위해 산업시설의 지하화를 추구한 북한은 지하산업시설의 건설이 경제적인 면에서 유리하다고 주장한다. 김광욱은 대표적인 경제이론잡지인 『경제연구』에서 지하공장 건설의 이점을 다섯 가지로 설명한다(김광욱, 1999: 2-4). 지하공장은 첫째, 농경지를 침범하지 않고 공장의 건설부지를 확보할 수 있기 때문에 산이 국토의 80%를 차지하는 북한의 지리적 환경에서는 필요하다. 둘째, 암반지역을 선정하고 건설방법을 개선하여 굴착속도를 높이면 건설원가를 지상건설보다 줄일 수 있다. 셋째, 비교적 건설공정이 단순해서 땅속에 굴을 뚫고 환기, 조명시설을 갖추고 생산설비를 조립하면 완성된다. 넷째, 난방비, 건물보수비, 환경비용 등 공장관리운영비가 적게 든다. 마지막으로 지하공장은 국방력을 강화하는 데 기여한다는 점이다.

현대전의 승패는 현대적 무기의 타격에 안전하게 대피할 수 있는 지하갱도를 건설하는 것과 정상적인 생산을 보장할 수 있는 지하공장을 질적으로 많이 건설하는 데 달려 있다고 주장한다. "지하공장 건설이야말로 경지면적이 제한되어 있고 연료가 긴장한 우리나라의 실정에 맞는 우리 식의 주체적인 공장건설 방식이며, 적은 밑천을 가지고 더 많은 생산과 건설을 진행할 수 있는 경제적인 공장건설이며, 우리 당의 자위적 군사로선의 요구에 맞는 혁명적 공장건설방법"이라고 결론짓고 있다(김광욱, 1999: 4). 북한은 현 정세로 볼 때 전시에도 안전하게 생산을 보장할 수 있는 지하공장을 건설하는 것이 무엇보다 시급하다고 주장하고, 이러한 지하공장은 국방적 관점에서뿐만 아니라 사회경제적 차원에서도 이점이 있음을 설명한다.

대남 땅굴작전

이처럼 지하갱도로 산업시설을 배치하는 땅굴작전은 1970년대 대남정책에서도 여지없이 발휘됐다. 북한은 남한을 군사적으로 침투하기 위해 1970년대에 휴전선 밑을 통과하는 땅굴을 파고 들어왔다. 북한의 땅굴은

1974년 11월 15일 경기도 연천군 장남면 고랑포에서 처음으로 발견된 후, 1975년 3월 19일 강원도 철원군 근동면에서, 1978년 10월 17일 경기도 파주시 장단면 판문점 부근에서 차례로 발견됐다. 이때까지만 해도 북한의 땅굴은 서부와 중서부 전선에 집중된 것으로 판단됐다. 그러나 1990년 3월 3일 강원도 양구군 해안면에서 네 번째 땅굴이 발견됨에 따라 우리나라의 모든 전선에 땅굴이 존재한다는 것이 확인됐다.

1974년에 첫 땅굴이 발견됐으니 대남땅굴을 파기 시작한 시기는 그보다 수년 전일 것이다. 북한은 이른바 김일성의 '9.25교시'에 의하여 대남땅굴을 파기 시작했다고 한다. 1971년 9월 25일 당의 대남공작 총책이던 김중린과 북한군 총참모장 오진우 등에게 "남조선을 해방하기 위해 속전속결 전법을 도입하여 기습전을 감행할 수 있게 하라"는 명령이 떨어지면서 개시됐다고 한다(한국민족문화대백과사전, 2015). 이에 따라 북한에서는 각 군단별로 땅굴작전이 수행됐으며, 1997년 미국 해병대가 발간한 『북한 핸드북』에 따르면, 남침 땅굴은 모두 합하여 20여 개가 있는 것으로 추정된다(『동아일보』, 1999.9.13.). 북한 로동당 연락부 소속으로 월남한 귀순자 김부성과 북한군 소위 김대윤의 증언에 따르면, 본인들이 직접 참여하여 "1972년 1월부터 땅굴을 파기 위한 측량에 나섰고 9월부터는 직접 컴프레서 요원으로 땅굴작업에 동원됐다"고 한다. 북한의 땅굴굴착작업은 1972년 '7.4남북공동성명'을 발표하고 그해 8월 30일 제1차 남북적십자회담을 비롯하여 제7차 남북적십자 본회담을 거쳐 1973년 8월 28일 남북대화 중단선언을 할 때까지도 계속됐으니, 당시 북한의 남북협상은 땅굴작전 수행을 위장하기 위한 속임수였다는 의혹도 제기되는 것이다(김철희, 1993: 46-76).

북한이 전국을 200여 개의 지역으로 구분하고 지역별로 자립경제와 자위국방체계를 구축하는 것은 사회정치적 생명체론에 의해 설명된다. 사회조직에서 개인과 전체는 유기체와 세포의 관계를 맺는다. 마찬가지로 전국의 각 지역은 전체 경제유기체를 이루는 지역세포로서 기능한다고 볼 수 있다. 북한의 사회과학자 리기성은 북한경제에 대해 '경제유기체'라는 표현을 사용한다(리기성, 1992: 372). 북한의 경제를 전사회적 경제유기체로 보고 지역적 분업과 지역분산화를 통해 경제유기체가 균형 있게 발전하고 있다고 평가한다. 북한이 이처럼 전쟁 이후 산업시설을 전국으로 분산시키고 주요 산업시설을 지하에 건설하며 땅굴 파기에 집착한 것을 보면 한국전쟁이 얼마나 북한에 심대한 충격을 주었는지 짐작할 수 있다.

4. 지역자립체제의 작동체계: 거시적 사회주의 체계 내의 미시적 시장 메커니즘

자급자족적 행정구역

북한 지역자립체제의 특징은 시 · 군(구역) 단위 이상의 지역에서 자급자족이 가능한 형태로 행정구역을 편성하고 있다는 점이다. 남한이나 다른 나라의 경우, 도시지역은 상업과 서비스 지역, 주민거주 지역이 대부분을 차지하는 반면, 농촌지역은 식량을 생산하는 농업지대로 되어 있는 것이 보통이다. 그러나 북한은 도시건 농촌이건 모든 지역에 농업과 공업을 동시에 병행하는 자립적 혹은 자급자족적 체제를 발전시킨 것이다. 일정 지역에서 자급자족하기 위해서는 그 지역이 최소한의 농업과 공업 시설을 함께 갖추고 있어야 하기 때문이다. 〈표 1-2〉에 나타난 대로 시와 군, 구역 등 모든 행정단위에 농업지대와 공업지대를 동시에 갖추고 있다. 특별시나 직할시, 광역도시, 일반 시 등 도시 행정구역에 상업시설이나 주택만 있는 것이 아니라 식량을 생산할 수 있는 협동농장이 포함되어 있다. 행정구역상 리(里)는 한 개의 협동농장을 의미하는데, 도시지역임에도

〈표 1-2〉 자급자족적 행정체계

행정단위	도시상공업지대	농촌농업지대
특별시 · 직할시	구역	군
시 · 구역	동	리
군	읍 · 로동자구	리

불구하고 농업지대인 군과 리를 포함함으로써 도시의 취약점인 농업생산 기능을 보강한 것이다. 반면에, 농촌지역에는 '로동자구'라는 공장지대를 건설하여 농업과 공업을 병행함으로써 자급자족 체제를 갖추도록 했다.

평양직할시의 경우를 예로 들면, 〈그림 1-1〉에서 볼 수 있듯이 여러 개의 구역과 몇 개의 군으로 편제되어 있다.[3] 즉 도시지역 행정단위인 구역과 농촌 행정단위인 군이 동시에 평양시 안에 포함되어 있는 것이다. 강남군과 강동군이 평양직할시에 포함되어 있는 것은 유사시에 평양시민에게 안정적인 식량을 공급하기 위해서다. 그런가 하면, 구역 단위에도 농업지대와 공업지대가 동시에 갖추어져 있다. 〈그림 1-2〉는 평양직할시의 한 구역인 형제산구역의 행정지도다. 형제산구역 안에도 도시지역인 11개 동과 농촌지역인 5개의 리가 공존해 있다.

농촌지역의 경우, 아래의 〈그림 1-3〉 북창군의 예에서 볼 수 있듯이, 1개의 읍과 23개 리, 4개 로동자구로 되어 있다. 읍은 도시지역이고, 리는 협동농장이 있는 농촌지역이며, 로동자구는 공업지역이다. 따라서 군 단위 지역도 모두 농업지대로만 되어 있는 것이 아니라, 공업시설이 들어서

3 〈그림 1-1〉은 2010년 행정구역 조정 이전의 것으로 2010년 강남군, 중화군과 상원군, 승호구역이 황해북도로 편입됐다가 2011년 강남군이 다시 평양직할시로 재편입되어 현재 18개 구역, 2개 군으로 구성되어 있다.

- 구역: 대동강, 대성, 동대원, 락랑, 력포, 룡성, 만경대, 모란봉, 보통강, 사동, 서성, 삼석, 선교, 순안, 은정, 중, 평천, 형제산
- 군: 강동군, 강남군

※ 중화군과 상원군, 승호구역은 황해북도로 편입(2010년)

〈그림 1-1〉 평양직할시의 행정구역

자료: 조선일보사. nk조선/지도/평양/대동강구역
http://nk.chosun.com/bbs/list.html?table=bbs_13&idxno=564&page=1&total=2&sc_area=T&sc_word=평양(검색일: 2015.6.15.)

있는 로동자구를 의도적으로 개발하여 농업과 공업이 동시에 병행하도록 행정구역을 편성했다.

지역자립체제는 시 · 군 단위로 자립적 지방재정을 운영하고 있다는 점에서 제도적으로 뒷받침된다. 북한은 중앙과 지방 간의 기능 및 재원을 분할하고 지방공업의 발전에 의하여 시 · 군 단위로 소비재를 자급자족하게 함으로써 지방예산 수요를 지방 자체의 재원으로 조달한다. 각 시 · 군은 지방예산에 소속된 기관 및 기업소로부터 수입을 확보하여 국가의

- 동: 상당동, 석전동, 중당동, 하당1동, 하당2동, 신간1동, 신간2동, 신간3동, 서포1동, 서포2동, 서포3동
- 리: 천남리, 제산리, 형산리, 신미리(동), 학산리(동)

〈그림 1-2〉 평양직할시 형제산구역의 예
자료: 조선일보사. nk조선/지도/평양/대동강구역
http://nk.chosun.com/bbs/list.html?table=bbs_13&idxno=564&page=1&total=2&sc_area=T&sc_word=평양(검색일: 2015.6.15.)

보조 없이 자체적으로 재정을 운영한다. 지방재정을 자체적으로 충당하기 위해 지방공업과 농업, 수산업, 인민봉사사업, 수매사업 등을 적극 개발해야 한다. 또한 지방특산물을 활용한 지방산업과 가내반 · 부업반의 8.3인민소비품 생산 · 판매, 외화벌이, 관광산업 등을 통해 부분적으로 자립체제를 운영하기 위한 재정을 마련하고 있다. 유통부문에서도 8.3인민소비품을 수급하는 전문상점과 직매점을 설치하여 지방재정을 충당한다.

■ 1개 읍, 23개 리, 4개 로동자구
■ 수옥리, 남양리, 송사리, 매현리, 신석리, 삼룡포리, 회안리, 송림리, 원평리, 잠상리, 석산리, 룡산리, 대평리, 관하리, 연류리, 남상리, 광로리, 신복리, 소창리, 신평리, 가평리, 상하리, 봉창리
■ 로동자구: 풍곡, 북창, 송남, 인포 (보업, 갈골, 명학, 득장)

〈그림 1-3〉 북창군의 예

자료: http://nk.chosun.com/bbs/list.html?table=bbs_13&idxno=4394&page=1&total=1&sc_area=T&sc_word=북창군(검색일: 2015.6.15.)

지방공업의 육성과 시장사회주의

지역자립체제를 분석할 때 중요한 것은 현재 지방기관이 재정적으로 자립해 있는가 그렇지 않은가 하는 문제가 아니라 유사시에 지리적 이동이 차단되더라도 자급자족 체제를 지탱할 수 있는가 하는 점이다. 현재는 지역에 들어선 중앙산업시설과 지방산업시설, 농장에서 생산된 많은 물품을 중앙으로 올려 보내고 있다. 그런데 유사시에 지역에 들어선 산업시설과 농장 등 물리적 토대를 활용하여 재정적 · 경제적으로 자립할 수 있는 구조가 갖추어져 있는가 하는 것이 중요하다. 현재 중앙산업과 지방산업의 비율은 각 지역별로 다르지만 대개 중앙공업이 60~70% 정도이고 지방공업이 30~40%를 차지한다. 또한 시 · 군 단위로 자급자족체제를 구축하기 위해서는 일정한 규모의 노동력을 확보할 수 있어야 한다. 북한이 그동안 시 · 군 범위를 넘어서는 지리적 이동을 통제해 온 것은 지역자립체제의 효율적인 작동을 위한 자연스러운 조치라고 볼 수 있다. 제한된 지역공동체에서 자립을 하려면 노동력의 급격한 이동은 경제활동에 큰 타격을 줄 수가 있다. 따라서 일정한 수준의 노동력을 항상 유지하는 것은 필수적이다.

지역자립체제를 가동하기 위해 가장 중요한 부분인 농업의 생산과 관리를 시 · 군이 실질적으로 책임지고 있으며, 계획수매와 자유수매 등의 방법을 동원하여 곡물을 확보한다. 또 먹는 문제를 지역에서 자립적으로 해결하기 위해 과수업과 수산업, 축산업 개발도 중요한 비중을 차지한다. 지역 차원에서 먹는 문제를 원활하게 해결하기 위해 종합시장에서의 교환과 거래를 제도적으로 허용하고 있고, 축산물, 수산물, 농산물에 대한 작업반, 분조, 개인의 부업 장려, 시장적 교환 메커니즘 활용 등 시장체제를 도입하여 운영하고 있다.

지역자립체제의 골간을 형성하는 지방공업의 건설은 중공업과 경공업, 생산과 소비, 도시와 농촌의 균형적 발전을 도모하기 위한 장치임과 동시에 전쟁에 대비한 중소규모 산업의 분산적 발전전략의 일환으로 추진됐다. 북한은 1958년 6월 로동당 중앙위원회 전원회의, 1959년 10월 전국 지방산업 및 생산협동조합 열성자대회, 1962년 창성련석회의 등을 계기로 시 · 군 단위에서 인민소비품을 생산하는 중소규모의 지방산업공장을 적극 건설했으며 현재 군 단위에 평균 20여 개의 지방공장이 건설되어 있다. 공업생산액 측면에서 지방산업은 전체의 30~40%로 중앙산업보다 적지만 공장수로는 압도적으로 많다. 지방산업은 지역에서 확보할 수 있는 원료를 이용하여 가정주부 등 유휴노동력을 활용하여 지역 자체적으로 공장을 유지할 수 있기 때문에 자립성이 높다. 북한의 경공업은 절반 이상이 이러한 지방산업으로 운영된다. 지역단위의 외화벌이 사업과 8.3인민소비품, 종합시장, 각종 편의시설들은 지역단위에서 자급자족하는 데 필요한 주요 원천이 되고 있다.

북한은 사회주의 제도와 생산방식을 운영하고 있기 때문에 전국적 규모에서 자본주의적 시장경제나 경영방식을 도입하고 있지는 않다. 그리고 지역 내에서도 중앙산업과 협동농장의 소유나 운영방식은 여전히 사회주의적 틀을 유지하고 있다. 개인 소유가 아직은 제한되어 있어서 협동조합이나 외화벌이사업의 형태로 사적 이윤을 추구하고 있다. 그럼에도 지역주민들의 생활양식은 지역별 자력갱생을 추구하는 지역자립체제 하에서 편의시설, 인민소비품, 외화벌이 등에 참여하여 사적 이윤추구와 시장적 교환메커니즘을 배우고 있다. 2014년 '5.30조치'는 북한의 모든 공장과 기업, 회사, 상점까지 자율경영권을 부여하여 생산과 분배, 무역에 이르기까지 공장과 기업의 독자적인 자주경영권이 강화됐다. 북한의 지역별 자립경제체제는 거시적 사회주의 체제에 미시적 시장메커니즘을 작동시키고 있는 북한식 시장사회주의라 할 수 있다.

5. 체제 유지의 물적 토대

극한의 생존모델

이러한 북한의 지역자립체제는 자위국방 능력을 증대시켰다는 점에서 두드러진 강점을 지닌다. 북한이 추진한 지역자립체제는 전쟁과 같은 유사시에 보급로가 차단되더라도 시 · 군 단위로 자급체제를 유지하면서 장기전투를 수행할 수 있도록 고안된 것이었다. 전쟁발발의 위험이 상존하므로 중소규모의 지방산업공장을 각 지역에 분산 · 건설하고 농장을 배치하여 자급자족하는 체제다. 각 지역에 주둔하는 군대와 지역주민이 '군민일치운동' 등 지원 · 협력체계를 갖춤으로써 지역방위를 책임진다. 따라서 전쟁이 일어나면 각 지역에서 경제적으로 생존을 유지하면서 게릴라전을 수행할 수 있는 자위국방 능력이 증진됐다.

이뿐만 아니라 이러한 지역자립체제는 북한체제의 최소 생존능력을 보장한다. 군 단위에서 농장과 탄광, 생필품공장, 군수공장 등을 고루 갖추도록 한 지역자립체제는 처음부터 경제적 효율성을 바탕으로 한 것이 아니었다. 그보다는 폐쇄된 환경에서 생존능력을 배양하는 것을 최대의 목표로 추구하는바, 이런 점에서 북한은 소기의 목적을 달성했다고 볼 수 있다. 지역자립체제는 국가발전이나 경제발전과 같은 낙관적 토대에 기초한 것이 아닌 체제의 최소한의 생존을 모색하는 전략이기 때문이다.

지역자립체제는 또한 주거-직장, 생산-소비의 근접화를 통해 비용을 절감하는 장점을 지닌다. 지역자립체제는 주민들이 일정한 지역에서 자급자족적으로 생활할 수 있도록 보장함으로써 주거와 직장의 거리를 최대한 단축시키고 불필요한 사회적 · 경제적 비용을 절감할 수 있게 된다. 또한 지역 간 운송비를 절약할 수 있고, 노동력의 불필요한 지리적 이동을 차단함으로써 인구가 도시에 집중되는 폐단도 방지함과 동시에 지역 내에 일정한 노동력을 유지할 수 있다.

지역자립체제의 최소 생존능력 배양이 외부로부터 군사적 공격을 당했을 경우를 가정하고 있다는 점에서 북한의 지역자립체제는 한국전쟁의 철저한 패배경험에 근거한다고 볼 수 있다. 주요 도시와 산업시설의 광범위한 파괴와 대량 인명손실 등은 북한에 엄청난 심리적 충격을 주었다. 한국전쟁의 막대한 물적 · 인적 피해로 북한 지도부는 깊은 피해의식에 사로잡히게 됐고, 그 결과 소위 심리적 자폐증후군이 형성됐다고 볼 수 있다. 북한의 지역자립체제가 적극적인 발전전략이 아니라 극단적 상황에서 견딜 수 있는 소극적 생존전략으로 고착된 것은 바로 한국전쟁의 심리적 피해의식이 얼마나 큰가를 반영한다.

불균형 · 비효율성 · 폐쇄성

그런가 하면 지역자립체제는 북한의 발전과 근대화에 심각한 문제점을 초래하고 있다. 우선, 원래 의도와는 달리 지역 간의 격차가 심화됐다. 지역자립체제를 추진한 목적 가운데 하나는 모든 지역을 고르게 발전시킨다는 것이었다. 그러나 지역 간 불균형을 해소시킬 중앙정부의 능력부재로 군 간 경제수준에 차이가 생겨났으며, FAO/WFP 등의 보고서도 식량 배급량의 군 단위별 차이를 지적하고 있다. 북한 당국도 이러한 지역 격차의 심화를 인정하고 있으나 해결할 능력의 부재로 자력갱생의 원칙만을 강조하고 있는 실정이다.

둘째로는 산업구조를 왜곡시킴으로써 비효율성을 가중시키고 있다는 점이다. 산업시설의 규모 면에서 동일한 혹은 비슷한 중소규모 공장을 전국적으로 건설함으로써 '규모의 경제'로부터 얻을 수 있는 이점을 상실했다. 또한 먹는 문제를 자체적으로 해결하기 위해 농업에 노동력을 많이 투자함으로써 농업인력의 비대화를 초래했고, 지역 간의 이동과 교환을 억제함으로써 지역 간 운송체계와 사회간접자본의 기반이 매우 취약해졌다.

셋째로는 주민들의 지역 간 상호교류가 억제되어 사회적 폐쇄성이 더욱 심화됐다는 사실이다. 경제활동을 위해 타 지역으로 이동할 필요성이 없고 타 지역 사람들을 만날 기회가 적기 때문에 지역공동체를 넘어서는 인적교류가 매우 적다. 사회적 단절과 폐쇄성은 인권억압으로 이어지기 쉽다. 특히 같은 지역에서도 전시예비물자를 취급하는 지역주민들은 관리소 혹은 통제구역으로 분리되어 인권유린의 현장이 되고 있다.

북한체제를 지탱하는 물리적 공간

지역분산과 땅굴을 기반으로 하는 이러한 북한의 지역자립체제는 비상시를 대비한 지역분산형 자급자족 체제로 전쟁과 같은 열악한 조건에 적응할 수 있도록 만들어진 폐쇄적 발전전략이다. 규모의 경제나 비교우위 등의 경제적 개념을 따르지 않고, 오로지 전쟁 같은 유사시를 대비하기 위한 전투적이고 군사적인 개념에 지배됐다. 전쟁을 대비하기 위해 실질적으로 군비증강과 방위산업에 투자를 집중했고 지역별 자급정책을 심도 있게 추진한 것이다. 전투적 · 군사적 관점에 입각하여 지역별로 농업과 중소형 산업시설을 고루 갖춘 발전모형을 선택함으로써 경제적 효율성은 극도로 떨어질 수밖에 없었다.

이 같은 지역자립체제의 개념은 북한의 사회정치적 생명체론과도 일맥상통한다. 북한은 상부구조인 정치사회 분야에서 인민대중과 사회단체를 사회정치적 생명체를 구성하는 각각의 세포로 규정한다. 사회정치적 생명체 안에서 각 부분은 자생력을 가지고 발전함과 동시에 두뇌에 해당하는 중앙의 통제 속에서 전체와 조화를 이루면서 발전해 나간다. 상부구조와 마찬가지로 하부구조인 경제분야에서도 시 · 군(구역) 등 북한의 전 지역을 세포처럼 구획하고 자생력 있는 지역단위로 구축한다는 생각을 갖고 있다. 사회조직의 원리로 삼고 있는 사회정치적 생명체론은 경제조직과 발전모형에도 적용되고 있다고 볼 수 있다.

경제위기가 심화되고 군사적 긴장이 고조될수록 북한은 전쟁과 같은 특수한 상황을 염두에 두고 추구해 온 군 단위의 지역별 자급체제에 의존하려는 욕구를 느낄 것이다. 전쟁의 충격으로 형성된 불안과 자폐적 심리가 아직 치유되지 않은 북한은 안전에 대한 욕구가 매우 강하다. 탈냉전 이후 군사적 위기의 중압감을 심각하게 느끼고 있는 북한으로서는 지역자립체제의 전략만이 국가안보의 능력을 확보하면서 지역동원을 통해 경제를 발전시킬 수 있는 유일한 대안이라고 생각하고 있는 듯하다. 단기적으로 경제발전을 위한 대내적 자원을 최대한 동원하면서 개혁 · 개방의 정치사회적 부담을 덜고 체제의 안정까지 도모할 수 있는 가장 탄력적인 방법이기 때문이다. 결국 전시를 대비하여 구축한 지역자립체제는 극도로 취약한 사회상황에서 북한체제를 지탱하는 물리적 공간이 되고 있다.

제2장

계급에서 성분으로

1. 한국전쟁의 인적 손실

피해규모에 관한 남북한의 입장

북한이 전후 해결해야 했던 두 번째 과제는 전쟁 피해자들에 대한 처리 문제였다. 전쟁 피해자들의 문제가 심각했던 이유는 전쟁으로 사망하거나 실종된 인적 손실이 엄청났기 때문이다. 물적 손실 못지않게 인적 손실이 매우 컸다. 그러나 이처럼 한국전쟁이 끼친 심대한 영향에도 불구하고 한국전쟁으로 인한 북한의 피해실태에 대해 지금까지 진지한 관심을 기울이지 못해 온 것이 사실이다. 남한에서는 남쪽의 피해만을 부각시켰고 그 피해를 입힌 북한 쪽의 사정에 대해 언급하는 것은 금기시됐기 때문이기도 할 것이다. 북한의 피해를 언급하는 것이 마치 북한의 이데올로기에 동조하는 것으로 간주될 수 있다는 우려 때문에 북한의 한국전쟁 피해를 연구하는 일은 큰 부담을 안고 출발할 수밖에 없는 형편이었다.

탈냉전기에 들어 북한사회 전반에 스며 들어 있는 한국전쟁의 피해에 관심을 기울이게 된 것은 퍽 다행이다. 강정구(1991)와 김귀옥(1992)의 "한국전쟁과 북한의 사회주의 건설"은 북한의 한국전쟁 피해를 분석하고 그 경험이 정치, 경제, 사회 각 분야에 어떤 결과를 초래했는지를 심도 있게 분석했다. 이 연구들은 전쟁의 체험을 통해 자립, 자주, 자위의 국가정책과 주체사상, 반미주의가 어떻게 북한에 형성됐는지를 설득력 있게 보여 주고 있다. 그러나 자료의 부족으로 전쟁이 초래한 양적 피해, 특히 인적 손실에 대한 논의는 결여하고 있다. 한국전쟁의 결과가 전쟁 이후 북한사회의 성격을 규정할 만큼 심대한 것이었다면 그것은 단순히 전쟁의 물적 피해나 질적 체험만을 반영하는 것은 아닐 것이다. 그 기저에 전쟁으로 많은 사람들이 피해를 입은 사회적 조건이 형성되어 있었기 때문은 아닌가 하는 질문을 던져 본다.

북한의 입장에서도 이 문제를 접근하기는 쉽지 않다. 북한에서 출판된 『조선전사』는 제25권, 26권, 27권 세 권에 걸쳐서 한국전쟁의 역사를 다루면서도 얼마나 많은 북한사람들이 인적 손실을 입었는가에 대해서는 침묵한다. 전쟁의 잔인함을 폭로하기 위해 17만 명에 달하는 양민학살의 구체적 수치를 제시하며 조목조목 설명하지만 거기에서도 북한 전체의 인명피해에 대한 언급은 없다. 이는 한국전쟁으로 입은 북한의 인적 피해규모를 파악하는 것이 불가능하기 때문만은 아닌 것 같다. 한국전쟁의 승리를 주장하는 북한으로서는 만약 북쪽의 인명피해가 컸다고 할 경우 전승신화의 정당성이 훼손될 우려가 있기 때문일 것이다.

전쟁 이후의 사회구조 변화를 이해하기 위해서는 전쟁으로 인한 인적 피해규모와 그 특성에 대해 규명해야 한다. 즉 한국전쟁이 북한의 인구구성 변화에 어떤 결과를 초래했으며 이로 인한 계급정책의 변화를 살펴봄으로써 북한 사회구조 형성에 미친 전쟁의 사회적 결과를 분석해 보아야 한다. 따라서 연구의 일차적인 초점은 한국전쟁으로 북한이 과연 어느 정도의 인적 손실을 입었는가를 밝히는 데 모아진다. 주민들의 전쟁체험과 의식 상태는 구성원들의 상실에 전적으로 영향을 받았을 것이며, 사회정책 및 계급정책도 인적 구성과 가족구조의 변화를 반영하여 추진됐을 것이기 때문이다.

한국 정부의 자료는 북한의 인적 피해에 대해 충분한 자료를 제시하지 않고 있으나 북한군의 피해를 80만 명으로 보고 있다(국방군사연구소, 1997: 649). 이러한 추정은 전사자와 부상자, 실종자를 구분하지 않고 있을뿐더러 민간인 피해도 제외하고 있다. 또 다른 자료는 북한군의 피해를 총 93만 명으로 평가하는데, 이 가운데 사망자는 52만 명, 부상자는 40만 6,000명으로 구분한다(유완식 · 김태서, 1975: 137-138; 전쟁기념사업회, 1990: 480). 이 자료에서 밝혀진 북한군 사망자 52만 명 가운데는 행방불명자와 민간인 사망자를 제외하고 있기 때문에 행불자와 민간인의 피해를 포함하면 북한의 인적 손실 규모는 이보다 클 것이다. 또한 중국 인민군을 포함한 공산군 측의 병력손실을 150만~200만 명으로 평가하기도 하며, 중국군의 피해를 90만~123만 명으로 보기도 한다(국방부 전사편찬위원회, 1987: 168). 이처럼 추정치가 다양한 것은 자료부족 외에도 사망자와 부상자, 실종자에 대한 명확한 구분 없이 총체적 인명손실을 추계하고 있기 때문이다. 이러한 자료를 토대로 북한군의 인적 피해를 52만 명 내지 90만 명에 이르는 것으로 추정한다(전쟁기념사업회, 1990: 481).

북한 민간인 피해

북한군의 병력피해 외에 민간인 피해규모는 얼마나 되는가? 정부자료는 북한 민간인의 피해규모에 대해 사망자, 부상자, 행방불명자를 구분하지 않고 전체 약 200만 명으로 보고 있다(유완식 · 김태서, 1975: 137-138). 또 다른 자료는 북한 민간인 피해를 150만 명으로 잡고 있다(이북5도위원회, 1981: 79; 국방군사연구소, 1997: 663). 이 가운데 실제 사망자가 얼마나 되는지는 알 수 없다. 남한의 경우 부상자는 민간인보다 군인이 많

〈표 2-1〉 한국전쟁의 인적 피해

구분	민간인		군 인		기 타	
	북한	남한	북한	남한	중국군	미군
사 망	406,000	373,599	294,151	227,748	184,128	36,813
부 상	1,594,000	229,650	225,849	717,083	715,872	114,816
행방불명	680,000	387,744	91,206	43,572	21,836	6,198
계	2,680,000	990,995	611,206	988,403	921,836	157,827

자료: *Toitsu Chosen Shimbun*, June 27, 1970; Young Whan Kihl(1984: 42).

은 반면 사망자는 군인보다 민간인이 훨씬 많았다. 그렇다면 북한의 경우도 군인 사망자보다는 민간인 사망자가 더 많았을 것으로 추측해 볼 수 있다. 군인 사망자를 52만 명 정도로 가정하더라도 민간인의 인적 손실은 100만 명 이상이 된다.

일본 도쿄에서 발행되는 『통일조선신문』(1970.6.27.)은 한국전쟁으로 군인 61만 명, 민간인 268만 명 등 총 330만 명의 인적 피해를 입은 것으로 보도했다(〈표 2-1〉). 이 가운데 사망자와 실종자 등 인적 손실은 138만 명 정도 되는 것으로 평가한다(*Toitsu Chosen Shimbun*, 1970.6.27.; Kihl, 1984: 42). 사망자가 민간인 40만 6,000명, 군인 29만 4,000명이었고, 행방불명자는 월남자를 포함하여 민간인 68만 명으로 총 138만 명에 달했다는 것이다. 그러나 민간인 행방불명자 중에는 상당수의 월남자가 포함되어 있기 때문에 월남자를 제외하면 전쟁으로 인한 사망자와 실종자는 138만 명보다 줄어들게 된다.

북한의 인적 피해를 가장 크게 보는 사람은 브루스 커밍스(Bruce Cumings)와 존 할리데이(Jon Halliday)로 이들은 전쟁을 통해 민간인 200만, 군인 50만 등 최소한 250만 명이 희생됐다고 주장하고 있다(Halliday and Cumings, 1988: 202). 이들이 주장하는 숫자가 사망자를 의미하는지 아니면 부상자를 포함한 것인지 명확하지 않지만 사망자로 간주해야 옳을 것 같다. 만약 250만 명이 실제 사망자 혹은 실종자라면 이는 당시 북한인구의

25%에 해당하는 엄청난 규모다. 한국 정부와 유엔이 평가하는 북한의 민간인 피해 200만 명은 부상자를 포함하는 인적 손실을 총칭하는 것으로 실제 사망자 수치는 아니다. 이런 점에서 실제 사망자가 250만 명이라면 이는 북한사회에 커다란 충격을 줄 수 있는 규모일 것이다.

한국전쟁으로 인한 북한의 인적 손실을 파악하기 위해 지금까지 제시한 자료는 전쟁 사료들이다. 그러나 위에서 본 바와 같이 전쟁 사료를 통해 북한의 인적 손실규모를 정확히 분석하는 것은 한계가 있다. 여기에서 북한의 인구자료를 통해 북한의 인적 손실규모를 추정해 보자.

2. 인구자료에 의한 추정

절대인구의 감소

북한 공식인구 자료는 1949년과 1953년 사이에 약 113만 1,000명의 인구가 감소한 것으로 집계하고 있다. 〈표 2-2〉에서 보는 바와 같이 1949년 북한의 인구는 962만 2,000명이며 전쟁이 끝난 1953년 849만 1,000명으로 4년 사이에 113만 1,000명의 절대인구가 감소했다. 이는 1949년 북한인구 962만 명의 11.7%에 해당하는 규모다(Eberstadt and Banister, 1990: 52). 한국전쟁 기간은 만 3년이지만 북한의 인구자료가 1949년 말과 1953년 말로 되어 있기 때문에 여기에서 언급되는 한국전쟁 기간은 1950년, 1951년, 1952년, 1953년 4년으로 계산된다. 전쟁 전후 6개월씩 1년의 평상기간을 고려하지 못하고 있으나, 전쟁 전과 전쟁 후의 출산율, 사망률이 상쇄되어 전쟁기간 사망자를 추정하는 데 크게 영향을 미치지는 않을 수도 있다. 만약 전쟁기간 동안 출생이나 이동 또는 사망 등으로 인한 어떠한 인구변동이 없이 1949년의 인구가 그대로 유지됐다고 가정할 경우 전쟁으로 인한 인적 손실은 113만 1,000명이 될 것이다. 그러나 당시의

〈표 2-2〉 한국전쟁 전후 북한의 인구변화

(단위: 천 명)

시기	전체	남자	여자
1946년 말	9,257	4,629	4,628
1949년 말	9,622	4,782	4,840
1953년 말	8,491	3,982	4,509
1956년 말	9,359	4,474	4,885

자료: Eberstadt and Banister(1990: 52).

인구증가율을 고려하면 실제 인적 피해는 이보다 클 것은 분명하다. 따라서 한국전쟁 동안 북한의 인구손실은 최소한 113만 명은 넘는다는 계산이 나온다.

그렇다면 반대로 전쟁으로 인한 인적 손실 없이 북한의 인구가 1949년의 상태로 지속적인 성장을 했다면 1953년에 얼마나 되는가? 1949년의 자연인구증가율은 아래의 〈표 2-3〉에서 보는 바와 같이 인구 1,000명당 22.5명으로 기록된다. 1949년 당시 인구 962만 2,000명이 0.0225%의 속도로 증가했다고 가정할 경우 1953년 북한인구는 1,051만 7,646명이 된다. 1953년 인구가 849만 1,000명이므로 전쟁으로 인해 출생률이 감소되지 않고 1949년의 인구증가 속도가 그대로 유지됐을 경우 1949년부터 1953년까지의 기간에 202만 6,646명이 감소된 셈이다. 다시 말하면, 지리적 이동이 없다고 가정할 경우 같은 기간에 북한이 입은 인적 손실의 최대 규모는 적어도 202만 6,000여 명이 된다는 것이다.

인적 손실의 최대 규모가 적어도 202만 명이라고 한 이유는 만일 1949년의 출산율이 그대로 유지되면서 자연사망인구가 모두 전쟁기간에 사망한다고 가정하면 그 규모가 훨씬 늘어나기 때문이다. 즉 1949년의 출산율(41.2)이 전쟁기간에도 동일하게 지속됐다면 1953년의 인구는 1,131만 명이 될 것이고 1953년의 실제인구 849만 명과는 282만 명의 차이가 생긴다. 여기에서 자연사망자가 모두 전쟁기간에 죽었다고 가

〈표 2-3〉 한국전쟁 전후 인구증가율

(단위: 천 명)

연도	조출산율(CBR)	조사망률(CDR)	자연인구증가율	유아사망률
1944	31.3	20.8	10.5	204.0
1949	41.2	18.7	22.5	-
1953	25.1	18.1	7.0	-
1955	40.5	20.9	19.6	56.4

자료: Eberstadt and Banister(1990: 69).

정하면 전쟁기간에 발생한 인명피해는 최대 282만 명이 된다. 따라서 한국전쟁 기간에 북한이 입은 인적 손실은 최소 113만 명, 많게는 202만 명, 최대 282만 명까지로 추론해 볼 수 있다.

그러나 전쟁기간 중 실제 출산율은 1949년보다는 낮았을 것은 분명하다. 전쟁기간 중 실제 출산율을 알 수 없기 때문에 만약 전쟁기간 중의 실제 출산율이 1953년의 출산율과 같다면 어떤 결과가 나오는지 살펴보자. 전쟁기간 중인 1950년, 1951년, 1952년이 휴전상태에 들어간 1953년의 상황과 다를 수 있겠지만 〈표 2-3〉에서 보는 바와 같이 1953년의 출산율은 1944년의 31.3, 1949년의 41.2, 1955년 40.5와 비교할 때 매우 낮은 수치로 전쟁기간 중의 실제 출산율과 근접할 것으로 생각된다. 1953년의 출산율 25.1을 1950년부터 3년간의 전쟁기간에 적용했을 경우 1953년에는 1,062만 5,000명이 된다. 자연사망자가 전쟁기간에 모두 죽었다고 가정하면 전쟁기간의 인적 손실은 213만 명으로 계산된다. 사망률을 고려하면서 출산율을 적용하면 1953년의 인구는 989만 명으로서 전쟁기간 인적 손실은 140만 명으로 추산된다.

출산율을 고려한 인구변화

문제는 전쟁기간(1950~1953)에 실제 출산율이 어느 정도였는가 하는 것이다. 전쟁기간의 출산율과 사망률을 알 수 있다면 인적 손실이 실제로 어

〈표 2-4〉 한국전쟁 기간 중 출생자

연령(출생년도)	전체	남자	여자
36세(1956)	352,542	173,750	178,792
37세(1955)	222,207	109,842	112,365
38세(1954)	246,715	121,100	125,615
39세(1953)	213,468	104,739	108,729
40세(1952)	180,550	87,811	92,739
41세(1951)	145,761	71,306	74,455
42세(1950)	149,183	72,103	77,080
43세(1949)	257,661	125,647	132,014
44세(1948)	257,632	125,442	132,190

자료: DPRK Central Bureau of Statistics(1995: 7).

느 정도였는지를 파악할 수 있을 것이다. 북한이 1995년에 발표한 인구 자료에 의하면 전쟁기간인 1950~53년에 출생한 인구가 상당한 규모로 존재하고 있음을 알 수 있다. 〈표 2-4〉에서 볼 수 있듯이, 1950~1953년에 출생한 인구 가운데 1993년 말 현재 생존한 인구는 1950년 출생자 14만 9,183명, 1951년 출생자 14만 5,761명, 1952년 출생자 18만 550명, 1953년 출생자 21만 3,468명 등 총 68만 8,962명이다. 앞에서 최소 인적 손실을 113만 명으로 잡은 것은 68만 8,962명의 생존인구를 전혀 고려하지 않은 것이다. 따라서 유아사망률이나 남북 간의 인구이동과 같은 인구학적인 변수를 반영하지 않는다면 한국전쟁 기간 동안의 인명손실은 113만 1,000명과 68만 8,962명을 합한 181만 9,962명으로 추론할 수 있다. 이는 다시 말하면 전쟁기간에 손실된 인적 규모는 적어도 182만 명 이상이 된다는 것이다.

좀 더 자세히 들여다보면 전쟁기간의 실제 출생인구는 현재 생존해 있는 68만 8,962명보다 분명히 많을 것이다. 만약 전쟁기간 중 출생과 생존기회가 1953년과 같다고 가정하면 어떤 결과가 나오는가? 1993년 생존인구가 21만 3,468명인데 1953년의 실제 출산율은 25.1(전체인구 1,000

만 명이라면 25만 1,000명 출산)이므로 현존인구의 1.178배를 출산한 셈이다. 각 연도의 현존인구에 이 비율을 곱하면 전쟁기간 중 총 출생자는 약 12만 2,635명이 된다. 즉 현재 생존해 있는 인구와는 5만 4,000명 정도의 차이가 나므로 적어도 5만 명 이상의 추가 출생자가 있었다고 추측해 볼 수 있다.

68만 8,962명은 출생 후 40년 동안 생존한 사람들이다. 따라서 현재 존재하고 있는 인구를 근거로 사망률을 적용하여 전쟁 당시의 출생률을 역으로 추정하는 방법을 사용해 보자. 전쟁기간의 유아사망률이 어느 정도였는지 정확히 파악할 수는 없지만 〈표 2-3〉에서처럼 전쟁 전후의 유아사망률을 적용해 볼 수 있다. 1944년의 204.0명과 1955년의 56.4명인 상황을 고려하여 전쟁기간에 유아사망률을 100.0명으로 계산한다면 약 6만 8,896명이 된다. 즉 최소한 이 수만큼의 인구는 전쟁기간에 출생한 인구범주에 포함시키는 것이 마땅하다.

또 유아기를 지나 현재까지 생존하지 못하고 사망한 자연사망인구 중 일부분도 전쟁기간에 사망했을 것으로 보인다. 당시의 기대수명을 보면 1936~1940년의 경우 38.4세, 1957년에는 57세였던 사실로 미루어 보더라도 조사 당시까지 사망자는 많을 것이다(Eberstadt and Banister, 1990: 74). 만약 1949년의 자연사망률을 적용하면 1만 2,883명의 사망자가 발생한 것으로 나온다. 이 가운데 일부는 전쟁기간에 출생하여 사망했을 것이다.

그렇다면 전쟁기간의 출생자 가운데 현재 생존해 있는 인구규모를 근거로 추정할 때 유아사망자 6만 8,896명과 자연사망자 일부를 합하면 7만~8만 명이 전쟁기간의 인적 손실 범위에 포함될 수 있다. 물론 실제 출생자는 여기에 제시된 수치보다 많을 것이고 따라서 전쟁기간의 사망자도 이보다 많을 것이다. 그러나 8만 명 정도를 전쟁기간의 손실인구로 보고 181만 9,962명에 이 숫자를 더하면 한국전쟁 기간 중 북한이 입은 인적 손실은 총 190만 명이 된다.

남북 인구이동 변수

여기에 마지막으로 지리적 인구이동 변수를 계산해야 한다. 즉 한국전쟁 기간 중 북한이 입은 인적 손실 가운데 전쟁으로 인한 직접적인 사망자를 파악하려면 전쟁기간 중 남쪽으로 월남한 인구와 북쪽으로 월북한 인구가 얼마인지 파악해야 한다. 월남자와 월북자와의 차이만큼 북한은 지리적 인구이동으로 인적 손실을 입었다고 볼 수 있다. 따라서 위에서 추정한 인적 손실에서 인구이동으로 인한 손실을 제외하면 전쟁으로 인해 직접적으로 사망하거나 실종된 인적 손실의 전모가 드러날 것이다.

월남자 숫자에 대해서는 의견이 분분하다. 월남자는 한국전쟁 이전 월남자와 전쟁기간 중 월남자로 구분할 수 있는데, 여기에서 관심을 갖는 것은 전쟁기간 중 월남자 규모다. 일반적으로 이북5도청은 남한에 살고 있는 월남자를 500만 명으로 추산하는데 이 경우 전쟁기간의 월남자를 100만 명으로 잡는다. 그러나 월남자 숫자에 대한 이 추산은 다소 과장된 것으로 보이며, 학자들은 월남자 인구를 65만 명 정도로 추산한다(전광희, 1992: 60-92). 한국 내무부는 1955년 '제1회 간이 총인구조사'에서 전쟁기간의 월남자 수를 44만 9,929명으로 발표했다. 1960년 내무부 통계국이 조사한 『국세조사』에 의하면 북한출신(출생) 인구가 64만 명으로 집계됐다. 이 64만 명 가운데는 전쟁 이전 월남자도 포함되는바, 1955년 실시한 조사에서 전쟁 이전 월남자가 28만 명이었던 점을 고려하면 전쟁기간의 월남자 규모가 45만 명 정도라는 것은 근거 없는 수치는 아니다. 1990년의 『인구주택총조사』에서도 북한출신(출생) 인구, 즉 전쟁 전 월남자와 전쟁 중 월남자를 포함한 모든 북한출신 인구가 총 41만 7,632명으로 나타나고 있는 사실로 미루어 볼 때 전쟁기간의 월남자 숫자는 45만 명에 가까울 것으로 생각된다. 월남자 규모를 공식 통계자료인 44만 9,929명으로 상정할 것인지, 아니면 65만 명으로 상정할 것인지에 따라 피해규모 추정은 달라지며, 만약 월남자 숫자가 위에서 언급한 대로 100

만 명이라고 하면 피해규모는 줄어든다.

그런데 북쪽에서 남쪽으로 인구가 이동한 것만이 아니라 남쪽에서 북쪽으로 이동한 인구도 있다. 납북자와 월북자들이 그들이다. 납북자와 월북자 인구는 월남자 인구를 상쇄하는 효과가 있다는 점에서 월남자 숫자를 파악하는 것만큼 중요성을 갖는다. 전쟁기간 중 납북자는 8만 4,532명으로 추산되며, 월북자의 규모에 대해서는 정확히 알려져 있지 않으나 30만 명으로 거론되고 있다. 일반적으로 납북자와 월북자를 구분하지 않고 북한으로 납치됐거나 넘어간 사람들의 규모를 통상 30만 명으로 어림잡는다(전쟁기념사업회, 1990: 488; 김학준, 1989: 347). 따라서 북쪽으로 이동한 인구를 30만 명으로 가정한다.

월남자로 인한 인적 손실을 월북자, 납북자로 상쇄하고 나면 남쪽으로의 인구이동으로 인해 손실된 인구는 15만~35만 명, 또는 최대 70만 명이 된다. 여기에서 마지막으로 중국 등 해외로의 유출과 국내로의 유입으로 인한 인구변동을 고려해야 한다. 중국은 북한과 긴 국경을 맞대고 있기 때문에 한국전쟁 중 중국 쪽으로 인구 이동이 있었을 것으로 보이나, 실제로는 한국전쟁 기간에 그 규모는 크지 않지만 인구가 오히려 북한으로 유입된 것으로 평가된다(한상복 · 권태환, 1993: 36). 만약 중국에서 북한으로 인구가 유입됐다면 남북 인구이동으로 손실된 15만~35만 명이 더 줄어들게 되고 사망자 인구규모는 더 커진다. 그러나 여기에서는 자료의 불명확성 때문에 인구이동 변수에서 제외했다. 따라서 190만 명의 손실인구 중 이동인구 15만~35만, 혹은 70만 명을 제외하면, 최소 120만 명, 최대 155만~175만 명이라는 결론에 도달한다. 이는 적게는 당시 북한인구의 13%, 많게는 16~18%에 해당하는 엄청난 규모다.

인권보고서에 밝힌 인적 피해

북한은 한국전쟁으로 인한 인적 손실 규모에 대해 밝히기를 꺼려해 왔다. 그 대신에 일부지역에서 자행된 '미제의 학살만행'의 통계를 제시하며 미제국주의의 비인간적인 측면과 범죄적 행위를 드러내는 데 초점을 맞추고 있다. 북한의 공식발표에 의하면 미군은 북한지역에 진군한 후 50여 일 동안 총 17만 2,000여 명의 인민을 학살했다고 한다(과학백과사전출판사, 1981: 129-130). 『조선전사』에서는 객관적인 피해규모를 규명하기보다는 피해의 질적인 측면을 폭로함으로써 북한주민에게 미제국주의의 잔인성을 각인시키고 사회주의 체제를 지켜 나가도록 하기 위한 사상교양의 수단으로 활용했다.

그러나 1999년 9월 이후 노근리 사건이 불거지면서 미군에 대한 피해보상 논의가 제기되자 북한은 이에 민감한 반응을 보이며 미군의 만행에 대해 구체적으로 밝히기 시작했다. 그 가운데 눈에 띄는 것은 그동안 감추어 왔던 전쟁의 피해규모를 밝힌 것이다. 북한은 유엔 안전보장이사회에 보낸 서한에서 한국전쟁 시기 북한지역에서 190만 명의 주민이 학살당했다고 주장한 것이다(『평양방송』, 1999.12.21.; 『연합뉴스』, 1999.12.23.). 북한이 지금까지 미제국주의의 만행에 대해 진상을 폭로해 왔으나 전쟁의 인적 손실규모를 190만 명이라고 밝힌 것은 처음 있는 일이다. 그런데 흥미롭게도 2014년 9월 북한이 유엔으로부터 인권압박을 받고 있는 가운데 자체 인권보고서를 제출했는데 그 내용에 따르면 북한은 한국전쟁으로 123만 명이 사망한 것으로 보고했다.[1] 북한의 이러한 주장이 어떤 의도에서 제기되고 있는지 정확히 파악할 수 없지만 한국전쟁의 인적 손실규모를 이전보다 적은 수치로 밝혔다는 점에서 객관성이 있을 것으로 생각되며 이런 점에서 이 보고서에 주의를 기울여 볼 만하다.

북한의 인적 손실은 남한과 비교할 때 매우 컸음을 알 수 있다. 남

1 "3년간의 전쟁기간 공화국 북반부에서는 123만여 명의 평화적 주민들이 미제야수들에 의해 무참히 살해되였다."라고 밝혔다(조선인권협회, 2014: 76).

한의 피해규모에 대한 평가도 정확히 일치하지는 않지만 사망자와 실종자가 군인 27만 8,000명, 민간인 57만 4,000명(월북자 포함)으로 총 85만 2,000명이며, 부상자는 군인 70만 9,000명, 민간인 22만 9,625명 등 총 111만 5,000명이다(유완식 · 김태서, 1975: 137-138; 전쟁기념사업회, 1990: 480). 사망자와 실종자 등 직접적인 인적 손실은 82만~85만 명으로 추산된다. 당시 남한의 인구가 2,000만 명이었으니 전쟁으로 인한 인적 손실은 전체인구의 4~5%에 해당한다. 반면 한국전쟁 기간 중 북한은 적게 잡아도 약 120만~130만 명이 사망하거나 실종하는 인적 손실을 입은 것으로 볼 수 있다.[2] 이는 당시 인구의 13~14%에 해당한다. 요컨대, 인구의 비중을 고려하면 북한이 한국전쟁으로 입은 인적 손실의 충격은 남한보다 3배 컸다고 보는 것이 옳을 것이다.

3. 계급노선의 질적 변화: 계급에서 성분으로

사회주의 계급정책

사회주의는 계급정책에 의해 정당성을 부여받는다. 즉 혁명과정과 국가건설에 주도적으로 참여한 세력들에게 사회적 혜택을 배분하는 정책을 굳게 지키고 있다. 사회주의 혁명과정에 참여하여 구자본주의 체제를 붕괴시킨 노동자와 군인, 지식인, 농민 등 다양한 세력에 적절한 보상이 이루어지며 특히 혁명의 주도세력에 대해서는 특혜가 부여된다. 사회주의 혁명이념에 따라 프롤레타리아 독재를 실시함으로써 사회주의 혁명과 건설에서 노동계급의 이익을 확고히 지지하며 노동계급의 입장을 강화

2 이 수치는 180만 명에 달하는 부상자 수는 제외하고 사망 및 실종으로 인한 직접적인 인적 손실을 추정한 것이다(김병로, 2000a: 219-242).

한다. 또한 착취계급을 청산하고 반동세력을 진압함으로써 계급적 차이를 없애고 공산주의 사회를 건설한다는 이념적 목표를 설정함으로써 소위 당성 · 혁명성 · 계급성 등 정치적 성향을 기준으로 계급을 분류, 지속적인 계급투쟁을 수행하는 통치전략을 시도한다.

북한은 해방 직후인 1945년 10월 '조선공산당 서북5도 당책임자 및 열성자대회'에서 일제의 식민지 지배를 청산하고 새로운 질서를 수립하기 위해 반제 · 반봉건 민주혁명을 수행해야 한다고 주장했다. 이를 위해 노동자를 핵심으로 농민, 애국적 지식인, 양심적 민족자본가들이 민주주의 민족통일전선을 형성하여 사회주의 체제의 핵심세력을 조직화했다. 사회주의 계급노선에 의해 계급정책을 추진한 것이다. 북한은 이러한 계급정책을 "노동계급의 당이 계급노선에 기초하여 여러 계급과 계층에 대하여 실시하는 정책"이라고 정의했다(과학 · 백과사전출판사, 1982: 779-780). 김일성은 "사람들을 언제나 계급적 견지에서 평가하며 당의 계급로선에 철저히 서서 원쑤와 우리 편을 엄격히 가려내는 것이 중요합니다."라며 계급정책의 필요성에 대해 언급했다(김일성, 1962a: 166). 북한은 노동계급을 사회주의 혁명의 핵심적 세력으로 규정하고 농민이나 인텔리, 중산계층을 혁명에 끌어들여 이끌고 나가도록 요구했다.

그러나 이러한 계급노선은 한국전쟁을 계기로 질적인 변화를 겪으며 새로운 차원으로 발전하게 된다. 즉 전통적인 사회주의 계급성 이외에 전쟁의 피해상황을 기준으로 하는 성분구분이 첨가된 것이다. 한국전쟁은 위에서 추정한 바와 같이 북한에 엄청난 인적 손실을 입히면서 북한의 가족구조와 사회구조에 지각변동을 초래했다. 인명의 대량손실로 말미암아 가족구조와 사회구조가 파괴됨으로써 사회재편의 필요성이 제기된 것이다.

전쟁에 의한 계급정책의 해체

전쟁이 국가발전과 사회변화에 미치는 영향은 브루스 포터(Bruce Porter)가 잘 지적하고 있다(Porter, 1994: 11-22). 즉 전쟁은 사회의 조직을 생성하기도 하고 해체시키기도 하며 재구성하기도 한다. 전쟁은 중앙집권화와 관료주의, 조세확장을 촉진시킴으로써 정부조직이 성장하는 계기가 되며, 강력한 지도력을 발휘할 수 있는 기회를 제공함으로써 정치지도력이 공고화된다. 그러나 그와는 반대로 전쟁을 통해 국가조직과 재정이 파괴되고 그 후유증으로 혁명이 발생하는 등 사회해체의 결과가 초래되기도 한다. 그런가 하면 전쟁 경험을 통해 사회구성원들이 사회화되며 국가는 대중적 지지기반을 확보하는 사회통합적 효과를 만들어 낼 수 있다. 이러한 전쟁의 사회적 재구성 효과(Reformative Effect)는 계급장벽을 무너뜨리며 사회 평준화 효과를 가져올 수 있고 사회개혁의 동인을 제공하는 결과를 낳을 수도 있다.

전쟁으로 인한 북한의 직접적인 인적 손실은 전체인구의 13~14%에 해당하는 막대한 규모였다. 그뿐만 아니라, 수많은 부상자에 대한 처우도 중요한 문제였다. 한국전쟁의 사망자가 많았던 만큼 민간인 부상자도 매우 많았다. 앞에서 언급한 『통일조선신문』은 부상군인 22만 6,000명 이외에 민간인 159만 4,000명이 부상당함으로써 182만 명의 부상자가 생겨났다고 구체적으로 언급한다(*Toitsu Chosen Shimbun*, 1970.6.27.; Kihl, 1984: 42). 부상자 규모가 실제로 어느 정도였는지 확인할 수는 없지만 북한인구에서 차지하는 비중이 매우 컸던 것으로 보인다. 따라서 부상자에 대해 생계를 보장하고 사회생활을 영위할 수 있는 사회적 대책을 마련하는 것도 시급한 과제로 대두됐다.

한국전쟁으로 인해 발생한 사망자와 부상자를 합하면 북한인구의 약 30%인 300만 명이나 된다. 인구의 3분의 1이 전쟁으로 인해 직간접적인 피해를 입은 것으로 볼 수 있다. 만약 사망자와 부상자의 가족을 포함한다면 한국전쟁을 계기로 북한인구의 절반 이상이 피해를 입은 것으로 보이며 심각한 규모의 결손가족이 발생했을 것으로 추측된다. 북한 당국은 이러한 사회문제를 해결하기 위해 사회정책과 계급정책을 추진하지 않으면 안 됐다.

전쟁피해 보상에 따른 성분정책

전쟁 피해자가 주민 다수를 차지하는 상황에서 북한은 전사자 · 피살자 가족을 사회의 핵심세력으로 등용시키면서 이른바 '북한식 보훈정책'을 대대적으로 추진했다. 전쟁의 피해정도에 따라 주민을 분류하고 그들에 대한 효과적인 정책을 추진하기 위해서였다. 북한은 1958년 8월 사회주의적 제도개혁을 마무리하고 그해 12월부터 사회주의 건설을 위한 새로운 전환을 목표로 전체 주민을 출신성분별로 구분하는 '중앙당집중지도사업'을 추진했다. 1966년 4월부터 1967년 3월까지 실시한 '주민재등록사업', 1967년에서 1970년 6월에 걸쳐 조사한 소위 '3계층 51개 부류 구분사업', 그리고 1980년 4월에서 10월에 걸친 '외국귀화인 및 월북자에 대한 요해사업', 1981년 1월에서 4월에 걸친 '북송교포에 대한 요해사업' 등이 단계적으로 추진됐다(통일부, 1999: 419). 이 과정에서 북한은 한국전쟁과 관련하여 전쟁가담 정도와 성격, 피해자, 월남자 등 구체적인 성분분류 작업을 실시했다. 기존의 혁명가 가족 이외에 체제의 핵심군중으로 등용할 전사자 · 피살자 가족을 파악하고 체제반동분자로서의 월남자 가족을 분류해야 할 사회적 필요성이 대두됐기 때문이다.

북한은 성분을 "사회계급적 관계에 의하여 규정되는 사람들의 사회적 구분, 곧 사람들의 사상상 구성성분으로서 어떤 계급의 사상상 영향을 많이 받았고 어떤 계급의 사상이 그의 머릿속을 지배하고 있는가 하는 것을 알기 위하여 출신과 직업, 사회생활의 경위에 의하여 사회성원을 사회적 부류로 나눈 것"이라고 정의한다(사회과학출판사, 1992a: 1762).

북한은 주민들의 정치적 성향을 분석하기 위해 주민성분을 크게 출신성분과 사회성분으로 나누어 평가한다(현성일, 1998: 9; 사회과학출판사, 1992a: 1646; 1992b: 597). 출신성분은 "태어날 때 가정이 처한 사회계급적 관계에 따라서 구분되는 성분" 즉, 본인이 출생할 당시 부모의 성분을 의미한다(사회과학출판사, 1992b: 597). 사회성분이란 "본인이 직접 사회생활을 시작한 이후 직업 및 사회계급적 관계에 의하여 규정되는 성분"을 의미하는 것으로, 현재 공식적으로 사용하는 신분구분을 가리킨다(사회과학출판사, 1992a: 1646). 성분정책이란 이처럼 전 주민에 대해 가족의 계급적 배경과 사회적 활동 등을 기준으로 정치성향을 파악하고 소집단으로 분류하여 주민을 효과적으로 관리 · 통제하는 사회주의적 계급정책이다. 한국전쟁 이전의 지주와 소작농, 자본가 등의 분류 이외에 전사자, 피살자, 영예군인, 월남자 등 전쟁으로 생겨난 사회정치적 집단을 파악하기 위한 것이었다.

이러한 성분정책에 의해 북한의 전 주민은 핵심군중, 기본군중, 복잡군중 등 3계층으로 나뉜다. 일제 강점기와 해방 후, 한국전쟁기, 현재 등의 시기에 정치사회적 지위와 역할, 정치적 동향과 반동단체 가담 여부, 출신 및 사회성분을 종합평가하여 핵심집단인 핵심군중, 중간계층은 기본군중, 반동계층인 복잡군중 등 세 계층으로 구분하고 있는 것이다. 탈북자의 설명에 따르면 북한은 주민을 기본군중과 복잡군중으로 이분하고 핵심군중을 기본군중에 포함시키고 있다고 한다(탈북자인터뷰, 1998a; 1998b). 이러한 판단은 북한이 1964년 2월 당중앙위원회 제4기 8차 전원회의에서 결정한 「각계각층 군중과의 사업을 강화할 데 대하여」에 근거하고 있다. 이에 따르면 북한은 주민들을 기본군중과 복잡군중으로 구분하고, 기본군중은 다시 핵심군중과 기본군중으로, 복잡군중은 계급적 토대, 한국전쟁관계, 전직관계, 사회도덕면 등으로 다시 분류하여 그에 대한 처리원칙과 기준을 작성했다(북한연구소, 1987: 331-333). 공식적 구분이 어떻든 간에 정치적 위계구조상 핵심군중은 상층을, 기본군중은 중산층, 복잡군중은 하층을 형성하고 있다. 이러한 성분집단은 출신과 성장 배경, 경력 등에 대한 분석에 기초하여 사람들의 사상과 동향을 분류해 놓은 사회적 신분(status)으로서 쉽게 변경할 수 없는 불평등구조로 자리 잡고 있다.

4. 성분별 계층구조

상층을 구성하는 핵심군중은 전체인구의 20%를 차지하며 핵심군중의 주류는 한국전쟁 당시 피살자, 학살자 및 전사자 가족들이다. 기본군중인 중산층은 전체인구의 50%를 차지하며 이들의 주류는 영예군인(상이군인)을 포함한 전쟁 부상자들과 그 가족들이다. 북한은 전쟁 부상자들을 등급별로 구분하여 노동능력이 있는 사람들은 직장생활을 할 수 있도록 배려했다. 하층인 복잡군중은 전체인구의 30%를 차지하며 이들의 다수는 월남자 가족이다. 이들은 소위 불순분자, 반동분자로 낙인찍힌 자들로서 사회로부터 소외된 계층이다.

핵심군중

상층을 대변하는 핵심군중은 북한체제를 이끌어 나가는 통치계급으로서 북한사회의 핵심부류에 속하는 특수계층이다. 핵심군중은 최고지도층과 일반핵심계층으로 구분할 수 있는데, 최고지도층은 김부자의 가족과 친척, 항일빨치산 참가자(항일투사)와 그 가족 및 해방 전후 김일성빨치산이나 북한정권 수립에 참여했다가 사망한 소위 혁명가 유가족, 혁명학원 출신 가족, 남파간첩 등 대남공작원들과 '남조선혁명가' 유가족 및 자녀들을 포함한다. 최고지도층은 양적 규모로 보면 크지 않은 집단이다. 현재

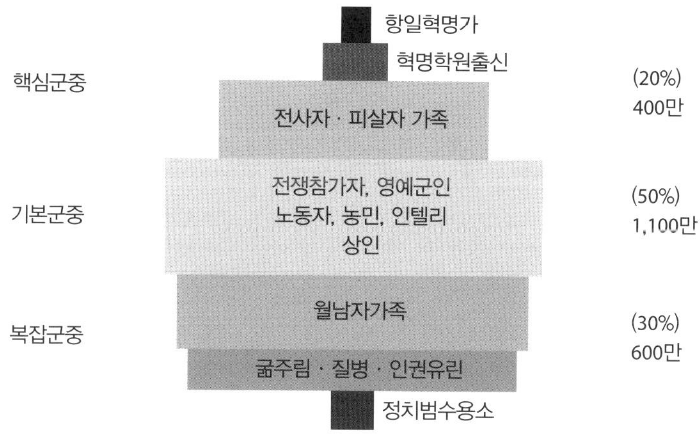

〈그림 2-1〉 한국전쟁의 피해정도에 따라 재편된 북한의 성분별 계층구조

북한을 지배하는 당 · 군조직의 주요 간부, 각 기업소 지배인, 지방 고급공무원 등 최고위층은 약 1만~2만여 명으로 추산되며 4인가족을 기준으로 할 경우 4만~8만 명, 방계가족을 포함하더라도 최대 20만 명 정도가 된다.[3] 또한 특수계층의 골간을 이루는 항일혁명가 가족도 북한에 상징적인 중요성을 지니고 있지만 그 숫자에서는 1% 정도로 그리 많지 않다. 따라서 북한의 최고위층을 형성하는 특수계층은 전체인구의 약 1~2% 정도로 추산되며 북한의 기득권 내 핵심층이라 할 수 있다(탈북자인터뷰, 1998a).

반면 상층의 주류는 일반핵심계층이 차지한다. 일반핵심계층은 한국전쟁 당시 전사자 및 피살자 가족이 중심을 이룬다. 한국전쟁을 계기로 발생한 120만~130만 명에 달하는 대규모의 전사자 혹은 피살자들과 그 가족이 이 부류에 속한다. 북한의 중상층 간부들인 일반핵심계층은 전체인구의 20%를 차지한다.

---

3 2013년 현재 1만 3,000여 명의 당 · 정 · 군, 각급 기업소 및 사회단체의 주요인사 명단이 파악되고 있는바, 최고위층은 1만~2만 명 선이 될 것으로 추측된다.

북한은 성분정책을 실시하기 위해 혁명가와 전사자 · 피살자 유자녀들에 대한 집중적인 교육과 사회적 혜택을 제공했다. 북한은 한국전쟁 중에 발생한 전쟁고아들을 중국의 상하이(上海), 지린(吉林), 선양(瀋陽) 등의 지역에 후송했다가 전쟁이 끝난 후 북한으로 송환하여 이들을 혁명유자녀학원에서 교육하여 북한사회의 중심세력으로 육성했다. 한국전쟁 중에 북한이 중국에 후송한 전쟁고아의 규모에 대해 1만 명 혹은 3만 명으로 추산한다.[4] 북한은 1951년 1월 "조국해방전쟁에서 희생된 인민군장병 및 빨찌산들과 애국렬사들의 유자녀학원 설치에 관한 결정서"를 채택하고 한국전쟁에서 희생된 애국열사, 인민군장병 및 유격대원들의 유자녀들을 국가적 부담으로 보육 또는 교육하도록 했으며 각 도소재지와 주요도시에 유자녀보육원과 유자녀학원을 설치 · 운영하도록 했다(과학 · 백과사전출판사, 1981: 284). 북한에서 '전재고아'로 불리는 전쟁고아들을 위한 초등학원을 여러 곳에 설치했다. 특히 기존에 항일혁명가 출신 자녀를 위한 전문교육기관으로 실립된 만경대혁명학원, 강반석혁명학원, 해주혁명학원, 남포혁명학원 등에 전쟁고아를 받아들여 특별교육을 실시했다.

이렇게 성장한 유자녀들은 북한사회에서 '직업적 혁명가'로 등용된다. 김일성은 혁명학원을 졸업한 유자녀들을 전문적으로 교육시키기 위한 대학교육기관의 설립을 지시하는 한편, 중앙당과 지방당에 유자녀과를 신설하여 이들을 직업혁명가로 양성하는 정책적 조치를 취했다(김일성, 1968a: 393-407). 이러한 유자녀 직업혁명가 양성정책은 노동계급출신 간부들의 이론수준이 낮은 데서 오는 문제점을 해결하는 데 기여할 뿐만 아니라, 나아가 인민대중이 주체가 되어 혁명전통을 계승 · 발전시켜야 한다는 북한식 군중노선에도 합치됐다(김일성, 1968a: 404). 그 결과 북한

4 중국 정부는 한국전쟁 기간에 1만여 명의 북한 전쟁고아들을 받아들여 부양했다가 전후 2,500명을 중국에 남겨 산업연수를 실시하고 나머지는 북한으로 귀국시켰다(동지에, 2012: 9). 폴란드의 경우에도 1952년 1,200명의 북한의 고아를 받아들였다(Levi, 2015: 81).

은 유자녀들 같은 전쟁의 직접적인 피해자들이 사회주의 체제와 당의 핵심세력으로 성장했다고 주장한다. 특히 만경대혁명학원 졸업생들은 "인민군대의 중요한 초소에서 핵심적 역할을 놀면서(하면서) 맡겨진 혁명임무를 충실히 수행"하는 등 군대의 골간을 이루고 있다(김일성, 1977: 473).[5] 전통적 가족관계의 해체와 결손가족의 증가는 국가에 의한 책임의 증대로 이어졌고 '전 주민의 노동자화'라는 이데올로기적 수사에도 불구하고 한국전쟁의 피해를 보상하는 차원에서 실질적인 사회구조의 재편이 불가피했다.

실제로 북한의 계층구조를 분석해 보면 북한의 핵심군중을 구성하는 간부들의 경우 혁명학원 가족 성분 출신과 전사자 · 피살자 가족 성분 출신이 다수를 차지하고 있음을 볼 수 있다. 예를 들면, 〈표 2-5〉에 보이

〈표 2-5〉 분야별 간부의 출신성분 구성비

(단위: %)

구분	항일혁명가	혁명학원	전사자 · 피살자	노동계급	농민	인텔리
당	1.8	10.8	37.1	46.7	-	1.6
국가안전보위부	0.1	0.1	82.9	10.3	6.6	-
인민보안성	-	-	14.5	76.8	7.6	0.6
행정경제	-	8.6	9.6	37.7	32.2	11.8
사법검찰	-	10.5	3.4	67.0	12.0	6.5
군사부문	-	1.2	25.8	49.1	13.2	7.4
교육과학	-	0.3	0.3	43.5	15.0	40.8
보건	-	0.9	0.1	29.8	5.1	61.0
문하예술		3.7	6.2	51.0	11.9	25.3
근로단체	0.1	4.0	33.2	25.8	17.9	19.0

자료: 조선로동당 중앙위원회 간부부(2006).

5 "원래 만경대혁명학원 학생들은 군사간부로 키우고 해주혁명학원과 남포혁명학원 학생들은 당정치일군으로" 키우기 위한 목적에서 설립됐다(김일성, 1968a: 395).

는 바와 같이 13만여 명 되는 조선로동당 간부들 중 노동계급과 인텔리가 각각 46.7%, 1.6%인 반면 전사자 · 피살자 가족성분 출신이 37.7%, 혁명학원 가족 출신이 10.8%, 항일혁명가 가족이 1.8%로 전쟁과 관련된 출신성분이 50%를 차지한다. 정보를 담당하는 보위부 계통은 전쟁 피해자들이 압도적으로 많다. 국가안전보위부의 간부구성을 보면 노동계급이 10.3%, 농민출신이 6.6%인 데 비해 전사자 · 피살자 가족 성분이 82.9%, 혁명학원 출신 0.1%, 항일혁명가 가족 0.1% 등으로 83%가 전쟁 피해자 가족들이다(조선로동당 중앙위원회 간부부, 2006). 혁명학원 출신과 전사자 · 피살자 성분 출신자들이 북한의 최고 엘리트 계층을 차지하고 있음을 알 수 있다.

기본군중

중층인 기본군중은 특수계층에 속하지 않는 일반노동자, 농민, 사무원 및 그 가족 등이 중심을 이룬다. 북한은 기본군중을 "혁명에 절실한 리해관계를 가지는 군중"이라고 규정하고 노동계급과 농민, 근로인텔리를 기본군중으로 포함한다(과학 · 력사사전출판사, 1982: 119). 그러나 북한이 기본계급이라고 할 때는 혁명의 주력군을 이루는 세력, 즉 노동계급과 농민을 가리킨다(과학 · 력사사전출판사, 1982: 118). 기본군중에는 구체적으로 해방 전에 지주와 자본가에게 착취당하던 애국자와 노동자, 고농 및 빈농, 한국전쟁 참가자와 영예군인, 해방 후 북한체제 발전에 적극 협력한 인텔리와 열성분자 등이 포함된다. 기본군중은 전체인구의 50%를 차지하며 이 가운데 일부는 준비과정을 거쳐 핵심간부로 등용되는가 하면 일부는 복잡군중으로 전락하는 경우도 있다.

기본군중 가운데는 영예군인이 규모 면에서 다수를 차지하고 있다. 앞에서 설명했듯이 부상자가 전체인구의 18% 이상을 차지함으로써 이들에 대한 사회정책 추진이 필요했다. 북한은 전쟁 부상자들을 등급별로 구분하여 노동능력이 있는 사람들에 대해서는 직장생활을 할 수 있도록 배려했다. 1951년 4월에는 "조국해방전쟁에서 불구자로 된 인민군장병 및 빨찌산들을 위한 영예군인학교 설치에 관하여"를 채택하고, 각 지방에 국가 부담으로 영예군인들을 위한 영예군인공업학교, 영예군인농업학교, 영예군인통계부기학교 등을 설치했다(과학 · 백과사전출판사, 1981: 285). 또한 전국 각 시 · 군별로 영예군인공장이라는 독립공장을 건설하여 영예군인들이 자활할 수 있는 제도를 마련했다. 상이군인들이 운영하는 영예군인공장은 북한의 시 · 군 각 지역에 없는 곳이 없을 정도로 광범위하게 조직 · 운영되고 있다. 시 · 군에 적어도 1개 이상, 많게는 3~4개의 영예군인공장이 있다. 현재는 영예군인의 인원이 자연사함에 따라 줄어들어 영예군인 당사자 이외에 보호자까지 일할 수 있도록 되어 있다. 북한의 각 지역에 화학일용품, 수지일용품, 철제일용품 등 일용품과 학용품, 악기, 가방, 제약, 편직물 등 다양한 제품을 생산하는 영예군인공장이 있음을 볼 때, 한국전쟁으로 생겨난 부상자가 얼마나 많았는가를 알 수 있다.

복잡군중

하층인 복잡군중은 소위 불순분자, 반동분자로 낙인찍힌 자들로서 사회로부터 소외된 계층이다. 복잡군중은 해방 전의 지주, 자본가, 친일파, 한국전 당시 북한을 반대한 세력, 친남한세력, 월남자가족, 반당 종파분자(지도자와 로동당을 비난하거나 반대한 가족), 당의 유일사상체계에 도전한 가족, 당의 유일사상체계에 저촉되어 문제시된 가족, 북한체제를 비방한 자의 가족, 남한방송 청취자 가족, 남한을 숭배하는 가족, 종교인 가족, 악질 고리대금업자, 당정책을 반대한 자, 반당종파분자의 동조자(피동자), 한국전 당시 치안대 가담자, 월남기도자, 국가 및 군사비밀 누설자, 출당 · 철직 및 추방자(면책 및 면직), 사회경제범 출소자, 타락 · 방탕한 자 등이거나 이들의 영향을 받는 직계가족으로 분류된다.

복잡군중 가운데는 '월남자' 가족이 다수를 차지한다. 남한에서 이산가족으로 불리는 월남자는 한국전쟁 이전 월남자와 한국전쟁 중 월남자로 구분된다. 지주, 자본가, 종교인 등 전쟁 이전 월남자도 적대분자들이지만 전쟁 중 월남자는 주민들이 전쟁으로 고생하던 시기에 "사회주의 조국을 버리고 떠난 반혁명분자" 혹은 '반동분자'들로 낙인찍혀 사회적으로 엄중한 차별을 받았다. 전쟁 이전의 월남자 수는 적게는 28만 명, 많게는 350만 명까지 다양하게 추산하고 있다. 또 전쟁 중 월남자의 규모는 적게는 45만 명, 많게는 100만 명이라고 하지만 앞에서 상정한 바와 같이 45만 명으로 보았을 경우 가족을 포함하면 200만 명 정도가 되지 않을까 추측된다. 또 8만 4,000명의 납북자 가족과 30만 월북자 가족의 상당수가 복잡군중으로 분류되는데, 이러한 사람들을 포함하면 복잡군중 가운데 한국전쟁과 관련하여 차별대우를 받는 인적 규모는 매우 크다고 볼 수 있다.[6]

1980년대를 지나면서 세대교체 및 1세대들의 사망, 정치범들의 강제격리 등에 의해 정치적 우려가 없는 대상들을 소위 "포섭한다"는 정책에 따라 복잡군중에서 기본군중으로 격상된 사람들이 많아졌다. 전쟁 직후에는 복잡군중이 상당한 비중을 차지했지만 30여 년간에 세대변화와 정책변화에 따라 복잡군중은 감소한 반면, 기본계층은 그만큼 증가했다. 이는 기존에 복잡군중으로 분류됐던 자들이 부모세대로 성장하면서 그동안 자리잡은 사회적 지위를 인정받아 그들의 자녀세대는 기본계층으로 전반적인 상향이동이 이루어졌기 때문으로 볼 수 있다. 그 결과 복잡군중이 전체인구의 30%에서 20%로 줄었다는 평가도 있다.

북한은 1990년대 들어서 "기본군중뿐만 아니라 가정주위환경과 사

6 월북자 가족은 월북 직후에는 대우를 받았으나 이후 체제를 비판하는 사람들이 많아져 결국 다수의 월북자 가족이 정치적으로 믿을 수 없는 집단으로 간주되어 차별받는 복잡군중으로 분류됐다.

회정치생활경위가 복잡한 군중도 혁명의 영원한 동행자로 보고 따뜻이 손잡아 이끌어 주는" 광폭정치, 인덕정치를 강조하였다(『로동신문』, 1993.1.28.). 또 1998년 3월에는 '주소안내소'를 설치하여 남북으로 흩어진 가족상봉 추진을 천명했다. 이는 전쟁으로 형성된 차별적이고 적대적인 성분구주를 탈피하려는 김정일의 포용적 계급정책이라 볼 수 있다. 그러나 북한의 평양방송이 시사논단 논평을 통해 월남자들을 "우리 사회주의 제도에 대해 악의를 품고 남으로 달아난 악질 반동분자들"이라고 표현하고 있고 현재도 초급당비서, 부비서, 세포비서 등이 분기별로 성분심사를 하고 있다(『연합뉴스』, 1999.8.2.). 이러한 현상은 국가의 광폭정치 구호와는 달리 기층민중 사이에서는 차별적 성분구조가 여전히 작동하고 있음을 보여 준다. 성분정책에 의한 불평등 요소가 과거에 비해 완화됐다고 하더라도 아직까지 성분은 북한의 계층구조를 형성하고 있는 중추적 요인임에는 틀림없다.

이와 같이 북한은 한국전쟁으로 말미암아 막대한 인명 피해를 입음으로써 경제전략과 사회정책을 근본적으로 수정하게 됐다. 혁명 초기에 추구했던 북한의 사회주의 계급정책은 성분조사사업과 성분정책의 적용으로 완전히 달라졌다. 혁명의 중심세력을 노동자 · 농민 · 인텔리 등 계급적 특성으로 구분한 것이 아니라, 한국전쟁과 관련한 피해정도를 기준으로 핵심세력을 평가하는 성분이라는 자원을 정치적 위계질서를 구축하는 데 실질적으로 활용한 것이다. 결국 한국전쟁의 막대한 피해라는 역사적 경험을 통해 북한의 사회주의적 계급구조는 전쟁 피해를 기준으로 사회적 혜택을 부여하는 성분 위주의 계층구조로 질적 변화를 겪게 됐다.

5. 북한식 보훈정책으로 확고해진 적대의식

이처럼 북한의 계층구조에서 중산층 이상은 한국전쟁의 피해자들이 다수를 차지하고 있다. 특히 한국전쟁의 피해정도에 따른 북한식 보훈정책으로 상층 계급질서가 재편됐다는 사실은 북한을 이해하는 데 매우 중요하다. 이들은 단순히 사상교육이나 세뇌교육만으로 한국전쟁의 처절함을 학습한 것이 아니라 전쟁의 참혹함을 누구보다도 뼈저리게 체험한 사람들이며, 가족관계를 통해 체험적으로 적대의식을 터득한 그 후손들이다. 이들은 북한식 보훈정책에 의해 사회적 혜택을 받은 기득권 세력이다. 소외된 주변인으로서가 아닌 사회의 상층 기득권 세력으로 집단과 계급을 형성하고 있다. 전쟁의 경험을 동원하여 반미 · 반제국주의 의식을 강화하고 계급구조까지 재편한 이러한 사회문화 정책은 극도의 식량난과 정세의 불안 속에서도 북한체제 유지의 보루가 되고 있다. '조선'의 자폐적 적대성이 완화되지 않는 중요한 이유 중 하나다.

북한의 이러한 사회구조는 남북화해와 민족공동체 형성 과정에서 최대의 걸림돌로 작용할 것이 분명하다. 남한에서는 한국전쟁으로 인한 피해와 북한에 대한 적대감이 주로 국가와 학교의 이데올로기 교육이라는 방식을 통해 형성되어 있을 뿐, 전쟁피해 당사자들이 직접적인 사회세력을 형성하고 있는 것은 아니다. 전쟁 피해자들이나 월남자들이 사회의 주요 집단이나 계층을 형성하도록 정책화한 북한과는 달리 남한은 재정적 보상 정도의 국가보훈정책을 추진했기 때문이다. 남한에서 전쟁으로 직접적인 피해를 입은 사람들이 전체인구의 4~5% 정도에 불과하고 전쟁피해 가족들이 사회 핵심세력이 아님에도 북한에 대한 적대의식이 강렬한 것을 보면, 전쟁피해 가족들을 계급정책으로 구조화한 북한에서는 전쟁으로 인한 적대의식과 감정이 대단하리라 예상된다.

남북한 서로에 대한 심리적 · 정신적 불안의식과 이질감의 근원은 한국전쟁에서 태동됐다고 볼 수 있다. 남북 간의 문화충격과 사회적 이질성에서 오는 냉소주의적 태도가 그 자체로는 큰 문제가 아닐 수도 있다. 그러나 이러한 이질적 요소가 한국전쟁과 같은 사회문제와 맞물려 터져 나온다면 더욱 첨예한 갈등으로 치달을 것은 자명하다. 한국전쟁으로 북한이 남한보다 훨씬 많은 인적 피해를 입었고 전쟁피해로 인한 적대감정이 사회적으로 구조화되어 있는 북한의 현실을 상기한다면 통일과정에서 한국전쟁의 문제는 어느 순간에 터질지 모르는 시한폭탄과 같다.

북한사회의 이러한 구조적 특성에 비추어 볼 때 한국전쟁으로 형성된 양 체제의 적대의식을 해소하고 분단을 극복하기 위해 더욱 진지한 노력을 기울여야 할 것으로 생각된다. 한국전쟁의 피해정도에 따라 서열화된 북한 사회구조의 특성을 이해한다면 한국전쟁 문제를 신중히 다루지 않으면 안 될 것이다. 통일과정에서 한국전쟁의 책임문제를 반드시 짚고 넘어가야 한다는 주장은 당위적으로는 옳으나 남북화해와 통합이라는 차원에서는 위험한 선택이다. 이 당위론적 선택은 남북관계의 대립과 갈등을 더욱 부추기는 결과를 낳을 수 있다. 따라서 전쟁의 책임문제는 후대의 역사에 맡기고 남북 간에는 대타협의 역사를 만들어 갈 준비를 해야 한다.

한국전쟁이 남북한 사회의 발전과정에 결정적인 영향을 미쳤다는 사실은 누구도 부인할 수 없을 것이다. 남북한은 한국전쟁을 치르면서 주요 도시와 산업시설이 파괴되고 사망자와 부상자, 이산가족이 양산되는 엄청난 물적, 인적 손실을 입었다. 전쟁은 권위주의적 정치세력의 싹을 키우는 사회적 토양을 제공했고, 특히 북한에는 '수령론'이라는 유일지배체제가 뿌리내렸다. 전쟁의 상처로 생성된 적대적 이데올로기는 남북한의 대립과 갈등을 부추기고 식량난과 정세불안 속에서도 체제유지의 요인으로 작용하고 있는바, 이러한 적대의식과 감정은 통일과정에서 민족공동체를 형성하는 데 가장 큰 걸림돌이 될 것이다.

제3장

주체사상의 종교화

1. '주체'의 발견과 진화

소련 모방과 패배주의 탈피

한국전쟁 후 북한이 당면한 세 번째 과제는 오랜 전쟁의 피로감에 지쳐 있던 사람들을 어떻게 동원하며 결속할 것인가 하는 문제였다. 전후 복구 과정에서 전쟁으로 낙담하며 절망에 빠져 있는 주민들을 동원하는 일은 쉬운 일이 아니었다. 모든 것이 파괴되고 자재가 부족한 상황에서 미래에 대한 비전과 신념을 갖고 일하려는 사람들이 많지 않았기 때문이다. 특히 일선에서 주민들을 앞장서 이끌어 가야 할 지도자들이 비관주의와 패배주의에 빠져 전후복구에 대한 비전과 신념이 없다는 사실은 심각한 문제였다. 김일성은 전후 재건과정에서 간부와 주민들이 내부자원을 최대한 동원하여 이용하려고 하지 않는 행태에 대해 "코 막고 숨막힌다"는 식으로 행동한다고 질타한다. 자재가 부족하다고 하면서도 관심을 쏟지 않는 지도자들의 행태를 신랄히 비판했다(김일성, 1953: 42). 이런 맥락에서 주민들의 사상의식을 개조해야 할 필요성에 직면했다. 사회 전반적으로 만연해 있는 패배주의와 부정적 사고, 사대주의의 생각을 바꾸려 하지 않고 안주하려는 사고방식은 심각한 문제였다.

전쟁이 끝나고 1955년 12월 28일, 김일성은 당 선전선동 일꾼들 앞에서 "사상 사업에서 교조주의와 형식주의를 퇴치하고 주체를 확립할 데 대하여"라는 연설을 한다. 이 연설에서 처음으로 '주체'라는 구호를 들고 나왔다. 이 연설문 자체는 발표 당시 『조선중앙년감』에는 실려 있지 않아서 추후 내용 개작에 대한 논란의 여지는 있다. 그러나 중요한 것은 김일성이 전후복구를 위해 주민들의 사상을 개혁할 필요성을 절감했다는 사실이다(김병로, 1993a: 53-54). 물론 북한의 이러한 주장이 중국과 소련 사이에서 줄타기 외교로 이익을 극대화하려는 외교 전략이었던 측면이 없지는 않으나, 내부적으로 소련에 대한 사대주의는 더 심각한 문제였음이 틀림없다. 김일성은 소련식이 좋다느니, 중국식이 좋다느니 하는 논란이 야기되는 상황에서 전쟁 시기에 '식'을 따질 필요가 있느냐며 비판한다. 그리고 주체 확립의 필요성을 다음과 같이 역설한다.

> 쏘련의 경험을 배우는데 형식만 따르는 경향이 많습니다. 《쁘라우다》지에서 《우리 조국의 하루》라고 제목을 달면 우리 《로동신문》도 《우리 조국의 하루》라고 제목을 답니다. 그런 것까지 따를 필요야 어디 있습니까. ... 맑스-레닌주의 진리를 배우지 않고 남의 형식만 따르는 것은 백해무익합니다. 혁명투쟁에 있어서나 건설 사업에 있어서나 맑스-레닌주의 원칙을 철저히 고수하면서 그것을 우리나라의 구체적 조건, 우리의 민족적 특성에 맞게 창조적으로 적용하여야 합니다.(김일성, 1955: 478)

당시 김일성이 주체를 강조한 것은 소련에 대한 모방으로부터 탈피하기 위한 성격이 강했다. 북한이 김일성 '저작선집'과 '저작집'을 편집하는 과정에서 삭제한 내용 가운데 초기 '선집'에 실려 있던 내용을 보면 그러한 배경을 확실히 파악할 수 있다. 초기 '선집'에는 중국의 청년운동인 5.4운동과 중국공산당의 정풍운동을 언급하면서 북한에서도 주체적인 무엇인가를 해야 할 필요성에 대해 강조했던 내용이 그대로 실려 있다. 김일성은 이 연설에서 "중국에서는 5.4운동을 청년운동의 거다란 사건으로 기념하고 있다", "우리도 중국 당에서와 같이 정풍운동을 할 필요가 있습니다. 정풍운동이라는 것이 다른 것이 아니고 당성단련이며 사상교양입니다"라며 소련이 아니라 중국 사회주의로 눈을 돌릴 필요성을 역설했다(김일성, 1960: 325, 346). 중국을 본받자는 이러한 내용은 이후 '저작선집'과 '저작집'을 확대 · 편집하는 과정에서는 삭제됐다.

철학 · 종교로의 진화

이렇게 시작된 '주체'의 발견은 사상개혁으로, 발전전략으로, 정치담론으로, 사회이론으로, 철학으로, 종교 수준으로까지 발전하게 된다. 사상에서 주체를 확립해야 한다는 신념은 1950년대와 60년대에 대외자주성 원칙과 혁명적 군중노선을 강조하는 것으로부터 시작했다. 이 시기의 주체사상은 자주성에 기초한 사회주의 발전전략과도 상통하는 의미로 사용됐다. 식민통치를 겪은 제3세계 비동맹 노선을 추구하는 국가들이 대부분 공감하는 자주외교, 자립경제, 자위국방 등 국가발전전략으로서의 원칙이 초기 주체사상의 핵심을 이루었다. 1955년 12월의 주체사상이 1955년 4월 반둥회의 이후 나왔다는 점에서도 제3세계 비동맹운동에 영향을 받았을 가능성이 크다.

김일성 정권이 점차 안정됨에 따라 지배구조에 대한 논리적 이념체계를 발전시켜 1970년대에는 김일성주의화와 혁명적 수령관을 강조했다. 남한에서 유신체제가 들어선 것과 마찬가지로 북한에서도 유일지배체제를 합리화하는 지배권력의 통치담론으로 주체사상이 변화됐다. 특히

〈표 3-1〉 주체사상의 시기별 내용 변화

시 기	내 용	정 책
1955~1967	자립적 발전전략	주체, 자주, 자립, 자위
1967~1974	정치적 통치이론	수령관
1975~1980	집단주의 사회관	인간개조사업, 따라배우기 운동
1982	주체철학	철학원리, 역사관, 지도원칙
1986	사회정치적 생명체	수령 · 당 · 대중의 3위일체, 영생
1986, 1989	민족주의	조선민족제일주의, 전통문화 복원
1995	선군사상	선군정치

1974년 김정일의 '온 사회의 주체사상화'와 유일사상체계확립의 10대 원칙이 선포되면서 주체사상에 대한 이론적 정립과 체계적인 교양학습이 실시됐다. 그 결과 주체사상은 수령론으로 발전했다. 비동맹운동의 보편적 전략으로부터 정치담론으로 발전하면서 주체사상은 조금 더 폐쇄성을 띠게 된다.

1970년대 중반부터는 소위 '인간개조사업'을 통하여 사회주의적 가치와 주체사상을 내면화시키려는 작업을 시도하여 혁명적 동지애와 의리, 집단주의 · 영웅주의 등을 강조했다. 1974년 '온 사회의 주체사상화'의 선포에 이어 1975년에는 '주체형의 공산주의자'라는 구호를 공개적으로 사용했으며, 1979년 '숨은 영웅들의 모범을 따라배우는 운동'으로 이어지면서 집단과 조직에 헌신하는 주체형의 인간개조이론을 구체화했다 (이종석, 1993: 122).

1980년대에는 주체사상의 철학적 측면의 체계화가 일단락된 후 인간중심 철학이 더욱 강조됐다. 김정일은 1982년 3월 「주체사상에 대하여」라는 논문에서 주체사상을 주체철학으로 발전시켰다. 즉 주체사상의 철학적 원리와 사회역사원리, 지도적 원리를 제시하고, '사람이 모든 것의 주인이며 모든 것을 결정한다'는 사람 위주의 철학적 세계관에 근거하여 인민대중 중심의 사회역사원리와 자주적 입장 및 창조적 입장에 기초한 지도적 원칙을 도출함으로써 인류보편적 가치로의 발전을 시도했다. 남한에 널리 알려진 자주성, 창조성, 의식성에 입각한 인간중심 철학으로서의 주체사상은 이 시기에 체계화된 것이다. 철학체계의 발전으로 북한은 외부와 단절하고도 세계와 인간의 문제를 충분히 해석하는 자기 충족적 폐쇄사회로 진화하는 계기가 됐다.

주체사상은 1986년 사회정치적 생명체론으로 발전됐다. 사회정치적 생명체론이란 인간사회를 살아 있는 유기체에 비유하여 설명하는 것으로, 북한사회는 수령과 로동당, 인민대중이 하나가 되는 일사불란한 조직체라고 주장한다. 여기에서 수령은 유기체의 머리에 해당하며 로동당은 심장이고 인민대중은 몸의 각 부분에 해당한다. 인민대중은 집단주의적 생명관에 기초하여 이 집단의 최고 뇌수인 수령의 지시를 절대적이고 무조건적으로 따를 때만 사회정치적 생명을 소유할 수 있다고 설명한다(김정일, 1986a: 159-165). 사회정치적 생명체론은 김일성·김정일에 충성하는 수령관과 집단주의 생활원리를 이론적으로 결합한 것으로, 이 사회정치적 생명은 영생한다고 주장한다. 영생의 발견은 구성원 개개인들에게 삶의 의미를 부여하며 북한이 완전한 자기 충족적 사회로 완성되는 계기가 됐다.

1980년대 말 동구 및 소련 사회주의 체제가 붕괴된 시점부터는 민족 개념을 부각하여 '조선민족제일주의'를 주장하고 타 사회주의 체제와의 차별성을 강조하는 우리식 사회주의 체제의 우월성을 주체사상에 입각하여 이론화했다. '조선민족'은 일제와 미제를 타도하고 수령을 보유하고 있는 우수한 민족이라고 주장한다. 민족의 정통성을 확보하기 위해 단군신화를 복원하고 전통문화를 발굴하는 등 민족주의를 강조하고 있다.

자기충족적 폐쇄회로와 잠금효과의 작동

요컨대, 사상에서 주체를 세워야 한다는 신념에서 출발한 주체사상은 1950년대와 60년대에 대외자주성 원칙과 혁명적 군중노선을 강조하는 이념으로 정립됐고 자주, 자립, 자위의 국가발전전략으로 확립됐다. 1967년부터 김일성에 대한 개인숭배가 대대적으로 진행되면서 지배구조에 대한 논리적 이념체계인 '유일사상체계'를 발전시켜 1970년대에는 김일성주의화와 혁명적 수령관이 매우 강조됐다. 1970년대 중반부터는 사회주의적 가치와 주체사상을 사회관계의 규범으로 정착시키기 위해 '인간개조사업'을 전개하고 혁명적 동지애와 의리, 집단주의 · 영웅주의를 강조했다. 1982년에는 주체사상의 철학적 측면의 체계화가 일단락된 후 인간중심 철학과 세계관이 더욱 강조됐으며, 1986년에는 수령론과 집단주의 사회조직원리를 결합한 사회정치적 생명체론으로 발전함으로써 인생관과 종교적 차원으로 진화했다. 탈냉전 이후 민족개념을 부각시켜 '조선민족제일주의'를 주장하면서 타 사회주의 체제와의 차별성을 강조하는 '우리식 사회주의' 체제의 우월성을 이론화하고, 1998년 이후에는 '선군사상'을 주체사상의 중요한 부분으로 강조해 나가고 있다. 주체사상은 이와 같은 진화과정을 통해 그 안에서 모든 것을 해석하고 의미를 찾을 수 있는 자기충족적 폐쇄회로처럼 '조선'을 자기세계 안에 완전히 가두어 버렸다. 래퍼포트가 말하는 잠금효과(lock-in effect)가 작동된 것이다(Rapoport and Chammah, 1965).

2. 구성과 내용

그렇다면 주체사상이란 구체적으로 무엇을 말하는가? 주체사상은 하나의 개념으로 정의되어 있지 않고 양파처럼 껍질을 벗겨도 벗겨도 또 다른 껍질로 둘러싸여 있는 다차원적 개념이다. 위에서 살펴본 대로 역사적 형성과정에서 여러 개념들이 복합적으로 함축되어 있어서 한마디로 정의하기가 어렵다. 북한의 『철학사전』도 주체사상을 정의하는 대신 김일성주의로 환원하여 설명한다. 북한 『철학사전』에서 주체사상을 찾으면 바로 설명되어 있지 않고 "주체사상 → 김일성동지혁명사상"이라고 표시되어 있다(사회과학원 철학연구소, 1985: 109). 즉 김일성동지혁명사상을 찾아보라는 것이다. 다시 말하면 북한에서 주체사상은 '김일성동지의 혁명사상'으로 정의하며 김일성 혁명사상의 진수를 이루는 것을 주체사상이라고 설명하고 있다.

그런데 이러한 정의는 주체사상을 협의로 해석하는 것이다. 북한의 사상체계는 마르크스주의 또는 레닌주의처럼 김일성주의로 자리 잡고 있다. 북한은 김일성주의를 김일성의 혁명사상, 혁명이론, 혁명방법의 세 영역으로 구분한다. 이러한 맥락에서 보면 주체사상은 넓은 의미에서 사상, 이론, 방법을 포괄하며, 이 세 분야는 각각 철학적 원리, 사회역사원리, 영도원리로 설명되고 있다. 다시 말하면 넓은 의미에서 주체사상은 김일성주의를 가리킨다. 즉 '주체사상=김일성주의'라는 등식이 성립되는 것이다. 북한은 그동안 대외적으로 주체사상이라는 용어를 선호하며 대내적으로는 김일성주의라는 용어를 사용하는 경향을 보였으나, 김정일 사망 이후 2012년 헌법에 기존의 김일성주의를 김일성-김정일주의로 확대하여 사용하고 있다.

- 김일성주의 = 김일성의 사상(주체사상) + 이론 + 방법
- 주체사상 = 철학원리(사상) + 사회역사원리(이론) + 지도원칙(방법)

김일성주의, 즉 넓은 의미의 주체사상 가운데 한 분야인 김일성의 혁명사상을 좁은 의미의 주체사상 혹은 주체철학이라 부른다. 따라서 좁은

〈표 3-2〉『주체사상총서』 제목

총서번호	총서명(주제)	저자
1	주체사상의 철학적 원리	리성준
2	주체사상의 사회력사원리	박일범
3	주체사상의 지도적 원리	김창원
4	반제반봉건 민주주의 혁명과 사회주의 혁명리론	김창하
5	사회주의, 공산주의 건설리론	김양선
6	인간개조리론	강응빈
7	사회주의 경제건설리론	박영근
8	사회주의 문화건설리론	박승덕
9	령도체계	김민, 한봉서
10	령도예술	손영규

의미의 주체사상은 철학적 세계관, 주체철학을 가리킨다. 주체사상의 철학적 세계관은 "자기 운명의 주인은 자기 자신이며, 자기 운명을 개척할 힘도 자기 자신에게 있다"는 명제로부터 시작한다. 즉 "사람이 모든 것의 주인이며 모든 것을 결정한다"는 사람 위주의 철학적 세계관이 주체사상의 출발점이다. 이로부터 인민대중 중심의 사회역사원리와 자주적 입장 및 창조적 입장에 기초한 지도적 원칙이 도출된다. 이 같은 의미의 주체사상에 대한 포괄적 개념은 1982년 김정일에 의해서 체계화됐으며 그 후 계속해서 변화 · 발전되어 오고 있다. 이런 점에서 주체사상은 고정불변한 이념이 아니며 시기에 따라 그 내용이 달라졌다.

1982년 김정일의 '주체사상에 대하여'를 기초로 1985년에 10권으로 된 『주체사상총서』를 출판했다. 책의 주제를 보면 주체사상이 무엇을 담고 있는지 대략의 내용을 알 수 있다(〈표 3-2〉 참조).

철학적 원리: 주체철학

주체사상의 세계관은 "사람이 모든 것의 주인이며 모든 것을 결정한다"는 철학적 원리와 사람이 자주성, 창조성, 의식성을 가진 사회적 존재라는 명제에서 출발한다. 즉 인간은 자연과 사회의 주인이며 모든 것을 결정하는 주체로 인식하는 인간 중심의 인본주의 철학원리에 기초하고 있다. 인간을 모든 사고의 중심에 놓고 인간과 세계의 상호관계를 밝히는 철학이며, 세계개조자로서 인간의 실천적 역할을 강조함으로써 인간을 위해 복무하는 철학이라고 한다.

주체사상이 "사람 중심의 철학"이라고 할 때 그것은 사람을 중심에 놓고 세계를 분석해야 함을 뜻한다. 사람이란 어떤 존재인가? 서양철학에서 주장하듯 의식이 선차적이고 본질적인 것인가, 아니면 물질이 본질적인 것인가를 따지는 물음은 인간에 지나치게 분석적으로 접근한 사유방식이며 결국 사변적인 오류에 빠지고 말았다고 비판한다. 지금까지 서양철학에서는 무엇이 우주의 본질인가를 논쟁하는 과정에서 의식이 먼저인가 물질이 먼저인가를 밝히려고 노력해 왔다. 즉 관념론적 철학이나 유물론적 철학은 의식이 본질인가 물질이 본질인가를 놓고 대립해 왔다. 그러나 이러한 분석적인 논쟁은 불필요하다. 왜냐하면 인간은 의식과 물질 가운데 어느 것이 먼저인가를 따질 수 없고 의식과 물질을 변증법적으로 동시에 지니고 있는 존재이기 때문이다. 주체사상은 이러한 이분법적이고 분석적인 접근은 잘못됐다고 비판하면서 의식과 물질을 동시에 가지고 있는 '사람'을 기본단위로 설정하고 연구해야 한다고 주장한다.

사람이란 의식이 먼저인가, 물질이 먼저인가를 따지기보다 '물질'이면서 동시에 '의식'을 갖고 있는 존재이며 분석적으로 구분할 수 없는 물질과 의식을 총체적으로 지니고 있는 실체다. 이 실체적 사람을 기본단위로 놓고 철학적 사유를 전개해야 한다고 주장한다. 물질세계 내에서 전체로서의 세계와 그 세계 안에 존재하는 사람의 관계 문제로 접근해야 한다는 것이다. 물질과 의식, 존재와 사유의 관계를 어느 정도 유물론에 근거하여 해석하고 있지만 인간과 세계와의 관계에 대해서는 물질과 의식을 동시에 지닌 사람을 세계의 중심에 놓고 사상을 펼친다. 따라서 사람을 기본단위로 놓고 사람과 세계와의 관계를 밝힘으로써 인간의 가치와 본질을 규명해 나간다.

그렇다면 물질과 의식을 동시에 지닌 사람의 본질적 속성은 무엇인가? 주체사상은 인간의 본질적 속성이 '자주성'과 '창조성' 그리고 '의식성'이라고 주장한다. 다시 말하면 인간에게는 "자연의 구속을 극복하고 사회의 온갖 예속을 반대하며 세계와 자기 운명의 주인으로서 자주적으로 살며 발전하려는 사회적 인간의 속성"인 자주성이 있다고 보았다. 그뿐만 아니라 인간에게는 "주위 세계를 자기의 의사와 요구에 맞게 능동적으로 목적의식적으로 개조해 나가며 자기 운명을 개척해 나가는 속성" 즉 창조성이 있다고 보았다. 또한 "세계와 자신을 파악하고 개변(改變)하기 위한 모든 활동을 규제하는 속성" 즉 의식성을 통해 세계와 그 운동발전의 합법칙성을 파악하며 자연과 사회를 자기의 요구에 맞게 개조하고 발전시킨다고 주장한다(김정일, 1983: 15-16). 자주성과 창조성, 의식성은 서로 유기적으로 통일되어 있으며 이것은 인간의 생물학적 속성과는 대비되는 사회적 속성으로서 창조성이 없이는 자주성을 실현할 수 없고, 의식성이 없이는 창조성은 맹목적인 것이 된다. 인간의 창조적 역할에 대해서는 칼 마르크스(Karl Marx)의 개념을 근본적으로 수정한 것이다.

주체사상이 주장하는 인간의 이러한 세 가지 속성은 인간의 존재론적 특성이라기보다는 당위적 속성이 아닌가 싶다. 즉 인간은 마땅히 자주적이어야 하고, 창조적이어야 하며 의식활동을 중시해야 한다는 당위론적 주장을 펴는 것으로 보아야 할 것이다. 인간의 자주성과 창조성, 의식성은 사회적으로 형성되고 발전하는데 이것은 '사회적 존재'인 인간에게만 고유한 것이다. 개개인은 집단과 사회의 일원으로서가 아니면 자주성과 창조성을 유지할 수 없다. 개인과 사회 간의 유기체적 설명이 지배적인 사고방식이다. 여기서 특히 '사상의식'의 역할을 강조한다. 사람들의 모든 행동을 결정하는 것은 그들의 사상의식이다. 마르크스가 말한 '사회적 존재가 사회적 의식, 즉 사상의식을 결정한다'는 것은 근본적으로 옳다고 본다. 이렇게 결정된 사상의식이 역으로 인간의 행동을 통해 다시 인간존재를 규정하는데 주체철학은 이 사상의식의 능동적 역할을 강조한다.

주체사상은 사람을 개인으로서가 아니라 '사회적 관계의 총체'로서 파악한다. 사람은 개인으로 존재하지 않으며 사회적 존재로서만 의미를 가진다. 개인이 소유하고 있는 재부(재능)는 사회의 누군가로부터 전달받은 것이기 때문에 개인이 갖고 있는 육체적 · 정신적 재부는 사회적 재부로 간주된다. 이런 점에서 사람의 존재는 사회적 관계 속에서만 의미를 갖는다. 주체사상은 "집단과 조직에 의거하여 생활하는 것은 사람의 필수적인 생존방식이며 사회적 인간의 본성적 요구다. 사람은 사회적 집단을 떠나서는 살아갈 수도 없고 자기 운명을 개척해 나갈 수도 없다"고 주장한다(강응빈, 1985: 43).

사회적 존재로서 인간은 첫째, 역사적으로 축적된 정신적 · 물질적 재부를 지니고 살며, 둘째 사회적 관계를 맺고 집단적으로 살아간다. 사람의 이러한 재부(재능)는 사회의 공동 재부이며 역사적 · 사회적으로 축적되고 발전한다. 사람은 사회적 동물이며 공동체에서 다른 구성원들과 의사소통을 통해 의견과 감정을 교환하면서 산다. 생물학적 진화가 아니라 사회적 존재로서의 특징이 인간사회의 특성을 규정한다. 인간의 언어기능 가운데 특히 문자개발을 통해서 지식을 축적하고 세대에서 세대로 이를 전수할 수 있다.[1]

주체사상에 의하면, 사람은 집단적인 활동으로만 자연과 사회를 성

1 사람의 특유한 기능을 유물론에 근거하여 사유기능, 즉 사람의 두뇌 용량은 1,000~2,000cm^3로 원숭이의 400~600cm^3, 유인원의 750cm^3보다 크며, 또한 뇌신경세포가 140억 개로 침팬지의 30억 개보다 훨씬 많다는 것, 언어기능, 즉 인후가 발달하여 분절음을 낼 수 있다는 것, 노동기능, 즉 발달된 손(엄지손가락이 도구를 잘 쥘 수 있도록 되어 있고 360도 회전가능한 팔의 골격구조를 갖추고 있음)을 가지고 있다는 점을 강조한다.

과적으로 개조·변혁하고 자기의 운명을 개척해 나갈 수 있으며, 개별적인 사람들의 의사와 요구는 집단의 혁명적 투쟁에 의해 공동의 이익이 실현되는 과정에서만 실현될 수 있다고 주장한다. 따라서 개인은 집단과 조직을 사랑하고 사회정치생활에 충실하며 정치적 생명을 귀중히 여김으로써, 국가사회재산을 아끼고 사랑함으로써, 동지를 사랑하고 인민을 사랑하며 서로 돕고 이끌어 줌으로써 개인의 가치를 실현한다. 이런 관점에서 집단주의는 "사회와 집단의 리익을 귀중히 여기고 그 실현을 위하여 모든 것을 다 바쳐 투쟁하는 공산주의적 사상과 도덕"으로 규정된다(사회과학원 철학연구소, 1985: 538).[2]

실제로 북한에서 학습되고 있는 집단주의는 주체사상의 인간적 속성에서 끌어내고 있다. 주체사상이 말하는 인간의 본질적 속성, 즉 자주성, 창조성, 의식성 가운데 창조성으로부터 집단주의를 도출해 낸다.[3] 즉 사람은 보람을 느끼기 위해서 일하는데, 개인을 위해 일하는 것보다 대중을 위해서, 많은 사람들을 위해서 일할 때 보람과 기쁨을 더 느낀다고 주장한다. 집단과 대중을 위해 봉사할 때 기쁨을 누리는 것이 사람의 본성이며 집단주의는 인간의 본질적 속성에 맞는 이념이며 철학이라고 주장한다. 따라서 사람은 사회와 인민의 이익, 당과 혁명의 이익을 위하여 헌신적으로 투쟁해야 한다고 말한다.

사회는 사람으로 구성되는데 사람은 이처럼 사회적 재부(물질적 재부, 문화적 재부)를 갖게 되며 대를 이어 축적되어 사회 전체적으로 이용된다. 사회적 재부를 소유한 사람과 사람의 관계가 사회적 관계이며 사람과 사회적 재부와의 관계도 포함된다(박용곤·김화효, 1989: 152-156). 즉 사회는 사람, 사회적 재부(물질적 재부와 문화적 재부), 사회적 관계(사람과 사람 사이

2 뒤에 논의하겠지만 이 '공산주의'는 2009년 폐기되고 '사회주의'로 대체된다.

3 북한이탈주민 김민규의 서울대 강의(2010.5.11.) 참조.

의 관계, 사람과 사회적 재부와의 관계)로 구성된다. 사회적 관계란 "사람들의 사회적 지위와 역할을 규제하는 질서"로서 이 질서의 통일적인 체계가 사회제도다(박용곤 · 김화효, 1989: 156). 예컨대, 봉건사회라고 하면 봉건적 사회관계가 지배적인 사회다. 자본주의 사회는 사회적 재부를 많이 가진 자가 적게 가진 자를 착취하고 억압하는 사회이지만, '조선'사회는 혁명적 의리와 동지애를 강조하는 사회, 즉 사랑과 믿음의 관계로 형성된 사회라고 주장한다.

사회역사원리: 주체사관

이와 같은 철학적 바탕 위에 인민대중 중심의 사회역사원리를 규명하고 지도원칙을 제시해 나간다. 사회역사원리는 인민대중은 사회역사의 주체이며, 인류역사는 인민대중의 자주성을 지향하는 투쟁의 역사이며, 사회적 · 역사적 운동은 인민대중의 창조적 운동이고, 혁명에서 결정적 역할을 수행하는 것은 인민대중의 자주적인 사상의식이라고 설명한다. 첫째, 인민이 사회역사의 주체가 된다는 말은 개인이나 조직, 계급이 역사를 움직이는 것이 아니라 인민이 역사를 움직이는 주체세력이라는 의미다. 둘째, 인류역사가 계급투쟁의 역사라기보다는 '자주성 실현'의 역사라는 것을 주장한다. 자연개조, 사회개조, 인간개조라는 활동을 통해 자주성을 실현하고자 끊임없이 노력하는 과정으로 역사는 발전되어 왔다고 보았다. 두 계급으로 나뉜 사회에서는 억압과 착취의 사회제도 자체를 철폐하기 위한 사회개조, 즉 계급투쟁이 주가 되지만 계급사회가 아닌 원시공산사회나 사회주의, 공산주의 사회까지를 포함한다면 인류역사는 계급투쟁의 역사라기보다는 자주성 실현의 역사로 특징지을 수 있다고 했다. 이 과정에서 특히 '인간개조'의 활동이 지니는 의미를 부각시킨다.

지도적 원리

주체사상은 "현실세계에서 차지하는 인간의 지위와 역할, 혁명과 건설에서 인민대중이 차지하는 지위와 역할을 과학적으로 밝히고 노동계급과 인민대중이 혁명과 건설사업에서 견지해야 할 근본입장과 방법, 지도원칙을 명시한 혁명사상"이라고 한다(김병로, 2000b: 84). 지도적 원리는 인민대중의 지위와 역할을 어떻게 높이는가라는 문제와 관련된 것이다. 주인다운 태도를 갖기 위해서는 자주적 입장과 창조적 입장을 견지해야 한다. 자주적 입장은 어떻게 주인으로서 권리를 옹호하며 주인으로서 책임과 의무를 다할 것인가에 대한 해답을 주고, 혁명과 건설에서 견지해야 할 근본자세를 제공해 준다. 창조적 입장은 자연과 사회를 개조하는 데서 어떤 방법으로 주인인 인민대중의 역할을 높일 것인가 하는 물음에 대한 해답을 준다.

자주적 입장을 구현하는 구체적인 방법으로서 사상에서의 주체, 외교에서의 자주, 경제에서의 자립, 국방에서의 자위를 들고 있는데 이것이야말로 자주적 입장을 견지한 모범이라고 극찬하고 있다.

> 한 사람에게 있어서도 자주성은 생명으로서, 사람이 사회적으로 자주성을 잃어버리면 사람이라고 말할 수 없으며 동물과 다름이 없다. 사회적 존재인 사람에게 있어서는 육체적 생명보다도 사회정치적 생명이 더 귀중하다고 말할 수 있다. 비록 목숨은 붙어 있어도 사회적으로 버림받고 정치적 자주성을 잃어버린다면 사회적 인간으로서 죽은 몸이나 다름없다.(김일성, 1974a: 273)

창조적 입장을 구현하는 방법으로는 인민대중에 의거하는 방법, 실정에 맞게 행하는 방법을 들 수 있다. 인민대중에 의거하는 것이 창조적인 이유는 인민대중은 누구보다도 현실을 잘 알며 풍부한 경험을 가지고 있으므로 광범한 대중의 의사와 요구를 집약하여 일반화하면 인민의 지향과 이익에 부합된 정확한 노선과 방침이 수립되고 이로써 대중의 마음을 사로잡아 그들을 투쟁에로 고무할 수 있기 때문이다. 실정에 맞게 하는 방법이 중요한 이유는 혁명투쟁을 자국 실정에 맞게 올바로 진행시켜야만 노선과 정책수립, 전략, 전술에서 주관주의에 빠지지 않고 자기 나라의 구체적인 현실과 특수성에 맞게 적용할 수 있기 때문이다. 지도방법은 혁명적 대중노선 즉 대중운동을 일으키는 것이다. 1957년 제1차 5개년 계획에서부터 실시한 천리마운동과 현지지도방법을 강조하는 청산리방법(1960.2.), 대안의 사업체계(1961.12.9.)를 들 수 있다. 3대혁명소조는 사상, 기술, 문화의 혁명이라는 구호 아래 현지, 현장에 전문인력을 직접 파견하여 생산력 증대와 사상 강화라는 대중적 목표를 동시에 달성해 보려는 시도다.

의식성을 구현하는 방법은 사상개조 우선, 즉 혁명적 세계관을 수립할 수 있도록 사상개조를 우선하며, 정치활동 우선, 즉 정치도덕적 자극을 위주로 하면서 물질적 자극을 적절히 결합하는 방법을 사용해야 한다는 것이다. 정치활동을 우선한다는 말은 사람들의 사상성을 유지하기 위해 조직생활로 묶어 두어야 함을 의미한다. 조직생활을 강화해야 사람들의 머릿속에 개인주의, 이기주의를 없애고 사회와 집단을 위해 일하는 혁명정신을 키울 수 있으며, 조국과 인민, 사회와 집단을 위하여 헌신적으로 투쟁하는 분위기를 형성할 수 있다(김민 · 한봉서, 1985: 113). 이를 위해서는 집체적 지도가 필수적이다. 즉 군중 속에 들어가 정치사업, 사람과의 사업을 선행하여 개인의 주관과 독단, 관료주의를 없애고 지도기관 전체 성원들의 적극적인 참여와 토론을 바탕으로 만장일치의 결론을 이끌어 내야만 집단적 결속이 유지되기 때문이다.

주체사상을 크게 둘로 나누어 보면, 인간중심철학으로서의 주체사상(주체철학)과 통치이념으로서의 주체사상(영도체계와 영도원리)으로 구분된다. 인간중심철학은 1997년 남한으로 망명한 황장엽 로동당 비서에 의해 체계화된 내용이다. 통치이념으로서의 주체사상은 최고지도자에 대한 철저한 복종과 충성을 요구하는 수령론을 의미한다. 이 두 측면이 주체사상의 중요한 축을 구성한다. 일반적으로 주체사상이라고 하면 김일성에 대한 충실성, 즉 수령론과 동일시한다. 북한에서는 당연히 주체사상을 김일성주의와 수령론으로 인식한다. 그러나 주체사상의 다른 한 축인 인간중심철학도 그에 못지않게 중요하다. 황장엽 비서는 원래 자신이 이론화한 주체사상은 인간중심철학이었는데, 북한 집권층이 수령론이라는 통치담론으로 왜곡시켰다고 비판했다.

3. 종교적 신앙의 출현: 사회정치적 생명과 영생

주체사상과 '김일성 수령'에 대한 숭배의식으로 획일화되어 있는 북한사회가 일종의 종교적 특성을 띠고 있다는 주장이 최근 들어 설득력을 얻고 있다. 남한에 들어와 살고 있는 탈북귀순자들은 북한을 떠나본 후에야 비로소 북한사회가 강한 종교성을 지니고 있음을 깨닫는다. 탈북자들에게서 공통적으로 발견되는 현상은 김일성이란 이름을 '위대한 수령'이라는 수식어 없이 사용하는 데 많은 부담을 느낀다는 것이다. 탈북자 가운데는 "내 가슴속에 있는 김일성은 영원히 사라지지 않을 것이다", "나는 죽을 때까지 김일성으로부터 완전히 자유로워지지는 못할 것이다"라고 말하는 사람이 있다. 청와대 습격사건의 유일한 생존자인 김신조 씨는 자신의 경험으로 볼 때 김일성이란 존재를 극복하는 것은 오랜 시간이 걸리는 문제로, 귀순자들이 진정으로 '김일성'을 극복하기는 어려울 것이라고 말한다.

김일성 사망 시 오열하며 애도하는 북한 주민들의 모습은 21세기 통일시대를 꿈꾸는 우리에게 너무나 충격적이었다. 1997년 사망 3주년을 계기로 김일성이 태어난 1912년을 원년으로 하는 주체연호를 제정하고, 생일인 4월 15일을 태양절로 지정하고, '김일성 동지는 영원히 우리와 함께 계신다'는 구호를 외치는 모습 등은 이미 김일성이 신적 숭배의 대상이 됐음을 말해 준다. 또한 극도의 식량난과 수십만 명이 아사하는 극한 상황에서도 주민의 폭발이 없이 '고난의 행군'을 통해 난관을 극복해 나가는 자세는 일종의 종교적 신앙행위로 비쳐지고 있다.

종교는 일반적으로 '성스러운 것'에 대한 신앙이며 관련된 의식(ritual)을 수행함과 동시에 일종의 사회공동체라는 세 가지 특징을 지니고 있다. 즉 종교경험은 언제나 어떤 개념들을 사용하는 사상으로 나타나고, 말과 행동으로 짜인 의례나 예식으로 표현되며, 가입, 지위의 점유, 역할의 분담으로 구성되는 조직체나 공동체의 형태로 나타난다. 종교에 따라서 이 세 가지 양식의 복잡성이나 제도화 정도는 다를 수 있지만 어떤 사회현상이 종교로 규정되기 위해서는 이론적 양식인 교리, 실천 양식인 예식과 의례, 사회적 양식인 공동체라는 세 가지 표상을 모두 가지고 있어야 한다.

이런 점에서 사회주의 자체를 종교의 하나로 생각해 온 것은 최근의 일이 아니다. 사회주의자들이나 공산주의자들은 종교를 '인민의 아편'으로 규정하여 사회주의 사회에서 추방했지만 아이러니하게도 그 존재를 부정한 자리에 사회주의, 공산주의 이데올로기가 종교로서 자리를 틀었다. 마르크스 자신도 종교에 구현되어 있는 적극적인 가치는 인간의 운명을 개선하는 주도적 사상이 될 것으로 믿었으며 이런 점에서 인류의 적극적 자의식인 사회주의는 종교 아닌 종교로서 기능한다고 볼 수 있다. 이러한 이데올로기는 정치지도자나 이념, 혹은 소속집단에 헌신하도록 강요한다는 점에서 종교적 성격을 띤다.

주체사상이 종교적 신앙으로 심화된 것은 바로 사회정치적 생명체론이 완성되면서부터다. 인간의 생명을 육체적 생명과 사회정치적 생명으로 구분하여 개인이 소유할 수 있도록 만들었다는 사실은 주체사상이 종교로 발전하는 데 결정적으로 기여했다. 종교의 발전과정에서 개별적으로 존재하는 영혼(soul)을 집단적 숭배 대상으로 환원시킨 정신(spirit)의 출현은 종교적 힘을 개인이 지닐 수 있는 형태로 발전시킨 매우 중요한 국면이다. 수령관과 주체철학, 사회정치적 생명체의 출현으로 주체사상 이데올로기는 신앙과 종교로 진화했다.

1986년 7월 주체사상을 새롭게 이론화한 '사회정치적 생명체론'은 수령 · 당 · 대중이 하나로 결합된 통일체로서 자주적 생명력을 가지고 영생한다고 주장한다. 이에 따르면, 인간은 육체적 생명과 함께 사회정치적 생명을 가지며 개인의 육체적 생명은 죽어 없어지지만 사회정치적 생명은 집단과 더불어 영생한다고 한다(박용곤 · 김화효, 1989: 257). 개개인은 죽음으로 사라져 버리는 유한한 존재이지만 사회는 개인을 초월해서 영원히 존재한다는 사회의 영원불멸설을 주장함으로써 집단주의 속에서 개인의 의미를 찾고 있다.

사회정치적 생명을 유지하기 위해서는 인민대중이 당과 수령의 두리에 뭉쳐 그 속에서 수령과 혈연으로 연결되어야 한다. 수령, 당, 대중이 운명을 같이하는 하나의 통일체로서 영생하는 생명력을 지니고 있다고 주장한다. 따라서 "죽을 때 너절하게 죽으면 한평생 아무리 좋은 일을 많이 하더라도 결국 너절한 사람으로 되고 맙니다."라고 강조함으로써 영생을 소유한 사람으로서 투쟁적인 삶으로 마무리하도록 요구한다(김일성, 1971b: 489). 이런 점에서 북한은 김일성과 김정일, 김정은에 대한 충실성을 통해 사회정치적 생명을 유지할 수 있다고 주장한다. 주체사상은 사회정치적 생명체론에 입각하여 개인에게 영생을 부여하고 죽음의 문제를 해결해 줌으로써 사회를 통합하는 토대가 되고 있다.

4. 주체사상과 기독교

수령과 하나님

주체사상이 기독교와 형식 및 윤리 면에서 비슷하다는 점은 매우 흥미롭다. KAL기 폭파사건으로 체포된 김현희는 북한에서 김일성을 하나님으로 숭배했다고 고백하면서 자신의 삶에서 김일성의 존재를 빼놓는다는 것은 기독교인에게서 하나님의 존재를 빼놓는 것과 마찬가지라고 회고했다. 그녀는 성경의 '하나님 아버지' 자리에 '어버이 수령'을 대신 집어넣는다면 이제까지 북한에서 교육받아온 것과 다르지 않으며 성경을 읽는 데도 어려움이 없다고 한다. 마치 가톨릭의 교황처럼 북한에서 수령은 절대적인 권위를 가진다. 물론 주체사상은 자연세계에 대해 초월적인 것으로서의 정신세계를 추구하지 않는다는 점에서 신을 찾는 기성종교와는 다르다. 그럼에도 현재 북한사회를 보면 사상의 내용이나 체계, 조직생활과 규범에서 깜짝 놀랄 만큼 기독교와 유사한 점을 발견할 수 있다(김병로, 2000b).

신념과 교리의 측면에서 주체사상을 기독교와 비교해 보면, 첫째, 주체사상은 유물론적 가치관과 진화론에 뿌리를 두고 있기 때문에 인간의 경험적 영역을 초월하는 추상적인 신의 개념을 거부한다. 그 대신에 공산주의(사회주의)의 도래에 대한 신념과 확신이 형이상학적 신의 영역을 차지하고 있다. 또한 형이상학적인 신이 예수라는 인간으로 성육신함으로써 눈에 보이는 하나님으로 환원됐듯이 김일성은 공산주의라는 절대적 가치를 이 땅에 실현하는 중재자이면서 동시에 신적인 존재로 인식되고 있다. 김일성이 기독교의 하나님과 완전히 같다고 볼 수는 없지만 김일성이 사망한 이후 '보이지 않는' 김일성에 대해 점차 기독교의 하나님과 같은 존재로 주체사상의 이론을 발전시킬 가능성도 없지 않다. 특히 1980년대 이후 김정일에 대해 '아버지의 아들'로서 정통성과 신성을 강조했고, 김정은도 그들의 후계임을 강조하고 있다. 예수가 구약성서에 나타난 하나님과 인간과의 언약을 계승하고 성취하는 자로서 위치를 확보했듯이 김정일과 김정은은 김일성의 위업을 계승하고 성취하는 사람으로서 신적인 권위를 부여받고 있다.

북한이 유일사상을 만들고 이것을 '10대 원칙'으로 명문화하고 있다는 사실은 오직 하나님만을 유일한 신으로 섬겨야 하며 이를 십계명으로 명문화한 기독교의 유일신 사상과 일맥상통한다. 기독교인들에게 십계명은 논란의 여지가 없는 하나님의 말씀이며 신앙인으로서 지켜야 할 최소한의 규칙을 명시한 것이다. 마찬가지로 북한사람들의 모든 생활을 규제하는 것은「당의 유일사상체계확립의 10대 원칙」이며 모든 언행은 이 '10대 원칙'에 근거하여 평가받는다.[4] 주체사상이 '김일성동지의 혁명사상'으로 규정되어 김일성주의의 하부형태로 존재하고 있는 것도 바로 이러한 맥락에서 이해할 수 있다. 주체사상과 김일성의 존재는 분리해서 생각할 수 없으며 김일성(혹은 김정일)이라는 유일신은 기독교보다 더 엄격한 행동규율을 요구하며 신으로서 절대성을 유지하고 있다.

둘째로 사람의 본질에 관한 내용은 아마도 기독교와 주체사상이 가장 많은 유사점을 공유하는 영역일 것이다. 기독교의 신론을 접어두고 인간에 초점을 맞추면 기독교의 인간론은 주체사상에서 이론화하고 있는 인간론, 인생관과 뚜렷한 공통점을 갖는다. 주체사상은 사람을 단순한 생물학적 존재로 보거나 사회적 구성요소와 특별하게 결합된 개체로 보지 않고 의식성을 가진 독특한 존재로 간주한다. 사람을 물질과 의식으로 구분하지 않고 두 요소를 동시에 지닌 총체적 실체로 파악한다. 그러나 탈유물론적 인간관은 최근에 발전된 이론이다. 북한사람들이 갖고 있는 실

4 '유일사상체계'는 2013년 6월 '유일적 령도체계'로 용어가 바뀌었고 10대 원칙의 내용이 약간 수정됐다.

제 가치관은 세대에 따라 주체사상의 이론과 상당한 괴리를 나타내고 있는 듯 보인다.

셋째, 기독교의 교리에서 예수의 존재가 필연적으로 요청되듯이 주체사상의 교리에서도 수령의 존재는 필수불가결한 요소다. 사회주의 혁명과 건설을 성취하기 위해서는 인민의 역량을 통일적으로 지도할 수령의 존재가 반드시 필요하다는 것이다. 노동계급을 비롯한 평범한 인민대중은 혁명의 위대한 수령을 모시고 수령의 세련된 영도하에 투쟁해야 혁명과 건설에서 승리할 수 있다고 주장한다. 이것이 노동계급의 혁명투쟁 발전의 객관적 합법칙성이며 백수십 년에 걸친 국제공산주의 운동에 의하여 확증된 혁명적 진리라는 것이다. 또한 예수의 가르침에 절대적 순종을 요구하듯 수령의 지시에 절대적으로 복종할 것을 요구한다. 강력한 조직을 만들려면 수령의 명령에 무조건 복종하는 유일적 영도체계를 갖추어야 한다고 말한다. 그것이 혁명의 본질이라고 주장한다. "수령을 중심으로 전 당과 전체 인민의 통일단결이 실현되면 온 사회가 하나의 중심을 가진 유기적 통일체로 단합됨으로써 가장 위력한 정치적 력량이 마련되게 된다"(김민 · 한봉서, 1985: 85). "그것은 첫째로 사회의 모든 성원들이 조직에 망라되어 그에 복종하며 아래조직은 웃조직에, 모든 조직들은 로동계급의 당과 수령에 복종하는 사업체계와 질서를 세운다는 것을 말한다", "둘째로 전 당과 온 사회에 수령의 명령, 지시를 무조건 접수하고 철저히 관철하는 혁명적 기풍을 세우며 수령의 유일적인 명령, 지시에 따라 전 당과 온 사회가 하나와 같이 움직이는 규률과 질서를 확립한다는 것을 의미한다"(김민 · 한봉서, 1985: 87).

넷째, 기독교의 구원과 영생의 사상은 주체사상에서도 동일하게 발견된다. 북한은 수령인 김일성이 일제의 압제로부터 인민을 해방시키고 구원했다는 일종의 신화를 갖고 있다. 일제 식민통치에 신음하고 있던 우리 민족을 항일무장투쟁으로 구원했다는 것이다. 주체사상은 과거의 구원뿐만 아니라 미래의 구원, 즉 영생을 부여한다. 인간의 생명을 육체적 생명과 사회정치적 생명으로 구분하고 사회정치적 생명의 영원성을 주장한다. 사회정치적 생명체론은 마르크스-레닌주의 이론이 제시하지 못하는 개인의 삶과 죽음의 문제를 다루고 있다는 점에서 일종의 신앙 또는 인생관이라 할 수 있다 .

다섯째, 기독교에서 신자들로 이루어진 공동체인 교회는 '예수 그리스도의 몸'으로 표현되며 인간실존은 그리스도의 몸, 즉 그의 백성과 그의 교회 안에 포함될 때에만 가능하다고 주장한다. "하나는 전체를 위하여, 전체는 하나를 위하여" 존재한다는 북한의 집단주의 교리는 공동체적 교회의 교리와 일치한다. 이 사회정치적 생명체에서 김일성은 수령으로서 신체의 뇌수이며 당은 혈관이고 인민은 신체의 각 부분으로 간주된다. 수령, 당, 인민대중은 삼위일체의 통일체로서 개별적으로 분리될 수 없다. 사회정치적 생명체론은 기독교인들이 익히 알고 있는 사도바울의 지체론과 동일하다. 즉 예수는 머리이고 신자들은 몸의 각 부분이라고 설명하듯, 주체사상도 수령을 뇌수로, 인민들은 신체의 각 부분이라고 설명한다. 그 중간에 당은 심장이라는 설명을 추가했을 뿐이다.

여섯째, 기독교는 이 세상은 끝이 있으며 그 종말은 거대한 위기로 임하게 되는데 예수의 재림이 이러한 위기를 종식시키는 역사적 계기가 되며 예수의 재림과 함께 전체적 부활이 진행되고 최후의 심판과 더불어 '하나님 나라'가 완성된다고 주장한다. 주체사상은 사회주의(공산주의)의 종국적 승리를 믿으며 동시에 이 땅에 사회주의(공산주의) 지상낙원이 도래할 것을 믿는다. 종말론적 사상은 언젠가 도래할 낙원을 기대하고 종말론적 신앙의 종국적 승리를 내다보면서 현재의 고난을 인내하도록 도와준다. 북한은 공산주의 사회의 도래를 기대하며 현재의 경제적 · 사회적 어려움을 참도록 가르친다. 북한은 '강성국가'라는 사회주의 낙원이 도래할 것을 믿으며 현재의 고난을 견디어야 한다고 강조함과 동시에 '세상에 부럼 없어라', '지상낙원'을 외치며 이러한 낙원이 이 땅에 '이미' 실현됐음도 주장한다. 이뿐만 아니라 기독교가 죄와 사탄의 세력과 투쟁해야 함을 강조하는 것과 마찬가지로 주체사상으로 무장한 북한은 자본주의, 제국주의 세력을 '원쑤'로 규정하고 사탄과 같은 원수의 세력을 타도하기 위해 전투적 태도로 임할 것을 독려하고 있다.

주체사상의 기독교화된 형식

종교 의식과 행위 규범에서도 북한은 기독교의 예배당과 같은 '김일성주의연구실'을 갖추고 그 안에서 모임과 학습 등 '예배' 의식을 거행한다(〈그림 3-1〉). 김일성주의연구실은 김일성의 혁명사상, 주체사상, 높은 덕성을 배우기 위한 곳으로 "북한 전 지역의 당 및 국가기관, 공장, 기업소, 협동농장들과 교육문화, 과학기관, 인민군부대 및 경비대" 등 인민생활의 모든 부문에 갖추어져 있다(사회과학출판사, 1973: 156). 이와 같은 김일성주의연구실이 행정기관, 산업기관, 군대를 포함하여 전국적으로 약 10만여 곳에 이를 것으로 추정된다. 이곳에서 학습활동 외에 각종 선서모임과 충성의 편지 전달모임, 축전 전달모임 등 여러 행사를 진행한다. 이곳은 일상적이고 세속적인 장소와는 구별되는 엄숙하고 성스러운 장소다. 김일성과 깊은 관계를 맺고 있다고 믿기 때문에 주체사상의 성전으로 간주된다.

기독교, 특히 개신교가 주일예배를 비롯하여 수요예배, 새벽기도회, 금요구역예배, QT(아침 묵상의 시간), 가정예배 등 일주일 주기의 모임과 집회를 갖는 것처럼 북한에서도 일주일을 단위로 여러 종류의 모임과 학습을 진행한다. 주간 생활총화를 비롯하여 수요강연회, 아침독보회, 인민반학습, 새벽참배 등의 집회를 유지하고 있으며, 체계적인 학습을 통해 신앙을 유지하고 있다. 그중 토요일에 직장의 각 조직단위에서 실시하는 생활총화는 일종의 자기반성적 종교집회로 매우 중요한 '종교' 의식이다.

생활총화는 공장과 기업소, 학교, 군대 등 북한의 모든 기관과 단체가 소년단, 청년동맹, 직업동맹, 농업근로자동맹, 여성동맹, 당원 등 조직별로 나뉘어 전국적으로 진행된다. 생활총화는 초급단체 단위로 실시하는 것이 기본이며 일반 노동자들의 경우 기업소나 직장의 작업반별로 실시한다. 총화의 주기에 따라 일일총화, 주간총화, 월간총화, 분기총화, 연간총화 등으로 구분된다. 총화 시 김일성 · 김정일의 교시와 말씀을 먼저 인용하고 나서 자신의 생활을 비판하는 것은 기독교에서 설교하거나 신앙교육을 할 때 먼저 성경을 인용하고 그것을 기준으로 현실과 생활세계를 분석하거나 신앙생활을 점검해 나가는 방식과 같다. 또한 자아비판은 기독교 예배에서 하나님께 자신의 잘못을 회개하고 결심하는 기도의 행위에 해당하는 것으로, 북한사회의 종교성을 유지하는 골간이며 북한체제를 다른 사회주의 체제와 구별되게 하는 중요한 요인이다.

기독교인들이 예수의 말씀인 성경을 소중히 여기며 모든 행동지침을 성경에서 찾는 것과 마찬가지로 북한사회도 성경의 일종인 주체사상의 경전, 즉 김일성 교시와 김정일 말씀을 갖고 있으며 이 교시와 말씀에 따라 생각하고 행동한다. 기독교인의 신앙을 유지하는 데 찬양이 중요한

〈그림 3-1〉 김일성주의연구실

수단이듯이 북한에도 김일성 · 김정일 찬양가가 공식 · 비공식 행사에 동원되고 있다. 기독교인들이 일상생활의 대화와 학술문헌에서 성경말씀을 인용하듯이 북한에서도 생활 전반에서 김일성 · 김정일의 교시 · 말씀을 반드시 인용해야 한다. 종교의식에 필요한 동의 · 감탄사가 사용되고 있다든가 기독교의 십자가와 같은 신앙의 상징으로 김일성 배지를 달고 다니는 행위, 은혜와 사랑, 믿음, 구속, 구원, 영생 등 기독교적 용어를 빈번하게 사용하는 현상들은 주체사상에 기독교와 유사한 종교성이 있음을 보여 준다.

기독교적 공동체 의식

종교는 집단 구성원들이 공통적 속성과 귀속감, 사회적 유대의식을 공유하는 일종의 공동체로 존재한다. 주체사상은 '지도적 원리'라는 행동원칙을 개발하여 공동체의 실천적 규범으로 제시하고 있다. 주체사상이 실천을 강조하면서 도덕과 윤리를 중시하는 것은 종교적 성격을 강하게 띠고 있음을 드러내며, 사람의 도덕품성을 선과 악으로 평가하는 것도 주체사상이 기독교와 공유하는 부분이다. 주체사상은 사회적으로 '좋은 일 하기 운동', '따라 배우기 운동' 등 각종 실천생활을 요구하고 있는데, 사회주의(공산주의) 도덕교양의 한 고리를 단단히 구성하고 있는 이 실천운동에 대한 강조는 주체사상의 중요한 종교적 특성이라고 할 수 있다. 북한의 집단주의는 정치경제 생활에서 '군중로선'이라는 형태로 나타나고 있으며, 사회생활에서는 '사회주의적 미풍'의 발양으로 강조된다. 물질에 대한 욕심을 버리고 금욕주의를 강조하는 윤리도 기독교와 유사한 점이다.

절대자에 대한 신앙이 어느 정도 강렬한지, 사회관계의 유형이 어느 정도로 집단주의를 추구하는지에 따라 공동체는 다양한 색채를 띤다. 주체사상 신자들의 종교성 정도는 개인별로 각각 다르게 나타나며 주체사상이 주장하는 세부적인 가치에 따라서도 다르게 표출된다. 주체사상의 공동체를 신앙정도에 따라 분류해 보면 "주체의 요구대로 하는" 열렬한 신자들, 믿기는 믿으나 회의를 동시에 가진 신자들, 주체사상의 '교재'가 없이는 한마디도 하지 못하는 엉터리 신자들, 주체사상을 전혀 받아들이지 않는 불신자들 등 크게 네 부류로 나눌 수 있으며 각각의 집단은 인구의 25%씩을 구성하는 것으로 평가된다. 또 주체사상 공동체의 신앙은 계층 · 계급별 및 세대별로 차이를 보인다.

5. 자기충족사회의 의미해석과 주체종교

김일성의 기독교 배경

북한사회에 스며들어 있는 종교적 영향은 어디에서 연유한 것인가? 많은 사람들은 그것이 김일성의 기독교적 가정환경에 기인하는 것으로 추측한다. 김일성이 독실한 기독교 신앙을 가진 가정에서 태어나 소위 모태신앙을 갖고 성장했다는 사실은 매우 흥미로운 대목이다. 이런 점에서 북한이 기독교적 특성을 가지고 있는 이유는 김일성의 기독교적 배경 때문일 가능성이 가장 크다. 아버지 김형직과 어머니 강반석은 모두 신실한 기독교인으로 김일성은 어린시절 어머니를 따라 주일학교에 착실하게 참석했던 사람이다. 중학교 때에는 중국 지린의 손정도 목사의 보살핌을 받으며 교회생활을 했고 학생성가대 지휘를 맡을 정도로 교회활동을 활발하게 했다. 아버지로부터 기독교와 항일독립운동의 영향을 받았고 어머니와 외가 쪽의 강돈욱과 강양욱으로부터 신앙적 영향을 받으며 성장했다. 김일성은 기독교 신앙을 갖지 않았지만 주일학교에서 배운 성경내용과 교회생활에 대해 해박한 지식을 갖고 있었던 것으로 보인다.

그러나 김일성은 해방 이후 정권구축 과정에서 기독교인들의 조직적 반대에 부딪히기도 했다. 특히 '주일선거반대운동'과 토지개혁 과정에서 기독교에 대한 부정적인 태도를 갖게 된 것으로 보인다.

김정일의 경우는 기독교 경험에 대해서는 알려진 바가 거의 없으나 어머니와 일찍 사별한 뒤에 친척들의 보살핌을 받으며 자라는 과정에서 기독교적 영향을 받았을 것으로 추측해 볼 수 있다. 김정일 위원장이 사망하기 전인 2010년 8월 26일 중국 동북지역을 시찰하면서 지린(吉林) 시 가톨릭 성당을 방문했는데, 당시 김정일은 "내가 예전에 여기 살았었다." 라고 술회했다. 그때는 중국이 공산화된 직후여서 신부들이 이미 추방됐을테고 성당에서 미사를 드리거나 종교생활을 한 것은 아닐 것이다. 김일성과 김정일은 기독교신자가 아니었지만 여느 한국인에 비해 기독교적 영향을 훨씬 많이 받았고 기독교에 대해서 체험적으로 알고 있었다고 할 수 있다. 김일성이 지니고 있던 민족주의, 사상과 신념의 중요성, 복음전파의 사명, 이상촌 건설 등의 사상과 김정일이 갖고 있는 의식성과 도덕성을 강조하는 가치관은 기독교적 가정배경을 통해 형성된 것으로 볼 수 있다(김병로, 1994b: 105-132).

기독교적 가정배경과 기독교인들과의 접촉, 그리고 기독교 세력의 도전 경험 등으로 김일성 · 김정일은 기독교 교리와 교훈, 생활방식을 접할 기회를 자주 가질 수 있었다. 김일성은 어린시절의 기독교 경험을 바탕으로 그가 권좌에 있는 동안 의도적으로 기독교 방식을 이용했을 것으로 짐작된다. 설령 의도적이 아니었다고 할지라도 김일성과 김정일의 기독교와의 접촉은 어떠한 방법으로든 북한사회를 통치하고 조직화하는데 영향을 주었을 것이다. 따라서 김일성 · 김정일은 종교를 '민중의 아편'이라고 공식적으로 부인했음에도 이 같은 기독교 경험으로부터 기독교인의 생활양식과 조직원리, 중요한 교리 및 교훈을 충분히 배울 수 있었고 이를 역으로 활용했을 것이라고 추론하기는 어렵지 않다. 그러나 김일성 · 김정일의 기독교적 영향이 어떤 구체적인 과정을 통해 표출됐는가를 경험적으로 확인하기는 쉽지 않다. 게다가 그 과정이 과연 의도적인 것이었는지 아니면 잠재의식적인 것이었는지 하는 문제를 검증하는 작업은 더욱 어렵다.

주체사상이 지닌 기독교적 종교양식과의 유사성이 반드시 김일성 · 김정일의 기독교적 배경에만 기인한다고 볼 수는 없다. 유교 혹은 천도교와 같은 전통종교에 의한 영향과 전쟁과 같은 사회적 변화로부터 기독교의 어떤 부분이 일종의 친화력을 가졌을 수도 있다. 특히 북한의 종교국가적 특성은 한국전쟁으로 인해 폐허가 된 사회적 환경 속에서 뿌리내릴 수 있었다. 북한은 전쟁경험과 전쟁의 위기의식을 자극하여 권위주의적 군사문화를 지속했으며, 북한사회가 보이고 있는 종교성은 전쟁의 위기적 상황 같은 사회적 조건으로 촉진됐을 가능성이 높다. 전쟁의 위기 및 혁명 같은 사회변화가 급격히 발생하는 상황에서는 기독교적 종교양식이 친화력을 갖는 것으로 보이기 때문이다. 또한 공산주의 사상과 이론 자체가 다른 종교보다 기독교 사상과 유사성이 있다는 점도 주체사상이 기독교적 종교양식을 띠고 있다는 사실을 설명하는 데 도움을 준다. 유년시기에 주일학교에서 성경을 배우고 기독교 사상을 접했던 김일성은 출애굽의 해방과 구원의 역사를 통해 일본식민통치의 억압으로부터 나라를 해방시켰다는 '해방신화'를 쉽게 만들 수 있었을 것이며, 공산주의 이상국가 건설에 사랑과 평화의 나라를 지향하는 기독교 사상을 자연스럽게 활용했을 것으로 생각된다.

체제지탱의 동력, 주체종교의 의미해석 체계

이처럼 현재의 북한은 종교적 색채가 강한 사회로 변화됐으며 북한사회에 스며들어 있는 이러한 종교적 성격은 북한체제를 지탱하는 궁극적 요체가 되고 있다. 외부세계의 도움 없이도 인간과 사회가 당면한 모순과 문제를 완벽하게 해석할 수 있는 체계를 갖추고 있는 것이다. 전쟁의 폐허에 지친 사람들을 적극적으로 동원하기 위한 신념으로 출발한 주체사상은 죽어도 영생한다는 종교적 신앙으로 점차 발전했다. 전쟁의 충격으로 집단적 자폐 심리가 깔려 있던 북한사회에 영생의 신앙은 전쟁의 공포와 두려움에서 벗어날 수 있는 유력한 길이었을 것이다. 물리적 측면에서 지역자립체제, 사회적 측면에서 전쟁의 피해정도에 따라 형성된 계층구조의 특성과 더불어 주체사상으로 뭉쳐진 조직생활은 폐쇄적인 북한사회체제를 떠받치는 동력의 근원이다.

북한은 지속적이고 반복적인 종교생활을 통해 주체사상을 점차 종교로 발전시켜 가고 있다. 헌법에도 "조선민주주의인민공화국은 사람 중심의 세계관이며 인민대중의 자주성을 실현하기 위한 혁명사상인 주체사상, 선군사상을 자기 활동의 지도적 지침으로 삼는다."(제3조)라고 명시하고 있다. 주체사상의 종교적 특성을 감안하면 주체사상이 아니라 주체교로 불러야 옳을 것이다. 주체사상이 기독교처럼 세계종교로 발전하지 못했기 때문에 하나의 종교로 간주되는 데는 여전히 논란이 있지만, 수령인 김일성과 김정일에 대한 우상화·신격화가 갈수록 심화되고 영생을 신앙화하고 있어 종교성은 점점 강화되고 있다. 이런 점에서 주체사상은 단순한 국가의 통치이념이나 사상을 넘어서 김일성과 김정일을 절대화·신격화한 종교로 자리 잡고 있다.

북한사회의 이와 같은 종교적 특성은 통일과정에서 많은 사회갈등과 심리적 상실감을 유발할 가능성이 높다. 북한의 김일성종합대학에서 초빙교수로 수년간 강의했던 알베르트 브루노니(Albert Brunoni) 교수는 김일성이라는 북한의 정체성은 적어도 한 세대 내에는 남한의 어떤 가치로도 대체될 수 없을 것이라고 말한다. 김일성에 대한 북한주민들의 신념이 흔들릴 때 북한인들에게는 그만큼 심리적 공허감이 커질 것이다. 김일성에 대한 의미를 부여하지 않고 사는 것은 무언가를 잃어버린 목적 없는 삶과 같을 북한인들에게 종교생활과 신앙을 통해 극복하는 과정이 필요할 것이다. 그리고 정신의학, 심리학, 사회학, 상담학의 분야에서 이러한 심리갈등을 돕는 준비를 해야 할 것이다.

중요한 것은 북한 주체종교의 근원이 되는 김일성신앙을 어떻게 주체사상으로부터 분리시키면서 공동체생활을 유지 · 발전시켜 나갈 것인가 하는 문제다. 북한이 세계종교와 신앙의 공존을 위해 노력하고 있는 시점에서 남한도 주체종교의 교주인 김일성에 대한 설득력 있는 역사적 평가와 주체종교에 대응하는 신학적 이론개발이 절실히 필요하다. 고 황장엽 비서는 세계가 인간중심철학인 주체사상으로 통일해야 한다고 주장했다. 주체사상이 쉽게 폐기될 수 있는 이데올로기가 아닌 만큼 김일성주의로부터 주체사상을 어떻게 분리할 것인가, 민족해방의 논리를 전개하면서도 김일성의 신격화를 최대한 억제할 수 있는 논리적인 비판을 준비해야 할 것이다. 나아가 주체사상에 대한 다양한 연구를 통해 통일시대를 대비하는 철학적 · 문화적 탐구를 심도 있게 시도해야 할 것이다.

제2부

3대혁명과 '주체'사회체제 구축

제4장

3대혁명과 수령체제 확립

1. 3대혁명과 유일사상

주민동원을 위한 비전

전쟁이 끝나고 사회제도를 정비한 북한이 공산주의, 사회주의 건설을 향해 새롭게 제시한 비전과 목표는 '3대혁명'이다. 분단 초기의 반제 · 반봉건 혁명과 이어진 사회주의 혁명으로 비교적 짧은 기간에 사회주의 제도 개혁을 마무리한 북한은 계속되는 사회주의 건설에 주민들을 동원할 강력한 비전과 목표가 필요했다. 앞 장에서 언급한 바와 같이 주민들은 오랜 전쟁으로 피로감이 컸고 패배주의에 사로잡혀 있었다. 이들의 사상과 정신을 어떻게 개혁할 것인가 하는 문제가 중요한 과제로 대두됐다. 사회주의의 완전한 승리를 이룩할 때까지 과도기 단계에서 물질적 요새와 정신적 요새를 점령하기 위하여 전략적 과제로서 3대혁명이 제시됐다(조순래 외, 2003: 211-212). 사상, 기술, 문화 분야에서 낡은 것을 새로운 것, 즉 '공산주의적'인 것으로 바꾸는 혁명에 착수한 것이다.

북한의 『철학사전』은 혁명을 “인민대중의 자주성을 옹호하고 실현하기 위하여 그들의 지위와 역할에서 근본적인 전변을 가져오는 사회적 변혁”으로 정의한다(사회과학원 철학연구소, 1985: 594). 이를 위해서는 사회생활에서 낡은 것을 새것으로 교체하는 중대한 사회적 변혁이 이루어져야 하는데 그것은 낡은 사회 유물의 청산과 사람들의 결합방식을 근본적으로 변화시키는 것이다. 따라서 사회주의 개혁 이후에 제시된 3대혁명은 사상, 기술, 문화 분야에서 낡은 사회의 유물을 없애고 새로운 사회관계를 형성하는 것을 목표로 하여 진행됐다. 3대혁명 구호는 1958년 사회주의 제도적 개혁 이후 개별적으로 언급해 오다가 1970년 11월 조선로동당 제5차 대회에서 ‘3대혁명’으로 정식화됐다.

3대혁명 중 특히 사상혁명은 매우 중요했다. 전쟁에 지친 북한주민들은 소극적이고 패배주의 사고가 팽배하여 이를 극복하는 일이 시급했다. 이러한 사회적 배경에서 의식개혁과 사상혁명이 필요했고 주체가 강조됐다. 사상혁명은 사람들을 그들의 머릿속에 남아 있는 낡은 사상의 구속에서 해방시키는 작업이다. 즉 사람들의 머릿속에 남아 있는 개인주의, 이기주의를 비롯한 부르주아적 잔재와 봉건 유교사상, 수정주의, 사대주의, 교조주의, 종파주의, 지방주의, 본위주의 등 모든 불건전한 사상 잔재를 완전히 뿌리 뽑지 않고서는 공산주의 사회를 건설할 수 없다고 판단한 것이다. 사상혁명은 특히 “밖으로부터 제국주의자들이 퍼뜨리는 자본주의 사상이 침습해 들어올 수 없게 하는 중요한 담보”라며 제국주의자들이 필사적으로 퍼뜨리는 부르주아 독소를 차단하고자 했다. 또 물질문화생활이 좋아지는 데 따라 생길 수 있는 정신적 해이를 방지하기 위해 사상혁명을 계속 강화해야 한다고 강조했다.

3대혁명을 본격적으로 추진하기 위해 1973년 2월에는 ‘3대혁명소조’ 활동을 시작했다. ‘3대혁명소조’란 주로 대학생들로 구성된 전문 인력이 현장에 직접 투입되어 실습활동을 하면서 기술을 지원하고 관료주의적 병폐를 제거하는 것을 목표로 활동하는 조직을 일컫는다. '3대혁명소조'는 사상혁명을 이끌며 유일적 지도체계를 떠받드는 사회적 조직기반을 형성했다.[1] 1975년부터는 전국적인 대중운동인 '3대혁명 붉은기 쟁취운동'을 전개하여 당, 국가, 군대에 속한 모든 기관과 공장이 의무적으로 김일성·김정일 '로작'을 외우고 기술발명 실적을 내며, 악기연주를 배우도록 함으로써 집단적 경쟁과 단결을 도모했다. 이 같은 조직활동과 사상학습은 일제 식민지 시기 수탈경험과 한국전쟁의 경험 등 역사적 현실과 결부되어 사상혁명과 집단주의 문화를 강화하는 데 상당한 효과를 거두었다. 1980년 10월에는 당 제6차 대회에서 3대혁명운동을 사회주의와 공산주의 건설의 총노선으로 선포했다. 2000년대에는 강성대국, 강성국가 구호가 더 많이 나오고 있으나, 3대혁명은 이후 지속적으로 강조되어 왔고 현재까지도 북한 사회주의를 상징하는 중요한 구호로 사용되고 있다.

사상혁명과 문화혁명의 변화

3대혁명이 기술혁명을 통해 천리마운동을 계승하는 사회경제운동으로 확산된 데 반해 사상혁명과 문화혁명은 1967년 김일성 유일사상체계가 본격화하면서 북한의 권위주의 통치방식을 정당화하는 정치담론으로 급격히 선회한다. 이른바 '5.25교시'로 불리는 김일성의 지시에 따라 수령절대주의를 옹호하는 김일성 우상화 작업을 시작하면서부터다. 각 나라에는 그 나라에 맞는 전통과 제도가 있으므로 다른 나라의 제도를 그대로 모방하지 말고 자국의 토양과 사회환경에 맞는 정치제도를 발전시켜야 한다는 논리인 것이다. 이는 마치 남한에서 유신체제를 정당화하는 담론으로 '한국적 민주주의'를 주장했던 것과 같다. 서구의 토양에 맞는 민

1 이 소조운동은 1995년 이후 활동이 중단됐다가 2003년에 다시 시작됐다.

주주의가 있듯이 한국에서는 한국의 토양에 맞는 민주주의가 필요하다는 논리다. 얼핏 보면 그럴듯해 보이고 주체성이 있어 보이지만 실제로는 통치자의 권력을 강화하기 위한 합리화 내지 형식논리에 지나지 않는다. 이러한 논리는 1974년 2월 '김일성주의'로 귀결되며 주체사상은 수령독재이론으로 변형된다.

문화혁명도 비슷한 굴절을 겪었다. 1960년대 초까지는 일본 식민지 시기 항일운동을 하며 사회주의 계열의 민족문화 창달에 노력했던 카프 계열의 인사를 비롯하여, 월북 · 납북 예술인들이 대중적인 문예활동을 할 수 있었으나, 1967년부터는 유일사상체계 확립을 저해하는 일체의 활동이 금지됐다. 1961년 남로당 숙청과정에서 해체된 기존의 '북조선문학예술총동맹' 대신 '조선문학예술총동맹'(문예총)이 창립되어 당의 지도하에 북한의 문학예술을 주도했으며, 문예총위원장이었던 한설야가 1963년에 숙청되고 1967년의 반종파투쟁을 거치면서 북한의 문학예술은 김일성의 유일체계를 지지하는 '항일혁명문학'이 자리 잡았다. 특히 1974년 「당의 유일사상체계확립의 10대 원칙」이 주민행동강령으로 명문화됨으로써 '수령에 대한 충성심'과 '수령의 교시를 신조화'하는 것이 사회주의 문화 건설의 가장 중요한 요건이 됐다. 그 결과 수령제 문화가 자리를 잡게 됐다. 이때부터 사회주의적 사실주의를 내세우는 문화적 전통이 퇴조하고, 유일지배체제를 정당화하는 '수령형상문학'이나 '항일혁명문학'이 강력하게 등장하여 이후 북한 문화를 이끌어 가는 하나의 축이 됐다.

1970년대의 이러한 사회주의 문화 변형 과정에서 김정일은 영화를 통해 막대한 영향을 미쳤다. 그는 '당 중앙'이라는 이름으로 문학 · 예술 각 부문에 걸쳐 현지지도 혹은 직접 참여를 통해 수령에 대한 충실성과 계급의식을 고무시키는 사업을 주도했다. 문학예술 분야에서 10여 년간 지도사업을 담당한 김정일은 1973년 『영화예술론』에서 향후 북한의 모든 문화예술인이 반드시 따라야 할 규범인 '종자론'을 제시했다. 종자란 "소재와 주제, 사상을 유기적인 련관 속에서 하나로 통일시키는 작품의 기초이며 핵"인데, 종자의 선택에서 가장 중요한 것은 "수령님의 교시와 그 구현인 당 정책의 요구에 맞추는 것"이라고 주장한다. 또 이러한 작품들, 특히 『피바다』와 『꽃파는 처녀』 등의 혁명가극을 영화화하여 수령제 문화를 대중적으로 보급하는 데 노력을 집중했다.

유일사상체계 확립과 10대 원칙

이러한 배경에서 사상혁명으로 가장 강조한 것이 북한의 최고지도자인 수령에게 절대복종해야 한다는 규범이다. 즉 수령에 대한 충실성에서 사상혁명은 최고조로 표현된다고 주장한다(사회과학원 철학연구소, 1985: 539). 수령은 인민의 지향과 요구를 집중적으로 체현하고 있는 존재로서 역사의 위업은 수령의 탁월한 영도에 의해서만 실현된다는 사실을 믿는 것이 가장 중요하기 때문이다. 집단주의의 가장 높은 단계의 형태가 수령, 당, 대중의 결합체다. 여기서 수령은 개인이 아니라 곧 국가가 된다. 그러므로 북한은 집단주의를 "수령을 위하여, 사회주의 공산주의 위업의 종국적 승리를 위하여 서로 돕고 이끌면서 자기의 모든 것을 다 바쳐 투쟁하는 공산주의적 태도의 전형"으로 규정한다(사회과학원 철학연구소, 1985: 539). 수령이 곧 국가이므로 나라를 지키기 위해, 수령을 지키기 위해 수령결사옹위 정신이 나온다.

수령에 대한 충실성과 절대복종을 규범으로 하는 수령체제의 확립은 북한이 3대혁명을 통해 지향했던 주체사회주의 체제의 핵심요소라 할 수 있다. 주체사상은 모든 사회성원들이 수령의 유일적 영도 아래 하나처럼 움직이고 공산주의적 생활규범과 행동준칙을 자각적으로 지키며 사회공동의 이익을 위하여 서로 돕고 이끌면서 혁명적 열의와 창조적 적극성을 높이 발휘하여 일하는 것이 그 활동방식이라고 주장한다. 수령을 따르는 구성원들을 전사로 표현하면서 구성원들은 수령 명령에 따라 무조건 복종하는 규율을 지키도록 요구한다. 즉 모든 혁명조직들과 기구들, 모든 사회 성원들은 "수령의 명령, 지시를 무조건 접수하고 관철하는 혁명적 규률과 질서"를 수립해야 한다(김민 · 한봉서, 1985: 81). 3대혁명은 사상혁명이고 사상혁명은 수령체제를 확립하기 위한 수단인 셈이다.

수령을 잘 '모시고' 충실성을 발휘하기 위해 구체적으로 규정해 놓은 행동규범으로 10대 원칙이 있다. 유일사상체계 확립을 위한 10대 원칙은 지도자를 수령으로 모시기 위해 '수령의 전사'들이 지켜야 할 행동방침을 자세하게 규정하고 있다. 10대 원칙은 법 위에 존재하는 것으로 북한주민을 실질적으로 통제하는 초법적 사회규범이다. 1974년 2월에 제정된 「당의 유일사상체계확립의 10대 원칙」은 2013년 6월 「당의 유일적 령도체계 확립을 위한 10대 원칙」으로 개념이 조금 바뀌었다. 그리고 1974년 2월 제정 당시에는 유일영도체계가 김일성 이름만으로 되어 있었는데, 2013년 6월에 김일성과 김정일의 이름을 함께 넣었다.

유일적 영도체계, 즉 수령체제는 북한 사회주의 정치체제의 특성을 보여 준다. 수령체제를 유지하기 위한 '10대 원칙'은 초법적 규범으로 이것을 어기는 행위는 반국가범죄이며 정치적 범죄에 해당한다. 2013년 12월 12일 처형된 장성택 당 행정부장의 죄목도 바로 이 유일적 영도체계를 따르지 않았다는 것이 핵심이었다. 2013년 6월 개정과정에서 새롭게 수정된 내용들이 있었는데, 제1조의 세부 내용 중 기존의 "프롤레타리아 독재정권과 사회주의 제도를 보위하고"라고 되어 있던 부분에서 '프롤레타리아 독재정권'을 삭제하는 한편, 제6조에서는 종파주의, 지방주의, 가족주의 외에 배격해야 할 내용으로 "동상이몽, 양봉음위하는 현상"을 추가했다. 새로 추가된 "동상이몽, 양봉음위하는 현상"은 장성택 처형의 빌미를 제공하는 근거가 됐다. 2013년 6월 개정된 「당의 유일적 령도체계 확립을 위한 10대 원칙」의 큰제목은 다음과 같다.

〈표 4-1〉「당의 유일적 령도체계 확립을 위한 10대 원칙」

1. 온 사회를 김일성-김정일주의화하기 위하여 몸바쳐 투쟁하여야 한다. 2. 위대한 김일성 동지와 김정일 동지를 우리 당과 인민의 영원한 수령으로, 주체의 태양으로 높이 받들어 모셔야 한다. 3. 위대한 김일성 동지와 김정일 동지의 권위, 당의 권위를 절대화하며 결사옹위하여야 한다. 4. 위대한 김일성 동지와 김정일 동지의 혁명사상과 그 구현인 당의 로선과 정책으로 철저히 무장하여야 한다. 5. 위대한 김일성 동지와 김정일 동지의 유훈, 당의 로선과 방침관철에서 무조건성의 원칙을 철저히 지켜야 한다. 6. 령도자를 중심으로 하는 전당의 사상의지적 통일과 혁명적 단결을 백방으로 강화하여야 한다. 7. 위대한 김일성 동지와 김정일 동지를 따라 배워 고상한 정신도덕적 풍모와 혁명적 사업방법, 인민적 사업작풍을 지녀야 한다. 8. 당과 수령이 안겨준 정치적 생명을 귀중히 간직하며 당의 신임과 배려에 높은 정치적 자각과 사업실적으로 보답하여야 한다. 9. 당의 유일적 령도 밑에 전당, 전국, 전군이 하나와 같이 움직이는 강한 조직규률을 세워야 한다. 10. 위대한 김일성 동지께서 개척하시고 김일성 동지와 김정일 동지께서 이끌어오신 주체혁명위업, 선군혁명위업을 대를 이어 끝까지 계승완성하여야 한다. (1974년 2월 제정, 2013년 6월 개정)

2. '군사정권'과 수령체제

군사적 위기의식과 빨치산 군부세력의 대두

북한이 이처럼 유일사상과 유일적 영도체계를 북한의 주체적 통치방식으로 확립하게 된 배경은 무엇일까? 흥미롭게도 그 배경에는 북한의 군사정권이 똬리를 틀고 있다. 김일성과 빨치산 세력은 해방 후 권력을 구축하는 과정에서 정치일선에 나오지 않고 오히려 보안기관이나 군 및 정보계통에 잠입하여 은둔하고 있었다. 전쟁 후에도 큰 변화를 보이지 않던 김일성 빨치산 그룹은 1960년대에 들어 결정적인 변화를 맞았다. 1960년대 초반 북한의 정치권력 구조에 큰 변화가 발생한 것은 남한에서 발생한 5.16군사정변 때문이었다. 한국전쟁 이후 남한에서는 이승만 정권이 물러나고 1960년에 과도정부가 수립됐으며 1961년 5월에는 군부 쿠데타가 발생하여 군사정부가 수립됐다. 1954년 체결된 한미상호방위조약을 주시하던 북한은 5.16군사정변에 의한 남한의 군사정권 등장을 심각한 군사적 도전과 위협으로 인식했다. 이에 대한 대응차원에서 북한은 5.16 직후인 1961년 7월에 소련, 중국과 일종의 방위조약을 체결하기에 이른다. 1961년 7월 김일성은 소련을 방문하여 '조소(朝蘇) 우호협력 및 상호원조조약'(7.6)을 체결하는 한편, 중국과는 '조중(朝中) 우호협조 및 상호원조조약'(7.11)을 체결했다.

중국과 체결한 '조중 우호협조 및 상호원조에 관한 조약'은 제2조에서 "중화인민공화국과 조선민주주의인민공화국 양국은 모든 조치를 공동으로 맡으면서 체결국에 대한 특정 국가의 침략을 방지한다. 체결국 가운데 한쪽이 몇몇 동맹국의 침략을 받을 경우 전쟁 상태로 바뀌는 즉시 군사적 원조를 제공해야 한다."라고 천명하고 있다. 즉 5조에 경제기술원조나 경제 · 문화 협력을 증진한다는 내용도 포함되어 있지만, 기본적으로는 군사동맹 성격이 강하다. 소련과도 마찬가지다. 조약의 제1조는 "체약 일방이 어떠한 국가 또는 국가 연합으로부터 무력 침공을 당함으로써 전쟁 상태에 처하게 되는 경우에 체약 상대방은 지체 없이 자기가 보유하고 있는 온갖 수단으로써 군사적 및 기타 원조를 제공한다."라고 명시되어 있다. 2조에서는 "쌍방은 체약 상대방을 반대하는 어떠한 동맹도 체결하지 않으며, 체약 상대방을 반대하는 어떠한 연합이나 행동 또는 조치에도 참가하지 않는 데 대한 의무를 진다."라고 되어 있다. 즉 '조소 우호협력 및 상호원조 조약'은 자동적 군사개입, 가능한 모든 수단으로 원조, 반대 동맹 체결 및 가입 금지를 통한 동맹 강화, 평화와 민주주의적 기초를 토대로 한 한반도 통일 등 냉전 시기 북한과 소련의 동맹을 강화하는 계기가 됐다. 물론 소련과의 조약도 기술원조를 위해 10년 상환, 연 2%의 금리로 1,500만 루블의 장기 저리 차관을 제공하기로 하는 등 경제적 동맹을 강화하는 계기도 됐지만 기본적으로는 군사동맹의 성격이 강하다.

남한이 한국전쟁 후 미국과 한미상호방위조약을 체결했을 때에도 북한은 중국이나 소련과 군사동맹 문제를 논의하지 않았다. 이런 북한이 5.16군사정변 직후 중국 및 소련과 정치군사 동맹 조약을 체결했다는 것은 남한에서 발생한 군사정변의 움직임을 심각한 군사적 위협으로 인식했다는 반증이 된다. 남한의 쿠데타를 군사적 위협으로 인식하여 '한미상호방위조약'에 대응하는 정치군사적 동맹을 체결해야 할 필요성이 대두된 것이다. 이 조약은 일방이 폐기 의사를 표시하지 않는 한 5년마다 자동으로 연장되어 현재까지도 유지되고 있다.

남한의 군사적 변화에 대한 북한의 민감한 대응은 남북한 분단체제에서 자연스럽게 나오는 반응일 것이다. 남북으로 갈라져 대립하는 분단체제는 정권의 형태나 정책 산출에서 그 사회 내부의 정치적 동인보다는 분단 상대의 움직임과 상황에 큰 영향을 받는다. 상호 대항적인 북한정권도 내부의 구조적인 요인 못지않게 남한체제와의 대결의 결과로 변화를 자초한 측면이 있다. 이러한 측면에서 북한 사회체제 구축 과정을 남한 내부에서 발생하는 정치사회 변동에 적극적으로 대처하기 위한 과정으로 파악하는 작업은 매우 유용하다. 남북한의 사회체제가 서로 경계심과 경쟁심을 유발하고 그로 인해 상대방의 체제에 변화를 일으키는 현상을 '분단효과'(division effect)라고 부를 수 있다(Kim, 1992: 198; 김병로, 2013a: 77-112). 이런 점에서 이 시기 북한의 군사적 대응은 한반도 분단체제에서 나타나는 전형적인 분단효과의 작용결과라고 할 수 있다.

북한의 이러한 군사적 위기의식은 김일성과 함께 무장투쟁을 했던 이른바 빨치산 군부세력이 1961년 9월 11일 조선로동당 제4차 대회에서 대거 정치전면에 나서는 계기를 제공했다. 당중앙위원회 구성원 가운데 제4차 당대회에서 새로 충원된 위원들과 선출된 간부들의 비중이 기존 30%에서 80%로 늘어난 것만 보아도 알 수 있다(전현준, 1992: 34-42).

남한의 군사정권에 대응하는 강력한 정치체제를 구축하려면 북한에서도 군사경험을 가진 사람이 정치일선에 나서야 한다는 논리가 통용됐을 것이다. 김일성과 함께 항일운동을 전개했던 빨치산 그룹은 해방과 함께 북한에 들어온 이후 정치 전면에 나서지 않고 정보 분야와 군 및 보안조직을 장악하며 몸을 낮추고 있었다. 그러다가 남한에서 5.16군사정변이 발생하자 빨치산 세력들은 최고인민회의 대의원으로, 당과 정부의 각 기관으로 진출한 것이다.

전시대비 체제 재강화

북한은 한국전쟁 중에 미군의 공중폭격으로 막대한 피해를 입고 나서 미국의 군사적 공격에 대한 트라우마를 갖게 됐기 때문에 남한에서 발생한 군사쿠데타를 예사롭지 않은 사건으로 간주했다. 미군이 남한의 군부를 앞세워 북한을 무력으로 침공할 것으로 우려했던 것으로 보인다. 즉 미국의 군사력에 대한 공포감이 채 사라지기 전에 남한에서 발생한 군사정변을 북한에 대한 미국의 또 다른 군사계획의 전초전으로 생각했을 공산이 크다. 이러한 안보불안과 우려 때문에 북한이 중국 및 소련과 군사동맹을 맺고 빨치산 군부세력이 대거 정계에 진출하게 된 것이다. 결과적으로 남한에서 1961년 군사정부가 들어선 이후 북한에서도 김일성 빨치산 군사정권이 들어서게 됐다.

1961년 9월에 구축된 북한의 빨치산 군사정권은 북한체제를 군사 중심 체제로 완전히 바꾸었다. 1962년 12월 당중앙위원회 제4기 5차 전원회의에서 '4대군사노선'을 천명하고 전시대비 체제를 다시 강화해 나갔다. 북한이 전시대비 체제를 강화하게 된 배경에는 1962년 10월에 발생한 쿠바 미사일 위기와 미소 간의 군사적 대립 격화가 어느 정도 작용한 것으로 볼 수 있지만, 이 상황을 해석하고 이끌어간 주체세력이 누군가 하는 부분이 더 중요할 것이다. 1961년 9월 제4차 당대회 이후 등장한 빨치산 군부세력이 국제정세나 한반도 정세를 안보 중심적으로 해석하고 국가 운영제도를 군사체제로 바꾸어 놓았다는 점이 중요하다. 국방에서의 자위 원칙을 실현하기 위한 군사전략으로 전민의 무장화, 전 국토의 요새화, 전군의 간부화, 장비의 현대화라는 4대군사노선을 제시한 것이다.

1966년 10월 개최된 제2차 당대표자회에서는 남한의 군사력 증강이 5.16군사정변 이후 지속되어 왔다는 점을 주목하며 북한의 군사중시 전략의 타당성을 강조했다.

> 남조선에 대한 미제의 식민지예속화정책에서 기본으로 되고 있는 것은 남조선을 미국의 군사침략기지로, 군사적 부속물로 만드는 것입니다. ... 미제국주의자들은 남조선에 수만 명의 미군과 추종국가군대를 배치하고 있으며 60여 만에 달하는 방대한 괴뢰군을 유지하고 있습니다. 그들은 아세아에 대한《원조》총액의 40%를 남조선에 투입하고 그 80% 이상을 군사장비의 공급과 괴뢰군유지비에 충당하고 있습니다. ... 전술적 핵무기와 유도무기 등 대량살륙무기들이 계속 남조선에 실려오고 도처에서 군사시설들이 확장되고 있으며 남조선 전역에 걸쳐《전시태세》가 강화되고 있습니다. ...《군사정변》이후 남조선 괴뢰정부 예산에서 군사비 지출은 2배 이상으로 장성했으며 군사적 의의를 가지는 일련의 산업부문들에 대한 투자가 증대되고 있습니다.(김일성, 1966: 449-450)

대내적으로 4대군사노선과 경제-국방 병진노선을 천명하며 적극 추진하는 한편 군사비도 대폭 증액했다. 국가예산의 10%선을 유지하던 군사비는 25~30%로 껑충 뛰어올랐다. 군부의 통치가 계속되면서 1960년대 중반부터는 북한의 국방비를 대폭 증액하고 군사력 증강에 박차를 가한 것이다. 이러한 군사력 증강을 바탕으로 대남과 대외 부문에서 실질적인 무력혁명과 군사적 대응을 집중적으로 전개했다. 1960년대 후반에 북한이 전개한 수많은 무장활동들, 예컨대 청와대습격사건이나 강릉무장공비침투, 푸에블로호 나포 사건, 미국의 EC-121정찰기 격추 사건 등이 모두 이 시기에 전개됐음을 알 수 있다. 이러한 대내 무력증강과 대남 및 대외 무장공격 활동은 정치 일선에 들어선 빨치산 군부세력에 의해 전면적이고 실질적으로 추진됐다.

군대식 명령체계와 수령체제

군사정권의 속성상 일사불란한 군대식 명령지휘 체계가 선호 통치방식으로 정착됐다. 군대의 속성상 상급자의 명령에는 절대복종하는 지휘체계가 정치현장에 적용됐고 늘 전쟁의 위험을 안고 있는 한반도 환경에서는 더더욱 필요한 통치방식으로 받아들여졌다. 군부정권의 통치는 필연적으로 정치적 독재의 요소들을 불러올 수밖에 없었다. 북한은 1967년부터 북한의 지도자를 '영원한 수령'으로 모시기 위한 유일사상체계 확립작업에 들어갔다. 1967년에 시작된 유일사상체계 확립 작업은 1974년 2월에 종결된 것으로 선언한다. 그리고 수령에 절대적으로 충성해야 한다는 수령론이 확립되고 이를 실천하기 위한 지침으로 '10대 원칙'이 선포된다. 당연한 논리의 귀결이겠지만 이 시기에 이론화된 수령론은 군부정권이 군사적 위기를 명분으로 일사불란한 통치체계를 합리화한 권위적 독재이론에 다름아니다. 지도자와 국민과의 관계를 수령과 전사라는 군사적 상하관계로 환원하면서 북한의 지도력은 일사불란한 단일지도체제를 갖춘 지도자상, 즉 수령이어야 한다는 전투적인 리더십, 군사적 리더십이 자리를 잡게 됐다.

이 시기에 남북한에 모두 권위주의적인 헌법 개정이 있었다는 사실은 이런 점에서 매우 흥미롭다. 1972년 12월 27일에 북한과 남한에서 동시에 헌법 개정이 있었다. 북한에서는 사회주의 헌법 개정이 있었고 남한에서는 유신헌법 개정이 있었다. 이렇게 된 배경에는 남한과 북한에 들어선 군사정권 때문으로 생각된다. 남북한에 들어선 군사정권이 상명하복과 지휘관에 대한 절대복종과 같은 군사적 통치방식을 정치영역으로 확대한 것으로 볼 수 있다. 군대조직의 속성상 지도자에 대해 절대적인 복종과 충성을 강조하다 보니 지도자를 '영원한 수령'과 '영원한 각하'로 모셔야 한다는 분위기가 만들어진 것은 자연스러운 현상일 것이다. 군대조직에서는 상명하복과 상관에 대한 절대충성이 당연한 규범이지만 민주적 정치제도에서 그러한 행위는 독재이며 권위주의 요소로 간주될 뿐이다.

남북한이 이처럼 같은 시기에 권위주의 체제로 전환하게 된 배경에는 1971년부터 시작된 남북적십자 회담과 남북조절위원회 등 남북접촉과 교류의 영향이 컸던 것으로 보인다. 남북한은 1971~1973년 기간에 분단 이후 처음으로 상호방문을 했고 발전상과 현실을 직접 눈으로 목격할 수 있었다. 경제 분야에서의 상호모방과 답습에 대해서는 다음 장에서 논하겠지만, 남북한이 상호교류 과정에서 서로의 체제를 경쟁적으로 모방하는 계기가 있었던 것으로 보인다. 남북한이 1972년 12월 27일 같은 날 비슷한 종류의 헌법개정을 단행했다는 사실은 고급정보를 바탕으로 남북한이 서로 대응하는 체제로 발전했음을 보여 준다. 상호교류와 습득한 정보를 바탕으로 남북이 서로 배우는 학습이 이루어졌다.

군사권위주의 체제는 남북한에서 1970년대까지는 비슷하게 유지됐으나 1980년 이후 매우 상이한 결말로 이어진다. 1980년 남한에서는 신군부가 등장하고 헌법 개정이 있었으며, 북한에서는 김정일이 최고 지도자로 부상했다. 남한의 신군부 등장에 대응하여 북한은 새로운 세대인 김정일을 공식적으로 정치무대에 등장시켰다. 1981년 5월 최고인민회의 대의원에 출마한 김정일은 1982년 주체사상에 관한 논문을 발표하면서 본격적인 정치활동을 시작했다. 김정일의 대국민 정치활동은 김정일의 지도자적 이미지 만들기와 병행하여 추진됐다. 남한에서는 민주화 운동이 분출되어 1987년 민주체제로의 전환점을 맞는 반면, 북한은 민주화를 경험하지 못한 상태에서 유럽 사회주의 체제가 붕괴함에 따라 극도로 안으로 움츠러드는 반응을 보인다.

민주화되지 못한 북한의 군사정권은 탈냉전 이후 체제위기에 직면하여 '고난의 행군'을 선포하는 준전시체제에 돌입한다. 대부분의 사회주의 국가들과 마찬가지로 1992년 4월 헌법 개정을 통해 북한식 '집단지도체제'의 준비 작업을 서둘렀다. 국방위원회라는 새로운 제도를 만들어서 권력을 형식적으로나마 주석, 최고인민회의 상임위원회, 국방위원회 세 기구로 분산시켰다. 김일성으로부터 김정일로의 권력이양을 위해 형식적인 집단지도체제를 갖춘 것이다. 권력을 이양받은 김정일은 군대조직과 군사력에 체제의 운명을 맡기는 '선군정치'를 강화한다. 민주화의 방향으로 변화하는 것이 아니라 오히려 반대 방향으로 정치체제를 강화한 것이다.

3. 김정일의 장군이미지 부각과 선군정치

김정일의 후계자 지위 구축과 승계

북한의 군사 권위주의 체제는 김정일의 선군정치를 통해 더 강화된다. 김정일은 1970년대부터 2011년 사망하기까지 40년 이상 북한을 통치했다. 1970년대에는 당기 권력기반을 구축하는 시기였고, 이를 바탕으로 1980년대에는 대국민 정치활동을 전개했으며, 1990년대에는 제도적으로 권력을 물려받았다. 김정일이 부친으로부터 권력을 이양받을 때 군사적 지도자로서의 지위를 차지하기 위해 국방위원회라는 제도를 신설했다. 사회주의 체제가 흔들리는 전환기에 김정일은 자신을 선군체제를 지도하기 위한 장군 이미지로 부각하기 위해 제도변화를 시도했다.

김정일은 1964년 대학졸업 이후 당 조직지도부 지도원 활동을 시작하면서 조직지도사업에 대한 개인적 경험을 축적했고, 이를 바탕으로 1970년대 당대 권력기반을 구축하고자 했다. 권력 장악을 위해 가장 중요한 것은 무엇보다도 권력 엘리트 사이에서 권력의 기반을 구축하는 일일 것이다. 엘리트 내 권력 장악은 대국민 지지기반을 확보하기 전에 주요하게 준비해야 할 선결과제이기 때문이다. 김정일은 1970년대 당내 권력기반 구축을 위해 전국적인 3대혁명소조운동을 전개했다. 젊은 대학생들을 조직화하여 당내 부정부패 세력을 척결하는 방식으로 당조직을 장악하고 권력이 김정일 중심으로 모일 수 있도록 운동을 전개했다. 또한 70일전투와 같은 대중운동을 전개하여 지도력을 과시함으로써 당내 권력기반을 확보해 나갔다.

당내 권력기반을 닦은 김정일은 1980년 10월 6차 당대회에서 당중앙위원회의 정치국 상무위원, 정치국 위원, 비서국 비서, 군사위원회 위원으로 선출되어 공식적인 통치활동을 시작했다.[2] 제6차 당대회에서 신설된 당정치국 상무위원회는 당을 총체적으로 지도하는 기관이었다. 이 기관에 김정일이 상무위원으로 진출한 것은 김정일의 당적 지위를 대국민적으로 공개화한 것이었다. 북한은 제6차 당대회 직후에 "우리 인민의 혁명위업은 오늘 당중앙의 세련된 령도 밑에 가장 영광스러운 세기를 맞이하고 있다"고 하면서 김정일을 후계자로 공개했다(근로자 편집부, 1980c: 7). 1980년 10월에 김정일의 이름이 공식화됐다는 것은 이 시기부터 대국민 정치활동이 시작됐음을 의미한다. 당내에 구축한 권력을 바탕으로 국민적 지도자로 부각시키는 2단계 활동을 진행한 것이다. 김정일은 1981년 5월부터 구체적인 실무지도에 착수하여 북한사회의 지도자로서 그 활동

2 제6차 당대회 이전에 이미 북한정권은 김정일 체제로 전환됐다. 1980년 1월과 2월에 "당중앙의 유일적인 지도 밑에 한사람같이 움직이는 강철의 대오로 됐다", "오늘 우리 당에서는 당중앙의 의도와 방침이 하부 말단까지 깊숙이 침투되어 있으며 그것이 모든 당원들과 근로자들의 사업과 생활의 유일한 지침으로 되고 있다"는 등의 내용을 보도했다(근로자 편집부, 1980a: 10; 1980b: 4).

이 표면화됐고, 1981년 10월 청년동맹 제7차 대회에서 김일성 다음의 2순위로 격상됐다.

김정일은 1982년 2월 28일 실시된 최고인민회의 제7기 대의원선거에서 황북 송림지역의 대의원으로 선출됐는데, 이 과정은 권력승계에서 매우 중요하다. 왜냐하면 최고인민회의 대의원에 출마한 것은 실질적인 권한은 아니지만 국민을 대표한다는 상징성이 있기 때문이다. 이러한 상징적 절차를 밟음으로써 매우 효과적으로 국민들에게 다가갈 수 있었다. 당의 제2인자로 부상한 김정일은 최고인민회의에 진출함으로써 대국민 정치활동 영역을 확대해 나간 것이다.

한편, 북한에서 김일성의 후계자로서 권위를 갖기 위해서는 무엇보다도 북한사회의 공식 이데올로기인 주체사상에 대한 권위 있는 해석권을 확보해야 한다. 이는 이데올로기가 지배하는 사회주의 사회에서 지도자로서 자격을 갖추기 위한 선결과제다. 이러한 맥락에서 김정일은 김일성이 기존에 언급했던 주체사상에 대한 이론을 정리하고 체계화하여「주체사상에 대하여」라는 논문을 발표 · 출판했다. 1982년부터 시작된 김정일저작 출판사업은 1984년 말까지 사회 각 분야의 정책 지침서로 사용할 김정일의 주요저작을 발간하는 것이 목표였다. 즉 1982~1984년 동안 북한은 주체사상, 당건설, 경제, 청소년활동, 예술, 교육, 군사 등 사회 각 분야에서 긴요하게 인용할 김일성 '교시'를 김정일 '말씀'으로 대체하고, 이를 각 인민반과 직장, 학교에서 학습하며 토론회 및 결의대회 등을 통해 천명함으로써 일상생활에서 작업장까지 김정일의 정치적 영향력이 미치도록 했다. 1986년 5월 31일 김일성고급당학교 40주년 기념 연설에서 김일성은 "우리 당에서는 혁명위업의 계승문제가 만족스럽게 해결됐다"며 김정일 후계체제를 대내외적으로 공표한 후 김정일로의 후계승계를 위한 작업을 가속화했다(김일성, 1987: 416). 1986년 5월 이후 김정일의 과거 행적을 미화하기 위해 1960년대와 70년대의 저작을 소급하여 출판하고 구호나무 만들기 등의 우상화 작업을 통해 김정일 정권의 정통성을 수립하는 한편, 후계자로서의 김정일 '말씀'의 권위를 높이는 이미지를 창출하고자 했다.

국방위원회 신설과 장군 호칭

이러한 작업을 통해 북한 내 후계자로서 지위를 구축했음에도 후계자의 지위를 공식적으로 승계하는 작업은 또 다른 준비가 필요했다. 즉 김일성이 가지고 있던 주석의 지위를 승계하는 방식이 아니라 새로운 통치 권력의 상징인 국방위원회라는 기구를 만들어 권력을 이전하는 방식을 취한 것이다. 1989년 동유럽 사회주의 붕괴라는 세계사적 흐름 속에서 북한은 체제붕괴와 흡수통일의 심각한 위기에 직면함으로써 특별한 방식으로 권력승계를 제도적으로 마무리했다. 이 시기 아시아 사회주의 국가들은 동유럽 사회주의 체제의 붕괴를 목격하면서 1990년대 초 대부분 헌법개정을 통해 공산당 독재의 권력구조를 다원적 체제 혹은 집단지도체제로 수정했다(김병로, 1997a: 49-88). 북한도 1990년 5월 최고인민회의 제9기 1차회의에서 중앙인민위원회로부터 '국방위원회'를 분리 · 신설하고, 1992년 4월 헌법개정을 통해 국방위원회 신설을 법제화했다. 주석과 국방위원회로 권력을 분산시키는 작업을 단행함으로써 후계승계를 위한 제도적 작업에 돌입한 것이다.

김정일은 1990년 5월 분리 · 신설된 '국방위원회' 제1부위원장으로 임명된 데 이어, 1991년 12월 남한으로부터 "불가침협정"(91.12.13.)을 이끌어 냈다는 군사적 전과를 바탕으로 1991년 12월 24일 조선인민군최고사령관에 추대됐다. 1992년 4월에는 원수칭호를 수여받았으며, 1993년 4월에는 최고인민회의 제9기 5차회의에서 국방위원회 위원장으로 추대됨으로써 일체의 무력을 총지휘하는 통치권을 확보하기에 이르렀다. 김정일의 가장 큰 약점은 '군대경력'이 없다는 것이었는데, 사회주의 체제

위기를 활용하여 군권을 장악했다는 것도 흥미로운 대목이다. 이러한 약점을 가리기 위해 '장군'이라는 호칭을 사용하도록 함으로써 군사전략가 이미지를 강화해 나갔다. 김일성은 현대전에서 장군은 반드시 군인이어야 할 필요는 없으며 제국주의 세력들과의 싸움에서 전략을 가지고 나라를 이끌어 가는 지도자를 장군이라 할 수 있다며 김정일의 군사전략가로서의 이미지를 부각하기 위해 적극 도왔다. 1970년대와 80년대에 각각 당, 정 분야에서 권력기반을 확대해 온 김정일은 군통수권을 장악함으로써 이른바 당 · 정 · 군을 모두 장악한 실질적인 후계자로 자리 잡았다.

노동자에서 군대로: 사회주의 혁명주체의 수정

북한이 주장하는 선군정치는 군대의 지위와 역할을 중심에 놓고 사회주의 사회발전에 대하여 새로운 관점과 입장을 구현하는 통치방식이다. 선군정치는 김정일의 '군 중시사상'에 기반을 둔 정치방식으로 '군사선행(軍事先行)'의 원칙에서 모든 문제를 해결하는 통치방식이다. 즉 "인민군대가 혁명의 기둥이고 주력군이며, 군대가 곧 인민이고 국가이며 당이다."라며 군대의 역할과 기능을 최고로 중시하는 정책이다. 북한은 선군정치의 시작을 처음에는 1998년 10월에 공식화된 것으로 주장했으나 이후 점차적으로 근원을 소급해 올라가 1995년, 더 나아가 1960년에 시작됐다고까지 말한다. 2002년 11월 북한이 선군정치의 시작을 1995년 1월 1일로 소급하여 설명한 데 따르면 "1995년 1월 1일 장군님이 다박솔 초소를 찾은 날은 이 땅 위에 '선군정치'의 첫 포성이 울린 역사의 날"이라고 주장한다(『로동신문』, 2002.11.18.). 북한의 통치방식이 워낙 군사 중심으로 발전되어 왔기 때문에 공식적인 하나의 시점을 규정하는 것은 별 의미가 없다.

북한은 선군정치의 새로운 통치이념에 근거하여 사회주의 혁명의 주체를 노동자에서 군대로 수정하려 했다. 즉 '혁명의 주력군'은 노동계급이 아니라 인민군대라는 점을 새롭게 강조했다. 『로동신문』(2002.11.11.)은 "사회주의 사회에서 혁명군대의 주도적인 지위와 역할"이라는 제목의 논설에서 "지금까지는 사회주의 사회발전에서 노동계급의 지위와 역할의 중요성이 강조되어 왔으나, 오늘 우리 혁명에서는 인민군대가 주력군, 기둥으로 되고 있으며, 노동계급도 인민군대의 혁명적 군인정신과 조직성, 규율성을 따라 배우고 있다"고 주장했다. 이 주장에 의하면, 노동계급의 혁명이론은 노동계급이 혁명성, 조직성, 규율성이 제일 높기 때문에 혁명에서 영도적 역할을 하게 된다고 보았지만, 이때 군대를 혁명의 핵심역량으로 보지 못한 점이 있다고 했다. 그리고 그 이유를 "유물사관의 원리로부터 사회적 생산의 기본담당자가 누구인가 하는 관점에서 혁명역량 문제를 고찰했기 때문"이라고 설명했다. 그러나 "총대 위에 평화와 사회주의도 있으며 군사는 국사(國事) 중의 국사"라며 "군대는 노동자, 농민을 비롯한 근로인민 대중 가운데서도 가장 우수한 핵심분자들로 조직되며 그것으로 하여 혁명에서 중요한 정치적 역량으로 된다"고 주장했다. 따라서 군대를 혁명의 핵심역량으로, 군대의 지위와 역할을 사회주의 사회발전의 관건적 요인으로 보는 사상이론은 사회주의 사상이론 발전사에서 특기할 대발견이라고 주장하고 있다.

김정일이 내세운 이러한 선군정치는 주체사상에 뿌리를 두고 있다고 말한다. 『로동신문』(2003.3.12.)은 선군정치가 "인민군대를 무적필승의 혁명무력으로 강화하여 조국의 안전을 사수하며 인민군대를 핵심으로 하여 혁명의 주체를 튼튼히 꾸리고 사회주의 건설 사업을 혁명적으로 벌여 나가는 것"이라고 설명한다. 선군정치가 군사선행의 원칙을 확고히 내세움으로써 인민대중의 자주성, 나라와 민족의 자주성을 구현한다는 점에서 주체사상에 뿌리를 두고 있다고 주장한다. 또한 선군정치는 군대를 혁명의 주력군으로 내세움으로써 혁명의 주체를 강화하고 그 역할을 높이도록 한 주체사상의 요구를 철저히 구현하고 있다고 강조한다. 특히 군사선행의 원칙을 견지하여 인민군대를 무적필승의 강군으로 키우고 국방공업을 발전시킴으로써 "제국주의자들의 책동을 짓부시고 주체사상의 기치 높이 혁명을 끝까지 수행"하도록 하는 당정책 노선이라는 점에서 주체사상에 근거하고 있음을 주장한다.

그러나 북한이 선군정치를 전면에 내세우게 된 실제적 계기는 2002년 10월 미국과 첨예한 대립을 벌였던 제2차 핵위기라고 보아야 한다. 이 시기부터 북한은 미국에 대항하는 핵무기 개발을 공개적으로 천명했고 이를 뒷받침하는 선군정치를 전면에 내세웠다. 북한에서 선군정치가 등장한 것은 북한정권을 '군사정권'으로 규정하는 관점에서 보면 특이한 현상이 아니다. 남한에서는 1980년대 민주화 운동을 통해 군사독재정권이 제도적으로 종식되고 문민정부가 정착된 반면, 북한에서는 민주화가 진전되지 못하고 오히려 군대의 역할과 영향력이 강화되는 현상이 진행되고 있는 것이다. 군대가 혁명과 건설의 주도적 역할을 해야 한다는 논리를 앞세워 선군정치를 강화했다. 김정일은 자신의 통치구호를 공식적으로 '선군정치'로 내걸었고 후계준비과정에서 북한은 김일성의 주체사상과 쌍벽을 이루는 독창적인 사상으로 '선군사상'을 김정일의 업적으로 부각시켰다. 2009년 9월 북한 개정 헌법은 선군사상이 주체사상과 함께 북한의 국가이데올로기로 확립됐음을 천명한다. 즉 "조선민주주의인민공화국은 사람 중심의 세계관이며 인민대중의 자주성을 실현하기 위한 혁명사상인 주체사상, 선군사상을 자기 활동의 지도적 지침으로 삼는다."(제3조)라고 적고 있다.

4. 정치문화와 리더십 체계

민주주의 중앙집권제와 수령의 유일적 영도체계

북한인의 정치의식은 오랜 군사권위주의 통치와 선군정치 등으로 북한이 강조하는 '유일영도체계'에 매우 익숙하고 사상과 정치에서의 다원성을 거부하는 경향이 강하다. 주체사상 총서에서 통치체계를 밝혀 놓은 '영도원칙'에서는 영도를 "인민대중에게 나아갈 앞길을 밝혀주는 옳은 로선과 정책을 제시하는 사업과 인민대중을 당의 로선과 정책의 관철에로 조직 · 동원하는 사업"으로 규정한다(김민 · 한봉서, 1985: 39).[3] 인민대중은 집단주의적 생명관에 기초하여 이 집단의 최고 뇌수인 수령의 지시를 절대적이고 무조건적으로 따를 때에만 사회정치적 생명을 소유할 수 있다고 설명하고 있다(김정일, 1986a: 159-165). 노선과 정책의 비전을 제시하고 제시된 비전을 따르도록 동원하는 일을 영도라고 정의한다. 따라서 지도자를 수령으로 인식하며 수령의 지시와 명령을 무조건 받아들이고 관철해야 한다는 의식이 지배적이다.

> 수령의 유일적 령도체계는 수령의 혁명사상을 유일한 지도적 지침으로 하여 혁명과 건설을 수행하며 수령의 명령, 지시에 따라 전당, 전국, 전군이 하나와 같이 움직이게 하는 령도체계이다. 다시 말하여 그것은 혁명과 건설에서 나서는 모든 문제를 오직 수령의 사상과 의도대로만 풀어 나가며

---

3 영도원칙으로 수령의 유일적 영도를 실현하고 주체를 확립하며 혁명적 군중노선을 관철할 것을 요구한다. "광범한 군중을 묶어 세워 하나의 목적실현에로 조직동원하기 위하여서는 무엇보다도 하나의 령도자, 수령을 내세우고 혁명과 건설 전반에 대한 그의 유일적 령도를 확고히 보장하여야 한다", "혁명적 군중로선의 기본요구는 첫째로 인민대중의 리익을 철저히 옹호하며 인민대중에게 헌신적으로 복무하는 것", "둘째로 인민대중을 교양개조하여 그들을 수령의 두리에 튼튼히 묶어 세우는 것", "셋째로 인민대중의 힘과 지혜를 발동하여 혁명과업을 수행해 나가는 것"이다(김민 · 한봉서, 1985: 45-66).

> 프로레타리아 독재체계의 모든 조직기구들과 거기에 망라되여 있는 모든 성원들이 수령의 유일적 령도 밑에 하나의 유기체와 같이 움직이며 수령의 의도와 명령, 지시를 무조건 접수하고 끝까지 관철해 나가게 하는 령도체계이다.(김민 · 한봉서, 1985: 79)

이러한 획일적이며 권위주의적 사고는 사회주의 체제에서 강조하는 민주주의에 대한 개념이 다르다는 데서도 기인한다. 자본주의가 개인의 자유와 절차를 중시하는 자유민주주의(liberal democracy)를 기초로 하고 있는 데 반해 사회주의는 집단의 평등과 결과를 중시하는 인민민주주의(people's democracy) 혹은 민주주의 중앙집권제(Democratic Centralism)를 기초로 하고 있다. 민주주의 중앙집권제란 인구의 절대다수를 차지하는 근로인민대중의 의사를 집대성한 정치제도를 민주주의로 보는 개념이다. 민주주의와 중앙집권제를 결합한 개념이라고 하지만 실제로는 민주주의의 핵심개념인 '다수결' 원칙을 '절차의 민주성'보다 더 중시한다고 할 수 있다. 자본주의 내지 자유민주주의 체제에서는 '절차의 민주성'을 더 중시하는 반면, 사회주의 체제는 '결과의 민주성'을 중시하다 보니 '다수결'에 비중을 더 두는 경향이 있다. 따라서 독재와 강제성의 위험요소가 있음에도 불구하고 다수의 인민이 참여하여 결정하는 민주주의 중앙집권제가 더 민주적이라는 논리를 선호하는 것이다. 이 때문에 절대다수 인민의 지지를 받는 정당이 전체 국민을 통치해야 정당하다는 '민주적 중앙집권제', '프롤레타리아 독재'를 사회주의적 민주주의로 받아들이고 있다. 수령독재를 실시하는 북한에서 '프롤레타리아 독재'는 맞지 않는 개념이므로 2013년 6월 「당의 유일적 령도체계 확립을 위한 10대 원칙」의 개정 과정에서 폐기됐으나 민주적 중앙집권제는 북한이 여전히 중시하는 정치규범이다.

북한에서 강조하는 민주주의 중앙집권제는 민주주의와 중앙집권제의 두 측면을 유기적으로 결합한 것이다. 민주주의는 당원대중이 직접 참여하여 운영하고 당원대중의 의사에 따라 문제를 토의결정하며 당원들의 창의성을 동원하여 풀어 나가는 것이다. 중앙집권제는 당원은 당조직에, 소수는 다수에, 하급 당조직은 상급 당조직에 복종하며 전당은 수령과 당중앙에 절대복종하는 엄격한 혁명적 규율, 당의 노선과 정책에 대한 무조건성의 원칙과 상급 당조직의 결정에 대한 하급 당조직의 의무성, 상급 당조직에 자기의 사업정형의 정상적인 보고 등을 의미한다. 민주주의와 중앙집권제를 결합하는 데서 중요한 것은 당의 중앙집권제를 확고히 지지하는 기초 위에서 당내 민주주의를 결합하는 것이다(김민 · 한봉서, 1985: 142, 143). 따라서 민주주의 중앙집권제를 실천하기 위해서는 당위원회의 집체적 지도를 강화하고 집체적으로 토의하여 사업방향을 결정한다.

이런 점에서 국가정권의 역할도 당과 인민대중을 연결시키는 가장 포괄적인 '인전대(引傳帶)'이며 당의 노선과 정책의 집행자로 인식한다. 민주주의 중앙집권제를 조직과 활동의 기본원칙으로 삼고 있는 것이다. 즉 근로인민대중의 의사를 집대성하는 민주주의 원칙을 갖고 있지만 조직체계의 규율을 세우고 사회를 통일적으로 지도하기 위해서는 상명하복의 군대식 통치방식을 정치규범으로 강조한다. 따라서 대부분의 북한 사람은 다원주의를 정치적 혼란으로 인식하며 경쟁선거나 과열된 선거유세 등 민주적 정치행위에 대해서도 전통적 예절에 어긋나는 것으로 인식한다. 피선거권자도 자신이 스스로 선거에 출마하는 것이 아니라 당이나 인민위원회 등에서 추천하는 방식으로 진행된다. 따라서 선거는 선출이 아니라 추대의 형식을 띤다. 국가로부터 자유로운 시민사회라는 개념은 생각지 못하며 국가와 사회가 통합된 형태, 즉 수령 · 당 · 대중의 유기체적 통일체 속에서 자신의 위치를 생각하는 경향이 강하다.

수령의 유일적 영도체계는 사상체계로서의 측면과 조직지도체계로서의 측면을 가지고 있다. 즉 사상과 이론으로 무장하도록 해야 하며, 이 사상과 이론을 실현하기 위해 조직 · 동원하는 체계를 구축해야 한다. 수령의 유일적 영도체계를 확립하기 위해서는 수령에 대한 끝없는 충실성과 끝없이 맑고 깨끗한 충성심을 가져야 한다. 영도체계에서 당은 혁명과 건설을 전적으로 책임지고 모든 사업을 조직 · 지휘하는 혁명의 참모부 역할을 한다. 영도자는 북한에서 일반적으로 "혁명투쟁에서 대중에게 나아갈 앞길을 밝혀 주고 그들을 이끌어 주는 걸출한 인물이나 조직을 이르는 말"로 이해된다(김민 · 한봉서, 1985: 119). "대중 속에서 신망이 높고 높은 혁명투쟁에 대한 깊은 지식과 풍부한 경험을 가진 계급의 정수분자들로 조직되는 당만이 대중 속에서 높은 권위를 지니고 대중과 혈연적으로 련결될 수 있으며 그들을 혁명투쟁과 건설사업에 능숙하게 조직 · 동원할 수 있다"(김민 · 한봉서, 1985: 121). 이런 점에서 당은 사회의 심장이며 노동계급을 비롯한 근로대중 가운데 가장 우수한 선진분자들로 조직된 선봉조직이다. 당은 인민대중을 수령의 두리에 굳게 묶어 세움으로써 근로대중을 단결시킨다. 단결은 힘의 원천이며 수령을 중심으로 한 인민대중의 정치사상적 통일과 조직적 단결은 사회주의, 공산주의 사회의 기본동력이다. "당은 혁명과 건설에 대한 령도체계에서 향도적 력량이며 사회주의, 공산주의 사회를 움직이고 발전시키는 사회의 심장, 추진력이다"(김민 · 한봉서, 1985: 124).

'사람과의 사업'과 중심고리 전략

정치의식의 또 다른 특징은 '사람과의 사업'을 강조한다는 점이다. 모든 일의 출발점은 사람과의 사업이라고 주장한다. 본질에서 당 사업은 행정경제사업이나 기술실무적 사업이 아니라 사람들을 교양하고 움직이는 조직정치사업이며 물건이나 기계를 대상으로 하는 사업이 아니라 사람을 대상으로 하는 사업이라는 것을 의미한다. 사람과의 사업이란 우선 간부들과의 사업이며, 당원들과의 사업이고, 군중과의 사업임을 의미한다. 이들에게 수령에 대한 끝없는 충실성의 정신을 갖게 하는 것이 사람과의 사업의 기본요구다. 사람들을 평가할 때는 당과 수령에 대한 충실성을 기본으로 해야 한다(김민 · 한봉서, 1985: 137).

정치의식을 형성하는 주체사상의 리더십 교육에서는 '영도예술'로 불리는 리더십 기술을 체계적으로 가르친다. 이에 따르면 통치기술에서 첫째로 중요한 것은 구호를 잘 만드는 일이다. 정치, 경제, 문화 모든 영역에서 '구호의 나라'라 할 만큼 구호를 많이 사용한다. "우리식대로 살자"라는 구호나 "위대한 수령 김일성동지는 영원히 우리와 함께 계신다", "가는 길 험난해도 웃으며 가자", "고난의 행군을 락원의 행군으로 이어나가자", "오늘을 위한 오늘에 살지 말고 내일을 위한 오늘을 살자"라는 구호를 쉽게 접할 수 있다. 텔레비전 저녁뉴스 시간에도 중간에 한두 개의 구호를 발표한다. 구호는 통치의 이념과 비전이 간결한 형태로 담겨 있는 통치철학이라는 점에서 북한에서 매우 강조된다. 통치를 잘하기 위해서는 전투적 구호를 만드는 것과 공산주의적 대중운동을 전개하는 작업이 중요하다고 주장한다. "령도예술에서 중요한 자리를 차지하는 것은 전투적 구호의 제시와 대중운동의 조직과 지도이다"(손영규, 1985: 8). 당의 의도와 요구, 당의 노선과 정책을 관철하기 위한 투쟁 목표와 과업을 집약화하여 간단명료하게 밝혀 준다는 데 구호의 특징이 있다.

대중운동의 조직과 지도에서 긍정적 모범을 창조하는 일은 매우 중요하다고 가르친다. 긍정적 모범을 제때에 찾아내어 그것을 적극적으로 지지하며 전국적으로 일반화하는 지도방법을 훈련한다. 이러한 대중운동의 전형으로는 천리마작업반운동, 3대혁명붉은기쟁취운동, 숨은 영웅들의 모범을 따라배우는 운동 등을 들 수 있다. 그리고 대중운동의 원칙과 방법으로서 속도전과 사상전을 제시한다. 속도전은 모든 사업을 전격적으로 밀고 나가는 사회주의 건설의 기본전투형식으로서 소극과 보수,

침체와 답보를 불사르고 사회생활의 모든 분야를 수령 사상의 요구대로 개조하는 데서 발생하는 어렵고 복잡한 과업을 가장 빠른 시간에 최상의 질적 수준에서 수행해 나가도록 하는 방법이다. 사상전은 사람들의 사상관점과 사고방식, 사업태도와 활동방식, 사업방법과 사업작풍 등 모든 면에서 근본적인 전환을 가져오기 위한 사상교양과 사상투쟁의 강력한 방법으로서 그들로 하여금 온 사회를 수령의 사상에 기초하여 개조하는 거창한 사업의 참다운 주인이 될 수 있도록 한다.

혁명적 사업방법으로 제시되는 내용으로는 위가 아래를 도와주는 방법, 실정을 료해하고 대책을 세우는 방법, 정치사업을 앞세우는 방법, 중심고리에 힘을 집중하는 방법, 일반적 지도와 개별적 지도를 결합하는 방법, 모든 사업을 격식과 틀이 없이 창조적으로 하는 방법, 사업을 대담하고 통이 크게 벌이는 방법 등 일곱 가지가 있다. 이 가운데 북한이 협상전략으로 자주 구사하는 중심고리 전략은 매우 흥미롭다. 중심고리를 찾고 거기에 힘을 집중하는 방법이란 "정치사업이나 경제사업, 군사작전 할 것 없이 모든 사업에서 우리가 반드시 지켜야 할 전략전술적 원칙"으로 소개한다(김일성, 1959: 449; 손영규, 1985: 118). 중심고리를 찾아내어 거기에 공격을 집중하는 것은 마르크스-레닌주의자들의 흔들림 없는 투쟁방식이다. "모든 사업에서 중심고리를 튼튼히 틀어쥐고 거기에 힘을 집중하는 것은 승리와 성과의 중요한 담보"다(김일성, 1961c: 485). 문제를 하나씩 하나씩 처리해 나가는 방법을 말한다. "모든 사업에서 당면과업의 중심을 틀어쥐고 거기에 힘을 넣어 그것을 해결한 다음 다시 다음 과업의 중심을 찾아내여 또 이 새로운 과업을 해결하는 식으로 하나씩 하나씩 처리해 나가는 방법"을 취해야 한다고 강조한다. 찾아낸 중심고리를 해결하기 위한 가장 적극적인 방법은 섬멸전이다. 중심고리를 틀어쥐면 우물쭈물하지 말고 거기에 역량을 집중하며 섬멸전의 방법으로 하나하나 먹어 들어가야 한다. 일을 벌여만 놓아서는 아무 성과도 거둘 수 없다. 북한의 이러한 특유의 행동원칙을 모르는 외부세계 사람들은 그것을 벼랑끝전술(brinkmanship strategy)로 부른다.

인민적 사업작풍

북한사람들이 주어진 일과 관련하여 보이는 행동은 '사업작풍'이란 말로 표현된다. 즉 일반적으로 사업행정에서 나타나는 일꾼들의 사상과 방법을 종합적으로 표현한 말이다. 특히 지도일꾼들은 지도자가 지녀야 할 혁명가적 기풍과 품성으로서의 인민적 사업작풍이 강조된다. 인민적 사업작풍의 주요 내용은 크게 혁명가적 기풍과 인민적 품성으로 이루어져 있다. 혁명가적 기풍은 인민대중을 위하여 헌신하려는 투쟁정신, 투쟁기풍과 관련된 문제들을 포괄하고 있다. 인민적 품성은 인민대중을 대하는 데서 일꾼들이 발휘하여야 할 고상한 정신도덕적 품성과 관련된 문제들을 포함한다. 혁명가적 기풍으로 수령의 교시와 당의 방침에 대한 절대성, 무조건성, 혁명의 주인다운 태도, 이신작칙(以身作則), 불요불굴의 투쟁정신, 원칙성과 노숙성, 자기 사업에 대한 검토총화(솔직한 평가), 인민적 품성을 제시한다. 사업에서의 엄격한 원칙성은 일꾼들이 반드시 가져야 할 품성이다. 사업과 생활에서 당적 · 노동계급적 원칙을 철저히 지키며 그와 어긋나는 현상들과 조금도 타협하지 않는 견결한 품성, 사회기풍을 가져야 한다. 그러나 동시에 사람과의 사업은 대상에 맞게 노숙하게 해야 한다. 노숙하게 일한다는 것은 대상의 특성, 사람들의 심리에 맞게 사업을 원만하고 능란하게 처리해 나간다는 것을 말한다. 인민적 품성은 어머니다운 품성, 겸손하고 소박한 품성, 인간성과 문화성을 말한다.

이처럼 매우 구체적이며 실질적인 통치방법론을 학습하므로 정치문화와 의식이 획일화되어 있다. 김일성을 지도자로 받들고 김일성에 대한 믿음을 신앙으로 간직하는 등 종교국가 근본주의자(원리주의자)들이 지니고 있는 지도자에 대한 종교적 충성심을 갖고 있다. 사회정치적 생명체,

사회주의 대가정 등 유기체적 집단주의 사고에 익숙해 있으며 개인보다는 집단과 조직의 목표와 요구를 우선시한다. 모든 사업과 행동을 당과 수령의 지시에 의존하여 시행함으로써 독자적이고 자율적인 의사결정과 행동을 추구하지 못한다. 자유민주주의 시각에서 수령론이나 유일체계는 비민주적 독재이론에 불과하지만, 유일영도체계에 익숙한 북한사람들은 자유민주주의와 다원적 민주주의를 오히려 혼란으로 인식한다. 군사독재를 경험한 남한의 입장에서는 선군정치가 철폐되어야 할 권위주의 유산이지만, 군사통치 외에 다른 경험이 없는 북한주민들에게는 체제와 집단을 지키는 강력한 수단으로 받아들여지고 있다.

제5장

주체적 발전전략

1. 사회주의 발전모형

사회주의 제도 개혁과 경제발전계획

북한은 한국전쟁이라는 초유의 사태를 겪으면서 전시체제로 급속히 전환됐으나 전쟁 이전에 이미 사회주의로 출발한 사회였다. '조선반도'에서의 사회주의·공산주의 운동은 1917년 러시아 볼셰비키 혁명의 영향을 받아 태동했으며, 조선독립을 위한 매력 있는 사상적·실천적 대안으로 떠올랐다. 일제의 탄압으로 초기에 해외에서 활동을 시작하여 1925년 국내에 조선공산당을 결성하는 데까지는 성공했으나, 주요 활동무대는 중국과 소련이었다(Scalapino and Lee, 1972: 3-51). 중국 만주와 소련 연해주에서 사회주의 운동을 하던 김일성은 해방 후 '88여단' 출신 항일 혁명가들과 함께 북한에 입국하여 사회주의 정권을 수립했다(Suh, 1988: 47-57). 정권수립 초기에 북한은 소련 사회주의·공산주의 모델을 추종했으나 한국전쟁 이후 점차 중국식 모델을 융합하는 북한 특유의 주체적 발전모형을 구축해 나갔다.

사회주의란 정치적으로는 민주주의 중앙집권제(Democratic Centralism)를 기초로 하여 프롤레타리아 독재를 실시하는 체제이며, 경제적으로는 생산수단의 사회적 소유와 계획경제, '능력에 따른 생산, 필요에 따른 분배'를 이념으로 하여 형성된 체제다. 북한은 해방 직후부터 공산주의 이념에 입각하여 생산수단의 집단화를 위한 사회주의 제도개혁에 착수했다. 1946년 3월 토지개혁과 산업의 국유화(1946.8.)를 비롯하여 노동법(1946.6.), 남녀평등법(1946.7.), 상업의 협동화(1946.10.) 등 제도개혁을 빠른 속도로 진행하여 일제 강점기의 구습을 청산하는 이른바 '반제 반봉건 민주주의 혁명'을 추진했다. 산업, 교통, 운수, 체신, 은행 등 전 산업의 90% 이상에 달하는 1,000여 개의 공장과 기업소를 전 인민의 소유, 즉 국가소유로 전환했으며, 그 후 남아 있던 600여 개의 소규모 기업에 대해서도 대부분 협동소유화하거나 국유화 조치를 취했다. 그 결과 1958년까지 모든 기업들이 국가소유(87.7%)나 협동조합소유(12.2%)의 형태를 띠게 됐다.

토지개혁의 경우에는 처음부터 전면적인 사회주의 개혁을 하지는 않고 이른바 '반제 반봉건 민주주의 혁명'의 기치 아래 전환기적 조치를 취했다(김일성, 1954: 199-200). 초기 단계에서 토지를 무상으로 몰수하여 무농지 농민과 소농 개인에게 분배하여 개인소유를 인정해 주었고, 한국전쟁 이후 농업협동화 과정에서 개인토지를 협동적 소유로 전환하는 '사회주의 혁명'으로 이어나갔다.[1] 1단계로 '반제 반봉건 민주주의 혁명'을 끝냈다고 판단한 북한은 한국전쟁 이후 전후복구 사업의 일환으로 제2단계인 '사회주의 혁명' 즉, 생산관계의 사회주의적 개조에 착수했다. 사회주

1 '무상몰수, 무상분배'의 원칙에 따라 소작지의 99%, 지주농지의 85%를 몰수하여 총 경작지 53.8%를 무상으로 몰수한 북한은 이를 다시 무농지 농민에게 61%, 소농에게 35.2% 등으로 분배했다.

의 제도적 변화는 크게 농업과 상업의 두 영역에서 일어났는데, 농업의 협동화와 사영상공업의 협동화를 목표로 했다. 농업협동화의 경우, 일반적으로 물적 토대가 선행되지 않고서는 불가능한 것으로 인식됐기 때문에 북한에서 농업협동화의 문제를 둘러싼 논쟁이 치열했다. 그러나 김일성은 농업협동화가 시기상조라고 반대하는 사람들을 교조주의적인 집단이라고 비난하면서 북한에서는 물적 토대가 없이도 생산관계를 사회주의적으로 개조할 수 있다고 주장하고 나섰다. 한국전쟁 이후 추진한 농업협동화 사업을 1958년 8월에 끝냄으로써 사회주의 제도개혁의 완성을 천명하기에 이르렀다. 대부분의 산업과 상당수의 농지가 일본인 소유였고 전반적인 사회분위기가 사회주의 사상을 수용하고 있던 터라 이러한 일련의 집단주의로의 개혁은 단기간에 비교적 성공적으로 진행됐다.

전후복구 시기에 천리마운동은 북한 초기 경제건설의 상징으로 부각됐다. 1956년 12월 시작된 것으로 알려진 천리마운동은 한국전쟁으로 폐허가 된 북한경제를 복구하기 위해 1959년부터 전 사회적으로 전개됐다. 전후 체제경쟁이 가열되면서 북한은 천리마운동을 통해 최대한 빠른 시일에 경제건설을 이룩하여 사회주의 우월성을 보여 주고 체제경쟁에서 승리했음을 과시하고자 했다. 북한은 이 시기를 전후복구 건설시기에 이은 '천리마 대고조기'로 역사적 의의를 부여하고 있다. 1950년대와 60년대에는 생산현장에 집단주의 작업방식을 접목한 청산리방법과 대안의 사업체계를 전개했다.[2] 1950년대 말 천리마운동을 전개하면서 "하나는 전체를 위하여, 전체는 하나를 위하여"라는 구호를 동원했고 현재까지도 이 구호는 북한 사회정책의 기본방침으로 되어 있다.

---

2 청산리방법은 "윗사람과 아랫사람, 아는 사람과 모르는 사람 사이에 서로 배우고 가르쳐 주며 동지적으로 도와줌으로써 집단의 단결을 강화해 나가는 사업방법"으로 집단주의 경제관리 제도다. 『주체사상총서 10』(평양: 사회과학출판사, 1985), pp. 188-189 참조. 대안의 사업체계 또한 군중노선에 입각하여 전체 노동자들이 유기적으로 소통하며 일하도록 작업방식과 규범을 제도화한 것으로 집단주의적 생활원칙을 바탕으로 하고 있다.

〈표 5-1〉 북한의 경제계획

경제계획	시기	내용
1개년 계획	1947	공장 · 기업소 정비, 생필품 증산, 식량문제 해결
1개년 계획	1948	공장 · 기업소 정비, 생필품 증산, 식량문제 해결
2개년 계획	1949~50	공업시설 신설, 농업계획화, 상업사회주의화
3개년 계획	1954~56	전후복구사업, 농업협동화(1954~1958)
5개년 계획	1957~61(60)	천리마운동(1959), 청산리방법 시작(1960.2.)
7개년 계획	1961~67(70)	3대혁명(사상, 기술, 문화), 대안의 사업체계(1961.12.)
6개년 계획	1971~76(77)	3대혁명소조운동(1973.2.)
제2차 7개년 계획	1978~84(86)	주체화, 현대화, 과학화, 주민생활향상
제3차 7개년 계획	1987~93	주체사상진흥, 현대화, 과학과, 기술혁명
완충기	1994~96	농업 · 경공업 · 무역제일주의

*괄호 안의 연도는 실제 달성된 시기를 의미함.

사회주의 제도적 개혁을 추진하는 과정에서 북한은 국가경제개발에 관한 계획을 수립하고 집행했다. 초기에는 단기계획으로 추진했고 점진적으로 중장기 정책을 집행했다. 사회주의 제도적 개혁이 마무리된 1958년 이후 북한은 3대혁명의 기치를 국가의 비전과 목표로 제시하며 장기계획을 추진했다. 1960~1980년대까지 매우 체계적인 장기 경제계획을 추진했던 북한은 3차 7개년 계획이 끝난 후에는 이렇다 할 경제계획을 제시하지 못하고 있다.

3대혁명의 하나로 제시된 기술혁명은 생산력 발전을 위한 기술발전을 말하는 것으로 주요과제를 '인민경제의 주체화 · 현대화 · 과학화'로 설정하고 있다. 실천 내용으로는 "낡은 기술을 새 기술로 바꾸고, 생산을 기계화 · 자동화 · 원격조종화하기 위한 투쟁"을 제시하고 있다. '기술혁명'을 완수하기 위하여 북한에서 제시하고 있는 것이 '3대기술혁명'이다. 기술혁명의 목표는 인민들이 사회의 주인으로서 보람찬 생활을 영위할 수 있게 하는 것이다. 구체적으로는 첫째, 생산력의 향상으로 중노동과 경노동, 농업노동과 공업노동에서의 노동조건 차이를 없애며, 둘째, 기술 사대주의를 배격하고 우리 실정에 맞게 개조하여 선택적으로 수용, 발전시켜 자체적으로 생산할 수 있는 능력을 배양하고, 셋째, 엘리트나 지식인에 국한되지 않은 대중적인 기술을 개발해야 한다는 것이다.

정부의 4대정강 정책

북한은 1955년 12월 당 선전선동대회를 통하여 사상에서의 주체를 선언하고 1956년 12월 당중앙위원회 전원회의에서 경제에서의 자립을 천명했으며, 뒤이어 1957년 12월에는 정치에서의 자주를, 1962년 12월에는 국방에서의 자위를 각각 체제의 정책목표로 내세움으로써 극도로 폐쇄적인 발전전략을 추구했다. 이는 마침내 1967년 12월 16일 최고인민회의 제4기 1차 회의에서 북한의 정부정강으로 발표되기에 이르렀다(김일성, 1967b: 481-548). 서장에서 언급한 바와 같이 북한이 국가건설을 위한 정책목표로 제시한 주체, 자주, 자립, 자위는 사회주의 체제의 자기충족적 기능을 강화한 폐쇄적 체제로 3대혁명 시기에 북한의 발전모형으로 자리매김했다.

북한이 국가정책의 기조를 1967년에 주체사상, 자주외교, 자립경제, 자위국방의 네 원칙으로 정한 것을 보면 사회주의 체제의 전형으로 분류되는 군사 중심의 사회체제 특성이 드러난다. 정치-경제-사회-문화의 서구 사회체제가 아닌 정치-경제-사회문화-군사라는 군사 중심의 사회체제로 발전하게 됐음을 알 수 있다. 군대가 사회의 중요한 역할을 하는 체제로 발전한 것이다. 정치, 경제, 사회문화, 군사의 네 제도는 경제-군사, 정치-사회문화의 짝을 이루어 유기적 결합체로 발전했다. 〈그림 5-1〉에서 볼 수 있듯이 '경제-국방 병진노선'으로 경제와 군사가 체제의 토대를 구성하며, '사회정치적 생명체론'에 의해 정치와 사회문화가 상부구조를 형성한다. 경제와 군사를 분리하기가 어렵고 정치와 사회문화가

상부구조	사회문화	정치	사회정치적 생명체
토대	경제	군사	경제-국방 병진노선

〈그림 5-1〉 북한의 사회체제와 정강정책

서로 분리되기 어려울 만큼 강하게 결합되어 있는 것이 특징이다.

사회주의 발전모형

사회주의 발전모형은 크게 발전의 원리(principle)와 발전의 전략(strategy)으로 구성된다. 사회주의 발전모형의 구조적 분석을 위해서는 다음의 요소들을 살펴보아야 한다. 첫째로, 사회주의 정권의 등장배경에 대한 분석이 사회주의 발전과정에서 중요하기 때문에 권력장악 과정에 대한 비교분석이 필요하다. 이론적으로 사회주의는 폭력혁명이나 내전의 결과로 형성된다. 러시아의 경우를 보면 사회주의 정권의 기반이 도시의 공업이었는 데 반해 중국은 농촌과 농업에 기반을 두었기 때문에 각각의 발전전략에서도 차이가 생겼다. 그렇게 본다면 동유럽의 사회주의 정권은 제2차 세계대전 후 소련의 팽창주의에 영향을 받아 태동됐으며, 어느 정도 자발적으로 형성된 제3세계에서의 정권과는 구분된다. 탄자니아와 가이아나, 미얀마 등이 후자의 예이며 앙골라, 모잠비크, 기니비사우, 쿠바 등도 이 부류에 속할 것이다. 북한의 경우는 다소 복합적인 성격을 띠고 있다고 보는데, 왜냐하면 김일성 정권이 소련의 영향으로 형성된 것이기는 하나 당시의 사회주의 사상의 결집이라는 점에서 보면 아래로부터의 혁명으로도 볼 수 있기 때문이다. 또한, 정권을 장악하는 과정에서 내전(civil war)을 경험했느냐 하는 것도 중요한 변수로 볼 수 있다. 북한은 정권이 성립된 후에 내전을 겪었다는 점에서 다소 예외적인 사례다.

둘째로, 사회주의로의 이행 당시 제반조건에 관한 분석이 필요하다. 다시 말하면, 초기 사회주의 변혁을 어떻게 이룩했는가 하는 것이다. 대체로 정치 경제 분야의 재분배가 강력하게 진행된다고 보는데 재분배의 유형은 각각 다를 것이므로 이에 대한 연구가 필요하다. 셋째로, 사회주의에서는 '프롤레타리아 독재'를 주장하고 있는데 과연 이것을 실현하기 위해서 어떤 다양한 정치제도와 리더십을 형성하고 있는가 하는 것이다. 넷째로, 발전전략에 관한 분석이다. 자본주의에서는 서비스와 소비재의 생산이 강조되며 사회주의에서는 생산재 특히 중공업 생산이 강조된다. 자본주의는 국내시장을 개방하고 사회주의에서는 폐쇄한다. 자본주의에서는 자유저축을, 사회주의는 강제저축을 유도한다. 통화는 양 체제 모두에서 안정되어 있고 농업의 비중은 사회주의에서 더 높게 나타난다(Horowitz, 1972b: 63-71).

마지막으로, 조직과 제도에 관한 분석으로 여기에는 세 가지 요소가 필수적이다. 즉, 경영관리, 동기부여, 계획을 각각 어떻게 실행하고 있느냐 하는 것이다. 예컨대, 농업에서의 국영과 협동조합을 어떤 방식으로 유지하고 있는가, 공업에서는 노동자와 경영관리인들 사이의 관계를 어떻게 유지하고 있는가 하는 것들이다. 사회주의와 자본주의 모델을 좀 더 깊이 있게 이해하기 위해서는 위의 네 번째와 다섯 번째 사항, 즉 경제사회 발전에 대한 세부적인 내용을 분석해야 한다. 이윤(profit), 사회적 혜택(social service), 완전고용(full employment), 노동조합(union), 지방분산(regionalism), 경제성장(economic growth), 자본축적, 토지제도, 화폐, 무역, 소비 등을 세밀하게 분석해야 한다.

사회주의 발전 개념과 지표

국가발전 개념과 지표에서도 사회주의와 자본주의는 다르다. 자본주의는 국민총생산(GNP) 개념을 사용하는 반면, 사회주의에서는 사회총생산

(GSP) 지표를 사용한다. GNP는 용역(서비스)을 포함한 모든 산업에서의 총생산물 가운데 중간재생산물 가치를 제외한다. 즉 최종생산물 가격으로 GNP를 계산한다. 그러나 GSP는 중간재생산을 포함한 모든 산업의 총생산 가치를 지칭하지만, 비생산적 용역(서비스)을 제외한다. 간단히 말하면, 사회주의는 개인적 소비와 관계되는 서비스 활동을 비생산적인 부분으로 간주하여 국가발전총량지표에 포함시키지 않는 대신, 물질생산을 중시하여 중간재 가격을 중복적으로 인정한다. 유럽의 경험으로 볼 때 GSP를 GNP로 환산하면 GSP는 GNP의 약 2분의 1 정도가 된다. GSP와 GNP의 이러한 차이 때문에 사회주의권 붕괴 이후 과거 사회주의 국가의 실제 경제가치가 뚜껑을 열어 보니 공산정부에서 발표한 수치의 절반밖에 되지 않았던 것이다. 사회주의 국가들이 자국의 경제수치를 과장한 측면도 없지 않았지만, 기본적으로는 발전개념의 차이 때문에 나타난 현상이었다.

그런데 북한 당국은 흥미롭게도 1995년 대홍수 이후 총생산량과 국민소득을 기존과는 완전히 다르게 발표했다. 북한은 기존에 2,430달러(1988년), 2,460달러(1991년), 719달러(1996년) 등으로 국민소득을 발표했다. 그러나 식량난 이후 유엔(UN)에 자료를 공개하는 과정에서 1인당 수치를 대폭 수정했다. 1997년 6월 유엔에 보고한 자료에 따르면 1989년 1인당 GNP 911달러를 정점으로 하강국면에 접어들어 1995년의 1인당 GNP가 239달러에 불과한 것으로 보고했다(통일원, 1997: 16).[3] 그런데 2002년 유엔에 제출한 보고서에서는 1인당 GNP를 1992년 988달러, 1998년에는 457달러로 보고했다.[4] 1988년 2,600달러에 비하면 1989년

3 북한 중앙통계국 및 무역은행이 발표한 자료를 대미환율을 적용하여 환산한 수치다. 북한의 물가수준을 반영하면 2005년 북한의 1인당 국민총소득(GNI)은 368~389달러라고 분석하는가 하면(이종석, 2008: 2), 통계청은 2011년 북한의 1인당 국민총소득을 약 1,200달러로 높게 평가하고 있다(통계청, 2012: 81).

4 유엔경제사회이사회, 2002; UN Economic and Social Council, 2002: 21.

911달러, 1992년 988달러는 실제경제 수준에서 3분의 1가량 평가절하된 규모다. 북한의 경제가 실제로 3분의 1로 줄었을 가능성이 있겠으나, 북한이 유엔에 보고하기 위해 자신들의 경제수치를 자본주의 총량개념으로 환산했을 가능성도 있다. 유엔에 보고하기 위해 자본주의 총량개념으로 수치를 환산했을 것이고, 그렇게 환산한 결과가 기존 사회주의 총량을 3분의 1가량 줄인 수치가 아닌가 싶다. 이러한 북한의 보고 자료를 토대로 추정해 볼 때, 1995년 식량난으로 경제가 침체되기 전까지 북한의 1인당 GNP는 약 1,000달러였으며, 식량난 이후 250달러 선으로 추락했다가 최근에 다시 1,000달러 선으로 회복된 것으로 평가해 볼 수 있다. 유엔은 북한의 이러한 자체보고를 기준으로 북한의 총생산을 낮게 보고 있는데, 2011년의 경우 북한의 1인당 GDP(국내총생산)가 638달러에 불과한 것으로 평가한다. 반면, 한국은행은 2013년 북한의 1인당 GNI(국민총소득)를 한국 원화로 137만 원, 약 1,280달러로 평가한다(통계청, 2014). 한국은행은 2011년 북한의 1인당 국민총소득을 1,056달러로 산출했는데 이 금액을 구매력평가(PPP) 환율로 환산하면 1,597달러가 되는 것으로 추산했다. 미국 CIA는 2011년 북한의 1인당 GDP를 1,800달러로 평가한다.

사회주의 사회인 북한을 자본주의 사회인 한국과 비교해 보면 제도상으로 다른 점이 많이 있음을 알 수 있다. 북한사람들의 정치의식은 민주주의 중앙집권제에 익숙해 있다는 점을 앞 장에서 설명했다. 달리 말하면 수령에 의한 독재를 무비판적으로 받아들이고, 다원주의에 입각한 자유민주주의 체제를 매우 혼란스러운 제도로 인식한다. 경제적으로는 농업이나 상업, 제조업 등의 경제 전반에서 개인소유를 인정하지 않으므로 개인이 열심히 일하지 않는 분위기가 팽배하다. 텃밭과 개인수공업 등 일부 사적 경제 영역을 통해 노동의욕을 자극하지만, 일반적으로 노동 강도는 매우 약하다.

국가계획위원회는 연도별 장기계획을 담당하며 정부 각 부처와 위원회 그리고 지방 계획위원회의 협조를 얻어 종합적인 국가경제 계획을 수립한다. 재정은 재정부에서 관할하며 사회주의 기업소 재정과 국가 재정으로 이분된다. 국가 재정은 국가예산과 지방예산으로 나뉜다. 1966년에 농업현물세가 폐지됐고 1974년 3월 21일에 세금제도가 폐지됨으로써 국가 재정은 사회주의 경리수입금에 의존하게 됐다. 2002년 7월 1일 경제개혁으로 쌀가격을 8전에서 44원으로 조정하고 쌀가격을 기준으로 시장가격을 조정했다. 지방예산은 자립적이며 지방 기업소와 서비스사업으로 수입을 충당하고 있다.

국가예산은 세입과 세출로 구성되는데 세입의 92%는 국영 기업소로부터 들어오고 나머지 8%는 지방 기업소로부터의 상납금으로 충당된다. 북한의 국가예산 규모는 2007년 4,332억 원, 2010년 5,000억 원 정도다(최수영, 2010: 8). 2010년 북한의 국가예산을 공식 환율(달러당 150원)로 환산하면 33억 달러다. 그러나 시장 환율(달러당 3,000~4,000원)을 적용하여 계산하면 약 1억 5,000만 달러밖에 되지 않는다. 국가예산이 투입되는 부문은 대체로 인민경제비 40%, 인민적 시책비(사회문화비) 40%, 군사비 15.8% 정도로 구분된다. 군사비는 1960년대 중반(1967~1971년) 30%였던 것이 1972년 이후 16%로 감소되어 최근까지 유지되고 있다.

금융정책은 조선중앙은행을 통해 실시한다. 1946년 1월 북조선중앙은행이 설립됐고 같은 해 3월에 국유화됐다. 농민은행은 협동적 형태로 1946년에 설립, 1958년 8월에 국유화되면서 조선농민은행으로 명칭이 바뀌었고 1959년에 중앙은행으로 흡수됐다. 1950년 1월에 건설자금은행이, 1964년 4월에는 은행제도 개편으로 산업은행이 설립됐는데 1980년에 중앙은행으로 흡수됐다. 중앙은행은 정부기관과 국영 기업소, 협동단체 기업소에 유통자금을 공급하며 국가기관과 기업소의 임금지급 및 무역은행에 대한 지도를 담당한다. 또한 국가기관과 기업소에 대한 대부업무, 국가보험업무, 개인저금, 그리고 협동농장에 대한 화폐거래 및 경리상의 지도 · 통제를 담당한다. 조선무역은행은 대외무역 결제를 담당하는 기관으로 1959년 11월에 설립됐으며 그 외 조선금강은행, 조선대성은행, 조선창광신용은행 등이 운영되고 있다.

통화는 1947년 12월 1일 신화폐를 발행하여 구화폐와 일대일로 교환했고 1959년 구화폐를 100 대 1로 교환하는 화폐개혁을 단행했다. 1979년에 화폐개혁이 있었고 1992년 7월 15일 구화폐와 일대일로 교환하는 조치를 취했다. 2002년 7월 1일 경제개혁 조치를 통해 500원, 1,000원, 5,000원권의 지폐를 추가로 발행하고 달러당 환율을 종전의 2.16원에서 153원으로 대폭 인상했다.

2. 친중(親中)적 봉합: 중공업 우선, 농업–경공업 동시발전

경제발전 노선 갈등

한국전쟁 직후 북한은 북한의 경제발전 방향을 어떻게 설정해야 할 것인가에 대한 노선갈등이 생겼다. 소련식으로 하자면 당연히 중공업 우선정책을 추진해야 하는데 당시 김일성은 중공업보다는 농업과 경공업 같은 인민생활 향상과 밀접한 관련이 있는 산업에 우선적인 강조점을 두어야 한다고 생각했다. 전쟁으로 피폐해진 주민들의 생활을 먼저 향상시키지 않고서는 나라를 운영할 수 없었던 상황이었기 때문이다. 1955년 8월 15일 "8.15해방 10주년 기념보고"에서 김일성은 중공업 대신 "경공업과 농업을 동시에 발전시켜 인민생활을 향상시켜야 한다"고 주장했다(『로동신문』, 1955.8.16.). 이러한 논쟁은 1950년대 후반 매우 치열했던 것으로 보이며 사회주의 제도적 개혁이 끝날 즈음에야 중공업 우선, 경공업과 농업의 동시발전이라는 북한식의 경제개발 전략이 면모를 드러냈다. 북한은 현재 사용하고 있는 문헌에는 당시 이러한 종합적 경제발전 전략이 한국전쟁 직후 1953년에 이미 수립된 것으로 기록하고 있다(김일성, 1953; 1956), 그러나 당시의 문헌을 자세히 살펴보면 『조선중앙년감』에는 없던 내용이 『김일성선집 2판』에는 무려 24페이지나 되는 분량으로 새로 삽입되어 있음을 발견할 수 있다. 마치 이러한 종합적 발전전략이 이른 시기에 확립된 것처럼 변경해 놓은 것이다. 초기에 경공업과 농업 위주로 설정했던 발전전략을 여러 논쟁 끝에 중공업 우선, 농업-경공업 동시발전으로 종합해 놓았다.

이러한 경제정책의 혼란과 문헌수정은 권력투쟁과 김일성의 숙청작업, 그리고 중소분쟁의 소용돌이 속에서 파생됐다. 김일성은 전쟁 이전에 농업생산 증대를 통한 잉여자본의 축적으로 공업을 발전시킨다는 전략을 갖고 있었으나, 전쟁 직후 '경공업과 농업의 동시발전'으로 수정했다(김일성, 1945: 361-364; 조선중앙통신사, 1954: 3). 당시 박창옥 등 소련파는 중공업우선 정책을 고집하면서 북한의 경제현실과 타 사회주의 국가와의 분업체계를 고려하여 생필품 중심의 경공업을 육성해야 한다고 주장한 반면, 최창익 등 연안파는 중국식의 농업-경공업 발전전략을 채택해야 한다고 주장했다. 김일성은 이들을 교조주의, 수정주의자로 몰아 숙청했고 이를 포괄하는 발전전략을 제시했다. 따라서 유동적이었던 발전전략은 1956년 '8월 종파사건'이 마무리되면서 '중공업 우선, 농업-경공업 동시발전'으로 정리됐다.

소련식 사회주의 이데올로기에서의 이탈을 공식화할 수 없었던 당시의 정황으로 볼 때, 북한이 중공업을 우선 발전시켜야 한다고 천명한 것은 그리 새로울 것이 없으나 농업과 경공업을 동시에 발전시켜야 한다고 결정한 것은 획기적인 사고라고 할 수 있다. 이는 한국전쟁 직후 중국의 영향을 크게 받은 것으로 생각된다. 또한 북한이 한국전쟁 이후 소련식 사회주의에서 벗어나 지역별 자력갱생 체제로 전환한 배경에는 스탈린의 모델을 충실히 따랐던 김일성이 전후 흐루쇼프의 반스탈린주의에 대하여 거부감을 갖게 됐기 때문으로 볼 수 있다.

북한은 경제운용에서 '청산리방법'과 '대안의 사업체계' 등의 군중노선에 입각한 관리방식을 도입하는 등 중국식의 대중동원적 국가발전을 시도했다. 소유권 형태와 유통부문에서는 생산수단을 국가나 사회가 소유하고 시장기구를 국가가 통제하며 자원의 분배와 자본축적 및 노동력 동원 등도 국가가 독점하는 등 전형적인 사회주의 발전양식을 따랐다. 대중동원 방식으로 생산력을 향상시킬 수 있고 남한을 얼마든지 따라잡을 수 있다고 생각했다. 북한은 경제의 규모가 커지고 경제발전이 일정한 궤도에 오르면 성장속도가 연평균 4~5% 내지 6~7%를 넘지 못한다는 일반적인 이론을 단호히 부정하면서 생산력은 얼마든지 높일 수 있다고 주장했다(김일성, 1969: 444-453). 또 1961년 4차 당대회에서는 남한이 북한을 모방하여 '경제개발 5개년 계획'을 추진하지만 이는 무모한 발상이라고 일축하는가 하면(김일성, 1961c: 631), 1984년 김정일은 "경제적 면에서 남조선을 압도하고 완전히 눌러 놓아야 한다"고 강조함으로써 경제성장과 생활수준의 향상에 대해 자신만만해했다(김정일, 1984: 2). 이는 북한이 주체적 발전모형을 통해 고도의 경제성장을 이룩할 것으로 확신했던 모습을 보여 주는 것이다.

주체 혹은 비동맹: 소련과 중국의 발전노선 선택적 수용

이렇게 볼 때 북한의 주체적 발전모형은 소련과 중국의 발전노선을 현실성 있게 수용했다고 볼 수 있다. 북한의 발전모형은 한국전쟁 이후 군사적으로 긴장된 상황에서 형성됐기 때문에 기본적으로 중공업 위주의 스탈린식 발전전략을 취하고 있으나, 농업과 경공업 중심의 중국식 발전노선을 배제하지는 않았다. 한국전쟁 시기부터 1958년까지 북한은 북한에 주둔한 중국군과 밀착관계에 있으면서 1953년부터 시작된 중국의 제1차

5개년 계획과 중국식 발전노선에 영향을 받은 것으로 보인다. 그러다가 중소분쟁이 가열되는 1960년대 초에 이르러 소련과의 갈등이 고조되자 중국식 발전노선을 흡수하면서 북한식 자력갱생 발전노선으로 나아간 것으로 보인다. 1961년 9월 4차 당대회에서 자립노선으로의 이행이 시사됐는데 주체사상이 대두한 시기에도 중국의 예를 들었던 것을 상기한다면 북한의 주체적 발전모형이 친중국정책과 같은 시기에 등장했다는 것은 주목할 만하다.

이러한 발전전략의 고민은 한국전쟁을 계기로 북한에 중국의 영향력이 증대된 사실과 관련이 깊다. 소련의 체제를 이식받은 북한은 한국전쟁을 계기로 중국과 긴밀히 교류하게 된다. 중국이 한국전쟁에 참여함으로써 북한은 중국 사회주의를 직접 경험하는 기회를 갖게 됐다. 특히 1953년부터 시작된 중국의 제1차 5개년 계획과 중국식 발전노선에 지대한 영향을 받은 것으로 보인다. 한국전쟁 시기부터 1958년까지 북한에 주둔한 중국군과 밀착관계에 있으면서 북한은 중국과 긴밀히 교류하게 됐고 중국의 변화에 대해 많은 지식을 갖게 됐다. 이 시기에 중국의 농업개혁과 경공업 발전전략이 북한에 상당한 영향을 미친 것으로 보인다. 그 결과 김일성은 전쟁 직후 중공업 대신 농업과 경공업의 중요성을 강조했다. 그러나 8월 종파사건으로 정치 갈등이 마무리되면서 소련식과 중국식을 봉합하는 선에서 발전전략 논쟁을 매듭지었다.

중소분쟁이 가열되는 1960년대 초에 이르러 북한은 중국과 소련으로부터 원조가 감소되고 군사적 위기가 고조되자 군사 부문에 무게를 실은 지역자립체제를 확립하고, 자위국방 정책이 절정에 달했던 1960년대 중반 이후에는 중공업 우선 정책을 표면화하였다. 당시 냉전시기에 자본주의 세계와 대립각을 세우며 세력을 떨치던 공산권은 국제네트워크를 가동하여 나름의 협력체계를 구축하고 있었다. 이른바 코메콘(Communist Economic Conference, COMECON)으로 불리는 '공산권경제상호원조회의'

가 그것인데 소련을 비롯하여 폴란드, 체코슬로바키아, 헝가리, 불가리아, 루마니아, 동독, 몽골, 쿠바, 베트남 등 10개국이 참여한 공산경제블록이었다. 북한은 소련이 1959년 코메콘을 통해 국제 분업을 요구한 데 대해 거부했으며, 이에 소련은 경제 원조를 중단하고 기술자를 모두 철수해 버렸다. 북한은 이후에도 정식회원으로 가입하지 않고 옵저버로만 참여했다. 자본주의에 대항하여 충분히 블록화할 수 있었던 시기에도 주체 혹은 비동맹 노선을 견지하며 폐쇄적 발전모형을 추구했다.

북한의 주체적 발전모형은 전시를 대비함과 아울러 농업과 경공업을 발전시키기 위한 지역분산 및 지역별 자급자족의 형태를 띠고 있는 점이 특이하다. 전쟁 발발 시 보급로가 차단되지 않도록 각 지방별, 특히 군 단위로 자급체제를 유지하는 정책을 추진했으며, 공중폭격에 저항할 수 있도록 대부분의 군사시설을 지하에 건설하는 전시경제체제, 지역별 자위국방체제를 갖추었다. 1958년 6월 전원회의에서 군 단위의 지방산업을 육성하기 위한 지방공장 건설을 결의했으며, 1972년 헌법에서부터는 "국가는 도시와 농촌의 차이, 로동계급과 농민의 계급적 차이를 없애기 위하여 군의 역할을 높이며 농촌에 대한 지도와 방조(傍助)를 강화한다."(26조)라고 명시함으로써 군 단위 개발의 중요성을 역설했다. 이를 기반으로 하여 지역 분산적 전시발전체제가 확고히 들어섰다.

북한의 주체적 발전모형은 한국전쟁에서의 막대한 피해 경험과 남북분단의 대결구조에서 태동함으로써 전시를 대비한 군사 중심적 특성을 띠게 됐다. 일반적으로 사회주의 체제는 반자본가 계급의 혁명으로 태동한 것이 아니라 경제적으로 낙후된 주변부 피지배계급의 반제국주의 혁명으로 이루어짐으로써 자본주의 체제에 의한 포위, 경제봉쇄, 군사적 압력과 같은 국제환경에 직면했다(Brucan, 1987: 121; Wallerstein, 1989; 서재진 · 강원식 · 유호열 외, 1993: 24; Arbatov and Oltmans, 1983: 62). 북한도 반제국주의 전쟁을 경험함으로써 국제관계가 근본적으로 재편되기까지는 전시를 대비한 자위 및 자급자족 노선을 기본전략으로 추구해야 한다고 믿었다. 이는 1966년 10월 제2차 당대표자회에서 '경제-국방 병진노선'으로 구체화됐고 이 정책의 핵심으로서 중공업발전을 심도 있게 추진했다(김정일, 1967: 262). 경제-국방 병진노선은 경제발전을 군사적 관점에서 풀어 간다는 전략으로 민수산업과 별도로 군수산업을 발전시키며, 각 공장마다 반드시 군수품 생산라인을 별도로 설치 · 운영하도록 했다. 북한의 주체사상이란 사실상 국방에서의 자위노선이 그 핵심을 이루고 있다고 해도 과언이 아니다.

3. 기술혁명의 꿈, 남한으로부터 배우다

계획경제의 비효율성

북한의 발전 과정에서도 변화의 내적 필요성은 바로 체제의 토대인 경제의 위기로부터 시작됐다. 사회주의 계획경제 · 통제경제는 발전의 초기단계에서 대중동원전략에 힘입어 성장을 이루지만, 외연적 단계에서 내연적 단계로 발전하는 과정에서는 산업구조의 불균형, 국방분야의 비대 및 동기부여의 부재 등 많은 비효율적인 요소에 직면하게 된다(정상훈, 1987: 158-159; 서재진 · 강원식 · 유호열 외, 1993: 23-32). 북한의 경우도 1950년대까지는 토지개혁과 국유화조치, 천리마운동과 같은 대중운동 등에 힘입어 급격한 경제성장을 이룰 수 있었으나, 1960년대에 들어 사회주의 계획경제 · 통제경제의 비효율성이 심화됐다. 북한은 '청산리방법'과 '대안의 사업체계' 등의 관리방식을 도입하고 1970년대에는 외자도입정책[5]

5 이 정책은 중동오일쇼크, 가뭄, 무역구조의 폐쇄성 등으로 실효를 거두지 못했으며, 이로 인해 북한은 1976년부터 유럽국가들로부터 지불정지(default) 선고를 받고 채무불이행 국가로 낙인찍히게 됐다.

및 '3대혁명' 운동을 추진함으로써 효율성을 높이고자 했다.

이러한 문제점을 시정하기 위한 첫 번째 제한적인 조치가 1970년대 초 제1차 6개년 계획기간 중에 시도됐다. 이 첫 번째 개방조치는 외자도입정책으로 1960년대의 공업화 과정에서 이룩한 성과를 더욱 공고히 발전시키고 기술혁명을 더 높은 단계로 끌어올리기 위해서 서구 자본주의 국가들로부터 각종 플랜트, 기술 도입을 확대했다.

그런데 흥미롭게도 이와 같은 발전전략을 추진하게 된 중요한 동기 중의 하나가 바로 남한의 외자도입 정책이었다(김병로, 1992b: 194-207). 천리마운동과 대안의 사업체계 등으로 혁혁한 경제성과를 이룩한 북한은 1971년 남한과 첫 교류와 접촉을 시도한다.[6] 1972년 7월 '7.4남북공동성명'으로 결실을 맺은 첫 남북교류를 계기로 북한은 남한의 경제성장에 대한 정보를 입수하게 된다. 전쟁 이후 폐허로 전락했던 남한이 1965년 일본과 한일협정을 맺고 1966년 외자도입법을 제정하면서 일본으로부터 경제지원을 받아 빠른 시일에 경제를 성장시킨 것이다. 1972년 즈음까지 남한의 경제는 일본의 경제지원과 협력을 통해 급성장했다. 남한의 이러한 급성장을 전혀 예상치 못했던 북한은 남북회담 과정에서 그 발전상을 알게 됨에 따라 큰 충격을 받은 것으로 보인다. 남한의 발전 원인을 분석한 결과 외국의 자본과 기술도입 때문이라는 결론을 맺고 북한은 이 시기에 외국의 기술과 자본을 대대적으로 수입했다. 북한은 1973년부터 서방국가들로부터 비료공장을 비롯한 현대적인 기술 도입을 추진하고 교역확대를 시도했다.

---

6 남한에서 1971년에 추진한 새마을운동은 북한의 대중운동을 모방한 것인 아닌가 하는 추측도 있다.

북한의 남한외자도입정책 수용과 실패

북한의 이 같은 정책으로 총생산량에 대한 무역의 비중이 1961~1967년 19.2%에서 1971~1976년 30.3%로 증가했으며, 이로 인해 연평균 10.4%라는 높은 경제성장을 이룩했다. 그러나 불행히도 1974년 중동 오일쇼크로 불리는 세계적인 경제 불황과 국내적으로 1975년 대가뭄을 겪게 되면서 북한의 외자도입 정책은 직격탄을 맞게 된다. 외국에서 수입한 현대식 공장과 기술로 상품을 만들었으나 수출길이 막혀 북한 경제는 치명적인 손실을 입었다. 결국 들여온 차관을 갚지 못함으로써 1976년 이후 현재까지 서방세계로부터 지불유예라는 선고를 받고 국가부도 상태로 남아 있다.[7] 남한이 1997년 말에 겪었던 국가부도 상태와 같은 위기를 북한은 이미 1976년에 겪었는바, 남한은 IMF 구제금융을 지원받아 체제를 회생시킬 수 있었으나 북한은 국가부도상태로 지금까지 체제를 끌어 오고 있으니 국민들의 피폐한 경제생활은 이루 말할 수 없는 상황이다.

이에 대해 김일성은 1983년 "우리나라에서 자본주의 경제위기의 영향을 좀 받았다고 하면 그것은 일부 기계 설비를 다른 나라에서 사다 쓰다 보니 세계적으로 원유 값이 올라갔을 때 기계설비 값이 올라 그 영향을 좀 받았을 뿐입니다."라고 하여 서구자본과 기술도입을 통해 경제발전을 시도했던 1970년대 초의 첫 번째 개방정책의 실패를 시인하고 있다(김일성, 1983: 100). 처음 시도한 개방정책의 실패로 "원유를 많이 쓰는 공업을 발전시키지 않고 자체공급이 가능한 원료에 의존하는 공업을 발전"시켜 나가자고 하는 등 북한의 정책노선은 다시 폐쇄적인 자급자족의 방향으로 치닫게 됐다(김일성, 1983: 100).

7 그 때문에 북한은 100억 달러가량의 채무를 지고 있는데, 이 가운데 모건 그렌펠(Morgan Grenfell)로부터 중기차관 2억 5,000만 달러, ANZ은행으로부터 단기차관 6억 5,000만 달러, 그리고 일본에 지고 있는 채무가 1970년대 초에 발생한 것이다(Far Eastern Economic Review, 1988: 88).

이같이 외자도입 정책이 실패한 후로 북한은 개방을 매우 꺼려하게 됐고, 1970년대 중반 이후부터는 북한 사회주의 경제가 구조적 불균형 및 동기유발부재의 심각한 문제에 부딪혔다. 한국전쟁 이후 투자의 80% 이상을 중공업에 지속적으로 할당해 왔고 피해망상적인 전시경제체세의 구축 등으로 경제가 극도로 침체됐다. 그 결과 기본소비재와 생필품의 절대부족현상을 초래했음은 물론, 사회간접자본과 에너지 부족, 무역구조의 폐쇄성 및 동기유발의 문제도 심각하게 나타났다. 북한의 주체적 발전모형은 중공업 위주의 산업부문 간 불균형, 사회간접자본의 발달 취약, 석탄의존적인 에너지개발, 무역구조의 폐쇄성 등 구조적인 문제점을 지니게 됐다(김병로, 1992a: 215-217).

특히, 북한은 보건, 후생, 주택, 여객수송, 상업, 민간통신업무 등을 비생산적 분야로 간주함으로써 교통과 수송부문 등 사회간접자본이 매우 낙후되어 경제발전에 큰 장애요인이 되고 있다. 또 에너지 자원을 석탄에만 전적으로 의존함으로써 심각한 전력난을 야기하고 있다. 이른바 '선행부문'의 발전이 시급함은 1990년대 초반부터 여러 곳에서 강조됐으며 '채취공업'(채굴산업)과 전력산업의 침체가 북한경제에 미치는 영향은 매우 심각한 것으로 보인다(장종록, 1991: 3; 『로동신문』, 1992.5.16.). 무역의 비중은 전체 GDP의 12~15% 정도를 차지하는 매우 폐쇄적인 경제구조를 유지해 왔으며, 최근 중국과의 무역확대로 비중이 25~30%로 커지고 있는 추세다.[8]

---

8 1인당 GNI를 1,000달러로 잡을 경우, 북한의 GNP총량은 240억 달러가 되며 북한무역규모는 2013년 73억 달러이므로 무역의 비중은 30.4%가 된다.

4. 김정일 후계정권의 '자유화' 정책

경공업혁명과 합영법

1980년대에 들어서 인민소비재 공급부족현상이 심각하게 드러나자 1984년 1월에 개최된 최고인민회의에서 경제 활성화와 대외개방 정책노선을 결정했다(『로동신문』, 1984.1.27.). 김정일을 비롯한 북한 정책지도부는 1984년 1월 강성산을 총리로 기용하고 제한적인 개혁 · 개방을 단행했다.[9] 이는 중공업 위주의 정책기조를 유지하면서 경공업 및 생활소비품 생산을 증대하기 위해 제도적 조치를 마련한 것이다. '경공업혁명'을 기치로 내걸고 대내적으로 1984년 8월 '8.3인민소비품 증산운동'을 일으키고 텃밭과 '장마당'을 활성화하는 등 주민 개개인에게 물질적인 유인책으로서의 제도적 장치를 마련했다. 이를 위해 도시의 구역과 읍, 농촌의 군 단위에 각각 1개씩 200여 개 이상의 '직매점'이 설치됐고, 해마다 이를 위한 공장과 작업반이 1,500여 개씩 늘어났다(Lee, 1988: 1268; 조선중앙통신사, 1991: 176). 또한 국영기업소에서의 독립채산제를 확대 · 실시할 것을 결정하고 이듬해 추진한 연합기업소에 대대적으로 실시했다.[10] 이는 중공업 위주의 정책기조를 유지하면서 경공업 및 생활소비품 생산을 증대하기 위해 제도적 조치를 마련한 것이다.

한편, 대외적으로는 외채의 위험부담 없이 동구 사회주의권과 서방권의 자본을 유치하기 위해 경제정책의 변화를 시도했다. 1984년 1월에

---

9 개혁이란 경제부문에서의 국가중심적이고 불균형적인 구조의 개선을 의미한다. 즉 국가통제의 경제영역을 해제하고 개인이 사적 이익을 추구할 수 있는 소위 '자본주의적' 요소 도입을 제도화하는 것으로 볼 수 있다. 개방은 외부세계에 대한 정보통제, 자본주의권과의 무역교류 기피 등 폐쇄성에서 벗어나 정보접촉의 자유를 허용하고 자본주의 국가들과 교류협력을 강화해 나가는 것을 의미한다. 개혁 · 개방은 공통적으로 개인의 자유허용을 추구한다는 점에서 '자유화'의 과정으로 부를 수도 있다.

10 1984년 당에서 「독립채산제에 관한 규정」이 수정됐으며 이를 전 산업부문에 확대 · 실시하는 지침을 김일성이 하달했다(김일성, 1984b: 346-362).

개최된 최고인민회의에서 경제의 대외개방 정책 노선을 결정하고 대외경제협력 대상으로 사회주의 여러 나라와 제3세계 이외에 북한에 우호적인 서구자본주의 국가와 경제교류를 증진할 것을 결정했다(『로동신문』, 1984.1.27.; 김일성, 1984a: 214-231).[11] 1984년 9월에는 합영법을 제정했고, 1985년과 1986년에 합영법의 시행세칙이 마련됐으며, 1986년 8월에는 합영총국이, 1988년 11월에는 합영공업부(1990년 폐지)가 각각 설치됐다. 합영법의 제정과 시행은 북한의 폐쇄적인 체제에 변화를 가져온 획기적인 조치였다.

개혁 · 개방조치의 한계

그러나 합영사업의 규모가 작고 제한적이어서 사업 발전은 부진했다. '8.3인민소비품 증산운동'도 양적인 측면에서 성과를 올렸을 뿐이었다. 원료조달의 한계와 정부의 가격통제, 더욱이 일과시간 외의 여가시간만 이용해야 한다는 제한 때문에 소위 '자본주의적 방식'을 도입한 근본적인 개혁이라기보다는 부족한 소비재를 생산하기 위한 대중동원의 한 수단에 머물렀다. 독립채산제 역시 효율성 제고라는 원래의 목표와는 달리 낭비현상을 없애고 절약제도를 강화하는 수단으로 전락했다(김일성, 1969: 459; 주용설, 1991: 70; 리경제, 1991: 59-64). 텃밭과 농민시장 활성화의 경우 곡물류와 공산품에 대해서는 거래를 금지하고 채소류와 가내수공업제품으로 한정되어 있는데다 가격도 제한되어 있어서 불법거래 및 암거래 등의 부작용을 초래했다.

1980년대의 개혁 · 개방조치에 따른 사회변화 및 사회적 비용은 북한정권에 큰 부담이 됐다. 소규모 개혁 · 개방정책이 추진되자 물질생활

11 1984년 6월과 7월 김일성의 소련과 동유럽 국가 방문 후 무역확대의 필요성이 재천명됐다(『로동신문』, 1984.7.10.).

향상과 돈에 대한 주민들의 관심이 매우 높아졌다. 북한주민들은 인민소비품 생산공장과 가내작업반 등 개인부업을 선호하는 분위기가 자리를 잡았으나 이곳이 관료주의와 부정부패의 온상이 되는 등 '자본주의적 병폐'가 발생했다. 또한 엄격한 주민통제에도 불구하고 합영법 시행 후 중국 및 일본의 무역업자와 재미교포의 왕래가 잦아지고 여기에 유학생, 외교관 등을 포함한 외국경험자들로부터 서방문물 및 정보가 유입됨으로써 남한을 포함한 외부세계에 대한 소식도 간접적으로 접하게 됐다(서재진 · 김병로, 1994: 21-25).

북한의 이러한 폐쇄경제는 자력갱생의 주체적 구조를 추구하는 것이었지만 실제로는 외부의 원조에도 많은 부분 의존했다. 1980년대까지 북한의 주체적 발전모형은 에너지원의 경우 국내에서 생산되지 않는 석유의 비중을 5%로 유지한 반면, 국내생산이 가능한 석탄과 수력을 각각 77%, 18%로 유지했으며, 기계제작공업은 98%를 자급자족하고 있다고 주장했다.[12] 그러나 이러한 주장과는 달리 경제발전과 도시건설 등의 많은 부분을 외국원조에 의존해 왔다. 함흥과 청진, 원산 등 주요 도시 및 공장 건설에 동독과 폴란드, 헝가리 등 사회주의 국가들이 적극 참여했다. 북한이 1944년부터 1978년까지 받은 대외원조는 28억 달러에 달한다. 이 가운데 20억 달러는 경제원조로, 8억 달러는 군사원조의 형태를 띠었다. 시기적으로 보면 1946년부터 1960년까지 18억 달러를, 그리고 1961년 이후 78년까지 10억 달러를 추가로 제공받았다. 원조를 제공한 국가로는 구소련이 14억 달러(1946~1960년 7억 달러, 1961~1978년 7억 달러)로 가장 많고, 중국은 9억 달러(두 시기에 각각 6억 달러와 3억 달러), 그리고 동유럽은 전후복구건설시기에 5억 달러를 각각 지원했다. 1984년에는

12 이는 남한의 에너지원이 석탄 35%, 수력 2%, 석유 63%인 것과 비교된다.

유엔으로부터 1,840만 달러의 원조를 받았다.[13]

물론 이 시기에도 북한은 기본적으로 대중동원, 그리고 정치 · 도덕적 동기부여의 방법을 다양하게 구사했다. 정치 · 도덕적 동기부여를 우선시하고 물질적 동기부여는 부차적으로 사용해야 한다는 전제하에 여러 가지 방법을 사용했다. 제도적인 장치로 독립채산제를 강화하는 한편, 평양속도전과 강선속도전, 한삽더뜨기운동, 100일전투 등의 대중동원 과정에서 다양한 동원방법을 구사했다. 음악대의 동원과 라디오 음악을 동원, 8시간 노동 대신에 480분 노동 강조, 각종 수상과 영웅칭호 부여, 유급휴가, 3대혁명소조운동을 통한 부조리제거, 관료주의퇴폐방지, 군대동원, 복역죄수들의 사역, 학생동원, 그리고 200일전투 후에 상여금 지급 등의 방법을 사용했다.

이 시기에 경제적 비효율성이 커져서 북한은 남한에 비해 완전히 열등한 위치로 전락하게 된다. 산업발전의 정도를 측정해 볼 수 있는 효과적인 수단인 1인당 에너지 생산량을 보면, 1965~1980년의 경우, 남한의 4.1%에 비해 북한이 6.4%로 높았으나 1980~1985년에는 역전되어 남한이 9.3%, 북한이 2.7%를 차지한다. 1인당 에너지 소비량은 1985년의 경우, 남한이 1,241kwh, 북한은 2,118kwh로 북한이 1980년대 중반까지 우세한 부문으로 기록된다. 북한의 산업별 생산력 비중은 1980년대에 농업 25%, 공업 70%, 서비스 5% 정도로, 농업 분야의 곡물생산(쌀, 보리, 감자, 밀)과 축산(소, 돼지, 닭, 우유)과 임업, 수산업, 공업부문에서 무연탄, 철광 등 광산물과 기계공업, 경공업, 전력 등 여러 부문에서 이 시기에 침체를 겪는 것으로 나타난다. 폐쇄경제를 추구한 북한은 특히 무역량에서 남한과 비교할 수 없는 불균형을 기록한다. 1980년대 북한의 무역량은 연간

13 북한과 비교해 볼 때, 남한은 1946~1975년 기간에 154억 달러의 대외원조를 제공받았다. 이 가운데 126억 달러를 미국으로부터 경제원조와 군사원조로 각각 절반씩 받았고, 일본으로부터 10억 달러, 그리고 기타원조로 18억 달러를 받았다.

30억 달러의 규모로 평가되며 수입이 수출보다 약간 많은 비중을 차지한다. 남한에 비하면 100분의 1규모밖에 되지 않는 규모였다. 무역상대국은 소련 38%, 일본 21%, 중국 19%였으며 일본과는 수입이 수출의 2배나 됐다. 일본과의 무역이 증대함에 따라 사회주의권과의 무역은 1971년에 85%에서 1988년 50～60%로 감소했다.

북한의 외채는 1974년 소련에 7억 100만 달러, 일본에 4억 달러, 서유럽에 9억 9,000만 달러 등의 규모였다. 위에서 설명한 대로 북한은 서유럽 11개 나라로 구성된 모건 그렌펠(Morgan Grenfell)로부터 1975년도에 4억 3,000만 달러의 지불정지(default)를 당했고 1976년까지 일본을 포함하여 9억 달러의 지불정지를 당했다. 외채규모는 1990년의 78억 6,000만 달러에서 1993년에는 103억 2,000만 달러, 2000년에는 120억 달러로 늘어났다. 2015년 5월 러시아는 109억 달러에 달하는 북한의 채무 가운데 90%를 탕감하고 남은 10억 9,000만 달러를 20년에 걸쳐 분할 상환받기로 합의하는 대신 러시아의 북한 내 철도 개보수 사업권을 허용받았다(『연합뉴스』, 2015.5.14.).

5. 사회주의권 붕괴와 비상대응

방향의 재조정: 특구 전략

1990년대의 사회주의권 붕괴는 북한에 경제적 · 군사적 부담을 주었으며 개혁 · 개방의 방향을 재조정하도록 북한을 압박했다. 대내적으로는 우선 1980년대에 시도한 개혁 · 개방정책이 초래한 사회적 비용을 줄이기 위해 3차 7개년 계획이 끝나는 1993년 말까지 비사회주의 그루빠 운동을 전개했다. 이 운동을 통해 개혁 · 개방정책의 부작용으로 사회문제가 된 암시장, 밀수, 부정부패와 뇌물, 범죄 등 각종 비리를 단속함으로써 사회통합의 부정적 요소들을 제거하고자 했다. 한편, 1992년 헌법개정을 통해 일체의 무력을 통솔하는 국방위원회를 신설하고 인민군최고사령관인 김정일을 국방위원회 위원장으로 추대함으로써 국방강화에 주력하는 체제로 전환했다.

사회주의권 붕괴의 영향으로 북한의 수출과 수입 등 대외무역이 전반적으로 크게 위축됐다. 북한은 1991년부터 원유, 석탄 및 식량수입에도 큰 어려움을 겪게 됐다. 특히 1991년 1월부터 북한무역의 50% 이상을 차지하던 소련이 그간 시행해 오던 무역방식, 즉 대금을 돈으로 지급하지 않고 그에 상응하는 수입 또는 수출로 상쇄시키는 방식의 구상무역을 중단하고 화폐 결재를 요구함으로써 원유수입이 10분의 1로 격감됐고 1993년에는 1990년에 비해 53% 수준으로 감소했다(외교안보연구원, 1994: 8).

북한은 사회주의권의 붕괴로 소련과는 경제 · 군사적 관계가 단절되고, 중국으로부터도 지원이 어려워졌다. 대외무역이 급감한데다 국제적 고립이 심화되고 군사적 위기마저 고조되는 등 심각한 생존의 위기에 직면하자 대외 · 대남정책을 전면적으로 수정했다. 특히 1991년 1월 걸프전쟁의 발발로 북한은 체제존립에 대한 위기의식을 느끼고 유엔가입과 남북관계 개선을 비롯한 일련의 정책전환을 단행했다(김병로, 1993b: 244). 일본과 수교회담을 시작하고 한국과는 고위급회담을 개시했으며 독자의석으로 유엔에 가입했다. 이 시기에 북한이 어떤 급격한 정책변화를 시도했는가 하는 문제는 11장에서 조금 더 살펴볼 것이다.

북한은 사회적 비용을 최소화하는 가운데 경제난을 해결하기 위한 방안으로 통제된 개방정책, 즉 경제특구를 시도했다. 1991년 12월 28일 나진 · 선봉지역을 '자유경제무역지대'로 지정하는 한편, 1992년 4월 헌법을 개정하고 외국인기업법 · 투자법 · 합작법, 합영법 시행세칙 개정 등을 마련했다. 또한 1993년과 94년에는 외화관리법 · 자유경제무역지대법, 토지임대법, 외국인투자은행법 · 출입국관리규정, 외국기업상주대표부규정, 자유무역항규정 등 대외개방과 관련된 각종 법규의 세칙을 제정했다. 이러한 법률제정을 통해 나진 · 선봉지역에서 100% 단독 외국출자 기업을 허용하고 창립 3년 후부터 지불하는 소득세율도 기존의 25%에서 10~15%로 인하하는 등 외국자본의 유치를 적극적으로 꾀했다.

지역자립체제의 강화

북한은 제3차 7개년 계획(1987~1993)이 마무리된 시점인 1993년 12월에 차기 경제계획을 제시하지 못하고 완충기를 갖기로 결정했다. 1993년 12월 당 제6기 21차 전원회의, 최고인민회의 제9기 6차회의 및 1994년 4월 최고인민회의 제9기 7차회의에서 '농업제일주의, 경공업제일주의, 무역제일주의' 등 3대제일주의 실현을 사회주의의 혁명적 경제전략으로 제시했다. 즉 식량부족을 메꾸기 위해 농업생산을 증대시키고, 경공업과 전자산업 등을 육성하여 생필품을 공급하며, 폐쇄적인 무역구조로 겪는 만성적인 외화부족 현상을 타파하기 위해 나진 · 선봉지역을 중심으로 경제를 활성화시켜야 한다고 주장했다.

하지만 농업생산은 계속 감소되고 생필품 공급이 중단됐으며 특히 기대를 걸었던 나진 · 선봉지역의 투자유치가 당초 예상과는 달리 매우 부진했다. 1997년 당시 사회간접자본 분야를 포함한 총 투자계약액 9억 달러 가운데 외국인투자가 실제로 이루어진 것은 5,000만 달러에 불과하여 투자실행률은 5%로 매우 낮았다. 게다가 제조업에 대한 투자가 매우 적고, 대부분은 도로, 항만, 공항, 통신, 에너지 등 사회간접자본 건설 투자에만 국한됐다. 이에 따라 투자유치 규모를 축소하고 개발의 중점도 대규모 수출기지의 건설보다는 현실적으로 가능한 중계수송 및 관광사업 활성화 방향으로 선회했다.

1993년 12월 당 6기 21차 전원회의에서 경제문제에 관한 한 정무원이 책임지고 정책을 추진하도록 결정했고, 김정일은 1994년 10월 "정무원이 경제사령부로서 나라의 경제사업을 전적으로 맡아하도록 하기 위하여 정무원책임제, 정무원중심제를 내놓고 모든 사업조건을 지어 주었다"라고 언급함으로써 정책을 추진함에 확고한 의지를 드러냈다(김정일, 1997: 24). 정무원이 책임을 맡으면서 각 도별, 시 · 군별로 식량공급 등 경제 분야에서 더 적극적인 자급자족적 운영체제를 갖추었다(김정일, 1994: 442-452).

김일성 사망 100일이 되는 시점에 당중앙위 책임일꾼들과 한 담화에서 김정일은 군 단위의 경제활성화 정책을 재차 강조했다. 이는 김정일이 군 단위 자급자족 체제 구축을 얼마나 중요하게 생각하고 있는지를 말해준다.

> 당의 혁명적 경제전략을 관철하여 인민생활 문제를 푸는 데서 지방의 창발성을 발양시키고 지방의 원천과 자재력을 동원하는 것이 매우 중요합니다. 특히 군의 역할을 높여 모든 군들이 자력갱생의 원칙에서 자체로 인민생활 문제를 풀어나가기 위하여 적극 투쟁하여야 합니다. ... 군은 나라의 200분의 1을 담당하고 있는 사회주의 건설의 지역적 거점이고 지역적 단위인 만큼 ... 군의 역할을 높이고 지방의 원천과 잠재력을 옳게 동원리용한다면 ... 나라의 모든 지역을 고르게 발전시키며 전반적 사회주의 건설을 다그치는 데 크게 이바지할 수 있습니다.(김정일, 1994: 443-444)

김정일은 식량난이 심화되는 상황에서 군 단위 자체적으로 생존을 해결하기 위해 건설 사업은 자제하고 농업과 지방 산업공장 및 가내반, 부업반 등을 통한 8.3인민소비품 생산을 증대하며 나아가 외화벌이, 관광산업에 노력을 집중할 것을 강조했다(김정일, 1994: 445-449). 이를 위해 중앙기관은 "쓸데없이 아래를 얽어매 놓은 것들을 대담하게 고치도록" 지시했다(김정일, 1994: 451). 이러한 지역자립체제의 구축은 자기 충족적 북한사회의 물리적 기반을 제공하며, 이후 '고난의 행군'을 전개하는 과정에서 북한의 체제유지에 결정적인 역할을 하게 된다.

경제체제가 효율성을 확보하려면 비교우위(comparative advantage)에 입각한 지역 간 경제교환과 노동력의 이동이 전제되어야 한다. 노동력의 원활한 이동은 잠시 유보하더라도 지역 간 경제교환과 거래가 이루어져야 한다. 그러나 아직도 북한의 지역자립체제는 자급자족적 성격이 강하고, 군사적 자위국방이라는 목적이 지역자립체제의 존속을 합리화하고 있다. 전시를 대비한 지역자립체제는 사회주의 붕괴와 식량난 같은 위기상황에서 생존하기에 적합한 제도다. 북한은 그동안 전시를 대비하여 추진해 온 주체적 발전모형을 고난의 행군 시기에 적용 · 실험해 보는 기회를 가졌다. 한반도에서 군사적 위기가 완화되지 않는 한, 북한의 지역자립체제가 변화하기는 어려울 것이다.

제6장

집단주의와 교육철학

1. 집단주의 원칙

사회주의 사회생활의 기초

북한은 집단주의를 노동계급의 가장 본질적인 특징의 하나로서 공산주의 사회생활의 기초일 뿐 아니라 공산주의자들의 활동원칙이라고 주장해 왔다. 북한의 『철학사전』은 "사회와 집단의 이익을 귀중히 여기고 그 실현을 위하여 모든 것을 다 바쳐 투쟁하는 공산주의적 사상과 도덕"으로 집단주의를 정의하고 있다(사회과학원 철학연구소, 1985: 539). 집단주의는 개인의 이익보다 사회와 집단의 이익을 더 중시하는 사상적 관점으로 북한이 공산주의 사회관계에서 가장 중시하는 가치지향 가운데 하나다.

북한은 이러한 집단주의를 주민들의 행동규범과 책무로 헌법에 명시하고 있다. 헌법 제63조는 "조선민주주의인민공화국에서 공민의 권리와 의무는《하나는 전체를 위하여, 전체는 하나를 위하여》라는 집단주의원칙에 기초한다."라고 밝히고 있다. 북한은 이러한 슬로건을 내걸고 전체

주민이 개인보다 집단을 위해 헌신하도록 독려하고 있다. 모든 사회활동은 집단과 단체, 조직 단위로 이루어지며 개인주의는 철저히 배격되고 개인은 전체의 구성원으로서만 의미를 지니는 존재가 된다. 사회의 기본구성 단위로서 개인보다는 노동자 · 농민과 같은 계급을 우선하며 당과 국가와 같은 정치조직을 중시하는 사회적 규범을 강조한다.

이러한 북한의 집단주의는 사회주의 체제의 위기 시에 위력을 발휘했다. 동유럽 사회주의 체제가 붕괴하던 시기, 그리고 김일성 사망 당시 많은 사람들은 북한체제가 곧 무너질 것으로 예상했다. 1995년 대홍수 이후 '고난의 행군'을 거치면서 86만 명이 기아로 사망하고 30만의 주민들이 중국으로 탈출하는 혼란상황이 발생했을 때에도 북한체제의 붕괴 가능성이 제기됐다. 다른 개발도상국에서 비슷한 상황이 발생했다면 정권붕괴나 체제붕괴와 같은 심각한 사회혼란으로 이어졌을 것이다. 그러나 이러한 예상과는 달리 북한에서는 혼란상황이 대규모 식량폭동이나 반정부 시위로 발전되지는 않았다. 극심한 식량난과 대규모 기아사태에도 불구하고 북한이 붕괴로 치닫지 않았던 이유는 바로 이러한 집단주의 응집력의 효과가 북한체제를 지탱하는 힘으로 작용했기 때문으로 보인다.

그러나 이렇듯 단결력을 과시하던 집단주의 위력도 극심한 식량난과 7.1경제조치, 화폐개혁을 거치면서 지난 20여 년 동안 크게 약화됐다. 식량난에서 간신히 벗어난 1998년에는 개정 헌법에서 그 이전까지 명문화했던 "집단주의는 사회주의사회생활의 기초이다."(1992년 헌법 제82조)라는 구절을 삭제했다. 집단주의를 사회주의 생활규범과 행동원리라고 강조해 왔으나 식량난으로 변화된 주민들의 생활방식을 고려할 때 집단주의 원칙을 '사회주의'의 본질이라고 주장하는 것이 부담이었을 것이다. 그렇지만 헌법의 같은 조항 뒷부분에 나와 있는 "공민은 조직과 집단을 귀중히 여기며 사회와 인민을 위하여 몸바쳐 일하는 기풍을 높이 발휘하여야 한다"라는 부분은 수정하지 않고 현재까지 그대로 유지하고 있다. 2009년 개정헌법에서는 '공산주의'까지 삭제하고 사회주의 사회만을 지향하는 것으로 국가목표를 수정했다. 60년 이상 체제의 목표로 제시해 왔던 공산주의 깃발을 내렸다는 것은 그만큼 집단주의 생활방식을 지속하기 어려운 환경이 조성되고 있음을 보여 준다.

사회주의적 미풍

이러한 변화에도 불구하고 집단주의 도덕과 가치는 북한이 사회주의 '우월성'으로 주장하는 요체라 할 수 있다. 북한은 사회주의 우월성의 요인으로 단결력 · 조직력과 집단에 대한 희생정신 두 가지를 꼽는다. 이것이 정치경제 생활에서는 '군중노선'의 형태로 나타나고 사회생활에서는 '공산주의적 미풍'의 발양으로 강조된다. 물론 이 공산주의적 미풍도 2009년 개정헌법에서 공산주의를 삭제한 이후에는 '사회주의 미풍'으로 바뀌어 사용되고 있다. 아무튼 북한은 주민들에게 개인주의를 억제하며 집단과 조직을 위해 희생하고 헌신하는 사회적 가치를 강조하고 있으며, 이를 자본주의와 대비하며 사회주의의 우월적 도덕성으로 부각시킨다. 이러한 집단주의 도덕은 특히 남한과의 체제경쟁에서 열세에 놓인 북한이 체제의 '우월성'을 선전하는 중심개념으로 활용되고 있다.

북한은 집단주의 정신이 발양되고 있다는 증거로 각양의 '사회주의적 미풍'을 소개하고 있다. 그 전형적인 사례의 하나가 고아 입양이다. 북한은 1992년부터 1993년 9월 사이에 537세대 1,060명의 고아를 입양했다고 보도한 바 있다(『평양방송』, 1993.11.27.). 어느 인민반에서는 24세대 모두가 26명의 고아들을 입양함으로써 "사회주의가 생활 속에 깊이 뿌리내리고 도덕화"됐다고 선전하기도 했다(『로동신문』, 1993.4.28.). 또한 영예군인에게 시집을 가도록 장려한다든지 교육을 많이 받은 사람들이나 사회적으로 성공한 사람들이 자기의 고향에 내려가 고향의 발전을 위해 봉사하도록 하는 일을 장려하는 사회적 가치를 만들어 냈다.

북한의 집단주의 도덕이 뿌리내릴 수 있는 이유는 북한에 전통 유교문화의 유산이 남아 있기 때문이기도 하다. 추대식 선거문화 등 전통 유교문화 속에서 집단주의가 온존하고 있다. 지도자와 인민과의 관계에서도 최고지도자를 '어버이'로, 당을 '어머니'로 의인화하고 충성과 효도 및 인정에 기초한 전통적 인간관계를 최대한 활용하여 개개인에게 내면화를 강화하고 있다. 이뿐만 아니라 기존의 집단주의 원칙에 '혁명적 의리'와 '동지애'라는 정서적 차원에서 관계의 규범을 정립함으로써 주민들의 단결을 도모하고 있다.

2. 사회정책과 조직생활

집단주의의 제도화

집단주의 철학과 사상에 근거하여 북한의 정치 · 경제 · 사회는 제도화되어 있다. 우선 정치 영역에서는 민주주의 중앙집권제가 집단주의를 촉진하는 역할을 한다. 이론적으로 민주주의 중앙집권제는 "광범한 대중의 의사와 중앙집권적인 통일적 지도를 결합"시킨 형태라고 주장하지만 실제로는 "모든 문제 해결에서 개인은 조직에, 소수는 다수에, 하부는 상부에, 전체 성원과 조직은 중앙에 절대 복종하며 하부기관은 상부기관의 결정을 의무적으로 집행하며 상부기관은 하부기관의 사업을 계통적으로 지도하는 것"으로 작동된다(과학 · 백과사전출판사, 1985: 341). 이러한 정치이념은 사회 전체가 철저히 집단적으로 움직이도록 하는 기반을 제공한다.

주민들을 집단으로 통제하는 사회정책으로서 의식주에 대한 배급제도를 충분히 활용했다. 북한의 의식주 생활은 오랫동안 '배급제'를 바탕으로 이루어져 왔으나 2002년 7.1개혁 이후에는 극히 일부 계층만을 대상으로 시행되고, 주민 대부분은 시장원리에 따라 생활하고 있다. 배급제가 부실해졌지만 북한주민들의 머릿속에는 배급제의 추억이 남아 있다. 배급제가 작동하던 시기에는 의류공급체계의 경우 노동자에게는 1년에 1~2회 작업복 1벌을, 학생에게는 1년에 2회 교복을 각각 무상으로 지급했고, 기사와 교원에게는 3~4년에 양복감 1벌을 염가로 지급했다. 그리고 시 · 군 지역 당비서나 2급 이상의 기업소 지배인, 기사장급 이상의 사람들에게는 2년에 1회 양복지 1벌을 반액으로 공급하도록 되어 있었다.

식량배급이 제대로 작동하던 시기에는 통상 15일마다 실시했으며 배급절차는 각 직장에서 발급하는 배급카드로 리 · 동 배급소에서 수령하도록 되어 있었다. "쌀은 곧 공산주의다"라고 하여 철저한 배급제에 의해 쌀을 분배했으나 극심한 경제침체와 식량난으로 식량배급은 극히 일부 계층에서만 이루어지고 있다(함인희, 2007: 269-291).[1] 식량배급은 성분, 직위, 직종, 연령 등에 따라 차등 지급되며, 2015년 현재 약 20~30% 정도 배급망이 작동하고 있는 것으로 평가된다. 고난의 행군 시기에도 11% 정도의 주민들은 식량을 배급받은 것으로 보고 있다. 김일성 · 김정일 생일 등 국가명절에는 전 국민에게 여전히 식량배급을 실시하고 있는 것으로 확인된다.

북한의 행정조직은 도 · 시 · 군 단위로 자력갱생하도록 되어 있어서 지역에서 집단생활이 이루어진다. 행정조직의 최하위 단위인 인민반은 북한주민의 집단생활을 유지하는 기초 조직이다. 인민반은 "김일성동지의 교시와 매 시기 제기되는 당과 국가의 정책을 인민반원들 속에 침투시켜 그들을 당의 유일사상으로 튼튼히 무장시키며 당과 수령의 주위에

1 1957년 11월 1일 내각 결정 96호 및 102호 "양곡 수매 및 판매사업을 국가통일체제에 의하여 진행할 데 대하여"에 의거하여 북한은 협동농장원을 제외한 전 주민을 대상으로 식량배급제를 실시해 왔다. 일반노동자는 1일 기준 700g의 식량이 공급되지만, 탄광 · 광산 운반공 등 중노동자는 800~900g, 대학생과 환자는 600g, 중학생은 500g, 소학교학생은 400g, 연로보장자 · 주부 등은 300g 등으로 다르게 공급받았다.

결속시키기 위하여 투쟁"하는 사회의 말단조직이다(사회과학출판사, 1970: 722-723). 인민반을 운영하는 인민반장은 소속 반원들의 일거수일투족을 파악하여 관리하고 있다. 도 · 시 · 군의 큰 행정단위에서는 동원과 회의가 형식적일 수 있으나, 인민반 조직은 주민을 매우 친밀한 관계 속에서 동원하기 때문에 집단주의 동력을 유지하는 데 효과가 있다.

경제생활은 작업반과 분조 단위로 집단 활동을 하도록 되어 있어서 개인 활동은 제한된다. 2014년 '5.30조치'로 개별공장과 기업소, 협동농장에 자율권이 대폭 부여됐고 '8.3작업반'이나 포전담당제 등 소단위에 인센티브를 부여하는 제도를 실시하고 있으며, 비공식적으로 '개인위탁경영' 같은 운영방식도 활발하게 이루어지고 있다. 2002년 7월 경제개혁 이후 이러한 변화가 진행 중이지만 도시의 인민반과 농촌의 분조는 여전히 북한주민의 생활을 공동체로 묶어 두는 장치로 작동하고 있다. 전체 주민을 대상으로 시행하는 제3방송은 북한 집단주의의 또 다른 특징을 보여 준다. 매 가구마다 중앙에서 직접 전달하는 유선방송 수신시설이 설치되어 있어서 정부의 긴급한 결정이나 정책을 신속하게 전달하고 있다. 제3방송 체계는 정부가 사적 영역에 깊숙이 침투하여 개개인을 통제하는 독특한 특성을 지니고 있다.

사상혁명을 통해 집단주의를 고양하는 방편으로 당원과 근로자들에 대한 조직생활을 강화했다. 근로자들을 조직의 통제 속에 묶어 둠으로써 사상성과 규율성을 유지할 수 있다고 보았기 때문이다. 이러한 조직활동과 정치교양은 1970년대 3대혁명 소조활동을 계기로 강화됐으며 1974년부터 제도화됐다. 1966년부터 농민조직을 4~5가구 15~20명 단위의 분조를 구성하는 방식으로 개편하는 한편, 농촌의 교사들이 농민의 전반적 사상교양과 문화교육을 책임지는 '5호담당제'를 운영하기도 했다. 조직생활을 바탕으로 주민을 사상적으로 무장하여 단결을 도모했다.

당과 사회단체의 조직활동

당과 사회단체는 모든 북한주민을 교양하고 관리하며 동원하는 실제적 조직망이다. 로동당 조직은 "최고 형태의 혁명조직"으로서 주민을 가장 강력하게 통제하는 장치다. 전국적인 조직망과 조직지도부, 선전선동부 등 22개 전문부서의 활동, 가종 회의로 강력한 집단 네트워크를 구축하고 있다. 당원은 약 300만 명이며 당세포수는 20만 개로 추산된다. 당조직에 망라되지 않은 주민들은 학교나 직장 단위로 생활하면서 직업동맹(31~65세 노동자와 사무원, 여자 60세), 농업근로자동맹(31~65세 협동농장원, 여자 60세), 청년동맹(14~30세), 여성동맹(31~60세 타 단체 미가입 여성), 소년단(7~13세) 등 정치사회 단체 단위로 밀도 있는 사회활동과 학습생활을 유지하고 있다(〈표 6-1〉).

직업동맹(줄여서 직맹이라 함)은 30세 이상의 모든 노동자, 기술자, 사무원 등을 망라한 조직으로 맹원 수는 160만 명으로 추산된다. 로동당의 정책을 선전하고 집행하며 맹원들을 대상으로 사상교양사업을 실시하는 등 당과 대중을 연결하는 당의 외곽단체의 역할을 맡고 있다. 농업근로자동맹(줄여서 농근맹이라 함)은 모든 협동농장원(농민)과 농업관련 부문 종사자들 130만 명으로 조직되어 있다. 민주여성동맹(줄여서 여맹이라 함)은 직맹이나 농근맹에 속하지 않은 만 31세부터 55세까지의 일반여성을 대상으로 한 조직으로서 규모는 20만 명이다. 청년동맹은 14세부터 30세에 해당하는 청년, 학생, 군인, 직장인 등 모든 청년들이 의무적으로 가입하게 되어 있고 맹원수는 약 500만 명이다. 소년단은 7세에서 13세에 이르는 250만 명의 학생을 대상으로 하고 있다. 각 단체들은 도 · 시 · 군별 대표회의, 초급단체회의, 전원회의, 전체대회 등 정례적인 회의를 개최하며 '해설강사회의', '선전일군대회' 등 관련 집회를 개최하여 주민들을 동원한다.

근로단체는 각계각층의 군중을 망라한 조직으로서 영도체계에서 당

〈표 6-1〉 북한의 사회단체 조직 활동

단체명	가입대상	구성인원	구성방법 및 활동	창립일
직업동맹(직맹)	노동자, 사무원 31~65세(여 60세)	약 160만 명	직장단위조직, 9개 산업별 직업동맹, 사상교양, 기술 습득, 경쟁	1945.11.30.
농업근로자동맹 (농근맹)	협동농장원 31~65세(여 60세)	약 130만 명	농업 종사 근로자, 사상교양, 농촌지도사업	1946.1.3.
김일성사회주의청년동맹(청년동맹)	14~30세	약 500만 명	학교·직장단위조직, 당후비대, 사상교양·노력동원	1956.1.17.
민주여성동맹(여맹)	31~60세	약 20만 명	단체 비소속 일반여성, 당후비대, 사상교양·동원	1945.11.18.
소년단	7~13세	약 250만 명	학교단위조직, 청년동맹의 지도, 집단생활	1946.6.6.

과 대중을 연결하는 중요한 '인전대'다. 근로단체들은 대중 속에서 사상교양을 강화하고 실천투쟁 속에서 단련시켜 우수한 핵심 분자들을 키워냄으로써 당대열을 끊임없이 보충한다. 또한 당의 간부대열을 확대·보충하는 사업을 적극 지원한다. "당과 수령에게 무한히 충실하고 실천투쟁 속에서 단련됐으며 군중의 신망이 높은 능력 있는 사람들을 선발하는 것"이다. 근로단체는 본질상 대중에 대한 사상교양단체다. 대중을 혁명화하고 교양개초하여 공산주의 혁명가로 만드는 혁명적 정치조직임을 뜻한다. 계층별, 연령별, 성별, 직업별로 조직된 근로단체는 "광범한 대중단체인 만큼 당 밖의 모든 군중을 빠짐없이 받아들여 조직에 묶어 세워야 한다"(김민 · 한봉서, 1985: 194, 197, 202, 207). 모든 근로단체들은 당조직의 지도하에 당적 지도를 받으며 사업을 수행한다.

주민들은 직장별, 작업반별, 단체별로 체계적인 조직활동을 하도록 제도화되어 있으며, 일과를 마치고 요일에 따라 화요방침전달, 수요강연회, 주간생활총화, 아침독보회 등의 다양한 학습활동을 시행한다(〈표 6-2〉). 각 사회단체는 사상교양과 학습활동을 담당함으로써 당과 사회를 연결하는 매개체 역할을 하고 있다. 조직활동을 하는 집회와 모임 가운데

〈표 6-2〉 북한의 조직별 학습활동 체계

종류	요일 및 시간	내용
주간생활총화	토요일 오전	자아비판, 호상비판
수요강연회	수요일 저녁	국가전책, 국제문제
화요방침전달(간부)	화요일저녁	당정책, 주체사상
인민반히의(학습)	토요일(일요일) 저녁, 장마당 전날 저녁(농촌)	생활정보교환, 로작학습
아침독보회	일과시간 전 30분	직장생활에의 적용

집단주의 유지에 가장 중요한 역할을 하는 것은 생활총화 제도다. 일반적으로 토요일에 실시되는 생활총화는 공장과 기업소, 학교, 군대 등 북한의 모든 기관과 단체가 소년단, 청년동맹, 직맹, 농근맹, 여맹, 당원 등 조직별로 나뉘어 전국적으로 진행된다. 주부나 노인은 매주 인민반회의 모임을 갖고 생활을 점검하거나 사상학습을 한다.

수요일 저녁에는 직장단위별, 사회단체별, 학교별로 수요강연회가 개최된다. 수요강연회에서는 국가적으로 토론되는 정책, 세계적으로 논의되는 국제문제, 자유주의적이고 퇴폐적인 행위에 대한 대응책, 온 사회의 주체사상화와 관련된 정책방향 등 시사적인 문제에 대한 해설을 주로 한다. 또한 7시 30분에 직장에 출근하여 하루 일과를 시작하는 8시까지 30분간 아침독보회 시간을 갖는다. 선동원의 주관 아래 『로동신문』이나 김일성 · 김정일의 교시를 읽고 묵상한 후 작업현장에서 실천하기 위한 다짐과 계획을 세운다.

북한이 집단사회임은 각종 군중대회, 궐기모임, 기념보고회, 경축야회 등이 활발히 이루어지고 있는 점만 봐도 쉽게 알 수 있다. 매년 연초부터 김정은 제1위원장의 신년사 관철 군중대회를 시작으로 정부가 요구하는 반미투쟁, 대남선동, 경제건설 등을 위해 궐기모임과 군중대회를 빈번하게 연다. 또 여러 사회적 사건을 기념하는 보고대회를 직장단위별, 사회단체별로 시행하며 경축야회 등 단체무도회를 통해 주민들의 단결과 결속을 도모한다. 경제건설을 위한 100일전투, 150일전투 등 각종 노력 동원도 전개한다.

북한의 조직력과 단결력을 한눈에 볼 수 있는 것은 바로 집단체조다. 북한은 정권초기부터 집단체조를 공연해 오고 있는데, 조직성과 규율성이라는 점에서 주목할 만하며 북한체제의 집단성을 과시하는 중요한 부분이다(정근식, 2002: 335-358). 집단체조와 예술공연을 결합한 '아리랑'은 2002년부터 공연을 시작하여 2005년과 2008년에, 그리고 이후 매년 공연했으며 2014년에만 에볼라 바이러스 때문에 공연을 취소했다. 연간 인원 10만 명이 동원되는 대규모 집단체조와 카드섹션은 공연의 섬세함과 조직력을 보여 줌으로써 북한의 집단주의가 여전히 작동하고 있음을 유감없이 과시한다(〈그림 6-1〉). 집단체조를 위해서는 어릴 때부터 여러 신체적 동작을 익혀야 하며, 여기에 익숙해져서 몸매를 체조와 무용에 적합하도록 만들어야 한다. 이 때문에 외부 세계로부터 학대와 강압의 산물이라는 비난도 함께 받고 있다. 그럼에도 학생과 청년들을 집단적으로 신체를 훈련시키고 고도의 집중력을 발휘할 수 있게 한다는 것은 대단한 조

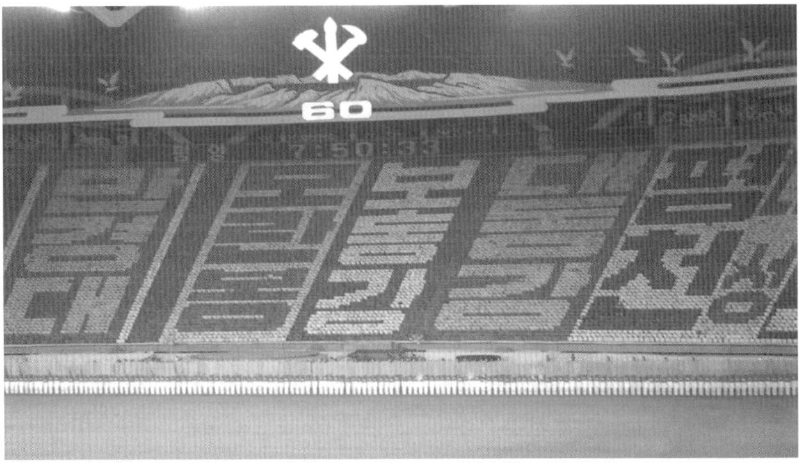

〈그림 6-1〉 북한의 집단체조 및 예술공연 아리랑

직력이며 동원력이 아닐 수 없다. 집단체조는 북한 당국이 내부 주민들에게 보여 줌으로써 사회통합의 효과를 가지면서 외부의 관심을 끌 수 있는 선전의 효과도 크다.

집단주의 생활양식

주민들의 의식주 생활도 집단성을 높이기 위한 방식으로 제도화되어 있다. 먼저, 식생활에서 집단조리제를 실시하여 공동작업과 집단생활을 장려한다. 집단조리제란 식생활 개선과 '여성들의 부엌으로부터의 해방'이라는 명분하에 1968년경부터 실시된 공동취사제도다(디지털 북한 백과사전, 2015).[2] 북한은 이 제도에 따라 평양 및 각 도 소재지에 이른바 '사회적 공동주방'으로 불리는 밥공장, 반찬공장, 빵공장을 주택지구 단위로 건설하여 주민들에게 밥과 부식을 공급해 왔다. 이와 함께 공동식당과 공동세탁소, 탁아소, 유치원 등을 대대적으로 설치하여 가사일을 줄이고 대신에 혁명화 사업을 더 많이 할 수 있도록 장려했다. 1990년대에 들어서 북한이 평양 및 각 도에 대규모 김치공장과 장(간장, 된장, 고추장)공장 등을 건설한 것도 바로 집단조리제를 시행하기 위해서였다. 주생활에서도 공동생활을 증진할 수 있는 형태로 주택을 설계하여 집단성을 도모한다. 농촌에서는 문화주택이라고 하여 다세대 주택을 건축하여 2~3가구가 거주할 수 있도록 하고, 도시의 아파트는 예컨대 바깥에 공동화장실을 만듦으로써 독립적이면서도 주민들이 자주 만날 수 있는 공간을 만들었다. 이처럼 일상생활의 가장 기본이 되는 의식주 생활에서 집단주의를 고양할 수 있도록 하고 있다.

기업소나 공장에서 쉽게 볼 수 있는 업간체조도 집단주의 특성을 엿

2 1968년 3월 조선민주여성동맹 회의에서 '가정의 혁명화' 사업 일환으로 제기된 후 1970년 11월 로동당 5차대회를 계기로 전면적으로 추진됐다.

볼 수 있는 부분이다. 업간체조란 북한의 근로자들이 오전 업무 2시간 후와 오후 업무 2시간 후에 각각 15분씩 하는 체조를 말한다. 중노동 직장에서는 하지 않으나 경노동 직장과 사무직장에서는 반드시 하도록 되어 있는데 직장원 전원이 모여 함께 하거나 일하던 자리에서 직장 또는 사무실 단위로 할 수도 있다.

문학활동에서도 집단창작을 기본으로 한다. 집단창작이란 여러 사람의 힘과 재능을 모아 만든 문학예술작품을 말한다. 북한은 1960년대 이후 양산되기 시작한 김일성 관련 문예물을 '수령형상작품'으로 분류하는데, 이러한 작품 창작 시 김일성의 위대성을 어느 한 개인의 힘으로는 도저히 창작할 수 없으므로 여러 창작가들의 힘과 재능을 모아야 한다는 요구를 내걸었다. 따라서 김일성 관련 문예물, 심지어 조각, 동상까지도 모두 집체작이며 이러한 집단창작을 위해 4.15문학창작단, 백두산창작단, 만수대창작단 등 분야별 전문 창작단을 구성했다.[3]

집단주의는 군사조직과 병영문화에서 철저하게 요구되는 가치다. 선군정치는 군대가 혁명과 건설에서 주체적 역할을 해야 한다는 것으로 북한 집단주의를 가장 극명하게 드러내는 이념이다. 특히 선군정치에서 강조되는 '혁명적 군인정신'은 군의 집단성과 규율성, 전투성을 바탕으로 조직과 집단에 대한 개인의 희생을 핵심 내용으로 한다. 북한은 실제로 군대를 보유하고 있는 비율이 높을 뿐만 아니라, 일상생활에서도 '속도전', '200일전투', '작업소대' 등의 군사용어를 많이 사용하고 있으며 병원의 외과수술실도 '외과전투장'으로 명기하고 있을 정도로 사회조직과 생활원리에 군사문화가 깊게 스며들어 있다. 전쟁으로 인한 피해의식이

3 집단창작으로 유명한 작품으로는 문학부문에서 시리즈물인 『불멸의 역사』, 영화부문에서 『조선의 별』, 『민족과 운명』 등의 시리즈물을 들 수 있다. 이 밖에 만수대의 대형 김일성동상과 백두산 일대에 조성된 김일성 혁명사적지, 전적지의 조각군상들도 대표적인 집단창작품이다.

매우 커서 적(제국주의)과 아군(사회주의)이라는 전투적 개념으로 국제관계를 이해하며 특히 미국에 대한 적개심이 대단히 크다. 일상생활의 모든 것을 군사비밀로 간주하여 적군에 정보가 누출되지 않도록 철저하게 통제하고 있다. 일반주민들은 이러한 통제의 특성을 잘 알고 있기 때문에 서로를 불신하고 밀고자에 대한 경계의식이 높다.

3. 복지제도

체제 우월성의 상징, 사회보장제도

북한의 복지제도는 북한 사회주의 체제의 우월성을 보여 주는 지표로서 매우 중요하다. 북한은 주민들이 무상으로 치료받을 권리, 노령 · 질병 · 불구 등 노동능력 상실자, 무의탁 노인 및 보호자 없는 어린이가 물질적 지원을 받을 권리를 헌법(제72조)에 명시하고 있다. 1978년 4월에 제정한 북한의 「사회주의 노동법」(제69조~79조)에 의하면 주택보장, 식량의 저가공급, 탁아소 · 유치원 설립, 무상의무교육, 국가사회보장제에 의한 일시적 보조금 지급 및 노동능력상실연금, 연로연금, 국가유공자 특별배려, 출산보조금, 노동재해 · 질병 · 부상 등으로 인한 사망에 대한 유가족연금, 양로원과 양생원, 무상치료제를 시행하고 있다. 그리고 1992년 '주민복지향상시책'이라는 중앙인민위원회 정령을 통하여 전체 노동자, 기술자, 사무원들의 생활비를 평균 43.3%, 사회보장연금 50.7%, 장학금 33%를 인상한 바 있다.

북한의 사회보장제도는 크게 소득보장과 사회복지서비스로 나뉜다. 소득보장은 연금 같은 국가보장 형태와 일시적 보조금, 장례보조금, 산전산후 보조금, 의료보조금 등의 사회보험 형태가 있다(〈표 6-3〉). 연로연금의 대상은 남자는 만 60세, 여자는 만 55세로 규정하고 있다. 사회복지서

〈표 6-3〉 북한의 사회보장제도

구분	종별	보장내용
연금제도	공로자연금	월임금 100% 현금 지급
	연로연금	남60세, 여55세 이상자에게 종신 지급, 월임금의 60~70% 현금외 현물
	노동능력상실연금	직종별, 질병종류에 따라 월임금 23~90% 매월 지급
	유가족연금	가족수에 따라 40~90%를 매월 지급
보조금제도	일시적보조금	월임금 50~80%를 3개월 한도 지급
	해산보조금	월임금의 90% 지급
	장례보조금	사망자 10세 미만 5원, 10세 이상 10원(7.1개혁 임금인상 전 기준)
	의료보조금	무상치료원칙, 사회보장비 명목으로 월급 1% 공제

비스로는 아동들의 탁아소, 유치원 시설과 노인들에 대한 복지서비스가 있다. 「어린이보육교양법」에 의하면 "어린이들을 공산주의 건설의 후비대, 혁명위업의 계승자로 키우기 위하여" 생후 1개월에서 만3세의 아동을 대상으로 탁아소를 운영하며, 만 4세에서 5세까지는 유치원교육을 실시한다. 그 외에 특수 사회복지시설로 육아원, 애육원, 양로원, 양생원 등을 운영하고 있다.

북한은 이같이 국가가 보조하는 각종 '추가적 사회혜택'으로 주민들의 실제소득이 공식임금의 2배가 넘는다고 주장한다. 북한이 주장하는 '추가적 사회혜택'에는 무료교육, 무상치료, 식량 및 연료의 저가공급, 유급휴가제, 주택공급 등의 지원으로 얻는 부수적 혜택을 포함해 산재사망시 국가가 현금 및 현물 지원, 국가사회보장시설(영예군인보양소, 양로원, 양생원) 지원 등이 포함된다. 북한의 1인당 사회보장수혜액은 1987년까지 남한보다 많았으나 1988년부터는 뒤처지기 시작하여 1992년에는 남한의 약 30%로 떨어졌다(김영윤, 1994: 11). 이후 식량난과 경제침체로 북한의 사회보장혜택은 남한과 비교할 수 없을 정도로 열악해졌다.

열악한 보건의료와 무상치료제도의 현실

1980년 4월 제정된 「인민보건법」에 따라 실시된 전반적 의료보장제도는 무상치료제, 예방의학제, 동 · 양의학결합 등 세 가지 원칙으로 추진되고 있다. 무상치료제는 1946년 12월에 시작하여 1952년 11월 적용대상을 확대한 후, 1960년 2월 최고인민회의 제2기 7차 회의에서 북한의 전 지역으로 무상치료제를 확대했다. 예방의학제는 치료보다는 예방을 위주로 하자는 목적을 가진 제도이며, 1969년부터는 각 시 · 군에 의사담당구역제를 시행했다. 전 주민이 일생 동안 담당구역 의사들로부터 체계적으로 전면적인 건강관리를 받을 수 있도록 제도화한 의사담당구역제는 전문의가 일정한 주민지역을 담당하여 그 지역 주민들의 건강상태, 보건위생상태 등을 책임지고 돌보는 제도다. 동 · 양의학 결합원칙은 서양의학적 치료방법 외에 한방치료와 민간요법 등 소위 북한의 '고려의학'을 적극적으로 개발하여 치료에 활용하도록 하는 것이다.

병원시설은 일반병원과 특수병원으로 구분되며, 그 외에 위생과 방역을 전문으로 취급하는 위생방역소가 있다. 일반병원으로는 특권계층을 대상으로 하는 봉화진료소와 남산진료소가 있고 일반주민을 대상으로 하는 적십자종합병원, 제1인민병원~제3인민병원, 평양의대부속병원 등과 정무원 산하부서에서 운영하는 사회안전부 제1병원, 운수종합병원, 해군 · 공군중앙병원 등이 있다. 이 밖에도 헝가리의 지원으로 건설된 헝가리병원, 재일조총련교포가 건설한 김만유병원 등이 있으며, 특수병원으로 평양산원, 평양시립동의병원, 평양중앙결핵병원 등이 있다.

이와 같은 의료보장 정책의 추진으로 인구 1인당 병 · 의원 수나 의 · 약사 수는 남한에 비해 많지만 전반적인 의료 · 보건상태는 매우 낙후되어 있다. 1990년의 경우, 인구 1,000명당 병 · 의원 수는 남한이 2.1개, 북한이 3.3개, 의 · 약사 수는 남한이 17명, 북한이 25명으로 북한이 높은 반면, 유아사망률은 1,000명 출생당 남한이 24명, 북한이 27명이며 출산

중 임산부사망률도 1,000명 출생 중 남한이 26명인 데 비해 북한은 41명으로 의료상태가 열악했다(통일원, 1991: 94; UNDP, 1991: 140, 142). 특히 1990년대 중반에 극심한 식량난과 '고난의 행군' 대재난 이후 북한주민의 보건의료 실태는 더욱 열악해졌다. 북한 중앙통계국이 2009년 12월 유엔에 비공개 제출한 인구센서스 보고서에 의하면, 1993년과 비교할 때 출산율은 인구 1,000명당 21명에서 20명으로 다소 떨어진 반면, 사망률은 14명에서 19명으로 오히려 늘어났다. 그 결과 평균 기대수명도 72.7세에서 69.3세로 떨어졌고 특히 산모사망률은 출산 10만 명당 54명에서 77명으로 30%나 급증했다(DPRK Central Bureau of Statistics, 1995; 2009).

거듭되는 경제난과 식량난으로 2,400만 북한주민들의 삶은 15~20년 전보다 열악해졌다. 특히 식량부족과 질병 등으로 빈민층의 생활 불안정은 심각한 상황이다. 2013년 북한의 1인당 국민소득은 1,280달러(통계청)로 한국(2만 4,329달러)의 20분의 1에 불과하며, 인구의 4분의 1인 600만 명이 매우 열악한 생활환경에 놓여 있다.[4] 북한의 1인당 국민소득은 통계청이 발표하는 1,280달러보다 실제로는 더 낮은 1,000달러 이하로 평가된다. 실제로 북한은 1995년의 1인당 GNP를 239달러로 보고하기도 했다. 난방연료로 석탄을 이용하는 가구가 47%, 나무를 사용하는 가구는 45%이며 특히 농촌의 경우에는 약 75%의 주민이 나무를 난방과 취사연료로 사용하고 있다. WHO(세계보건기구)와 월드비전 등이 보고한 자료에 따르면 북한주민들의 영양부족과 특히 취약계층의 질병감염은 매우 심각한 것으로 나타나고 있다. 북한 당국의 공식발표에 의하면 2001년 전후로 결핵환자와 말라리아 등 전염성 질환자가 각각 5만 1,000명, 30만 명이나 될 만큼 식량난과 경제침체로 인한 북한주민들의 보건의료 실

4 2011년 3월 25일 FAO, WFP, UNICEF의 북한실태보고서는 북한주민 610만 명이 굶주림의 위협을 받고 있고, 최대 108만 6,000톤의 식량이 부족하며, 43만 4,000톤의 긴급지원이 필요하다고 평가했다.

태가 매우 열악하다(대북협력민간단체협의회 · 대북지원민관정책협의회, 2005: 180). 이러한 보건의료 실태는 세계에서 가장 빈곤한 국가들의 수준에 해당한다.

4. 교육제도와 교육철학

무상교육제도에 대한 자부심

북한이 자국의 체제에 자부심을 갖는 이유 중의 하나가 바로 교육제도다. 북한의 헌법 제43조는 "국가는 사회주의 교육학의 원리를 구현하여 후대들을 사회와 인민을 위하여 투쟁하는 견결한 혁명가로, 지덕체를 갖춘 주체형의 새 인간으로 키운다."라고 명시하고 있다. 2009년 헌법이 개정되기 전까지는 '공산주의적 새 인간'으로 되어 있었는데, 개정헌법에서 '주체형의 새 인간'으로 수정, 공산주의를 주체형이라는 말로 대체했다. 북한의 교육은 주체사상 교육에 일차적인 목표를 두고 있으며, 이는 '사회주의 교육학의 원리'에 근거한다. 사회주의 교육학의 원리는 1968년 김일성이 창안했다고 한다. 이 원리는 이후 1977년에 「사회주의 교육에 관한 테제」로 발전했다. 사회주의 교육테제는 발표된 9월 5일이 '교육절'로 취급될 정도로 북한교육의 기본지침이 되고 있다. 이 테제에 따르면 교육목적은 "사람들을 자주성과 창조성을 가진 공산주의적 혁명인재로 키우는 것"이며, 교육 원리는 "사람들을 혁명화, 로동계급화, 공산주의화"하는 것으로 정의되어 있다.

사회주의 교육테제와 더불어 교육분야에서 또 하나의 핵심적인 문건은 1984년에 김정일이 발표한 「교육사업을 더욱 발전시킬 데 대하여」이다. 이 글에서 김정일은 북한에서 사회주의 사업이 완결되지 못한 것은 인간개조가 충분치 않았기 때문이라고 비판했다. 그리고 이를 극복하기 위해서는 의무교육의 질을 높이고 온 사회의 인텔리화를 가속화하고 교육조건을 개선하는 동시에 교육사업에 대한 당적 지도를 강화해야 한다고 주장했다. 이에 따라 북한은 학과목을 전면적으로 개편하고 일부학교들을 신설했다.

북한의 교육체계

북한의 교육체계는 소학교 5년, 중학교 6년, 대학 4년의 5-6-4제로 되어 있다. 만 4세가 되면 유치원에 입학하여 낮은반 1년과 높은반 1년을 합하여 2년 동안 교육을 받는다. 만 6세에 5년제 소학교에 입학하고 11세 때부터 6년제 중학교 과정을 시작한다. 중학교 과정은 초급중학교 3년, 고급중학교 3년으로 구성된다. 유치원 높은반 1년부터 중학교까지 12년 의무교육을 실시하고 있다. 북한은 정권 출범 전인 1946년 3월 25일 '북조선임시인민위원회'에서 「학교사업개선책에 관한 결정서」를 채택, 인민학교 5년, 초급중학교 3년, 고급중학교 3년, 기술전문학교 3년, 대학 4년의 제도를 도입했으며, 1975년 4-6-4제로 개편했다. 2002년 9월 초등교육기관인 '인민학교'를 '소학교'로, 중등교육기관인 '고등중학교'를 '중학교'로 각각 개칭했으며, 2012년 9월 소학교를 4년에서 다시 5년으로 늘려 5-3-3-4제를 확정했고 11년 무상교육을 12년 무상교육으로 연장했다. 남한과 비교해 볼 때 북한의 기본학제는 유치원교육 1년을 의무화하는 대신 초등교육과정에 해당하는 소학교를 5년으로 단축하고 중학교 6년을 초급과 고급으로 구분하고 있는 점이 특징이다.

북한이 체제 우월성을 자랑할 때 빼놓지 않는 것이 바로 12년 무상교육제다. 1956년에 초등의무교육제, 1958년 중등의무교육, 1959년 완전무료교육의 기반을 다진 북한은 1967년에 9년제 기술의무교육을 거쳐 1972년에 11년 의무교육 제도로 확대했다. 2012년 9월에는 소학교를 4년에서 5년으로 늘리면서 무상교육이 11년에서 12년으로 확대됐다. 북한의 설명에 따르면, 만 5세에 입학하는 유치원 높은반부터 소학교 5년, 중학교 6년까지 12년간을 완전무상으로 교육받게 되고 이 기간에 중등일반지식과 기초기술교육을 결합시켜 모든 학생에게 한 가지 이상의 기술을 습득하게 하는 것이 의무교육의 목표라고 한다.

북한의 교육체계는 각급 학교교육을 중심으로 한 일반교육체계와 특수교육체계, 그리고 성인교육체계 등 세 가지로 구분된다. 일반교육체계에는 위에서 언급한 의무교육과정과 대학 4~6년, 석사과정에 해당하는 연구원 3년, 박사과정에 해당하는 박사원 2년이 포함된다. 북한의 최고교육과정인 박사원 과정은 과학원, 사회과학원, 의학과학원, 교육과학원, 농업과학원이 있고, 김일성종합대학 등 몇몇의 대학에만 설치되어 있다. 그리고 남한의 전문학교와 비슷한 3년제 고등전문학교가 있는데 여기에는 중학교 졸업생들이 진학하여 각종 직업훈련과 기술교육을 받는다. 3년제 교원대학과 4년제 사범대학에서는 교원을 양성한다. 교원대학은 인민학교 교원양성기관으로 각 도에 1~2개교가 설치되어 있고 사범대학은 제1사범대학에서 고급중학교원을, 제2사범대학에서는 초급중학교원을 양성하고 있다.

북한의 대학은 '민족간부' 양성을 위한 김일성종합대학을 비롯하여 김책공업종합대학(평양 소재), 고려성균관(개성 소재) 등 3개의 종합대학이 있고 나머지는 주로 전문가 양성을 위주로 한 단과대학들이다. 1946년에 설립된 김일성종합대학은 북한의 최고 명문대학으로 대다수 북한의 정치지도자들은 이 학교 출신들이다. 15개 학부가 설치되어 있고, 엄격한 전형을 통해 여학생 5,000명을 포함하여 약 1만 5,000명의 학생을 선발하는 것으로 알려져 있다. 지방중학교에서 1, 2등을 하는 학생들이 김일성종합대학을 들어오는 경우가 많아 70%의 학생이 지방 출신이다. 당중앙위에서 운영하는 대학은 김일성고급당학교, 인민경제대학, 국제관계대학, 금성정치대학, 강반석대학 등이 있다. 대학의 지역별 분포현황은 함경남도 40개교(14.3%), 평양 38개교(13.6%), 함경북도 36개교(12.9%) 등으로 비교적 고른 분포를 보이고 있다. 각 도에는 공업대학, 농업대학, 의과대학, 사범대학, 교원대학, 공산대학 등이 1~2개씩 있으며 주요 공장과 산업지구에는 공장대학이, 대규모의 협동농장과 수산사업소에는 농장대학, 어장대학 등이 있다. 또 남한의 방송통신대학과 유사한 방송대학, 통신대학 등이 있다.

〈표 6-4〉에서 보이는 바와 같이 2013년 북한의 학교수는 소학교가 4,800여 개교, 중학교 4,600여 개교, 대학 480개교이며, 학생수는 소학교 150만여 명, 중학교 220만여 명, 대학교 51만여 명으로 파악되고 있다. 남북한 학교수와 학생수를 대비해 보면 초중등과 대학을 막론하고 북한은 학생수에 비해 학교수가 많은 것이 특징이다. 즉 학교당 학생수가 적다. 초등학교의 경우 1개 학교당 평균 학생수는 북한이 312.5명, 남한이 470.8명이며, 중등학교는 북한이 478.3명, 남한이 621.9명이고 대학생수는 북한이 1,062명, 남한이 2,096.9명으로 각각 나타났다.

북한은 영재교육을 위해 각 도에 정규 고등중학교 과정으로 남한의 특수목적 고등학교에 해당하는 '제1중학교'를 설립했다. 1983년 9월에 평양제1중학교가 설립된 것을 시작으로 하여 전국에 12개가 설립되어 있는 제1중학교는 주로 과학, 수학, 물리 분야의 과학자를 양성하기 위해

〈표 6-4〉 남북한 교육기관 및 학생 수 비교(2013)

구분		남한	북한
학교 수	초등	5,913	4,800
	중등	5,945	4,600
	대학	1,538	480
학생 수	초등	2,784,000	1,500,000
	중등	3,697,000	2,200,000
	대학	3,225,000	510,000

자료: 통계청 국가통계포털(KOSIS), 2015.

영재교육에 치중하고 있다.[5] 그리고 이 밖에도 무용, 음악, 조형예술, 교예,[6] 체육 등 분야별 예체능전문학교와 외국어 중점교육을 위한 외국어학원이 운영되고 있다. 외국어학원은 6년제로 운영되고 있는 평양외국어학원을 비롯해 각 시도에 9년제 외국어학원이 설치되어 있다.

변화하는 환경에 적응하기 위한 시도로서 냉전시기에는 러시아어, 중국어 일색이었던 외국어 교육이 영어와 일어로 변화하고 있다. 1964년 1월 당 중앙위는 외국어교육을 대폭 강화하는 '결정'을 채택했으며 1975년부터 서방과 제3세계에 대한 외교영역 확대와 주체사상 전파의 필요성에 따라 영어교육을 강조하기 시작했다. 1985년에는 소학교 4학년부터 영어를 가르치도록 했는데, 학생들은 고급중학교에 이르면 8대 2의 비율로 러시아어보다 영어를 선택하는 비율이 높다고 한다.

한편, 일반학교 편제와 독립되어 있는 '만경대혁명학원', '강반석혁명학원', '해주혁명학원' 등은 유치원부터 중학교 과정까지 조직적인 교육을 받을 수 있는 특수학교다. 이들 학교는 빨치산 및 애국열사 유자녀들과 한국전쟁 중 희생된 인민군 유자녀들을 위한 특별우대교육 기관으로, 예비 군사간부와 당정의 간부 양성을 목표로 하고 있다. 이들의 교과과정은 정치교육과 군사교육이 차지하는 비중이 크고 수준도 일반학교보다 높다.

북한에는 탁아소 시설이 발달해 있다. 유아를 반드시 탁아소에 맡기도록 의무사항으로 규정하고 있지는 않으므로 집에서 할머니나 할아버지가 아이를 돌볼 수 있다. 그러나 부모가 모두 직장에 다녀야 하는 경우가 많아 현실적으로 탁아소가 필요하다. 북한 전 지역과 직장에 약 3만여

---

5 1985년에는 청진, 함흥 등 전국의 각 도(직할시)소재지에도 1개교씩 신설했고, 1980년 말에는 평양시내 각 구역에, 이어 1999년 3월부터는 각 시(구역) · 군까지 확대했다.

6 북한은 남한에 없는 '교예'라는 독특한 공연종목을 발전시켜 왔는데, 단순한 서커스와는 달리 곡예의 체육문화적 측면과 무용 · 연극 등의 예술적 측면을 결합한 군중예술을 말한다.

곳의 탁아소와 2만여 곳의 유치원이 설치되어 있어 아동의 보육과 교육을 담당하고 있다.

북한의 주민들은 이른바 집체학습을 통해 집단생활의 규범을 학습한다. 일반직장이나 학교에서도 집체토의제, 집체담화 등의 방식으로 토론하고 문제 해결책을 찾는 것이 보통인데, 단체나 조직에 소속된 구성원들이 집단토론을 거쳐 결정을 내린다. 학습이나 영화를 통해 배우고 느낀 것을 생활에 실천하기 위해 실시하는 '실효투쟁'도 집체적 토론으로 진행된다. 집단토의는 물론 당과 국가의 요구에 의해 사전에 어떤 목표를 갖고 진행되기 때문에 형식적으로 이루어지는 경우가 많다. 그러나 큰 틀에서는 미리 짜여져 있지만, 그것을 달성하는 구체적인 기술과 방법이 창의적인 경우가 있어서 집체학습, 집단토론의 효과를 아주 무시할 수만은 없다.

전 주민과 학생을 대상으로 하는 혁명전적지 답사행군은 집단적 규율을 훈련하는 제도다. 답사행군은 주관하는 조직과, 대상자, 계절과 코스에 따라 국가정기답사와 일반답사, 청소년답사, 영예군인답사, 겨울철답사, 배움의 천리길 답사 등 여러 가지로 나뉘어 운영된다. 이 가운데 가장 규모가 큰 것은 1965년부터 시작된 국가정기답사로, 당 · 정 · 군 관료들과 기업소 성원들이 매년 백두산 혁명전적지 및 사적지를 단체로 참관한다. 학생 및 청소년을 대상으로 하는 '배움의 천리길', '광복의 천리길' 답사행군은 평양의 만경대와 량강도 포평을 도보로 걷는 행군으로 널리 알려져 있다.[7] 또한 청년동맹 주관하에 청소년들을 대상으로 하는 백두

7 '배움의 천리길 답사행군'은 김일성 주석이 12세 때인 1923년 3월 "조국을 알아야 한다"는 아버지 김형직의 뜻에 따라 조국을 배우기 위해 만주의 팔도구에서 고향인 평양 만경대까지 걸어왔다는 도보코스다. 북한은 김일성 주석이 이 길을 17일 동안 걸었다고 주장하며 1974년 3월 31일부터 각급 학교 및 조직별로 청소년, 학생 행군대를 조직하여 청소년들을 대상으로 한 배움의 천리길 답사행군을 실시하고 있다. 또 김일성 주석의 14세 때인 1925년 2월 5일 "조국이 독립하지 않으면 돌아오지 않으리라" 맹세하고 또다시 도보로

산 밀영 답사 및 참관행사도 진행하고 있다.

대학입시제도

어느 사회건 대학교육은 사회적 지위를 얻어 출세하는 데 가장 중요한 기회로 인식된다. 이 때문에 대학에 들어가기 위한 경쟁은 치열하고, 경쟁이 치열한 만큼 대학입시의 기준은 공평하고 엄격하게 적용된다. 한국에서도 부정부패가 문제시되고 있지만 대학입시에서만큼은 누구도 부인할 수 없는 공정성과 형평성이 존재한다. 북한에서도 대학입시경쟁은 치열하고 평가기준은 엄격하게 적용되고 있다. 1996년 2월, 신학기 시작을 종래의 9월 1일에서 4월 1일로 변경함에 따라 3월과 7월에 치르던 예비시험과 대학본고사를 10월과 2월에 각각 치르게 됐다. 대학입시 시험과목은 국어, 영어, 수학, 물리, 화학, 역사(김일성혁명역사) 등 6과목이다. 시험은 하루에 세 과목씩 이틀간 치르며 과목별로 주관식 3~5개 문제가 출제된다. 특히 영어가 정규 시험과목에 들어 있는 점이 인상적이다.

대학입시를 치르기 위해 우선 국가가 각 대학별 입학예정인원을 확정 · 발표하고 도별로 입학인원을 할당한다. 그러니까 대원칙은 전국 수험생의 숫자만큼 지역(도)별로 할당한다. 즉 각 대학은 전체 입학정원을 일단 지역별로 할당하고 나서, 그다음 단계로 넘어간다. 도별로 지역할당을 하고 나면 각 도는 입학예정인원을 '합리적'으로 배당하기 위해 남한의 '수능시험'에 해당하는 '국가평가시험'을 치르게 하여 도내 학교순위와 학생들의 순위를 평가한다. 학교 전체 평균성적에 따라 대학에 응시할 수 있는 학생을 할당하며, 시험성적이 우수한 학생에게 우선적으로 응시자격이 주어진다.

만경대를 떠나 만주의 팔도구로 돌아갔다는 경로를 '광복의 천리길'이라고 부르며 1975년 2월 6일부터 청소년 학생들의 답사행군을 시작했다.

응시자격을 주는 수험통지서를 받은 수험생들은 지정된 대학에서 본고사를 치르게 되는데 과목은 국어, 외국어, 수학, 물리, 화학, 역사(김일성혁명역사), 체육 등 7개 과목이다. 각 학교에서는 '인물심사'라는 면접을 본다. 개인별 성적과 정치적 성향(성분), 학교생활(봉사활동) 등을 종합적으로 고려하여 합격을 결정하는데, 각 학교별로 어떤 분야에 비중을 두는가 하는 것이 다르다. 예컨대, 북한에서 가장 좋은 김일성대학에 입학하기 위해서는 시험성적도 좋아야 하지만 성분을 중요시하기 때문에 그에 맞는 학생이 응시를 한다. 성적은 좋지만 성분이 좋지 않은 학생들은 성분문제를 크게 따지지 않는 다른 대학을 선택하여 지원하는 것이 보통이다.

할당제로 일단 거르고 나서 지원하기 때문에 시험에 떨어지는 학생은 많지 않다. 지망한 대학에 실패하면 단과대학이나 전문대학에 진학하는 경우도 있지만 대개 직장에 들어가거나 군에 입대한다. 따라서 입시만 준비하는 재수생은 없다. '재수'를 하겠다고 마음먹은 학생들은 우선 직장에 들어가 상사의 양해를 얻어 틈틈이 공부하여 이듬해에 시험을 다시 치르는 사례는 있다. 이듬해에 대학입학시험을 치르려면 학교나 기관의 추천장이 있어야 하는데 어디에 소속되지 않고서는 추천장을 받는 것이 불가능하기 때문에 소위 '놀고 먹는' 재수생은 없는 셈이다. 그 결과 입학생의 비율은 과거에는 제대군인이 40%, 직장인 40%, 직통생(중학교 졸업하고 곧바로 대학에 진학하는 학생) 20%로 직통생 비율이 낮았으나 최근에 이를수록 직통생이 50～60%로 늘어날 만큼 변화가 일고 있다.

대학입시는 남한이나 북한이나 학부모들의 뜨거운 관심거리다. 시위나 항의농성을 상상할 수 없는 북한사회이지만 자기 자녀가 시험을 잘 보았다고 생각하는데 입학이 거부된 경우에는 학부모들이 합격시비를 가리기 위해 항의농성을 벌이기도 한다. 자식의 대학입시를 지켜보는 부모의 심정은 남한이나 북한이 다를 수 없다. 각 대학들은 소위 부정입학의 가능성을 차단하기 위해 대학 본시험을 치른 후 3일 만에 전격적으로 결과를 발표한다고 한다. 그래서 지방에서 평양으로 상경하여 시험을 치른 학생들은 시험결과 발표가 있기까지 평양에 머물다가 합격통지서를 들고 고향으로 내려간다.

교육철학

북한의 교육방법은 이론상으로는 "깨우쳐 주는 교육"을 중시한다. 깨우쳐 주는 교육이란 "학생들 자신이 능동적인 사고활동을 통하여 교육내용을 깨닫도록 함으로써 그들의 창발성을 조장, 발전시키며 학생들의 사유활동을 추동하여 그들로 하여금 사물현상의 본질을 스스로 쉽게 파악하고 체득하게 하는 교육방법"이라고 설명한다. 북한은 '학습방법'이라는 용어보다는 '교수방법'이라는 용어를 자주 사용한다. 이는 북한의 교육이 배우는 학생보다는 가르치는 교사나 교수 중심임을 보여 준다. 그러나 북한에서 실제 교육을 받은 사람들의 증언에 의하면 북한식 교육방법의 특징으로 '원문통달식 학습'을 지적한다. 말 그대로 관련 문헌을 그대로 읽고 암기하여 원문 전체를 기억하는 방법이다.

북한에서 교수의 원칙은 첫째, 교육과 교양을 통일하는 것이다. 교육은 지식의 학습, 교양은 정치사상 의식의 함양을 의미하는데, 과학지식과 기술을 가르치는 교육과정과 공산주의 사상과 도덕품성을 형성시키는 교양과정이 서로 맞물려 하나의 통일적인 과정으로 진행되도록 한다. 둘째, 쓸모 있는 산지식을 가르치는 것이다. 자연과 사회의 본성, 발전법칙, 원리를 파악하고 그것을 사회주의 혁명과 국가건설에 실제로 활용할 수 있는 지식을 가르친다. 즉 실천교육과 지식교육을 구분하고 이 두 가지 교육 형태를 적절히 결합해야 한다는 것이다. 셋째, 기본적인 것을 틀어쥐고 가르치는 것이다. 교수 내용 중에서 중심 주제를 정확히 파악한 후 이에 적합한 효과적인 수단을 활용해야 한다. 넷째, 교수를 통속화하여야 한다. 학생들의 수준과 준비 정도에 맞게 교수 내용을 완전히 소화할 수 있도록 해야 한다. '통속화'란 학생들이 수업내용을 쉽게 이해하고 적용할 수 있도록 교수방법을 구사해야 한다는 것이다. 다섯째, 학급집단에 대한 지도와 개별적 학생에 대한 지도를 옳게 결합하는 것이다.

문답식과 토론식 교육을 위주로 하기 때문에 평가방법도 필기시험과 문답시험(구술시험) 두 가지다. 필기시험은 한두 문제를 주고 1~2페이지로 서술하게 하는 형식의 주관식 시험이다. 객관식 시험은 없다. 문답시험은 구두로 질문과 답을 주고받는 시험이다. 이 시험에서 학생들에 대한 선생님들의 자의적 평가를 배제하기 위해 학생수만큼의 문제를 만들어 통에 넣고 한 사람씩 문제를 뽑아 대답하게 한다. 이 밖에도 사상교육을 위한 '학습활동'을 실시하며 '김일성주의연구실'에서 현장교육을 실시한다. 북한 학생 대다수가 유치원 때부터 구술시험을 치른 결과 자기표현에 능하다. 구술시험에 대비하려면 많은 내용을 암기해야 하므로 학습능력이 빠르며 이해력이 높다. 실기에 많은 시간을 할애하므로 예능과 체육에 능하며, 직업기술 교육에도 집중하여 산업현장에서 필요로 하는 기능인으로서 배출되고 있다.

북한 교육의 핵심내용을 담고 있는 교육철학은 사회주의 교육테제에 잘 드러나 있다. 사회주의 교육테제에 따르면 교육에서 가장 중요한 요소는 교사다. '교육의 질은 교사에 달려 있다'는 것이 사회주의 교육테제의 핵심이다. 따라서 교사들로 하여금 사명감과 자긍심을 갖도록 관리하고 학생들의 학습과 진학에 관하여 많은 권한을 부여한다. 한 교사가 같은 반을 1년만 담임하는 남한과는 달리 소학교(초등학교) 5년, 그리고 초급중학교와 고급중학교 각 3년의 과정을 같은 교사가 담임을 맡는다. 그렇게 하여 상급학교 진학이나 특기발굴, 인력의 효율적 배치 등에서 교사가 절대적인 역할을 하도록 제도화하고 있다. 그만큼 교사들에게 요구하는 사항도 많다. "북한 교사들의 급수는 1급부터 5급까지로 1년마다 한

번씩 자질향상시험을, 5년마다 한 번씩 급수시험을 치러야 한다. 시험결과에 따라 자질 미달 교사는 감봉 처분을 받게 된다. 물론 우수교사는 급여가 오른다."[8] 북한의 교사들은 '나라의 일꾼을 키우는 직업적 혁명가'로 불리며 국가적으로나 사회적으로 우대를 받고 있어 사명감과 자긍심이 매우 높은 편이다. 교육의 성패가 교사들에 달려 있다는 교육철학이 어느 정도 작동하고 있음을 볼 수 있다.

8 북한에서 11년간 교사로 복무하다가 탈북한 천정순(36) 씨 강연내용(2001.4.24.).

제7장

'조선'사람, '조선'문화

1. 실용주의와 민족문화

확 달라진 관혼상제 문화

3대혁명 목표의 하나로 제시된 문화혁명은 낡은 사회에서 물려받은 문화적 낙후성을 없애고 사회주의, 공산주의 문화를 창조하기 위해 전개하는 투쟁이다. 냉전시기에는 공산주의를 강조했으나 유럽 공산정권이 붕괴된 이후에는 공산주의라는 슬로건을 사용하지 않고 있다. 2009년에는 헌법에서 공산주의를 완전히 폐기했으며 사회주의 건설을 유일한 국가목표로 제시했다. 사상 · 기술 · 문화 3대혁명의 하나로 추진한 문화혁명은 우선 교육사업에 노력을 집중하도록 했다. 문화혁명의 궁극적인 목표는 '온 사회의 인텔리화'였다. 사회의 모든 성원을 대학졸업 정도의 높은 문화지식수준을 가진 공산주의(사회주의)적 인간으로 만들어 정신노동과 육체노동의 차이를 없애고 근로자들의 완전한 평등을 실현하겠다는 것이었다. '온 사회의 인텔리화'를 목표로 소학교(당시 인민학교)와 중학교(당시 고등

중학교)의 교육기회를 확대하고 일하면서 배우는 공장대학과 농장대학, 어장대학, 방송대학 등 고등교육체계를 광범위하게 구축했다.

문화혁명이 추구했던 또 다른 목표는 형식적인 전통문화를 개혁하고 실리를 추구하는 생활문화로 개혁하는 것이었다. 문학과 예술, 사상과 의식에서 수령제 문화를 확립해 나감과 동시에 다양한 대중조직과 3대혁명 소조운동을 바탕으로 일상생활에서 실용주의 문화를 확산하고자 했다. 제사나 성묘 때 하는 큰절과 지방, 축문 등이 사라진 대신, 일어선 채 묵념하는 관행이 보편화됐다. 화투는 일제의 잔재라는 이유로 금지하여 없앤 대신 서양식 카드게임과 유사한 주패놀이를 한다. 또 농촌에서는 도시와 달리 일요일에 쉬지 않고 한 달에 세 번, 즉 1일, 11일, 21일에 휴일을 가짐으로써 생활주기가 달라졌다. 김일성의 교시에 의해 결혼식이나 회갑, 제사를 떠들썩하게 하거나 낭비하는 것은 비사회주의적 행위로 간주되며 허례허식이 없이 조용하게 행사를 치르는 것을 미덕으로 여기고 있다.

가장 눈에 띄는 변화는 제사문화가 확연히 달라졌다는 점이다. 전통적 제사의 형식을 완전히 없애고 형식보다 내용을 기린다는 '사회주의적 제사방식'을 도입하여 추도형식의 제사를 지내고 있다. 김일성은 1974년 1월 13일 전국농업대회에서 새로운 사회주의적 생활양식을 확립하기 위한 방안으로 결혼식과 제사의식을 간소화할 것을 다음과 같이 지시했다.

> 음식을 많이 차려놓고 제사를 지내는 것도 낡은 생활습성의 하나입니다. 죽은 사람의 무덤이나 사진 앞에다 많은 음식을 차려놓고 절을 하는 것은 아무런 의의도 없습니다. 제사를 지내는 것은 죽은 사람을 잊지 않기 위한 것입니다. 그러므로 제사 날에 무덤 앞에 꽃다발을 가져다 놓든가 가족들이 한자리에 모여서 경건한 마음으로 죽은 사람의 지난날의 투쟁을 회상하면서 그가 다하지 못한 일을 살아있는 사람들이 마저 하기 위하여 더욱 노력하자는 결의를 다지는 것이 좋을 것입니다.(김일성, 1974a: 35-36)

그 결과 조상들을 제사하는 관습이 달라졌다. 즉 '사회주의적 제사'라는 이름으로 제사의 전통은 여전히 존재하지만 전통적 제사예법은 완전히 사라졌다. 제사라는 것이 많은 음식물을 차려놓고 절하는 것이 본질이 아니라 망자를 잊지 않기 위한 것이므로 무덤에 꽃을 가져다 놓는다든가 가족들이 한자리에 모여 선조들을 회상하고 결의를 다지는 제사의 참 의미를 찾자고 강조한 것이다. 따라서 제삿날에는 가족들이 함께 모여 고인을 회상하고 기념하는 자리로 대신하고 있고, 성묘의 경우에도 무덤 앞에서 절하거나 제사음식을 차리는 관습은 없어진 대신 간단한 묵념으로 예를 표시하고 있다.

결혼식도 가급적 근무시간을 피해 결혼식 행사를 하거나 오전에 결혼식을 하는 경우에는 오후에 정상적으로 근무하는 것이 사회적 규범으로 되어 있다. 결혼의식은 양가 부모의 상견례와 간단한 예물교환으로 이루어지고, 결혼식 없이 친척과 직장동료들을 초청하여 축하잔치를 하는 것으로 대신한다. 생활의 변화와 더불어 북한 젊은이들은 전통적인 중매결혼보다 연애결혼을 선호하는 경향을 보인다.

또 북한은 1960년대까지 출산을 적극 장려하다가 실용주의를 강조하던 1970년대에는 가족계획을 적극적으로 홍보했다. 김정일도 "하나가 좋습니다. 둘은 괜찮습니다. 셋은 너무합니다. 넷은 양심이 없습니다."라며 가족계획을 독려했다.

실용주의의 확산

문학과 예술 분야에서도 변화의 바람이 일었다. 일제 식민지 시기부터 이어오던 사회주의 리얼리즘과 민족주의적 경향성이 쇠퇴하고 김일성 유일체계를 절대시하는 '주체문예이론'이 정립됐다. 특히 김정일은 대학졸업 후 당 선전선동부 지도원과 영화예술과장 등으로 활동하면서 문학예술분야에 깊이 관여하게 됐다. 1973년 『영화예술론』에서 '종자론'이란 개념을 만들어 내었는데, 이는 작품의 사상적 알맹이가 중요하며 소재, 주제, 작품의 전개에 이르기까지 사상의 핵을 견지해야 한다는 창작이론이었다.[1] 북한의 영화발전에서는 특히 북한에 납치된 최은희, 신상옥 부부의 '신필름'이 큰 기여를 한 것으로 평가되고 있다. 신필름은 1980년대 중반 이준 열사의 일대기를 그린 『돌아오지 않는 밀사』(1984)와 『탈출기』(1984), 『소금』(1985) 등 박진감 넘치는 연기와 세련된 연출기법을 동원한 영화를 제작 상영함으로써 많은 관심을 모았다.[2]

이러한 실용주의 문화는 기술혁명과 함께 강조됐다. 북한은 기술혁명의 구호를 내걸고 과학기술의 발전과 기술인재 양성의 필요성을 강조했다. 기술혁명을 실현하기 위해 자체적 과학기술을 개발하면서 구소련 및 동구 공산권 국가들과의 대외교류를 통해 보완하는 기술자립정책을 추진해 왔다. 특히 1970년대부터는 서방 선진국과의 경제교류를 통한 과학기술 도입을 모색하기 시작했다. 이 시기에 과학원을 비롯하여 농업과학원, 의학과학원, 국방과학원(현 제2자연과학원), 원자력연구단지 등이 확장·재건됐고, 각 대학 연구소와 각 성 산하 연구소 등 300여 개로 추산되는 과학기술 연구기관이 설립됐다.

민족문화의 부활

이러한 변화는 1980년대 후반 '조선민족제일주의'를 내세우면서 사회주의 문화 건설에서 민족문화에 대한 중요성을 강조하는 것으로 이어졌

---

1 대표적인 예술작품으로는 김일성이 대본을 작성하고 김정일의 지도하에 만들어졌다는 혁명가극 『피바다』(1969)와 『꽃파는 처녀』(1972)를 비롯하여 항일혁명을 주제로 한 영화 『한 자위단원의 운명』(1970), 『안중근 이등박문을 쏘다』(1979), 3대혁명소조 활동을 그린 『청춘의 심장』(1982), 사회주의 건설을 내용으로 한 『도라지꽃』(1987), 『림꺽정』 4부작(1988) 등의 영화가 있다.

2 한편, 『도라지꽃』으로 제1차 '평양비동맹영화제'에서 최우수 여우상을 받은 오미란은 푸에블로호 사건으로 남편을 잃은 한 여성의 영웅적 삶을 그린 『생의 흔적』(1990)에서도 주연을 맡아 제2차 평양비동맹영화제에서 최우수 여우상을 받는 등 두드러진 활약을 보였다.

다. 북한은 오랫동안 고유의 민속명절을 공산주의 생활양식에 어긋난다는 이유로 배격해 왔으나, 1972년부터 성묘를 허용하고 1988년부터는 민족고유의 명절을 부활시켰다. 1988년에 추석을 휴일로 지정한 데 이어 1989년부터 구정과 한식, 단오도 휴일로 인정했다. 그러나 1972년부터 추석성묘를 허용했다는 견해와는 달리 그 전에도 성묘를 금지한 적은 없다는 주장도 제기되고 있다. 지금은 국가적으로 경축하는 기념일과 민속명절을 함께 지키고 있다. 또한 1970년대에 허무주의와 복고주의를 표현했다는 이유로 혹독한 비판의 대상이 됐던 개화기 근대문학사를 복원하고, 일본 식민지 시기에 온 국민이 함께 불렀던 흘러간 가요를 모아 책자로 펴내기도 했다.

회갑, 장례, 제사 등의 전통적인 풍습은 1950년대, 60년대에 사회주의적 생활양식을 확립하는 과정에서 배척됐으나, 80년대 말부터는 부쩍 강조됐다. 김정일 생존 시에는 '인덕정치' 차원에서 회갑을 맞은 사람을 비롯해 70, 80, 90, 100세를 맞은 노인들에게 생일상을 차려준 경우도 있었다. 장례는 통상 3일장으로 치러지며 장례절차는 가족들이 관할 동인민위원회에 신고하면 녹화사업소 같은 국영 장의사가 맡아 처리해 주고, 농촌에서는 협동조합이 맡아 처리해 준다. 탈상은 1년이 통례이나 3년 만에 하는 경우도 있다. 상복은 따로 없고 남자는 팔에 상장이나 검은 천을 두르고 여자는 머리에 흰 리본을 다는 것이 보통이다. 운구 시 곡하는 것은 금지되어 있다. 매장은 해당 군에 있는 지정된 공동묘지에서 이루어지며 개인이나 문중묘지는 일체 허용되지 않는다. 직계존속 사망 시 상주에게는 3일간의 휴가와 함께 약간의 장례보조금, 쌀, 술 등이 지급된다. 성묘는 대개 한식과 추석 등 봄가을에 한 차례씩 한다. 1980년대 이전까지는 거주하는 시 · 군 지역에 조상묘가 있는 사람에게만 성묘가 허용됐으나 1980년대 이후에는 추석에 한해 통행증 없이도 지방에 갈 수 있도록 함에 따라 추석성묘는 활발히 이루어지고 있다. 이러한 정책의 변화로 추석에는 성묘를 하기 위해 고향을 찾는 인파가 많아 평양에서 각 지방으로 운행하는 특별버스 시간과 탑승장소를 『평양신문』에 공시하는 모습도 볼 수 있다.

또 북한은 민족정통성을 강조하기 위해 고조선과 고구려, 발해, 고려에 대한 연구와 유적발굴에 총력을 기울여 왔으며, 이는 1990년대 이후 거대한 규모의 단군릉 복원으로 발전했다. 북한의 이러한 시도는 한민족사의 정통성이 고조선-부여-고구려-발해-고려-조선-공화국조선으로 계승되어 왔다는 것을 강조하기 위해서다. 나아가 북한은 평양의 대동강이 인류문명의 발상지라는 대동강문화를 주장하기에 이르렀다.

2. 가족과 일상생활

가족정책의 변화

북한에서 가족은 사회의 세포로 가장 중요한 단위조직이다. 1990년 10월 24일 제정된 가족법 제1조는 가족을 "사회주의 혁명리론의 실습장이며 생산의 최저단위"라고 규정하고 있다. 그러나 초기부터 그랬던 것은 아니다. 정권수립 초기에는 마르크스-엥겔스의 이론에 따라 가족을 소멸시켜야 할 대상으로 인식하고 가족의 형태를 사회주의적 집단주의 제도에 알맞게 변형시키는 작업을 지속적으로 추진했다. 한국전쟁 이후 농업협동화 및 산업조직의 재편으로 전통적 가족기능이 급격히 파괴됐고 학교와 직장조직이 가족역할의 많은 부분을 대체했다. 1946년의 호적제도 폐지와 1968년 이후 추진된 '가정의 혁명화' 사업이 구체적인 정책의 일환으로 시행됐다. 그러나 1980년대 이후 경제사정의 악화로 여성실업이 증가하게 되자 북한은 탈사회주의적 가족정책으로 전환했다. 사회주의 이론에 따라 가족제도를 국가와 함께 소멸되어야 할 봉건잔재로 간주했던 북한이 가족을 긍정적으로 해석하고 어머니의 역할을 강조하며 가족 고유의 기능을 회복시키고자 했다. 그렇게 함으로써 복지에 대한 책임의 일부를 국가에서 가족으로 돌리려는 의도를 가졌던 것으로 보인다.

결혼연령은 법적으로 남자 만 18세, 여자 만 17세로 되어 있으나 "국가는 청년들이 조국과 인민을 위하여, 사회와 집단을 위하여 보람있게 일한 다음 결혼하는 사회적 기풍을 장려한다"고 함으로써 만혼을 강조해 왔다. 그러나 최근에는 결혼적령기가 낮아져서 여자 24~25세, 남자 26~28세에 결혼하는 추세다. 북한 젊은이들도 전통적인 중매결혼보다는 연애결혼을 선호하고 있어서 최근에는 10명 가운데 6명 정도가 연애결혼을 하는 것으로 전해지고 있다. 평양, 청진 등 대도시의 공원이나 강변에서 청년들이 기타를 치며 노는 모습이나 젊은 남녀가 데이트하는 장면을 쉽게 볼 수 있다. 호칭은 여성은 '동무'로 남성은 '동지'로 부르는 예가 많다.

결혼승인을 받기 위해 양가 부모의 상견례와 간단한 예물교환을 하는 것은 남한과 비슷하다. 결혼식장은 주로 자기 집이나 직장회의실 또는 공공장소를 이용하며, 최근에는 평양의 경흥관 같은 전문적인 예식장을 이용하는 경우도 있다. 남자는 양복을, 여자는 연분홍색 한복을 입고 가슴에는 붉은 조화를 단다. 일반적으로 결혼 연회는 신부집에 먼저 가서 상을 받고 그다음에 신랑집에서 친척과 직장동료들을 초청하여 잔치를 베푸는 것으로 대신한다. 결혼식 행사를 하는 경우에는 신랑, 신부는 동시에 입장하며 주례는 하객들을 일어서게 한 상태에서 성혼선언을 하고, 신랑과 신부는 "수령님과 지도자동지에 대한 충성의 한길에서 영원히 부부로서 혁명의 가정을 꾸려나갈 것을 다짐한다"는 내용의 결혼서약을 한다. 하객들이 축의금을 내는 관행은 남한과 비슷하다. 결혼휴가는 3~4일 정도인데, 신혼여행은 거의 가지 않으며 신부집에서 하룻밤을 지내고 인근의 김일성 동상을 찾아가는 것이 일반적인 관행으로 되어 있다.

이혼에 대해서는 1956년 3월 합의에 의한 이혼제를 폐지하고 재판에 의해서만 이혼을 허용하는 내각결정 24호를 채택함으로써 이혼율은 낮은 편이다. 간음과 간통을 특정범죄로 처벌하고 있으며 강간은 7년 이하의 징역에 처하며 악질적인 경우는 사형에 처할 수도 있다. 매춘한 자는 1년 이하의 교화노동에 처하도록 규정하고 있다. 그러나 최근 들어 청소년들의 성문란으로 사생아도 생겨나고 있다. 게다가 정치범 처벌 및 각종 사고로 생겨난 고아들이 늘어나 이들에 대한 입양을 장려하고 있다. 가족형태는 3~6명으로 구성된 핵가족 또는 부부 중심의 2세대 가족이 전체의 80% 이상을 차지한다. 주택사정이 좋지 않아 평양과 같은 대도시의 경우 한 가구에 7~9명의 가족 및 미혼친척이 함께 거주하는 것이 보편화되어 있다. 남아선호사상이 아직도 많이 남아 있는데 이것은 한국전쟁으로 남자의 수가 많이 줄어들었기 때문으로 보인다. 한국전쟁 직후 성비가 88.3까지 떨어졌다가 2009년에는 95.1을 기록하였다.

개인 생활문화

북한은 1986년(1986년 12월 3일 로동당 제6기 12차 전원회의에서 김일성의 연설)부터 종래의 의식주라는 용어를 '식의주'로 바꾸어 사용할 만큼 먹는 문제를 중요하게 취급해 왔다. 김정일도 "옷감이나 집 같은 것은 없어도 참을 수 있지만 배고픈 것과는 타협할 수 없다"고 하면서 먹는 문제의 중요성을 강조한 바 있다(김정일, 1984: 7). 그러나 1990년 이후 계속해서 곡물생산량이 감소하여 부족량을 유엔, 미국 등 국제사회의 인도주의적 지원과 태국, 중국 등으로부터의 수입 또는 지원으로 충당하고 있다.

주택의 개인소유는 원칙적으로 허용되지 않는다. 그러나 1998년 개정헌법(22조)은 집단적 소유의 범위에 건물을 제외함으로써 주택을 개인이 소유할 수 있는 여지를 주었다. 주택은 아파트와 2~3세대용 연립주택, 독립가옥 등으로 되어 있고 입주자의 신분이나 계층에 따라 형태와 평수에 차이가 난다. 일반노동자들은 2~3호주택을 이용하며 당 간부들은 40평 내지 60평 정도의 4호 및 특호주택에 거주하는데, 4호 및 특호주택이 전체 주택의 약 15%를 차지한다. 주택배정은 직장과의 '근거리원칙'에 의해 시행된다. 임대료는 수입의 3% 정도를 내며 전기세, 수도세 등은 통틀어 사용료라고 불린다. 계량기가 집집마다 달려 있어서 각각 계산하는데 사용료는 매우 싸다. 지방에서는 물론 계량기가 없고 대략 얼마씩 동별로 걷는 경우도 있다.

휴가는 일반 직장인의 경우 1년에 2주를 받으며, 중공업과 유해산업에 종사하는 노동자들은 3주까지 휴가를 받을 수 있다. 휴가는 연중 고르게 분할하여 실시하기 때문에 어느 한 시기에 몰리는 현상은 없다. 여성은 '사회주의 노동법'에 따라 150일(산전 60일, 산후 90일)의 산전산후휴가를 받으며 이 기간에는 평균임금을 받는다.

3. 북한의 표준어 '문화어'

언어의 이질화?

북한사람들이 남한사람과 다르다는 것은 우선 언어에서부터 느낄 수 있다. 언어학자들은 남북한의 언어 중 의미가 완전히 달라진 것은 20% 정도이며 25%는 말이 달라졌지만 대체적인 의미를 짐작할 수 있고, 나머지 55%는 전혀 달라지지 않았다고 한다.[3] 많은 사람이 남북한의 차이를 말할 때 언어의 이질화를 지적하지만, 필자가 남북한 사람들을 만나고 북한을 방문해 본 경험으로 볼 때 언어 차이는 심각한 문제가 아니다. 언어의 이질화는 북한사람의 입장에서 남한의 언어를 제대로 이해하기 어렵기 때문에 문제가 되는 것이며, 남한사람의 경우에는 그다지 걱정할 일이 없

3 『겨레말큰사전』을 편집한 학자들의 평가.

다. 북한의 언어가 달라진 것은 사실이지만 언어가 달라졌다고 해서 의사소통을 하지 못할 만큼 심각하게 변질된 것은 아니다. 영어나 일본어, 독일어 같은 외국어로 의사소통하는 것에 비하면 한국어나 조선말이나 같은 모국어라는 점에서 의사소통에 불편함은 거의 없다. 불편함이 없는 정도가 아니라 미세한 감정까지 아주 정확하게 표현할 수 있는 언어의 공감대를 갖고 있다. 남북한의 언어차이는 여러 국어학자들이 우려하는 것과는 달리 그리 큰 문제는 아니라고 본다.

일상생활에서 가장 두드러지게 느껴지는 언어의 변화는 '듣다'라는 말이 아닌가 싶다. 북한사람들은 "들었습니다"라고 발음하지 않고 "듣었습니다"라고 말한다. 구개음화하지 않은 탓이다. 또 몇 차례에 걸쳐 언어의 혁신을 단행하여 존대어의 종류를 줄였으며 1949년 한자를 폐지하여 모든 출판물에서 한자를 사용하지 않는다. 1964년과 1966년 두 차례에 걸친 언어정책에 관한 김일성의 교시가 있은 후부터 '조선어'를 발전시키기 위한 말다듬기가 시작됐다. 구체적으로 내각 직속의 국어사정위원회와 사회과학원 언어학연구소에서 본격적인 말다듬기 사업을 전개하여 '문화어'를 만들었다. 1981년 『현대조선말사전』을 낸 후 1992년에는 33만 단어가 실려 있는 『조선말대사전』(사회과학출판사)을 펴냈다.

문화어의 특징

문화어는 한자어와 외래어를 한글 고유어로 대체하고 고유어가 없을 때는 '풀이말'로 쓰며 과학기술용어 및 대중화된 한자어, 외래어는 그대로 사용하고 있다. 따라서 대부분의 한자어와 외래어, 스포츠 용어 등에서 우리말을 사용한다. 그러나 뜨락또르(트랙터), 그루빠(그룹), 깜빠니야(캠페인), 테제 등은 러시아어를 그대로 사용한다. 두음법칙을 인정하지 않아 낙원을 '락원', 양심을 '량심' 등으로 표기하며, 이씨, 유씨 등의 성도 '리', '류' 등으로 표기한다. 한편, 상대방 호칭에 동무 또는 동지라는 말을 자주 사용하는데, 동무는 친구 등 동급의 사람을 호칭하며, 동지는 연장자나 상관 등을 호칭하는 존대어다. 또 외부인사를 호칭할 때는 선생님이라는 말을 두루 사용한다.

그동안 달라진 말들을 보면 '다그치다', '일떠세우다' 등 강인한 인상을 주는 말을 사용하는 것이 눈에 띈다. 그리고 그 의미가 약간 바뀐 공작(회의), 사업(관계), 복무(봉사), 호상관계(상호관계), 일없다(괜찮다, 문제없다) 등의 말들도 자주 입에 오르내린다. 이런 용어는 대부분 중국어를 우리말로 바꾸어 사용한 것들이다. 또 피눈(혈안)이 됐다, 값이 눅다(싸다)는 표현을 사용하고 전화를 받을 때 "여보세요"라고 하는 대신 "전화받습니다"라고 한다. 또 '살을 뺀다'는 말을 '살을 깐다'라고 표현하는데 평양을 자주 방문하는 어느 재미교포가 두 번째 평양을 방문했을 때 한 이발소에 들렀는데 종업원이 "선생님, 작년에 비해 많이 까지셨습니다."라고 말해 매우 당황했다고 한다. 작년에 비해 살이 빠졌다는 말을 그렇게 표현한 것이다.

나라 이름의 경우 남한에서는 대개 영어식으로 표기하지만 북한에서는 그 나라 고유의 국명을 그대로 표현한다. 예를 들어, 로므니아(루마니아), 빌가리아(불가리아), 꽁고(콩고), 단마르크(덴마크), 뽈스카(폴란드), 스웨리예(스웨덴), 벨지끄(벨기에), 메히꼬(멕시코), 캄보쟈(캄보디아) 등으로 표기한다. 한편, 1998년 9월에 종전에 사용해 오던 국가명 가운데 일부를 새롭게 고친 것도 있다. 이집트를 그동안 애급이라는 한자어 음을 따서 표기해 왔으나 에집트로 변경했고, 독일은 '도이췰란드', 체르노고리아(세르비아)는 '쯔르나고라', 토이기(터키)는 '뛰르끼예', 호르바찌야(크로아티아)는 '흐르바쯔까', 희랍은 '그리스', 화란은 '네델란드', 오지리는 '오스트리아', 인도는 '인디아', 웽그리아(헝가리)는 '마쟈르' 등으로 국명표기를 각각 변경했다.

북한은 필요한 경우에는 한자어를 쓰지만 가능한 한 한글사용을 원칙으로 삼는다. 예를 들자면 남새(채소), 두름길(우회로), 다님표(운행시간표), 배다님표(여객선운행시간표), 처음역(시발역), 마감역(종착역), 짐열차(화물열차), 나들문(출입문), 끌힘(인력), 뜰힘(부력), 들모임(소풍), 다리매(각선미), 부침땅(농경지), 덧머리(가발), 연석(1등석), 길날(도로중앙선), 가두녀성(전업주부) 등이다. 남한과는 다른 말을 사용하는 것도 있다. 위생실(화장실), 단고기(개고기), 경표(경고표지), 유보도(산책길), 추어전(고기잡이), 곽밥(도시락), 밥곽(도시락통), 군중가요(대중가요), 소로길(오솔길), 부화사건(간통사건) 등을 예로 들 수 있다.

외래어를 우리말로 쓰려는 노력은 매우 고무적이다. 살림집(아파트), 얼음보숭(아이스크림), 과일단물(주스), 가락지빵(도넛), 가무이야기(뮤지컬), 창문보(커튼), 도는네거리(로타리), 소리판(레코드), 원주필(볼펜), 모사(FAX), 전기분쇄기(믹서), 평토기(불도저), 헬리콥터(직승기), 텔레비죤(TV), 텔레비죤통로(TV채널), 색텔레비죤(컬러TV) 등으로 사용한다. 외래어는 특히 여자들의 패션과 화장품에 많은데 거의 우리말화했다. 예를 들면 달린옷(원피스), 동강옷(투피스), 볶음머리(파마), 눈등먹(아이섀도), 살결물(로션), 가슴띠(브레지어) 등이 있다.

시내의 도로이름도 남한과 다르다. 남한은 종로, 충무로, 퇴계로, 세종로 등과 같이 도로이름을 '로'(路)로 붙이는 반면, 북한은 '로'의 순우리말인 '거리'라는 명칭을 사용한다. 따라서 도로이름이 락원거리, 혁신거리, 천리마거리, 만수대거리, 서문거리, 새살림거리 등으로 불린다. 또 서울은 종로구, 성북구, 서초구, 양천구 등 구(區)로 분할되어 있지만 평양은 '구역'으로 나뉘어 있다. 예를 들면, 중구역, 평천구역, 보통강구역, 모란봉구역, 만경대구역, 형제산구역, 동대원구역, 선교구역, 사동구역 등으로 불린다.

한편 축구, 권투 등 스포츠와 학술용어, 외교분야 등에서는 국제적으로 통용되는 용어들을 적극 수용하는 경향이 나타나고 있다. 북한은 언어를 '사상교양의 중요한 수단', '혁명과 건설의 힘있는 무기'로 보는 유물론적 언어관을 갖고 있다. 북한은 남한의 표준어에 해당하는 '문화어'를 제정하여 표준말로 삼았다. 주체성을 유난히 강조하는 북한이 국제공용어에 관심을 보이기 시작한 것은 1990년대 후반부터이며 김정일 총비서의 지시에 의한 것으로 알려져 있다(『로동신문』, 1997.1.5.). 북한이 국제공용어에 가장 먼저 관심을 보인 분야는 스포츠 부문이다. 정치적 색채가 배제되어 있는 데다 국제경기에 출전하는 경우가 많아 외부와의 교류가 잦기 때문이다.

축구경기에서 11미터벌차기를 패널티킥으로 사용한다든지 구석차기를 코너킥, 시간을 타임, 선을 라인 등으로 사용하도록 권장한다. 권투경기에서도 복스(box), 쁘랙(break), 스톱(stop) 등의 용어를 사용하는 경우를 볼 수 있다. 학술용어에서도 전자계산기는 컴퓨터, 경자기원판은 하드디스크, 기계적 장치부분은 하드웨어, 프로그램 관련부분은 소프트웨어로 사용하고 있다. 또 모사 대신 확스(fax), 두제곱뿌리 대신 루트(root), 더하기 대신 플루스(plus), 빼기 대신 미누스(minus)를 사용하도록 하고 있다. 바이러스는 비루스라고 표기한다. 그 외에도 CPU, CD, CT, MRI 등의 영어약칭표기도 사용한다. 북한은 자연과학과 기술공학분야에서 사용하는 국제공용어를 이용하여 과학과 기술을 세계적 수준으로 끌어올려야 한다고 주장하고 있다.

남북한 간의 이러한 언어의 이질화에도 불구하고 의사소통이 어려울 정도로 이질화된 것은 아니어서 크게 걱정할 것은 없다. 단지 언어가 담고 있는 억양이 이질감과 지역갈등을 불러일으킬 우려는 있다. 남한에서도 경상도 말과 전라도 말은 의사소통을 하는 데는 전혀 지장이 없지만, 말이 지니는 악센트와 사투리는 지역갈등과 차별, 지역감정이 복합적으로 작용하기 때문에 문제가 된다. 북한말의 억양도 대중매체와 교육을 통해 부정적 이미지를 담고 있는 것이 현실이다. 남북한 간 언어의 이질화는 언어 자체의 이질화로 인한 문제라기보다는 언어가 내포하고 있는 편견과 차별 등 사회학적 측면이 문제가 된다. 이런 맥락에서 통일과정에서 남북 간의 정치적, 경제적, 사회적 격차가 크게 벌어지면 남북한의 언어와 억양의 차이는 남북 간의 심각한 지역갈등과 지역감정을 낳을 수 있다.

4. 유교전통문화

민족적 공감대

북한이 문화혁명을 통해 전통문화와 관습에 대한 실용주의 개혁을 단행했으나 탈냉전 이후에는 민족풍습을 재도입하는 변화를 거듭했다. 남한에서는 근대화, 서구화가 진행되어 전통적 가치와 문화가 많이 변화된 반면, 북한에서는 봉건사상 철폐와 문화혁명을 통해 전통적 관행을 바꾸고자 했다. 그러나 문화와 전통이 하루아침에 바뀌는 것이 아니어서 남북한 사이에는 같은 민족으로서 공감하는 부분이 여전히 많다. 김치를 먹고 한복을 입는 것과 같은 의식주의 대부분을 공감할 수 있고, 윷놀이, 씨름, 닭싸움 등의 민속놀이와 전통문화, 효와 장유유서, 남녀유별, 추대식 선거문화 등의 유교적 윤리도덕도 공유한다. 남북이 공감하는 부분 중에 부정적인 부분도 있다. 가부장적 권위주의, 연줄문화, 강자에 약하고 약자에 강한 행태, 관료 부정부패, 폐쇄성과 배타성 등이다.

북한의 민속놀이로는 씨름경기와 줄다리기가 활발하다. 1994년 3월 3일 처음으로 민족씨름경기를 개최하고 중앙TV방송을 통해 방영했다. 씨름은 모래판이 아닌 매트 위에서 치러지고 우승자에게는 황소와 송아지가 상품으로 주어진다. 씨름과 줄다리기 외에 윷놀이, 그네, 농악, 널뛰기, 활쏘기 등이 명맥을 이어가고 있으며 아이들은 말타기, 닭싸움, 고무줄놀이를 하는 모습을 볼 수 있다. 탈북자들은 "직장에서 체육대회를 할 때 줄다리기와 씨름은 거의 빼놓지 않는 편"이라고 말한다. 담배를 많이 피우고 술을 많이 마시며 노래와 춤을 즐기는 것은 남한과 비슷하다. 그러나 남한에서는 거의 볼 수 없는 군중무용(Folk Dance)이 발달되어 있는 점이 특이하다. 모든 주민이 남녀노소 함께 춤을 출 수 있는 군중무용을 개발하여 명절과 축제 때 실시하고 있다.

공휴일로 지정되어 있는 국가명절은 설날(1월 1일)을 비롯하여 김정일생일(2월 16일), 국제부녀절(3월 8일), 김일성생일(4월 15일, 1997년 7월 8일 3주기에 태양절 제정 및 주체연호 사용), 인민군창건일(4월 25일), 국제로동절(5월 1일), 조국해방전쟁기념일(7월 27일), 해방기념일(8월 15일), 공화국창건일(9월 9일), 로동당창건일(10월 10일), 헌법절(12월 27일) 등이다. 민속명절은 음력설(음력 1월 1일)을 비롯하여 한식(4월 6일), 단오(음력 5월 5일), 추석(음력 8월 15일)인데 이 명절을 북한은 '대휴'라고 하여 휴무일로 지정했다. 북한주민들은 설날, 김정일생일, 김일성생일, 공화국창건일, 로동당창건일을 5대명절로 꼽고 있다. 5대명절에는 특별배급이 나오는데 그중에 이틀간이나 쉴 수 있는 날인 김정일생일과 태양절로 불리는 김일성생일은 '민족 최대의 명절'로 간주된다. 김부자 생일 기간, 즉 2월 16일부터 4월 15일까지 두 달 동안을 김일성과 김정일을 회상하고 그의 업적을 찬양하는 각종 행사를 대대적으로 펼치는 우상화 축제기간으로 정해 놓기도 했다.

북한사회를 사회주의라는 이념적 도구를 사용하지 않고, 한반도 북쪽에 실재하는 '조선'으로 바라보면 어떻게 다를까? 북한은 오랫동안 "민족적 형식에 사회주의 내용을 담는다"는 문화이론의 기틀을 유지해 왔다. 민족적 요소들 가운데는 봉건적 잔재가 많으므로 배격해야 하지만 오랜 관습으로 주민들에게 친숙하기 때문에 이러한 전통적 요소들을 소재로 활용하여 사회주의 이념과 사상을 전달하는 매개로 삼는다는 것이다. 그러나 탈냉전 이후 이러한 민족적 요소들은 단순히 형식과 수단에 그치지 않고 북한의 문화와 사상을 구성하는 실질적인 내용으로 강조되는 변화가 일어났다.

유교문화 가치와 국가정책의 접목

근대화와 산업화의 발전속도가 둔화되고 주민의 생활수준도 향상되지 못하는 상황에서 민족문화는 전통 유교문화의 가치들과 접목되어 국가정책으로 활용되고 있다. 북한은 사회주의 건설 초기에는 가족주의, 성차별 등 유교적 전통을 척결하고자 했지만, 탈냉전 이후 유교를 주체사상에 입각하여 재해석함으로써 유교규범과 전통가치가 북한의 생활양식으로 자리잡고 있다. 1980년대 이후로는 전통적인 가족의 역할을 장려하는가 하면 '사회주의 대가정'을 이론화하여 가부장적 가정질서와 효를 강조하고 있다. 즉 지도자와 인민과의 관계에서도 최고지도자를 '어버이'로, 당을 '어머니'로 의인화하고 충성과 효도 및 인정에 기초한 전통적 인간관계를 최대한 활용함으로써 개개인의 내면화를 강화하고 있다.

북한은 1985년까지도 『철학사전』에 '유교'를 제대로 소개하지 않았다. 철학사전에서 '유교' 부분을 찾으면 유교를 소개하는 대신 '봉건유교사상' 혹은 '봉건유교도덕'을 찾아보도록 화살표가 되어 있었다. 즉 유교를 역사적 사상이나 철학으로 간주하지 않고 "유교교리를 내용으로 하는 봉건통치배들의 보수적이며 반동적인 사상"으로 비판했다(사회과학원 철학연구소, 1985: 282). 그러나 2005년 간행한 『조선철학전사』는 유교를 긍정적으로 재해석하고 있음을 발견할 수 있다. 유교의 근본을 구성하는 '인정론'과 '위정척사론'을 인민 중심의 원칙과 자주성의 원칙에서 긍정적으로 해석하고, 역사적 측면에서 공리공담화하고 반동화된 부분을 비판하는 한편, 사단칠정론, 인물성동이론과 같은 특색 있는 사상으로 발전시켜 나갔다는 점에서는 유교를 다시 보고 있다. 이러한 유교의 사회질서관은 북한에 유기체론적 가족국가관과 사회정치적 생명체론을 태동시켰고 개인보다 집단을 중요시하는 사회관으로 발전시켰다. 학자들은 북한의 이러한 사회특징을 주체사상에 유교적 충효사상을 접목한 봉건적 통치이념으로 평가하기도 한다(안찬일, 1997: 241-289).

북한이 이같이 유교와 전통을 새삼 강조한 이유는 변화하는 정치현실과 밀접하게 연결되어 있다. 사회주의 이념이 국가적 결속력을 상실하게 되자 나라의 정체성을 새롭게 규정할 근거를 전통적 가치에서 찾으려 한 것이다. 유교전통에서 나라에 대한 충성과 부모에 대한 효도는 중요한 가치다. '사회주의 대가정'이라는 유기체론적 가족국가관에 근거하여 온 국민을 하나의 가족으로 비유한다. 식량난으로 배가 고프지만 나라를 버리고 떠나는 행위는 마치 부모가 자식들을 먹여 살리지 못한다고 하여 부모를 버리는 배은망덕한 행동이라고 비판한다. 주민의식 속에 깊이 뿌리박혀 있는 효심에 호소하여 국가와 체제를 지키고 있는 것이다. 이 때문에 사회주의 체제와 국가 등 자신이 속해 있는 공동체를 비판하는 행위는 가족을 버리는 배신 행위다. 개인보다 집단을 중시하는 것은 물론, 전통사회에서 중요하게 여기는 구성원들 간의 '의리'를 무엇보다도 강조한다.

수령유일체제의 통치질서는 유교 국가의 가부장제와 부합하여 유교사상에 익숙한 북한주민들이 자연스럽게 받아들일 수 있는 부분이다. 김정일의 통치이념을 광폭정치, 인덕정치로 규정했는데, 이는 바로 유교의 통치이념인 덕치주의에 토대한 것이다.

유교적 전통가치가 강하게 남아 있는 북한의 선거문화는 공정한 경쟁이나 합리적 토론보다는 특히 겸양지덕의 규범이 지배하여 추대의 관행이 자리잡고 있다. 근대적 선거제도를 도입하여 실시하고 있지만 최고지도자에 대한 '추대의식'은 거부감 없이 받아들여진다. 제도적으로는 선거에 의해 지도자를 선출하도록 되어 있으나, 부자세습이라는 전통적 왕위계승 방식을 받아들이고, 선거보다는 추대하는 방식으로 선거제도를 활용한다. 선거는 당에서 추천한 후보들을 '추대'하는 방식으로 진행된다. 추천을 받는 사람의 입장에서도 마찬가지다. 자신이 스스로 적임자라고 남들 앞에 나서는 일은 전통 예의범절에 맞지 않는다. 오히려 남 앞에서 겸양지심으로 사양하는 것이 예의다. 한국에서 후보자들의 경쟁적 유세장면을 처음 본 북한사람들은 어떻게 공개적으로 자신을 뽑아달라고 말할 수 있는가라며 '동방예의지국'의 인간성이 이렇게까지 망가졌는지는 미처 몰랐다며 한탄한다. 북한에서는 한국의 국회의원에 해당하는 최고인민회의 대의원을 선출하는 과정에서도 본인이 스스로 출마하거나 의사를 먼저 표시하지 않는다. 당으로부터 후보추천을 받고 그 사실을 통보받더라도 당사자는 한사코 사양한다. 자신은 그럴 만한 위인이 못 된다고 고사한다. 결국 후보자는 본인이 자격이 있어서가 아니라 당의 부름을 받아 나선다는 형식과 명분으로 수락하게 된다. 이러한 전반적인 선거문화는 전통규범과 가치를 그대로 이어받고 있다.

유교문화적 전통은 남녀의 역할을 엄격히 구별하는 관행에서 뚜렷이 드러난다. 제도적으로 여성들의 사회활동을 보장함으로써 여성의 지위를 높인 것은 사실이나, 전통적 여성상과 역할은 그대로 온존하고 있다. 실제로 가정에서 여성들은 직장생활 여부와 관계없이 가사와 자녀양육을 책임진다. 부부관계에서도 남편을 '세대주'라고 호칭하는 것을 포함하여 여성차별적 권위주의 태도가 흔하게 발견된다. 1980년대에는 전통적인 가족의 역할을 장려하는가 하면 '사회주의 대가정'을 이론화하여 강조하고 있다. 1990년 가족법에서는 가정에서 자녀를 양육하는 어머니로서의 여성 역할이 강조된다. 북한은 중국보다 유교적 특징이 강하게 나타나며 통치자는 유교적 담론을 충분히 활용한 것은 분명하다. 유교적 전통은 북한에서뿐만 아니라 남한에서도 '유교자본주의'라고 부를 만큼 영향을 미쳤다. 이 같은 전통 유교적 윤리와 가치는 부정적 측면과 긍정적 측면을 동시에 담고 있다. 충성과 효도의 덕목, 장유유서의 예절, 남녀차별의 사회규범은 남북한의 각 체제 속에서 개선 · 발전되고 있다. 남한에서는 근대화 · 산업화 과정을 통해 상당히 변화됐으나, 북한사회에서는 이러한 사회질서와 윤리가 인간관계의 규범과 가치관으로 강력히 작용하고 있다.

5. 민족주의와 반세계화

조선민족제일주의와 단군역사의 복원

북한은 1986년부터 '우리민족제일주의', '조선민족제일주의'를 강조하며 사회주의 계급이론을 약화하는 대신 민족주의 개념을 전면적으로 앞세우며 이론적 변신을 모색했다(전상인, 1994: 100-126). 그 변신의 핵심의제로 단군역사를 복원하는 작업을 진행했다. 북한은 1993년 10월 「단군릉 발굴보고」를 통해 단군이 단순한 신화가 아니라 5,011년 전의 실존인물이라고 주장함으로써 남북 역사학계의 비상한 관심을 불러일으켰다. 유골분석 결과 남자의 키 약 170센티미터의 단군 부부가 생존했다는 자료를 제시했다(사회과학원 력사편집실, 1994). 단군릉은 돌로 쌓은 고구려 양식의 돌칸 흙무덤으로 되어 있는데 이에 대해 북한 사회과학원의 보고는 이 무덤이 고구려시대에 와서 복원됐을 것이라고 추정했다. 1980년대 후반부터 단군에 관한 집중적 연구를 발표했고, 단군릉 발견 이후 1994년 10월에는 마치 이집트의 피라미드를 연상케 하는 거대한 규모의 단군릉을 복원했다. 1997년 9월에는 '단군민족통일협의회'를 발족하여 민족의 정통성 및 통일의 정당성이 고조선과 고구려, 발해, 고려의 맥을 잇고 있는 북한에 있음을 드러내고자 했다.

민족주의 관점에서 보면 우리 민족의 시원은 단군이고 단군이 건국한 나라는 조선이다. 북한이 '조선'이라는 국호를 사용하고 있으니 우리 민족과 나라의 근원을 (고)조선에서 찾는 것은 어쩌면 당연한 일일 것이다. 남한과 정통성 경쟁을 하고 있는 북한으로서는 사회주의 이념이 호소력을 잃어 가는 상황에서 민족적 감정과 민족주의 이념을 활용하여 한국과 대결을 벌여볼 만한 것으로 판단했을 것이다. 남한은 우리나라와 우리 민족의 정체성이 한민족에 있고 1919년 4월 13일 임시정부를 수립한 대한민국에 있다고 보고 '한국'의 역사성과 정통성을 고수하는 반면, 북한은 그 정체성이 단군과 (고)조선에 있다고 보고 조선민족과 '조선'의 역사성, 정통성을 강조했다. 단군에 대한 역사적 연구와 단군릉의 복원은 탈냉전 이후 흔들리는 사회주의 '조선'의 체제를 유지하기 위한 북한의 전략적 선택이었다.

민족 정통성 경쟁

민족과 전통에 대한 강조는 탈냉전 이후 북한의 문화적 변화를 특징짓는다. 1991년 김정일의 발의로 만들어진 다부작 영화 『민족과 운명』도 민족문화를 강조한 대표적인 작품이다. 1992년 1부 최현덕편을 시작으로 50부 제작을 목표로 했으나, 2000년대에 이를 다시 100부작으로 확대하여 진행 중이다. 1~19부는 남한 고위직에 있다가 해외로 망명한 뒤 친북인사가 된 최홍희 등 실존인물들을, 20~25부는 귀화 일본인 여성들을, 26~36부는 노동자들을, 37~45부는 일본 식민주의 시기 카프 작가들을, 46~51부는 김일성 주석의 항일무장투쟁 동료 최현을, 52~57부는 북한 체제의 사상적 귀감이 된 인물들을 각각 주인공으로 내세웠다. 이 영화는 기본적으로 남한에 대한 북한의 상대적 우월성을 강조하는 내용으로 이루어져 있다. 그러나 『민족과 운명』의 소재로 남한을 다루고 있다는 점은 주목할 만하다. 이는 남한을 비롯한 서구의 문물과 정보 유입이 불가피한 상황에서 남한의 풍요로움을 정치적 부패와 빈익빈, 부익부의 부정적 이미지로 연결시킴으로써 북한주민 의식이 해이해지는 것을 막으려는 북한의 사회통합 전략이라고 할 수 있다. 특히 탈냉전 시대를 맞이하여 민족주의적 감정을 불러일으키고 북한이 더 민족적이라는 점을 부각하여 국내외에서 북한의 정통성을 확보하려는 목적을 갖고 있다고 볼 수 있다.

혈통 민족주의에 입각한 반세계화

북한은 주체사상의 사회역사이론에 입각하여 세계가 자주화의 길로 나가는 것이 역사발전의 법칙이라고 하며 세계 진보적 인민들은 자주의 기치, 평화수호의 기치를 더욱 높이 추켜들고 적극 투쟁함으로써 세계 자주화 위업의 승리를 반드시 이룩해야 한다고 주장한다. 북한의 조선중앙통신(2006.11.21.) 『로동신문』 논설을 인용하여 "제국주의자들의 군사적 간섭과 전쟁책동을 반대하고 자주 · 진보 · 평화를 위한 인민들의 투쟁이 전세계적 범위에서 광범히 벌어진 것은 제국주의자들이 아무리 발악해도 역사의 전진운동을 멈춰 세울 수 없으며 그런 자들은 국제적 고립과 파멸을 면치 못하게 된다는 것을 보여 준다"고 주장했다. 이러한 세계관에 따라 세계화에 대해 매우 부정적인 태도를 표출한다. 북한 『로동신문』(2001.11.11.)은 '세계화'의 본질은 세계경제의 미국화 · 서방화이며 민족경제를 말살하는 것이라고 비난하며 강한 거부감을 표시한다. 경제의 세계화 바람에 휘말려 드는 것은 민족경제를 망치게 하고 나라를 망하게 하는 길이므로 외세의존심을 버리고 자기 힘으로 자립적 민족경제를 건설하는 길만이 민족을 흥하게 하고 자주적 발전을 이룩할 수 있는 길이라고 주장한다.

이러한 학습과 교육의 결과 자주의식과 민족의식이 매우 강하다. 서구화되고 다분히 미국화되어 있는 남한사회에 비하면 북한은 세계화나 국제협력의 가치는 약한 반면, 반세계화, 민족담론이 강하게 지배하고 있다. 따라서 정치외교적 문제 해결 과정에서 미국과 일본, 중국, 러시아 등 주변국과의 협력이나 공조로 풀어가야 한다는 의식보다는 자주적 입장을 취해야 한다거나 민족적 차원에서 남북협력을 당연한 것으로 혹은 우선적인 것으로 간주하는 경향이 크다. 민족이 우선적 가치로 강조되기 때문에 북한주민들은 민족의식을 바탕으로 한 당위론적 통일의식을 갖고 있다. 2014년 북한주민 통일의식조사에서도 조사대상자 100%가 통일은 반드시 해야 한다는 의견을 피력했다(정은미 · 김병로 · 박명규, 2015: 34).

북한의 『로동신문』은 '다민족 · 다인종사회'에 대해서도 민족의 단일성을 부정하고 민족을 억압말살하려는 정책이라며 신랄히 비판한다.

> 《세계화》의 물결이 어지럽게 범람하는 오늘날 그에 대처하여 민족성을 더욱 내세우며 그 보호의 장벽을 쌓으면 쌓았지 스스로 부정하는 나라와 민족은 없다. 지배주의와 식민주의가 약소민족들의 운명을 위협하는 현실에서 우리 단일민족의 고유성과 우수성을 부정하는 것은 민족의 정신무장해제를 설교하는 반역행위이다. 《다민족, 다인종사회》론을 제창해나서는 남조선의 친미매국세력은 민족관과 사회력사발전에 대한 초보적인 리해조차 없는 것은 물론 한 쪼박의 민족의 넋도 없는 얼간망둥이들이다.(『로동신문』, 2006.4.27.)

나아가 "이민족화, 잡탕화, 미국화하려는 용납 못할 민족말살론"이라며 인종우월주의 태도를 표출하기도 한다. 민족의 우월성과 민족주의 강조가 인종주의에 입각한 극단적인 폐쇄주의 경향으로 비화될 가능성이 다분히 존재한다.

또한 북한은 한국의 영어열풍과 한미행정협정(SOFA), 한미자유무역협정(FTA) 등을 들어 한국이 "정치, 군사, 경제, 문화 등 모든 분야에서 철저히 예속된 미국의 식민지"라고 비난하며 반세계화의 의식을 강하게 드러낸다(『연합뉴스』, 2015.3.21.). 대남 정통성 경쟁에서 우위를 점하기 위해 한국과 대비되는 '조선'의 민족주의와 반세계화 입장을 더 선명하게 부각하는 태도를 보인다.

제3부

'고난의 행군'과 격동하는 '조선'사회

제8장

'고난의 행군'과 사회적 파장

1. 초유의 대재난

100년 만의 홍수

북한은 1990년대 중반 유례없는 홍수와 그로 인한 극심한 식량난으로 국가적 재앙에 직면했다. 북한 당국은 이 재난을 극복하기 위해 유엔 등 외부세계에 도움을 요청하고 대내적으로는 '고난의 행군'이라는 캠페인을 전개하며 난국을 타개하고자 했다. '고난의 행군'이라는 말은 원래 1930년대 말 1940년대 초 김일성이 일본군의 추격을 피해 쫓겨 다니면서 추위와 배고픔을 참아가며 유격전을 감행했다고 주장하던 시기를 일컫는 용어로, 북한 당국이 1990년대 중반 극심한 경제난과 기근을 극복하기 위한 캠페인으로 이 구호를 사용했다. 이 장에서 살펴보려는 1990년대 중반의 대재난은 이른바 '고난의 행군' 기간으로 불리는 3년(1995~1997년)과 '사회주의 강행군'으로 불리는 3년(1998~2000년)을 포함하여 1990년대 중반 6년 동안 북한에 불어닥친 총체적 난국을 의미한다.

1995년부터 짧게는 3년, 길게는 6년 동안 북한이 겪은 자연재해와 대규모 기근은 한국전쟁 이후 북한의 역사에서 전무후무한 대참사로 기록된다. 1995년 8월 북한은 유례없는 홍수로 막대한 물적·인적 피해를 입고 유엔 등 외부세계에 도움요청의 손길을 내밀었다. 국가적 재난에 직면한 북한이 한국전쟁 이후 처음으로 유엔 인도국(The United Nations Department of Humanitarian Assistance)에 홍수피해 복구 및 식량 지원을 공식으로 요청한 것이다. 자기 충족적 체계 안에 살고 있던 북한이 자존심을 접고 유엔에 지원을 요청하는 것은 쉬운 일이 아니었을 것이다. 한국전쟁 이후 북한에 크고 작은 재해와 재난이 있었지만 1995년에 발생한 홍수피해와 기근이 얼마나 심각했는가를 짐작게 하는 대목이다. 당시의 기록에 의하면 1995년 7월 31일부터 8월 18일까지 거의 20일 동안 하루 평균 583밀리미터의 집중호우가 내렸고 일부 지역에서는 한두 시간 동안 600밀리미터의 비가 쏟아지는 이른바 '100년 만의 대홍수'가 발생했다. 이로 인해 농경지 36만 정보가 침수 또는 유실됐고 200여만 톤의 곡물생산이 줄어들었다. 결국 북한은 그해 8월 23일 유엔에 긴급지원을 공식 요청했고 이에 따라 국제사회의 대북 식량 지원이 시작됐다. 이듬해인 1996년에 또다시 수해가 북한 전역을 휩쓸어 곡물 수확에서 큰 타격을 입었고 1997년에는 극심한 가뭄피해가 발생하여 북한은 그야말로 3년 동안 인명과 재산에 막대한 피해를 입었다.

1995과 1996년 여름 2년 연속 발생한 큰 홍수와 1997년의 가뭄으로 많은 사망자와 실종자 등 인명피해가 있었고 막대한 재산피해를 입었다. 무엇보다 농경지 침수와 대규모 이재민이 발생했고 극심한 식량난과 기근이 초래됐다. 1995년과 1996년의 홍수피해로 수백만 명의 이재민이 생겨나고 다음해 농사를 제대로 짓지 못하면서 엄청난 아사자를 내는 악순환이 시작된 것이다. 식량난과 기근으로 인한 이 시기의 사회적 혼란은 김정일 위원장 자신이 당시의 상황을 '무정부상태'로 표현했을 정도로 심각했다. 김정일은 1996년 12월 김일성종합대학에서 당 간부들에게 "북한이 지금 식량 때문에 무정부상태가 되고 있다"고 질타한 사실은 널리 알려져 있다(『월간조선』, 1997: 306-317). 식량난과 기근으로 수십만 주민이 아사하면서 직장과 학교가 정상적으로 운영되지 못했다. 2003년 중국대학의 대학원 과정에 유학중이던 북한학생은 1995~1997년 사이 중학교에 재학 중이었으나 거의 등교하지 못했다고 한다. 평양에서는 직장과 학교가 어느 정도 유지됐으나 지방에서는 정상적인 활동이 거의 불가능했던 것으로 알려져 있다.

대규모 기근과 식량난

이 시기 재난의 심각성은 생존한 사람들의 보건의료 실태로 짐작해 볼 수 있다. 세계보건기구(WHO)와 월드비전 등이 보고한 자료에 따르면, 기근으로 북한주민의 영양부족과 특히 취약계층의 질병감염은 매우 심각했던 것으로 파악된다. WHO 조사팀은 평안북도 박천군의 한 병원에서 1995년 10월부터 1997년 3월 사이에 소아영양실조가 3배 증가했고 감염성 설사와 급성 호흡기 질환이 광범위하게 나타나고 있다고 보고했다. 1997년 7월 월드비전 의료팀도 북한의 평양, 원산, 사리원, 해주, 평산 등 5개 지역의 보육원, 어린이센터의 2세 이하의 유아 547명 가운데 85%가 영양실조 상태이고 29%는 극심한 영양실조를 겪고 있으며, 98%는 발육저하 상태에 있다고 보고했다. WFP(세계식량기구)의 버티니(C. Bertini) 사무국장은 북한 어린이들이 손마디 뼈가 드러났으며 영양부족으로 머리색깔이 붉은색으로 변했다고 보고하는가 하면, 월드비전의 앤드루 내치어스(Andrew Natsios)는 북한의 식량부족은 1980년대 중반의 에티오피아 기근보다 더 심각하며, 북한 어린이들의 상황은 에티오피아 기근사태에서 볼 수 있는 것과 유사하다고 평가했다(*USA Today*, 1997.7.25.).

1995~1997년의 홍수와 가뭄 피해로 농업기반이 무너지면서 이후 3

년 동안(1998~2000년) 식량난과 기근이 지속됐다. 1998년과 1999년에도 홍수와 가뭄이 반복됐고 사회주의 경제의 경직성과 낙후성, 비효율성 때문에 대량아사는 지속됐다. 1998년 8월 김정일 정권은 그 출범을 알리는 대포동 미사일을 발사하며 흐트러진 사회질서를 다잡고 재난극복을 시도했으나 농업기반과 사회주의 경제제도의 취약성 때문에 아사자의 발생을 막기 어려웠다. 1990년대 중반 이후부터 2000년까지 약 6년 동안 수백만 명의 아사자가 발생했다는 보도가 나온 것도 이 시기 자연재해와 기근이 얼마나 심각했는지를 말해 준다. 북한의 황장엽 전 로동당 비서는 1997년 2월 자신이 북한을 떠나기 전 150만 명이 사망했다는 보고를 받은 바 있어서 그 이후 아사자를 포함하면 250만 명이 넘을 것으로 보았다(우리민족서로돕기 불교운동본부, 1998: 26; Abramowitz and Laney, 1998: 8; 『문화일보』, 1998.5.21.). 미국에서는 약 100만 명 혹은 200만 명, 남한은 약 300만 명의 인명손실이 이 기간에 발생했을 것으로 각각 추정했다.

인적 피해

자연재해와 재난의 심각성을 보여 주는 단적인 지표가 인적 피해일 것이다. 그러나 워낙 북한의 기근이 심각했고 사회질서가 와해된 상태여서 아직까지도 이 시기 아사자에 대한 정확한 숫자는 밝혀지지 않은 상태다. 북한 당국은 자연재해와 기근으로 약 28만~30만 명의 주민이 사망한 것으로 발표했으나, 미국과 남한의 연구기관들은 이를 불신하고 기아사망 규모가 그보다 훨씬 클 것으로 추정하고 있다. 최근 인구학자들이 유엔의 북한 센서스 자료를 활용하여 아사자 규모를 추정하는 시도를 하여 흥미로운 결과를 도출했다. 유엔(UN)은 2009년 북한의 중앙통계국과 함께 북한 인구 센서스 조사를 실시했는데, 인구학자들은 1993년 유엔조사 자료와 비교해 가면서 기아사망 규모를 분석하여 개략적으로 그 수치를 밝히는 데 성공했다. 그에 따르면 식량부족으로 1990년대에 최소 24만 명, 최대 42만 명의 아사자가 발생했고, 2000년대에도 20만~40만의 추가 아사자가 발생한 것으로 보고 있다. 1993~2008년 기간에 60만~85만 명이 사망한 것으로 추정됐다(Spoorenberg and Schwekendiek, 2012: 133-158). 다시 말하면 '고난의 행군' 재난으로 약 85만 명이 사망했다고 볼 수 있다. 전쟁 시기도 아닌 평상시에 85만 명이 사망했다는 것은 그야말로 대재앙이라 할 수 있다. 이 아사자 규모는 북한의 자연사망률(연간 12만 명)을 제외하고 순전히 식량부족으로 추가된 사망자 숫자를 의미한다. 따라서 자연사망자까지 포함하면 250만 명이 되는 셈이어서 세간에 수백만 명 사망설이 나왔다고 볼 수 있다.

식량난과 굶주림으로 야기된 북한의 대재난은 2000년대에도 지속되고 있다. 북한 당국의 공식발표에 의하면 2001년 전후로 결핵환자와 말라리아 등 전염성 질환자가 각각 5만 1,000명, 30만 명이나 될 만큼 식량난과 경제침체로 인한 북한주민들의 보건의료 실태는 매우 열악하다(대북협력민간단체협의회 · 대북지원민관정책협의회, 2005: 180). 2012년 북한 영유아의 영양상태에 대한 국제기구와 북한 당국의 공동 보고서에 따르면, 북한 5세 미만 어린이의 약 28%가 만성 영양불량 상태였다. 그리고 영양불량률에 대한 지역 간 편차가 매우 커서 그 비율이 40%에 달하는 지역도 보고됐다. 이러한 수치는 '고난의 행군' 시기에 60%를 넘어섰던 영양불량률에 비하면 많이 호전된 것이지만, 남한을 포함한 일반적인 국가에서 이러한 수치가 3% 미만임을 감안하면 여전이 높은 수준이다(윤지현, 2014: 20). WFP는 북한 인구 가운데 610만~900만 명은 기아선상에 놓여 있는 것으로 평가하고 있다. 보건의료 제도의 취약성과 지속되는 식량난을 감안하면 북한주민들의 건강과 전반적인 생활여건은 여전히 열악한 상황이다.

2. 재난의 파급과 국가의 대응

'고난의 행군' 대재난의 원인

1990년대 중반 '고난의 행군' 대재난은 자연재해와 농경지 유실, 이재민 발생 등으로 촉발됐으나 그 배경에는 북한의 경직된 다락밭 정책과 취약한 보건의료제도, 중앙배급체계, 그리고 국가발전전략까지 여러 요인이 복합적으로 작용한 결과로 발생한 것이다(김병로, 2013b: 285-319). 가장 직접적인 원인은 이상기후로 인한 홍수와 자연재해를 들 수 있다. 당시 북한 당국의 발표에 의하면 1995년의 대홍수는 지구온난화를 비롯한 기후변동의 영향으로 집중호우가 내려 그 피해가 매우 컸다. 주택과 공장, 농경지, 탄광 등 산업시설이 침수되고 전력망과 철도, 도로 등이 유실되는 그야말로 '100년 만의 대홍수'가 발생한 것이다. 그러나 좁은 한반도에서 북한과 남한에 동시에 집중호우가 내리는데 남한에서는 피해가 적은 반면 북한에서는 그 피해가 유독 큰 이유를 자연재해만으로 설명하기는 곤란하다.

유엔환경계획(UNEP)은 북한의 황폐화된 산림이 재난을 야기한 중요한 원인이라고 지적한다. 북한의 황폐화된 산림이 가뭄과 홍수, 산사태 등 자연재해를 가중시키고 농경지를 훼손하는 문제가 심각하다고 지적한다(UNEP, 2003: 23-28; 2012: 48-53; 이종운 · 홍이경, 2012: 3-4). 농지가 상대적으로 부족한 북한이 식량증산을 위해 산림을 농경지로 전환하는 '다락밭정책'을 추진하면서 산림을 훼손한 결과, 홍수가 발생하면 토양침식이 일어나고 강하천에 누적된 토사는 강하천의 범람을 초래하여 홍수피해가 가중됐다는 것이다. 경사지 개발(다락밭과 뙈기밭 개간)과 산림불량화(땔감부족으로 인한 남벌)는 호우 때마다 산사태와 토사유출을 유발하여 하천 범람에 의한 상습적 수해의 발생 원인이 되고 있다. 경사지에 발생하는 토양침식은 연간 헥타르당 60톤 정도이며, 심한 경우 100톤을 초과하기도 하는데 이러한 토사가 강하천에 쌓이면 적은 우량에도 쉽게 범람하여 농작물에 큰 피해를 입힌다. 또한 산림벌채 이후 나대지로 방치된 산지(민둥산)의 토지는 토양 영양염류의 유출량 증가와 토사유출로 말미암아 삼림 복원의 잠재력이 크게 훼손되어 있다. 따라서 홍수가 직접적인 원인이겠으나 북한의 다락밭 정책이야말로 피해를 가중시켜 재난으로 발전시키는 중요한 원인이라 할 수 있다. 산림황폐화로 홍수피해가 더 악화되고 그로 인해 식량생산이 감소하여 이를 극복하기 위해 북한은 더 많은 다락밭 개간과 벌목으로 산림을 훼손하는 악순환을 되풀이하고 있다. 이러한 악순환은 저개발 국가에서 식량난과 굶주림이 반복되게 하는 전형적인 패턴이다(김병로, 2013b: 297-305).

다락밭 개간이나 삼림훼손의 원인을 더 자세히 따져 보면 북한의 사회주의 경제체제가 갖고 있는 근원적인 문제에 닿게 된다. 왜냐하면 1990년대의 대기근은 1995년의 대홍수로 촉발되기는 했지만, 1980년대 후반부터 만성적으로 누적된 북한의 식량문제로 야기됐기 때문이다. 북한이 1997년 6월 유엔에 보고한 자체 경제평가에 따르면 1인당 GNP가 1989년 911달러를 정점으로 하강국면에 접어들어 1995년에는 239달러에 불과했다(통일원, 1997: 16). 북한경제는 홍수피해 이전에 이미 심각한 문제에 봉착해 있었고 1980년대 후반부터 식량사정이 악화되기 시작하여 1993년에는 식량자급률이 58.7%를 기록할 정도로 심각한 식량난을 겪었음을 보여 준다(최수영, 1996: 69-74). 그 결과 100만 톤 정도가 부족하던 식량난은 1990년대 초에 200만 톤으로 늘어났고 이처럼 누적된 식량난이 자연재해를 계기로 악화되면서 대재난을 촉발했던 것이다.

한편, 북한의 '고난의 행군'이 다분히 북한 당국의 의도적이며 정책적 선택의 결과로 야기됐을 가능성도 있다. 북한의 전시체제인 지역자립체제와 관련성이 높기 때문이다. 제1장에서 상술한 바와 같이 김정일 위원장은 1960년대부터 전시체제가 장기화될 것에 대비하여 경제-국방 병진노선을 골간으로 지역자립체제를 구축해 왔다. 김정일 자신은 1964년 자신의 대학졸업논문을 통해 한반도에서는 전쟁과 같은 유사시를 대비하여 군(郡) 단위의 자급자족 체제가 필요함을 역설했다. 대규모 홍수와 식량난으로 위기를 맞은 북한은 전쟁과 같은 유사시를 대비하여 준비한 이 지역자립체제를 '고난의 행군'이라는 이름으로 이 시기에 본격적으로 가동했다. 그 결과 중앙정부의 경제적 조정역할이 중단되고 시 · 군 · 구역별로 자급자족 체제로 전환했으며 이 새로운 체제에 적응하지 못한 수많은 사람들은 굶주림으로 사망했다.

다시 말하면 북한 당국이 전시를 대비하여 준비해 온 지역자력갱생 정책을 이 시기에 본격적으로 가동함으로써 인명피해가 더 커졌다. 이런 관점에서 보면 북한 당국이 전시를 대비하여 준비한 지역자력갱생 정책을 정권유지를 위해 무리하게 추진함으로써 재난을 가중시킨 것이다. 지역자력갱생 체제로 전면 전환한 시기가 1995년 어느 시점인지 정확지 않지만 탈북자들은 북한이 중앙정부의 식량공급을 중단하고 지역 자체적으로 해결하라고 지시한 시기가 홍수피해 이후가 아니라 대홍수 이전인 1995년 4~5월경이라고 주장하기도 한다(김병로, 2012a; 103-104). 이러한 배경 때문에 일부에서 북한의 재난이 자연재해가 아니라 북한 당국의 의도적인 살인이라는 비판까지 나오고 있고, 자연재해를 구실로 식량지원을 받기 위해 식량난과 기근실태를 부풀려 발표했다는 의혹이 나오기도 했다.

주민의 지리적 이동 급증

북한의 대재난은 여러 측면에서 북한사회의 구조와 주민들의 삶에 영향을 미쳤다. 가장 먼저 식량난과 대기근은 주민들의 지리적 이동을 촉발했다. 재해와 기근으로 직접적인 피해를 입은 사람들은 생존과 식량구입을 위해 이동을 시작했기 때문이다. 앞에서 언급한 바와 같이 북한은 지역자립체제에 의해 시 · 군 안에서 기본적인 생활을 하도록 되어 있어서 시 · 군 경계를 벗어나 타 지역으로 이동하려면 통행증 허가를 받아야 한다. 그러나 기근이 악화되어 식량배급이 중단되자 도시지역 빈민층이 기근을 모면하기 위해 이동을 시작했다. 특히 평야지대로 이루어진 황해도의 식량사정이 비교적 나을 것으로 판단하여 함경도 주민의 일부는 수산물과 공산품을 가지고 황해도 지방에서 쌀, 옥수수 등과 교환해 가져오는 등 함경도와 황해도 간의 주민이동이 늘어났다(박형중, 1997: 46).

1990년대 북한의 재난이 기근을 겪는 빈민층의 지리적 이동을 증가시켰다는 것을 수치로 증명하기는 쉽지 않다. 이 시기 식량구입을 위해 중국으로 탈출한 사람들을 대상으로 조사한 자료에 의하면 고난의 행군 시기에 식량을 구하러 다른 지역으로 다녔다고 응답한 사람은 1.9%로 많지 않으며 실제 인구 이동률은 3.9% 정도에 그친다(우리민족서로돕기 불교운동본부, 1998: 17). 그러나 2000년에 들어오면 주민유동성이 50% 이상으로 증가한다. 서울대학교 통일평화연구원의 조사에 의하면 2000년대 후반부터 주민 유동성은 2008년에는 55.8%였다가 2009년에는 62.4%, 2011년에 62.9%, 2012년 69.2%, 2013년 63.9%로 상승했다(송영훈 · 김병로 · 박명규, 2014: 82). 고난의 행군 재난이 주민 유동성에 큰 영향을 미쳤음을 알 수 있다. 특히 국경 인근에 거주하는 주민들이 식량구입을 위해 중국으로까지 이동했음을 볼 때 북한 내부에서의 이동은 훨씬 높았을 것으로 짐작된다.

대량탈북 시작

북한의 대재난으로 인한 주민들의 지리적 이동은 국경을 넘는 '탈북'으로 발전했다. 많은 북한주민들이 북한 안에서 이동을 했지만 기근 때문에 국경을 넘는 탈북이 대량으로 확산된 것이다. 대부분의 국경탈출자들은 중국에 단기 혹은 장기간 체류하면서 식량을 구입한 후에는 북한으로 돌아갔지만, 그중 북한체제를 영구히 탈출하여 남한과 제3국으로 망명을 시도하는 '탈북자'가 발생했다. 고난의 행군 시기에 식량을 구하기 위해 중국으로 탈출한 유동인구는 20만 명 정도로 추정된다(우리민족서로돕기불교운동본부, 1998: 12). 이후 중국으로의 탈출자가 30만~50만 명까지 늘어났다는 평가도 나왔으나 정확한 숫자를 파악하기는 어려운 실정이다.

남한과 제3국으로 망명한 탈북자들은 북한의 인권실태와 문제점을 국제사회에 환기하는 계기를 마련했다. 1997년 유엔 인권소위원회에서 북한인권문제가 처음으로 논의됐는데 여기에는 인권소위원회 위원으로 활동하는 프랑스 출신 위원이 탈북자의 증언에 충격을 받고 북한의 인권문제를 적극적으로 거론했다고 한다. 이 탈북자들의 증언이 바탕이 되어 2003년에는 북한인권문제가 유엔인권위원회로 옮겨졌고 2014년에는 유엔안보리에서 논의되는 상황으로 발전했다. 재난이 주민들의 탈북을 촉진했으나 그 탈북현상이 또 다른 인권문제를 야기하며 파장을 일으켰다. 식량부족으로 발생한 20만 혹은 30만 명의 대량탈북은 지리적 이동과 국경이동이 철저히 차단됐던 북한사회에 심대한 충격을 주었고 인권문제와 체제의 억압성을 폭로하는 파급효과를 가져왔다. 탈북자를 통해 북한 재난의 국제적 확산, 즉 재난의 국제화가 촉진된 것이다.

정보유통 증대

북한의 식량난과 대기근은 정보유통의 증대와 불신의 확대를 촉진했다. 앞에서 언급했듯이 주민 유동성과 국경탈출이 증대하면서 자연스럽게 외부정보의 유통과 문화접촉이 늘어났다. 통신시설이 미비하고 외부의 정보를 접할 기회가 많지 않은 상태에서 유동인구와 탈북자를 통해 정보와 문화의 유입이 급격하게 늘어난 것이다. 그동안 조선족 보따리장수와 해외교포들의 북한방문, 해외유학생 및 해외파견자들의 북한귀환 등을 통해 외부정보가 유입됐으나 그 범위는 제한적이었다. 그러나 수십만의 탈북자와 국내 이동자를 통해 중국 및 한국의 발전상을 처음으로 접하게 됐고 한국방송을 비밀리에 청취하는 사람들이 늘어났다. 중국의 발전상과 한국의 소식을 들은 북한주민들은 식량을 구하기 위해 더욱 적극적으로 탈북을 시도했고 생존을 위한 생계형 탈북은 점차 더 나은 삶을 위한 생활형 탈북으로 진화했다. 이 모든 것이 북한의 재난이 촉발한 사회적 결과라 할 수 있다.

정보유통의 증가와 함께 나타난 현상은 각종 루머와 소문, 유언비어의 빠른 확산이었다. 국가와 정부, 언론에 대한 신뢰도가 낮은 상황에서 재해와 기근, 재난이라는 사회적 혼란이 초래되면 공식발표를 신뢰하지 않고 주변사람의 말과 회자되는 소문에 귀를 기울이고 이를 더 신뢰하게 된다. 북한 당국도 대외적으로는 당시의 대홍수와 기근으로 30만 명 정도가 사망했다고 발표하면서도 내부학습을 통해서는 250만 명이 사망했다는 식의 입장을 취하여 정보를 신뢰하기 어렵게 했던 점도 있다. 지역과 지역을 오가며 장사하는 사람들과 탈북자들은 외부의 소식을 처음으로 접하면서 한국이 일본보다 잘산다는 등 과대평가를 했고, 아사자가 인육을 먹는다는 소문도 신빙성 있게 떠돌았다. 폐쇄되고 통제되어 정부와 국가, 언론에 대한 신뢰가 낮아진 북한 사회에서 재해와 기근으로 사회적 혼란이 발생하자 믿을 수 없는 소문과 유언비어, 사적 정보가 빠르게 확산됐고 사회적 불신이 더 확대됐다.

사적 경제활동과 시장화

북한의 대재난은 생존을 위한 주민들의 사적 경제활동과 시장화를 촉진했다. 고난의 행군 이전에도 북한에서 장마당은 오랫동안 지속되어 왔지만 극심한 재해와 기근을 겪으면서 이를 모면하기 위해 장사와 장마당이 더욱 번창했다. 협동농장 농민들은 물물교환을 하거나 텃밭 등에서 생산한 식량과 식료품을 사고파는 비공식적이고 사적인 활동을 시작함으로써 장마당과 시장이 급성장했다(박형중, 1997: 17-23). 원래 장마당에서는 쌀과 주류 등의 물품은 거래가 금지됐으나 기근 때문에 국가의 규제가 이를 막을 수 없었다. 고난의 행군 기간에 수많은 사람들이 굶주림으로 사망하는 것을 목격하면서 북한주민들은 비로소 생존에 대한 강한 욕망이 생겨났다고 한다. 북한의 한 경제간부는 "이대로 있다가는 우리만 붉은기를 지키다가 굶어죽고 만다는 공포에 백성은 정신이 버쩍 들었다. 당과 국가의 본색을 깨달은 인민은 장마당으로 달려갔다. 수십 년간 잠들어 있던 백성의 장사귀신(장사의 넋)이 깨여났다"고 말한다(림진강 편집부, 2007: 54).

이 밖에도 북한의 대재난으로 동요계층이 확대됐다. 사회주의 체제의 정치사회적 변화 시기에 청년층의 정치사회적 움직임은 대단히 중요하다. 식량난으로 인해 청년층의 유동성이 증가함으로써 청년동맹 등의 조직이 타격을 입은 것으로 보인다. 북한은 청년층의 사상적 동요를 우려하여 특히 이들의 사상교육에 관심을 기울여 왔다. 1995년 12월 25일 발표한 논문 「혁명선배를 존대하는 것은 혁명가들의 숭고한 도덕의리이다」와 1996년 8월 24일 발표한 담화 「김일성 동지의 청년운동 사상과 영도업적을 빛내어 나가자」라는 두 글에서 김정일은 청소년 · 학생들의 움직임이 북한사회의 통합에 매우 중요한 요인임을 거듭 강조했다. 이와 함께 그는 청소년들이 불건전하고 퇴폐적인 사상문화에 노출되지 않도록 철저한 대책을 수립함에서 '청년동맹' 등의 사회조직과 학교교육기관에서 새세대들에 대한 교육 · 교양사업을 유기적으로 추진할 것을 강력히 지시했다. 서구 민주주의 가치나 자유화의 바람에 가장 민감하게 반응할 집단이 청소년층이기 때문이다.

국가의 대응정책

재난은 북한 정부의 대응과 태도에도 영향을 미쳤으며 북한 정부는 재난 극복을 위한 몇 가지 행동의 변화를 보였다.

첫째로 '정보의 공개'다. 좀처럼 외부세계에 자기를 드러내지 않던 북한이 유엔에 도움을 요청하면서 홍수피해와 경제상황에 대한 정보를 제공한 것이다. 북한은 홍수피해 상황을 비교적 상세하게 유엔에 보고했을 뿐 아니라 북한의 경제실정에 대해서도 비교적 정확하게 평가하여 보고했다. 한 예로, 1997년 6월 북한이 유엔에 보고한 자체 경제평가에는 1인당 GNP 1989년에 911달러를 정점으로 하강국면에 접어들어 1995년에는 239달러에 불과한 것으로 보고했다(통일원, 1997: 16). 그 이전까지 1인당 국민소득을 2,600달러로 발표했던 관례에 비추어 보면 파격이 아닐 수 없다. 북한이 외부의 원조를 받기 위해 피해상황을 부풀리고 경제사정이 어렵다는 것을 부각시키려고 의도적으로 GNP를 낮게 보고했다는 의심을 받기도 했다. 정보공개를 극도로 꺼리는 북한이 홍수정도, 수치, 지명, 특성까지 일일이 보도하고 있는 것은 이런 점에서 특이한 일이다.[1] 북한의 정보공개가 어느 정도 정확한가, 외부의 식량지원을 받기 위해 정보외교를 하는 것은 아닌가라는 의구심은 여전히 남아 있으나, 재난을 계기로 북한이 국제사회와 교류하기 위해 국제적 기준에 맞게 정보를 정확하게 평가하고 비교적 정확한 정보를 제공하게 된 것은 재난이 야기한 중요한 결과라 할 수 있다.

2000년 이후에도 북한의 정보개방은 상당히 진전을 보이고 있다. 예를 들면, 2006독일월드컵 아시아지역 최종예선전을 몇 시간 간격을 두고 녹화중계했으며, 해외로는 실시간 위성중계를 허용했다. 경기장에는 삼성과 현대의 광고판도 등장했고, TV화면에도 그대로 소개됐다. 또 조선중앙통신은 2005년 3월 27일 "하당 닭공장 등 2~3개 닭공장에서 조류독감이 발생했다"고 처음으로 시인하면서 비상대책을 세우고 있다고 밝혔

1 2007년 여름 홍수로 평양이 모두 침수됐을 당시에도 7월 7일부터 18일까지 580밀리미터의 비가 내렸고 강원도 지역에서는 집 처마 밑까지 잠길 정도로 피해를 입은 모습을 즉각 공개했다.

다. TV를 통해 조류독감 소식을 신속하게 보도하고 보건성에서는 조류독감과 예방법에 대해 상세하게 설명했다. 이러한 시도는 북한체제를 유지하기 위한 제한적인 정보개방의 필요성 때문에 불가피하게 취해진 조치겠지만, 그만큼 주민의식이 변화되고 있음을 반영한 결과라고 볼 수 있다.

둘째로, 북한 당국은 식량난과 기근을 극복하기 위한 국가정책 수립을 추진했다. 재난을 극복하기 위해 국가적 차원에서 종합시장을 제도화하여 장마당과 시장활동을 활성화한 것이다. 2002년 7월 북한 당국은 장마당을 시장으로 양성화하는 이른바 '7.1경제관리개선조치'를 취하여 전국적으로 300여 개 이상의 종합시장을 신설하고 화폐경제와 시장적 교환에 입각한 새로운 경제체제를 도입했다. '7.1조치'로 농민시장이 종합시장으로 개편되면서 오랫동안 북한 사회에서 부정적으로 인식됐던 '장사행위'가 또 다른 능력으로 인정받을 수 있게 됐다(최수영, 2004: 55-56). 재해와 기근이라는 대재난을 겪지 않았다면 사회주의 체제의 경직된 경제관리 시스템을 시장체제로 전환하는 동력이 형성될 수 없었을 것이다. 이런 점에서 북한의 재난은 정부로 하여금 기존 정책을 비판하고 새로운 국가정책 방향을 수립하는 데 결정적인 역할을 했다고 볼 수 있다.

셋째로, 북한 당국은 유엔 등 국제사회에 적극 협력하는 정책으로 전환했다. 앞에서 설명했듯이 북한은 홍수피해를 입은 1995년 8월 즉각 유엔에 지원을 요청했다. 사회주의권 붕괴 이후 바짝 긴장하던 북한은 1991년 9월 유엔에 가입했으나 유엔과 교류를 하게 된 계기는 이때부터다. 유엔이 북한의 지원요청을 받고 적극적으로 대응하며 대북지원 캠페인을 전개한 이유는 북한의 홍수피해가 크고 심각했기 때문이었겠지만, 폐쇄적이고 극단적으로 은둔을 고집했던 북한에 대한 호기심과 정치적 필요성도 있었을 것으로 생각된다. 당시 북한은 미국 및 서방세계와 핵문제로 갈등을 빚다가 1994년 10월 제네바 합의로 대화 국면에 있었다. 유엔은 북한의 재난을 계기로 서방세계와 북한의 관계를 개선하고자 하는 외교적 의도도 갖고 있었을 것이다. 북한으로서도 유엔가입 이후 첫 번째로 유엔과 관계를 맺는 사건이어서 북한의 유엔지원 요청은 은둔상태였던 북한이 '커밍아웃'을 결행한 계기라 할 수 있다. 북한 당국의 이러한 정책 변화로 유엔은 북한에 대한 관여(engage)를 시작했다.

3. 7.1개혁과 시장의 확산

천지개벽할 경제개혁

'고난의 행군' 이후 흐트러진 사회를 가까스로 추스른 북한은 1998년부터 '강성대국' 구호를 내걸고 경제개혁을 준비했다. 때마침 등장한 남한의 김대중 정부의 적극적인 대북지원 정책은 절호의 기회가 됐다. 2000년 6월 최초로 남북 간 정상회담을 치르고 미국 클린턴 행정부와도 우호적인 관계를 유지했다. 2000년 10월 10일 북한 인민군 총정치국장 조명록 차수의 전격적인 백악관 방문과 10월 25일 연이어 이루어진 미국의 국무장관 메들린 올브라이트의 북한 방문으로 한반도 정세는 평화가 조성됐고 북한의 미래는 매우 밝아 보였다. 2001년 1월 중국 상하이를 방문한 김정일 위원장이 변화된 상하이의 모습을 '천지개벽'이라 표현하며 북한도 경제발전을 위해 새롭게 사고할 것을 주문했다. 김정일의 이러한 '신사고'에 입각하여 2001년 10월 실시사회주의를 표방하며 '경제관리 개선방침'을 구체화하고 계획의 분권화, 사회주의 물자교류시장의 운용, 수익위주의 기업평가, 실적주의에 입각한 분배, 과학기술과 생산의 결합, 가격 · 임금의 재조정, 불합리한 사회보장제도 정리 등의 개혁조치 필요성을 강조했다.

북한을 새롭게 변혁시킬 경제개혁을 시행하기 위해 특별팀이 꾸려졌고 이들은 중국 등 여러 지역을 탐방하고 전면적인 경제개혁을 준비했다.

이러한 준비를 바탕으로 북한은 2002년 7월 1일부로 임금인상, 시장도입 등을 표방하는 전면적 개혁조치를 단행했다. 유명무실하던 정부의 국정가격을 쌀값을 기준으로 현실화했다. 쌀의 경우 국정가격으로 1킬로그램당 8전이던 것을 44원으로 무려 550배를 상향조정했고, 100~150원이던 노동자 임금은 3,000~4,000원으로 높였으며, 환율도 기존의 2.2원에서 153원으로 70배가량 인상했다.[2] 북한 역사에서 전무후무한 그야말로 획기적인 대변혁이었다. 1946년 토지개혁에 버금가는 대사건으로 불릴 만큼 7.1경제관리개선조치는 혁명적인 것이었다. 자본주의 시장경제에서는 상상조차 할 수 없는 대수술이고 개혁이었다.

2002년 7.1개혁으로 종합시장이 제도화됐다. 농산물 위주의 기존 농민시장에서 공산품과 수입상품까지 거래가 허용되고 암시장도 흡수됐다. 2002년 9월 '선군시대 경제건설노선'에서는 국방공업 · 중공업 부문은 국가가 통제하여 자원을 배분하나 경공업 · 농업 · 상업 부문은 시장지향적 개혁을 추진해 나간다는 방침을 세웠다(김영윤, 2006: 79). 2003년 5월 종합시장 운영에 관한 내각지시에 따라 전국에 300여 개의 종합시장이 설치됐다. 시장 활성화를 위해 시장가격을 자유화하고 유통부문의 자율성을 대폭 확대했다. 소매유통기관이 합법적으로 수매 위탁기능도 할 수 있게 됨에 따라 개인생산한 물품을 위탁받아 시장가격으로 판매할 수 있게 됐다. 개인은 물론 국영기업소, 협동단체들도 시장에서 상품을 구입 및 판매할 수 있도록 이용범위가 확대됐고, 기관 · 기업소에서 현금이 유통될 수 있도록 조치가 취해졌다(박재규 편, 2007: 459-464). 운송의 경우에도 개인이 지방인민위원회와 계약을 맺어 자산의 처분권과 이익 수취권을 갖는 방법으로 운송회사를 운영하게 됐다(이석 외, 2009: 177). 이러한

2 그러나 13년이 지난 2015년 5월 현재 환율은 달러당 7,000~8,000원으로 상승하여 인플레이션이 심각하다.

모든 제도화 조치들은 시장의 작동을 극대화하기 위한 장치들이며 그 결과 경제관리, 가격 · 임금 · 재정, 생산부문, 유통부문, 무역 등의 영역에서 획기적인 변화를 가져왔다(김영윤, 2006: 78-115).

공짜는 없다

7.1경제관리개선조치와 관련한 북한 자료에 나와 있는 7.1조치의 정신은 "절대로 공짜, 평균주의가 없다"는 것이다(박재규 편, 2007: 454). 지금까지 분배에서 사람들이 일을 많이 하든 적게 하든 관계없이 일률적으로 똑같이 지급하는 평균주의가 많았다고 지적하고, 이제부터는 "일한 것만큼, 번 것만큼 차례지게 하는" 분배방식을 적용하겠다는 것이다. 그뿐만 아니라, "사회적으로 공짜가 너무 많았다"고 비판하면서 "이제부터는 그 누구를 막론하고 모두 자기가 탄 생활비를 가지고 생활하게 된다"고 밝혔다. 일례로, 돌격대원들은 자기 생활비의 40%밖에 벌지 못하지만 나머지 60%를 국가가 보장해 주고, 식비와 여비, 이동작업보조금까지 공짜로 주었다고 비판한다(박재규, 2007: 452).

2003년 5월 5일의 종합시장 운영에 관한 내각지시에 의하면, 종합시장은 시 · 군 단위에 1개 이상씩 설치하도록 되어 있다. 그 결과 전국에 300개가량의 시장이 종합시장으로 기능하게 됐다. 종합시장의 규모는 시 · 군 · 구역의 면적과 주민 수를 고려하여 결정하는데, 인구 3만~4만 명이면 600석, 4만~6만 명이면 900석, 5만~7만 명이면 1,200석, 7만 명 이상이면 2,000석 규모의 시장을 건축한다. 종합시장에서는 매대를 개인이나 협동단체 혹은 기업에 임대한다(통일연구원, 2005: 32; 김영윤, 2006: 104). 중국과 합작형태로 운영하는 나진 · 선봉 실내시장의 경우, 원래 900개의 매대를 설치할 계획이었으나, 현재 시장 안에 6,300개의 매장이 운영되고 있고 수만 명이 이용하고 있다고 한다(조선족인터뷰, 2007a).

북한 당국은 시장의 활성화를 위해 유통부문의 자율성을 대폭 확대했다. 즉 국영기업소와 협동단체도 시장에서 상품을 구입 및 판매할 수 있도록 허용했고, 시장가격을 자유화했으며, 국영상업망을 활성화하고, 물자나 상품을 구입하기 위해 기관 · 기업소에 대한 현금유통을 허용하는 조치를 취했다(박재규 편, 2007: 459-464). 적어도 제도적으로는 기관 · 기업소나 협동단체, 개인이 생산하는 상품들을 판매할 수 있도록 했다. 그러나 실제로는 국내에서 생산할 수 있는 조건이 형성되어 있지 않아서 대부분의 상품은 외국에서 수입한 것들로 이루어진다.

북한 당국은 또한 일반주민들이 중고품이나 개인부업으로 생산한 제품을 위탁받아 판매하는 수매상점을 적극 이용하도록 권장하기 위해 수매상점들이 "수매하러 오는 사람들의 신분을 확인하거나 물건의 출처를 따지는 일이 없도록 할 것"이라고 설명하고 있다(박재규 편, 2007: 463). 이러한 지침을 내리고 있다는 것은 시장활성화가 얼마나 절박한 실정인가를 말해 준다. 함경북도 청진에서도 현재 이런 방식으로 국영상업망이 운영되고 있음을 확인할 수 있었다. 2006년 청진에 거주한 23세의 청년은 '강성무역회사'가 국영상업망에 직접 상품을 공급한다고 한다(탈북자인터뷰, 2007a). 국영상업망에서 판매하는 상품도 수리가 필요한 중고품들이 대부분으로 상인들은 국영상업망에 도매로 나온 중고상품을 구입하여 수리한 다음 시장에 내다 팔고 있다.

종합시장의 확산

2002년 7.1경제관리개선조치 이후 평양시에는 38개의 시장이 들어섰다. 재일본 조선인총연합회 기관지 『조선신보』(2003.12.24.)는 "평양시 각 구역에는 농민시장이라 불린 장마당이 대체로 하나씩 운영돼 왔는데 지금은 시장의 수가 38개로 늘어났다"며 "가까운 시일 안으로 42개로 확대될 예정"이라고 보도했다(『연합뉴스』, 2003.12.29.). 평양시는 중구역, 평천구역 등 19개의 행정구역으로 돼 있으며 그동안 각 구역별로 1개의 농민시장이 운영돼 온 것으로 알려졌다. 2003년 3월 김정일 국방위원장의 지시에 따라 농민시장을 종합적인 소비품 시장으로 확대하는 조치가 취해지고, 평양시 락랑구역에 부지면적 6,000제곱미터 규모의 통일거리시장이 시범 조성됐다.

평양시의 각 구역 행정기관이 관할하는 '관리소'의 위치에 있던 농민시장이 지금은 '국영기업소'로 격상됐으며, 기업소의 특성상 상품을 파는 국영기업소, 협동단체, 개인으로부터 시장사용료를 징수하고 있다. 현재 주민 왕래가 많은 곳에 시장건물이 들어서고 기존 시장에 대한 대대적인 보수공사도 이루어졌다. 7.1개혁으로 작업반우대제는 폐지되고 분조관리제는 그대로 유지되고 있다.

2002년 7월 1일의 개혁은 가히 혁명적이었다. 암시장 가격을 양성화하여 제도적으로 공식화하는 조치를 취하다 보니 쌀값이 500배로 인상됐다. 보통의 선진국에서는 상상할 수 없는 변화였다. 7.1개혁을 통해 화폐를 매개로 한 시장거래가 공식화되고 시장이 북한주민들의 생활에 깊숙이 자리 잡았다. 전국에 300여 개의 종합시장이 들어섰고 금융과 인력 부문에까지 시장화가 진행 중이다. 시장에 의존하는 주민들이 80~90%에 이른다. 국가의 경영능력이 현저히 떨어져 개인이나 시장제도를 활용하여 국영기업을 운영하고 있는 실정이어서 시장거래의 영역은 점점 확대되고 있다.

4. 집단아사의 충격과 트라우마

집단아사의 충격

대기근과 '고난의 행군' 시기의 재난이 남긴 또 다른 사회 변화는 정서적 · 심리적 트라우마다. 85만 명의 아사자와 수백만의 영양불량자와 병

약자의 발생은 한국전쟁 이후 또 한 번 북한사회를 완전히 뒤바꾸어 놓았다. 식량난 때문에 추가로 사망한 사람이 85만 명이지 자연사망률을 포함하면 250만 명이 넘는다. 전쟁도 아닌 시기에 이처럼 많은 사람이 무참히 죽어나갔다는 단순한 수치만으로도 그 충격이 어떠했을까를 짐작할 수 있을 것이다. 이들의 죽음과 질병의 고통을 가까이서 지켜봐야 했던 가족과 친지, 동료의 심리적 · 정신적 충격은 매우 컸다. 식량난과 기근이 처음 시작될 때만 해도 북한주민들은 국가를 신뢰하며 배급을 기다리고 있었다. 그러나 국가의 배급을 기다리다가 끝내 가족들과 동료가 죽어가는 모습을 지켜봐야만 했다. 굶주림이 지속되는 가운데 어떻게 할 도리 없이 부모와 자녀, 남편과 아내, 친지와 이웃의 죽음을 지켜봐야 했던 아픈 경험, 이런 죽음 앞에서도 자신의 굶주림을 채워야 하는 상황에서 느끼는 자괴감의 기억은 이들에게 엄청난 상처와 고통으로 남아 있다.

> 사실 처음부터 그러지는 못했다. 오로지 배급제밖에 몰라온 인민은 고난의 행군 초기 "미공급"의 충격에 맥없이 쓰러지게 되자 덮어놓고 국가에게 매여달리였다. 그런데도 인민을 등진 선군정치는 그 민중을 싸늘하게 걷어찼다. 숱한 사람이 굶어죽었다. 심지어 핵심계층이 내미는 애원의 손길에까지 묵묵부답한 권력자들은 너나없이 다 개인축재에만 열중했다. 사회에는 뻐젓이 부익부빈익빈이 판치였다. 이제는 아무도 제 나라를 사회주의국가라고 보지 않는다.(림진강 편집부, 2007: 53-54)

『자강도사람들』이라는 영화는 이 시기의 아픈 기억을 생생하게 그려내고 있다. 2000년에 제작된 이 영화는 '고난의 행군'이라는 사회적 고통을 감동적 서사로 옮겨 놓는다. 주인공이 자강도에 9개의 중소형 발전소를 세울 계획을 하나하나 이루어나가는 과정에서 자재뿐만 아니라 노동자들에게 배급할 식량마저 부족한 현실이 드러난다. 식량사정의 심각함은 노동자의 점심으로 국과 옥수수 40알이 배급되는 장면에서 극치를 이룬다. 병들거나 죽어가는 사람들도 그대로 묘사한다. 풀죽으로 끼니를 때우다 폐병에 걸려 죽는 주인공의 부인, 눈보라 속에서 대용 식량을 구하다가 얼어 죽는 후방참모, 거의 쓰러져가도록 몸에 병이 든 사람 등 기근의 실태를 적나라하게 보여 준다. 물론 이 영화가 '강계정신'을 만들어내며 자강도에서 어떻게 고난의 행군을 '성공적으로' 극복했는지 보여 주고자 했지만 당시 북한사람들이 겪었던 시련과 고난은 충분히 드러난다.

'고난의 행군' 세대와 집단 트라우마

특히 1990년대 식량난과 기근이 심각할 때 성장기를 보낸 아이들은 '고난의 행군 세대'로 불리는데, 이들을 바라보는 가족과 사회의 아픔도 크다. 1990년대 출생 세대, 그리고 2000년대 출생자들까지도 성장기의 영양부족으로 신체발육이 이전 세대와 비교할 때 현저한 차이를 보이기 때문이다. 이들은 신체발육이 부진하여 10~20대의 평균 신장이 150센티미터가 되지 않는 사람이 많다. 북한은 2012년 3월 말부터 징집되는 북한군 신병, 즉 1995년 출생자들의 키 하한기준을 145센티미터에서 142센티미터로 낮춘 것으로 보도됐다(『동아일보』, 2012.4.2.). 1995~1999년 출생자들은 영양부족과 의료공백, 교육과 가치관의 공백에서 자란 세대로 북한에서는 '잃어버린 세대'로 지칭되기도 한다. 이러한 문제는 단지 신체의 왜소함뿐 아니라 뇌발달에도 손상을 가져와 지능장애, 정신지체를 야기할 수도 있다는 점에서 충격적이다. 1990년대의 '고난의 행군'이라는 국가적 · 사회적 재난이 북한사람들의 마음속에 큰 고통과 아픔으로 기억되고 있다.

'고난의 행군'을 고통으로 기억하는 세대들은 고난의 행군을 연상하게 하는 노래를 듣는 것만으로도 눈물을 흘리는 사람이 많다. 필자는 2002년 방북 당시 "가는 길 험난하다 해도 시련의 고비 넘으리..."로 시작되는 '동지애의 노래'를 듣고 눈물을 흘리던 북한 안내원의 모습에서 그들의 마음속에 자리 잡고 있는 상처와 아픔을 느낄 수 있었다. "고난의 행군을 락원의 행군으로 이어나가자!", "가는 길 험난해도 웃으며 가자!"라는 구호를 외치며 트라우마 극복을 위해 애를 쓰고 있으나 '고난의 행군'이라는 국가적 · 사회적 재난은 북한사람들의 마음속에 큰 상처를 남겼다(건국대 통일인문학연구단, 2012).

대개 천재지변이나 전쟁, 신체적 폭행, 대형사고 등을 겪은 후에 '영구적인 정신 장애를 남기는 충격'을 받는다. 이러한 트라우마는 특정 사건과 상황을 직접 경험한 개인에게 형성되지만 직접 겪지 않았다 하더라도 공포스러운 사건을 목격했거나 간접체험으로도 생겨난다. 북한주민들도 대규모 기아참사를 목격하면서 깊은 상실감을 느끼고 동시에 생존에 대한 두려움과 불안에 휩싸이게 되는 집단 트라우마를 경험했다. 엄청난 기근과 재난을 겪으면서 한편으로는 생존의지가 발동하여 어떻게든 혼자라도 살아남아야 한다는 의지가 강해졌으나, 다른 한편으로는 삶의 회의와 상실감, 분노로 바뀌어 심리적 · 정서적 장애를 입었다.

5. 취약해진 사회복원력

재난대응 능력

북한의 재난문제를 다룰 때 중요한 것은 재해와 기근이 얼마나 심각했는가도 중요하지만 그것을 어떻게 처리하고 관리했는가 하는 대응역량과 복원력이 더 중요하다. 홍수와 가뭄으로 심각한 기근이 발생하여 많은 사람의 목숨을 앗아갈 수는 있다. 그러나 그 사회의 제도와 관리능력이 미비하고 복원력이 없으면 그 재난은 그야말로 더 큰 재앙으로 이어진다. 사회의 취약성과 복원력은 마치 건물의 내진설계와 같다. 건물의 내진설계가 잘 되어 있으면 지진의 큰 흔들림에도 건물이 잘 유지되고 큰 피해로 이어지지 않는다. 재난대응과 관리능력이 떨어지는 사회는 작은 재해에도 엄청난 피해를 초래하게 된다. 북한이 1990년대에 많은 인명피해를 입으며 대재난을 초래했던 이유는 당시 북한사회가 재난을 관리할 능력과 복원력이 매우 부족했기 때문이라 할 수 있다. 일반적으로 북한의 체제내구력(sustainability of the system)은 어느 정도 유지되고 있지만 자원의 부족과 경제력 취약, 그리고 사회주의 제도의 경직성 등으로 재난대응 능력과 복원력이 현저히 약한 것이 사실이다.

2000년대에 들어 1995~1996년의 대홍수 같은 피해가 자주 발생했음에도 심각한 재난으로 확대되지 않은 이유는 그만큼 북한사회의 재난대응에 대한 취약성과 복원력이 보강됐기 때문이다. 2002년 7.1조치로 경제제도를 제한적으로나마 개혁했고 사회 통제력을 강화하는 한편, 대외원조와 구호를 적절히 활용하는 노하우를 터득한 것이다. 2007년 8월에도 1995년에 버금가는 홍수피해가 있었지만 1990년대와 같은 재난으로 심화되지는 않았다. 이런 점에서 북한이 재난을 극복하기 위해 실시한 구호 · 지원 활동을 살펴볼 필요가 있다. 북한은 1995년 8월 홍수피해를 입자마자 처음으로 유엔에 구호와 지원을 요청했다. 자주와 폐쇄의 노선을 견지해 온 북한이 그러한 요청을 하리라고는 전혀 예상치 못했다. 이 때문에 북한의 구호 요청은 국제적 관심을 불러일으켰으며 북한의 이러한 행보를 두고 북한이 외부의 식량지원을 받기 위해 의도적으로 피해를 과장했다는 의혹이 일기도 했다. 이러한 국제구호 활동이 반복되면서 국제구호 체계가 형성됐고 2000년대에 들어서는 북한은 긴급구호와 대외원조를 적절히 활용함으로써 심각한 재난의 피해를 방지할 수 있었다.

물론 북한 당국의 이러한 의도가 얼마나 설득력 있게 영향을 미쳤는지는 다른 문제다. 북한의 식량난과 경제적 어려움이 왜 발생했는가를 묻는 질문에 1998년에는 38.6%가 자연재해를 꼽아 압도적으로 높은 비중

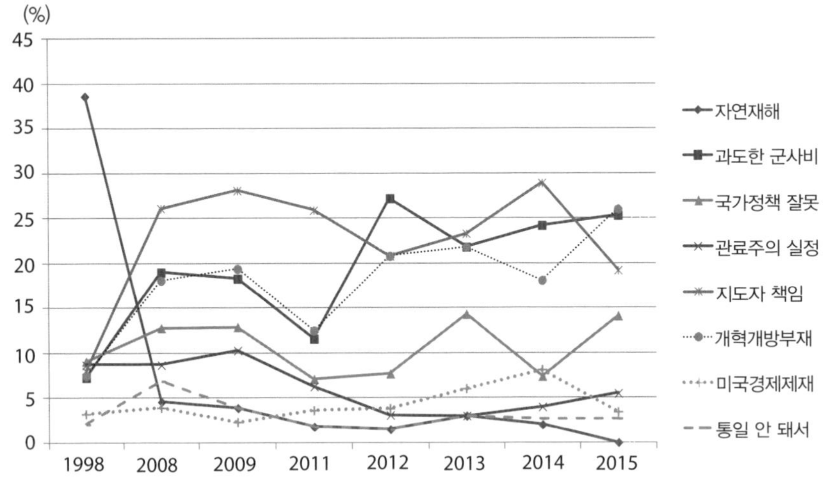

〈그림 8-1〉 경제침체의 원인

을 차지했다(강정구 · 법륜, 1999: 200). 이런 조사결과로 보면 고난의 행군 당시에는 북한주민들의 상당수가 이상기온과 홍수 등 자연재해가 기근을 초래했던 것으로 인식하고 있었음을 알 수 있다. 이런 점에서 보면 고난의 행군 재난은 자연재해로 촉발됐다는 것이 객관적인 사실일 가능성이 높고 북한 당국의 정당화 논리가 북한주민들에게 설득력 있게 전달됐던 것으로 보인다. 하지만 〈그림 8-1〉에서 볼 수 있듯이 2000년대 이후에는 북한의 경제난과 기근이 자연재해에 기인한다는 응답이 현저히 줄었으며 2008년에는 4.6%, 2015년에는 전혀 발견되지 않았다. 또한 기근과 재난이 미국의 경제제재 때문이라는 응답은 3.2%(1998년) 혹은 3.9%(2008년), 3.4%(2015년)밖에 되지 않는다는 점에서 북한의 경제난과 기근이 미국의 경제제재 때문에 심각해졌다는 데 대해서는 처음부터 정당성이나 설득력이 없었던 것으로 보인다(강정구 · 법륜, 1999: 200; 송영훈 · 김병로 · 박명규, 2014: 96).

복원력의 두 가지 위협요인

1998년과 1999년의 식량난민과의 면담보고서의 통계자료에 의하면 식량난의 책임을 지도자(김정일)에게 돌리는 비율이 8.0%로 그리 높지 않은 편이었다. 그 시기로부터 10~15년이 지난 2008년, 2014년의 조사에서는 지도자의 책임이라고 생각하는 비율이 25~30%대로 높아졌다. 그러나 탈북자가 아닌 북한의 내부거주민들을 대상으로 의식조사를 해보면 상당한 차이가 있음을 알 수 있다. 탈북자 조사에서는 북한 경제침체의 원인을 "지도자 때문"이라는 응답이 28.9%로 가장 많았으나, 내부주민 조사에서는 "지도자를 포함한 정치적 문제 때문"이라는 응답이 17%로 나왔다. 이뿐만 아니라 2015년의 조사에서는 탈북자 조사에서도 다시 19.2%로 낮아졌다.

한편, "과다한 군사비 지출 때문"이라는 응답이 28%로 가장 많았고, "간부들의 관료주의 때문"이라는 응답이 22%로 두 번째를 차지했다(강동완 · 박정란, 2014: 351-375). 즉 내부주민들은 북한이 공식적으로 내세우고 있는 "과도한 군사비 때문"이라는 데 많은 공감을 표시하며 지도자(김정은 제1위원장)의 책임과 같은 정치적 문제를 지적하는 데 주저한 반면, 탈북자들은 지도자의 책임을 더 많이 지적했다. 탈북자 조사와 북한 내부거주민 조사가 통일의식이나 주변국 인식 등 대부분의 의식에서 별다른 차이가 발견되지 않는 반면, 김정은 제1위원장에 대한 직접적인 비판이나 남한발 안보불안과 같은 대남위협인식 등 몇 항목에서만 차이가 나타난다.

과도한 군사비 지출과 관료주의가 체제의 복원력을 심각하게 훼손하는 한편, 현저히 하락한 주민의 삶의 질도 체제의 복원력을 약화시키는 요인으로 작용하고 있다. 북한 중앙통계국이 2009년 12월 유엔에 비공개 제출한 북한의 인구센서스 보고서에 의하면, 2008년 기준 북한의 인구는 2,405만 2,231명이며, 60.6%가 도시에 거주하고 39.4%는 농촌에 거주하여 남한(6.8%)과 비교하면 북한의 농가인구 비율은 대단히 높다(DPRK Central Bureau of Statistics, 2009: 18). 1993년 센서스와 비교해 보면, 출산율은 인구 1,000명당 21명에서 20명으로 다소 떨어졌으나 사망률은 14명에서 19명으로 오히려 늘어났다. 그 결과 평균 기대수명도 72.7세에서 69.3세로 떨어졌고 특히 산모사망률은 출산 10만 명당 54명에서 77명으로 30%나 급증했다. 상수도를 통해 식수를 공급받고 있는 비율은 전체 가구의 85%이며, 개별 수세식 화장실을 갖추고 있는 비율은 58%로 35%의 가구는 여전히 재래식 화장실을 이용하고 있다. 난방연료로 석탄을 이용하는 가구가 47%, 나무를 사용하는 가구는 45%이며 특히 농촌의 경우에는 약 75%의 가구가 나무를 난방과 취사연료로 사용하고 있다.

북한은 '고난의 행군'을 통해 극심한 식량난의 고비는 넘겼지만 기아현상의 지속으로 말미암아 사회의 통합력은 식량난 이전보다 크게 떨어졌다. 북한의 경제침체와 식량난은 현 상황에서 사회의 통합력을 약화시킬 수 있는 체제의 가장 큰 위협요인임에 틀림없다. 중앙배급체계가 부실해져서 기본적인 체제가 약화됐음은 물론 장기화된 경제난과 암시장의 형성으로 노동자들이 생산량을 조작하거나 비리와 부조리를 자행하는 등의 사회경제질서 문란행위가 늘어났다. 이와 함께 식량구입을 목적으로 한 국경출입이 빈번해졌으며 이에 따른 북한주민의 중국 등으로의 탈출도 늘어났다. 북한 당국은 식량난 및 이념약화에 따른 사회일탈행위를 단속하기 위해 강력한 사회통제를 실시하고 있으나, 주민들의 사상의식 및 사회기강이 해이해지고 탈북자들이 증가함으로써 동요계층은 점차 늘어나고 있다. 정부 당국의 경제적 능력이 상실된 상황에서 행정기관과 간부들에 대한 주민들의 불만과 현실에 대한 비판의 목소리가 점점 높아지고 있고, 특히 청년지식인층의 사회일탈 및 정치사회적 움직임은 전통적인 북한사회의 통합능력을 이완시키고 있다.

제9장

분절적 시장화와 계층구조의 변화

1. 시장과 체제변혁

사회주의에서의 시장

일반적으로 시장화가 진전되면 사회변혁이나 체제전환의 촉진 효과가 있을 것으로 예상한다. 시장이 확산된다는 것은 주민들이 국가의 보호막에서 벗어나 각자 자신들의 생존을 강구하는 삶의 방식이 강화됨을 의미하며, 이러한 현상이 지속되면 주민들은 경제적 · 심리적으로 국가의 통제에서 벗어나 독립적 공간을 갖게 된다. 이 독립적 공간에서 사람들은 대안적 담론과 비판의식을 형성함으로써 사회변혁 혹은 체제전환을 촉발하는 사회적 역량을 축적하게 된다. 특히 사회주의 체제에서 시장은 국가계획으로부터 독립된 영역인 제2경제로 존재하여 사회주의 계획경제를 위협하고 변혁시키는 강력한 기제로 작용한다. 구소련이나 동유럽 사회주의 체제붕괴 과정에서도 시장의 확산이 체제비판과 민주주의 의식을 고양하는 데 결정적인 역할을 했다.

시장화가 진전된다는 것은 경제활동의 중심축이 '계획'에서 '시장'으로 전환되면서 기존에 계획을 전제로 설정됐던 모든 사회적 질서가 시장을 중심으로 재편된다는 것을 의미한다(이석 외, 2009: 9). "상품으로서 재화 및 서비스의 교환 및 판매가 이루어지는 추상적인 범위나 영역"을 시장으로 규정한다면, 시장의 활성화는 상품유통과 자본, 노동의 자유로운 교환과 거래를 증진시킬 것이다. 북한에서도 지난 10~15년 동안 시장화가 진전되면서 조중국경 왕래가 많아지고 남한을 포함한 외부세계의 정보와 문화의 유입이 활발해졌다. 이처럼 시장의 확대는 상품과 자본, 노동의 교환과 거래를 촉진하며 기존 계획경제의 질서를 재편하게 된다. 이른바 '비공식화가설'(Informalization Hypothesis) 즉 사회주의 경제발전에 따라 시장 또는 비공식 부문의 비중이 점차 증대하는 경향이 있다는 가설에 따르면 시장의 확대는 계획을 전제로 기획된 사회주의 질서를 무력화하고 새로운 시장적 질서로 대체할 가능성이 매우 높다(이석 외, 2009: 10).

시장화의 과정에서 중요한 것은 시장활동을 통해 학습하고 형성하는 의식과 태도의 변화다. 시장은 기본적으로 자본, 상품, 노동의 자유로운 교환과 거래를 바탕으로 운영되며 특히 특정 지역의 경계를 넘어 지역간, 국가 간 자유거래를 근간으로 운영된다. 이 과정에서 자연스럽게 거래망을 중심으로 새로운 사적 담론의 네트워크가 생겨난다. 타 지역과 국외에서 물건을 반입하는 사람과 시장에서 장사하는 사람, 그리고 도매와 소매상 등 상품을 매개로 하는 네트워크가 형성된다. 이러한 상품 유통망은 여전히 비합법적인 부분이 많은데 이러한 네트워크는 개인적인 연고로 유지되므로 은밀성을 띠면서 강한 연대감을 동반할 가능성이 크다(이우영, 2008: 167-168).

북한 시장화의 평가

그러나 시장화가 진전됨에도 북한에서는 그 효과나 파급력이 아직까지 가시화되지 않은 것으로 관찰되고 있다. 시장을 이용하는 주민들이 압도적 다수를 차지하고 있고 국가경영의 상당 부분을 시장거래에 의존하고 있음에도 정치사회적 독립공간을 확보하지 못하고 있는 것이 북한의 현실이다. 오히려 2006년 이후에는 국가가 시장거래를 축소하고 계획부분을 강화하는 조치를 취하기도 했다. 시장화의 진전에도 불구하고 정치사회 비판과 관련한 어떤 현상도 나타나지 않고 탈냉전 이후 지난 25년 동안 체제붕괴를 촉발하는 비판의식이나 사회세력의 형성이 거의 발견되지 않는다. 북한의 시장화 현상을 연구하는 대부분의 연구자들도 북한의 시장화가 아직 정치적으로 의미 있는 체제변혁적 요소를 수반하지 못한 것으로 평가하고 있다.

시장화를 통해 사회적 세력이 형성되지 못하는 이유로 당과 보안부서 등 국가 통제기구의 압도적인 작동과 선전선동의 효과가 거론되곤 한다. 북한사회는 당과 인민반, 보안기구에 의해 3중적 통제를 받는 것이 사실이고, 사회주의 체제의 속성이 정보차단을 통해 주민들을 통제하는 제도인 만큼 엄격한 통제를 통해 정치적 비판의식을 억제하고 있다고 할 수 있다. 시장에 의해 형성된 시민사회적 관계망이 주민들의 비판의식으로 발전하는 것을 차단하고 설사 비판의식을 가졌다고 하더라도 행동으로 옮길 수 없기 때문에 체제전환이나 사회변혁을 촉발할 계기가 형성되지 못하는 것으로 설명된다.

이러한 분석이 전적으로 잘못된 것은 아닐 터이나, 북한의 시장화가 정치적 비판의식을 촉진하지 못하는 이유를 보안기구의 통제력 때문으로만 설명하는 것은 현상을 너무 단순화한 것이 아닌가 하는 생각이 든다. 물론 기본적으로 국가통제가 높은 수준으로 작동하여 시장을 압도하며 제압하고 있는 것은 사실이다. 그러나 국가의 통제력이 어떻게 작동하고 있는가에 대한 좀 더 구체적인 분석과 설명이 필요하다고 생각된다. 그중 하나로 북한의 통제방식이 지역별로 자력갱생을 추구하는 시스템이라는 점을 착안한다면 지역별 자력갱생 체제가 시장화의 확산을 근본적으로 제한하고 있는 것은 아닌가 하는 것이다. 북한이 전국단위의 중앙경제를 사회주의 체제로 유지하고 있으면서도 지역단위에서는 오랫동안 자립적인 생산과 소비 구조를 갖추고 자력갱생을 지향해 왔다는 사실을 주목해 볼 필요가 있다.

이러한 북한체제의 특성을 고려하면 북한의 시장화가 매우 활발하게 진행되고 있으나 일정한 지역 범위에서만 이루어지고 지역과 지역 간 소통과 거래가 차단된 채 분절적으로 진행되고 있을 것으로 추론된다. 각 지역에서는 시장거래가 활발하고 주민들의 시장의존도도 높지만 그 효과가 지역단위를 넘어서지 못하는 구조를 갖고 있기 때문에 시장의 확산이 정치사회적 파급효과를 만들어 내지 못하고 있는 듯하다.

2. 분절적 시장화

지역자립체제 유지를 위한 도구

제1장에서 상술한 바와 같이 북한은 지역자립체제를 유지하고 있다. 이 구조 속에서 시장은 지역자립체제를 유지하기 위한 유용한 기제로 활용되고 있다. 중앙정부가 국가공급을 책임질 수 없는 상황에서 시 · 군(구역)별로 생존을 유지하기 위한 자구책으로 시장을 도입한 것이다. 지역자립체제는 전쟁과 같은 비상시를 대비한 생존전략으로 추진한 것이어서 식량난 이전에는 실질적으로 작동할 필요가 없었다. 그러나 식량난이 악화된 1995년부터 중앙정부의 공급을 중단하고 지역별 자급자족 체제를 현실화할 필요성이 커졌다. 국가의 배급이 중단되고 '고난의 행군'을 기

치로 지역자립체제를 가동한 시기를 1995년으로 본다. 정확히 1995년 어느 시점인지는 명확하지 않아 그해 여름에 발생한 홍수 피해 이전인지, 이후인지에 대해 논란의 여지는 있다. 아무튼 이 새로운 체제에 적응하지 못한 수많은 사람들이 굶주림으로 사망했다.

1998년 9월 김정일 정권이 공식 출범하고 2002년 7.1조치를 취하면서 시장을 지역자력갱생의 도구로 적극 활용했다. 2003년 5월 5일의 종합시장 운영에 관한 내각지시에 의하면, 종합시장은 시 · 군 단위에 1개 이상씩 설치하도록 되어 있다. 기존의 농민시장을 종합시장으로 확대 · 개편하면서 공산품 거래를 허용하는 종합적 상품유통 공간으로 지정했다. 대도시에는 대규모 종합시장을 신설하고 시, 군, 구역에는 규모에 따라 시장을 확장하거나 신설했다. 그 결과 전국에 300개가량의 시장이 종합시장으로 기능하게 됐다. 지역자립체제를 유지하기 위해 전국적으로 동일한 형태의 시장을 시 · 군 · 구역에 고르게 배치한 것이다.[1]

시장의 활성화를 위해 각 지역별로 시장관리소를 신설하고 상업관리소가 담당하던 시장업무를 이관했다. 북한의 유통망은 평양과 각 시도에 설립된 국영상점망이 주를 이루면서 협동농장의 구판장 등 협동단체상업망과 개인부업으로 텃밭에서 생산된 농산물 등을 주민이 직접 판매하는 농민시장 등이 보조역할을 하고 있다. 상업유통 구조면에서 보면 북한은 주민들로 하여금 백화점, 종합상점, 직매점, 리상점, 협동농장 상점 등에서 곡물을 제외한 잡화, 의류, 식료품, 공산품 등을 직접 구매할 수 있게 하고 있다. 백화점, 종합상점, 직매점, 리상점, 협동농장 상점 등 소매점은 북한주민의 생활용품들을 구입하여 판매하고 있는 상업의 기본단위다. 도매기업소가 상품의 공급계획에 따라 생산기업소로부터 상품을

---

1 2015년 현재 360~400여 개의 시장이 전국에 분포되어 있으며, 평양시 각 구역에는 2개씩의 시장이 들어서 있는데 1개의 시장에 1만 5,000명의 상인이 매대를 운영 중이다(이정호, 2015).

확보하여 소매기업소(소매점)에 공급하면 소매업소는 연간 · 분기별 주문을 접수하여 배정된 상품을 공급하게 된다. 따라서 개인은 물론 국영기업소, 협동단체들도 시장에서 상품을 팔 수 있도록 이용범위가 확대됐고, 시장관리소가 신설되어 시장상업유통이 국영상업유통을 대체하는 상황이 됐다(한국정책금융공사, 2010: 682-683). 종합시장에서는 매대를 개인이나 협동단체 혹은 기업에 임대하여, 적어도 제도적으로는 기관 · 기업소나 협동단체, 개인이 생산하는 상품들을 판매할 수 있도록 했다(통일연구원, 2005: 32; 김영윤, 2006: 104).

이러한 모든 제도화 조치들은 지역 안에서 시장의 작동을 극대화하기 위한 장치들이다. 그러나 국내에서 생산할 수 있는 조건이 형성되어 있지 않아 자본거래나 상품유통이 거의 없는데다 지역 간 교환이 자유롭지 못해서 시장은 지역단위에 머무를 수밖에 없다.

정부기관의 독점

그런데 심각한 문제는 지역 간 거래를 대부분 정부기관이 장악하고 있다는 점이다. 중앙 상업지도기관은 국가계획기관으로부터 상품총량을 넘겨받아 상품을 도(직할시)별로 분배하며 도(직할시) 정권기관은 운수기관과 체신기관의 도움을 받아 그것을 시(구역) · 군별로 분배한다(국가정보원, 2010: 758-771). 또 공식적으로 소매시장에 상품을 넘겨주는 도매시장의 설치 · 운영이 별도로 규정되어 있다. 도매시장은 국영기업소, 협동단체에서 생산하여 시장에 내보내는 제품, 무역회사들의 수입상품, 개인들로부터 수매한 물품을 소매단위에 넘겨주는 기능을 수행한다. 북한은 2005년 6월부터 각지의 공장과 기업소, 협동농장, 탄광, 광산에서 필요로 하는 각종 자재를 외국에서 수입, 공급해 주는 역할을 하도록 '수입물자교류시장'을 설치했다(임강택, 2009a: 142). 무역성 산하의 '조선중앙수입물자교류총회사'의 경우 각 도 인민위원회 소재지, 남포항, 송림항, 원산항, 청진항 등 주요 항만과 국경에 지사와 창고를 두고 운영하고 있다.

정부기관은 대외무역과 같은 국가 간 거래도 독점하고 있다. 북한은 내각의 각 성이나 위원회, 도 행정기관들이 무역회사를 두고 각 부문별로, 지방별로 수출입 활동을 하도록 되어 있다. 이른바 대외무역의 분권화라는 명분으로 중앙과 지방의 국가기관이 무역을 담당한다. 로동당, 인민무력부 등 권력기관은 각 부서별로 무역회사를 독자적으로 운영하고 있으며 로동당 39호실은 자체의 은행을 보유하고 있다. 내각의 각 부서는 모두 무역회사를 거느리고 있으며 이러한 무역회사가 수천 개에 달할 것으로 추정되고 있다(임수호, 2008: 149). 무역회사들은 지역별로 자회사를 두고 운영하며 수입한 상품을 지방으로 유통시킨다. 무역회사들은 특정 지역단위에서 운영되기도 하지만 대개는 전국적 단위로 유통망을 구축하고 있다. 국가계획위원회는 무역기관들의 수입의 품목과 수량, 가격 등 '와꾸'를 결정하는 권한을 행사한다.

2002년부터는 국가예산의 징수책임을 각 부문별 중앙기관에서 지방정권 기관으로 변경하고 지방예산제를 강화했다(김영윤, 2006: 82). 북한의 경제는 중앙기업과 지방기업으로 구분되며 국가차원에서는 중앙기업을 운영하고 지방기업은 지역단위에서 자율적으로 운영하면서 중앙정부의 예산도 일부분 지원하도록 요구받고 있다. 이러한 구조에서 국가차원에서는 중공업과 군수산업 등 중앙산업을 통해 국가예산을 확보하며 지방으로부터 일정부분을 지원받는다. 인민들의 생활과 소비는 지방단위가 주체가 되어 지방에서 전적으로 책임을 지는 형태로 운영된다. 지방산업은 중앙정부로부터 원료나 자재를 공급받지 못하기 때문에 자력갱생 원칙으로 운영된다. 자력갱생의 원칙은 곧 시장메커니즘을 의미한다.

분절화된 시장화: 지역 간 시장거래의 단절

이 같은 조치로 지역 내 시장영역은 급속도로 확산되고 있고 지역 내 주민들의 경제활동에는 절대적인 영향을 미치고 있으나 시장의 기능은 지역적 범위로 제한되어 있으며, 지역 간 이동을 근간으로 하는 전국적 범위의 통합적 시장을 형성하는 데는 한계가 있다. 이러한 북한 시장화의 특징을 한마디로 표현하면 분절화된 시장화(marketization with segmentalization) 혹은 분절적 시장화(segmentalized maketization)라 할 수 있다. 즉 시장의 확산이 시 · 군(구역) 안에서만 이루어지며 지역 간 시장거래는 단절된 채 진행되고 있다는 점이다.[2] 따라서 탈북자 면접조사나 북한의 특정 지역의 사례를 바탕으로 북한에서의 시장 역할과 기능을 과대평가하는 것은 주의할 필요가 있다. 시장거래와 유통이 지역단위에서는 매우 활발하게 진행되고 있으나 그것은 어디까지나 시 · 군 · 구역 내에서 이루어진다는 사실을 간과해서는 안 된다.

이러한 시장화 현상을 '시장사회주의'로 평가하기도 하는데 시장사회주의는 사회주의 계획경제가 사회주의 시장경제로 전환되는 중간단계로, 계획과 시장이 공존하는 분권적 사회주의 체제라고 볼 수 있다(서재진, 2004b: 139-143). 북한은 실제로 중앙집권 기능이 부실화되고 계획과 통제가 와해되면서 분권과 시장, 자율이 작동하는 시장사회주의 체제로 변화하고 있다. 이러한 분석과 관찰은 바로 분절화된 시장화의 특징들을 드러내 주는 연구라 할 수 있다. 이런 관점에서 보면 북한은 경제난이 심화될수록 오히려 지역자립체제의 골간을 유지하며 지역주민들의 생존을 위해 분권과 시장을 강조할 것이다.

북한에서의 분절화된 시장화는 철저히 지역주민들의 노동력과 개인자본을 동원하여 지역경제를 활성화하고 체제를 지탱하고자 하는 대중

2 분절적 시장화는 지역적 요인에만 국한되지 않고 계층별로도 분절적 시장화 현상이 나타나고 있다. 평양과 대도시에서 중앙정부와 중앙산업이 관할하는 영역에서 특수계층을 대상으로 한 백화점과 외화시장이 형성되어 있는가 하면, 일반주민들이 이용하는 종합시장과 소규모 시장들이 엄격히 분리되어 있어 계층에 따른 분절적 시장화도 진행되고 있다.

동원적 성격이 강하다. 지역단위로 자력갱생을 해야 하는 상황에서 시장은 지역주민들의 생존과 지역경제를 책임지는 중요한 수단으로 활용됐다. 이러한 북한식 시장화는 계획경제의 틀을 유지하는 가운데 개혁적 정책 없이 진행되고 있다는 점에서 크게 보면 헤이즐 스미스(Hazel Smith)가 지적한 '자유화 없는 시장화'(markctization without liberalization)라 할 수 있다(Smith, 2002). 이러한 시장화는 시장경제에 대한 좀 더 근원적인 제도개혁을 강구하지 않고 시장기재를 대중동원적 수단으로만 활용하려는 특징을 보여 준다.

3. 북한 사회계층에 대한 논의

계층화: 사회주의 평등가치의 훼손

사회주의 체제를 지탱하는 핵심가치와 질서는 계층구조에 잘 나타나 있다. 자본주의 체제가 자유와 경쟁의 이념적 토대 위에 형성됐다면 사회주의 체제는 평등과 계획이라는 핵심가치를 기반으로 구축됐다. 북한도 다른 사회주의 체제와 마찬가지로 자본주의를 '빈익빈 부익부'의 불평등 체제로 규정하고 평등의 가치를 핵심적으로 내세우고 있다. 그 핵심기저에는 착취계급을 청산하고 반동세력을 진압하여 모든 집단의 계급적 차이를 없애 평등사회를 건설한다는 이데올로기가 강하게 자리 잡고 있다. 이런 점에서 사회주의는 평등을 핵심가치로 하는 계급정책에 의해 정당성을 부여받는다. 물론 이러한 평등의 가치에 대한 강조는 상대적인 것이며 사회주의 사회에서도 불평등은 여전히 존재한다. 사회주의 사회에서도 혁명 이전의 출신성분과 계급에 의해 다양한 차별이 자행됨은 물론, 간부와 인민 사이에 신분적 · 기능적 차별화가 발생하며 권력과 부, 위신 등 정치 · 경제 · 사회적 자원이 평등하게 분배되지는 않는다.

그런데 사회주의가 지향하는 평등의 가치는 대개 개혁 · 개방과 시장 체제로의 전환을 시도하면서 근본적으로 훼손되기 시작한다. 사회주의 체제는 경제의 비효율성이 커지고 성장의 한계에 부딪히면서 정권과 체제 유지를 위한 방책으로 시장체제를 도입하게 된다. 시장의 도입은 평등을 핵심가치로 내세우던 사회주의 체제의 계급구조를 근본적으로 변화시킨다. 국유 내지 협동 소유의 형태로 되어 있던 집단적 소유방식을 새로운 사적 소유구조로 전환해야 하는데, 이 과정에서 새로운 기업가 집단이 형성되는 것은 필수불가결한 현상이다(조한범, 2005: 58-66). 이 새로운 집단의 형성은 필연적으로 기득권 집단과 이해관계가 충돌하는 사회적 갈등을 유발한다.

사회주의 체제전환 내지 체제개혁 과정에서 발생하는 계층구조의 변화에 관한 경험적 연구는 많지 않으며 아직 일반화할 수 있는 상황은 아니다. 그러나 대체로 점진적 변화를 추구하는 사회주의 국가들은 구체제의 기득권층이 신흥 부유층 및 기업가로 다시 등장하여 지속적인 영향력을 행사하는 것으로 나타난다. 즉 사회주의 개혁개방 과정에서 공산당 기득권층이 개혁개방의 제도적 기제들을 적극 이용하여 경제적 이익을 독점함으로써 기존의 계층구조가 크게 바뀌지 않고 지속된다(조한범, 2005: 59). 그렇다면 북한에서는 시장화로 인해 계층구조가 어떻게 달라지고 있는가?

북한의 계층구조

계층이란 일반적으로 사회의 구성원들이 행사하는 권리나 기회, 그리고 그들이 향유하는 보상이나 특권에서 나타나는 차등화의 구조화된 유형이라고 할 수 있다. 간단히 말해 서로 다른 집단들 간의 구조화된 불평등이라 할 수 있다. 계급(class)이 공통된 경제적 자원을 가진 사람들의 큰 집단으로 일반적으로 사회경제적 지위(socioeconomic status)와 유사한 의미로 정의되는 데 비해, 계층(strata)은 경제적 자원뿐만 아니라 권력이나 명예와 같은 불평등 자원을 담아내는 포괄적 개념으로 사용한다(Duberman, 1976: 56). 따라서 사회계층은 정치적 · 경제적 · 사회적 자원을 가진 실체적 집단으로서의 계급을 포함하는 포괄적 · 추상적 범주를 지칭한다. 상층, 중간층, 하층의 세 범주로 구분하는 계층 안에는 자본가, 사무원, 노동자, 관료, 상인 등 여러 계급이 포함된다.

북한의 계층구조에 대한 분석은 매우 중요함에도 불구하고 연구가 제대로 이루어지지 않았다. 북한의 계층구조를 파악하기 위해 가장 빈번하게 거론되는 개념은 아마도 '성분'일 것이다. 북한에서는 사회주의 계급에 기초하여 계층이 구분되는 것이 아니라 성분에 기초하여 사회적 진출과 정치활동 및 복지혜택이 차등화되는 것이 사실이다. 제2장에서 설명했듯이 북한은 주민들의 정치적 성향을 분석하기 위해 주민성분을 크게 출신성분과 사회성분으로 나누어 평가한다.

통일부의 통일교육원에서 매년 발간하는 『북한이해』는 북한이 1958년 12월 이후 몇 차례의 성분조사를 실시했고 1967년 4월부터 1970년 6월까지 주민재등록사업을 실시하여 출신성분에 따라 3계층 51개 부류로 세분화했음을 제시한다(통일교육원, 2011: 245). 이때 분류한 것으로 간주되는 핵심계층, 동요계층, 적대계층이 북한 계층연구의 기본개념으로 사용되고 있다. 통일연구원은 1990년대 중반 이후 경제난 때문에 북한이 성분분류 작업을 다시 실시하여 3계층 45개 부류로 재분류한 것으로 분석하고 있다(통일연구원, 2009a: 330-331). 주민들 가운데 상당수가 불법월경, 행방불명, 방랑, 도주 등 각종 범죄전력을 갖게 되면서 이를 고려하여 성분분류를 다시 했다는 것이다. 그 결과 핵심계층, 기본계층, 복잡계층으로 재분류하고, 핵심계층에는 혁명가 가족, 영예군인, 접견자, 영웅 · 공로자, 제대군인 등이 포함되는 것으로 해석하고 있다.

사회주의 '신계급'

사회주의 계층구조를 분석한 콘라드(J. Konrad), 게르하르트 렌스키(Gerhard Lenski), 밀로반 질라스(Milovan Djilas) 등 여러 학자들은 공산당을 중심으로 한 정치권력이 새로운 계급(New Class)으로 등장하여 불평등 구조를 심화시키고 있다고 주장한다(김병로 · 김성철, 1998: 6-20). 특히 질라스는 공산당 관료 중심의 '신계급'(New Class)은 "그들이 가지고 있는 행정적 독점 때문에 특권과 경제적 우위"를 지니는 특권계급으로 자리 잡았다고 주장한다(Djilas, 1962: 39). 이러한 이론에 근거하여 서재진(1996: 19-62; 2006: 65-107)은 사회주의 사회에서 일반적으로 나타나는 불평등 현상을 북한에 적용하여 분석했다. 그는 북한에서도 새로운 지배계급으로 로동당을 중심으로 한 정치권력 집단이 지배계급을 형성하고 있다고 주장한다. 장용석(2008)은 신지배집단으로 부상한 북한의 국가계급이 시장기제를 활용하여 이익을 추구하는 지배연합을 형성하는 과정에서 당 · 정 · 군 상층엘리트 및 사회구조에 갈등과 균열을 만들어 내는 역동적 측면을 분석했다. 전현준 · 안인해 · 이우영(1992), 이교덕 · 임순희 · 조정아 · 송정호(2007) 등의 권력엘리트에 관한 연구는 최고 권력자들의 학연과 지연, 혈연을 중심으로 형성된 특권계층의 성격을 잘 드러내 주고 있다. 그러나 시장 경제활동이 북한사회를 지배하고 있는 사회주의 이념과 혁명성의 구조를 어떻게 부식시키고 있는가를 보여 주는 데는 다소 미흡했다.

이영훈(2007), 이석 외(2009), 임강택(2009a), 김병연 · 양문수(2012) 등 경제학자들은 2002년 7.1조치 이후 진행되고 있는 북한의 시장화 실태를 본격적으로 조사했다. 이 연구들에 의하면 북한의 시장화는 매우 높은 수준으로 진행되고 있고 정부가 이러한 사적 경제활동의 확산을 통제하는 데는 한계가 있을 것으로 보고 있다. 이미 북한주민의 80%가 시장에 의존하고 있으며 국영기관을 대신하는 개인위탁경영이 서비스 분야에서는

50%를 넘어섰고 무역회사는 40%, 제조업 분야에서는 20%를 차지하고 있을 정도다(김병연 · 양문수, 2012: 125). 물론 시장활동으로 사적 자본을 축적하고 있는 집단 및 개인이 얼마나 정치적 권력을 행사하는 데 영향을 미치는지는 정확히 판단할 수 없다. 김병로(2007)는 시장화에 따라 새로 생겨나는 다양한 사적 경제활동이 빠르게 분화 · 확대되고 있으나, 출신성분으로 서열화되어 있는 북한의 계층구조를 균열시키는 정치적 영향력의 형성이나 의식화는 아직 진행되지 않은 것으로 분석했다.

북한에 시장제도가 들어선 후에 달라지고 있는 계급분화와 새로운 상인계급의 등장에 관하여는 정영철 · 고성호 · 최봉대(2005: 162-229) 및 최봉대(2008: 42-75)의 연구가 있다. 최봉대는 탈북자 20명을 심층 면접하여 북한 도시주민의 계층이동을 경험적으로 분석했다. 그에 따르면 주민들은 가족이나 친척의 권력을 동원하여 일종의 특혜를 받아 시장에서 경제적 이익을 얻는 경우도 있고, 지연이나 학연을 이용하여 뇌물을 제공하고 시장기제에 접근하여 이익을 확보하는 경우도 있다. 이와 같은 혈연적 혹은 비혈연적 연결망 자원을 동원하여 경제적으로 상향 이동하는 사람들이 생겨나고 있는 것이다. 특히 혈연적 연결망 자원이 강력할수록 사적 부문의 시장경제활동을 통해 개인재산을 증식하여 경제적 상층에 진입할 가능성이 더 높다. 나아가 시장화와 더불어 계층구조의 분화가 발생하고 있으나, 어떤 경우에도 정치적 신분체계의 상층에 속하는 권력집단과의 결탁관계가 아니고서는 경제적 계층상승을 구가하기 어렵다는 점에서 경제적 계층분화가 정치적 신분구조의 변화를 이끌어 내기에는 한계가 있는 것으로 보았다. 이 과정에서 면밀히 살펴보아야 할 부분은 북한의 정치적 신분구조를 지탱하고 있는 이념과 혁명성이 얼마나 유지되고 있느냐 하는 점이다. 이를 위해서는 한국전쟁의 피해의식과 감성을 지속적으로 재생산하고 있는 북한의 기본 계층구조를 먼저 파악하고 그 구조가 어떻게 변화하고 있는가를 살펴보아야 한다.

4. 시장활동과 계층구조의 분화

1) 사적 경제활동의 확산

사적 경제활동에 관한 탈북자 면접조사

북한주민들의 사적 경제활동 공간은 앞에서 언급한 시장화 조치 등으로 더욱 확장됐다. 서울대학교 통일평화연구원의 탈북자 면접조사 결과에 의하면 장사의 경험이 있는 탈북자가 최근 5년 동안 69.3%(2011년)에서 69.2%(2012년)로, 다시 75.9%(2013)에서 69.8%(2014), 76.7%(2015년)로 70%를 유지했다.[3] 북한주민들 가운데 시장이나 장마당에서 장사나 개인 사업을 하는 사람들이 얼마나 된다고 생각하는가 묻는 질문에 대해서는 80%라는 응답과 90% 이상이라는 응답이 가장 많았다. 80%라는 응답은 21.4%(2011년)에서 30.0%(2012년)였다가 9.8%(2013), 38.3%(2014), 30.8%(2015년)로 2013년의 조사시점에서 장사 활동이 크게 줄어든 것으로 나타났다.

장사활동이 2013년 조사 시에 대폭 줄어든 것은 김정은 정권이 출범한 2012년에 북한 당국이 사회질서를 바로잡기 위해 단속과 통제를 강화했기 때문으로 보인다. 2013년 조사에서 직장 내 생산 활동이나 수준이 회복되어 장사 활동이 상대적으로 억제된 것으로 판단된다. 그러나 2014년과 2015년에는 사회 내 여러 영역에서 다시 예년의 흐름을 되찾았고 장사활동도 정상화됐다. 농업분야 및 일반 기업소의 자율권이 확대되면서 주민들의 사적 경제활동이 다시 살아나고 있는 것으로 보인다.

이러한 흐름은 북한 당국이 최근 추진하고 있는 경제개혁 정책과도

3 서울대학교 통일평화연구원은 2008년부터 탈북자들을 대상으로 한 '북한주민의식조사'를 연례사업으로 추진하고 있다. '북한주민의식조사'에 관한 상세한 내용은 송영훈 · 김병로 · 박명규(2014), 정은미 · 김병로 · 박명규 외(2015) 참조.

〈표 9-1〉 장사경험의 유무(2008~2014)

단위: 명(%)

	2008	2009	2011	2012	2013	2014	2015
있다	168(56.8)	206(66.7)	79(69.3)	90(69.2)	101(75.9)	104(69.8)	112(76.7)
없다	112(37.8)	154(41.6)	31((27.2)	39(30.0)	32(24.1)	45(30.2)	34(23.3)
무응답	16(5.4)	10(2.7)	4(3.5)	1(0.8)	0	0	0
합계	296(100.0)	370(100.0)	114(100.0)	130(100.0)	133(100.0)	149(100.0)	146(100 0)

맞물려 있다. 김정은 제1위원장은 2012년 4월 연설에서 "다시는 인민이 허리띠를 졸라매지 않도록 하겠다"고 언급한 후 경제개발을 위한 여러 조치들을 단행했다. 이른바 '6.28방침'으로 알려진 조치로 경제관리에서의 자율성을 허용했는가 하면 2014년에는 '5.30조치'로 모든 공장과 기업소에 자율적 경영권을 부여했다. 북한은 2014년 5월 30일 로동당 중앙위원회 조직지도부와 내각 명의로 전국 각 기관과 기업소에 사회주의 계획경제 시스템에 시장 요소를 상당 부분 허용하는 지침을 전달한 바 있다(『세계일보』, 2014.9.22.; 『한겨레신문』, 2014.9.22.). 그동안 일부 기업소나 공장에서 실험적으로 시행하던 것을 공식적으로 모든 기업소와 공장에 적용하게 된 것이다. 특히 북한 전역의 모든 공장과 기업, 회사, 상점 등에 자율경영권을 부여하고 생산권, 분배권에 이어 무역권까지 원래 국가 몫이던 권력이 이관되어 공장, 기업의 독자적인 자주경영권으로 자리 잡고 있는 것으로 평가되고 있다.

최근의 북한주민의식 조사는 북한의 경제정책이 다시 활기를 띠고 있음을 가시적으로 보여 준다. 단속과 통제의 강화로 2013년 60%에 머물렀던 주민들의 사적 경제활동이 2014년과 2015년에 다시 80% 수준으로 회복됐음이 이를 증명한다. 북한주민들의 생활수준이 과거에 비해 전반적으로 향상되고 있다는 인식이 높아진 것은 북한의 경제가 호전되고 있음을 의미한다. 그러나 생활에 필요한 월 소득이 30만 원에서 50만 원, 다시 100만 원으로 급등하고 있는 현실은 경제의 호전에도 불구하고 인

〈표 9-2〉 장사 및 개인사업 인구

단위: 명(%)

	2008	2009	2011	2012	2013	2014	2015
10% 미만	0(0.0)	7(1.9)	2(1.8)	2(1.5)	1(0.8)	5(3.4)	2(1.4)
20%	3(1.0)	7(1.9)	2(1.8)	2(2.3)	4(3.0)	5(3.4)	1(0.7)
30%	13(4.4)	15(4.1)	9(8.0)	7(5.4)	10(7.5)	4(2.7)	4(2.7)
40%	11(3.7)	19(5.1)	5(4.5)	5(3.8)	6(4.5)	14(9.4)	6(4.1)
50%	18(6.1)	42(11.4)	7(6.3)	6(4.6)	23(17.3)	12(8.1)	10(6.8)
60%	26(8.8)	42(11.4)	13(8.9)	19(14.6)	**51(38.3)**	14(9.4)	13(8.9)
70%	47(15.9)	46(12.4)	14(13.4)	15(11.5)	14(10.5)	19(12.8)	25(17.1)
80%	**91(30.7)**	**108(29.2)**	**24(21.4)**	**39(30.0)**	13(9.8)	**57(38.3)**	**45(30.8)**
90% 이상	**82(27.7)**	**75(20.3)**	**36(32.1)**	**34(26.2)**	11(8.3)	19(12.8)	**40(27.4)**
무응답	5(1.7)	9(2.4)	2(1.8)	1(0.1)	-	-	-
합계	296(100.0)	370(100.0)	114(100.0)	130(100.0)	133(100.0)	149(100.0)	146(100.0)

* 진하게 표시된 숫자는 응답이 집중된 부분을 나타냄.

플레이션 때문에 주민들에게 사적 경제활동이 실질적으로 혜택이 되지 못하고 있음을 보여 준다. 더욱이 탈북자 경험을 근거로 할 때 2015년에는 54.8%가 공식월급을 받지 못하고, 이 가운데 16.4%는 장사를 통해 버는 돈도 전혀 없어서 전체 주민의 6분의 1은 그야말로 생존 자체가 불가능한 상태에 놓여 있다(〈표 9-3〉 및 〈표 9-4〉). 최소 생계비를 10만 원으로 보면 탈북자 경험을 기준으로 중하층민의 22.6%는 생계를 유지하기 어려운 처지에 있다.

적정소득과 실제소득

2014년 조사에서 "귀하는 북한에 살고 계실 때 월생활비(월소득)가 얼마 정도여야 만족할 만한 생활을 할 수 있다고 생각하셨습니까?"라는 질문에 북한돈 100만 원이라고 응답한 사람이 21.5%로 가장 많았고, 50만 원(19.5%), 30만 원(7.4%), 10만 원(7.4%)순이었다. 200만 원, 300만 원이라는 응답도 각각 5.4%, 3.4%였고, 1,000만 원이라는 응답도 3.4%나 됐다. 한 달 생활비로 적정하다는 북한돈 100만 원은 달러로 환산하면 2014년 시세가 달러당 6,000~8,000원이므로 약 130~160달러가 된다. 남한의 화폐가격으로 환산하면 15만 원 정도로 많지 않은 돈이다.

시계열로 비교하면 적정 생활에 필요한 생활비가 매년 급상승하고 있음을 알 수 있다. 2012년에는 한 달 생활비로 적정한 소득을 30만 원 정도(15.7%)라고 대답한 사람이 가장 많았으나, 2013년에는 50만 원(30.8%)이라는 응답이 가장 많았고, 2014년에는 100만 원(21.5%)이라는 답이 가장 많았다.

조사대상인 탈북자들 가운데 공식 소득이 '전혀 없다'고 응답한 사람들이 2011년과 2012년에는 각각 25.7%, 25.2%였는데, 2013년에는 51.9%로 대폭 증가했고 2014년에는 61.1%로 10% 포인트가 더 늘어났다. 그러나 2015년에는 54.8%로 다시 줄었다. 탈북자를 기준으로 볼 때, 북한의 직장에서 공식적으로 월급을 받지 못하는 사람들이 지난 3년 사이에 30% 포인트가 늘어난 것이다. 이는 북한의 공식 월급체계가 김정일 정권이 출범한 2012년 이후 심각하게 와해됐거나 빈곤층의 복지체계가 붕괴

〈표 9-3〉 공식 소득수준(2014~2015)

단위: 명(%)

소득수준	2014	2015
0원	91(61.1)	80(54.8)
1,000원 이하	13(8.7)	7(4.8)
1000~5,000원 이하	39(26.2)	52(35.6)
5,000~1만 원 이하	2(1.3)	1(0.7)
1만~10만 원 이하	3(2.0)	4(2.7)
10만~100만원 이하	0(0.0)	1(0.7)
100만 원 초과	1(0.7)	1(0.7)
합계	149(100.0)	146(100.0)

했음을 보여 준다. 그뿐 아니라 전혀 생계를 유지할 수 없는 수준인 1,000원 이하(4.8%), 5,000원 이하(35.6%)의 생활비를 받는다는 탈북자 40.4%까지 포함하면 총 95.4%의 탈북자가 공식월급을 받지 못하고 있는 상태다.

공식소득이 없는 사람들은 장사나 부업활동을 통해 비공식 소득을 올리고 있다. 장사활동에 관해서는 뒤에서 조금 더 논의하겠지만, 장사나 개인 사업을 통해 버는 비공식 소득도 전혀 없는 사람이 적지 않은 것으로 보인다. 탈북자의 경험을 기준으로 할 때 비공식 소득이 전혀 없다고 응답한 사람은 2013년 24.1%, 2014년에 22.9%로, 2011년과 2012년 17.1%, 16.5%에 비해 늘어났다. 2015년에는 다시 16.4%로 감소하여 2011~2012년 수준으로 안정됐다. 비록 탈북자를 기준으로 한 통계이지만 직장에서 받는 월급도 없고 장사나 부업, 사업으로 버는 수입이 전혀 없는 사람이 16.4%에 이른다는 사실은 북한 하층민의 생활수준이 얼마나 심각한가를 여실히 보여 준다.

월소득이 조금 있지만 그것으로 생활이 불가능한 사람들도 많다. 월소득 10만 원 이하로 응답한 사람들은 6.2%로 적지만, 50만 원 이하라고 응답한 사람들은 29.5%나 된다. 위에서 살펴보았듯이 한 달에 필요한 적정 생활비가 2013년에 50만 원, 2014년에는 100만 원으로 응답한

〈표 9-4〉 비공식 소득수준(2014~2015)

단위: 명(%)

소득수준	2014	2015
무응답	2(1.4)	-
0원	33(22.9)	24(16.4)
10만 원 이하	34(23.6)	9(6.2)
10만~50만 원 이하	43(29.9)	43(29.5)
50만~100만 원 이하	17(11.8)	36(24.7)
100만 원 초과	15(10.4)	34(23.3)
합계	144(100.0)	146(100.0)

사람들이 가장 많았는데, 한 달 생활비로 이 정도가 적정 수준이라면 10만 원은 턱없이 모자라는 액수다. 소득이 없거나 10만 원 이하인 사람을 합하면 22.6%가 되는데 탈북상황에 놓인 북한주민을 중하층민이라고 볼 때, 4분의 1에 가까운 북한의 중하층민이 생계유지에 어려움을 겪고 있는 셈이다. 한 달에 필요한 적정 소득을 100만 원으로 잡으면 100만 원을 초과하는 23.3%의 사람들만이 북한에서 정상적인 생활을 할 수 있다. 적정 소득을 50만 원으로 낮게 잡아도 52.1%의 탈북자는 북한에서 정상적인 생활이 어려운 상황이라 할 수 있다.

가장 눈에 띄는 변화는 소득이 전혀 없는 사람들이 16.4%가 존재하는가 하면 100만 원 이상을 버는 사람들이 1년 사이에 10.4%에서 23.3%로 2배 이상 늘었다는 점이다. 위의 〈표 9-4〉에서 볼 수 있듯이 10만 원 이하의 저소득층은 46.5%에서 22.6%로 절반으로 줄어든 반면, 100만 원 이하 혹은 100만 원 이상의 고소득자는 2배 이상 증가했다. 시장화가 진행되면서 전반적으로 소득수준이 향상되고 있음을 보여 준다. 한편, 시장화로 인해 빈부 간 격차는 더 크게 벌어지고 있고 빈익빈 부익부 현상도 진행되고 있다.

2) 사유화의 확대와 상인계급의 형성

7.1경제조치

7.1경제조치는 북한경제의 사유화(privatization)를 촉진시켰다. 북한은 이미 1998년 9월 5일 개정한 헌법(제22조)에서 사유화 범위를 조정했다. 즉 기존에 협동소유로 간주됐던 생산수단 가운데 고깃배, 부림짐승, 농기구(농기계는 협동소유), 건물 등을 제외한 것이다.[4] 이러한 조치는 그동안 생

4 토지, 농기계, 배, 중소공장, 기업소 등은 여전히 사회협동단체의 소유로 규정하고 있다(사

산수단으로 규정했던 부림짐승과 농기구, 고깃배, 건물 등이 이제 더는 생산수단으로서 기능하지 못하고 있기 때문이다. 따라서 법적으로는 고깃배와 부림짐승, 농기구, 건물 등은 개인이 소유할 수 있는 제도가 마련된 것이다. 현재 개인집은 건축과 매매가 허용되지만, 공동주택이나 아파트는 공식 매매가 허용되지 않는다. 그러나 주민들은 사용권을 매매하는 방식으로 거래를 하고 있으며, 앞으로 살림집이나 아파트도 개인소유로 전환될 가능성이 있다(북한인인터뷰, 2007b).[5] 1차 산업 중 어업분야에는 개인사업을 하는 사람들이 많다. 북한과 수산업 무역을 하는 조선족 상인의 설명에 의하면, 북한의 어업분야에서 고기를 직접 바다에서 잡아 올리는 '원천작업'을 하는 사람들은 주로 개인들이라고 한다(북한인인터뷰, 2007a). 개인이 생산장비가 있고 능력만 있으면 얼마든지 사업할 수 있다는 것이다. 고깃배를 가지고 개인사업을 하는 사람들이 생겨났다는 증거다. 물론 이러한 활동은 여전히 위험부담을 안고 있으나, 실질적으로 북한에서도 소상품생산경제 요소가 발아하고 있는 상황이라고 평가해 볼 수 있다(서재진, 2004b: 68-73).

운영권

사유화가 법적으로 제한되어 있는 상황에서는 국가로부터 허가를 받아 확보하고 있는 '운영권'이 실질적인 소유권 역할을 한다. 국영상점이나 국가소유의 식당을 개인이 운영하는 경우인데, 소유권은 국가에 있지만 운영은 개인이 하는 것이다. 물론 이러한 조치는 '임시로' 하는 것이라고

회주의 헌법 제22조).

5 북한의 사회과학원 법률연구실의 박사는 자동차에 대해서도 개인이 얼마든지 소유할 수도 있고 증여할 수도 있다는 견해를 피력했다. 그러나 그 자동차를 가지고 장사를 하여 남에게 손해를 끼치면 '생산수단'이 되기 때문에 그런 것은 허용하지 않는다고 한다(2005년 9월 21일~23일 중국 선양(瀋陽)에서 개최된 국제고려학회에서 북한 사회과학원 법률연구소의 한석봉, 안천훈 박사의 해석).

설명하고 있으나, 부실한 국영상업망을 무역회사에 넘겨주어 운영하도록 국가가 공식적으로 지시한 것이다. 2003년 5월 5일의 종합시장 운영에 관한 내각지시 문건을 보면, "무역성, 상업성, 도 인민위원회와 해당 기관들은 지금 운영을 제대로 하지 못하고 있는 국영상점들을 림시로 상품 보장을 담보할 수 있는 무역회사들에 넘겨주어 운영하도록 할 것이다."라고 했다. 해당 기관들은 상품을 확보할 수 있는 무역회사들을 선정하여 상점을 하나씩 맡아 운영할 수 있게 대책을 수립했다(박재규, 2007: 463). 한 개의 무역회사가 단독으로 맡아 운영하기 힘든 평양제1백화점 같은 곳은 각 층별로 여러 무역회사에 임대하여 수입상품을 판매하거나 위탁판매하도록 조치했다. 지방에서는 '돈주'로 불리는 신흥자본가들이 '국영상점'을 임대받아서 상품을 판매하는 경우가 흔하다(탈북자인터뷰, 2007b).[6] 국영상업망을 이용하는 것 외에, 회사나 공장의 마당에 상품을 들여놓고 파는 경우도 있다. 물론 이 거대한 외화벌이를 주관하는 사람은 당이나 군대, 단체의 외화벌이 기관 명의를 빌려서 하지만, 실제로는 개인이 장사를 하는 것이다. 이러한 사영화는 사유화의 한 형태로 볼 수 있다(서재진, 2004b: 73-75).

평안남도 순천의 한 공장의 경우, 750명의 종업원이 출근하여 출근부에 서명을 한 후, 100명은 공장에 남아 일하고 나머지 650명은 장사를 하러 밖으로 나간다. 공장에 남는 100명의 노동자들은 공장을 운영하기 위해서 남아 있는 것이 아니라 한 달에 1만 원을 낼 수 없기 때문에 남아 있는 것이다. 장사를 하러 밖으로 나가는 사람들은 한 달에 1만 원을 공장에 납입해야 하기 때문이다(탈북자인터뷰, 2007b).[7] 직장에 남는 노동자

6 국영상점은 1개 동마다 있거나 2~3개 동에 1개씩 있는데, 식료품, 공업품, 농산물, 물고기 상점 등 4개의 상점이 기본으로 되어 있다. 장사하는 사람들은 국영상점에 들어와 있는 중고제품들을 사다가 자기가 고쳐서 시장에 내다 판매한다.

7 2002년 무렵에는 공장, 기업소에 납입하는 금액이 300원, 800원 정도였다(서재진, 2004b: 70-71).

들은 부분적으로 공장을 운영하여 생산품 중 일부를 국가에 납품하고 남는 것은 자체 배분한다. 자체 배분을 받으면 노동자들은 물품을 시장에 팔아 생계를 유지한다. 시장에서 매대를 갖고 장사를 하려면 '시장사용료'와 '국가납부금'을 내야 하는데, 전자는 이른바 자릿세, 후자는 소득세에 해당한다고 볼 수 있다(이승훈 · 홍두승, 2007: 68). 500원 정도의 저렴한 장세도 있지만, 공업제품을 판매하려면 하루에 2,000~3,000원 정도는 내야 한다.

이러한 개인기업들은 국가와 긴밀한 관계를 맺고 있다. 당과 국가보위부 등 국가 권력기관은 물론 무역성, 상업성, 체육성 등 내각 산하 각 기관들은 자체운영에 필요한 재정을 충당하기 위해 직접 생산과 유통 활동에 참여한다. 산하에 무역회사를 설립하여 직접 무역을 하는가 하면 중국과의 합작 형태로 음식점과 문화산업 등에 진출하여 외화를 벌어들인다. 이 과정에서 국가가 돈이 없으므로 나라를 유지하기 위한 묘책으로 개인이 소유하고 있는 자본을 동원하기 위해 시장 기제를 활용한다고 볼 수 있다. 개인사업이 공식적으로는 허용되지 않아 개인이 단체나 기관의 명의를 빌려 회사를 운영한다(조선족인터뷰, 2007a). 김병연 · 양문수(2012)의 조사에서 밝혀진 바와 같이 북한은 제조업의 20%, 무역의 40%, 서비스업의 50%를 개인위탁경영 방식으로 운영하고 있다. 이러한 개인위탁경영의 형태는 최근 몇 년간 큰 변화 없이 지속되고 있는 것으로 평가되는데, 개인위탁경영 같은 기존에 형성된 사적 경제활동을 전문적으로 하는 계층이 형성되고 있는 것으로 볼 수 있다.

전업상인의 등장

새로운 상인계급이 등장하는가를 알아보기 위해 장사를 전업으로 하는 규모가 어느 정도 되는가를 살펴보았다. 서울대 2012년 조사에 의하면 장사를 하는 사람들은 노동자, 농민, 사무원, 전문가, 학생, 군인 등 직업을 막론하고 대부분 부업형태로 장사를 하고 있으며, 장사를 전업으로 하고 있는 사람들은 전체 조사대상자 130명 중 15명으로 11.5%를 차지했다 2011년에는 총 102명의 응답자 가운데 11명이 장사를 전업으로 했다고 응답하여 10.8%를 기록했다. 탈북자 표본이 북한주민의 인구사회학적 구성비를 정확히 반영하는 것은 아니지만, 탈북자 표본을 기준으로 보면, 적어도 북한주민의 약 10%가 장사를 전업으로 하는 새로운 상인계급으로 자리 잡았을 것으로 판단된다.

사적 경제활동이 정치적 신분과 관련이 있는지 알아보기 위해 장사 경험의 유무가 당원과 비당원의 변수에 따라 차이가 있는지 살펴보았다. 2012년 조사대상자 총 106명 가운데 당원이 11명, 후보당원이 1명, 비당원이 94명이었는데, 장사경험이 있는 사람은 당원 가운데 63.6%(7명), 비당원 가운데는 71.7%(76명)로 전체의 평균과 큰 차이가 없었다. 북한에서 당원이 직접 장사에 나서기는 쉽지 않을 것으로 보였으나 그러한 차이가 발견되지 않았다. 그러나 장사를 전문적으로 하는 사람들 중에는 당원이 전혀 없었다. 2011년에 장사를 전업으로 하는 11명 모두 비당원이었으며, 2012년에는 15명 모두 비당원이었다. 여기서 알 수 있는 사실은 북한의 기존 정치적 계층구조에서 기득권을 차지하고 있는 당원은 장사를 전문적으로 하는 상인계급으로 직접 진입하지는 않는다는 것이다. 대신 시장기제를 관리 · 통제하는 권력을 행사하며 상인집단을 착취하는 방식으로 사적 이익을 확보한다.

사적 경제활동을 통해 재산을 어느 정도 축적하는가? 서울대 2012년 조사를 보면, 북한주민들이 국가로부터 지급받는 가구생활비는 3,000원 미만이 60.9%를 차지한 반면, 필요한 생활비의 대부분을 장사와 개인사업 등 부업(더벌이)으로 충당하는 것으로 나타났다. 장사나 부업으로 벌어들인 총수입은 1만 원 미만이 32.4%였지만, 1만 원~10만 원이 15.2%, 10만 원~30만 원이 30.5%, 30만 원~50만 원 8.6%, 50만 원~100만 원이 8.6%, 100만 원 이상이 4.8%를 각각 차지했다. 장사나 부업에 의한 직업별 가구소득은 사무원들이 가장 높고, 그다음이 노동자, 전문가, 가정부인, 장사, 농민의 순으로 나타났다. 서울대의 지난 5년간 탈북자 면접조사를 살펴보면, '고난의 행군' 시기와 비교할 때 2012년의 생활수준이 향상된 사람들과 더 나빠진 사람들의 비율이 각각 50.9%, 49.1%로 양극화가 심화됐고, 최근 2~3년 사이에 소득에서 빈부의 격차가 벌어지고 있음을 알 수 있다. 이러한 사실들은 시장화가 사회계층의 변화에 중대한 영향을 미치고 있음을 보여 준다(김병로, 2012b: 52-54).

3) 신흥자본가의 성장

화폐경제와 돈주

그렇다면 상인계급 가운데 신흥자본가는 어느 정도로 성장하고 있는가? 새로운 상인계급의 전형적인 집단은 시장에서 정상적으로 매대를 갖고 장사하는 사람들일 것이다. 종합시장에 매대를 갖고 장사하는 사람들은 비교적 규모가 큰 상인들이라 할 수 있다. 2007년의 경우 평안남도 순천에 있는 금산동시장에서는 보통 2,000~3,000명씩 장사하며, 평성의 중화시장에서는 5,000명 정도의 주민들이 장사를 했다. 상인으로 활약하는 집단으로는 북한 내 6,000명 정도로 추산되는 화교가 단연 으뜸이다. 화교들 가운데 유력한 상인이 많은 이유는 중국출입이 비교적 자유로운 특수한 신분 때문이다.

장사를 전문적으로 하는 사람들은 주로 중간층과 하층민들이며, 기득권 상층이나 '핵심군중'에 속하는 사람들은 전문적인 장사를 직접 하지는 않는 것으로 보인다(탈북자인터뷰, 2007b). 앞서 살펴보았던 서울대 탈북자 조사에서 탈북자 가운데 당원으로서 장사를 전업으로 하는 사람이 한 명도 없다는 사실이 이를 확인해 준다. 즉 2011년과 2012년에 장사를 전업으로 하는 사람은 각각 11명과 15명이었는데, 이들은 모두 비당원이었다. 당원으로서 장사를 했다고 하는 사람들은 있지만, 그 일을 전문적으로 하지는 않았다. 북한의 기존 정치적 계층구조에서 기득권을 차지하는 당원은 장사를 전문적으로 하는 상업 활동을 직접적으로 하지는 않는다는 것이다. 당 관료나 군 간부들은 시장기제를 관리·통제하는 권력을 행사하며 상인계급으로부터 사적 이익을 확보하는 방식을 취하고 있다.

상인계급 가운데 대규모의 '자본'을 소유한 사람을 신흥자본가라 부를 수 있을 것이다. 큰 시장이 형성된 대도시를 중심으로 이른바 '돈주'로 불리는 신흥자본가 집단이 성장했다. 과거 국가가 상품을 장악하고 통제하던 시기에는 화폐의 역할이 중요하지 않았으나, 7.1조치 이후 "공짜는 없다"라는 원칙하에 화폐를 매개로 하는 교환경제가 자리를 잡았고, 화폐가 새로운 생산수단으로 등장했다. 북한은 화폐를 매개로 분배와 교환이 이루어지는 화폐경제에 대해 새로운 설명을 붙이고 있다. 북한의 경제 관련 학술지인 『경제연구』는 화폐의 역할에 대해 다음과 같이 설명한다. 즉 "상품화폐관계가 존재하는 사회주의 사회에서는 인민생활에 필요한 소비품이 주로 상품으로 생산되며 그 분배와 교환은 화폐를 매개로 하는 상품유통을 통하여 실현된다. … 로동에 의한 사회주의적 분배는 현물형태로 진행되는 것이 아니라 주로 화폐형태로 실시된다. 따라서 사회주의적 분배를 최종적으로 실현하려면 분배받는 화폐를 필요한 생활필수품과 교환하여야 한다"고 강조한다(최경희, 2003: 38; 정영철, 2004: 77-104; 서재진, 2004b: 67).

신흥자본가의 사회적 영향력

새로운 자본가 집단으로 활동하는 사람들이 누구인가에 대해 여러 증언들이 나오고 있는데 크게 두 종류로 분류된다. 즉 장사를 전업으로 하여 출세한 '장사꾼'이 있는가 하면, 국가기관의 외화벌이꾼이나 당 비자금 관리자가 유력한 돈주로 꼽힌다. 전자는 자생형 돈주로, 후자는 권력형 돈주로 분류할 수 있다(동국대 북한일상생활연구센터, 2010). 자생형 돈주는 대개 지방에서 시장을 통해 재산을 축적한 사람들이며 재산규모가 적게는 5,000~1만 달러, 많게는 3만~5만 달러에 이른다(북한인인터뷰, 2007b).[8] 권력형 돈주는 해외투자자, 해외교포, 중앙당 · 외화벌이기관 간부 등 세 그룹으로 나뉘며 북한 당 · 정 · 군 등 권력기관의 비호를 받거나 그와 결탁관계를 유지하며 사업을 한다. 권력형 돈주는 자생형 돈주와는 달리 처음부터 군부나 당 등 권력기관의 대리인으로 활동하며 외화벌이에 직접 참여하면서 전문적으로 상업 활동을 하는 사람들이다. 신흥자본가 집단은 북한에서 직접 정치를 하거나 관료는 아니지만, 권력자와의 친분관계를 유지하며 재산권을 바탕으로 제한적인 권력을 행사한다.

신흥자본가 집단이 어느 정도로 성장했는가는 정확히 파악하기 어렵지만, 최근 북한의 중앙당 간부강연회에서 문제점으로 지적한 것을 보면 신흥자본가의 사회적 영향력이 크다는 사실을 엿볼 수 있다. 강연회의 강사로 나선 장용순은 고난의 행군 시기를 지나오면서 생계를 이어가기 어려운 사람들이 발생하는가 하면, 백만장자, 억만장자 '돈주'들이 생겨 심각한 사회문제로 대두됐다고 지적했다.

> 그런데 사회에는 '고난의 행군'을 지나오면서 일심단결의 이반현상이 너무나도 많습니다. 그중에 하나가 우리 인민들이 돈맛이 들어가는 것입니다. 저는 그끼그끼 먹고 살아가기 위해서 장마당에 나가 앉아 있는 사람들

8 2007년의 경우, 일본에서 수입하는 중고 냉동기나 한국전자제품을 판매하는 5만 달러(북한돈 1억 5천만 원 정도) 규모의 '돈주'들도 있는데, 대개는 3만 달러(북한돈 1억 원, 한화 3천만 원) 정도를 갖고 장사를 한다고 한다. 북한의 부유층을 6만 명으로 본다(국회정보위원회, 2015). 북한은 자체조사를 통해 인구의 7%를 부유층으로 추정했다고 한다(림진강 편집부, 2007: 81).

> 을 염두에 두고 하는 소리가 아닙니다. 이 과정에 돈주라는 자들이 삐어져 나오지 않았습니까. 요 한 3,4년 전까지만 해도 백만장자라고 했는데, 최근에는 억단위로 나갔습니다. 자, 논리적으로 볼 때 이 사람들이 노동계급입니까. 노동잔가 아니면, 그렇다면 계급이 분화됐다는 소리가 아닙니까. 계급이 분화된 사회가 사회주의 사회입니까. 거기다가 사람이 돈맛을 들이면 자연히 사상적인 변질이 오게 돼 있습니다. ... 인민. 누가 인민인가. 반동을 제외한 모든 사람이 인민입니다. 사상적인 변질이 온 자들 인민에도 속하지 않는단 말입니다. 왜 우리가 못 치는가. 배급을 주지 못하기 때문에 못 칩니다.(장용순, 2007)

'고난의 행군' 이후 최근 15년 사이에 시장활동을 통해 재산을 축적한 새로운 자본가 집단이 생겨나고 있는 것이다. 개인위탁경영 형태의 실질적인 사유화가 진행되면서 장사로 돈을 번 신흥부유 '자본'계급이 형성되고 있다. '돈주'로 지칭되는 일종의 자본가 집단이 형성되고 이들은 상호교류하면서 자신들만의 차별화된 생활세계를 구축하고 있다(이우영, 2008: 170). 신흥자본가 집단은 고급 가전제품에 관심을 갖고 자녀교육에 관한 정보도 교환하면서 서로 소통하는 사회적 네트워크를 형성하고 있다.

5. 계급갈등 양상과 진행방향

화폐개혁과 성분배려조치

시장화의 확대 결과 북한의 기존 계층질서에 균열과 위기가 발생했다는 사실은 2009년 단행한 화폐개혁에서 엿볼 수 있다. 시장화가 진행되면서 장사로 돈을 번 상인계급이 생겨났고, 이를 바라보는 주민들 사이에 상대적 박탈감과 불만이 생겨나 이러한 사회적 갈등을 해소하기 위하여 화폐개혁을 단행하지 않으면 안 되는 상황에 직면했다. 특히 사회의 기득권 상층은 상인계급의 성장에 상당한 불만과 박탈감을 갖게 됐던 것으로 보인다. 한국전쟁의 피해자 가족이 기득권을 차지하고 있는 계층구조에서 새로운 상인계급이 경제적 부를 축적함으로써 정당성의 위기(legitimation crisis)가 발생한 것이다. 이 때문에 화폐개혁을 통해 '부당하게' 부를 축적한 상인들의 재산을 박탈하고 사회적 지위를 약화시킴으로써 주민들과 기득권 세력을 통합해야 할 필요성이 생겨났다. 이런 점에서 2009년 11월의 화폐개혁은 경제적 개혁이 아니라 새로운 세력집단으로 부상한 신흥자본가를 축출하기 위한 정치적 조치였다고 할 수 있다(탈북자인터뷰, 2013).

2009년의 화폐개혁으로 기존의 상인계급과 신흥자본가 집단이 어느 정도 타격을 받았는지 정확하게 판단할 수는 없지만, 장사를 전문으로 하는 상인계급과 신흥자본가 사이에도 적잖은 변동이 발생한 것으로 보인다. 소규모 상인들과 일부 돈주들이 큰 손해를 보고 하층민으로 떨어진 경우가 있는가 하면, 그와는 반대로 일정의 공산품이나 식량을 가지고 있던 사람들이 시장에서 새로운 주도권을 쥐게 되는 현상도 생겨났다. 돈을 꿔주며 사채업으로 부를 축적하던 많은 '돈주'들이 뒷전으로 밀려나고 상품을 대량으로 소유하고 있던 상인들 가운데 신흥자본가로 부상한 사람들이 생겨난 것이다(NK지식인연대, 2009). 실제로 화폐개혁 직후 공산품이나 식량을 가진 상인들은 새로 분배받은 화폐를 가지고 물건을 구입하러 온 주민들에게 물건을 팔지 않으려고 군대와 인민보안부를 동원하여 물건들을 지켰다고 한다(탈북자인터뷰, 2013).

시장화로 인해 성분중심의 기존 계층구조가 갈등을 빚고 있다는 또 다른 증거는 북한 당국이 김정은 정권 등장 직후인 2012년에 전사자 · 피살자 출신성분 가족에게 외화벌이의 기회를 집중적으로 배려하라는 지시를 내렸다는 사실이다.[9] 이러한 지시는 KBS의 중국 현지 조사 과정에서 밝혀진 것인데, 시장화가 진행되면서 북한사회의 기득권을 차지하던 전사자 · 피살자 출신성분 가족들이 상대적 박탈감과 불만을 갖게 됐음을 보여 준다. 김정은 정권의 성분배려조치는 군부 중심의 권력구조를 당 중심의 구조로 재편하는 과정에서 추진되고 있을 가능성이 높다. 즉 당권을 강화하기 위해 시장화 과정에서 상대적으로 소외됐던 전사자 · 피살자, 당과 국가보위부에 대한 경제적 배려를 통해 이들의 불만을 해소하고자 했던 것이다. 제2장 〈표 2-5〉에서 볼 수 있듯이, 여전히 전사자 · 피살자 가족이 핵심계층의 다수를 차지하고 있다는 점에서 성분중심의 기존 계층구조가 양적으로 달라진 것은 없다(조선로동당 중앙위원회 간부부, 2006). 그러나 전사자 · 피살자 출신가족을 경제적으로 배려하라는 지시가 떨어진 것을 볼 때 북한의 기득권 상층을 공고히 형성하던 전사자 · 피살자 집단이 시장화의 혜택으로부터 심각하게 소외되고 있고, 시장화가 기존의 출신성분으로 형성된 계층질서에 심각한 균열과 긴장을 초래하고 있음을 엿볼 수 있다.

국가 관료집단 간 갈등과 신흥자본가 집단의 부상

앞에서 언급한 바와 같이 사회주의 개혁개방 과정에서 공산당 기득권 집단이 개혁개방의 제도적 기제들을 이용하여 경제적 이익을 독점함으로써 대체로 기존의 계층구조가 크게 바뀌지는 않았다. 북한의 시장화는 2002년 7.1조치로 종합시장이 들어서기 이전부터 이미 전국적으로 운영되고 있었으며, 1995년부터 지역별 자력갱생을 위한 분절화된 형태로 진행됐다(김병로, 2012a: 93-121). 중앙정부가 국가공급을 책임질 수 없는 상

9 중국에서 북한주민 100명을 심층 인터뷰한 KBS PD 공용철의 자료(2012: 129-130)에 근거함.

황에서 당과 내각, 군대의 거의 모든 기관들이 기관의 자체적 운영과 구성원들의 생존을 위해 생산, 유통, 무역 등 모든 부문에서 자력갱생을 위한 외화벌이 획득에 적극 나서게 됐다. 외화벌이 사업은 당의 주요 기관과 내각의 주요부서 및 지역단위별로 조직된 외화벌이 사업소를 통해 이루어졌다. 공식적으로 북한의 외화벌이 사업은 국가계획위원회가 큰 그림을 그리고 무역성이 총괄 지휘한다. 즉 내각이 외화벌이의 공식 창구가 된다는 의미다. 북한은 내각의 각 성이나 위원회, 도 행정기관들이 무역회사를 두고 각 부문별로, 지방별로 수출입 활동을 하도록 되어 있다. 이른바 대외무역의 분권화라는 명분으로 중앙과 지방의 국가기관이 무역을 담당한다. 내각의 각 부서는 모두 무역회사를 거느리고 있으며 이러한 무역회사가 수천 개에 달할 것으로 추정되고 있다(임수호, 2008: 149). 국가계획위원회는 무역기관들의 수입 품목과 수량, 가격 등 '와꾸'를 결정하는 권한을 가지며, 무역과 유통에 대한 통제권을 행사하며 상인계급과 결탁한다.

그러나 시장화의 이익을 독점하는 집단은 군과 당이다. 당은 산하에 직접 공장과 기업소, 사업소를 운영하면서 자체의 당경제를 운영하고 있으며, 방대한 전국적 조직망과 국제적 네트워크를 이용하여 막대한 경제적 이익을 챙기고 있는 것으로 알려져 있다. 산하에 120여 개의 무역회사를 운영하는 로동당 38호실과 39호실의 외화벌이 사업은 과거 김정일 위원장의 결재를 직접 받았으며, 어느 국가기관에서도 손을 대지 못하는 성역으로 간주되고 있다. 군부 또한 인민무력부를 필두로 각종 국책사업을 주도하고 농장과 철도, 공장, 기업소를 내각으로부터 이전받아 직접 운영했고 특히 선군정치를 한 김정일 집권기간에 막대한 이익을 챙겼다(박형중, 2011: 224).[10] 김정은 집권 이후 국가경제의 주도권을 내각에 일임하는

10 선군정치의 최고지도기관인 국방위원회는 회사의 이사들과 같은 형태로 꾸려지게 되며

'내각책임제'를 실시하고 통치의 주체를 군 중심에서 당 중심으로 전환하는 과정에서 군부와 당료 간에 이익갈등이 심화되고 있는 것으로 보인다. 따라서 아직까지는 시장화로 인한 계급갈등이 국가관료와 신흥자본가의 관계에서 심각하게 나타나기보다는 내각과 당, 당과 군부 등 국가기관 간에 발생하는 경우가 더 많다.

그러나 시장화가 진행되는 과정에서 신흥자본가 집단에 대한 정부의 실질적인 통제력은 점차 약화될 가능성이 있다. 국가가 소유하고 있는 자본이 거의 없기 때문에 사적 자본을 가진 개인에게 위탁하는 비중이 점점 커지고 있다. 물론 그 이권을 배분하는 권리를 국가가 장악하고 있고 무역이나 외화벌이 사업 및 수입된 상품의 유통 과정에서 국가의 허가가 필요하기 때문에 국가 관료는 막강한 권력을 행사한다. 또 모든 기획이 국가로부터 시작되고 관리된다는 점에서 국가는 권력을 갖고 있고 단속과 검열의 권한을 이용하여 신흥자본가들에게 막강한 권력을 행사하며 이익을 챙기고 있다(임강택, 2009b: 12-14). 그렇지만 국가의 자본이 절대적으로 고갈되어 있기 때문에 상당한 이권을 신흥자본가에게 주지 않을 수 없고 신흥자본가들의 자본과 시장 활동에 상당 부분 의존하지 않을 수 없는 것이 현실이다. 중앙정부의 재정력을 가지고 적극적으로 시장에 개입한 중국과는 달리, 북한은 국가가 개입할 재화와 자원이 부족하여 개인무역업자와 사설 운송업체들과 결탁하는 관계를 맺고 이들에게 이권을 보장해 주는 방식으로 유통시장에 개입한다. 신흥자본가 집단은 국가기관들 간에 발생하는 갈등의 틈을 이용하여 그 사이에서 생존력을 키우고 있다.

요컨대 아직까지 북한에서는 신흥자본가 집단이 권력을 가진 사회계

국방위원회 위원들 각자가 하나의 거대한 외화벌이 회사를 갖고 있는 물주들이라 할 수 있다(탈북자인터뷰, 2010a; 2010b).

급으로 등장했다고 보기는 어렵다. 내각과 당, 군부의 관료집단이 무역회사나 외화벌이 사업을 직접 운영하며 자본을 축적하고 있는 것이 지배적인 현실임은 분명하다. 2000년대 후반 반시장적 조치와 화폐개혁 등을 둘러싸고 당과 내각의 갈등이 치열했던 점을 보아도 국가관료가 유력한 이익집단임을 보여 준다(한기범, 2009: 190-199). 또 김정은 정권 등장 이후 군부의 권한을 약화시키고 당의 위상을 강화하는 과정에서 경제기구를 조정하는 현상을 보아도 관료집단의 영향력이 크다는 사실을 짐작할 수 있다. 이런 측면에서 국가 관료집단이 규모와 파급력에서 가장 큰 시장세력임은 분명하다(홍민, 2012: 59). 그럼에도 국가의 자본부족으로 관료집단이 직접 관여하지 못하는 유통과 서비스, 무역과 제조업 등 여러 분야에서 신흥자본가의 역할이 증대하고 있는 것 또한 현실이다. 따라서 큰 틀에서 보면 북한의 시장화는 성분 중심의 기존 계층구조를 변화시키지는 못했지만, 국가관료들 간, 그리고 국가관료들과 신흥자본가 집단 간의 이익갈등을 야기함으로써 기존 계층질서를 변화시키고 있다.

대외교류 · 개방과 계층구조의 침식

시장화로 인한 북한 계층구조의 변화는 생산수단의 사유화에서만 야기되는 것이 아니라 대외교류와 개방에 의해서도 발생하고 있다. 사실 시장활동에 참여하여 하층민이나 '복잡군중'이 신분을 상승한 경우는 있으나 이는 극히 제한적이다. 일단 '복잡군중'과 하층민은 기본적으로 자본이 없어서 큰 사업을 하지 못하며 소상인으로 신분상승을 꾀하는 정도다. 정치사회적 진출이 막혀 있는 '복잡군중'에게는 그나마 시장 활동이 유일한 생존수단이어서 시장에 의존하고 있으나, 시장 활동으로 신분상승을 하기는 쉽지 않다. 반면, 대외교류와 개방이 하층민들의 신분을 상승하게 하는 효과는 상당히 큰 것으로 보인다. '반동분자'로 낙인찍혀 있던 복잡군중 가족이 시장화와 함께 진행되는 대외교류와 개방의 확대로 미국과 일본, 중국의 친인척 방문자가 증가함에 따라 신분이 상승함으로써 계층구조에 변화가 생기고 있다.

이와는 정반대로 북한에서 전사자 · 피살자 가족으로 분류되어 기득권을 누리던 사람이 뒤늦게 월남자 가족으로 판명이 난다면 심각한 혼란이 발생할 수 있다. 실제로 이산가족 상봉 과정에서 북측 가족 중 일부는 남한에 가족이 살아 있다는 사실을 끝까지 인정하지 않은 경우가 있다. 그 배경에는 북한의 가족들이 월남한 가족들에 대해 일종의 배신감을 느끼기 때문이라는 보도들이 나오지만, 사실은 북한의 가족들이 이 사실을 인정할 경우 그동안 정치적 · 사회적 혜택과 기득권을 갖게 해주던 전사자 · 피살자 가족으로서의 신분이 심각하게 위태로워지기 때문이다. 이런 측면에서 국군포로나 월남자 가족과의 교류는 북한의 계층질서의 정체성을 근본적으로 와해시키는 일이다.

서울대의 조사대상 탈북자들은 남한에 가족이나 친척이 있는 비율이 59.6%로 매우 높았다. 2008년과 2009년 조사 응답자들의 약 30%와 40%가 남한에 친척이 있다고 했으며, 2011년과 2012년 조사에서는 56%, 62.3%로 각각 응답했다(서울대 통일평화연구원, 2012: 13). 탈북자 중 남한에 가족과 친척이 있는 비율이 높은 것은 기획탈북의 한 측면이기도 하지만 경제적으로 어려운 사람들 가운데 남한과 해외에 가족 및 친척 등을 두고 있는 사람들이 많다는 의미이기도 하다. 미국과 일본, 남한에 가족과 친지를 둔 북한의 월남자 가족들은 해외의 가족 친지들과의 교류를 통해 신분상승의 기회를 갖게 되기도 한다. 실제로 남한과 미국, 일본, 중국 등 외부로부터 친인척의 경제적 지원을 제공받으면서 주변으로부터 부러움을 사는 분위기가 형성되어 있다. 이러한 현상은 북한의 계층구조에 심대한 변화를 야기할 가능성이 있다. 남한이나 미국, 일본에 친척을 둔 월남자 가족들이 친척들로부터 재정지원을 받아 사회경제적 신분이 상승됨으로써 혁명과 전쟁의 이념에 기초하는 북한의 성분중심의 계층질서를 근본적으로 흔들 수 있는 것이다. 이런 점에서 시장화와 함께 맞물려 진행되는 개방과 교류가 북한의 계층구조를 변화시키는 중요한 역할을 하고 있다.

계층변화의 미래

지난 10~15년 동안 시장화가 진행되면서 성분중심의 북한 계층구조는 변화를 겪고 있다. 주민의 80%가 시장에 의존하고 있고 시장 활동을 통해 벌어들이는 소득규모도 커서 시장의 경제적 효과는 매우 크다. 탈북자의 70%가 장사를 한 경험이 있고 장사를 전업으로 하는 사람들이 10% 정도이며 이는 지속적으로 증가하고 있는 추세인 점으로 미루어볼 때, 북한 내 신흥자본가를 포함한 상인집단이 새로운 사회계급을 형성하고 있는 것으로 보인다. 법적으로 아직 사유화가 제한되어 있는 상황에서 상인계급은 국가기관과 긴밀하게 결탁하여 사용권과 운영권 등을 실질적으로 행사하며 자본을 축적하고 있다.

새로 성장한 상인계급과 국가 관료집단 간에는 협력과 갈등이 공존하며 대체로 공생적 관계를 유지해 왔으나, 최근 화폐개혁에서 드러났듯이 이들 간의 긴장과 갈등은 점점 커지고 있다. 이러한 긴장과 갈등은 시장화를 둘러싼 내각과 당, 군부 등 국가관료들 간의 이익다툼으로 더욱 촉진되고 있다. 내각과 당, 당과 군부 관료들 사이에 이익갈등이 벌어지는 동안 국가기관의 대리인 내지 위탁경영을 담당한 상인계급은 관료들에 대하여 불만을 갖게 된다. 그런가 하면, 국가기관의 관료들은 대부분 시장화의 경제적 혜택으로부터 소외되어 상대적 박탈감을 느끼고 있다. 김정은 정권이 전사자 · 피살자 출신성분 가족에게 외화벌이 기회를 부여하는 정책을 추진하고 있는 것도 성분중심의 기존 계층구조가 시장화로 충격을 받고 있음을 보여 준다.

사회주의 체제의 신계급으로서 국가관료들은 북한에서도 기득권을 형성하고 있고 시장화가 진행되는 과정에서 외화벌이에 직접 참여하거나 통제와 배분의 권한을 이용하여 부를 축적하고 있다. 사회주의 체제전환 과정에서 공산당 기득권 상층이 개혁개방의 제도적 기제를 이용하여 경제적 이익을 독점했듯이 넓게 보면 북한의 기존 계층구조도 크게 바뀌지 않고 있다. 그러나 국가가 돈이 없고 상인과 돈주에게 의존해야 하는 현실에서 신흥자본가를 포함한 상인계급의 경제적 · 정치사회적 영향력은 확대되고 있다. 그런가 하면 계층구조의 변화는 복잡군중에 대한 북한의 정책변화와 대외교류 및 개방 확대로 인해 아래로부터도 진행되고 있다. 월남자 가족이 경제력을 바탕으로 사회적 신분이 상승되는 변화는 혁명과 전쟁의 이념에 기초하는 북한의 성분구조를 근본적으로 흔들 수 있기 때문이다. 이러한 현상들은 결국 전쟁의 피해를 기준으로 서열화된 계층질서가 심각하게 도전받고 있음을 보여 준다. 아직은 북한의 성분구조를 와해시키는 심각한 상황으로 발전하지는 않은 것으로 보이나, 기존 계층구조를 허무는 균열과 파열은 이미 진행 중이다.

앞으로 북한이 본격적인 개혁 · 개방을 추진하면 이러한 계층구조의 균열은 가속화할 가능성이 크다. 중국에서는 개혁 · 개방을 시행하는 과정에서 신흥부유층과 사업가가 생겨나고 빈부격차가 벌어지자 이러한 불평등 현상을 정당화하는 이론적 시도로서 '선부론'을 제시했다. 즉 경제성장을 위해서는 우선적으로 부를 축적하는 계급 발생이 불가피하며 불평등 부분을 국가가 재분배를 통해 조정할 수 있다는 주장이다. 북한이 아직까지 이러한 이론을 만들지 않은 것을 보면, 새롭게 형성되는 신흥자본가와 상인계급이 기존의 사회주의 계층질서와 신념을 무너뜨릴 만한 위협요인이 되지는 못하는 것 같다. 그러나 기존 계층구조와의 마찰과 침식이 진행 중이며 향후 북한이 침체된 경제를 활성화하기 위해 소유권의 허용과 개방정책을 계속 펴나간다면 시장화의 이익을 선점하기 위한 사회적 갈등과 계층구조의 변화는 불가피하게 초래될 것이다.

제10장

문화접변과 노스코리안 디아스포라

1. '고난의 행군'과 대량탈북

사회주의 붕괴로 촉발된 '탈북' 러시

대규모 식량난과 기근, '고난의 행군'을 거치면서 나타난 가시적 현상 가운데 하나는 바로 탈북이다. '탈북'이라는 표현은 탈냉전 이후 북한사람들이 자국을 벗어나 제3국 또는 남한으로 입국하는 현상을 지칭하는 의미로 사용했다. 탈북이라는 말은 단순히 북한의 국경을 벗어난다는 의미보다는 체제를 떠난다는 정치적 의미를 강하게 내포하고 있다. 즉 억압적이고 폐쇄적인 북한체제를 탈출한다는 정치적 의미를 부여했다. 북한은 이러한 이유 때문에 그들을 "조국을 등지고 떠난 배신자"라는 낙인을 찍었다. 그러나 이러한 정치적 의미부여와는 달리 탈북주민들은 정치적 목적을 갖고 자국을 떠난 사람들이 아니라 자신들의 경제적 생존을 위해서 혹은 더 나은 삶을 위해 모국을 떠난 사람들도 많다.

'고난의 행군' 이전에도 탈북 현상이 있었다. 북한주민들의 '탈북' 러시는 세계적 탈사회주의 변화와 맞물려 시작됐다. 구소련 사회주의 붕괴와 한소수교(1990.9.)의 영향으로 러시아에서 일하던 북한의 벌목노동자들과 동유럽의 북한 유학생들이 집단적으로 작업장과 학교를 이탈하는 사태가 발생한 것이다. 북한에 거주하던 일반주민들은 정보의 통제로 탈사회주의 변화를 직접 목격하지 못했으나, 구소련에 나와 있던 벌목노동자와 동유럽의 북한 유학생들은 사회주의 체제의 붕괴를 직접 목격하면서 엄청난 충격을 받았다. 특히 외화벌이 목적으로 러시아 연해주에 나와 있던 북한의 벌목노동자들이 급작스런 정치경제적 변화로 인해 많은 혼란을 겪게 됐다. 북한은 구소련과 1967년 3월 임업협정을 체결하고 시베리아에 많게는 2만 명의 벌목노동자를 파견해 왔으나, 1990년 이후 목재 생산량의 감소와 러시아의 임업협정 재계약 보류 등의 문제로 벌목작업장 밖의 외화벌이로 사업을 유지해야 하는 상황이 발생했다.[1]

이러한 탈북현상은 한마디로 말해서 극도로 폐쇄된 북한체제를 벗어나 자유로운 외국생활에서 비롯되는 이른바 문화충격의 결과라고 할 수 있다. 북한보다 상대적으로 자유로운 러시아의 정치 사회 문화 속에서 기존의 주체사상 가치관이 아노미 상태로 전락함으로써 각종 비행이 발생한 것이다. 자유 · 개방의 생활을 맛본 후 북한노동자들은 도저히 이전의 생활로 돌아갈 수 없는 심리적 변화가 생겨났다. 이 시기 탈북이주를 촉진하는 가장 큰 요인은 동유럽 사회주의 체제의 몰락과 구소련의 해체 및 중국의 개혁 개방 등 급변하는 국제정세와 이에 따른 정보유

1 북한은 1967년 하바롭스크에 임업대표부(임업부 산하)를 개설하고 제1연합기업소(하바롭스크 주 체크도민 소재) 9개의 벌목장을 중심으로 많은 외화소득을 올리다가 1970년대 말에 이르러 아무르 강 유역에 6개 벌목장을 갖춘 제2연합기업소(아무르 주 틴따 소재)를 신설, 벌목사업을 확장했다. 작업량이 많았을 때는 20개 작업장에 2만 명까지 파견했는데, 1994년 당시 15개 벌목장에 1만 5,000~1만 7,000여 명 정도가 고용됐다. 북한은 러시아 측에 노동력을 제공하는 대가로 벌채량의 35%(1986년까지는 40%, 94년 재계약 협상에서는 28%를 러시아 측이 요구)를 배당받았으며 북한 전체 외화획득의 약 20%인 1억 달러를 벌어들였다(김병로, 1994a: 5-11).

입이다.[2] 한소수교(1990.9.)와 한중수교(1992.8.)의 국제정세 변화로 탈북 시 남한사람들의 도움을 얻을 수 있으리라는 기대감이 흡인요인으로 크게 작용했다.

생계형 탈북이주

탈사회주의 변화 속에 소규모로 진행되던 북한주민들의 탈북이주는 1995년 대규모 홍수피해와 식량난을 겪으면서 대량탈북으로 발전한다. 식량난과 기근으로 수십만 혹은 100여만 주민들이 목숨을 잃는 상황에서 생존을 위한 국경탈출을 시도한 것이다. 북한의 상황이 절박하게 되자 국경지역을 중심으로 중국에 친척이 있는 경우 도움을 받기 위해 국경을 넘으면서 탈북행렬이 본격화됐다. 이 시기에 국경을 넘어 중국으로 탈출한 북한주민들은 30만 명에 달한 것으로 추정된다. 물론 이들이 모두 북한체제를 완전히 벗어난 '탈북자'라고 할 수는 없다. 이들 중에는 단순히 식량을 구하기 위해 중국으로 넘어와 잠시 돈을 벌어 식량을 마련하면 북한으로 돌아가려는 사람이 많았다. 그러나 중국에서의 체류기간이 길어지면서 점차 중국생활에 적응하게 되어 탈북이주자로 살아가게 됐다.

중국 조선족들은 초기의 생계형 탈북자들을 적극적으로 도와주었으나 점차 피로감이 쌓이자 이들을 경계하게 됐다. 무연고 · 신분불안정 상황에서 일부 탈북자들이 생계를 위해 일탈행위를 저지르면서 동북3성 내의 사회불안정 요인이 됐다. 이 과정에서 점차 중국의 탈북자에 대한 태

---

2 동유럽에 유학하던 북한유학생들이 남한으로 탈북입국하는 '망명 도미노'가 일어난 시기도 이 무렵이다. 1989년 2월 체코 유학생 조승근과 김은철이, 1989년 5월에는 폴란드 유학생 동영준과 김운학이 남한으로 망명했고 11월에는 동독 유학생 장영철, 전철우가 남한으로 왔다. 이듬해인 1990년 4월에는 소련 유학생 남명철과 박철진이, 7월에는 한성호, 8월에는 우크라이나 유학생 김지일, 정현이 차례로 입국했다. 2년간 11명의 북한 유학생이 남한으로 대거 망명하는 사태가 발생했다.

도가 엄격해졌고 신분 불안정 때문에 탈북자들 중에 제3국이나 한국행을 선택하려는 사람들이 생겨났다. 그리하여 탈북자들의 국제적 이동이 시작됐다.

중국에 있는 탈북이주민 중에는 조선족 사회와 교회의 도움을 받거나 부랑아로 떠도는 사람들도 많았다. 이른바 '꽃제비'로 알려진 고아들과 어린이들의 문제도 심각했다. 부모들이 아이들과 함께 국경을 넘어 탈출을 시도했으나 중국에서 돌볼 형편이 되지 않자 아이들을 버리고 간 것이다. 이러한 아이들을 고아원에 수용하여 돌보는 경우도 생겨났다. 탈북이주민들은 초기에 조중국경선 부근과 옌볜 조선족 자치주 일대에 주로 거주하다가 신변안전을 위해 농촌지역으로 이주하여 살았다. 그러나 점차 생계보장을 위해 창춘(長春), 선양(瀋陽), 다롄(大連), 하얼빈, 베이징 등 조선족들이 많이 거주하는 대도시로 진출하는 사람들이 늘어났다. 탈북이주민들은 주로 조선족 교회와 지인들의 도움을 받거나 한국인의 지원을 받아 겨우 생존을 유지했다.

경제 · 정보형 탈북이주

중국으로 건너온 30만 명의 탈북이주민들은 점차 돈을 벌기 위한 목적의 이주를 선택하게 된다. 1995~1999년까지는 식량을 구하기 위한 생계형 탈북이 주를 이루었다면 2000년 이후에는 돈을 벌기 위한 이른바 인신매매형 탈북이 생겨났고 정보접촉에 의한 체제이탈형 탈북도 발생했다. 달리 말하면, 초기에는 경제난과 식량난으로 인한 탈북이주자가 많이 발생한 반면, 2000년 이후에는 중국에서의 돈벌이, 탈북자 지원단체의 도움, 한국 정부의 지원정책, 탈북가족의 도움 등 경제적 목적의 탈북이주가 많아졌다. 2000년 이후의 탈북 동기 중에는 생계문제뿐만 아니라 물질적으로 더 나은 삶을 추구하려는 움직임도 발견되고 있다. 출신성분이나 토대에 따른 진학 및 직업선택의 한계에 대한 불만, 자녀들이 교육도 제대로 받지 못하고 각종 노력동원이나 경제적 착취에 시달리는 실태에 대한 불만이 일정부분 표출된 것으로 추론할 수도 있다.

이러한 변화를 추동한 계기로 남북정상회담의 영향을 생각해 볼 수 있다. 2000년 남북정상회담으로 북한과 중국의 조선족 사회가 남한 소식과 정보를 접하게 된 것이 탈북의 중요한 자극제가 됐다. 남북정상회담 이후 북한주민들의 일상생활 변화에 가장 큰 역할을 하는 것은 옌볜의 조선족이 아닌가 생각된다. 옌볜 조선족 사회는 전통적으로 친북적 성향을 갖고 있었으나 2000년 남북정상회담을 계기로 이러한 친북정서가 변화됐음이 감지된다. 탈냉전 이후 조총련의 변화와 마찬가지로 옌볜 조선족들은 대부분 남북정상회담이 한국에 대해 긍정적으로 평가하게 된 결정적인 계기가 됐다고 말한다. 과거에 옌볜 조선족들은 남한을 우호적으로 평가하는 것이 금기시됐다. 남한을 우호적으로 평가하는 것은 남조선의 돈의 위력에 휘둘려 신뢰를 저버리는 배반행위로 비쳐졌다. 이러한 마음의 부담을 남북정상회담이 깨끗이 씻어 주었다는 것이다. 남한과 북한의 지도자가 공식적으로 남북 간 교류와 협력을 천명한 상황에서, 옌볜 조선족들은 남한에 관심을 가지고 남한과 교류할 수 있게 됐다.

이러한 배경에는 중국 내 한류열풍과 조선족 사회의 한국 TV프로그램 시청이 큰 몫을 했다. 한중수교 이후 시작된 중국 내 한류열풍은 중국 내 한국의 위상을 높였으며, 조선족들에게 한국에 대한 자부심을 고취시켰다. 이러한 한류열풍은 옌볜 조선족 사회의 위성TV 보급 · 확대로 더욱 촉진됐다. 옌볜 조선족들 가운데 경제적으로 여유가 없는 사람들을 제외하고는 대다수가 한국에서 방영되는 TV프로그램을 시청한다. 한국의 TV프로그램 시청률이 늘어나면서 한국의 경제적 · 문화적 발전상을 소상히 알게 됐고, 역으로 북한에 대해서는 비판의 목소리가 커진 것이다.

물론 한국의 탈북자 지원정책은 북한이주민들의 마음을 움직이는 결정적인 요인이 됐다. 이전까지는 탈북이주민들이 생계목적으로 중국으로 나왔기 때문에 한국으로의 입국은 이념적으로도 두려운 선택이고 북한에 남겨둔 가족을 생각하면 쉽게 선택할 수 있는 것이 아니었다. 그러나 한국으로 입국한 탈북자들의 생활상이 다소 과장되게 알려진데다 한국에서 탈북이주민에게 지급하는 지원금은 북한주민에게는 상상할 수 없는 엄청난 액수로 모험을 걸어 볼 만한 선택이었다. 남한 정부가 탈북주민에게 지급하는 2만~3만 달러의 돈은 북한주민들로서는 평생 만져볼 수 없는 일확천금이었다. 중국에서의 이주민 생활이 불법이어서 신분상의 불안이 존재하는 상황에서 한국으로의 이주를 선택하면 신분의 안정과 경제적 수익을 동시에 보장할 수 있는 절호의 기회가 생겨나는 것이다. 탈북이주민들은 탈북 브로커들과 가족 네트워크의 도움을 받아 한국으로 입국하기 위한 제3국으로의 이동을 적극 시도했다. 몽골과 베트남, 캄보디아, 미얀마, 라오스, 태국 등 중국과 인접한 국가로 이동을 시작한 것이다.

정치적 탈북이주

2004년 10월 미국의 북한인권법(North Korean Human Rights Acts)이 제정된 이후 탈북이주민들은 미국, 영국 등 서방세계로의 이주를 시도했다. 미국은 탈북자 망명을 돕는 인권단체에 연간 2천만 달러(약 200억 원)의 예산을 지원하고 나아가 미국으로의 탈북자 망명을 받아들였다. 미국의 북한인권법이 탈북자에게 미국망명을 법적으로 허용하고 있다는 점에서 탈북이주민들의 국제적 이동의 확산에 큰 영향을 미쳤다. 미국의 정책이 알려지면서 제3국과 한국에 거주하던 탈북이주민들이 미국으로의 이주를 시도했다. 제3국에 체류 중이던 탈북이주민들은 미국에서의 망명허용 가능성을 기대하며 적극적인 밀입국을 추진했다. 한국에 입국한 탈북이주민들은 미국망명의 대상이 되지 않음에도 한국에서 정치적 탄압을 받았다고 주장하며 미국으로의 정치적 망명을 시도했다.

정치적 목적의 탈북이 적극적으로 추진된 2004년 이후 허위망명, 위장망명 등 탈북이주자들의 문제가 심각해지면서 미국과 영국, 캐나다 등 각국이 탈북자 난민 허용 문제에 대해 신중한 태도를 취했다. 그러나 김정은 정권이 들어선 이후 탈북자들에 대한 국제적 관심이 다시 증가하고 있고 인권에 대한 관심도 고조되고 있다. 단순한 생계형 탈북에서 경제 · 정보형 탈북으로, 그리고 정치적 탈북이주까지 형태가 다양해졌고 그 범위도 한반도 내지 한민족 차원을 넘어 유럽과 미주 등 글로벌 차원으로 확장됐다. 전 지구적으로 확대되고 있는 탈북현상은 폐쇄사회가 개방되는 과정에서 나타나는 '조선민족' 대이동의 시작으로 볼 수 있다. 노스코리안 디아스포라(North Korean Diaspora)의 시작인 셈이다(박명규 · 김병로 · 김수암 외, 2011).

2. 억압적 인권의 폭로

북한체제의 아킬레스건

식량난과 대기근이 촉발한 탈북현상은 북한의 열악한 인권실태를 폭로하는 결정적인 계기가 됐다. 북한의 인권문제는 단순한 정치적 문제가 아니라 북한 사회주의 체제의 본질적인 문제와 깊이 연관되어 있는 중대한 사안이다. 1997년 2월 남한으로 망명한 황장엽 전 북한 로동당 비서는 북한 지도부가 "핵문제 다음에는 인권문제"가 부각될 것이라고 우려하고 있다고 말할 만큼 인권문제는 북한 당국이 민감하게 여기고 있고 실제로 북한체제의 가장 취약한 아킬레스건과 같은 부분이라 할 수 있다. 이 때문에 북한은 유엔과 미국, 남한의 북한인권문제 제기에 대해 '선전포고'라며 강하게 반발하며 정치군사적 대응으로 맞서고 있다.

1988년 12월 아시아워치(현 휴먼라이트워치/아시아)와 미네소타변호사

국제인권위원회가 공동으로 발간한 『북한의 인권』은 국제사회에 북한인권문제의 관심을 촉발한 의미 있는 계기가 됐다. 이듬해인 1989년 국제사면위원회(AI)는 '북한인권문제에 대한 배경설명'을 발표하여 냉전시기 가려져 있던 북한 인권실상을 폭로했다. 북한은 1992년 '조선인권연구협회'를 설립하고 서방세계의 대북한 인권문제 제기와 탈북자 문제에 대해 적극적인 대응 활동을 전개했다. 냉전시기에 무조건 부인으로 일관하던 북한 당국이 인권기관을 신설하여 좀 더 구체적이며 설득력 있는 방식으로 국제사회의 압박에 대응하는 방식을 취한 것이다.

그러나 북한의 내부 인권실상이 바깥으로 알려진 계기는 식량난으로 대북지원 활동이 시작되고 대량탈북이 발생하면서부터다. 북한의 식량난을 지원하기 위한 유엔의 대북활동이 시작됨으로써 국제기구 활동가들이 북한인권실상을 직접 눈으로 확인할 수 있게 됐다. 그동안 산발적인 증언으로 경험자료에 대한 신뢰가 부족했던 상황에서 외국인 활동가와 대량의 탈북자들을 통해 북한의 인권상황에 대한 신뢰할 수 있는 자료를 확보할 수 있게 된 것이다. 더 결정적인 계기는 탈북자들의 증언이었다. 탈북자들은 식량난 때문에 북한에서 벌어지고 있는 끔찍한 상황들, 북한이 조직적으로 운영하고 있던 관리소와 통제구역(정치범수용소), 6군단 사건 등 베일에 가려져 있던 북한사회의 실태를 적나라하게 폭로했다. 이들의 증언이 이어지면서 유엔과 국제사회는 점차 북한 인권상황에 관심을 보이기 시작했다. 1997년과 1998년 유엔인권소위원회에서 북한인권에 대한 결의안이 나온 것도 탈북자들의 증언과 인터뷰가 결정적인 역할을 했다. 강제송환된 탈북자에 대한 인권유린은 부인할 수 없는 확증으로 나타났고, 수용소 경험자와 정보를 가진 탈북자를 대상으로 북한의 조직적인 인권침해 실태의 윤곽을 파악하게 됐다. 이러한 경험과 자료를 바탕으로 국내외 인권 NGO의 활동이 활기를 띠었다.

북한인권에 대한 국제사회의 인식

1995년 북한의 홍수피해를 지원하기 위한 유엔의 국제적 캠페인이 시작됨으로써 국제기구와 국제NGO의 역할이 시작됐다. 세계식량계획(WFP), 유엔개발계획(UNDP), 유엔아동기금(UNICEF) 등 유엔기구를 비롯하여 유진벨재단, 월드비전, 케어(CARE), 국제적십자연맹, 국경없는 의사회(MSF), 옥스팜(OXFAM), 카터센터 등 여러 국제구호관련 NGO의 지원활동을 통해 가장 기본적인 생존권조차 보호받지 못하고 있는 북한의 인권현실이 공개됐다. 그동안 남한의 학자들이나 탈북자들의 증언을 통해 거론되어 왔던 북한의 실체가 남한과 북한 사람이 아닌 제3자에 의해 확인됨으로써 공신력이 높아졌다. 북한의 기아실태, 이동의 엄격한 제한, 언론 통제, 김부자 우상화 등이 사실로 드러남에 따라 정치범수용소와 공개처형 등 권력에 의해 조직적으로 자행되고 있는 인권침해가 과장된 것이 아니라는 신념을 갖게 됐다.

2000년대에 들어서 새로운 국면이 전개됐다. 2001년 미국의 부시 행정부가 들어서고 미국과 북한 간의 정치적 대립이 격화되면서 북한인권문제가 국제정치 무대의 쟁점으로 급부상한 것이다. 2000년 남북정상회담과 2001년 북한과 유럽연합(EU) 간 '인권대화'의 시작으로 대화의 분위기가 조성됐으나, 미국은 2001년 9월 북한인권위원회를 조직하고 2002년 10월 핵문제를 제기하면서 북한의 인권문제를 전면에 부각시켰다. 그 결과 2003년부터 북한인권문제는 유엔차원의 주요 의제로 다루어졌다. 2004년에는 유엔에 '북한인권특별보고관'이 임명됐고 미국은 같은 해 10월 '북한인권법'을 제정하며 북한인권문제를 국제사회의 쟁점으로 부각시켰다. 2006년 6월 일본이 북한인권법을 제정했고, 이어 영국, 노르웨이 등 유럽국가들이 탈북자에 대한 망명을 받아들이면서 북한 인권문제는 정치외교적 문제로 다루어졌다.

2014년 12월 19일 제69차 유엔총회는 본회의에서 북한인권결의안을

〈표 10-1〉 2014년 유엔총회 북한인권결의안 투표결과

구분	국명
찬성국 (116개국)	아프가니스탄, 알바니아, 안도라, 아르헨티나, 아르메니아, 호주, 오스트리아, 바하마, 바레인, 바베이도스, 벨기에, 벨리즈, 베냉, 부탄, 보스니아-헤르체코비나, 보츠와나, 브라질, 불가리아, 부르키나파소, 부룬디, 카보베르데, 캐나다, 중앙아프리카공화국, 차드, 칠레, 콜롬비아, 코스타리카, 코트디부아르, 크로아티아, 키프로스, 체코, 덴마크, 지부티, 도미니카, 엘살바도르, 에스토니아, 핀란드, 프랑스, 조지아, 독일, 가나, 그리스, 그레나다, 과테말라, 기니비소, 아이티, 온두라스, 헝가리, 아이슬란드, 이라크, 아일랜드, 이스라엘, 이탈리아, 자메이카, 일본, 요르단, 카자흐스탄, 키리바시, 라트비아, 레바논, 라이베리아, 리히텐슈타인, 리투아니아, 룩셈부르크, 마다가스카르, 말라위, 몰디브, 몰타, 마셜제도, 모리셔스, 멕시코, 미크로네시아, 모나코, 몬테니그로, 모로코, 나우루, 네덜란드, 뉴질랜드, 노르웨이, 팔라우, 파나마, 파푸아뉴기니, 파라과이, 페루, 필리핀, 폴란드, 포르투갈, 한국, 몰도바, 루마니아, 르완다, 사모아, 산마리노, 상투메 프린시페, 세르비아, 세이셸, 시에라리온, 슬로바키아, 슬로베니아, 소말리아, 남수단, 스페인, 스웨덴, 스위스, 태국, 마케도니아, 동티모르, 튀니지, 터키, 투발루, 우크라이나, 아랍에미리트, 영국, 미국, 우루과이, 바누아투
반대국 (20개국)	벨라루스, 볼리비아, 중국, 쿠바, 북한, 에콰도르, 이집트, 감비아, 이란, 라오스, 미얀마, 오만, 러시아, 스리랑카, 수단, 시리아, 우즈베키스탄, 베네수엘라, 베트남, 짐바브웨
기권국 (53개국)	알제리, 앙골라, 앤티카바부다, 방글라데시, 브루네이다루살람, 캄보디아, 카메룬, 코모로, 콩고, 콩고민주공화국, 도미니카공화국, 에리트레아, 에디오피아, 피지, 가봉, 기니아, 가이아나, 인도, 인도네시아, 케냐, 쿠웨이트, 키르기스, 레소토, 리비아, 말레이시아, 말리, 모리타니아, 모잠비크, 나미비아, 네팔, 니카라과, 니제르, 나이지리아, 파키스탄, 카타르, 세인트키츠네비스, 세인트루시아, 세인트빈센트그레나딘, 사우디아라비아, 세네갈, 싱가포르, 솔로몬제도, 남아프리카공화국, 수리남, 타지키스탄, 토고, 통가, 트리니다드토바고, 투르크메니스탄, 우간다, 탄자니아, 예멘, 잠비아

찬성 116표, 반대 20표, 기권 53표로 최종 통과시켰다. 이러한 결정이 내려진 데는 2014년 2월 유엔 북한인권 조사위원회(COI)의 보고서가 결정적인 역할을 했다. 보고서는 북한에서 "체계적이고 광범위하며 중대한 인권침해가 일어나고 있다"고 결론 내렸다. 국제사회의 보호와 책임을 강조한 COI보고서는 2014년 3월 28일 유엔 인권이사회에서 채택됐고 이에 근거하여 유엔총회에서 북한을 국제형사재판소(International Criminal Court, ICC)에 회부하도록 권고했다. 북한인권결의안에 대한 국제사회의 찬반 의견은 북한이 처한 국제사회에서의 위치를 가늠하는 지표라 할 수

있다.

북한 인권억압의 중심, '관리소'

북한의 인권문제는 정치범수용소와 공개처형, 성분정책에 의한 차별, 종교의 자유 제한, 언론 · 출판 · 집회 · 결사의 자유 억압 등 여러 문제들이 논란되고 있다. 북한인권 가운데 가장 문제시되는 것은 정권차원에서 조직적으로 진행되고 있는 '관리소'에 의한 이동의 통제와 인권유린이라고 할 수 있다. 북한은 국가안전보위부 산하에 '관리소'로 불리는 정치범수용소를 광범위하게 운영하고 있으며, 정치적으로 문제가 있다고 판단되는 사람을 이 통제구역에 구금하여 강제노동을 부과하고 있다. 황장엽의 증언에 따르면 정치범수용소는 1956년 발생한 이른바 '8월 종파사건'에서 유래한 것이며, 종파분자들을 1958년 말 평남 북창군 소재 득장광산에 수용했다고 한다. 노동을 통한 인간개조를 추구하는 북한 정권은 북한 전역에 '관리소'를 갖추고 혹독한 노동을 통해 정치범들을 체제에 순응하도록 만든다는 정책을 취하고 있다. 북한은 2004년 9월 영국의 빌 라멜 외무차관에게 이러한 강제노동수용소의 존재를 처음으로 인정했다고 보도됐다(『연합뉴스』, 2004.9.17.).

정치범수용소에 의한 인권억압은 북한의 체제유지와 관련되어 있는 부분으로 북한인권문제의 핵심을 이룬다. 북한은 「당의 유일적 령도체계 확립을 위한 10대 원칙」에 따라 '수령'에 충성하도록 요구하고 있으며, 김일성 · 김정일의 정치를 비난하거나 당 · 정 및 사회주의체제를 비판하는 사람을 '적대분자' 등 정치사상범으로 분류하여 관리소에 수용한다. 또 남한방송을 청취하거나 3국에서 남한공관과 접촉하고, 교회 · 선교사와 접촉한 사람들도 정치사상범으로 수용된다. 이들에 대해 북한은 북한형법 44~54조에 근거하여 '국가전복음모죄', '반동선전선동죄', '조국반역죄' 등의 처벌규정을 적용한다.

정치범수용소는 현재 평남 개천(14), 함남 요덕(15), 함북 화성(16) · 회령(22) · 청진(25) 등 5지역으로 통합한 것으로 추정된다.[3] 과거 10~12 지역에 분포되어 있었던 관리소 중에서 동구 사회주의가 붕괴하던 1980년대 말 경성(11), 온성(12, 13), 승호(26), 천마(27) 등 5곳을 폐쇄했다고 한다. 이 시기 내부통제를 강화하면서 10만 정도의 정치범이 20만 명으로 늘어난 것으로 추정했으나 최근에는 다시 8만~12만 명, 즉 10만 명 선으로 재평가하고 있다(통일연구원, 2014: 158). 미국의 북한인권위원회는 1972년 이후 수용소에서 사망한 정치범 수가 약 40만에 달한다고 추산한다.

북한에서 정치범수용소인 '관리소'는 일반주민들에게 '통제구역', '특별독재대상구역' 또는 '이주구역'으로 불린다. 각 수용소는 종신수용지역인 '완전통제구역'과 출소가 가능한 '혁명화구역'으로 구분되어 있고, '혁명화구역'은 '가족구역'과 '독신자구역'으로 분리되어 있다. 2002년 4월 디지털 글로브(Digital Globe)가 촬영한 제22호 관리소의 위성사진이 2002년 12월 5일 언론에 보도되기도 했다. 미국무부 2002인권실태보고서(북한부분)는 1990년대에 함북 회령의 22호 수용소 죄수 약 5만 명 중 약 20~25%가 고문과 가혹 행위로 사망했다고 주장했다. 이 지역이 어떤 곳인가에 대한 여러 추측이 나오고 있는데, 전시예비물자를 관리하는 지역이 아닌가 생각된다.

그러나 북한의 '관리소' 운영 실태에 대해서는 체계적이고 정밀한 조사가 필요하다. 현재 정치범수용소 운영실태 자료로 널리 사용되고 있는 자료는 통일연구원에서 연례적으로 발간하고 있는 『북한인권백서』다(통

---

3 데이비드 호크(David Hawk)의 저서 '감춰진 수용소'에서는 18호 북창을 포함하여 6개로 주장하고 있다. 그런데 관리소 가운데는 국가안전보위부가 아닌 인민보안부가 담당하는 곳이 있는 것으로 추정되며 북창(18호)의 경우는 인민보안성이 관리 · 운영하는 시설로 보인다. 인민보안부가 관리하는 관리소는 11호, 13호, 17호, 18호(평남 북창군 득장리), 19호 등으로, 11호는 폐쇄된 것으로 보이며 13호는 국가안전보위부 장군들 중에서 죄를 저지른 경우, 18호(북창)는 탄광간부들이 죄를 저질렀을 경우 이곳에 수용하는 것으로 추정된다.

일연구원, 2009b: 90-109). 요덕관리소와 개천관리소 등 자료가 매년 업데이트되고 있기는 하지만, 관리소 운영실태와 수용자의 규모에 대해 좀 더 심층적인 실태조사와 정리 작업을 추진해야 한다. 자료의 상당부분이 탈북자의 증언만을 바탕으로 하고 있어서 여전히 의문점들이 남아 있다.

지리적 이동의 통제와 인도주의적 문제

북한의 인권실태는 북한사회의 구조와 밀접하게 관련되어 있다. 북한의 정치범은 대부분 당의 유일영도체계를 잣대로 처벌된다. 앞에서 이미 설명했듯이 북한의 정치체제는 수령의 유일지도체제로 되어 있다. 국가의 지도자를 수령으로 부르며 수령의 지위와 역할을 절대화하고 있다. 1974년 2월에 제정되고 2013년 6월에 개정된 「당의 유일적 령도체계 확립을 위한 10대 원칙」을 최고의 상위 규범으로 간주하고 이 원칙에 따라 김일성, 김정일, 김정은 등 지도자들에 대한 주민들의 절대적인 충성을 요구하고 있다. 이러한 정치사회적 환경에서 수령과 지도자에 대한 불평이나 비판은 용납되지 않으며 반체제 행위, 사회교란 행위로 간주된다.

북한이 지향하는 지역자립체제는 인권억압의 또 다른 근원이 되고 있다. 지역자립체제에 의해 지역 간(시 · 군) 자유로운 왕래가 차단되어 있다. 북한은 1998년 9월 헌법 개정 시 처음으로 "공민은 거주, 여행의 자유를 가진다"(75조)는 조항을 추가했다. 이 말은 북한이 오랫동안 지역 간 이동과 이주를 법적으로 금지해 왔음을 의미한다. 1998년 헌법 개정을 통해 명시적으로는 이동의 자유를 적시해 놓았으나 거주지 선택의 자유와 해외여행은 물론, 국내에서 지역 간 이동도 자유롭지 못하다. 타 지역(시 · 군)으로 이동하는 사람은 반드시 사회안전성에서 발행하는 여행증을 소지해야 한다. 정치적으로 믿을 수 없는 사람들에 대해 강제적으로 이주시키는 것은 물론 신설공업지대나 탄광지대에 주민들을 집단적으로, 그리고 강제적으로 이주시키는 것이 보편화되어 있다. 지역자립체제로 발전해 온 북한의 특성상 노동력의 급격한 유출을 방지하기 위해 주민들의 지리적 이동은 통제될 수밖에 없다.

북한의 인권문제 가운데 남한과 직접적인 관계에서 제기되는 쟁점들, 소위 인도주의적 사안으로 불리는 이산가족과 납북억류자, 국군포로 등의 문제가 있다. 이러한 인도주의 사안은 기본적으로 인간의 자유로운 이동, 인간과 인간의 접촉 및 교류에 관한 문제다. 분단과 전쟁을 통해 남북한에는 1천만 명의 이산가족이 발생했다. 이산가족 규모에 대해 이산 2세대와 3세대를 제외한 1세대는 그리 많지 않다는 주장도 있다. 북한정권은 월남자 가족의 성분을 분류하여 출신성분이 노동자 · 농민 등 기본군중이 아니거나 월남동기가 반공활동과 연관된 것으로 추정되는 경우 '반혁명분자' 혹은 '반동분자'라는 낙인을 찍어 엄중한 처벌을 가해 왔다. 반동분자로 낙인찍인 월남자 가족들은 농촌지역으로 강제이주되거나 소개지역에서 강제노동을 부여받는 등 차별을 당하고 있다. 북한은 이산가족의 상봉으로 인해 한국을 비롯한 외부세계의 실상이 알려지는 것을 우려하고 있으며, 북한 내 이산가족들의 사회적 지위상승이 초래할 정치적 부담 때문에 이산가족 상봉사업을 꺼리고 있다.

인권개선 전략: 분리 · 병행 및 선거관행 개선

북한과의 관계가 탄탄하지 않은 상황에서는 북한의 인권문제를 인도주의 문제와 분리하여 접근하는 것이 효과적일 것이다. 이데올로기 대결이 첨예한 상황에서 우선적으로 인도주의 문제에 집중하고 인적 접촉의 폭을 넓힌 후에, 점차적으로 인권문제를 다루어 나가는 분리 · 병행 전략을 구사해야 한다(김병로, 1997a: 49-51, 75-81). 이러한 분리 · 병행 전략은 과거 헬싱키 협정의 이행과정에서 그 효용성이 증명됐다. 남한 정부는 헬싱키협정의 인권협상 모델을 참고하여 남북관계에서 인도주의 문제로 분류될 수 있는 이산가족, 납북자, 탈북자, 국군포로 등의 문제를 적극적으로 제기해 나가야 한다.

중국은 1960년대 초 북한과 비밀리에 체결한 「중국 · 북한 범죄인 상호인도협정」(일명 「밀입국자 송환협정」)과 1986년 체결한 「국경지역업무협정」에 따라 북한이탈주민들을 체포하여 북한으로 강제송환시키고 있다. 중국 공안 당국의 이러한 강제송환은 1993년 11월 「지린 성(吉林省) 변경관리조례」가 통과된 이후 지속되고 있다. 그러나 러시아 정부는 북한과 체결한 「러북 공민 상호여행에 관한 협정」(1997.1.24.)을 통해 북한인의 본국송환 및 제3국 출국제한 조항 등을 삭제함으로써 '유엔난민고등판무관실(UNHCR)'에 의한 난민지위 판정을 허용하고 있다.

또한 북한은 언론 · 출판 · 집회 · 결사의 자유 등 시민적 자유와 권리를 엄격하게 통제하고 있다. 개인의 자유의사에 의한 집회나 결사에 대해서도 사회질서를 문란케 하는 집단적 소요행위로 간주하여 5년 이하의 노동교화형에 처하고 있다.

북한은 선거법에 복수후보를 추천할 수 있도록 규정하고 있으나 복수입후보제 등 경쟁선거를 비판하며 단일후보 추천의 관행을 유지하고 있다. 투표방식에서도 후보자에 대해 "반대하는 사람의 이름에 줄을 긋도록" 기표방식을 규정하고 있다. 그런데 북한이 각 지역이나 기관에 복수후보를 추천하지 않고 단일후보를 공천하기 때문에 투표용지에는 한 사람의 입후보자만 기재된다. 이 경우 후보자를 찬성하면 아무런 표시를 할 필요가 없이 투표함에 넣으면 되지만, 후보자를 반대하려면 펜을 들어 후보자의 이름에 줄을 그어야 한다. 펜을 드는 행동은 매우 위험하기 때문에 어떤 사람도 펜을 들어 반대 표시를 할 수 없게 된다. 따라서 복수후보를 추천하면 이러한 문제가 다소 개선될 것이고, 만약 단일후보의 관행이 지속된다면 기표 방식을 찬성하는 후보자에 표시하도록 하면 상황은 크게 개선될 것이다.

3. 꿈틀거리는 종교

제한적인 종교자유

식량난과 '고난의 행군'이 야기한 또 하나의 변화는 바로 북한 안에 종교활동의 공간을 형성했다는 점이다. 극심한 식량난을 피해 중국으로 건너온 탈북자들을 경제적으로 지원하며 보살펴 주던 곳은 다름 아닌 종교기관과 단체였다. 탈북자들은 이곳을 통해 경제지원을 받으면서 자연스럽게 신앙을 접하게 되고 이들은 북한으로 다시 들어가 이른바 '지하교회' 활동을 시작했다. 고난의 행군 기간 동안 30만 명의 탈북자 가 발생했을 것으로 추산되고 있으니 이들을 통해 북한으로 새롭게 흘러들어간 종교소식과 활동은 북한에 상당한 문화적 충격을 주었던 것으로 보인다. 북한의 정보기관들은 탈북자들이 중국에서 교회나 선교사들을 접했는가 하는 문제를 심각한 정치적 문제로 보고 집중 조사하는 이유도 종교 활동이 북한에 주는 충격이 그만큼 크기 때문일 것이다.

북한에서는 주체사상이 유일한 사상이고 종교가 되어 있으므로 다른 보편종교는 완전히 사라졌다고 해도 과언이 아니다. 일반주민들의 종교에 대한 인식은 매우 부정적이다. 종교를 미신, 비과학적 세계관, '인민의 아편' 또는 '제국주의 앞잡이' 등으로 규정하여 종교에 대한 부정적 의식이 확산되어 있다. 종교는 "정신나가고" "얼빠진" 사람이나 믿는 것이라고 생각한다. 이 때문에 반종교의식이 매우 강하다. 북한은 1999년 종교단체의 명칭을 외래적 색채가 강한 외국어명을 그대로 사용하는 방식으로 수정했다. 즉 조선기독교연맹은 조선그리스도교연맹(1999.2.)으로 개명했고, 조선천주교인협회는 조선카톨릭협회(1999.6.)로 바꾼 것이다.

1992년 개정헌법에서는 이전의 "반종교 선전의 자유"란 문구를 빼고 그 대신 "종교건물을 짓거나 종교의식 같은 것을 허용"한다는 내용을 삽입함으로써 1972년 헌법 개정으로 금지했던 종교활동의 자유를 형식적이나마 인정하는 조치를 취했다. 북한은 이를 통해 종교를 박해하고 있다는 국제적 비난을 피하고자 했다. 그러나 "누구든지 종교를 외세를 끌어들이거나 국가사회질서를 해치는 데 이용할 수 없다"고 단서를 달아 정치적 판단에 따라 종교의 자유를 제한할 수 있음을 명시했다. 이 단서조항은 1998년 9월 헌법개정 시 앞부분의 "누구든지"라는 말을 삭제함으로써 법률상 종교자유에 관한 억압적 표현을 완화했다.

현재 북한에서 활동하는 주요 종교단체들은 조선종교인협의회, 조선불교도연맹, 조선그리스도교연맹, 조선카톨릭협회, 조선천도교회 중앙지도위원회 등 5개다. 조선종교인협의회는 1989년 5월 30일 북한의 천도교, 기독교, 불교, 천주교 등 각 종교대표들로 구성된 협의체다. 이들은 조국통일민주주의전선(조국전선)의 2국(천도교), 3국(불교), 4국(개신교), 5국(천주교)에 각각 소속되어 활동한다. 북한 자료에 따르면, 불교는 현재 60개의 사찰에 300여 명의 승려(대처승)가 있으며, 전국에 1만 명의 불자가 있다. 천도교는 천도교청우당이라는 정치조직으로 존재하고 있으며 신자는 1만 5,000명이라고 한다. 개신교는 2개의 교회와 520여 개의 가정예배소가 있으며, 20여 명의 목사와 130여 명의 전도사(책임지도원) 및 약 1만 2,300명의 신도가 있다고 한다. 평양신학원에는 학생 10명이 공부하고 있고, 봉수교회와 칠골교회에 각각 300명, 90명의 교인이 있는 정도다. 천주교는 1개의 성당(장충성당)에 전체 신도 수는 약 800명(혹은 3,000명)이나 신부와 수녀는 아직 없다.

사회 내부의 요구와 교회 건립

1980년대로 거슬러 올라가면 북한 역사에 획기적인 사건을 만나게 된다. 1988년 평양에 봉수교회와 장충성당이 건축된 사건이다. 종교를 철저히 배격함으로써 종교인이 전혀 없을 것으로 보였던 북한에 교회를 건축함으로써 그 배경에 대한 여러 의문이 제기됐다. 우선, 북한이 1988년 서울올림픽 공동 개최가 무산되자 이에 대한 대응방안으로 1989년 세계청년학생축전을 준비했는데, 세계적 행사를 계기로 북한에도 종교의 자유를 허용하고 있다는 사실을 대외적으로 선전하기 위하여 교회건축을 추진했다는 것이다. 또 사회주의 체제의 개혁 · 개방 움직임이 시작되는 상황에서 통일운동에 적극적인 남한의 기독교를 통일전선 차원에서 접근하기 위한 목적으로 북한에 형식적인 교회건물을 세웠다고 보기도 한다.

그러나 이러한 변화가 1988년에 가시적으로 나타나기까지는 1980년대 초부터 축적된 대내외적 변화의 배경이 있었음을 간과해서는 안 된다. 그 결정적인 요인 가운데 하나는 해외교포 종교인들의 빈번한 방북과 한반도 상황변화가 끼친 영향이다. 1980년대부터 북한의 기독교 지도자들과 교류를 추진했던 홍동근 목사는 북한이 1984년 12월 제3차 해외 기독자와의 헬싱키모임에서 이미 북한교회의 건축 사실을 통고했고 1988년 북한 9.9절 참석 시 봉수교회와 장충성당을 참관해 달라고 요청했다고 한다(통일신학동지회, 1990: 202-203). 홍동근 목사는 북한과 교류하면서 성경책뿐만 아니라 해방신학, 혁명신학, 민중신학, 정치신학, 여성해방신학 서적들을 전달해 주었다고 한다. 이와 같은 교류과정에서 북한은 냉전시기처럼 숭미사대적인 교회가 아닌 민족주체적인 교회가 북한 땅에 설립될 수 있다는 확신을 갖게 된 것으로 보인다.

북한 당국은 이러한 변화가 사회 내부의 요구를 반영한 것이라고 설명한다. 즉 1980년대에 가정예배소의 모임이 활성화되던 중 1989년 세계청년학생축전을 위해 광복거리에 대규모 아파트를 신축했고, 광복거리 아파트에 인구가 집중됨으로써 가정예배소 모임이 문제가 생겼다는 것이다. 한 지역에 인구가 밀집되다 보니 가까운 지역에 가정예배소 모임을 가지려는 사람들이 많아져서, 이를 한곳으로 흡수해야 할 필요성이 생겨났다고 한다.[4] 그 결과 현재의 광복거리 인근지역에 거주하는 기독교인들을 흡수하기 위해 이 지역에 봉수교회를 건립했다는 것이다. 이렇게 1980년대 후반에 가시적으로 드러난 북한의 종교활동 재개가 대외관계 개선이나 외화벌이 등의 목적으로 북한 당국에 의해 허용됐으리라는 점을 부인할 수는 없을 것이다. 그러나 북한 내 점증하는 과거 종교인가족들의 신앙활동에 대처하고 사회적 통합을 도모하려는 내적 필요성에 의해서도 촉진됐으리라고 본다.

북한 당국은 이러한 사회적 변화를 반영한 것이 바로 1986년 김정일 명의로 하달된 전향적 종교정책이라고 주장한다. 북한은 1986년 김정일 명의로 종교에 대한 전향적인 해석을 내리고 그에 따라 종교정책을 새롭게 바꾸었다(김정일, 1986b: 6; 박승덕, 1993: 81). 북한 당국이 교회건축을 허용한 배경에는 바로 이러한 김정일의 전향적인 종교정책이 있었다는 것이다.[5] 이러한 당국자의 설명이 어느 정도 사실에 가까운지 지속적 검증이 필요하지만, 기독교 신앙과 관련한 사회 내부적 필요성을 언급했다는 점에서 주의 깊게 살펴볼 필요가 있다.

한 탈북자의 증언에 의하면, 북한은 "1980년 10월 6차 당대회를 앞두고 기독교인 대사면을 단행했으며, 이 가운데 산골오지로 추방됐던 기독교인들이 대거 사면되어 돌아왔다. 북한에서 지상교회 교인이건 지하교회 교인이건 간에 교인이라고 불릴 수 있는 사람들은 바로 이 사람들이 중심축을 이룬다"고 주장한다(탈북자인터뷰, 2005a). 이 가운데는 89세(2005

---

4 조선그리스도교연맹 관계자의 설명(2002년 12월 8일, 평양).

5 변화된 종교정책은 1992년 4월의 개정헌법에 반영되어 '반종교 선전의 자유'란 문구를 삭제하고 "종교건물을 짓거나 종교의식 같은 것을 허용"하도록 했다. 이는 교회건물을 짓고 공인된 교회나 가정예배소에서 신앙모임을 갖는 것을 허용한다는 의미다. 1992년 출판된 『조선말대사전』에도 종교를 새롭게 정의했으며, 1989년 4월에 발행된 일명 『《세기와 더불어》 학습사전』에는 기독교와 선교사에 대해서도 매우 전향적으로 해석하고 있다(사회과학출판사, 1992b: 264; 과학백과사전종합출판사, 1989: 193-194).

년 당시)의 K목사처럼 현재 생존해 있는 사람도 있다고 한다. 이들 종교인가족은 조선그리스도교연맹이 운영하는 봉수교회, 칠골교회, '가정예배소'로 편입된 경우도 있고, 조선그리스도교연맹에 소속되지 않고 개별적 형태로 가정예배 모임을 갖기도 했다. 봉수교회가 건축되기 전인 1988년 6월 15일 박경서 박사는 광복거리 인근의 만경대구역 성천가정예배소를 이미 방문했다. 그렇다면 광복거리 근처에 밀집됐던 가정예배소를 봉수교회로 흡수했다는 북한 당국의 설명이 근거가 없는 것은 아니라고 생각된다. 이러한 정황들을 더 깊이 추적해 보아야 하겠지만, 만약 이러한 내용이 사실이라면, 1980년대 북한 기독교 교회의 건축과 기독교 활동의 재개는 사회 내적 필요성이라는 시각에서 새롭게 재조명해 볼 필요가 있다. 즉 1980년대 들어 종교인 가족들은 가정예배 모임으로부터 국가적으로 인정된 교회공동체로 신앙활동의 공간을 넓혀간 것이다.

지하교회

'지하교회'는 일반적으로 공인 종교조직과 대비되는 개념으로 사용되며 북한 당국의 통제를 벗어나 '불법적'으로 활동하고 있는 기독교 신앙조직을 말한다. 이런 점에서 외부세계에 알려진 지하교회는 과거 종교인가족으로 일컫는 느슨한 '생활공동체'와는 달리 활성적인 신앙공동체로 이해되고 있다. 따라서 지하교회에 참여하는 종교인들은 비활성적 신앙공동체인 기존 종교인가족과는 구분되는 사람들로 식량난 이후 주로 탈북자들을 통해 외부에서 기독교를 받아들여 신앙을 유지하는 비교적 활성적인 새로운 신자들의 공동체를 의미한다. 종교인가족의 신앙 활동은 가족 내에서 혹은 가까운 친척들 간에 소규모 그룹으로 신앙인 가족의 정체성을 유지하고 있는 반면, 이른바 '지하교회'는 10여 명, 혹은 20~30여 명의 구성원들이 네트워크 형태로 연락하며 교제하는 비공식적 신앙조직이다.

북한의 이러한 지하교회 활동은 주로 북한에 기독교를 직접 전파하고자 하는 '선교회'를 통해 한국사회에 알려져 있다. 지하교회의 규모에 대한 평가는 선교회마다 각각 다르다. 이는 북한의 지하교회 네트워크를 순수한 기독교 활동으로 볼 것인가, 아니면 비즈니스 활동까지를 포함하여 볼 것인가, 혹은 과거 종교인가족까지를 모두 포함하여 볼 것인가 하는 기준이 선교회마다 다르기 때문이다. 남한의 선교단체들은 지하교회 신자의 규모를 파악할 때 과거 종교인가족의 숫자를 지하교회 네트워크에 포함시키기도 하며, 이 경우 북한 지하교회 신자 규모를 10만~30만 명까지로 넓게 보고 있다(한국인인터뷰, 2010a). 일부 언론에서는 북한에 권력층을 포함하여 50만 명의 기독교인이 존재한다는 높은 추정치를 보도하는가 하면(『국민일보』, 2002.3.5.), 북한선교 연구자 조동진 목사는 한국전쟁 이후 20만~25만 명의 기독교인이 지금까지 생존한 것으로 가정할 경우 인구증가율을 적용하여 북한 기독교인가족의 규모를 75만 명으로 추산하기도 한다(조동진, 2001: 6).[6]

그러나 북한 지하교회의 규모를 순수 종교 활동으로 파악하는 단체는 지하기독교 활동인구를 1,000~2,000명으로 매우 적게 평가한다(한국인인터뷰, 2010b). 즉 비활성적인 과거 종교인가족을 지하교회에 포함시키기 않고 순수 기독교 신앙활동을 유지하고 있는 사람들은 그리 많지 않다는 것이다. 최근 지하교회의 활동을 면밀히 검토해 보면 그 활동이 다소 왜곡되어 있을 가능성을 엿볼 수 있는 대목이 있다. 새로운 기독교 공

6 UPI는 국제선교단체인 순교자의소리(VOM)와 국제기독교관심(ICC)의 보고서를 인용, 중국에서 기독교 신앙을 접한 북한 주민들이 북한으로 되돌아가 비밀리에 지하교회를 설립하면서 북한에 기독교인들이 늘고 있으며 이 가운데는 권력층도 포함돼 있다고 보도했다. UPI는 또 이들 지하교회 성도는 북한이 공산화되기 이전에 이미 신앙을 갖고 있던 노년층과 중국에서 기독교 신앙을 접한 어린 청소년층이 주축을 이루고 있다고 전했다. 북한의 시골지역까지 방문하는 조선족 보따리 장사꾼들이나 옌볜에서 활동하는 선교사들에 의하면 외딴집이나 산속, 논두렁 아래 등에서 서너 명씩 비밀리에 예배를 드리는 경우도 있다고 한다.

동체로 간주하기에는 선교단체와 기독교 기관에 의해 외부로 알려진 것 이상으로 많은 문제점을 안고 있다. 무엇보다 지하교회 활동에 북한의 정보원들이 침투하여 정보기관에 이용당하고 있는 부분이 적지 않기 때문이다.[7] 북한의 정보기관인 국가안전보위부가 의도적으로 운영하는 '지하교회'도 있다. 정보기관은 '지하교회'로부터 돈과 정보가 들어오기 때문에 이를 활용한다. 이런 점에서 볼 때 지하교회의 규모나 실체가 실제보다 과장되게 알려져 있을 가능성이 있으며, 그 활동에 대해서도 보도되는 내용을 액면 그대로 받아들일 수 없는 부분이 많다. 최근에 활동을 시작한 탈북자 중심의 지하교회도 그 자체로 존재하기가 쉽지 않다. 또 네트워크나 조직으로서 활동은 하지만 순수 종교활동보다는 비즈니스 관련 활동이 더 많은 부분을 차지하는 것이 현실이다.

북한의 지하교회 종교활동은 과거 종교인가족과 연결되어 있는 경우가 많다. 지하교회가 북한 정보 당국의 통제망에 노출되어 있을 가능성이 큰 반면, 종교인가족은 가족 · 친척 간 네트워크로 은밀하게 신앙활동을 할 수가 있고, 북한 당국이 이를 묵인해 주기도 하기 때문이다. 일례로, 탈북자가 중국에서 기독교를 받아들인 후, 북한에 돌아가 자기 어머니에게 기독교를 전했는데, 그 어머니는 이미 아들 몰래 신앙생활을 하고 있던 신자였음을 고백하여 함께 신앙생활을 하던 가족의 사례도 있다.[8] 또 아버지가 과거 평양신학원을 다녔으며 개인적으로 신앙을 지키고 있

---

7 북한정보기관은 정보원들을 다양한 부류의 탈북자로 가장하여 중국으로 내보내 탈북자 신앙훈련 장소에서 훈련을 받게 하고 선교관련 정보를 모두 입수한다. 특히 황장엽 씨의 망명 이후 1997년 보위사령부(96년 조직)에 탈북자 침투반을 운영하면서 탈북자에 대한 선교정보를 조직적으로 입수하고 있다. 중국의 선교사들은 비밀스럽게 운영한다고 생각하고 있는 부분까지도 거의 대부분 북한 정보기관의 통제권하에 들어가 있다. 북한의 정보기관은 이러한 루트를 역이용하여 지하교회 조직을 통해 정보도 얻고 외화벌이도 하는 등 심각한 문제점이 놓여 있다.

8 탈북자 JYH는 자기 동생이 중국에서 예수를 믿고 돌아와 어머니에게 복음을 전했는데, 어머니는 이미 예수를 믿고 있는 기독교인이라고 말해서 동생이 깜짝 놀랐으며 이를 계기로 신앙을 갖게 됐다고 한다(탈북자인터뷰, 2004a).

었다는 사실을 탈북한 후에야 비로소 알게 된 사례도 있다(전우택, 2007: 499). 중국에서 기독교를 받아들인 후, 과거 종교인가족에 대한 정보를 갖고 북한 내에서 전도를 위해 접촉하는 경우도 있다.

과거 종교인가족

북한에서 4대째 기독교신앙을 이어오는 YJS는 북한에서 지하교회란 있을 수 없다고 단언한다(탈북자인터뷰, 2004b). 자기와 같은 과거 신앙인 가족들은 가족들 간에 찬송하고 기도하는 간단한 모임을 가질 수는 있지만, 새롭게 신앙을 받아들여 예배활동을 하는 것은 불가능하다는 것이다. 북한의 지하교회에서 활동하며 전도한 경험이 있는 SKI는 지하교회의 구성은 철저히 가족과 친척 위주로 되어 있다고 한다(탈북자인터뷰, 2005b). 이 때문에 대부분의 탈북자들은 북한에 개종자로 이루어진 지하교회 활동이란 존재할 수 없으며 과거 종교인가족과의 연계에서만 유지될 수 있다고 주장한다. 이러한 증언들은 종교인가족으로 신앙활동을 하는 사람들은 존재할 수 있지만, 과거 종교인가족이 아닌 사람이 새로운 신자로 개종하여 신앙생활을 하는 지하교회 활동은 거의 불가능하다는 사실을 반증한다.

추론컨대 지하교회라고 불리는 신앙인들 가운데 실제로 탈북자를 통해 새롭게 신앙을 가진 종교인들은 매우 제한적인 규모로 존재할 것이다. 그러나 이러한 신앙인들은 과거 종교인가족인 경우가 많고, 그렇지 않은 경우에도 과거 종교인가족과 연결되어 활동하는 사례가 많을 것이다. 지하교회 활동이 과거 종교인가족 중심으로 진행되고 있는 이유는 탈북자가 많이 발생한 북한의 동북지역이 과거 기독교가족이 추방되어 정착한 지역이기 때문이기도 하다. 이곳은 냉전시기에 가장 먼 오지였으나, 상황이 바뀌자 탈출하기 쉬운 국경과 가장 가까운 곳에 놓이게 된 것이다. 역사의 아이러니가 아닐 수 없다. 소극적 · 개별적 활동에 머물러 있던 과거 종교인가족이 탈북 개종을 통해 더욱 적극적이고 조직적인 지하 신앙활동에 참여하게 됨으로써 종교활동의 공간을 확대하고 있다. 이런 점에서 과거 종교인가족은 지하교회 활동에서도 중심적 역할을 담당하고 있다.

과거 종교인가족의 규모가 현재 어느 정도로 증가했는지에 대해서는 개략적인 추정 정도만 가능할 뿐이다. 한국전쟁 이후 10만 명의 종교인가족이 생존했다고 보면 종교인가족 1세대 중 2010년까지 생존 가능한 인구는 20%에 불과하여 그 규모는 10만 명보다 훨씬 적을 것으로 생각된다. 그러나 종교인가족으로 분류 · 관리되고 있는 이들은 북한의 열악한 종교적 환경에서도 60년 가까이 다양한 방법으로 정체성을 유지하고 있으며 정부 당국의 차별과 사회적 냉대 및 비판 속에서도 꾸준히 신앙의 가계를 이어오고 있다. 외적으로는 종교인가족이라는 사회적 차별을 공감하는 집단정체성을 갖고 있고 내적으로는 결혼과 상징적 관습 유지, 상부상조 등 일상생활에서 소통을 유지하고 있다. 정부 당국도 종교인가족의 신앙 활동에 대해서는 과거로부터 내려온 개인적 차원의 신앙생활로 간주하여 어느 정도 묵인하거나 용인해 주고 있다.

4. 한류의 유입과 정보유통

북한과 중국 간의 휴먼 네트워크

식량난과 시장화가 가져온 변화 가운데 개방과 문화접변의 결과도 심대하다. 교류의 증대와 개방의 확대는 주민의 결속을 이완하는 결과를 가져온다. 폐쇄된 북한사회에서 중국 및 한국과의 인적 · 물적 교류 확대는 북한주민의 의식을 변화시키고 문화를 개방하는 결정적 역할을 하고 있다. 현재 북한시장에서 판매하는 상품의 80% 이상이 중국으로부터 수입된 제품들이다. 7.1조치 결과 중국 · 러시아와의 무역 및 외화벌이가 활발해졌고 인적 왕래도 증가했다. 의식 변화의 최전선은 해외로 진출하는 근로자나 유학생, 친인척 방문자들이다. 중국과 러시아, 몽골, 중국 등에 파견되는 외화벌이 노동자는 해외생활의 체험에서 변화된 세계를 보고 사고가 바뀌게 된다. 중국으로 왕래하는 연간 15만 명의 공식 방문자와 외화벌이 일꾼, 친인척 방문지와 유학생, 러시아, 중동 등지에 파견된 4만~5만 명의 근로자들은 교류와 개방의 첨병이라 할 수 있다(이교덕 · 김병로 · 박병광, 2014: 63-64, 93-97). 중국 방문자들 가운데 체류기간을 어기고 수개월 혹은 1년씩 귀국하지 않는 북한주민이 늘고 있으며 이런 문제로 보위부와 마찰을 빚는 사례가 잦아지고 있다. 중국에 친척이 있는 북한인은 2년에 1회 3개월간 조선족 친척을 방문할 수 있으며, 중국의 조선족은 1년에 1회 1개월간 북한의 친척을 방문할 수 있다.[9] 유동인구의 증가는 정보유통의 기회를 제공하고 외부 문화를 확산시키는 통로가 된다는 점에서 북한과 중국 간의 휴먼 네트워크는 북한주민의 의식변화를 파악하는 중요한 척도가 된다.

무역과 유통이 늘어나면서 정보개방도 빠르게 진행되고 문화접변 현상도 나타나고 있다. 국경지대의 도시에는 중국과 연락을 취하며 상품을 구입하는 사람이 늘어났고 내지에 있는 사람들의 만남을 주선하거나 그들을 팔아넘기는 인신매매도 계속되고 있다. 이러한 사업을 위해 휴대전화 사용이 증가하고 있고, 국경지대에 거주하거나 근무하는 북한의 경찰과 정보기관원, 국경경비대원들은 대부분 중국방식의 휴대전화를 사용하고 있다. 북한 내의 휴대전화 보급 대수가 2008년 12월 개통 이후 2013년 5월 200만 대가 보급된 것으로 보도됐다(『연합뉴스』, 2013.5.31.).

9 평양주재 중국대사관은 중국을 방문할 수 있는 비자의 종류를 관광 및 친척방문사증(L), 상무방문사증(F), 학습사증(X,F), 공무(사업)사증(Z), 출국사증(G) 등으로 구분하고, 각각 체류기간과 가족동반에 관한 규정을 명시하고 있다. 주평양 중국대사관 홈페이지(http://kp.china-embassy.org/kor/lsyw/hzhqzyw/default.htm) 참조.

중국과 휴대전화 통화가 가능하게 됨으로써 북한의 국경지대 주민들은 외부세계의 소식을 더욱 신속하고 광범위하게 접촉할 수 있게 됐다. 중국 조선족과 한국의 교류가 활발해진 이후 중국거주 조선족 동포들의 방북을 통해 한국의 발전상이 간접적으로 전달되고 있다. 최근에는 옌벤지방의 많은 조선족 가정들이 한국 TV프로그램들을 위성방송을 통해 시청하고 있다.

교류 증대와 남한문화 유입

더 직접적으로는 중국 조선족 사회에서 유행하는 남한의 드라마나 영화, 가요를 담은 CD 또는 USB 등이 북한주민들에게 건네짐으로써 북한의 문화접변이 이루어지고 있다. 서울대 통일평화연구원의 탈북자 면접조사에서 "북한에 거주할 당시 남한 방송, 영화, 드라마 노래(음악)를 접해본 경험이 있는가?"라는 질문에 대해 접해 본 경험이 있는 사람의 비율이 2008년에는 63.6%, 2009년에는 57.1%로 줄어들었다가 2011년에 76.7%로 늘었고, 2012년 90.0%, 2013년 88.0%, 2014년 85.9%, 2015년 88.4%로 남한문화의 접촉 속도가 빠르게 증가했다. 사회적으로는 조직생활과 통제가 전반적으로 강화되고 있다고 할 수 있으나 경제거래와 문화접촉은 매우 빠른 속도로 증가하고 있는 상황이라고 평가할 수 있다.

중국과의 인적 · 물적 교류 증대는 북한개방에 중요한 요소로 주목해야 한다. 북한은 경제적 도움을 받기 위해 양국 간 친인척 방문을 적극 허용하고 있다. 중국 동북지방의 200만 조선족 가운데 북한에 친척을 둔 사람들의 비율이 어느 정도 되는지 파악할 길은 없지만, 조선족자치주의 86만 조선족의 경우 90% 정도가 북한에 친척을 두고 있을 것으로 추정된다(조선족인터뷰, 2007g). 이들은 체류기간 재정을 보증할 친척의 초청만 있으면 합법적으로 중국에 체류할 수 있는 기회가 얼마든지 열려 있다. 북한사람 가운데 합법적으로 중국비자를 받아 2개월간 체류하는 사람도 많

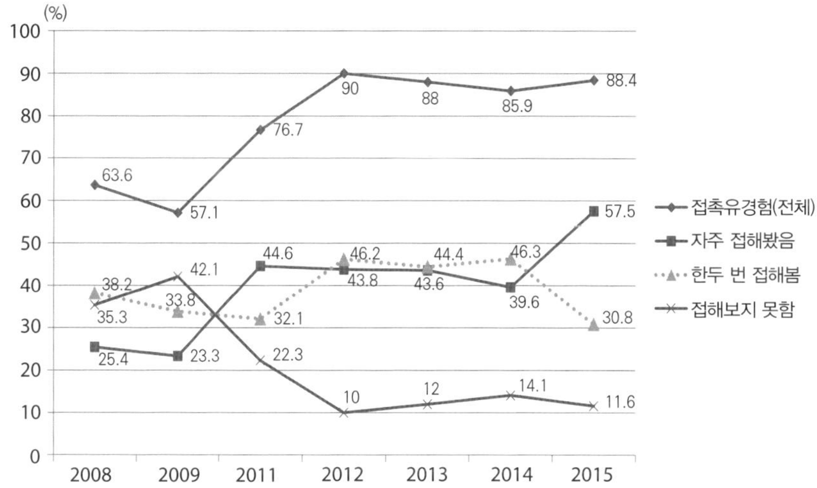

〈그림 10-1〉 한류접촉경험(2008~2015)

다. 북중 간 인적 교류는 단둥(丹東) 지역으로 연간 140만 명(복수방문 포함), 조선족자치주 지역으로 60만 명(복수방문 포함) 정도로 연간 총 200만 명이 중국과 북한을 왕래하는 것으로 추정된다(조선족인터뷰, 2007f). 물론 인적 왕래 가운데 90~95%가 중국쪽에서 북한으로 가는 것이고, 북한에서 중국으로 이동하는 사람은 많지 않다. 인적 왕래 가운데 친척방문이 어느 정도의 비중인가를 파악하기란 쉽지 않지만 친척방문의 비중이 인적 왕래의 높은 비율을 차지할 것으로 본다. 친척방문 시 거래되는 물품은 무역통계에 잡히지 않는데 그 규모가 엄청나다고 한다(조선족인터뷰, 2007g).[10] 양적 측면의 효과만이 아니라 방문기간에 친척들과 비교적 허심탄회하게 대화를 나눔으로써 상당한 의식변화가 진행되고 있다.

북중 양국이 파견하는 유학생 교류도 청년지식인층에 외부세계의 변

10 그러나 중국 조선족자치주정부 상무국은 공식무역 이외의 친척방문으로 가져가는 물품의 양은 극소량이라고 평가했다(조선족인터뷰, 2007h).

화를 알리는 중요한 통로가 된다. 현재 중국에 유학하는 350명의 유학생들과 이미 중국 유학을 마치고 돌아온 3,500명에 달하는 지식인들은 제한적이기는 하나 북한의 상류 청년지식인 사회에 새로운 문화와 의식변화를 가져오고 있다.[11] 마찬가지로 북한에 체류하는 70명의 중국유학생, 평양 유학을 마치고 중국으로 돌아간 1,500명이 넘는 유학이수자들, 평양과학기술대학 등의 외국인 교수들로부터 지식을 배우는 학생들은 서구의 문화와 가치를 피부로 접하는 사람들이다. 학생들과 청년들, 특히 중국학생 및 외국인과의 접촉 기회를 갖는 학생들은 다른 사람보다 더 빨리 의식변화를 경험하게 될 것이다. 청진을 비롯한 몇몇 대학에서 이미 학생들이 남한가요를 합창하고 한류드라마 USB를 돌려 본 혐의로 조사를 받는 사건이 발생했다. 청년학생층의 한류문화 접촉은 식량난 때문에 학업에서 이탈한 학생들은 물론 최고수준의 대학생들까지도 망라되고 있다. 한류문화에 가장 관심을 갖는 집단은 학생과 청년층이며 앞으로 청년학생들의 한류문화 접촉과 의식변화는 북한사회의 미래를 좌우할 중요한 요소다.

정보 유통

북한주민들은 중국과의 인적 왕래 및 정보유통이 증대됨에 따라 다양한 경로로 외부정보를 접하고 있다. 그들은 조선족 상인들과 해외유학생 및 해외파견자들의 북한 귀환 등을 통해 막연하게나마 외부정보를 접했다. 일부 북한주민들은 이미 중국 및 한국의 발전상을 알고 있으며, 한국의 방송 프로그램을 비밀리에 시청하는 주민들의 수도 증가하고 있다. 한국의 드라마나 영화를 보는 것은 불법이고 위험한 일이지만, 북한주민들은 중국 조선족 사회에서 유행하는 남한의 드라마나 영화, 가요 등을 비디오

11 주평양 중국대사관 홈페이지, 교육교류 부분(http://kp.china-embassy.org/kor/zcgx/jyjl/t308045.htm) 참조.

테이프나 CD, USB를 통해 접하고 있다. 특히 개방 이후의 중국 발전상과 정상회담 이후 남한의 소식은 북한주민들에게 체제비교의 인식을 심어 주고 있다.

북한의 정보유통과 관련하여 탈북자의 약 70~80%가 탈북 후에도 북한소식을 접하고 있고 접촉비율이 꾸준히 증가하고 있음을 보면 북한 내부 주민들과의 접촉면이 확대되고 있음을 알 수 있다. 그리고 탈북자 가운데 남한에 친척이 있는 비율이 2008년에는 30%, 2009년에 40%, 2011년 56%, 2012년 62.3%, 2013년 65.4%, 2014년 69.1%로 꾸준히 증가하다가 2015년에는 58.2%로 처음 감소했지만 전반적으로 북한의 문화접촉은 확대되는 추세에 있다. 최근 탈북자 수가 감소하고 있기는 하나 탈북자를 통하여 중국과 남한 및 외부세계의 정보를 접하는 사람들은 증가하고 있다.

탈북자들도 북한주민들의 의식변화에 상당한 역할을 하고 있다. 1995년부터 98년까지는 식량을 구하기 위한 생계형 탈북이 주를 이루었으나, 점차 돈을 벌기 위한 인신매매형 탈북이 생겨났고, 최근에는 정보접촉에 의한 체제이탈형 탈북으로 발전하고 있다. 초기에는 경제난과 식량난, 처벌위험과 같은 요인에 의해 탈북자가 많이 발생한 반면, 근래에

〈표 10-2〉 탈북 후 북한소식 경험의 정도(2008~2015)

단위: 명(%)

	2008	2009	2011	2012	2013	2014	2015
거의 대부분 접할 수 있다	45(15.2)	46(12.4)	19(16.7)	27(20.8)	30(22.6)	37(24.8)	28(19.2)
조금 접할 수 있다	156(52.7)	183(49.5)	62(54.4)	76(58.5)	75(56.4)	86(57.7)	80(54.8)
거의 접할 수 없다	86(29.1)	122(33.0)	30(26.3)	27(20.8)	28(21.1)	26(17.4)	37(25.3)
무응답	9(3.0)	19(5.1)	3(2.6)	-	-	-	1(0.7)
합계	296(100.0)	370(100.0)	114(100.0)	130(100.0)	133(100.0)	149(100.0)	146(100.0)

이를수록 정보접촉으로 인한 비교의식, 탈북자 지원단체의 도움, 중국에서의 돈벌이, 한국 정부의 지원정책, 탈북가족의 도움 등의 흡인요인에 의해 탈북하는 사람들이 많아졌다. 북한주민들의 국경탈출이 늘어나는 현상은 북한체제의 사회적 통제능력이 상실되고 전반적으로 사회해체가 진행되고 있음을 시사한다. 그러나 아직까지 사상학습과 조직생활, 사회적 · 물리적 통제가 작동하고 있기 때문에 주민들은 사회적 불만을 시위나 항의 등으로 표출하지 못하고 체제도피적 방법인 국경탈출을 선택하게 된다(전현준 · 허문영 · 김병로 외, 2006). 이 때문에 북한사회의 급격한 변화는 대량탈북으로 이어질 가능성이 대단히 높다.

북한은 1997년 황장엽의 망명 후 북한 보위사령부 내 전담부서를 설치하여 탈북자 문제에 대응하고 있다. 탈북자의 규모에 대해 다양한 평가가 나오고 있지만 북한의 식량난이 가장 심각했을 당시 약 30만 명의 북한주민들이 국경을 탈출한 것은 확실하다(조선족인터뷰, 2007c).[12] 남한으로 입국한 2만 7,000여 명의 탈북자를 포함하여 많은 탈북자들이 북한의 가족들과 지속적으로 연락하고 있다. 탈북자 한 사람당 북한에 남아 있는 가족의 수를 4명으로 계산했을 경우, 남한에 입국한 가족과 직간접적으로 연락하고 있는 숫자는 10만 명이 된다. 또한 중국에 탈북한 경험이 있는 탈북자들의 수를 30만 명으로 계산하면 적어도 120만 명의 북한사람들이 중국과 남한 및 외부세계의 정보를 접했다고 볼 수 있다.

러시아 연해주 근로자들을 통한 북한주민들의 의식변화도 주목해 볼 필요가 있다. 러시아 극동지방에 파견된 북한 노동자는 2010년 현재 3만 명을 넘는 것으로 조사됐다(이영형, 2012: 57). 모두 대학졸업자이며 당원

12 탈북유동인구는 가장 많았을 때 30만으로 추산됐으며 2007년 10월, 통일부는 3만 명의 탈북자가 중국에 거주하고 있는 것으로 평가했고, 선양(瀋陽)총영사관에서는 1만 명 정도로 추산했다(대한민국 선양총영사관 면담, 2007년 9월; 우리민족서로돕기 불교운동본부, 1998: 12). 조사대상자 가운데 한 사람의 증언에 의하면 로동당원 교육에서 고난의 행군 기간 동안 탈출자가 20만 정도라고 했다 한다.

들인 상류계층이다. 대부분 연해주 지역의 건설장에 투입되어 외화벌이를 하거나 무역 외화벌이를 하는 사람들로 이들은 1년에 한 번씩 귀국하여 3개월간 가족과 함께 시간을 보내며, 3년마다 교체된다. 연해주에서 한국 상품의 위상은 대단히 높은데, 북한 근로자들은 한국상품과 비디오를 선호한다. 이들이 북한주민들의 의식변화에 미치는 영향도 매우 크다고 볼 수 있다.

인도주의 지원과 접촉 확대

마지막으로 인도적 대북지원 등 외부세계에서 들어온 물품을 통해 이루어지는 의식변화도 진행되고 있다. 외부의 경제지원은 북한이 체제를 유지하고 주민생활을 안정시키는 데 단기적 효과를 볼 수 있어서 매우 중요하다. 앞으로도 이러한 외부 지원은 더 확대될 것이다. 연간 남북교역은 17억 달러를 넘어섰고 남한의 대북 인도적 지원은 정부와 민간, 식량차관을 포함하여 1995년 6월 이후 2012년 12월까지 총 3조 2,193억 원의 규모에 달한다(통일부, 2014). 유엔을 비롯한 국제사회도 총 3조 달러의 규모를 지원했다. 국제기구의 평양사무소 상주 및 지원활동은 북한 상류계층의 대외 접촉 범위를 확대하는 효과를 갖고 있다. 또 한국 정부나 외국에서 지원되는 물품은 부두에 적재되어 하역작업에 동원되는 근로자는 물론 인근주민들도 눈으로 목격하거나 소식을 듣게 됨으로써 분배에 대한 기대감도 갖게 된다. 지식인들과 해외경험이 있는 간부들은 유엔 및 국제구호기구들의 대북 식량지원에 대해 알고 있고 일반주민들도 이러한 사실을 알게 되어, 한국과 국제사회가 제공하는 이러한 인도주의 지원은 북한의 사회변화에 기여하고 있다.

최근 몇 년 동안 남북 간 인적 왕래가 단절됐지만 앞으로 남북 간 교류의 문이 확대되면 북한사회의 변화는 가속화될 것이다. 북한은 연 17만 명의 남한 방문객과 금강산관광을 통해 외부와 접촉점이 넓어졌으며,

상류층과 평양시민들에게는 상당한 영향을 미치고 있다. 남한사람들을 접촉하는 안내원 급의 북한주민들 중 남한방문자들로부터 '뒷돈'을 받지 않은 사람이 없을 것이다. 노골적으로 혹은 은밀하게 개인적으로 돈을 챙기는 북한 상류층의 모습에서 물질주의(돈)에 대한 선호를 충분히 느낄 수 있다. 물론 남한과의 접촉으로 북한주민이 반드시 남한이나 외부세계에 대해 긍정적인 시각을 갖는 것만은 아니다. 남한사람들의 '자유분방함'을 '자유(개인)주의'로 오해하여 오히려 남한에 대한 부정적 이미지를 강화하는 경우도 있다. 그럼에도 남북의 인적 왕래 증대는 북한주민들의 의식변화를 자극하고 있는 것은 분명하다.

5. 변화하는 주민의식

돈을 벌어야 한다는 의식 팽배

경제침체를 극복하기 위해 취해진 7.1개혁조치는 시장을 활성화하고 주민들의 생활방식을 변화시키고 있다. 기존의 쿠폰식 배급제도를 화폐에 의한 교환경제로 전환함으로써 시장화가 빠르게 진전되고 있고, 외화벌이와 무역의 증대로 외부세계와의 문화접촉도 활발하게 진행되고 있다. 2002년 7.1조치 이후 주민들이 일에 대한 의욕이 강해진 것은 확실하다. 이제는 돈을 벌어야 한다는 의식이 팽배하다. 겉보기로는 큰 차이가 없을지 모르지만, 안에서 보면 주민들이 돈을 벌려는 의식은 확실히 달라졌다 (탈북자인터뷰, 2013).

2002년 7월의 경제개혁으로 주민들은 경제생활 향상에 대한 기대가 높아졌고 장사에 대한 관심도 많아졌다. 배급제도에서 화폐교환경제로 전환됐다는 사실은 앞으로 북한사회에 많은 변화를 예고한다. 그동안 북한에서 '장사행위'는 사회적으로 부정적인 것으로 인식됐지만, 7.1조치 이후 농민시장이 종합시장으로 개편되면서 개인이 장사로 돈을 버는 행위가 또 다른 능력으로 인정받고 있다(최수영, 2004: 55-56). 시장화가 진행되면서 제한적이기는 하지만 개인자본이 진출할 수 있는 공간이 생겨났고 소규모 개인 서비스업이 확대되고 있는 것은 주목할 만한 현상이다. 배급제가 완전히 폐지되지는 않았지만 배급제의 역할은 계속 축소되는 방향으로 가고 있어서 주민들의 생계비 부담이 늘어나고 있다. 장사와 돈을 벌려는 의식은 강해질 수밖에 없다.

이러한 경제개혁으로 북한주민들은 사상보다 물질을 중시하는 사회적 규범이 확산됐고 국가의존적 사고에서 자력갱생과 개인주의가 팽배해졌다(서재진, 2004a: 197-241; 2004b: 110-113). 경제사회적 변화로 일반주민들 중 절친한 사람들 사이에는 경제난을 비판하거나 개인비리를 고발하는 등 의견을 표출하는 사람들이 증가했다. 식량난을 김정일 정권과 관련지어 불평하는 사람들이 많아져서 이들을 처벌하는 과정에서 정치범 적용 여부를 두고 많은 갈등과 불만이 생겨나고 있다.

일탈행위와 사회의식

탈북자 조사를 통해서 보면 북한주민의 25%는 소득이 거의 없고 그다음 25%도 시장활동을 통해서 얻은 소득으로는 생활이 어려운 사람들이다. 즉 주민 절반이 최저생계비에 못 미치는 소득으로 생활하고 있다. 따라서 주민들은 부족한 생활비를 충당하기 위해서는 장사를 하든가 편법에 의존하지 않으면 안 되는 상황이다. 시장의 활성화와 더불어 공공물자의 횡령, 노동자들의 직장이탈, 관료들의 부정·부패 등 각종 사회일탈행위가 일반주민 및 간부들 사이에 확산됐다. 경제난에 직면한 주민들의 생활방식은 직장을 이탈하여 생존하는 방식과 직장을 이탈하지 않으면서 생존하는 두 가지 방식으로 나누어 볼 수 있다(이승훈·홍두승, 2007: 56-66). 직장을 이탈하여 생존하는 방식은 고철 수집과 수산물 채취 등 수집한 상품을 팔아 생계를 유지하는 방법, 그리고 생필품, 일용잡화 판매 등 장사활동으로 생계를 유지하는 방법 등을 꼽을 수 있다. 직장을 이탈하지 않은 생존방식으로는 무역회사의 명의를 빌려 외화벌이를 하거나 학부모 · 환자 · 고객으로부터 상납을 받아 생활하는 것 등이 있다.

장기화된 경제난과 시장의 형성으로 노동자들이 생산량을 조작하거나 비리와 부조리를 자행하는 등의 사회경제질서 문란행위가 늘어났다. 1980년대 중반 이후 자리 잡기 시작한 "돈이면 최고"라는 물질만능주의적 가치관과 식량난의 악화로 돈을 벌기 위한 사적인 경제활동 및 뇌물수수, 경제범죄 등이 크게 늘어났다. 많은 농민이 탈곡 시 따로 곡식을 챙겨서 땅에 파묻어 두거나 정미소와 연결하여 식량을 확보한다. 그리고 그렇게 확보한 식량을 도시지역 노동자들에게 판매한다. 그 결과 암시장의 거래가 성행하고 뇌물공여가 자연스럽게 자리잡고 있다. 군부대 인근 도시에서는 군대 배급식량이 비공식적으로 유통되기도 한다(최수영, 1997: 38).

이러한 사회일탈 현상은 북한 당국이 주민들 내부의 '사상적 오염'을 지적하면서 이를 방지하기 위한 당의 조치들을 강하게 주문하고 있는 데서도 엿볼 수 있다.

> 일부 사람들은 우리나라 영화는 꿋꿋해서 보기가 싫다고 하면서 끼리끼리 몰려다니며 미국이나 일본을 비롯한 자본주의 나라의 록화물 영화를 보고 있다. 그런가 하면 외국에 갔다가 여러 가지 교묘한 방법으로 성경책이나 록화물을 몰래 감추어 가지고 들어오는 사람들도 있다. ... 심지어 일부 사람들은 반도체 라지오를 몰래 가지고 다니면서 남조선과 다른 나라 방송을 듣고 있다. ... 부르조아 자유화 바람은 특히 젊은 사람들 속에서 많이 나타나고 있다. 일부 청년들은 쩍하면 별치 않은 일로 리혼하고 있으며, 서양식, 왜놈식의 본을 따서 옷차림과 몸치장을 보기에도 흉측하게 하고 다니고 있다.(조선로동당출판사, 2002; 정영태, 2007: 8)

인민들은 여전히 당원이 되려고 하지만 예전 같지는 않다. 자식 때문에 사회적으로 간판이 필요하니까 당원이 되려고 한다. 당원 직위를 돈을 주고 살 수도 있다(북한인인터뷰, 2007a). 북한에 친척을 두고 있는 한 조선족은 2007년 1월에 북한을 방문했을 때 2~3년 전보다 많이 좋아졌는데, 북한사람들의 돈에 대한 집착이 상당히 커졌음을 확실히 느꼈다고 한다(조선족인터뷰, 2007e). 친척들의 말에 의하면, "노인들, 게으른 사람, 착실한 사람들은 모두 죽었고, 지금은 돌 위에 올려놓아도 살 수 있는 영악한 사람들만 남았다. 남은 사람들은 이제는 어떻게든 살 수 있을 것 같다"는 것이다. 중산층의 80%가 부업활동에 참여하고 있다고 보면 전체 주민의 50%가 부업활동을 하고 있는 셈이다. 이렇게 부업활동을 하는 사람들은 매월 6만 원 이상의 수입을 올리고 있다. 장사와 부업으로 수입을 올리는 사람들과 그렇지 않은 사람들 간에 빈부격차가 나타나고 있으며, 그에 따라 계층 간 빈부격차도 더욱 심화되고 있다.

배급제도 부실화와 국가권위 훼손

앞에서 설명한 바와 같이 시장화의 증대와 사적 경제영역의 확대는 사회주의 체제에서 유일한 고용주였던 국가로부터의 독립과 해방을 의미한다(안찬일, 1997: 185). 주민들은 식량배급을 제때에 주지 못하는 정부와 간부들에 대해 점차 지배적 권위를 인정하지 않는 경향도 커졌다. 그에 따라 자연스럽게 행정 당국과 간부들에 대한 주민들의 불만의 목소리도 커지고 있는 것이 사실이다. 식량난의 악화로 필요한 식량을 충분히 공급하지 못하게 됨으로써 국가의 권위가 실추되고 결과적으로 사적 경제영역이 확대됨으로써 전통적인 사회통합 방식에 균열이 발생하고 있다고 볼 수 있다.

배급제도는 부실하게 운영되고 있지만 여전히 유지되고 있다. 식량표를 가지고 배급소에서 배급받을 수 있는 사람은 행정일꾼, 당 간부, 보위부원, 군인 정도다. 탄광노동자나 용해공, 교사와 같은 특정 부문 종사자들도 배급을 받는다. 일반주민 대부분은 배급표를 가지고 물건을 사지 못한다(북한인인터뷰, 2007b). 그런데 여기서 주민의식 변화와 관련하여 주목해야 할 부분은 북한사람들이 탄광노동자, 용해공, 교사 등 특정 부문 종사자들은 여전히 배급을 받고 있다고 믿고 있다는 것이다. 인터뷰에 응했던 탈북자와 북한인 모두가 직종에 대하여 의견차이가 약간 있었지만 교원, 의사, 탄광노동자가 배급받는 것에 대해 일치된 주장을 했다(탈북자인터뷰, 2007c). 중요한 점은 북한주민들이 자기들은 현재 배급을 못 받고 있지만, 일부 직종에서는 여전히 배급을 받는다고 생각한다는 것이다. 주민들은 이런 직종에 정부가 배급을 실시하는 이유를 "장사를 할 수 없는 특정 부문에 대한 배려"로 이해하고 있었다. 주민들의 이러한 인식은 주민들이 비판대상을 사회주의 체제가 아니라 '우리 직장' 또는 '우리 직종'으로 제한할 수 있다는 것이다. 즉 북한의 식량난과 경제침체에 대한 책임을 자연재해나 미국의 경제봉쇄와 같은 것으로 돌리면서, 이러한 열악한 상황에서도 북한 당국이 고육지책으로 체제를 유지하고 있다는 식의 동정심을 끌어내는 효과가 있는 것으로 보인다.

그뿐만 아니라 식량난으로 인해 국가기관에서 일하는 사람들을 대폭 줄임으로써 국가의 부담을 덜려고 하는 움직임이 북한에서 진행 중이다. 북한의 간부 규모를 약 10%로 평가한 북한주민은 최근 몇 년 사이에 국가기관에서 일하는 사람의 수가 조금씩 줄고 있다고 했다. 예를 들면, 통계를 보던 사람이 셋이었다가 한 사람으로 줄었다는 것이다(북한인인터뷰, 2007b). 이러한 변화는 주민들로 하여금 정부가 변화하고 있다는 의식을 심어 줌으로써 정부에 대한 비판을 억제하고 지지를 확보하는 요인으로 작용할 수도 있다.

사회주의 체제의 우월성 약화

북한이 사회주의 체제의 우월성으로 맨 앞에 내세운 제도가 무상교육과 무상치료였다. 12년 무상교육과 무상치료는 북한주민들이 체제의 긍지로 삼아 왔다. 그러나 1995년 식량난 이후 무상교육과 무상치료 제도가 부실해짐으로써 체제에 대한 자긍심이 현저히 약화되고 있다. 무상교육에 대한 주민들의 비판의식은 상당히 큰 것으로 나타났다. 북한의 모든 기관이 재정이 부족한 상황이고, 그중에서도 학교는 특별히 외화벌이를 할 수 있는 기관이 아니어서 결핍된 부분을 학생들에게서 거둬들여 충당하게 된다. 탈북자들은 이구동성으로 자녀들의 학비가 너무 비싸다고 토로한다. 학생들은 농촌 지원하러 나가야 하고, 딸기 따러 가야 하고, 꾸리기 사업, 외화벌이 등에 나가야 하며, 그래도 1년에 학교에 내는 돈이 5만 원 정도는 된다고 한다(북한인인터뷰, 2007b). 그래서 없는 사람들은 자기 아이에게 학교에 가지 말라고 한다. 학교에 가도 배우는 것 없고 돈만 가져오라고 하니까 글만 깨우쳤으면 되지, 왜 학교에 가느냐고 하면서 못 가게 한다. 이런 식으로 자녀를 학교에 보내지 않는 사람들이 하층민 중에 30~40%는 되는 것으로 보인다.

무상치료에 대한 자긍심도 상실된 듯하다. 중국 연길의 병원과 교류하고 있는 평양에서 온 의사들의 말에 의하면, 입원환자 가운데 30% 정도만 치료받고 있는 실정이다. 100명의 입원환자 가운데 30명만이 투약받을 수 있다. 또한 회령에서 온 의사의 말에 따르면, 그 의사는 1,500원의 월급을 받았다고 한다. 이 때문에 아내가 장사를 하여 생계를 유지한다고 한다(한국인인터뷰, 2007a). 나진 · 선봉의 경우, 의사는 한 달에 3,000원을 받고 배급은 입쌀 25킬로그램을 받는다. 중국이 지원하는 지역에서는 의사들이 배급을 받고 있지만, 그렇다고 잘사는 것은 아니다. 의사의 아내들이 재봉일 같은 부업을 해야만 살 수 있다. 중국의 지원을 받는 병원은 약이 있는 편이지만, 다른 진료소에서는 치료받을 약을 환자에게 사오라고 한다. 환자들은 시장에서 반병주사약 등을 개인적으로 사와야 치료받을 수 있다(조선족인터뷰, 2007b). 결국 돈이 있어야 치료할 수 있는 북한의 현실은 무상치료를 긍지로 지녔던 북한체제의 정당성을 흔드는 요인이 되고 있다.

주민들의 사회주의 사상과 이념의 변화를 측정해 볼 수 있는 문항으로 "귀하는 북한에 살고 계실 때, 사회주의 경제(계획경제)와 자본주의 경제(시장경제, 개인소유경제) 중 어느 것을 더 지지했습니까?"라는 질문을 던져 보았다. 그 결과 자본주의 경제체제를 지지했다는 응답이 사회주의 경제체제를 지지했다는 응답보다 월등히 높은 비중을 차지했다. 79 대 11로 자본주의 지지 의견이 많았다. 최근 3년의 추이를 보면 사회주의 지지에 대한 응답이 2013년 12.0%에서 2014년 14.2%, 2015년 11%로 큰 변화는 없었다. 통일방식으로서 남한체제를 선호하는 사람도 48.6%(2015년)가 되는 것으로 조사됐다.[13]

북한주민이 사회주의 경제체제에 대한 기대를 접고 자본주의 내지 시장경제를 갈구하고 있는 것은 북한에서 공산주의를 폐기한 흐름과 무관치 않을 것이다. 북한은 2009년 개정 헌법에서 '공산주의'를 북한 이데올로기 목표에서 삭제했다. 즉 기존 1998년 헌법에서 "사회주의, 공산주의는 근로대중의 창조적 로동에 의하여 건설된다"(29조)고 한 내용을 '공산주의'를 삭제하고 사회주의만을 살려 놓은 것이다. 문화혁명의 목표(40조)도 "사회주의, 공산주의 건설자"로 만든다고 한 부분을 "사회주의 건설자"로 수정하고, 교육의 목표(43조)에서도 "공산주의적 새인간"을 육성한다는 표현을 "주체형의 새 인간"으로 바꾸었다. 그동안 체제의 목표로 제시해 왔던 '공산주의'를 포기한 것은 그만큼 사회주의의 근본주의적인 가치와 원칙이 퇴조하고 있음을 의미한다.

13 남한체제를 선호한다는 응답이 이처럼 높게 나타난 점에 대해 탈북자 조사의 편향성이 있을 것으로 짐작할 수 있으나, 중국 단둥을 방문한 북한주민을 대상으로 한 2014년 7월 조선일보의 조사에서도 통일방식으로 남한체제를 선호한다는 응답이 34.0%로 나타나 '남북한 체제 절충'(26.0%)이나 '상관없다'(24.0%), '북한체제'(7.0%)보다 높게 조사됐다.

제11장

선군정치와 핵 무장 전략

1. 체제위기와 선군정치

총대 위의 평화

김일성 주석이 사망(1994.7.)하고 권력을 물려받은 김정일 위원장은 초유의 자연재해와 대기근으로 체제의 위기를 맞는다. 85만여 명이 사망하고 수백만 명이 기아선상에 처하게 되는 참사가 지속되면서 김정일 정권은 군대를 체제의 전면에 앞세우는 '선군정치'를 실시한다. 선군정치는 제4장에서 설명한 바와 같이 군대를 최우선으로 삼는 김정일 특유의 통치방식이다. 1995~1997년 3년간의 '고난의 행군'을 마치고 1998년 출범한 김정일 정권은 군대를 혁명과 건설의 핵심집단으로 옹호하며 정치와 경제건설, 사회통제의 상당 부분을 이에 맡기는 방식으로 국정을 운영한 것이다. 사실, 북한이 1960년대부터 군사통치를 실시해 왔다는 측면에서 보면 김정일이 1990년대 중반 체제 위기를 맞아 군대에 의존하는 정치를 폈다는 사실이 그리 특이한 일은 아니다. 남한에서는 민주화 운동으로 군사정권이 퇴출된 반면 북한에서는 체제 위기를 맞아 오히려 군대의 역할을 강화하는 대조적인 현상이 한반도에 전개됐다.

북한은 선군정치를 김정일의 독창적인 통치방식으로 자리매김하고 2012년 개정헌법에 선군사상을 주체사상과 함께 북한의 정체성을 규정하는 2대 사상으로 명문화했다. 즉 2012년 개정헌법에 "조선민주주의인민공화국은 사람중심의 세계관이며 인민대중의 자주성을 실현하기 위한 혁명사상인 주체사상, 선군사상을 자기 활동의 지도적 지침으로 삼는다."(제3조)라고 명시했다. 주체사상을 김일성이 창시한 사상이라고 보고 선군사상을 주체사상과 쌍벽을 이루는 김정일의 독창적인 사상으로 부각시킨 것이다. 지금까지는 사회주의 사회에서 노동계급의 지위와 역할이 중요했으나 이제는 인민군대가 혁명의 주력군이요 기둥으로 간주되고 노동계급도 군대의 혁명적 정신과 조직규율을 따라 배우고 있다고 평가한다. "총대 위에 평화와 사회주의도 있으며 군사는 국사(國事) 중의 국사"이고 "군대는 노동자, 농민을 비롯한 근로인민 대중 가운데서도 가장 우수한 핵심 분자들로 조직되며 그것으로 하여 혁명에서 중요한 정치적 역량으로 된다"고 주장한다. 군대를 혁명의 핵심역량으로, 군대의 지위와 역할을 사회주의 사회발전의 관건적 요인으로 보는 사상이론은 사회주의 사상이론 발전사에서 특기할 대발견이라고 주장한다.

김정일의 군사적 업적, 「남북기본합의서」

체제가 위기에 처할수록 군대의 힘에 의존하려는 경향은 자연스러운 발로다. 소련 및 동유럽 사회주의 체제의 붕괴로 사회주의 국가들과의 무역이 중단되면서 북한 사회주의 체제는 경제적 · 군사적 위기에 직면했다. 유럽 사회주의 국가들이 모두 흔들리는 가운데 사회주의 우방국인 중국과 소련도 1989년과 1991년 각각 민중시위와 쿠데타로 정국이 매우 불안정했다. 자국의 정치군사적 상황이 이처럼 불안정한 상황에서는 북한에 군사적 위기가 발생해도 개입하거나 지원해 줄 만한 입장이 되지 못했다. 더욱이 소련과 중국은 1990년과 1992년 각각 한국과 외교관계를 수립하고 교류와 협력을 강화하고 있던 터였다.

북한은 이러한 한반도 상황을 외교적 · 군사적 위기로 판단했다. 소련과 중국이 자국문제로 북한을 신경 쓸 경황이 없으므로 만약 북한에 군사적 충돌이 발생한다 해도 지원을 기대하기 어렵기 때문이다. 생존 위기에 처한 북한은 외부에서 오는 어떤 작은 위협도 북한체제를 붕괴시킬 수 있다고 인식하며 그 대상에 대해 '자폐적 적대성'을 드러내게 됐다. 실제로 이라크에 대한 전쟁이 선언되고 1990년 8월 사우디아라비아에 미국의 지상군 파병이 시작되자 북한은 그다음 타깃으로 자신이 될 수 있다며 극도로 민감한 반응을 보였다. 이 시기에 북한이 취한 대외 및 대남 정책을 보면 당시 군사적 위기감이 어떠했는가를 짐작할 수 있다. 먼저 남한 및 일본과의 회담을 제안하고 미국과의 분리 작전에 돌입했다. 즉 만약에 미국과의 전쟁이 불가피하다면 남한과 일본을 이 전선에서 떼어 놓아야 하기 때문이다. 남한과는 '불가침협정'을 맺기 위한 수순을 밟아 나가고 일본과는 조일회담을 시작함으로써 대미전선으로부터 분리를 시도했다. 남한과의 실무접촉을 고위급회담으로 진전시키고 1991년 12월 3차 고위급회담에서 「남북기본합의서」를 타결했다. 당시 「남북기본합의서」가 남한의 요구를 대부분 반영한 형태로 타결된 데 대해 여러 해석이 나오고 있으나, 다급한 북한 쪽이 서둘러 봉합한 측면이 강하다. 북한의 입장에서 보면 유사시를 대비하여 형식적이나마 남북 간 '불가침협정'이란 것을 체결해 놓아야 할 필요성이 시급했기 때문이다. '불가침에 관한 합의'에 집착한 북한은 교류협력을 전면적으로 추진하자는 남한의 주장을 대부분 수용하면서 양측의 입장을 모두 담은 「남북기본합의서」로 발표하게 된 것이다.

북한은 「남북기본합의서」 타결을 국내 정치적으로 김정일의 군사적 업적으로 선전하는 데 활용했다. 1991년 12월 13일에 체결한 「남북기본합의서」를 북한의 입장에서는 남한과 '불가침합의서'를 체결한 것으로 규정하고 이 군사적 전과를 바탕으로 같은 해 12월 24일 김정일은 인민군최고사령관에 등극한다. 북한에서 12월 24일은 김일성의 부인인 김정숙의 생일로 중요한 기념일로 간주된다. 생전에 김정일은 어머니를 많이 그리워했다고 하며 어머니 이야기가 나올 때면 눈물짓는 일이 종종 있었다고 한다. 권력의 충성파들이 충성경쟁을 하는 과정에서 12월 24일을 택하여 김정일을 인민군최고사령관에 추대하는 기획을 연출했다.

그런가 하면 북한은 유엔에 독립의석으로 가입하는 외교전략도 구사했다. 북한의 유엔 가입은 중국의 한국 유엔 가입 지지가 결정적 계기가 된 것으로 보이는데, 북한의 의도를 이렇게 타산해 볼 수 있다. 즉 현실적으로 중국 · 소련으로부터 군사적 지원이 불가능한 상태에서 최선의 방법은 유엔체제 안으로 들어가서 중국과 소련의 정치외교적 지원을 받는 것이다. 중국과 소련이 한국과 수교를 추진하고 유엔가입을 지지하는 입장에 있지만, 만약 북한에 대한 군사문제가 제기될 경우 유엔 안전보장이사회의 상임이사국으로서 정치외교적 지지를 북한은 받을 수 있을 것으로 기대할 수 있는 것이다. 이러한 정황으로 미루어 볼 때 당시 북한이 선택한 정책들은 미국의 대북 군사공격을 임박한 것으로 간주하여 취한 실질적인 조치들로 볼 수 있다. 북한은 미국의 군사적 공격을 매우 두려워하고 있었으며 당시 북한의 움직임은 적극적인 대책이라기보다는 불가피하게 벌어질 수 있는 전쟁 상황에 대비하여 구사한 나름의 방책이었다.

북미 간의 위기

이에 비하면 1994년 6월의 전쟁위기는 오히려 북미 간에 상당한 정치적 협상이 진행 중이었고 외교적 관계도 복원된 상태에서 발생한 것으로 정치적 압박용이란 성격이 짙었다. 북한은 1991년 12월 남한과 '불가침협정'을 맺었다고 판단하고 1992년 1월 미국과 접촉을 시작한다. 북한의 김용순과 캔터 차관보와의 대화가 시작되어 북미 간 고위급회담이 진행된다. 그 과정에서 NPT탈퇴, IAEA탈퇴 등 일련의 정치적 갈등이 고조되어 전쟁 일촉즉발의 상황까지 갔다. 그러나 1994년의 전쟁위기를 1991년과 비교하면 역설적으로 1991년의 위기가 북한으로서는 더 위태로운 순간이 아니었나 싶다. 1991년 위기 시에는 북미 간 협상채널이 없었으며 위기가 곧바로 물리적 충돌로 발전할 수 있는 우려가 컸던 반면, 1994년 위기 시에는 협상채널을 갖고 있었다는 점에서 미국의 실질적 군사력 증강에도 불구하고 북한은 정치적으로 대응해 나갔다. 미국의 입장에서는 1994년 6월에는 외과수술적 공격을 실제로 준비했기 때문에 심각한 전쟁의 위기였다고 보는 반면, 북한의 입장에서는 오히려 1991년이 더 위협적인 상황으로 인식됐다. 왜냐하면 1991년 걸프전 당시의 위기는 외교적 관계가 취약해진 상태에서 실질적 군사공격으로 이어질 수 있다고 판단한 반면 1994년 6월 위기는 상당한 정치협상이 진행 중이었고 외교관계도 복원된 상태라서 정치적으로 대응할 수 있다고 보았기 때문이다.

미국은 NPT탈퇴를 강행한 북한에 대해 군사적 공격으로 의지를 꺾어 놓겠다는 정책을 강구한 것으로 보이나, 이 시기의 위기가 어느 정도 '리얼'한 것이었는지는 의문이다. 무엇보다 중국과 러시아 국내정세의 회복으로 한반도에서 군사적 제재를 전개하는 것은 다소 무리였으며, 유엔안보리의 대북제재(1,2,3단계)에 대해서도 러시아, 중국, 일본은 시큰둥한 반응을 보였다. 그럼에도 미국은 은퇴한 CIA요원을 동원하여 한반도 유사시 북한의 반응에 대해 정보를 수집하고 함대와 전투기를 증강함으로써 대북 공중폭격을 가시화했다. 만일 북한에 친미정권이 수립됐을 경우 주민들의 반응이 어떠할 것인가 등에 관한 정보를 북한전문가들로부터 수집하기도 했다.

그러나 미국이 정말 북한을 폭격하는 쪽으로 결정했는가에 대해서는 다소 의문이다. 지미 카터(Jimmy Carter)의 주선으로 클린턴 행정부의 분위기가 결정적으로 전환됐으나 내부적으로 어떤 전략이 있었는지는 알 수 없다. 당시 북미 간의 밀월적 관계나 한미 간의 공조불협화음 등을 놓고 볼 때 오히려 미국은 전쟁위기 고조를 통해 한국 정부, 특히 김영삼 정부를 압박하려는 의도가 있었다고 볼 수 있다. 한국 정부의 강경한 대북 폭격 요구에 대해 정교한 외교정책을 구사하는 미국으로서는 다소 당황한 측면도 있었던 것 같다. 북한으로 하여금 남한 정부를 설득하도록 요청했는데 북한은 이 자리에서 '서울불바다' 발언을 함으로써 오히려 남한을 위협하는 방식으로 남한의 기세를 꺾으려 했다. 결국 1993년 12월부터 논의된 패트리어트 미사일 배치를 한국이 공개적으로 수용하는 것으로 결론이 났다.

미국의 입장에서는 김영삼 대통령의 강경한 요구를 기회로 활용하여 북한을 압박할 수 있게 됐다. 클린턴 대통령은 김영삼대통령과의 전화통화에서 김대통령에게 지금이 북한의 핵문제를 해결할 수 있는 절호의 기회라며 대통령의 허가를 요구했다. 그러나 외과수술적인 대북공격으로 핵시설을 제거하는 데는 상당한 인적 희생이 수반됐다. 클린턴 행정부는 개전 24시간 안에 군인 20만 명을 포함해 150만 명의 사상자가 발생하고, 개전 1주일 이내에 남북한 군인과 미군을 포함해 군병력만 최소 100만 명이 사망할 것으로 예상했다(Oberdorfer, 1997: 315, 324). 김대통령은 클린턴 대통령에게 북폭을 자제하도록 요구했고, 결국 북폭은 실행되지 못한 채 미완의 계획에 그치고 말았다.

제1차 북핵위기로 불리는 1990년대의 위기는 1994년 10월 제네바 합의로 일단락됐다. 그러나 2001년 미국의 부시 행정부가 들어선 이후 클린턴 행정부의 대북정책을 원점에서 검토하겠다고 선언하고 북한의 제네바 합의 위반을 지적하며 북한을 압박했다. 9.11사태의 분위기도 반영되어 북한에 대한 군사적 압박을 강화했다. 제1라운드의 위기가 지나가고 2002년 10월 제2라운드 위기가 다가온 것이다. 1990년대 북한의 군사적 위기 경험은 핵무기 개발에 대한 집착을 더 강화시켰다. 김정일 위원장의 선군정치는 바로 이러한 국제정세 속에서 태동됐다. 북한은 선군정치가 1995년 1월에 시작됐고 1998년에 공식화됐다고 주장하고 있으나, 선군정치는 미국과 대립각을 세우던 2002년 10월 이후 핵무기 개발을 공개적으로 천명하면서 함께 강조된 정책이라 할 수 있다.

2. 북미 대립과 핵개발 모험

북미 접촉과 제네바 합의

제1차 북핵 위기로 불리는 1990년대 북한의 핵문제는 원자력 에너지와 무기 개발이라는 이중적 성격을 띤다. 북한의 국가운영 전략은 누누이 강조한 것처럼 '경제-국방 병진노선'으로 경제개발과 군사력 증강을 동시에 발전시키는 전략이다. 북한은 1980년대 에너지 분야의 만성적 침체로 인해 경제-군사발전의 위기를 맞아 원자력 에너지 개발의 필요성이 절실했다.[1] 사회주의 체제는 경제와 군사가 긴밀히 연결되어 있어서 경제 침체는 군사부문의 위기를 초래함으로써 체제불안정에 직면할 수가 있다(Brus and Laski, 1989: 34). 이에 북한은 1986년 최고인민회의에서 이근모를 총리로 기용하고 원자력공업부를 신설했다. 이미 북한은 1967년 실험용 원자로를 가동하기 시작했으며, 김일성은 1976년에 원자력 연구의

1 북한은 에너지 부족문제를 해결하기 위해 원자력 발전소 건설 외에 원유개발을 시도하고 있다. 이를 위해 1993년 원유탐사총국을 '원유공업부'로 승격시켰으나 1998년 9월 최고인민회의 제10기 1차 회의에서 정무원을 내각으로 변경하면서 다시 종전의 원유탐사총국 편제로 회귀한 것으로 보인다.

중요성을 강조한 바 있다(김일성, 1976: 474). 1980년 7월부터 5MW 흑연감속로 설계에 착수했으며 1986년 10월부터 영변의 5MW 원자로를 본격적으로 가동했다. 이와 함께 1986년 소련의 도움을 받아 10년 기간을 목표로 원자력 발전소 건설을 추진하기로 합의하여 1995년에 50MW원자로를, 1996년에 200MW원자로를 완공할 목표로 건설을 시작했다. 심각해진 에너지 자원을 보완하고 경제-군사 병행발전의 위기를 극복하기 위해 원자력 개발에 박차를 가한 것이다.[2] 이 같은 북한의 핵 활동은 미국의 주목을 받아 1988년부터 북미접촉의 계기를 제공했다.[3]

사회주의권 붕괴시기에 북한은 군사적 열세를 만회하기 위해 플루토늄을 추출하여 무기화를 시도했다. 5MW 실험용 원자로에서 추출한 플루토늄을 핵무기 제조에 전용하려 했다. 그러나 더 큰 문제는 수년 내에 완공될 50MW, 200MW 원자로였다. 만약 이 원자로에서 플루토늄을 추출하여 핵무기를 만든다면 문제가 더 심각해지기 때문이다. 북미 간 긴장과 갈등 국면을 지나 양국은 마침내 1994년 10월 '제네바 합의'로 핵문제를 일단락지었다. 북한은 미국의 우려를 불식하기 위해 진행 중인 원자력 발전소 건설을 중단하고 핵 활동을 전면 동결하는 대신, 미국은 플루토늄 추출이 어려운 경수로를 건설해 주고 완공시점까지 매년 중유 50만 톤을 북한에 제공하는 조건으로 협상을 타결했다.

중국과 미국의 견제

그러나 제네바 합의가 타결된 후에도 합의 이행을 놓고 북한과 미국 간에 불신이 생겨났다. 경수로 건설이 제때에 진행되지 않는 데 대해 미국

2 북한은 1974년에 IAEA에 가입했고 1985년 12월 소련의 요구로 NPT에 가입했다.

3 북한의 핵활동은 미국의 주목을 받았으며 1988년 12월 북한과 미국 간의 접촉이 이루어지게 됐고 북한은 김용순을 1988년 12월 당국제부장에 임명하고 미국과 협상을 시작했다. 북한과 미국은 1988년 12월부터 1993년 5월 말 북미회담이 개최되기 전까지 총 33회의 북경 참사관급 접촉을 가졌다.

에 대한 북한의 불신이 커져 갔고 북한은 대책을 강구하기 시작했다. 미국과 합의한 핵 활동을 동결하는 대신 새로운 핵무기 개발 계획을 모색한 것으로 보인다. 북한이 핵무기 개발에 집착하며 본격적으로, 그리고 공개적으로 이를 추진한 시기는 2002년 10월부터다. 2000년 6월 남북정상회담을 성공적으로 치른 북한은 한국으로부터 경제적 지원을 기대하는 가운데, 2000년 12월에는 미국과 수교 직전까지 가는 분위기를 만들었다. 그 여세를 몰아 2001년 1월 중국 상하이를 방문하고 '천지개벽'이 됐다고 감탄하며 경제개혁을 준비했다. 1년 6개월 동안의 준비 끝에 천지개벽할 정도의 대수술을 단행했다. 쌀가격을 500배 인상하고 월급을 30배 올렸으며, 환율을 70배 상향조정하는 경제 대개혁을 결행한 것이다. 2002년 7월 1일의 일이다.

이러한 내부준비를 한 후, 2002년 9월 14일 신의주행정특구를 발표했다. 이 특구에 일본의 자금을 끌어들여 경제부흥을 추진하겠다는 야심찬 계획이었다. 3일 후인 9월 17일 일본의 고이즈미 총리를 평양으로 초청하여 북일정상회담을 개최함으로써 경제협력자금 지원을 약속받았다. 모든 계획이 순조롭게 진행됐고 만약 이러한 계획이 실행된다면 북한은 제2의 경제도약을 구가할 수 있을 것으로 기대됐다.

그런데 이러한 만반의 준비를 끝내고 축배를 들려고 하는 순간, 중국과 미국에서 동시에 견제가 들어왔다. 먼저, 중국은 북한이 2002년 9월 12일 신의주특구 지정을 발표하고 9월 24일 초대 행정장관으로 중국의 2대 부호인 양빈(楊斌) 어우야(歐亞) 그룹 회장을 임명하자 양빈을 바로 체포해 버렸다. 중국은 양빈이 행정장관에 임명된 지 열흘 만인 10월 4일 그를 전격 연행함으로써 신의주특구 개발계획은 난관에 봉착했다. 중국은 북한이 야심찬 경제개발계획을 중국과 상의하지 않았다는 데도 불만이 있었겠지만, 조중국경지대에 하필이면 중국이 싫어하는 일본을 끌어들인다는 것이 마음에 내키지 않았다. 중국의 코앞에 일본자금이 들어오

는 것을 중국이 가만히 보고만 있을 수는 없었을 것이다.[4]

더 심각한 견제는 미국 쪽에서 들어왔다. 미국은 평양에 제임스 켈리를 급파하여, 북한이 핵무기를 개발하고 있다는 증거를 들이댔다. 2002년 10월 3일의 일이다. 북한이 1994년 제네바 합의에 의해 동결하고 있던 플루토늄 이외에 또 다른 우라늄 농축 핵무기를 개발하고 있다는 의혹을 제기한 것이다. 분위기는 일순간 냉각됐다. 북한은 이 사건을 자신의 야심찬 경제개발 계획을 방해하려는 미국의 부당한 기도로 간주하고 미국과 대립각을 세웠다. 농축우라늄 핵무기 개발 프로그램을 가동하고 있지 않느냐는 켈리의 질문에 "그보다 더한 것도 갖고 있다"며 그를 시퍼렇게 질리도록 협박과 위협을 한 뒤 돌려보냈다.

이러한 보고를 들은 미국의 부시 대통령은 격분했다. 이란, 시리아와 함께 북한을 3대 '악의 축'으로 비난하던 부시 행정부는 2주 만에 전격적으로 북한이 핵무기를 개발하고 있다고 공표했다. 그리고 제네바 합의에 의해 이루어졌던 연간 50만 톤의 중유 공급을 즉각 중단했다. 북한은 이에 분개하여 달러 대신 유로화를 쓰겠다며 흥분했다. 분이 풀리지 않은 북한은 2003년 1월 NPT탈퇴를 공식선언하고, 국제원자력기구(IAEA)의 핵활동 감시장비를 모두 철거하고 사찰단을 추방했다. 그리고 곧바로 영변원자로에 동결하고 있던 8,000개의 폐연료봉에서 플루토늄을 끄집어내기 시작했다. 6개월 동안 플루토늄 추출을 완료하고 2003년 7월초 미국무부에 비공식적으로 통보했다.

4 결과적으로 신의주행정특별구는 폐지됐으며, 10여 년 후인 2011년 12월 중국의 투자를 목표로 한 황금평 · 위화도 경제지대법을 채택했다. 신의주에 인접한 황금평 · 위화도를 중국에 내어준 후 북한은 2013년 11월 다시 신의주경제특구를 발표하여 일본과 조심스럽게 접근하고 있다.

6자회담과 북한의 핵실험

부시 대통령과 미국의 네오콘들은 당장 북한에 대한 외과수술적 공격 논의에 들어갔다. 그러자 중국이 극도로 긴장했다. 중국은 미국을 설득하려 했지만, 미국의 의지는 확고했다. 하는 수 없이 중국은 미국이 북한을 공격할 경우를 대비하는 방책을 세워야 했다. 2003년 7월 중순부터 8월 중순까지 한 달 동안 화난(華南)지방에 주둔하던 15만 명의 정규병력을 조중국경지대에 배치하고 진지를 구축했다. 15만 명이나 되는 대병력을 이동 · 배치한다는 것은 결코 쉬운 일이 아니었다. 그러나 유사시에 중국도 보고만 있지 않고 군사적 대응을 하겠다는 의지의 표명이었다.

여기서 드는 한 가지 의문은 2003년 7월, 중국이 만약의 사태를 대비하여 조중국경지대에 기존의 국경경비대를 정규 병력으로 교체한 사건이 당시 한 달 동안 언론에 전혀 보도되지 않았다는 사실이다. 당시 필자는 중국의 연변과학기술대학의 겸임교수로 여름학기를 강의하던 중이었는데, 옌지(延吉) 시내에 거의 모든 사람들이 군대의 교체 소문을 듣고 술렁였던 때였다. 연변대에 재직하던 한 교수에게 전화를 걸어 물어보았으나 그 역시 지인들에게 문의했지만 정확한 소식은 알 길이 없다는 것이었다. 상황이 이쯤 되면 한국의 언론에 보도가 될 법도 한데 교체가 완료된 8월 중순까지 어떤 보도도 나오지 않았다. 8월 말이 되어서야 홍콩 소재 크리스찬사이언스모니터가 이 사실을 보도하여 세간에 알려졌다.

결국 미국은 중국의 공세에 한 발 물러서 대화를 시작했다. 이렇게 하여 2003년 8월 말 시작된 대화가 6자회담이다. 따라서 6자회담은 정확히 말하자면 북핵문제를 해결하기 위해 진지하게 머리를 맞댄 회담은 아니었다. 미국의 방식대로 북핵문제를 풀려는 데 대해 중국이 반대를 했으니, 중국이 이 문제를 직접 풀어 보라는 다소 감정이 섞인 회담인 셈이다. 그 후 북한과 미국은 지도자에 대한 인신공격을 비롯하여 위폐, 마약, 금융제재 등 험하고 더러운 설전을 벌였다. 2005년 9.19공동성명 직후 북한과 미국이 뉴욕에서 회동한 후 감정은 극도로 격화됐다. 미국은 북한의 위조지폐 600만 달러의 증거를 확보하고 위조지폐를 제작한 기계를 테이블에 당장 갖다 놓지 않으면, 북한의 모든 자금줄을 차단하겠다고 소리쳤다. 북한은 위조지폐로 의심받는 계좌 이외에 상업용 계좌까지 건드리는 것에 대해 거세게 항의했다. 그러나 미국의 입장은 완강했다. 북한도 곧바로 미국이 벵코델타아시아에 묶여 있는 2,400만 달러를 해제하지 않으면 6자회담 복귀는 없다고 반발했다.

이러한 공방이 계속된 지 만 4년이 되던 2006년 10월 3일, 미국특사가 북한에 들어가 북한 핵문제를 제기한 바로 그날, 북한은 핵실험을 하겠다고 발표했다. 실제로 첫 핵실험은 10월 9일에 진행됐지만, 북한은 고의적으로 제임스 켈리가 북한을 방문하여 핵문제를 제기했던 10월 3일을 선택하여 미국에 핵실험을 통보했다. 북한의 입장에서는 없는 핵무기를 있다고 했으니, 그럼 만들어 주겠다는 식인 것이다. 정확히 4년 후, 그러니까 2002년 10월 3일 제임스 켈리 특사가 북한에 들어가 핵문제를 제기한 지 4년 만에 미국이 말한 그대로, 북한의 표현을 빌리면 "미국이 원했던 대로" 북한은 핵무기를 만들어 주었다는 논리다. 미국의 압박에 대해 핵실험 강행으로 반격한 것이며, 미국에 대해 북한이 정면도전장을 던진 것이다. 미국에 대한 북한의 적대적 감정이 최고조로 상승했다.

3. 2차 핵실험과 중국의 한반도 개입

2차 핵실험과 중국식 해법

2009년 5월 25일 북한은 두 번째 핵실험을 단행했다. 북한이 두 번째 핵실험을 하게 된 배경은 첫 번째와는 조금 달랐다. 그 미묘한 차이를 감각적으로 포착한 쪽은 중국이다. 중국은 북한의 2차 핵실험을 심각한 위기로 인식했다. 중국은 그동안 북한의 핵문제를 미국이 대중국 전략의 일환으로 북한에 대해 걸고 있는 정치적 문제로 생각했다. 미국과 북한의 정치적 싸움에서 북한이 반발하고 있는 상황이라 북한의 핵문제는 전적으로 미국이 책임져야 할 문제로 간주했다. 이 때문에 북한의 핵문제를 진지하게 보지 않았다. 그런데 2009년 5월 감행한 2차 핵실험은 심상치 않다고 판단했다.

그 이유는 2008년 8월 김정일 위원장의 심근경색 발병으로 북한의 정세가 극도로 불안정한 상태에서 감행된 것이었기 때문이었다. 혹시라도 권력의 통제가 불가능한 상황에서 강경파들이 군사적 모험을 하는 과정에서 핵실험을 감행했다면 문제는 심각했다. 그뿐만 아니라 그동안 북핵문제를 전적으로 책임지고 있던 미국도 2008년 12월 세계적 금융위기를 맞아 경제가 휘청거리기 시작하여 중국은 미국을 믿고 따를 수 없는 상황이 됐다. 오래전부터 걱정했던 사태가 벌어진 것이다. 북한의 내부 정세가 불안정해지고 미국도 신뢰할 수 없는 조건에서 중국은 한반도 문제를 더 이상 지켜보고 있을 수는 없다고 판단했다. 중국의 한반도 관여정책(engagement policy)이 시작된 것이다. 학자들 사이에서는 중국이 2012~13년 즈음에 한반도 문제에 적극적으로 관여할 것으로 예상했으나, 북한과 미국의 상황이 급변함으로써 시기가 예상보다 앞당겨졌다.

2009년 7~8월은 이런 점에서 한반도 정세의 대전환기라 할 수 있다. 후진타오 주석의 주재로 한반도 문제에 관한 공작소조회의가 소집되고 여기에서 북한문제를 중국 주도로 풀어 갈 비책이 논의됐다. 미국이 시도했던 압박을 통한 핵폐기 정책은 실효성이 없으므로 '북한안정화를 통한 비핵화'를 새로운 정책목표로 설정해야 한다는 것이었다. 북한이 핵무기를 개발하려는 이유는 당면한 군사적 위협이 심각하기 때문이며 그것은 기본적으로 경제가 불안정하기 때문이라고 보았다. 따라서 북한으로 하여금 핵을 포기하도록 하려면 먼저 군사적 · 경제적 안정을 보장해 주어야 한다. 중국은 북한의 경제적 · 군사적 안정을 바탕으로 궁극적으로 핵개발을 포기하도록 하겠다는 나름의 해법을 내놓았다.

중국의 이러한 정책변화는 뚜렷이 공개된 것이 없었기 때문에 그 후 얼마 동안 그 변화를 감지하지 못했다. 그러나 필자는 2009년 하반기 몇 가지 업무 때문에 중국학자들과 대화할 기회가 많았는데, 그때마다 중국의 한반도 정책이 상당히 달라지고 있다는 느낌을 받았다. 게다가 2009년은 북중수교 60주년을 맞아 정부 간 행사와 정당 간 교류, 경제협력과 군사교류가 빈번히 이루어졌기 때문에 그것을 중대한 정책변화로 보기보다는 양국수교 60주년을 기념하여 진행되는 교류 정도로 보았다. 그러나 이 시기의 북중관계의 변화는 단순한 변화가 아니라 아주 중대한 전환이었다(김병로, 2010).

중국의 한반도 관여정책 본격화

이런 맥락에서 중국학자들은 원자바오 중국 총리가 2009년 10월 북한을 방문하고 개발 프로젝트를 약속한 것을 가볍게 보아서는 안 된다고 이야기한다. 북한이 탄광과 광산 채굴권, 백화점 운영권을 내어준 데 이어 중국의 숙원사업이던 동해진출을 허용했다는 것은 북한이 그만큼 다급했다는 것이기도 하지만, 그 이면에는 그에 상응하는 어떤 대가를 중국으로부터 톡톡히 받았을 것이라는 얘기다. 중국은 2009년 1월과 2010년 2월 왕자루이 중국 공산당 대외연락부장을 보내 약속을 지속적으로 추진했다. 양국간 합의한 내용이 어떤 것인지 베일에 가려져 있었지만, 그 후 드러난 내용들을 보면 황금평 · 위화도 및 나진 · 선봉 개발, 제2압록강대교 건설, 신의주-평양 간 고속도로 건설 등 대대적인 경제협력 프로젝트가 들어 있었던 것으로 짐작된다. 중국학자들은 이 정도의 거래가 오가는 것을 보면 "양국이 뭔가 중요한 합의를 한 것 같다"고 판단하고 있었다. 지금까지 버텨 온 북한이 나진 · 선봉항을 중국에 내주고, 중국이 제2압록강대교와 신두만강대교, 송전탑 건설 등에 소요되는 재정을 전액 지원하는 것을 보면 양국 간의 합의가 이전과는 차원이 다름을 짐작할 수 있다. 여전히 삼엄한 정보통제가 이루어지고 있는 중국이기에 중국학자들은 이런 정도의 얘기를 넌지시 건네면 무슨 말인지 좀 헤아려 보라는 뜻에서 답답한 속내를 에둘러 꺼냈던 것 같다.

사실 중국은 2002년 동북3성진흥계획(동북프로젝트)을 통해 중국의 동북지역 개발을 주도적으로 시작했다. 그동안 중국은 북한에 개혁 · 개방을 촉구했으나 북한이 변화를 두려워하여 중국의 말을 듣지 않자, 중국은 더 이상 북한의 자발적인 개혁 · 개방을 기다릴 수 없어서 선제적 동북개발전략을 시작한 것이다. 이러한 개발전략이 성공을 거두면 북한은 자연히 중국에 흡수될 것을 염두에 둔 일종의 우회 전략이었던 셈이다. 그러나 동북3성진흥계획의 성과는 기대에 미치지 못했고, 그 원인이 역내 국가들의 협력 없이 독자적으로 개발 프로젝트를 추진했기 때문이란 사실을 깨달았다. 그래서 동북아 각국의 협력을 기반으로 하는 새로운 장길도(창춘-지린-투먼) 선도구역 개발 프로젝트를 시작했다. 동북프로젝트가 낙후된 이 지역 개발을 목표로 한 것이라면, 장길도 선도구역 개발 프로젝트는 역내 국가들의 경제협력을 이끌어 내어 이 지역의 전반적인 부흥을 가져오겠다는 전략적인 접근에서 시작됐다.

다시 말하면 이는 이 지역의 경제협력을 통해 궁극적으로 북한 핵문제도 해결하겠다는 중국의 야심찬 한반도 관여전략(engagement strategy)이었다. 중국 동북지역의 발전은 북한의 안정화 없이 불가능하고, 북한의 안정화는 경제적 · 군사적 지원이 없이는 불가능함을 깨달은 것이다. 이 때문에 북한을 우선 안정화시키는 것이 이 지역의 부흥을 일으키는 선제적인 조치라고 판단했고, 북한을 압박하여 핵을 포기시키려고 하는 미국과 한국의 해결방식에 정면으로 도전장을 던진 것이다.

국제위기그룹(ICG)의 평가

이러한 변화를 먼저 감지한 곳이 바로 국제위기그룹(International Crisis Group, ICG)이다. ICG는 2009년 11월 2일, 「이념의 그늘: 북한에 대한 중국의 쟁론」(The Shades of Red: China's Debate on North Korea)이라는 제목의 보고서를 통해 중국의 이러한 변화를 간파했다(ICG, 2009). 보고서에 따르면 중국은 북한이 두 번째 핵실험을 한 2009년 5월 이후 북한문제를 어떻게 처리할 것인가를 두고 치열한 내부토론을 진행했다.

보고서의 내용은 대략 이렇다. 북핵문제를 두고 중국의 대북 영향력을 활용하여 비핵화를 강력히 추진해야 한다는 '전략파'(strategists)와 북중 간 정치 · 경제동맹을 우선시해야 한다는 '동맹파' 혹은 전통파(traditionalist) 간에 치열한 논쟁이 있었다. 북한이 중국을 곤혹스럽게 하는 일련의 외교문제를 일으키고 있는 것은 사실이지만, 북핵문제는 근본적으로 미국에 책임이 있고, 단기간에 해결할 수 없는 구조적인 문제다. 따라서 중국은 북중 간 양자관계를 발전시키고 북한에 정권불안을 해소할 수 있는 안보를 보장해 줌으로써 비핵화를 달성해야 한다고 결론을 내렸다. 다시 말해 '동맹파'의 손을 들어 준 것이다. 이러한 맥락에서 2009년 10월 원자바오 총리가 방북하여 경제지원을 약속하고 그해 11월(22~24일) 량광례(梁光烈) 중국 국방부장(장관)이 평양을 방문하여 양국 간의 군사협력과 지원을 약속했다. 중국의 이러한 움직임의 배경에는 2009년 10월 서울에서 개최된 한미안보대화에 대한 불만도 깔려 있다는 해석을 하기도 한다.

중국의 이러한 정책결정이 정확히 언제 이루어졌는가에 대해서는 의견이 일치되지는 않는다. 중국의 정보를 갖고 있는 사람들은 2009년 7월에 후진타오가 주관하는 정책회의에서 결정됐다고 주장하는가 하면, 북한 내부 정보를 바탕으로 하는 쪽에서는 원자바오가 북한을 방문한 2009년 10월이었다고 주장한다. 대체로 2009년 7월 15일 개최된 당중앙 외사

영도소조회의와 7월 17~20일 베이징에서 개최된 재외공관장회의를 계기로 정책전환을 결정했다고 판단한다(이희옥, 2010: 46). 짐작건대, 2009년 7월 28일 미중경제전략대화를 앞두고 중국이 이러한 결정을 서두른 것이 아닌가 싶다. 이러한 확고한 정책결정에 입각하여 중국은 이후 미국의 북한 급변사태 논의를 일축한다.

북한은 중국의 이러한 정책결정에 고무되어 2009년 8월 이후 미국과 한국에 대한 접근을 완전히 달리했다. 중국은 그동안 미국과 한국의 요구를 일정 부분 수용하여 중재하는 입장에 서 있었으나 더 이상 그러한 역할을 하지 않고 자신의 입장을 드러내기 시작했다. 도광양회(韜光養晦)에서 유소작위(有所作爲)로 전환한 것이다. 2010년부터 중국이 한중 간 회담에서 보여 준 입장의 돌변은 한국의 많은 학자들과 정치인들을 당혹케 했다. 중국의 경제적 · 군사적 지원 약속으로 정권유지에 자신감을 갖게 된 북한은 중국이 요구하는 개혁 · 개방을 추진해야 하고 또 6자회담에 참여하여 중국의 체면을 살려 주는 일을 해야 한다. 북한이 중국에 줄 수 있는 최대의 선물은 평화협정 의제를 가지고 한반도에서 미군철수 문제를 제기하면서 적절하게 시간을 끌어 주는 일일 것이다. 한반도에서 미군철수는 중국과 북한, 러시아가 공통적으로 추구하는 목표이기 때문이다. 한반도 통일지형을 크게 변화시킬 중국발 지각변동의 쓰나미가 몰려오고 있는 것이다.

4. 3차 핵실험과 북한의 핵 모험 전략

김정은 정권의 3차 핵실험

2013년 2월 12일 3차 핵실험이 단행됐다. 김정은 정권하에서 단행된 첫 핵실험이다. 2011년 12월 17일 김정일 위원장이 사망하고 3년 동안 후계를 준비했던 김정은 정권이 새롭게 출범했다. 북한은 2012년 4월 개정헌법에 북한의 핵보유를 명문화하고, 그해 12월 12일에는 첫 인공위성 발사에 성공했다. 유엔과 국제사회가 장거리 미사일 실험이라고 비난하고 제재를 가하자 세 번째 핵실험을 감행한 것이다. 그리고 그 핵실험에 대해 유엔의 제재가 다시 가해지자 북한은 2013년 3월 경제개발과 함께 핵개발을 지속하겠다는 '경제-핵 개발 병진노선'을 천명했다. 핵무기 개발을 중단하지 않고 국가적 목표로 설정하고 지속적으로 개발하겠다는 의지를 과시한 것이다.

북한의 3차 핵실험으로 한반도 정세는 다시 요동쳤다. 2012년 4월 핵무기 보유를 공식적으로 헌법에 천명한 것을 시작으로 3차 핵실험과 뒤이은 '병진노선'의 발표는 한반도에 새로운 상황변화를 가져왔다. '북한 비핵화'를 궁극적 목표로 정당화하면서 북한의 안정화를 지원하려던 중국의 전략이 차질을 빚게 됐기 때문이다. 북한이 핵보유를 공식화하면 중국이 북한을 봐주려 해도 봐줄 수 없는 상황이 된다. 2013년 5월 최룡해의 중국방문 이후 북한이 공개적으로 핵문제 발언을 극도로 삼간 것을 보면 양국 간에 모종의 합의가 이루어졌거나, 북한이 중국의 입장을 고려하여 매우 신중한 태도로 임하고 있다고 볼 수 있다. 그러나 2013년 12월 12일 북한 내부 사정으로 장성택 당 행정부장이 전격 처형됨으로써 중국과의 관계가 급속히 냉각되는 반전이 일어났다. 이 사건으로 2014년 내내 중국과 북한 간의 관계가 소원해졌고 북한이 러시아로 눈길을 돌리면서 신국면이 조성되고 있다.

중국의 선택

그렇다면 중국은 북한 핵문제와 관련하여 어떤 선택을 할 것인가? 북한체제를 붕괴시키면서 북한이 핵무기를 갖지 못하도록 할 것인가, 아니면 핵무기 보유를 묵인하면서 변방지대에 사회주의 체제로 존재하도록 할 것인가? 중국은 어려운 선택을 해야 하는 기로에 놓여 있다. 외교적으로는 미국의 대북 압박 정책을 거부하고 미국에게 오히려 북한과 대화를 재개하라고 권유하고 있다. 북한의 핵무기를 제거하기 위해 만약 미국이 군사적 옵션을 취한다고 할 때 중국이 어떤 태도를 취할 것인가를 상상해 보면 중국의 입장은 명확해진다. 미국의 강경파는 북한에 20여 곳 정도 공격할 수 있는 지역이 선정돼 있다고 이야기한다. 그 지역을 일시에 기습공격하면 북한을 마비시킬 수 있고, 그래서 핵을 포기시킬 수 있기 때문에 군사적 옵션을 버리지는 않을 것이다. 그러나 한국, 중국, 러시아 등 국제사회는 군사옵션을 반대하고 있기 때문에 실제로 군사적인 선택을 하지는 못할 것이다. 전쟁과 같은 극단적 조치를 취하지 않고 북한의 핵문제를 해결하려고 하기 때문에 중국의 입장은 결과적으로 북한 편을 들 수밖에 없다. 중국은 북한을 자기편으로 만들기 위한 다양한 외교적인 정책을 구사할 것으로 보인다.

2014년 중국과의 관계가 소원해지고 북한의 대러 접근이 강화되자 중국은 2015년부터 다시 북한과의 관계를 복원하고 있다. 중국은 미국과의 패권경쟁이라는 세계전략 때문에 북한을 껴안아야 하는 입장이다. 중국으로 봐서는 북한이 붕괴돼 미국편으로 들어가 자본주의 체제에 편입되는 것은 위험하다. 중국 국경지대에 자본주의 체제가 들어서는 것은 이념적으로나 문화적으로 자본주의 사상과 문화가 침투하여 체제를 불안하게 할 수 있기 때문에 사회주의 체제에 심각한 위협이 된다. 좋든 싫든 북한이라는 사회주의 체제가 변방지대에 있는 게 차라리 낫다고 생각하기 때문에 지금까지 북한을 끌어안고 체제를 유지시켜 준 것이다. 물론 핵무기를 가진 북한이라면 상황이 조금 달라진다. 지금도 북한은 주체사상과 자주외교를 앞세워 중국에 거세게 도전하고 독자적 행동을 서슴지 않는데, 핵무기까지 개발하면 통제하기가 더 어려워진다. 이 때문에 중국이 북한의 핵무기 보유를 쉽게 인정해 주지는 않을 것이다. 그럼에도 변방에 자본주의 체제가 들어서는 것과 비교하면 차라리 핵을 가진 북한이 더 유리하다고 판단할 것이다. 어차피 북한 핵보유를 막지 못한다면 말이다.

북한의 '비핵화' 가능성

문제는 북한이다. 북한이 핵무기 개발을 포기할 가능성이 거의 없다는 것이다. 북한의 핵전략에 대해서는 입장이 나뉘어 있다. 북한의 '비핵화'는 김일성의 유훈일 뿐 아니라 경제난 해결과 맞바꿀 수만 있다면 핵개발을 포기할 수 있다는 입장이 있다. 2005년 2월 북한이 핵보유를 천명한 후 9.19합의로 협상이 진행됐고, 1차 핵실험 이후 2007년 2.13합의가 타결된 예를 보면 협상을 통한 북한 비핵화의 가능성도 없지 않다는 것이다. 만약 중국이 핵무기 개발을 포기하지 않는 북한정권을 흔들기로 마음먹고 실행에 옮기면 북한은 위험해진다. 이 때문에 북한이 정치군사적으로는 핵개발을 공언하고 있으나, 김일성의 유훈을 근거로 '비핵화'를 궁극적 목표로 제시한다는 사실을 중시한다.

그러나 미국과의 적대적 대립, 선군정치와 군부의 강경한 태도 등을 고려하면 북한이 핵무기를 포기할 가능성은 거의 없다. 북한의 핵전략은 한마디로 미국에 대한 강력한 외교정책이다. 북한은 2002년 10월부터 2006년 10월까지 4년 동안 미국과 극렬하게 대립하는 과정에서 핵무기를 개발했다. 북한은 미국이 대북 적대시 정책을 구사하며 북한체제를 붕괴시키려 한다는 불신을 갖고 있다. 북미 양국 간의 적대와 불신은 이 시기에 최고조에 달했던 것 같다. 북한은 미국의 대북 적대시 정책에 대응하여 북한체제를 보장하기 위한 강경한 공격정책으로 핵무기 개발을 추진했다.

이런 측면에서 보면 북한의 핵전략이 원래 남한을 위협하기 위한 것은 아니지만 결과적으로는 남한에게 위협이 될 수 있다. 북한은 미국을 굉장히 두려워하고 미국에 대한 적대와 불신이 크다. 미국은 언제든지 허점만 보이면 북한을 공격할 수 있고, 핵시설은 물론 김정은까지도 살해할 수 있다는 두려움이 있다. 그런 상태이므로 북한의 핵무기 개발 전략은 단순한 협상카드라기보다는 그들의 표현대로 체제를 지키기 위한 자위수단이라는 측면이 더 설득력 있다. 이 때문에 핵무기를 가지고 한국을 위협한다는 것은 일차적인 목표는 아니지만, 북한이 미국에 맞서서 싸우다 보면 한국을 위협하게 될 것이다. 한국이 미국과 연합해서 북한에 대항할 수 있으므로 그 상황이 되면 한국도 북한과 전쟁을 하거나 다투게 되고, 결과적으로 북한의 핵무기는 한국을 위협하는 도구가 된다.

북한 핵전략은 성공할 것인가?

북한이 핵전략을 지속할 경우, 북한체제는 어떻게 될 것인가? 이 문제에 관해서는 제4부에서 더 상세히 논의할 것이다. 무력충돌의 가능성이 크지 않고 군사적 옵션을 예외로 하면 유엔의 대북제재 효과가 어느 정도로 나타날 것인가 하는 문제가 관건이다. 지금까지는 유엔의 대북 금융제재를 포함한 경제봉쇄가 실효를 거두지 못했다. 일부의 북한 전문가들은 극심한 식량난과 권력투쟁, 내부사회 이완 등의 변화가 정권의 붕괴 조짐이라고 판단하면서 붕괴의 조건과 시점을 예측한다. 북한은 식량난 이후, 그리고 남북정상회담 이후 남북의 인적 왕래와 물자교류의 증대로 주민들의 의식과 가치관이 크게 달라졌다. 한국의 가요와 TV드라마가 점차 인기를 끄는가 하면, '돈이면 모든 것이 해결된다'는 생각이 주민들을 지배하기 시작했다. 중국이나 한국이 북한보다 훨씬 잘살고 있다는 사실을 알게 됨에 따라 북한이 더 이상 '지상의 천국'이 아님을 주민들이 깨닫고 있다. 이런 시각에서 보면 북한정권의 붕괴는 시간문제인 듯하다. 붕괴된 생활현장에서 북한주민들이 북한체제에 대한 희망과 기대를 잃어가고 있기 때문이다. 김정일 사후 제2인자로 통치하던 장성택 당 행정부장이 하루아침에 반동분자로 몰려 처형을 당하는 불안정한 형국이다.

그러나 북한체제는 1960년대부터 전시를 대비한 지역자력갱생 체제를 갖추었고 열악한 환경에서도 생존하며 투쟁할 수 있는 준비를 해왔다는 점에서 붕괴를 예상하는 것은 섣부른 판단이다. 전국을 200개의 세포로 분할하고 각 지역에서 농업과 공업, 경제와 국방을 병행하는 전시체제를 갖추고 있을 뿐만 아니라, 지역단위에서 민간인과 군인이 함께 거주하며 평시 협력과 전시 대비를 동시에 추구하는 군민일치운동을 벌이고 있다. 그런가 하면 주체사상 이데올로기는 종교화되어 있어 많은 주민이 일주일 단위로 종교집단처럼 조직생활을 한다. 이러한 상황에서는 경제봉쇄가 북한을 붕괴시키는 것이 아니라 오히려 북한주민을 더욱 결속하도록 할 것이며, 경제봉쇄로 타격받을 집단은 권력자들이 아니라 힘없는 빈민층들이다.

이처럼 북한의 내부 조건만으로는 경제봉쇄 효과가 크지 않기 때문에 대북 경제제재가 진짜 효과를 발휘하려면 중국의 협력이라는 외적 조건이 반드시 구비되어야 한다. 즉 중국이 북한에 지원하는 연간 30만 톤의 식량과 중유를 중단함으로써 대북압박 수위를 높이지 않으면 큰 효과가 없다. 하지만 앞서 설명했듯이 군사제재에 반대하고 있는 중국이 과연 김정은 정권을 붕괴시킬 수 있는 식량과 석유공급을 차단할 것인가는 미지수다. 중국은 북핵문제의 본질을 미국이 중국을 압박하기 위한 정치외교 전략으로 보고 있기 때문에 사회주의 체제인 북한의 붕괴를 쉽사리 방관하지 않을 것이다. 중국의 코앞에 미국의 입김이 직접 작용하는 자본주의 국가가 들어서는 것은 중국으로서는 결코 용납할 수 없는 일이다. 물론 그렇다고 중국이 북한을 마냥 끌어안을 수도 없는 상황이다. 핵을 가진 북한은 지금보다 더 다루기 힘든 상대가 될 것이기 때문이다.

북한은 군사적 위기가 심화될수록 핵무기에 더 집착하는 행태를 보일 것이다. 1990년대 군사적 위기에 대응했던 경험으로 볼 때 북한은 미국의 군사적 공격 가능성이 실질적으로 높고, 외교적 채널이 마련되지 않아 정치적으로 해결 가능성이 없다고 판단되면 미국과 대결하기보다는 자신들의 입장을 포기하고 협상에 응할 가능성이 높다. 그러나 군사적 위기가 정치적 갈등으로 전환된 경우에는 더욱 대결적 · 공격적 반응을 보이며 군사적 모험과 벼랑끝 전략을 시도하는 경향을 보인다. 정치적 갈등과 긴장의 상황에서는 군사적 모험을 정치적으로 활용하여 경제난을 합리화하고 김정은의 지도력을 과시함으로써 체제통합의 계기로 활용할 것이다. 최악의 경우 불가피하게 미국의 군사적 공격을 받는다면 미국과 군사적으로 대결하기 위해 한국, 일본이 참전하지 못하도록 분리전략을 구사할 것이다. 이 경우 추가적인 공격 가능성에 대해서는 선제공격을 포함한 군사적 대응을 취할 것이다.

북한의 핵전략에 대응하는 방법

그렇다면 북한의 핵전략에 대응하는 방법은 무엇인가? 북한의 핵전략에 대응할 수 있는 방법을 크게 보자면 사탕을 주어야 하느냐, 매를 들어야 하느냐로 나뉘게 된다. 북한에 사탕을 더 주면서 협상을 통해 문제를 해결할 것인가, 아니면 상당한 피해를 각오하면서 강력대응으로 나갈 것인가 하는 문제다. 어느 쪽을 선택하더라도 만족할 만한 해답은 나오지 않는다. 햇볕정책같이 북한에 사탕을 주면서 협상으로 대응하는 방법은 북한의 핵문제를 장기적 관점에서 보는 해법이다. 햇볕정책은 한방치료법과 같은 것으로 외과수술식의 양방치료와는 달리 시간을 필요로 한다. 한방치료법은 당장의 문제를 해결하기보다는 체질개선을 통해 문제를 근원적으로 해결하는 방식이기 때문에 단시일 내 효과가 나타나지 않는다. 그래서 성질 급한 사람들은 참지 못하고 수술을 택하고 만다. 미국이 북한의 핵문제를 외과수술적 공격(surgical strike)으로 해결하려고 했던 것도 바로 이러한 맥락에서다. 햇볕정책이나 중국의 정책과 같은 한방요법은 한마디로 말하자면 북한 내 사회경제적 변화를 가져오는 데는 상당히 성공했지만 정치군사적 변화를 유도하는 데는 역부족이었다.

한방요법이 북한의 사회경제적 환경을 변화시킨 것은 분명하다. 비교적 짧은 기간이었지만 교류와 협력을 통해 남북관계와 북한의 경제적 · 사회적 조건을 완전히 바꾸어 놓았다. 연간 수백 명에 불과하던 남북왕래는 연간 17~8만 명 선으로 끌어올렸고 남북교역도 연 18억 달러로 성장했다. 수백 명의 남측 인원이 개성공단으로 출퇴근하며 자가용을 가지고 개성과 금강산으로 들어갈 수 있게 됐다. 당시 정부의 표현대로 바닷길, 하늘길, 땅길이 모두 열렸다. 서울에서 평양까지 정확히 45분 만에 왕래하는 시대를 열었다. 연간 40만~50만 톤의 비료지원을 꾸준히 실시한 결과 북한은 한국에서 지원하는 비료가 없이는 농사를 제대로 지을 수 없을 만큼 한국 의존도가 높아졌다. 쌀과 밀가루, 의류, 의약품 등 여러 물품이 남한으로부터 유입됨에 따라 한국물품과 한국에 대한 호감도도 높아졌다. 한국의 발전상에 대한 인지도가 높아졌고 한국의 드라마나 영화를 즐겨 본 사람들이 꽤 있을 정도로 한류열풍도 조성됐다.

대북지원을 '퍼주기'라고 비판하는 사람들은 아무리 많은 식량과 물품을 지원해도 북한은 전혀 변한 것이 없다고 말한다. 그러나 한국의 대북지원과 교류가 북한에 큰 변화를 일으키고 있다는 사실을 결코 과소평가할 수 없다. 대북지원과 남북왕래, 교류협력으로 북한 내 경제생활과 주민의식은 지대한 영향을 받고 있고 빠르게 변하고 있음은 확실하다. 이 부분에 대해서는 정당한 평가를 내려야 할 것이다. 그럼에도 대북지원과 인적 교류만으로 북한체제를 변화시키는 데는 분명히 한계를 지니고 있음도 인정해야 한다. 햇볕정책으로 영향을 받는 것은 주로 경제사회 부문이다. 정치군사 부문은 햇볕이 거의 비춰지지 않는 그늘이다. 물론 장기적으로 보면 경제사회의 변화가 정치군사의 변화를 가져올 수 있다. 그러나 단기적이고 정책적 차원에서 보면 남한의 대북지원 정책은 정치군사적 변화를 가져오는 데는 역부족이다. 특히 지도부의 대남인식은 교류나 지원으로 쉽게 바뀔 수 있는 부분이 아니다. 북한은 군사문제와 비군사문제에 대한 입장을 분명히 밝히고 있다. '6.15남북공동선언'에도 경제, 사회, 문화 교류에 대해서는 합의했지만, 군사문제와 평화문제에 대한 논의는 거부했다. 군사문제는 '남조선'과 논의할 사안이 아니며 미국과 담판지어야 할 문제라고 주장한 것이다. 이 부분에 관한 한 북한 지도부의 입장은 단호하다. 북한은 남북 간에 군축을 단행하여 무장해제가 됐을 경우 한반도에는 미군만 남게 되는데, 그런 손해 볼 짓을 누가 하겠느냐는 것이다. 북한이 남북 간에 군사회담을 진행하는 것은 군축이나 평화구축 같은 근본적인 문제를 해결하려는 것이 아니라, 경제협력에 수반되는 DMZ 내 군사문제를 논의하기 위한 것에 불과하다.

사실 구조적으로 봐도 정전협정을 평화체제로 전환하는 군사문제는 남북한만으로는 풀 수 없는 부분이다. 정전협정의 서명 당사자가 중국과 미국(UN), 북한이기 때문에 정전협정을 평화체제로 바꾸려면 중국과 미국이 개입해야만 하는 국제적 문제다. 따라서 미국과 중국이 함께 포용정책을 펴는 협력적 포용정책을 추진하지 않는다면, 한국만의 포용정책으로 북한의 정치, 경제, 사회, 군사 등 모든 부분의 변화를 이끌어 낼 수는 없다. 문제는 북미 양자 간의 해법이 서로 다르다는 점이다. 북한은 양자가 서로 합의하자는 입장이고, 미국은 합의하지 못하겠으니 법원에 가서 따져 보자는 것이다. 국제법정이란 곳이 북한으로 봐서는 매우 불리할 뿐만 아니라 내부사정이 급하니 빨리 문제를 해결하기 위해 어떻게든 합의를 보자는 것이다. 그러나 미국으로서는 국제법정으로 가서 불리할 것이 하나도 없는데다가 시간에 쫓기는 것도 없으니 유엔이나 6자회담과 같은 국제법정에 가서 따져 보자고 주장한다. 양자합의를 하든 6자회담의 법정으로 가든 문제가 해결되기 위해서는 양측이 조금씩 양보해야 한다. 시간을 끌수록 북한은 핵무기 숫자를 계속 늘릴 것이고 북한 핵전략에 대한 대응은 점점 어려워진다. 현 상태 동결을 바탕으로 북한과 미국이 합의를 하고, 확장된 6자회담으로 전환하여 핵문제를 논의해야만 해결의 실마리를 풀 수 있을 것이다.

5. 다시 '병진노선'으로

선군정치에서 경제개발로

장성택 부장은 김정은 집권 초기에 김정일 시대의 선군정치를 종식하고 '경제강국' 건설에 올인하도록 김정은을 후견했다. 2012년 첫해는 성공적이었다. 김정은은 "다시는 인민이 허리띠를 졸라매지 않도록 하겠다"고 하며 경제개혁의 첫 신호탄으로 이른바 '6.28조치'를 단행했다. 즉 농업부문에서 생산성을 높이기 위해 협동농장 수확물을 국가와 농민이 7대 3의 비율로 나눠 갖도록 하여 농민의 몫을 일정 부분 보장하는 제도를 도입하기로 한 것이다. 만약 계획생산량을 초과달성하게 되면 초과분은 모두 농장의 분조가 차지하도록 하는 등 농업부문에서 획기적인 개혁 정책을 제시한 것이다. 이 조치를 일부 지역에 실험적으로 실시한 후 전국적으로 확대할 계획이었다는 보도(『조선신보』, 2013.5.10.)에서부터 이러한 조치가 아예 없었다는 북한학자들의 설명에 이르기까지 다양한 주장이 있었으나 종합적으로 볼 때 김정은의 첫 집권시기인 2012년에는 경제개혁을 통한 생산력 향상에 북한 당국의 상당한 의지가 있었던 것으로 판단된다.

경제강국 건설에 대한 의지는 2013년에 들어서도 계속됐다. 북중 나선경제무역구 공동관리위원회가 출범(2012.10.26.)했고 2013년 3월 말에는 로동당 중앙위원회 전원회의, 각 도에 경제개발구 설치를 지시했다. 2013년 4월 1일 최고인민회의에서는 경제개발구법을 제정하고 5월 29일

상임위 정령으로 발표했다. 이 법안에는 경제개발구의 토지를 50년 임대하는 방안도 포함되어 있다. 또 "핵무력이 있으니 이제는 경제강국 건설"이라고 호소하며 경제건설에 대한 의지를 대내외에 과시했다(『로동신문』, 2013.5.3.). 경제건설에 전력투구하기 위해 북한군 30만 병력을 감축하는 조치를 취하기도 했다. 일본 TV아사히 계열의 민영 방송사인 ANN은 북한군 관계자의 말을 인용하여 조선인민군 최고사령부가 2013년 6월 10일자로 인민무력부 총참모부에 명령 하달, 30만 병력을 경제건설에 투입하기로 결정했다고 보도했다. 이처럼 북한의 경제건설로의 올인은 2013년 상반기까지는 매우 실제적인 것처럼 보였다.

장성택 부장이 주도하는 경제개혁은 사상과 이념의 변화까지도 기획했을 가능성이 높다. 장성택 사형 판결문을 액면 그대로 인정할 수는 없으나, 사형 판결문에서 장성택이 '개혁가'로 인정받기 위해 모의했다는 말이 빈말이 아닐 수도 있다. 수령의 동상과 영상 모자이크 벽화 같은 것을 더 이상 만들지 말고 수령의 지시가 현실에 맞지 않으면 수령의 지시를 고쳐야 하지 않느냐며 경직된 수령체제를 비판했다는 대목이 나온다. 장성택은 "동상 만들고 모자이크영상작품, 현지지도 사적비" 같은 것을 만들지 말자고 제안한 것 같고, 또 "그러면 건설법을 뜯어고치면 되지 않는가"라고 반문했다는 대목에서는 수령의 지시보다는 합리적 경제활동을 주문했음이 발견된다. 이런 점에서 보면 장성택 부장이 추진했던 개혁과 변화의 의지는 생각보다 컸던 것 같다.

장성택이 후견한 김정은 정권은 김정일 시대의 '선군정치'에서 '경제개발' 쪽으로 무게중심을 확연히 옮겨 놓았다. 2013년과 2014년 김정은이 발표한 '신년사'에서 이러한 변화가 뚜렷이 나타났다. '선군'이라는 용어 사용의 횟수만 보더라도 기존에 20~30회 정도를 언급한 데 비해 2013년에는 6회로 대폭 감소했고 2014년에는 3회로 줄었으며 3회의 사용도 직접적인 선군정치를 표방한 것이 아니라 수식어로서 선군을 사용하는 정도에 그쳤다.[5] 선군에 대한 강조는 여전히 남아 있으나 김정일이 실질적으로 표방했던 선군정치의 의미는 거의 퇴색했고 김정일 시대를 상징하는 언어로 그 강도가 예년에 비해 상당히 약해졌다.

김정은 정권은 '경제'로 정체성을 일치시키고 김일성, 김정일 시대와 차별화하는 정책을 이론화했다. 선대들이 '자주의 길'과 '선군의 길'을 열었다면 김정은은 '사회주의 길'을 열어 간다든가, 일심단결과 불패의 군력을 기반으로 새 세기 산업혁명을 더하면 그것이 곧 사회주의 강성국가가 된다는 공식을 제시하며 김정은 시대의 화두를 경제강국, 경제건설로 설정하고 경제에 전력투구하는 모습을 보였다. 2013년 신년사의 구호가 "우주를 정복한 그 정신, 그 기백으로 경제강국 건설의 전환적 국면을 열어 나가자!"라고 하여 경제강국 건설을 공식화했다. 과학기술 담론을 부쩍 강조하며 상징적 건축물들을 빠른 시일 내에 건설한 것도 이러한 경제강국 건설로의 방향이 잡혔기 때문에 가능했다.[6]

군부 및 당 조직지도부의 반발과 병진노선으로의 선회

그러나 경제개혁과 변화의 꿈은 군부의 거센 반발과 당내 조직지도부의 반격으로 좌초됐다. 경제개혁을 위해 급선무는 김정일 통치 기간 동안 지속된 선군정치를 당 중심 통치로 되돌려 놓는 것이었으며, 특히 선군정치로 비대해진 군부의 경제적 이권을 내각으로 이관함으로써 군부의 발언권을 약화시켜야 했다. 불행히도 이 과정이 순조롭게 진행되지 못했고 군

---

5 '선군' 용어의 사용 횟수는 2007년 36회, 2008년 26회, 2009년 33회, 2010년 15회, 2011년 14회, 2012년 17회로 10~30여 회에 이르렀으나, 2013년에는 6회로 대폭 감소했으며, 2014년에는 3회로 줄었다.

6 과학기술이라는 용어는 1998년과 1999년에는 각각 1회, 2회 정도로 사용됐는데 첨단기술로 단번도약을 주장한 2000년 이후에는 2000년 11회, 2007년 7회, 2008년 6회, 2009년 5회, 2010년 4회, 2011년 8회, 2012년 3회 등으로 많아졌고, 2013년에는 8회, 2014년에는 가장 많은 12회를 사용하여 과학기술은 김정은 시대를 상징하는 핵심적 통치담론으로 새롭게 부상했다.

총참모장이었던 리영호를 해임 · 숙청(2012.7.)하는 과정에서 거센 반발과 불만이 야기됐다.

당 조직지도부의 반대도 만만치 않았다. 한동안 조직지도부는 당 행정부와 갈등을 빚었다. 1997~2000년 심화조 사건(장성택 주도)으로 문성술 본부당책임비서 등 당 조직지도부가 희생됐고, 2005년 12월 장성택이 행정부장으로 복귀한 이후 2010년 리제강 제1부부장이 의문의 교통사고를 당한 이후 1주일 만에 장성택이 국방위 부위원장에 등극함으로써 당 행정부와 조직지도부와의 갈등은 최고조에 달했다. 그러나 김정일 사후 당 조직지도부는 본격적인 반격을 시작했다. 2013년 6월 19일 「당의 유일적 령도체계 확립을 위한 10대 원칙」을 개정하여 장성택 제거의 법적 근거를 준비한 것이다. 조직지도부는 개정한 10대 원칙 제6조에 "동상이몽, 양봉음위하는 현상"을 추가하고, 이후 12월 8일 당중앙위 정치국 확대회의에서 장성택을 반당분자로 몰 때 바로 "동상이몽, 양봉음위하는 종파적 행위를 일삼았다"는 대목을 적용했다.

이쯤에서 북한의 강경보수세력이 안전하게 끌어들일 수 있는 대안이 바로 북한의 전통적인 '병진노선'이다. 북한은 1966년 '경제-국방 병진노선'을 결정하고 국가발전에서 언제나 경제와 국방을 쌍두마차로 인식했다. 경제와 국방을 독립적으로 간주하지 않고 동시에 충족시키는 방향으로 정책을 구사한 것이다. 북한의 군부는 장성택의 후견으로 추진되고 있던 경제개혁과 경제개발 정책이 나름대로의 명분과 필요성이 있었으므로 완전히 반대할 수 없는 상황이었고, 장성택의 경제올인 정책을 제어하기 위한 유력한 대안으로 전통적인 '병진노선'을 내놓았던 것이다. 선군정치로 다시 돌아가자고 하는 것은 '기관본위주의'로 비난받을 수 있고, 김정은 정권을 상징화하는 새 시대 경제발전과 개혁정책을 퇴색시킬 우려가 있으므로 경제발전 정책은 유지하되 핵무장과 군사력 증강정책을 유지하는 길은 병진노선이라 판단한 것이다. 2013년 3월 31일 북한의 3차 핵실험으로 한반도의 긴장이 최고조에 달했던 때 반장성택 세력은 당중앙위 전원회의에서 경제건설과 핵무력 건설을 동시에 추구하는 새로운 '병진노선'으로 치고 나왔다. 이 병진노선은 1960년대부터 북한이 오랫동안 견지해 왔던 정책이어서 개혁파건 보수파건 관계없이 가장 안전하게 끌어들일 수 있는 정책과 노선이었다. 그러나 이 시점에서 북한이 '병진노선'을 들고 나선 것은 다분히 경제건설보다는 국방부문을 강조함으로써 강경보수 세력의 입지를 강화하려는 의도가 컸다.

핵무기 개발에 대한 집착

이처럼 강경하게 들고 나왔던 '경제-핵무력 건설 병진노선'은 2013년 5월 말 최룡해 총정치국장의 중국 방문을 계기로 다소 완화됐다. 중국의 입장을 고려하여 '핵'이라는 과시적 표현을 자제하게 된 것이다. 이러한 기조는 2014년 신년사에서도 지속되어 '경제-핵무력 건설 병진노선'이라는 표현 대신 "당이 제시한 새로운 병진노선"이라는 식으로 우회적으로 표현됐다. 그렇지만 북한의 정책방향은 경제 쪽에서 군사 쪽으로 무게중심이 확실히 이동했다. 신년사의 구호가 2013년에 '경제강국 건설'에서 장성택 몰락 이후 2014년에는 '강성국가 건설'로 바뀐 것도 우연은 아닐 것이다. 2013년에는 "우주를 정복한 그 정신, 그 기백으로 경제강국 건설의 전환적 국면을 열어 나가자!"라고 했으나, 2014년에는 "승리의 신심 드높이 강성국가 건설의 모든 전선에서 비약의 불바람을 세차게 일으켜 나가자"라고 구호를 제시했다. '경제강국 건설'의 초점이 흐려지고 '강성국가 건설'로 화두가 슬그머니 바뀌었다.

따라서 '새로운 병진노선'이라는 온건하고 절제된 표현에 담긴 '핵무력' 건설에 대한 의지를 간과해서는 안 될 것이다. 신년사에는 의도적으로 숨겨져 있지만 이 '새로운 병진노선'이라는 절제된 표현 속에 '핵무력 병진노선'의 의미가 함축되어 있음은 당연하다. 이전에 전혀 사용하지 않왔던 '핵전쟁'이라는 표현이 2014년 신년사에 다섯 번이나 등장했다든가, "조선반도에 우리를 겨냥한 핵전쟁의 검은 구름이 항시적으로 떠돌고 있는 조건에서 ... 우리는 ... 강력한 자위적 힘으로 나라의 자주권과 평화를 ... 굳건히 지켜나갈 것"이라고 한 대목에 핵보유국 지위를 기정사실화하는 북한의 외교적 수사가 감춰져 있다. 무엇보다 예년에 비해 매우 구체적으로 제시된 국방부문의 언급에서 핵무력 건설을 지속하겠다는 북한의 병진노선을 충분히 읽을 수 있다. 국방공업 부문에서 "경량화, 무인화, 지능화, 정밀화"된 현대 장비를 생산해야 한다고 한 대목은 핵무기의 지속개발의지를 함의하는 것이라는 생각이 들기 때문이다. 2013년 5월 말 최룡해 군총정치국장의 방중 이후 핵보유나 핵개발에 대한 언급을 극도로 자제해 온 북한이 2014년 신년사에도 '핵'에 대한 언급을 극도로 자제했지만, 그리고 경제개혁과 개발에 대한 참여와 지지를 적극 피력하고 있지만, 장성택 몰락 이후 김정은 정권은 핵무기 개발에 대한 집착과 의지를 더욱 드러내고 있다.

제4부

사회주의 위기와 '강성국가' 전망

제12장

'강성국가'의 비전과 도전

1. 사회주의 위기와 '공산주의' 폐기

사회주의 위기와 북한의 제도적 조치

강성대국의 문을 열겠다고 호언하던 2012년을 코앞에 두고 김정일 위원장이 사망함으로써 후계준비를 하던 김정은이 서둘러 정권을 출범했다. 세계 사회주의 위기 속에 김정은 정권은 '강성대국'에서 '강성국가'로 비전을 조금 낮추었다. 세계 사회주의는 대부분 시장체제로 전환했거나 전환을 모색하고 있다. 구소련과 중동부 유럽은 정치적 민주화와 시장경제 도입을 통해 체제전환을 했고 아시아 사회주의 국가들도 정치변화의 수준은 다르나 대부분 시장경제로 전환했다. 세계적 수준에서 볼 때 사회주의는 붕괴했고 확실히 퇴조하고 있다. 북한과 중국, 베트남, 쿠바 정도가 사회주의 체제를 유지하고 있다. 이러한 분위기를 반영하여 북한은 2009년 개정헌법에서 '공산주의'를 삭제했다. '공산주의와 사회주의'로 내걸었던 국가목표 가운데 공산주의를 삭제하고 사회주의 실현만을 남겨 두었다.

'공산주의' 삭제는 2010년 개정한 형법에도 반영됐다.

김정은 정권은 2012년 4월 15일 태양절(김일성 주석의 생일) 100주년 기념 열병식에서 경제강국 비전을 제시했다. 2008년 8월 김정일의 심근경색 발병으로 이후 3년간 후계체제를 준비했으나 김정은 체제로 '강성대국의 문을 여는 해'를 맞기에는 여러 면에서 부족했다. 김정은은 자신의 첫 공개연설에서 "선군의 기치를 더 높이 추켜들고 최후승리를 향하여 힘차게 싸워 나가자!"라는 선군의 비전을 제시했다. 그리고 "우리 인민이 다시는 허리띠를 조이지 않게 하며, 사회주의 부귀영화를 마음껏 누리게 하자는 것이 우리의 확고한 결심입니다."라며 경제건설에 대한 의지를 천명했다. "최후승리를 향하여 앞으로!"라는 구호로 마무리한 태양절 100주년 연설은 김정은 정권의 경제건설에 대한 기대와 비전을 드높여 주었다.

2013년 6월 개정된 「당의 유일적 령도체계 확립을 위한 10대 원칙」에서는 '유일사상'을 '유일영도'로 수정하고 "프롤레타리아 독재정권과 사회주의 제도를 보위하고"라는 구절을 "우리의 사회주의 제도를 튼튼히 보위하고"로 수정하여 '프롤레타리아 독재' 개념도 삭제했다. 큰 변화가 아닐 수 없다. 탈냉전 초기 세계적인 사회주의 위기를 맞아 제도적 조치들을 통해 사회주의 문제점을 보완했으며, 이제 체제 유지를 위한 조치들을 과감하게 추진하고 있는 것이다. 북한이 수령 독재 사회이고 선군정치를 공식화하고 있어서 프롤레타리아 독재가 북한에 걸맞지 않은 점이 있어서였기도 했겠지만, 이러한 조치들로 볼 때 김정은 시대에 들어 변화하는 현실을 반영하려는 노력이 진행 중임을 알 수 있다.

'공산주의'와 '프롤레타리아 독재' 개념 삭제의 의미

북한의 헌법과 형법에서 공산주의를 삭제했다는 것은 무엇을 의미하는가? 칼 마르크스(Karl Marx)가 공산주의 혁명을 주장했을 때 그것은 노동자 혁명이었다. 자본가들의 억압과 착취에 저항하여 생산구조를 바꾸고 정치와 사회를 개혁하려는 노동자의 혁명이었다. 공산주의가 실현되면 노동자들의 사회가 된다. 프롤레타리아에 의한 독재가 실현되고 이상적인 공산사회가 도래하는 것이다. 그러나 북한은 주체사상, 선군사상에 의해 군대가 혁명과 건설의 주체세력으로 등장했고 그것을 이론화했다. 따라서 노동자와 프롤레타리아 독재에 의한 공산주의 사회 건설은 북한의 실정과는 맞지 않는다. 당의 유일적 영도체계, 수령의 권위를 절대화하는 수령독재 체제를 구축한 것이다. 이 때문에 2009년 헌법과 2010년 형법에서 공산주의를 국가목표에서 삭제하고 사회주의만을 남겨 둔 것이다.

북한이 목표로 남겨 둔 사회주의는 무엇을 의미하는가? 또 북한 사회주의의 미래는 어떻게 될 것인가? 역사를 거슬러 올라가면 '사회주의'는 영국 사회주의 창시자인 로버트 오웬(Robert Owen)을 통해 1830년대에 영국에서 크게 확산됐고, 볼셰비키 혁명을 전후한 초기에는 자본주의 경제제도에 대한 대안으로 제시됐으며, 칼 마르크스에 의해 공산주의라는 정치적 형태로 발전했다. 사회주의는 역사적으로 생산수단의 소유권, 경제계획의 정도, 분배의 방식 등 세 변수에 따라 다르게 이해되어 왔다. 초기에는 사회주의를 단순히 생산수단을 개인이 소유하느냐, 국가나 집단이 소유하느냐에 따라 자본주의와 대비하여 구분했다. 그러나 소유권이 집단화된 이후에는 경제영역에서 계획성과 시장성이라는 기준으로 사회주의의 특징을 설명하게 됐고, 시간이 경과하면서 계획성과 시장성의 구분이 모호해지자, 분배방식의 차이를 사회주의의 중요한 요인으로 주장하게 됐다.

정치에서는 자본주의가 자유민주주의를 기초로 하고 있는 데 반해, 사회주의는 인민민주주의 혹은 민주주의 중앙집권제를 기초로 하며 특히 프롤레타리아 독재를 이론화했다. 그러나 앞에서 언급했듯이 북한의 경우는 프롤레타리아 독재 부분이 2013년 6월에 폐기됐다. 대신 프롤레타리아 독재는 수령의 유일적 영도체계로 대치됐다. 경제적으로는 생산수단의 사회적 소유, 계획경제, 필요에 따른 분배 정책을 유지한다. 사회문화적으로는 전통문화를 지향하며 서구문화와 세계화를 거부한다. 또한 자본주의에서는 중산층이 팽창하는데 사회주의에서는 노동자층이 증가하며, 교육의 중요성은 양 체제 모두에서 강조되지만 사회주의에서는 특히 과학 · 기술교육과 대중교육을 장려한다. 군사부문에서는 사회주의가 자본주의보다 상비군을 더 많이 유지하며, 자본주의에서는 군대가 전문화 · 직업화하는 경향을 보이는 반면 사회주의에서는 군대가 정치화하는 경향을 띤다(Horowitz, 1982: xiv-xix).

이런 점에서 보면 북한 사회주의는 정치적으로는 수령유일체계와 로동당의 독재를 유지하고 있고, 경제적으로는 계획경제를 근간으로 하면서 부분적으로 시장메커니즘을 활용하고 있다. 문화적으로는 극단적인 민족주의를 지향하고 세계화를 강력히 거부하며 유교문화적 전통을 강하게 유지하고 있다. 군사적으로는 선군정치를 표방하며 선군사상과 군대의 지도적 역할을 공개적으로 내세우고 있다. 이런 기준으로 볼 때 북한의 사회주의는 정통 사회주의 이념에 가까운 형태를 띠고 있다.

2010년 개정한 당규약에서는 공산주의를 삭제했을 뿐 아니라 전국적 범위의 인민민주주의혁명 대신 "공화국 북반부" 사회주의 강성대국을 내세운 점 등 기존의 당-국가 체계에서 제도적 변화가 생겨났다. 개정 전까지는 "조선 로동당의 당면 목적은 전국적 범위에서 반제, 반봉건적 민주개혁의 과업을 완수하는 데 있으며, 최종 목적은 공산주의 사회를 건설하는 데 있다."라고 규정했었는데, 2010년 9월 개정헌법에서는 "조선 로동당의 당면 목적은 공화국북반부에서 사회주의 강성대국을 건설하며 전국적 범위에서 민족해방민주주의 혁명의 과업을 수행하는 데 있으며 최종 목적은 온 사회를 주체사상화하여 인민대중의 자주성을 완전히 실현하는 데 있다."라고 수정했다.

현실 사회주의 체제는 자본주의 체제와 여러 점에서 수렴하는 현상을 보이고 있다. 우선 경제적으로 계획경제로부터 시장경제로 대부분 전환했다. 중국도 경제는 사회주의 시장경제를 추구한다. 자본주의 체제도 시장원리에만 맡겨 두는 것이 아니라 복지개념을 적극 도입하여 약자를 배려하는 정책을 추구한다. 정치적으로도 사회주의 국가들은 복수후보 추천과 선거 실시 등을 포함한 당내 민주화를 적극 추진하고 있다. 사회주의와 자본주의의 차이는 현실적으로 개인의 자유를 어느 정도 허용하는가에서 결정적으로 드러난다. 이른바 시민사회를 허용하느냐 그러지 않느냐에 따라 사회주의와 자본주의를 가늠해 볼 수 있다. 개인의 정치적 자유를 허용하는 정도에서 가장 큰 차이가 난다.

2. 사회주의 체제전환의 경험

개혁과 개방

사회주의 체제의 변화는 개혁과 개방이라는 두 측면에서 살펴볼 수 있다. 개혁이란 체제나 제도를 새롭게 고친다는 뜻으로 주로 사회 내부의 구조적 변화를 의미하며, 개방은 금하던 것을 풀고 열어 놓는다는 뜻으로 체제 외부와의 관계 변화를 지칭한다. 다시 말하면 개혁은 계획경제와 공동소유로부터 발생하는 비효율적인 관리체계와 인센티브 방식 등의 문제를 개선하는 것이고, 개방은 외부세계와의 정보통제, 무역기피, 폐쇄성으로부터 생겨나는 문제들을 시정하는 정책이다. 1985년 집권한 구소련의 고르바초프 대통령이 페레스트로이카(perestroika)와 글라스노스트(glasnost)라는 정책으로 체제변화를 시도한 이후 개혁과 개방은 사회주의 체제의 변화를 분석하는 유용한 개념으로 사용되고 있다.

개혁과 개방은 이론적으로는 구분되지만 실제로는 상호 분리될 수 없는 연계된 개념이다. 사회주의는 자본주의 세계와 철저히 단절한 채 체제를 건설함으로써 사회의 폐쇄성이 심화됐다는 점에서 개혁은 내부의 제도적 변화뿐만 아니라 개방을 수반하는 일련의 조치들로 인식되고 있다. 사회주의 체제를 개혁한다는 것은 정보통제와 폐쇄성에서 점차 벗어나 자유를 허용하고 자본주의 국가들과 교류협력을 강화하는 정책을 의미하는 것으로 개방 및 자유화와 직결되기 때문이다.

북한 사회주의 체제가 개혁 개방으로 나아간다는 말은 세계적 추세인 민주화와 시장경제 제도로 변화됨을 의미한다. 즉 북한의 정치체제가 전체주의 제도를 개선하여 다원주의 체제로 변환되고 시장경제를 도입하게 될 것이다. 구소련과 동유럽 등 유럽 사회주의 정치체제가 변화된 과정을 보면 대체로 이러한 궤적을 밟았다. 먼저 전체주의 통치방식에서 변화가 발생하는데 이데올로기의 비과격화, 정치적 테러의 쇠퇴, 당통제의 합리화, 경제개혁, 정책결정의 다원화 등 일련의 변혁과정을 경험했다(박영호 · 박종철, 1993: 120). 사회주의 정치개혁 과정에서 이데올로기의 퇴조는 필수적이다. 또한 당과 국가기구 간의 역할분화와 다원화가 진행되며 동원체제적 성격이 감소하고 자발적 사회단체 조직이 출현하고 다양한 비판세력이 형성된다.

북한에서도 주체사상의 이념적 구속력이 약화되고 대내외 정책결정에서 이데올로기보다 국가이익과 각 사안 자체의 독특성을 중요하게 고려하는 상황이 형성되면 변화의 시작이라고 할 수 있다. 북한의 정치체제도 장기적으로 탈전체주의 체제와 제한적 다원주의, 권위주의 체제를 거쳐 다원주의 체제로 전환될 것으로 예상된다. 물리적 강제수단에 의한 사회통제가 감소되고 당과 국가기구는 통제기구로서보다는 정책결정 및 집행기구의 역할을 수행하는 다원화 현상이 진행될 것이다. 그뿐만 아니라 지역 및 기능적 조직을 통한 주민동원이 감소하고 이념적 동기보다 물질적 유인과 주민들의 이익이라는 동인에 의해 주민들의 자발적 참여가 허용될 것이다.

이처럼 변화를 시작한 사회주의 제도는 다원주의 체제로 전환될 것이다. 이데올로기의 영향력이 상실되고 당의 영향력이 약화되며 사회부문의 자율성이 증대된다. 이 과정에서 구체적으로 나타나는 중요한 현상은 공산당 이외의 정당 결성과 복수후보에 의한 선거가 실시된다는 점이다. 물론 현재 북한 사회주의도 조선로동당 외에 조선사회민주당과 천도교청우당이라는 2개의 정당이 활동하고 있고 선거법에는 복수후보에 의한 선거를 실시할 수 있도록 명시하고 있다. 정치적 측면에서는 북한 정치체제가 민주화(democratization)되는 과정으로 진행된다. 북한의 정치체제가 현재 수령과 로동당의 유일지도체계를 유지하고 로동당에 의한 독재를 실시하고 있지만 점차적으로 당 정책 결정에 대한 자유로운 토론 보장, 복수후보에 의한 선거, 유일지도체계 수정, 자유로운 정당결성 등이 실현되는 변화를 겪을 것이다. 그리고 특히 이러한 실질적인 변화가 헌법이나 선거법, 지방자치법 등 정치관련 법제화로 반영되어 나타날 것이다. 이러한 변화가 지속되면 북한에서도 주체사상에 대한 수정과 민주주의 이념이 정착되어 다당제하에서 공산당은 소수정권으로 전락하거나 명목상의 정당으로 존재하면서 평화적 정권교체가 이루어질 수 있다.

그러나 현실적으로 북한의 정치구조는 유일체제를 강화하고 있고 조선로동당의 주도적 통치와 수령의 유일적 리더십에는 변화가 없다. 아직까지 북한에서 수령유일체계에 대한 논의는 전혀 나타나지 않았고, 최고인민회의 대의원 선거나 지방인민위원회 선거에서 복수후보가 입후보하는 현상은 발견되지 않았다. 또 단일입후보의 관행이 자리 잡은 현 상황에서 복수후보 추천에 관한 논의가 진행되고 있는 것 같지 않다. 정당결성의 자유에 관해서도 그러한 논의가 당내에서 이루어지고 있다는 어떤 증거도 찾기 힘든 상황이다.

브레진스키의 사회주의 체제 해체 기준 지표

브레진스키가 사회주의 체제의 위기수준을 평가하고 예측한 10가지의 지표는 사회주의 체제의 전환에 필수적인 요소라 할 수 있다(Brzezinski, 1989: 234). 사회주의 체제 위기수준을 평가하는 10개의 지표들은 다음과 같다. 즉 사회주의의 대중적 호소력 상실, 미래에 대한 비관주의, 생활수준의 저하, 공산당의 사기 저하, 종교활동의 증대, 민족주의와 공산주의 이념의 충돌, 경제적 사유화의 증대, 정치적 반대의 활성화, 공개적인 정치적 다원화 요구, 인권문제에 대한 수세적 대처 등이다. 브레진스키가 지적한 사회주의 체제의 해체를 촉진하는 10가지 지표는 사회주의 체제 전환의 핵심적인 변수라 할 수 있으며, 체제전환 시에 이 10가지 변화들을 잘 고려해야 한다.

실제로 예측대로 상당수 국가들이 1989~1991년 사이에 체제붕괴를 경험했으며, 중국, 베트남, 쿠바, 북한, 앙골라, 모잠비크 등과 같은 국가들은 사회주의가 존속할 것으로 예측함으로써 신뢰를 얻었다. 브레진스키의 사회주의 체제 연구는 주로 정치적 요소에 초점을 맞추어 분석한 것이며, 체제전환 시 고려해야 할 정치 민주화의 측면에 시사점을 준다. 하지만 이 연구가 선정한 10개의 지표 중에는 주변국과의 관계에서 나타나는 위기의 정도를 측정하는 지표가 포함되어 있지 않은 것이 한계점이다.

랜드연구소(RAND)의 북한 현대화 구상

랜드연구소(RAND)의 북한 현대화 방안 연구는 체제전환을 현대화라는 개념으로 접근했으며, 사회주의 체제의 근본적 요인을 '폐쇄성'으로 보고 중장기적인 관점에서 평화적이고 점진적인 방법으로 체제의 변화(개방)를 유도하기 위한 정책수단을 강구하는 데 초점을 둔다. 정치, 경제, 안보, 사회문화의 네 영역에서 체제전환에 필요한 현대화 계획을 제안했다

(Wolf and Levin, 2008).

우선, 정치영역에서는 새로운 정치적 사고를 도입하고 북한체제의 진보적인 변혁을 촉진하는 계획을 제안했다. 국제사회로의 참여 독려, 북미 및 북일 양자 혹은 다자 대화와 이를 통한 관계정상화, 남북한 국제기구의 공동참여 등을 추진하는 것이다. 경제영역에서는 경제개방, 투명성, 생산적인 기술 촉진 등을 제안했다. 즉 교육과 투자 자유화, 핵심 프로젝트를 통한 '실험' 독려, 소유권과 투자와 합작 사업을 위한 규정 제정을 추진하는 것이다. 안보 영역에서는 군사적 위협 감소, 군사적 신뢰구축 증진, 북한 내 군부의 역할 완화, 지역 안전에 기여 등을 제안했다. 이를 위해서는 철저하고 검증가능한 비핵화, 화생방 무기 및 기술에 대한 강력하고도 검증가능한 판매기술이전 금지, 남북한 간 군사력 규모 및 배치에 대한 상호 조정 시행이 필요하다고 보았다. 사회문화 영역에서는 시민사회의 발전을 지원하고 인간의 기본적인 요구 충족에 역점을 둠으로써 북한 사회와 문화의 진보를 고양시키는 계획을 제안했다. 여기에는 NGO 및 전문연구소 간 상호교환 방문, 문화교류 및 북한과 국제사회의 종교지도자들 간 상호 교환방문과 정보교환 추진 등이 포함된다.

랜드연구소의 연구는 사회주의 폐쇄체제의 개방화에 초점을 맞추고 있으며, 체제전환 시 고려해야 할 개방화 조치의 필요성을 시사해 준다.

사회주의 체제전환 경험: 민주화, 시장화, 개방화

체제전환 전략에서 중요한 점은 새로운 사회체제를 구축하기에 앞서 구사회주의 체제의 부정적 유산을 제거하는 조치를 취하는 것이다. 경제에 대한 정당과 국가의 독점적 지배 우위, 중앙계획에 의한 강제적 경제 통제, 생산수단에 대한 국가적 소유의 지배, 국가에 의한 대외경제적 독점을 제거한다. 사회주의의 부정적 유산을 제거한 기초 위에 자유민주주의 정치질서, 사적 시장경제, 경쟁 · 자유의 허용 등 새로운 체제의 질서를 형성하는 조치를 추진한다. 즉 다원주의 정당의 허용, 생산수단에 대한 사적 소유의 지배, 안정적인 화폐 · 통화질서, 자유권을 보장하는 최소한의 규정과 사적 행위 · 처분권을 규정하는 법적 틀을 구축한다. 국제경제관계에서도 개방적인 시장이 구축되어야 하는바, 이는 재화, 용역 및 생산요소 등의 경쟁적 시장가 형성과 분산적인 경제결정 행위를 수반하는 것이어야 한다.

사회주의 체제전환의 경험은 사회주의 체제가 정치 · 경제 · 문화의 영역에서 민주화, 시장화, 개방화의 방향으로 체제개혁이 진행됨을 알 수 있게 한다. 민주화는 권력의 정당성이 민주주의적 제도와 절차에 의해 확보되고, 권력과 정책의사결정이 특정집단에 집중되거나 독점되지 않으며, 정치의 대중적 참여와 사회적 합의가 보장되는 것을 의미한다. 시장화는 사회경제적 자원이 특정집단에 의해 독점되거나 통제되는 것이 아니라 다양한 행위주체들과 시장경제 요소들에 의해 조절 · 분배되고, 생산수단의 사유화가 진행되며, 그러한 활동을 보장하는 제도화가 이루어지는 것을 의미한다. 개방화는 가치와 규범, 문화 및 행위 양식의 다양성이 인정되며, 개인적 의지나 이해관계에 따른 이동과 소통의 자유가 증진 · 보장되는 상태를 의미한다.

민주화로의 체제전환은 정치(리더십)의 다원화, 외교의 정상화, 군(軍)의 탈정치화로 세분화할 수 있다. 북한의 경우에, 주체사상에 대한 신념 약화, 지도자에 대한 충성도 약화, 정치참여의 기회 증대, 법치주의의 확대, 엘리트 집단의 분화, 정치적 갈등 및 이해관계 증가, 남북관계 및 국제관계의 신뢰도, 국제관계의 다변화, 군에 대한 당의 통제 중단(당-군 분리), 선군정책의 후퇴 등을 기준으로 살펴볼 수 있다. 시장화로의 체제전환은 효율성의 증대, 시장의 조절, 사유화로 세분화할 수 있으며, 기초생활보장과 경제성장, 계획의 축소, 개혁조치의 빈도와 범위, 시장주체의 다원화, 자원분배의 시장조절, 시장규제의 완화, 물가와 통화의 안정성,

가격의 자율성, 사유화(토지 및 기업의 사영화, 개인의 사유재산의 확대), 대외무역 활성화 등의 내용을 포함한다. 개방화로의 체제전환은 외부문화의 수용성, 규범과 행위양식의 다원화, 시민사회의 형성 등을 기준으로 살펴볼 수 있으며, 조직의 일탈 증가, 부패의 만연, 인권환경 개선 및 인권인식의 증대, 이동의 자유 증대, 남한 및 외부문화에 대한 접촉경험, 종교활동, 소통 매체의 다양화, 사적 모임 가입, 외부 시민단체와의 교류 증대, 체제 비판 행위의 조직화 등의 변화를 포함한다.

이상에서 설명한 사회주의 체제의 정치경제적 변화는 민주화 · 시장화 · 개방화라는 큰 흐름에서는 다름이 없지만, 구체적 변화의 내용은 나라마다 다르게 전개된다. 사회주의 변화와 체제전환은 지역적으로는 중동부 유럽과 유라시아, 동아시아 등 크게 세 지역으로 구분해 볼 수 있고, 전환의 형태로는 급진적인 체제전환 모델과 점진적인 체제전환 모델, 중

〈표 12-1〉 체제전환 프로그램의 내용

영역	정책방향	프로그램 내용	세부내용
정치 · 군사	구체제 청산과 민주화	• 정치의 다원화 • 외교의 정상화 • 군(軍)의 탈정치화	• 사상 · 이념제도 폐지 • 자유선거 실시 • 다원주의 정당제도 실행 • 법치주의 확대 • 외교관계의 다변화 • 군에 대한 당의 통제 중단
경제	사회주의 제도 폐지 및 시장화	• 시장의 도입 • 사유화 • 효율성의 증대	• 중앙계획 철폐 • 사유재산권 도입 • 집단농장 해체 • 사유화 실시 • 무역 및 가격 자유화 • 이원적 은행제도 도입 • 기업의 구조조정 • 조세제도 개혁
사회 · 문화	개방화 · 정보화	• 외부문화 수용 • 규범 및 행위양식 다원화 • 시민사회 형성	• 외곽사회단체 폐지 • 이동의 자유 허용 • 외부문화 접촉 및 교류 허용 • 소통매체 다양화 • 종교활동, 시민단체 및 비판조직 허용

간적인 체제전환 모델 등으로 분류해 볼 수 있다(진승권, 2003: 13-15; 김병연, 2009: 5). 이를 조합하면 크게 다섯 가지 유형으로 분류된다. 첫째, 체코의 경험처럼 급진적 체제이행을 시도하고 점진적으로 유럽연합과의 경제통합을 진행하는 유형이다. 둘째, 헝가리의 경우처럼 점진주의적 체제이행 및 점진주의적 유럽연합과의 통합 유형이다. 셋째, 독일의 경우처럼 급진주의적 체제이행과 단일국가로 통일되는 유형이다. 넷째, 중국의 경우처럼 통합과 통일을 경험하지 않고 장기 점진주의적 체제이행을 하는 유형이다. 다섯째, 러시아, 유고슬라비아, 체코슬로바키아의 경우처럼 체제이행이 아닌 체제붕괴 또는 해체가 진행되는 유형이다. 북한 사회주의는 어떤 유형과 경로를 따를 것인가?

3. 북한의 위기극복 전략: 6년 단위 기획

2000년과 2006년이라는 분기점

북한은 김일성 주석 사망 이후시기를 6년 단위로 끊어서 구분한다. 즉 고난의 행군(1995~1997)과 사회주의 강행군(1998~2000)을 포함하여 6년을 '고난의 행군시기'로 부르며, 2001~2006년까지는 '려명이 밝아온 시기', 2007~2012년까지는 '강성대국의 대문을 여는 해'로 규정한다.[1] 2009년 8월 중국 상하이에서 개최된 국제고려학회에서 북한 사회과학원 경제연구실장을 역임했고 현재는 교수로 재직하고 있는 리기성 선생은 "새로운 혁명적 대고조로 강성대국의 대문을 열어나가고 있는 조선경제"라는 주제로 논문을 발표하면서 흥미롭게도 최근 북한의 현대사를 6년 단위로 끊어서 설명했다. 리기성 선생이 명시적으로 설명하지는 않았지만,

1 북한 사회과학원 리기성 소장의 설명(국제고려학회 제9회 국제학술회의, 2009.8.27.).

1989~1994년을 하나의 시기로 구분하면 탈냉전 이후는 정확히 6년 단위로 시기가 구분된다.

이런 시기구분에서 2000년과 2006년이 왜 중요한가 궁금해졌다. 1994년은 김일성 사망 시점이고, 2012년은 김일성 출생 100주년이어서 대략 짐작이 갔다. 그러니 2000년과 2006년을 분기점으로 잡은 이유는 무엇일까? 필자는 1995년부터 시작된 북한의 어려움이 해소되고 새롭게 출발할 수 있었던 계기가 2000년 6.15남북정상회담이 아닐까 하는 생각을 했다. 또 2006년은 북한이 핵실험을 했던 시기로 북한이 핵무기를 보유함으로써 군사강국이 됐다고 판단한 것이 어떤 계기를 가져다 준 것은 아닐까 짐작해 보았다.

이런 궁금증을 풀기 위해 리기성 선생에게 질문을 했는데, 리기성 선생의 대답은 필자의 기대와는 전혀 달랐다. 2000년을 고난의 행군이 끝난 시점으로 보는 것은 고난의 행군 시기에 거의 멈춰 섰던 공장들이 1998년 1월의 강계정신으로부터 시작하여 김정일의 성진제강소 현지지도 등을 통해 2000년까지 대체로 회복됐기 때문이라고 했다. 2006년이 핵보유국을 선언했기 때문이냐는 질문에 대해서는 북한은 이미 1995년에 핵보유국임을 선언했기 때문에 그와 직접적인 관계가 있다기보다는 2006년에 사회주의 계획경제로 북한경제를 재건할 수 있다는 희망을 발견했기 때문이라고 했다. 이 설명을 근거로 추론해 보면 북한이 2006년부터 시장을 단속하여 화폐개혁까지 이르는 기간에 계획경제를 강화하려고 했던 시도를 짐작할 수 있다.

그러나 북한이 공식적으로 인정하지는 않더라도 2000년과 2006년의 시기구분에서 남북정상회담과 북한의 핵실험이 차지한 비중도 대단히 클 것임이 분명하다. 리기성 선생에게 6년 단위로 시기가 나뉘어서 참 흥미롭다고 하자, 리선생도 그렇다고 했다. 내가 '고난의 행군' 시기는 1995~1997년의 3년으로 끝난 것 아니냐고 묻자, 그는 고난의 행군은 1997년에 끝났지만, 사회주의 강행군이 1998년부터 시작되어 2000년에 끝났기 때문에 고난의 행군 시기를 1995～2000년으로 본다고 설명했다.

2012년의 강성대국 목표는 1인당 국민소득 2,500달러

또 한 가지 흥미로운 것은 북한이 강성대국의 문을 여는 해로 규정한 2012년에 관한 내용이었다. 리경철 조선사회과학원 법률연구소 실장은 「조선민주주의인민공화국은 진정한 인민의 나라, 인민대중 중심의 사회주의국가이다」라는 논문을 발표했는데, 논문의 내용보다는 "강성대국의 대문을 활짝 열어제끼"겠다는 강성대국 건설의 목표에 관해 질문들이 쏟아졌다. 강성대국의 문을 연다는 것이 구체적으로 무엇을 어떻게 하겠다는 것인지 궁금하지 않을 수 없었다.

추상적으로 설명하지 않을까 하는 우려와는 반대로 매우 구체적인 설명을 듣게 됐다. 2012년까지 강성대국의 문을 열겠다는 것은 북한의 역사에서 지금까지 경제가 최고조로 달했던 수준으로 북한경제를 끌어올리는 것이 구체적 목표라고 했다. 좀 더 구체적으로는 1987년의 수준으로 회복하겠다는 것이다. 1987년은 북한이 제2차 7개년 계획을 2년 연장하여 끝내고 제3차 7개년 계획을 막 착수했던 시기다. 그때 1인당 국민소득이 얼마였는가를 묻자 2,500달러라고 대답했다. 즉 2012년까지 북한이 달성하려는 매우 구체적인 목표는 1인당 국민소득 2,500달러의 실현이었다.

1987년 북한의 1인당 국민소득이 과연 2,500달러였는가는 의문의 여지가 있다. 물론 북한은 당시 시장가보다 훨씬 높게 설정한 공식 환율을 적용하여 대외적으로 1인당 GDP를 2,400달러 정도로 발표했었다. 그렇지만 실제로 북한의 경제는 그보다 훨씬 나빴던 것이 사실이다. 그럼에도 북한이 이렇게 목표치를 높게 잡고 있는 것은 북한 지도부의 초조함을 '대담한 희망'으로 표현한 것이 아닐까 싶었다.

2012년 강성대국 실현 전망의 두 가지 근거

2011년 캐나다 벤쿠버에서 또 다시 북한학자들을 만났다. 북한학자들에게 가장 묻어보고 싶었던 질문은 북한이 경제가 회복되지 않은 상황에서 2012년에 달성하겠다고 호언장담한 강성대국의 목표 실현을 위해 내부적으로 어떤 대책을 세우고 있는가 하는 것이었다. 2009년까지만 해도 북한은 2012년까지 북한경제가 최고조에 달했던 1986~1987년 수준, 1인당 국민소득으로 하면 2,500달러 수준을 회복하는 것을 목표로 삼고 있었다. 그러나 2012년까지 몇 달 남지 않은 기간에 이러한 목표를 달성한다는 것은 불가능한 일일 텐데, 북한이 이러한 상황을 어떻게 설명할지 매우 궁금했다.

북한학자는 이 난제를 이렇게 설명했다. 우선 강성대국 구호를 강성국가로 바꾸었다. 수준을 낮춘 것이다. 그리고 당초에 세웠던 강성대국의 목표를 2012년까지 완성한다는 것이 아니라, 그런 목표를 달성할 수 있다는 '전망'을 마련하는 것이 목표라고 수준을 낮추어 설명했다. 즉 강성대국을 실현할 수 있는 조건과 기반을 갖추는 것이 2012년의 목표라는 것이다. "우리가 2012년에 강성대국의 '문을 연다'고 했지, 언제 강성대국을 완성한다고 했느냐"라는 논리를 깔고 있는 듯했다.

2년 전의 설명으로부터 한발 물러선 매우 궁색한 변명처럼 들렸으나, 나름대로 강성국가의 문을 열 수 있다는 데 대해 기대감과 비전을 강조하는 대목은 흥미로웠다. 그들이 제시한 기대와 '전망'의 근거는 크게 두 가지였다. 하나는 국내생산이 크게 증가했다는 것이다. 북한 경제의 발목을 잡던 에너지와 식량문제를 CNC 기술로 상당부분 해소했다는 주장이다. 과학적 설명에 대해 구체적으로 이해할 수 없는 부분이 많았으나, 주민 선전용으로만 생각됐던 CNC 기술에 대해 높은 기대감을 갖고 있음은 분명했다. CNC 기술로 석탄가스화에 성공하여 에너지 문제를 해결했고, CNC 기술로 질소비료를 생산하여 작년에 20만 톤의 비료를 사용할 수 있었다고 기염을 토했다. 2011년 여름에 홍수피해만 없었다면 본때를 보여 줄 수 있었을 텐데 그러지 못한 데 대해 많은 아쉬움을 표시했다.

다른 하나는 외부지원에 대한 기대와 확신이었다. 최근 북중 간의 경제협력이 진행되고 있고 북러 간에도 경제협력 방안이 논의되고 있는 것이 그러한 확신의 배경이었다. 이들은 이러한 전망이 과거와는 달리 양국의 중앙정부 간 협력에 의해 진행되고 있기 때문에 확실하다고 믿고 있었다. 2011년 6월에 착공식을 가진 황금평 · 위화도 개발은 2010년 11월 19일 체결된 북중 간 협정에 근거한 사업이라는 사실을 사례로 언급하며 나진 · 선봉 개발도 양국 간 협정에 근거하여 추진되고 있기 때문에 전망 근거가 확실하다고 설명했다. 김정일 국방위원장이 2010~2011년에 중국을 세 번이나 왕래하고 2011년 8월 말 러시아를 방문한 것도 2012년 이전에 강성대국의 문을 열 수 있는 전망 근거를 갖추기 위한 필사의 행보였다고 할 수 있을 것이다.

4. 주체적 발전전략과 강성국가의 실현 가능성

아시아 사회주의 발전 경험

아시아의 사회주의 국가들은 대부분 1980년대 중반부터 사회주의 경제체제의 비효율성이라는 난관에 봉착하여 경제개혁을 추진했다. 1978년 중국 덩샤오핑의 개혁 · 개방, 1986년 베트남의 도이모이 정책, 그리고 제한적이나마 1984년 북한의 신경제정책 등은 사회주의 경제의 비효율성을 극복하기 위한 개혁적 조치들이었다. 사회주의 체제가 붕괴하기 전까지 아시아 사회주의 국가들이 추진한 개혁 · 개방은 괄목할 만한 성장을 가져왔다. 그러나 동시에 개혁의 심화과정에서 통화팽창과 인플레이션, 물가앙등, 매점매석 등 경제적 · 사회적 · 정치적 혼란이 극심한 양상으로 나타났다. 개혁 · 개방정책이 확대됨에 따라 관료들이 매점매석과 부정부패 등을 통해 자신의 일정한 이익을 확보하는 상황이 발생함으로써 개혁 · 개방은 일반대중과 관료엘리트 간의 불평등을 심화시켰다.

사회주의권의 붕괴가 시작된 1990년대 초 개혁 · 개방의 정치적 파급효과를 우려한 이시이 집권공산세력은 헌법 개정을 통해 체제적응을 시도했으며, 이 과정에서 강경보수세력이 급속히 부상했다. 1990년과 1991년에 개최된 라오스와 베트남의 공산당대회에서 각각 보수파가 실권을 장악했고 중국과 북한을 비롯한 모든 아시아 사회주의 국가들은 1992년을 전후하여 헌법을 개정했다(김병로, 1997b: 49-88). 사회주의의 전반적인 위기상황에 직면하여 체제를 단속하고 변화를 모색하기 위한 권력구조 및 정책을 정비했던 것이다. 보수파의 기본 정책방향은 국내적으로 정치개혁의 요구를 통제하고 대신에 체제 안정을 위해 선별적인 경제개혁을 통한 사회경제적 발전을 도모하는 것이었다. 또한 대외적으로 외교관계를 개선함으로써 사회주의 체제변화를 요구하는 외부의 압력을 피함과 동시에 대외경제협력문제를 타개하고자 했다. 따라서 경제정책에서 중국, 베트남, 북한은 급속한 변화보다는 정치적 안정을, 급격한 사유화보다는 경제구조의 개선과 부분적인 시장기구의 도입을 위주로 하고, 특구설정을 통한 제한적인 개방정책을 추구했다. 이러한 모델은 '사회주의 시장경제'를 지향하는 중국형의 확대모델이라고 할 수 있을 것이다.

아시아 사회주의 국가들 가운데서도 라오스, 캄보디아, 미얀마, 몽골 등에서는 더 광범위한 사유화와 개방정책을 추진하고 정치적 다원주의 제도를 도입함으로써 동유럽 사례에 근접해 가는 약간의 분화가 발생했다. 그럼에도 동구 사회주의와 다른 점은 제도적 정치다원화를 도입한 후에도 권력구조는 급격히 변화하지 않았고 경제개혁의 속도에 비해 정치변화가 더디게 이루어졌다는 사실이다. 다당 구조로 변화한 국가들은 사회주의 붕괴의 위기상황에서 집권당이 기존 정당들을 흡수하여 연립정부를 구성함으로써 권력을 재창출할 수 있다는 자신감을 가졌으며, 결과적으로 기존의 권위주의적 권력구조는 크게 바뀌지 않았다.

이러한 현상은 식민통치에서 해방된 제3세계 국가들이 공통적으로 갖고 있던 '제3세계 이데올로기'와 아시아적 특수성의 차원에서 이해된다. 아시아 사회주의 개혁 · 개방정책은 소련이나 동구의 개혁 · 개방 모델과 구분되며, 시장사회주의 발전전략과도 차이를 드러낸다. 이들 국가는 단일지도체제를 지속하는 유형, 집단지도체제를 모색하는 유형, 그리고 일부 국가에서 시도되는 것처럼 정치체제의 전환을 시도했지만 여전히 구정권세력이 기득권을 확보함으로써 정치체제의 근본적인 변화는 이루어지지 않는 유형 등 세 가지로 그 특징이 나뉜다. 이렇게 보면 사회주의 일당독재를 유지하는 가운데 제한적인 시장기구의 도입과 부분적인 소유의 다양화 정책을 시행하는 아시아 사회주의 국가들은 동구 사회주의권과 근본적인 차이가 있다.

경제강국과 통일강국

북한은 3대혁명을 국가의 비전으로 제시했던 1980년대를 지나 1990년대 암흑기에는 '고난의 행군'으로 버티기 작전에 성공했다. 극심한 '고난의 행군'을 통과한 북한은 1998년 8월 22일 『로동신문』 '정론'을 통해 소위 '강성대국'론을 피력하고 경제건설의 필요성을 시사했다. 이 신문에서 김정일이 생각하는 강성대국론에 대해 "사상의 강국을 만드는 것부터 시작하여 군대를 혁명의 기둥으로 튼튼히 세우고 그 위력으로 경제건설의 눈부신 비약을 일으키는 것이 우리 장군님의 주체적인 강성대국 건설방식이다."라고 언급했다(『로동신문』, 1998.8.22.). 이는 북한이 향후 경제건설에 박차를 가할 것임을 천명한 것이나 그것은 어디까지나 군사강국의 건설을 병행해야 한다는 점을 소홀히 하는 것은 아니다. 북한의 이러한 경향은 사회주의, 특히 식민지투쟁과 전쟁을 치른 제3세계에서 나타나는

'군사화'(militarization)의 극치를 보여 주는 것이다.

선군정치로 또다시 버티기 작전에 돌입했던 북한은 2012년 태양절 100주년을 계기로 강성국가의 비전을 제시했다. 강성국가의 비전은 2015년 신년사에서 다시 '6대강국'으로 정리됐다. 즉 사상강국, 군사강국, 경제강국, 인재강국, 체육강국, 통일강국을 건설하겠다는 것이다. 많은 목표를 제시하고 있으나 김정은 시대를 상표화할 수 있는 정책은 경제강국이다. '사상강국'은 김일성 주석의 몫으로, '군사강국'은 김정일 위원장의 공으로 돌린다면 김정은의 치적은 경제, 인재, 체육, 통일 강국 건설이 될 것이다. 그중에서 단연 '경제강국'이 우선이다. 북한이 2014년에 이룩한 경제업적을 TV로 소개하는 부분에서 농장과 어획한 물고기, 석탄생산, 도로건설과 위성과학자 주택과 김책공대 교육자 주택, 과학자휴양소, 10월8일공장 등 각종 건설사업을 사진화면으로 집중보도함으로써 대형 건설사업을 김정은 시대의 아이콘으로 강렬하게 각인시켰다. 이러한 대형 건설사업이 군민협동으로 이루어졌음을 강조하고 2014년 9~10월 아시안게임에서 좋은 성적을 거둔 체육경기 화면으로 분위기를 띄우며 김정은 시대를 상표화하는 데 동원했다.

물론 김정은 정권이 공식적으로 내걸고 있는 정책기조는 '병진노선'이다. 경제건설과 핵무기 개발을 병행한다는 전략이다. 그러나 '병진노선'을 견지하는 이유는 "사회주의 제도를 압살하려는 적들의 책동"이 있기 때문이라는 식으로 방어적 입장을 피력했다. 군력강화에 대해서도 '경량화, 무인화, 지능화, 정밀화'하겠다며 구체적으로 적시하던 2014년과는 달리 '최첨단 무기 개발', '당이 제시한 군력강화의 4대전략과 3대과업' 등으로 우회적 표현을 선택했다. 그뿐만 아니라 국방력 강화의 상당 부분이 '인민군대 후방사업'에서 획기적 전환을 가져와야 한다는 것이어서 결국 국방력 강화도 군대의 의식주 문제 해결, 즉 경제와 맞닿아 있다. 이런 점에서 김정은 정권이 2015년 광복 70주년, 당 창건 70주년에 목표로 삼고 있는 '최후승리'는 실질적으로 경제고지 점령이라 할 수 있다.

강성국가를 실현하는 또 다른 중요한 한 축은 통일강국 실현이다. 특히 2015년 "조국해방 70돌이 되는 올해에 온 민족이 힘을 합쳐 자주통일의 대통로를 열어나가자!"는 구호를 제시했다. "북남 사이의 대화와 협상, 교류와 접촉을 활발히 하여 끊어진 민족적 유대와 혈맥을 잇고 북남관계에서의 대전환, 대변혁을 가져와야" 한다며, 중단된 '고위급접촉'과 '부문별 회담'을 할 수 있고, "분위기와 환경이 마련되는 데 따라 최고위급회담도 못할 이유가 없다"며 정상회담까지 언급했다.

북한으로서는 2015년에 남한과의 관계를 개선하는 것은 매우 중요했다. 신년사에서 '통일'을 18회나 언급하며 남북관계의 대전환을 기대한 것은 그만큼 남한의 지원이 시급하다는 것이다. 그러나 경제지원만이 아니라 평화적 환경을 조성하는 데서 남한의 지원이 시급하다. 북한으로서는 경제강국 건설에서 최대의 걸림돌이 바로 미국과 유엔의 경제 · 군사제재이며 최근 심각해진 국제사회의 대북 인권압박이다. 이러한 난국을 한꺼번에 타개할 수 있는 방법이 남한의 협력을 받는 것이다. 남한과 대화 통로를 열면 경제 · 군사제재도 무력화할 수 있고 인권압박에서 벗어날 수도 있기 때문이다.

그러나 북한이 '통일의 대통로'를 열기 위한 전제조건으로 '대규모 전쟁연습'의 중단을 요구하고 있어서 대화의 실질적 진전은 쉽지 않을 것이다. 북한은 "상대방을 반대하는 전쟁연습이 벌어지는 살벌한 분위기 속에서 신의 있는 대화가 이루어질 수 없고 북남관계가 전진할 수 없다"며 잘라 말하고 있다. 또한 박근혜 정부가 추진하는 '통일준비'와 인권정책에 대해서도 "제도통일을 추구하지 말아야 하며 상대방의 체제를 모독하고 여기저기 찾아다니며 동족을 모해하는 불순한 청탁놀음을 그만두어야" 한다며 맹비난했다. 통일준비위원회에서 논의하고 있는 '통일헌장'에 대해서도 이미 7.4공동성명과 6.15공동선언, 10.4선언이 있으므로 부정적 견해를 드러냈다. 이러한 상황에서 남한 정부는 대화를 무조건 수용하고 통일을 실현시키겠다고 장담하고 있으나, 북핵문제와 인권문제, 한미연합군사훈련 문제 등에 대해 전략적 유연성을 발휘하지 않으면 남북관계 개선은 어려울 것이다.

주체적 발전모형과 강성국가 실현 가능성

이러한 환경에서도 북한이 주체적 발전모형에 의욕적인 태도를 보이는 것은 그동안 자립적 발전과정에서 기술개발에 많은 인력을 투자했기 때문일 것이다. 과거와 같은 전통적인 기술을 좀 더 나은 기술로 발전시키는 데 그치는 것이 아니라 군사 분야의 기술을 활용한 중공업개발도 의욕적으로 시도할 가능성이 크다(이희상, 1987: 146). 2012년 12월 12일 인공위성 발사 성공과 세 차례의 핵실험은 북한이 자신의 기술능력을 과신하고 있을 가능성을 보여 준다. 또한 인도주의적 지원 등 국제적 지원을 확보하는 원조 극대화(aid maximization) 전략과 관광개발 등으로 외화를 확보할 수 있다고 믿는 것 같다. 특히 관광개발 사업은 경제개발에 완전히 실패한 사회주의 체제의 탄자니아도 킬리만자로 산을 관광지로 이용하여 외화획득을 시도했을 만큼 외화획득의 지름길이라는 점(Weaver and Kronemer, 1981: 847)에서 북한도 체제의 '폐쇄성'을 최대한 활용하는 관광개발에 기대를 걸고 있다.

북한은 2008년 12월 이후 서방세계 각국이 금융위기로 흔들리는 모습을 보면서 자신의 폐쇄적 자립노선에 대한 자신감을 더욱 갖게 된 것으로 보인다. 중국과 러시아로부터 최소한의 에너지와 식량을 지원받을 수 있다면 내부자원을 동원하고 기술개발과 제도개혁을 통해 생존해 나갈 수 있으리라 판단하고 있는 듯하다. 특히 지금까지 줄곧 전시를 대비하여 구축해 온 지역자립체제를 활용하여, 군 단위 이상의 지역에서 지방공업을 활성화하고 주민들의 생필품을 공급함으로써 자급자족하는 체제를 구축하면 '강성국가' 건설이 가능할 것으로 믿고 있다. 따라서 김정은 정권은 농장과 공장, 기업소에 개인의 경제활동 장려와 자율적 경영권 등을 통해 최소한의 동기부여 방식으로 경제활성화를 시도할 것이며, 도 · 시 · 군 단위의 지역별 자급체제를 더욱 강화할 것이다.

북한의 주체적 발전모형은 전쟁과 같은 비상시를 대비한 지역분산형 자급자족 체제로서 열악한 조건에 적응할 수 있도록 만들어진 폐쇄적 발전모형이다. 전쟁을 대비하기 위해 실질적으로 군비증강과 방위산업에 투자를 집중했고 지역별 자급정책을 심도 있게 추진했다. 규모의 경제나 비교우위 등의 경제적 개념을 따르지 않고 오로지 한국전쟁과 같은 유사시를 대비하기 위해 지역별로 모든 산업시설을 고루 갖춘 발전모형을 선택함으로써 경제적 효율성은 극도로 떨어질 수밖에 없다.

북한은 현 정세를 심각한 위기로 간주한다. 경제난은 곧 군사력 약화를 가져올 것이며 남북분단 구조에서 이는 체제붕괴로 이어질 것이다. 경제난이 해결되지 않고 남북관계의 갈등과 군사적 긴장이 계속되는 한 유사시를 대비한 주체적 발전모형이 수정될 가능성은 높지 않다. 자위국방이 곧 주체이며 특히 유사시를 대비하여 추진한 지역별 자급정책이 주체적 발전의 근간이라는 사고를 변화시키지 않는 한, 북한의 전향적인 발전정책을 기대하는 것은 무리다. 따라서 경제위기가 심화되고 군사적 긴장이 고조될수록 북한은 전쟁과 같은 특수한 상황을 염두에 두고 추구해온 군 단위의 지역별 자급체제를 더욱 확고히 가동해야 할 필요성을 느낄 것이다. 이를 통해 북한은 극한 상황에 견디는 생존력을 키울 수 있을지는 모르지만 경제를 활성화하고 발전을 도모하는 데는 근본적인 한계에 도달할 수밖에 없다. 결국 지역분산적 전시발전체제가 북한의 주체적 발전모형의 독특한 특징이자 발전의 최대 장애요인이 되고 있는 것이다.

제13장

김정은 정권의 안정성 분석

1. 사회주의 체제와 정치 불안정

탈사회주의와 정치체제

사회주의 체제의 불안정은 일반적으로 체제 이행 또는 권력 이동 과정에서 심각하게 나타난다. 사회주의 체제의 변화를 이론적으로 분석한 야노스 코르나이(Janos Kornai)는 사회주의 체제 전환이 정치적 영역에서 다원민주주의, 경제영역에서 시장경제로의 변화가 일반적 패턴으로 나타난다고 설명했다(Kornai, 1992). 즈비그뉴 브레진스키(Zbigniew Brzezinski)는 제12장에서 언급했듯이 사회주의 체제의 위기 및 불안정을 판단할 수 있는 지표로 사회주의 이념의 대중적 호소력 상실, 미래에 대한 비관주의, 생활수준 저하, 공산당의 사기저하, 종교활동 증대 등 10가지를 제시한다(Brzezinski, 1989). 일반적으로 탈냉전 이후의 사회주의 체제 변화 추세를 '민주화', '시장화', '개방화'로 규정하는 것도 이런 분석들을 반영한 것이다.

사회주의 체제의 변화를 평가하는 핵심 요인 가운데 하나가 바로 정치적 변화다. 사회주의 체제에서는 경제가 정치에 종속되어 있으며 이런 측면에서 사회주의 체제에서는 정치적 변화가 경제적 변화를 야기하는 중요한 요인이 된다. 김병연(2009: 215-251)의 연구에서도 사회주의 체제에서 중요한 경제개혁이나 체제이행이 일어나기 전에 최고권력자의 교체, 일반대중의 무력 항거 등의 정치적 변화가 선행한다는 경험적 패턴을 발견했다. 특히 경제가 복잡해지고 계획의 통제기능이 약해질수록 사회주의 체제의 붕괴 가능성은 더욱 높아지며, 경찰이나 권력기구의 감시와 통제가 약해지면 권력에 반발하는 가능성이 높아져 급격한 정치적 변화를 맞게 된다(김병연, 2005: 14).

이런 맥락에서 보면 사회주의 체제의 위기 내지 불안정은 정치권력이 획기적인 정책전환을 하지 않으면 증가할 수밖에 없는 구조적 한계를 갖고 있다. 경직되고 취약한 권력기반을 틈타 어려운 경제생활에 따른 불만이 증가하고, 부패와 탈법적 활동이 일상화되면서 권력과 이념의 정당성이 타격을 받게 된다. 이러한 상황에서 권력기구의 통제와 감시, 징벌 기능이 약화되면 체제의 불안정성이 급격히 높아진다. 이 때문에 이러한 체제 도전적 시도들을 통제하면서 주민의 경제생활 불만을 해소할 수 있는 정책전환을 단행할 의지와 능력을 갖고 있는가 하는 것이 사회주의 체제의 안정성을 평가하는 중요한 기준이 된다.

탈사회주의라는 세계적 변화의 흐름을 놓고 볼 때 북한의 정치체제는 한편으로는 중국같이 점진적인 체제이행을 성과 있게 추진해야 하며, 다른 한편으로는 독일의 경우처럼 남한과의 통합을 성공적으로 이끌어 가야 한다. 전체주의 체제의 성격이 개선되어 다원주의 체제로 변환되어 가는 과정을 민주화로 본다면 사회주의 정치개혁 과정에서 이데올로기의 퇴조는 필수적이며 동원체제적 성격이 감소하고 당과 국가기구 간의 역할분화와 다원화가 진행되며 비판세력의 허용은 불가피하다. 이런 점에서 김정은 정권이 사회주의 제도 안에서 권력 이양을 시도하고 있는 점을 주의 깊게 관찰해 보아야 한다. 상황에 따라서는 사회주의 체제가 갖고 있는 정보 통제력이나 집단주의 같은 요인들도 정권을 안정적으로 구축할 수 있게 하겠지만, 사회주의 체제가 본질적으로 안고 있는 정치 · 경제 · 사회적 불안정 요인들은 김정은 정권을 근본적으로 위태롭게 할 수도 있기 때문이다. 중국 사회주의의 빠른 변모와 탈사회주의의 추세가 가속화되고 있는 국제환경에서 북한의 3대 정권 구축은 그만큼 더 불안과 위험을 안고 진행되고 있는 것이다.

정치 안정(political stability)이란 "사회를 위한 가치의 권위적 배분이 적절하게 이루어지는 상태"이며 불안정은 그렇지 않은 상태를 말한다(Easton, 1953). 정치체계가 그 기능을 적절하게 수행한다는 것은 구성원들로 하여금 가치의 배분이 구속력이 있다고 믿게끔 하며, 구성원들 사이의 상호 갈등이 효율적으로 규제되는 것을 의미한다. 안정, 불안정은 정치체계의 평형상태를 변화시키려는 요소와 그 요소의 도전에 대한 정치체계의 대응능력(capacity)에 의해서 결정된다. 정치영역의 불안정을 결정하는 변수는 이념 및 가치(합의의 정도), 리더십(체제의 능력 제고, 카리스마 리더십의 존재 여부), 정치엘리트(분열과 갈등 정도), 정부의 기능(정부 기능의 효율성 · 정통성, 정부의 통제력), 정치행사(지속과 평안, 질서의 척도), 반체제활동(폭력사태의 발생) 등으로 범주화할 수 있다.

경제나 군사 부문의 불안정성도 생각해 볼 수 있다. 경제 불안정은 정상적인 국가로 기능하기 위해 경제부문에서 최소한 기능해야 하는 요건들인 재정 건전성, 인플레이션, 경제성장률, 대외경제관계 등 순수 경제적 측면과 그 외의 측면으로 구분해 볼 수 있다. 북한 정권이 북한 경제를 통제할 수 있는 역량이 급작스럽게 줄어들거나(통치자금의 고갈), 국가가 제공하는 식량을 비롯한 최소한의 생필품의 공급량이 줄어들거나, 이들 품목의 시장에서의 구입 경로가 심각하게 훼손되는 상황, 전력을 비롯한 기간산업의 순환구조가 심각하게 타격을 받는 상황 등이 발생하면 경제 불안정성이 높아진다고 판단할 수 있다.

정치 불안정성의 세 차원: 정당성, 효율성, 통제력

잭 골드스톤(Jack Goldstone)은 안정적 국가들이 취약해지거나 실패할 수 있는 다섯 가지 경로를 제시했다(Goldstone, 2010: 5). 즉 약탈국가의 엘리트 배제, 종족 및 지역 간 갈등 증대, 신생 민주주의 국가에서의 비효율적이고 부패한 정당, 지역적 게릴라성 반란 증대, 독재국가에서의 권력승계 위기 등의 요소가 체제의 불안정을 야기하는 것으로 확인했다. 이 가운데 특히 권력승계의 위기는 역사적으로 비교해 보았을 때 크게 정치 · 군사적 지도계층이 용인할 수 있는 계승자가 없을 경우와 승계 문제와 관련하여 지도층이 심각하게 분열된 경우에 발생했다.

브루킹스연구소는 취약국가(weak states)라는 개념으로 체제의 불안정성을 평가한다. 취약국가란 "핵심적 정부책임을 다할 수 있는 필수적 역량이 부족한 국가"를 의미한다(Rice and Patrick, 2008: 8). 국가의 기능을 경제, 정치, 안보, 사회복지의 네 영역으로 구분하고, 각 영역에서 핵심 국가기능을 대표하는 5개의 요소들을 선정하여 불안정성을 설명한다. 국가가 안정을 유지하기 위해서는 핵심적인 네 가지 기능을 수행해야 한다. 즉 지속가능하고 생산성 있는 경제성장, 합법적이고 투명하며 신뢰할 만한 정치제도, 무력충돌로부터 자국민을 보호하고 영토를 지킬 수 있는 안보, 국민들의 기초적 생활을 보장하는 사회복지를 실현해야 한다.

이상에서 논의한 정치 불안정성의 요소를 개념적으로 정리하면 크게 정당성과 효율성의 두 범주에 포함될 수 있다(Marshall and Cole, 2010: 23).[1] 사무엘 헌팅턴(Samuel Huntington)은 오래전에 정치체제의 안정, 즉

1 효율성을 평가하는 변수는 평화지속연수, 통치기간, 쿠데타 횟수, 소득수준, 인적자본지수이고, 정당성을 평가하는 변수는 국가억압요소, 인종적 · 종교적 분열수준, 정치적 차별 정도, 엘리트의 정치복원력, 정치적 할거주의, 상품수출 비중, 영아사망률 등이다.

제도화 과정을 정당성(legitimacy)과 효율성(efficiency)으로 요약한 바 있다. 그런데 여기서 한 가지 더 중요한 요소를 지적하자면 체제와 정권의 복원력(resilience) 또는 통제력이라 할 수 있다. 즉 체제나 정권을 불안정하게 하는 것은 체제를 위협하는 큰 사건이나 사태가 아니라 그 사건과 사태를 처리하는 능력의 여부인 것이다. 지금까지의 경험연구를 통해서 볼 때 독재체제와 민주국가 모두에서 체제가 상당히 안정적으로 기능한다는 사실을 발견했는데, 그 이유는 그 나라에서 정권이나 체제를 위협하는 요소들이 없었기 때문이 아니라 그러한 위협요소가 발생할 때 충분히 통제하고 대처하는 능력이 있었기 때문이었다(Goldstone, 2010: 3).

이런 점에서 한 체제의 안정성을 분석하기 위해 정당성과 효율성, 통제력(복원력)의 세 변수를 살펴보는 것은 매우 유용하다. 평화기금(Fund for Peace)이 실패국가(Failed State) 연구에서 정치 불안정을 야기하는 공통적 요인으로 권위(authority), 능력(capacity), 정당성(legitimacy)을 언급하고 있는 것도 이러한 맥락에서 이해할 수 있다.[2] 실패국가는 정부가 영토를 효과적으로 통제하지 못하거나 물리적 강제력을 독점하지 못한 상태이거나, 정부가 합법적 권위를 상실하여 책임 있는 정책결정을 내리지 못하고, 국민들에게 신변안전과 기본적인 공공서비스를 제공할 능력이 없으며, 국제무대에서 정상적인 외교관계를 유지하지 못하는 특징을 지닌다.[3] 이러한 점들을 고려하여 정당성과 효율성, 통제력 변수를 기준으로 김정은 정권의 안정성을 살펴본다.

---

2 CIDA, Index of state fragility(ISF).

3 평화기금(Fund for Peace)의 실패국가지수(Failed State Index)는 사회영역에서 식량 등 생필품 자급능력에 대한 인구 증가 압력, 난민의 대량 이동, 역사적으로 쌓인 불만세력, 국민의 만성적인 해외도피, 경제영역에서 불균형 경제성장, 급격한 경제하락, 정치영역에서 국가의 범죄화 또는 정통성 상실, 공공행정의 연속적 악화, 자의적 법집행 및 광범위한 인권 침해, 국민 위에 군림하는 정보 · 보안기관의 권력 남용, 정치 · 사회적 지도층의 파벌화, 다른 나라 또는 외부 요인의 개입 및 지원 등의 요인들을 중심으로 체제의 불안정성을 평가한다.

2. 김정은 정권의 대내 불안정성

1) 정당성

정당성의 세 차원

권력의 정당성(legitimacy)은 세 가지 측면에서 확보된다. 즉 전통적 정당성, 법적 · 합리적 정당성, 카리스마적 정당성이 그것이다(Gerth and Mills, 1970: 78-82). 북한 당국은 위에서 설명한 각 단계에서 이러한 세 측면의 정당성을 설득하는 노력을 기울이고 있다. 북한은 형식적으로 법적 제도를 갖고 있으나 실질적으로 사회 여러 분야에서 세습 등에 의한 전통적인 방법에 의해 권위가 형성된다. 3대 세습의 권력승계가 시도될 수 있다는 것 자체가 북한 내 비공식 영역에서 이러한 전통적 정당성이 어느 정도 작동하고 있기 때문이라고 볼 수 있다. 전통적 가치가 지배하는 북한에서 지도자가 수령의 손자며 아들이라는 혈통이 권력의 정당성을 확보하는 데 유리한 측면이 많다. 김정은은 2009년 4월 15일 김일성의 생일인 태양절을 기념하여 초대형 폭죽행사를 실시하여 그의 배포와 역량을 주민들에게 과시함과 동시에 할아버지 김일성을 이어받아 만경대 혈통의 혁명적 계승과 2012년 주체 100년을 기해 강성대국을 완성함으로써 일체화, 정당화를 이루려 했다.

물론 공화정 체제에서 정권의 정당성을 확보하는 데 법률에 의한 권위부여의 과정은 필수 조건이다. 형식적이나마 법치주의를 강조하는 북한에서 법제도에 따라 지위를 부여해 권력의 합리적 근거를 만들어 나가는 것은 매우 중요하다. 2009년 4월 9일 개막된 최고인민회의 제12기 1차회의에서 국방위원회의 구성원을 새로 보완하는 한편, 헌법 조항을 일부 수정하여 국방위원회를 명실상부한 국가최고지도기관으로 격상하는 조치가 있었던 것은 후계구도의 제도적 조치와 관련된 것으로 판단된다. 또한 2010년 9월 제3차 당대표자회를 통해 김정은에게 인민군 대장 지위를 수여하고 당중앙군사위원회 부위원장으로 선출함으로써 지도자에 걸맞는 권위를 부여한 것도 지도자의 법적 정당성을 확보하기 위한 과정이었다.

김정은이 지도자의 정당성을 확보하기 위해서는 항일혁명전통을 계승하고 있다는 정당화도 필요하다. 2010년 8월 김정일 위원장의 중국 동북지역 방문은 바로 그러한 일환이었다. 김정은을 동반하고 지린의 육문중학교와 항일유적지를 방문함으로써 김일성의 항일혁명전통을 이어받고 있음을 대내외에 과시한 것이다. 또한 남들보다 뛰어난 능력으로 지배하는 카리스마적 정당성도 필요하다. 민주주의 사회라고 하여 법적 정당성을 부여받는 것으로 지도자의 정당성이 인정되는 것은 아니다. 카리스마는 바꾸어 말하면 리더십이다. 조직의 구성원들을 통제하며 대중을 설득하고 지배할 수 있는 리더십을 의미한다. 북한에서 지도자가 정당성을 확보하려면 비전과 목표를 제시하고 의지를 보여 줌으로써 조직 구성원과 대중을 설득하고 통제하며 지배할 수 있는 유능한 리더십을 발휘해야 한다. 이런 점에서 김정은은 아직 카리스마적 정당성을 확보했다고 보기 어려우며, 북한 당국은 지도자의 카리스마를 창출하기 위해 군사적 · 경제적 업적 쌓기에 집중하고 있다.

정당화의 단계

김정은 정권의 이러한 정당성 확보 과정은 김정일 위원장이 과거 20년 동안 추진했던 것과 유사한 방법으로 진행되고 있다. 즉 '당 · 군 내 엘리트 지지 기반 구축 → 대주민 활동 → 법적 · 제도적 장치 마련' 등의 3단계 전략이다. 첫 단계는 당과 군부 내 엘리트 사이에서 권력의 정당성을 확보하는 작업이다. 김정은이 지도자의 자질과 역량을 인정받으려면 먼저 권력 가까이에 있는 북한 지도층에 선군정치와 강성대국 건설을 진두지휘할 능력이 있음을 보여 주어야 한다. 지도자는 평범한 간부가 할 수 없는 대담한 정책을 폄으로써 간부들 사이에서 지도력을 확보하는 작업을 추진해야 한다.

두 번째 단계는 대국민 정당성 확보 작업이다. 전국민적 추대 분위기를 만드는 작업을 진행함과 동시에 구체적인 정책과 지침을 가지고 주민들에게 정치지도력을 과시하는 후계승계 작업을 진행해야 한다. 김정일이 했듯이 주체사상에 대한 권위 있는 해석을 내린다거나 선군정치에 대한 지침을 내림으로써 국민들이 이 지침을 바탕으로 정책을 집행하도록 해야 할 것이다. 지도자의 이름으로 발표되는 이러한 지침은 사상, 군사 분야를 넘어서 경제, 교육, 외교, 문화 등 사회 여러 분야로 확대될 것이며 이러한 작업을 통해 대국민적 정치지도자로서의 이미지를 만들어 갈 것이다.

세 번째 단계는 지도자를 수령으로 만들기 위한 제도적 정당성을 확보하는 작업이다. 김일성이 김정일을 위해 '국방위원회'라는 제도를 만들었듯이 김정일은 김정은을 위해 당조직을 활용했다. 2012년 개정 헌법에 김일성은 '영원한 주석'으로 김정일은 '영원한 국방위원장'으로 명시해 놓았기 때문에 김정은은 '영원한 당총비서'로 추대할 가능성을 남겨 두었다. 그러나 2012년 4월 제4차 당대표자회에서 김정일을 '영원한 총비서'로 추대한다고 천명함으로써 긴장이 발생했다. 2016년 5월로 예정되어 있는 제7차 당대회에서 김정은을 당총비서로 추대할지 아니면 새로운 직위를 신설할지 관심이 모아지고 있다.

북한의 권력엘리트와 일반주민들 사이에서 김정은 정권은 얼마나 정당한 것으로 받아들여지고 있는가? 정당성의 기준은 김정은 정권의 안정 수준을 평가해 볼 수 있는 가장 유력한 잣대가 될 수 있다. 그러나 간부와 주민들이 이 문제를 어떻게 받아들이고 있는가를 경험적으로 판단하기는 매우 어렵다. 공식 매체에 나타나는 자료만으로는 실제로 정권의 정당성이 어느 정도인가를 측정할 수 없기 때문이다. 서울대학교 통일평화연구원이 조사한 자료에 의하면, 지도자(김정일 · 김정은)에 대한 비판의식은

2008년에는 26.1%, 2009년에는 28.1%, 2011년 25.9%, 2012년 20.8%, 2013년 23.3%, 2014년 28.9%, 2015년 19.2%로 20%대를 유지했으며, 김정일 위원장의 지지도를 50% 이상이라고 응답한 사람들도 2008년에는 49.3%, 2009년 50.8%, 2011년 55.3%, 2012년 70.7%로 오히려 상승했고, 김정은에 대한 지지도도 2013년에는 61.7%, 2014년 64.4%, 2015년 58.1%로 김정일 위원장에 비해 결코 낮은 수준이 아니다(정은미 · 김병로 · 박명규, 2015: 105-108).

정치 · 군사적 리더십

무엇보다 대중적 설득과 정당성 확보를 위해 지도자는 주체사상과 선군정치 등 지배 이데올로기에 대한 권위 있는 해석을 내려 주어야 한다. 지도자의 '교시'와 '말씀'으로 통치하고 있는 북한에서 지도자는 지도이념과 정책을 제시함으로써 대중에 대한 카리스마적 지도력을 확보해야 하기 때문이다. 김정일도 1980년 10월 공식 등장 이후 1982년 3월 주체사상에 관한 해석과 마르크스-레닌주의, 경제정책, 군사, 교육 정책 등 각 분야의 '교시'를 내린 바 있다. 김정은의 경우도 군사, 정치, 경제, 외교뿐만 아니라 과학기술, 문학예술, 체육 등 모든 분야에서의 천재성을 발휘하여 북한체제를 국제사회에 재등장시킬 수 있는 인물로 부각시키고 있다. 2012년에 공식 행사를 통해 법적 · 제도적 지위를 더욱 공고히 함과 동시에 대중적 지지 확보를 위한 본격적인 카리스마 리더십 구축을 시도할 것이다. 이러한 대중적 설득은 북한주민들의 경제적 생활수준 향상 여부가 어떻게 될 것인가에 따라 달라질 것이다.

선군정치를 앞세우는 북한에서 지도자가 되려면 가장 먼저 군사적 지도자로 부각되는 것이 필수적이다. 김정은이 지도자로서 내세울 만한 업적이나 경력이 전무한 상태에서 빠른 시일 내에 업적을 쌓을 수 있는 분야가 군사안보 분야다. 그뿐만 아니라 선군정치를 시행하는 북한에서 지도자로 자리매김하려면 군사안보 분야의 경력에서 지도자로 부각되어야 한다. 이런 맥락에서 2009년 초부터 북한이 남한과 미국에 보인 도발적 행태는 이와 연관된 것으로 보인다. 북한은 김정은을 선군정치의 계승자, 강성대국의 지도자, 강력한 안보 책임자로서의 이미지를 만들고자 한 것이다. 새로 지명된 지도자의 지위를 공고히 하기 위해서는 혁혁한 군사적 업적이 필요했을 것이다. 군사적 업적으로 기존에는 북한이 정전협정을 평화협정으로 전환하는 문제, 즉 대미 평화협정을 요구했으나, 이것이 단시일 내에 불가능하다고 판단된 상황에서는 핵무기 보유를 통해 선군정치의 군사적 업적을 대내적으로 과시할 필요가 있었다.

핵무기를 보유하면 단기적으로 선군정치의 군사적 업적으로 정당화할 수 있으며, 이를 바탕으로 중장기적으로 대미 평화협정 체결을 진행하는 데 유리한 입지를 점유할 수 있다. 핵실험 준비에 6개월이 소요된다고 볼 때, 북한이 2009년 2차 핵실험을 결정한 것은 늦어도 2008년 12월 이전이었다고 할 수 있으며, 이때는 김정은을 후계자로 결정하던 시기와 맞물린다. 북한은 후계자의 정치적 위상을 확보하기 위한 수단으로 이러한 군사적 업적을 도출하고자 강경 군사전략을 시도했던 것으로 볼 수 있다. 북한은 대외적으로 강경정책을 구사하는 과정에서 조성된 군사적 긴장국면을 불안정한 후계승계 문제를 해결하는 계기로 활용했다. 미사일과 핵실험, 대남강경정책을 통해 극도의 위기감을 조성하면서 대내 결속을 공고히 하고 후계자 조기 정착의 당위성을 선전한 것이다. 이후 유엔 안보리 결정을 전면 부정하면서 6자회담에 불참, 핵무기 및 대륙간탄도미사일 개발과 대량살상 및 재래식 무기와 관련 물품, 기술 등의 거래를 차단하려는 국제사회의 움직임에 극렬히 반발했다. 심지어 미국의 급소를 가격하겠다거나, 하와이를 겨냥한 미사일 발사준비, 일본을 향한 거침없는 무력 위협을 시도했다. 북한은 아직도 미사일 추가 발사, 추가 핵실험, 농축 우라늄 개발, 플루토늄 전량 무기화 등 위협적인 태도를 지속하고 있다.

그리고 북한은 남한에 대해서도 전면대결을 선언하고 위기를 고조시켰다. 남북 간 체결된 합의서 및 규약 등을 일방적으로 파기하면서 남북 전면대결상태를 선포하여 긴장을 조성함과 아울러 외부 사조, 특히 한류의 유입을 적극 차단했다. 탈북자 방지를 위해 이전까지 인민무력부가 담당해 온 국경수비대를 최근에는 김정은이 지휘하는 것으로 알려진 국가안전보위부에 맡겨 국경 경비를 더욱 강화했다. 또한 탈북자를 취재하던 미국 여기자들에게 12년의 중형을 선고함으로써 탈북 행렬을 적극적으로 억제했다. 북한은 일방적이고 강경한 대남 · 대외 강경정책을 비타협적으로 추진하고 있으며 전면대결상태와 전쟁접경진입, 선전포고 등 극도의 모험주의적 방식으로 벼랑끝 전술을 구사하고 있다. 또 내부적으로 간부숙청, 사상통제, 사상 재교양, 대규모 군중집회 등을 수시로 개최함으로써 억압과 통제를 통한 공포 정치를 재연하고 있다. 「남북기본합의서」 중 정치군사부문의 합의를 파기하여 서해 북방한계선(NLL)을 인정하지 않고, 자신이 1999년 일방적으로 선포한 해상경계선을 재확인하는 한편, 서해 5도의 법적 지위와 인근 해상의 한미 군함 및 민간선박의 안전을 보장할 수 없다고 위협했다. 남한의 대량살상무기 확산방지구상(PSI) 가입에 반발하여 정전협정의 파기를 재선포하여 휴전선상의 긴장을 의도적으로 고조시키기도 했다.

지배 엘리트 간 갈등과 통합

골드스톤은 역사적으로 비교해 볼 때 권력승계의 위기는 지도층이 심각하게 분열된 경우에 발생했다고 주장한다(Goldstone, 2010: 5). 다시 말하면 권력승계와 관련한 여러 도전과 위험이 존재하더라도 지도층이 분열되지 않고 단결되어 있으면 불안정은 초래되지 않는다는 것이다. 이 기준에 따르면 현재 북한의 당 · 정 · 군의 지도부가 어느 정도 분열되어 있는가 하는 데 따라 김정은 정권의 불안정이 야기될 것으로 평가할 수 있다.

김정은 정권의 가장 큰 불안정 요인으로 지적되는 것은 김정은이 유일지도체계를 유지할 수 있을 것인가, 지도방식에 대한 갈등은 없는가 하는 문제다. 김일성과 김정일까지는 막강한 1인 통치를 실시할 수 있었는데, 김정은이 그러한 막강한 권력을 행사하기는 쉽지 않을 것으로 예상되기 때문이다. 이런 측면에서 유일지도체계 대신 당 행정부장인 장성택의 후견을 받아 명목상 유일체제를 유지하면서 실질적인 집단지도체제로 전환될 것으로 예견되기도 했다. 그러나 국내의 북한전문가들과 고위층 탈북자들은 대체로 북한의 유일체계가 형식적이든 실질적이든 그대로 유지될 것으로 전망했고, 장성택의 몰락 이후에는 이러한 견해가 더욱 확고해졌다.

또한 정권의 구축과정에서 이해관계로 인해 갈등이 불거질 가능성도 유념해 보아야 한다. 이미 장성택의 전격적인 체포와 처형으로 당 행정부와 조직지도부, 군부 간에 개인적이든 조직적 차원이든 상당한 권력 갈등이 존재하고 있음을 볼 수 있었다. 막강한 세력가로 부상했던 리제강 조직지도부 제1부부장이 2010년 6월 초에 교통사고를 당한 것도 장성택과의 권력다툼의 결과로 평가됐다. 또한 장성택과 오극렬 국방위 부위원장이 외자유치를 둘러싸고 심각한 권력갈등을 빚고 있는 것으로 보도된 바 있다. 군부를 기반으로 외자유치를 선점해 온 오극렬 부위원장이 최근 대북 투자유치에 뒤늦게 박차를 가하고 있는 장성택 부위원장, 김양건 로동당 통일전선부장 측과 주도권 다툼을 벌인 것이다.[4] 특히 국방위원회는

4 장성택이 2009년 4월 최고인민회의 제12기 1차 회의에서 국방위원회 위원으로 임명된 지 1년 2개월 만인 2010년 6월 국방위 부위원장에 선임된 것은 김정은의 후계구도를 지원하기 위한 것이었다. 그러나 2009년 2월 국방위 부위원장에 임명된 오극렬 전 로동당 작전부장이 조선국제상회(총재 고귀자)를 설립해 활동하고 있는 상태에서 장성택 측이 조선대풍그룹(이사장 김양건, 총재 박철수)을 설립하여 다급히 뛰어들자 상당한 불쾌감을 갖고 있는 것으로 보도됐다(『중앙일보』, 2010.7.5.).

외화벌이로 경제적 동원능력을 가진 인사들이 망라되어 있어 마치 기업의 이사회 조직같이 되어 있는데, 권력이행 과정에서 이권으로 인한 분열이 발생할 가능성은 다분하다(탈북자인터뷰, 2010a; 2010b).

그러나 전반적으로 북한에는 정치적 파벌이 거의 존재하지 않으므로 파벌을 중심으로 조직적 저항과 갈등 형태가 나타나기 힘들다. 파벌행위가 철저히 차단되어 있어서 어느 개인이나 조직이 세력화하여 저항하기가 쉽지 않다. "장군님 전사들의 정신은 다 좋다", "군대 내 군인들의 정신상태 · 사기는 그런대로 유지되고 있다고 보아야 한다", "러시아에서도 안 일어났는데 하물며 북한에서 군부 간 내전이 일어난다는 것은 사실 가능성이 제일 희박하다고 본다"는 탈북자의 평가들은 북한 내 엘리트의 분열이 쉽지 않음을 말해 준다(탈북자인터뷰, 2010c; 2010f).

요컨대, 어느 정도 권력엘리트 내 긴장과 갈등이 존재하고 주민의 항의와 시위 가능성도 존재하지만, 이념과 지도자에 대한 충성심이 어느 정도 유지되고 있고 지도부 내에 심각한 분열이 존재하지 않으므로, 정당성을 기준으로 볼 때 권력승계로 인한 정치적 불안정성은 그리 크지 않은 것으로 평가된다. 그러나 이러한 권력의 정당성은 법적 · 제도적 권위나 대중적 설득만으로 유지되는 것이 아니며 경제성장과 주민생활과 같은 실질적인 문제가 보장되어야만 지속 가능하다.

2) 효율성

정권의 안정성을 결정하는 가장 큰 요인은 역시 경제문제다. 체제를 안정적으로 운영하려면 경제의 효율성(efficiency)을 기반으로 주민에게 기초생활과 보건의료, 교육 등 복지혜택을 지속적으로 제공해야 하기 때문이다. 지도자로서 주민의 지지를 받으려면 '먹고사는 문제'를 최우선적으로 해결해 주어야 한다. 이런 점에서 김정은 정권을 불안정하게 하는 가장 큰 문제는 바로 경제문제라 할 수 있다. 중국의 경우에도 먹는 문제는 사회주의 체제의 정당성을 확보하기 위한 절체절명의 과제였으며 이를 해결하기 위해 전향적인 정책을 강구했다. 주지하듯 1962년 덩샤오핑은 마오쩌둥의 대약진운동의 부작용으로 수많은 인민이 굶어죽는 참상을 목도하면서 "빈곤은 사회주의의 특징이 아니며 모두가 부유해지는 이상을 실현하는 것이 사회주의"라고 말한 바 있다. 인민에게 빵을 주는 것은 공산당의 절대적 사명이기 때문에 인민에게 빵을 주는 일이라면 노선에 구애받을 필요가 없다면서 쥐를 잡는 고양이가 쥐만 잘 잡으면 그만이지 그 색깔을 따져 무엇하겠는가라는 그 유명한 흑묘백묘(黑猫白猫)론을 주창했다(이영일, 2008). 어떤 이념을 가진 정권이든 먹는 문제를 해결하지 못하면 국민들로부터 정당성을 부여받지 못할 것은 당연한 이치다.

경제문제가 지도자에게 이처럼 큰 부담이 되는 이유는 북한의 경제난이 일시적인 현상이 아니라 구조적인 요인에 기인하고 있기 때문이다. 자원분배의 심각한 불균형과 국가자본 잠식으로 산업설비는 매우 노후화되어 있는데다 제조업 · 광업의 부진과 식량 · 에너지의 부족으로 경제성장의 동력이 소진된 상태다(양운철, 2008: 77). 게다가 지도부가 시장화에 대한 많은 부담을 갖고 있고 현재 중단되어 있는 남북관계나 6자회담의 상황으로 볼 때 남한이나 외부세계로부터의 재정투입도 낙관적이지 않다. 따라서 지도자가 수년 내에 경제를 활성화하고 주민생활을 향상시키는 업적을 만들어 내는 일이 쉽지 않을 것이다.

경제침체는 식량난으로 이어져 '고난의 행군' 시기 동안 85만의 아사자가 발생했고 지금도 북한 전반에 식량부족과 질병 등으로 주민들의 생활 불안정은 심각하다. 만성적인 식량부족을 겪는 북한은 인구의 4분의 1인 600만 명이 매우 열악한 생활환경에 놓여 있다.[5] 이러한 경제 불

5 2011년 3월 25일, FAO, WFP, UNICEF의 북한실태보고서는 북한주민 610만 명이 굶주

안정의 요소를 줄이고 정권을 안정적으로 끌어 가기 위해 김정은은 2012년 4월 첫 공개연설에서 "다시는 인민이 허리띠를 졸라매지 않도록 하겠다"며 경제우선 정책에 대한 의지를 강하게 표명했다. 그 후 농업분야에서 소규모 분조단위로 생산력을 강화하는 '6.28방침'을 내리고 포전담당제를 실시했으며, 2014년에는 농장과 기업소의 자율권을 대폭 허용하는 '5.30조치'를 취했다. 지도자로서 엘리트 집단 및 국민에 대한 지도력을 확보하기 위해서는 인민경제를 활성화하여 안정적인 대중적 지지기반을 다지는 것이 무엇보다 중요하다. 군사지도자의 이미지만으로는 불충분하며 국민의 생활을 풍요롭게 할 수 있는 경제적 성과를 보여 주어야 한다.

그러나 경제 효율성의 측면에서 김정은 정권이 과연 성과를 거둘 수 있을지는 의문이다. 인민생활 향상을 기치로 내걸었으나 선군정치를 전면에 내세운 북한이 군수산업과 중공업 위주의 경제를 전면적으로 수정하지는 않을 것이 뻔하다. 대신에 군수산업과 민간경제를 단기간에 한꺼번에 살릴 수 있는 방법으로 IT산업을 선정하고 CNC를 강조하며 '단번도약'을 꿈꾸고 있으나, 이 역시 외부자본이 대거 유입되고 국내 시장이 제도화되지 않으면 달성하기가 어려운 목표다. 그 사이 주민생활은 더 열악해지고 있다. 평양 주변이 번화한 것과는 달리 중소도시의 경제는 피폐해져서 주민생활의 양극화 현상이 나타나고 있다.

이런 점에서 주민은 물론이고 엘리트 집단에서도 김정은이 경제를 어떻게 성장시키며 피폐된 주민생활을 어떻게 향상시킬 수 있는가 하는 문제가 초미의 관심사가 될 것이다. 당장에는 주요 기관과 조직에 식량공

림의 위협을 받고 있고, 최대 108만 6,000톤의 식량이 부족하며, 43만 4,000톤의 긴급지원이 필요하다고 평가했다. 2011년 2월 18일부터 3월 1일까지 방북한 캐나다의 자선단체인 퍼스트 스텝스의 수전 리치 대표는 지난 10년간 40차례 방북했지만 북한이 2011년 현재 가장 심각한 식량난을 겪고 있으며 영유아들의 영양상태와 식량상황이 심각하다고 주장했다.

급을 원활히 해주어야 하고 단기적으로 경제성장의 돌파구를 찾아야 한다. 이를 위해 단기적으로 중국과의 경제협력을 확대하고 러시아에 노동력을 수출하여 정권의 안정을 도모하고자 할 것이다. 그러나 국제적 금융제재의 압박을 받는 김정은 정권이 안정적으로 정권을 유지할 수 있을 만큼 물질적 · 재정적 기반을 마련할 수 있을지는 불확실하다.

3) 통제력

정책통합능력

지도자 교체 시기에 발생할 수 있는 또 다른 불안정 요인은 비대해진 군부의 역할이다. 북한체제 자체가 군사를 중시해 왔고 특히 김정일은 20년 통치 기간에 선군정치라는 이름으로 국가를 관리했다. 사실 일체의 무력을 행사할 수 있는 국방위원회의 제도적 장치와 군부의 막강한 권력을 통제할 수 있는 기제가 딱히 없다. 이 때문에 군부에 대한 통제력 장악을 돕기 위해 김정은을 당중앙군사위원회 부위원장에 임명했고 인민군최고사령관(2011.12.30.)에 보임했다. 향후 권력 공고화 과정에서 당과 군부의 이해관계 및 실권장악을 두고 갈등 표출 가능성이 존재한다. 김정은 정권 출범 이후 군부를 앞세운 선군정치를 당 중심 체제로 전환하는 과정에서 리영호 군 총참모장의 해임 등 불협화음이 이미 발생한 바 있다. 과거 국방위원회의 역할과 당중앙위원회 정치국의 주도권 사이에 긴장이 존재한 것도 당과 군부 간 갈등발생 가능성을 보여 준다.[6]

통제력과 관련하여 당 · 정 · 군 엘리트 내부에서 정책에 대한 갈등이 어느 정도 존재하는가 하는 문제도 중요하다. 사회주의 이념을 강화해야

---

6 국방위원회와 군부가 실질적인 통치를 하고 있다는 의견(이기동 박사)과 당중앙위원회가 여전히 실권을 행사하고 있다는 의견(김근식, 정성장 박사) 등이 제시되었다.

할 것인가, 아니면 주민들의 생활문제를 해결하기 위해 경제발전을 우선해야 할 것인가 하는 정책을 두고 당과 내각 사이에 갈등이 존재한다. 내각과 당 간부들 사이에 정책갈등이 존재한다는 사실은 2009년 11월 말 시행된 화폐개혁의 실패과정에서 여실히 드러났다.[7] 최근 10여 년의 북한변화를 볼 때, 경제성장과 시장화를 주도하는 세력은 총리를 위시한 내각이다. 이에 경제계획 권한을 내각에서 가져간 데 대하여 불만을 품은 당 관료들은 시장화로 인한 이념약화를 우려하며 시장화를 반대하고 있다. 군부는 이념적으로는 시장화를 경계하는 집단이지만, 선군정치를 하면서 외화벌이를 독점하여 이해관계가 얽혀 있다.[8] 따라서 군부는 독점적 지위를 갖는 한 시장화를 강하게 반대하지 않으면서 내심 시장화로의 변화가 지속되기를 기대하고 있을 것이다. 그러나 정권의 정책변화로 시장화가 확대되어 외화벌이를 독점하지 못한다면 시장화나 개방을 반대하면서 이념갈등을 일으킬 가능성이 있다.

주민 통제

체제의 안정성은 통제기구가 얼마나 원활하게 작동하고 있으며 대주민 침투력이 어느 정도인가에 따라 좌우된다. 즉 북한정권의 통제력(control capacity)이 어느 정도로 잘 작동하느냐에 따라 정권의 안정성은 달라질 것이다. 오늘날 북한체제가 유지되는 중요한 이유 중 하나가 효율적인 주민통제다. 통제장치로는 당조직, 국가안전보위부, 인민보안부, 인민반

---

7 2000년 10월에 김정일 위원장의 지시로 시작된 내각의 경제팀이 2002년 7.1조치와 2003년 종합시장 설치 등 시장화 개혁을 주도했으나, 내각의 경제팀이 당에 있는 재정권한을 가져가려고 한 데 대해 당이 반발함으로써 갈등이 발생했다. 로동당에 계획재정부가 신설되고 박남기 최고인민회의 예산위원장이 부장으로 임명되어 이에 대한 조직적 저항이 시작됐고, 당 주도의 화폐개혁과 시장철폐 조치로 결말이 났다(한기범, 2009: 194-199).

8 외화벌이는 주로 군부와 연결되어 있다. 장성들은 주요 요직에 앉아 있을 뿐만 아니라 경제도 쥐고 있다(탈북자인터뷰, 2010d; 2010e).

제도 등 직접적인 통제기구나 행정조직이 있고, 직맹, 농근맹, 청년동맹, 여맹, 소년단 등 사회단체가 있다(전현준, 2003; 전현준 · 허문영 · 김병로 외, 2006: 136). 유일지도체계의 원칙에 따라 "모든 문제 해결에서 개인은 조직에, 소수는 다수에, 하부는 상부에, 전체 성원과 조직은 중앙에 절대 복종하며 하부기관은 상부기관의 결정을 의무적으로 집행"하는 것을 공식화하고 있다. 이러한 물리적 통제기구와 조직활동을 통해 대주민 학습을 진행함으로써 정권의 안정화를 꾀하고 있다. 특히 당 선전선동부는 김정은 정권 출범 이후 학습활동을 강화하고 있다.

그러나 최근 경제난으로 이러한 통제기구의 장악력이 매우 떨어지고 있는 것으로 평가된다. 2008년 3월 청진에서 1만 명이 넘는 여성들이 장사연령 제한에 집단항의하는 사건이 발생했고, 2010년 3월에는 원산에서 화폐개혁에 반발한 주민들의 집단시위가 있었다(『연합뉴스』, 2009.2.21.). 또 굶주린 군인들이 작업명령을 거부하는 일이 벌어지는 등 빈곤으로 인한 집단항의가 발생하고 있다. 김정은 정권은 대주민 통제력을 강화하기 위해 인민보안성을 인민보안부로 개편하고 중국과의 정보공유를 통해 통제기구를 정비하고 있다. 2011년 6월에 중국으로부터 시위 진압 장비를 도입하고 주민 집단시위에 대비한 특별기동대도 신설한 것으로 알려져 있다(『한겨레신문』, 2011.6.21.). 이러한 주민항의와 불만의 표출이 늘고 있다는 것은 그만큼 북한 당국의 통제가 쉽지 않음을 보여 준다. 최근 북한을 탈출하여 국내로 입국한 탈북자 조사에서 "사회통제가 잘 유지되고 있다"는 평가가 2008년에는 49.8%였고, 2009년에는 38.1%, 2011년 36.3%, 2012년 36.3%, 2013년 45.1%, 2014년 40.9%, 2015년 50.0%로 전반적으로 50%에 미치지 못하고 있음을 볼 수 있다(정은미 · 김병로 · 박명규, 2015: 96).

전반적으로 김정은 정권은 정당성 확보를 위해 전통적, 카리스마적, 법적 측면의 정당화 작업을 추진하고 있으며 이러한 작업이 어느 정도는 당 · 군 엘리트와 주민의 지지기반을 넓히는 데 기여한 것으로 보인다. 북한의 현 체제와 관련한 최근의 탈북자 조사가 그러한 내용을 간접적으로 보여 준다. 그러나 지배 엘리트 내부의 정책갈등과 당 · 군 · 내각의 구조적 긴장이 존재하고, 정보화와 문화접촉의 증대로 주민들의 정부에 대한 불만이 커지고 있으며, 대주민 학습활동이 부진하여 통제력이 약화되는 현상이 나타나고 있다. 무엇보다 경제침체와 식량난은 북한체제의 가장 큰 불안정 요인으로 작용하고 있다.

3. 김정은 정권의 대외 불안정성

체제의 불안정성은 내부뿐만 아니라 밖에서 연유하기도 한다. 북한의 경우에는 남한과 대립 · 경쟁하는 체제여서 남북관계의 변화와 남한의 대북정책에 큰 영향을 받는다. 또한 미국, 중국, 유엔 등 국제사회와의 관계를 어떻게 유지하느냐 하는 것도 북한의 체제안정에 중요하다. 이런 측면에서 김정은 정권의 안정성을 분석 · 예측하기 위해서는 북핵문제로 인한 북한 대외관계의 불안정한 측면과 북중 경제협력 강화로 인한 안정화가 어떤 효과를 가져올 것인지, 그리고 향후 남북관계가 어떻게 발전할 것인지를 살펴보아야 한다.

북중협력 강화와 북한 안정화

김정은 정권을 안정화하는 유력한 변수가 바로 중국이다. 중국의 대북 경제협력과 정치군사적 지원이 현재로서는 가장 강력한 체제안정의 요소라 할 수 있다. 제11장에서 설명한 바와 같이 북중 양국은 2009년 7월 이후 포괄적 협력관계를 강화하고 있다. 정치적으로는 2009년 10월 원자바오 중국 총리의 방북 이후 김정일 위원장은 2010년 5월과 8월, 2011년 5

월 등 1년 동안 세 차례나 중국을 방문하며 '전통 우호관계의 확대', '대를 이은 발전' 등을 강조하며 정치 · 안보 분야에서 긴밀한 협력을 확대했다. 또 2011년 6월 '황금평 공동개발'에 착수하고 '나선특구 합작개발'을 시작하며 양국의 경제협력을 확대하고 있다. 2011년 들어 한편에서 식량난이 심화되고 있다는 보도가 나오는 반면 다른 한편에서 주민생활의 여건이 호전되고 있다는 방북자들의 관찰이 꾸준히 나오고 있는 것도 북중 간 경제협력이 증대된 결과가 아닌가 생각된다. 또한 북한의 피바다가극단과 평양예술단이 2010년 5월과 8월 2~3개월간 중국 순회공연을 개최하고 2010년 4월부터 북중관광협약(2009.10.)에 따라 양국 간 관광교류를 확대하는 등 문화 · 관광 협력을 증진하고 있다. 이러한 북중협력의 증대는 김정은 정권을 안정적으로 구축할 수 있는 기반이 된다.

경제문화적으로 북한에 개입하고 있는 중국은 북한으로서는 체제를 안정적으로 구축하는 데에 가장 중요한 지원군이다. 물론 중국으로서는 북중 접경지역의 경제협력을 통해 궁극적으로 북한을 안정화하고 북한 핵문제도 해결하겠다는 야심찬 중국식 관여정책(Engagement Policy)을 편 것이라고 볼 수 있다. 중국 동북지역의 발전은 북한의 안정화 없이 불가능하고 북한의 안정화는 북한에 대한 경제적 · 군사적 지원이 없이는 불가능하다고 판단한 것이다. 중국은 북한을 우선 안정화시키는 것이 이 지역의 부흥을 일으키는 선제적인 조치라고 판단하고 북한을 압박하여 핵을 포기시키려고 하는 미국과 한국의 해결방식에 정면으로 도전하면서 북중협력을 강화하고 있다.

이처럼 중국의 한반도 개입은 북한 체제를 안정적으로 지탱해 주는 유일한 버팀목인 셈이다. 중국의 적극적 개입과 북중 간 군사 · 경제 협력이 단기적으로는 북한의 안정을 도모하는 핵심적 변수가 될 것이다. 그러나 북한의 중국 의존도 심화와 개방의 증대가 중장기적으로 어떤 결과를 가져올 것인가는 불확실하다. 체제의 개혁과 변혁을 촉발할 수 있는 결정적인 계기가 될 수도 있기 때문이다.

국제적 고립과 인권압박에 대한 부담

김정은 정권이 안고 있는 취약점은 국제사회로부터의 고립이 점점 심화되고 있다는 점이다. 북한의 경제를 유지해 준 것이 일본과 남한, 미국 등 외부세계가 제공하는 대규모 지원이었는데, 2009년 5월부터 유엔 등 국제사회의 대북제재가 지속되고 있고 한국도 지원을 중단한 상태다. 북한은 내부 자원동원의 동력이 거의 소진된 상태여서 미국과 일본, 중국, 한국 등 외부세계의 지원과 협력에 의존해야 하는데, 핵문제로 인해 외부의 지원이 원활하지 않다. 2009년 10월 중국 원자바오 총리의 방북으로 대북원조가 실시되어 극단적 고립으로부터는 다소 벗어났으나 유럽, 미국, 일본 등 국제사회로부터의 고립은 북한에 큰 부담이다.

북한의 국제적 고립은 인권유린에 대한 국제사회의 관심이 커지고 있다는 점에서 더 심각하다. 2003년 유엔인권위원회가 북한의 인권개선 결의안을 채택한 후에 미국, 일본, 유럽연합(EU) 등 국제사회는 북한의 정치범수용소, 공개처형, 탈북자 송환 등에 대해 인권개선을 요구하고 있다. 국제사회의 이러한 북한인권개선운동은 과거와 같은 정치적 공방 수준이 아니라 국제적 지지를 받는 광범위한 운동으로 전개되고 있다. 새로운 세대의 지도자는 스위스 베른의 국제학교를 수학한 해외활동 경험이 있는 인물로 북한에 대해 국제사회가 요구하는 바를 충분히 인지하고 있을 것이다. 이런 상황에서 김정은 정권은 국제적 고립과 국제사회의 인권개선 요구에 대한 부담이 매우 무거워질 수밖에 없을 것으로 보인다.

대외경제관계의 불안정

북한의 가장 중대한 변화는 대외·대남관계에서 일어날 것으로 보이므로 김정은 정권의 안정성은 대외 · 대남관계의 향방에 따라 좌우될 수 있다. 북한은 정권의 안정을 위해, 경제개발을 위한 금융지원 확보를 위해 중국 및 러시아와의 경제 · 외교 협력을 최우선 과제로 설정하고 있다. 그러나 유엔안보리의 대북제재가 진행 중이고 한미일 3국 공조체제가 가동 중이어서 북한은 국제적 고립을 면치 못하고 있다. 북한의 오랜 우방이자 유일한 물자수급원인 중국도 북한의 극단적인 비타협적 노선에 비판적인 태도를 취하고 있어서 북한의 경제적 · 외교적 어려움이 가중되고 있다. 대량살상무기 및 관련 물품만 아니라 재래식 무기와 각종 연관 물품 등에 대한 국제사회의 영해 및 공해상에서의 차단이 본격화되어 북한으로부터 또는 북한을 향한 모든 선박 검색활동이 이루어지면 북한은 버티기가 어려울 것이다. 물론 중국이 북한에 적극 개입하고 있어서 체제를 유지할 수는 있겠지만 경제적 · 외교적 불안정은 심각한 문제로 남아 있다.

북한은 주민의식의 변화를 최소화하며 이러한 대외관계의 고립을 타개하기 위해 경제특구개발 방식으로 대외개방정책을 추진하고 있다. 북한이 세계화에 대해 매우 우려하고 있는 점을 고려하면 적극적 개방정책을 추구하지 않을 것으로 보이지만,[9] 대신에 기존의 나선지구, 신의주, 개성, 금강산 등의 특구를 활성화할 것이며, 남포와 원산, 청진, 백두산 등의 지역을 추가로 개방할 가능성이 있다. 이러한 맥락에서 이미 5개의 중앙급 경제특구와 19개의 지방급 경제개발구를 신설하고 투자유치를 진행 중이다. 북한의 개혁 · 개방이 성공할 것인가 실패한 것인가는 주변국의 협력과 지원의 정도가 상당한 영향을 미칠 것이다. 중국 · 일본 · 한국 · 미국이 주요 후원국이 될 터이고 북한은 이들 국가 간 경쟁을 유도하

9 북한은 세계화를 "남조선의 경제와 시장을 외국의 독점재벌들에게 내맡기는 매국행위"라고 규정하며 극히 부정적인 시각으로 바라보고 있다(『조선중앙방송』, 1995.1.6.)

며 투자확대 전략을 구사할 것이다. 미국의 참여가 적극적이지 않으면 중국이나 러시아에 의존할 가능성이 높으며, 특히 신의주특구 개발에는 중국자본을 유치하는 방안도 추진할 것이다.[10] 김정은 정권의 안정성 여부는 특구개발과 자본유치 정책이 어떤 성과를 가져오느냐에 달려 있다.

선군리더십과 핵전략

김정은 정권의 또 다른 불안정 요인은 지도자가 부각시켜야 하는 선군리더십과 국제적 핵협상이 상치되는 문제를 들 수 있다. 북한에서 지도자로 자리 잡기 위해서는 선군정치의 이론가 내지 전략가라는 이미지를 부각시켜야 한다. 이를 위해서는 핵무기 개발이라는 대담한 군사전략을 구사함으로써 북한 내부로부터 김정일 선군정치의 계승자라는 지위를 구축해야 한다. 특히 미국과 군사적 담판을 벌여 평화협정을 맺거나 핵무기 보유를 통하여 국방력을 강화하는 등 군사적 업적을 과시해야 한다.

그러나 김정은이 선군리더십으로 미국과의 대화나 6자회담에서 핵문제를 협상으로 풀어 나가는 데는 한계가 있다. 핵문제 협상에서 선불리 양보해서는 안 되고 미국과 국제사회로부터 엄청난 대가를 받고 양보해야만 북한 내에서 선군리더십의 권위가 서게 된다. 즉 유엔의 대북경제제재 해제, 미국의 대북적대시 정책 철회, 북미관계 정상화, 평화체제 수립 등의 혁혁한 '전과'를 미국으로부터 얻어 내어야만, 핵포기와 비핵화의 명분을 가질 수 있다. 김정은은 핵보유국으로서의 지위를 가지고 미국과 핵군축협상 등 한반도의 평화 구축과 통일 문제를 장기적으로 해결하려고 할 것이다. 핵무기 보유를 통한 국방력 강화를 선군정치 내지 강성대국의 군사적 업적으로 활용할 수 있다는 점에서 핵무기 확보 전략을 강화하고,

---

10 원래 신의주특구는 일본의 식민지 배상금을 받아 개발하려고 했으나, 미국 · 일본과의 관계개선이 불투명한 상황에서 중국자본을 유치하는 황금평 · 위화도 경제특구로 방향을 선회했다. 그러나 2013년 신의주특구를 다시 설치하여 일본의 투자유치를 기대하고 있다.

이러한 정책을 지속할 것으로 판단된다.

미국이 어떤 입장을 취하느냐에 따라 달라지겠으나 현재로서는 미국이 북한에 이처럼 많은 선물을 전리품으로 한꺼번에 안겨 줄 가능성은 거의 없기 때문에 김정은은 선군리더십을 융통성 있게 발휘할 수 없는 입장에 있다. 따라서 그는 계속 군사적으로 강경한 태세를 보여 주어야 하고, 그렇게 되면 핵문제 해결은 더욱 어렵게 되는 악순환으로 이어진다. 유화전략을 시도할 경우에는 자칫 선군리더십의 약화라는 비판을 받을 우려가 크다. 통치력이 확보되지 않은 상태에서 미국의 양보 없이 핵협상을 한다는 것은 그로서는 매우 위험한 게임이 될 수 있다. 이런 점에서 선군리더십을 부각시키며 정권을 강화해야 하는 김정은은 대서방 유화정책을 펼 수 없다는 점이 상당한 취약점이 되고 있다.

남북관계

마지막으로 북한의 안정성은 남북관계의 변화에 영향을 받을 것이다. 북한은 남한과의 대립경쟁 구조에서 남한의 경제성장과 발전을 의식하지 않을 수 없다. 김정일의 말대로 남북한 간의 대결은 정치군사적 대결인 동시에 경제대결일 수밖에 없는 체제대결구조인데, 북한에 비해 경제력이 수십 배나 큰 남한의 존재는 북한으로서 심각한 부담임에 틀림없다(김정일, 1984: 3). 개혁·개방과정에서 남한의 발전상과 상대적으로 자유로운 남한사회의 문화가 북한으로 유입될 경우 북한체제가 붕괴될 가능성이 있기 때문이다. 따라서 한국의 대북정책이 김정은 정권의 안정성에 영향을 미칠 수 있다. 한국이 지금과 같은 강경정책으로 일관하게 되면 북한은 지도력 구축을 위한 물적 자원을 외부에서 충당해야 한다. 그 상황에서 북한은 대남비난을 강화함으로써 주민결속과 통제를 유지하고, 이를 통해 정권의 안정을 추구할 것이다. 반면, 한국이 협력정책을 구사하면 정보의 유입으로 통제력에 문제가 생기겠지만 남한으로부터 받은 지원을 활용하여 주민들의 생활고를 해결함으로써 정권의 물적 기반을 공고히 하려 할 것이다. 현재 남북관계가 완전히 차단되어 있어서 정권안정의 물적 기반을 확보하는 데 상당한 어려움을 겪고 있으나, 그 이면에서 대남비방을 활용한 주민결속을 통해 정권안정을 도모하고 있다. 서울대학교 통일평화연구원이 지난 8년간 실시한 탈북자 조사에서도 최근 남한의 무력도발에 대한 북한주민의 위기의식과 대남적대의식이 급상승했음을 보여 준다. 이는 북한의 대남비방이 주민결속에 상당한 효과를 발휘하고 있음을 증명한다.

한편, 남한의 대북지원이 북한의 체제안정에 상당히 기여했다는 점은 부인할 수 없다. 북한은 남한과 국제사회로부터 지난 10년간 40억 달러의 규모에 달하는 지원을 제공받았다. 한국의 정부와 민간이 연간 제공하는 2억 7,000만 달러 규모의 대북지원과 국제사회가 연간 지원하는 2억~3억 달러를 합하면 북한은 연간 총 5억 달러의 지원을 외부로부터 받는 셈이다. 북한의 정부예산이 공식환율로 30억 달러, 시장가격으로 1억 3천만 달러에 불과하기 때문에 남한으로부터 얻는 경제적 지원은 북한의 체제를 유지하는 데 긴요하게 활용된다. 만약 남한의 지원이 여의치 않으면 전쟁위기의식을 고조시키거나 대남비난을 통해 주민결속을 도모하는 한편, 중국이나 러시아와의 경제협력을 적극 추진함으로써 부족한 경제자원을 확보하는 정책을 추구할 것이다.

2010년 1월 이후 북한이 보여 주는 대남 강경정책은 이런 측면에서 북한주민의 단결을 도모하여 정권의 지지기반을 확대하려는 목적을 갖고 있는 것으로 보인다. 확실한 성과가 보장되지 않은 상태에서 지도자가 유화전략을 시도할 경우 자칫 선군리더십의 약화라는 비판을 받을 우려가 크다. 통치력이 확보되지 않은 상태에서 남한에 밀린다는 유약한 인상을 심어 주어서는 지도자 리더십의 부각에 불리하기 때문이다. 남북관계를 개선함으로써 얻을 수 있는 물질적 혜택과 대남 강경정책으로 얻을 수 있는 지도자의 강인한 통치력 과시 사이에서 북한이 어떤 선택을 하느냐에 따라 김정은 정권의 안정성이 달라질 것이다.

그뿐만 아니라 2009년 이후 북중관계가 강화되면서 북한이 중국과 한국 사이에서 어느 편을 더 선호하느냐에 관심이 쏠리고 있는데, 이 역시 북한의 정권 안정성이 상당한 영향을 줄 것이다. 중국과의 교류와 연대가 강화되는 상황에서 남한과 중국을 두고 간부 및 주민들 사이에 견해 차이가 존재하는데 한반도 상황이 긴장될수록 이러한 견해 차이는 갈등의 소지가 될 수 있다. 경제적 · 군사적으로 외부의 도움이 필요할 때 중국에 도움을 요청할 것인가, 한국에 지원을 요청할 것인가 하는 문제를 두고 의견이 엇갈릴 수 있기 때문이다. 일반주민의 중국 선호도가 매우 높지만 일부는 중국의 경제적 '침략'에 대하여 반감을 품고 있는데다 남한 선호도도 있는 편이어서 민족적 감정이 작동한다면 남한에 도움을 요청할 가능성도 있다. 그러나 간부들은 성분상 전사자 · 피살자 신분이 많아 남한과의 통일 시 신변의 불안정을 느끼고 있어서 중국으로 쏠릴 가능성이 크다. 〈그림 13-1〉이 보여 주듯 북한사람들의 전반적인 중국 선호도는 79%에 이르는 반면, 남한 선호도는 16% 정도다. 평양의 상층 엘리트나 일반주민 사이에 반중감정이 존재하고 한국을 선호하는 경향이 없는 것은 아니지만, 대체로 엘리트 · 군 간부는 강한 친중적 입장을, 일반주민은 약한 친중적 입장 내지 친남한 태도를 취할 것으로 보인다(탈북자인터뷰, 2010a; 2010b).

지금까지 살펴본 바와 같이 남북관계는 북한 정권의 안정화와 불가분의 관계에 있다. 즉 남북관계가 개선되어 대북지원이 제공되면 주민의식 이완으로 정권에 대한 비판이 높아지는 부담이 있으나, 지원물품을 정권을 공고히 하는 물질적 기반으로 활용할 수 있는 기회가 된다. 반면에 남북관계가 경색되어 물질적 지원을 받지 못하게 되면 장기적으로체제공고화에 위협을 받겠지만, 단기적으로는 군사적 위기 고조와 대남비방을

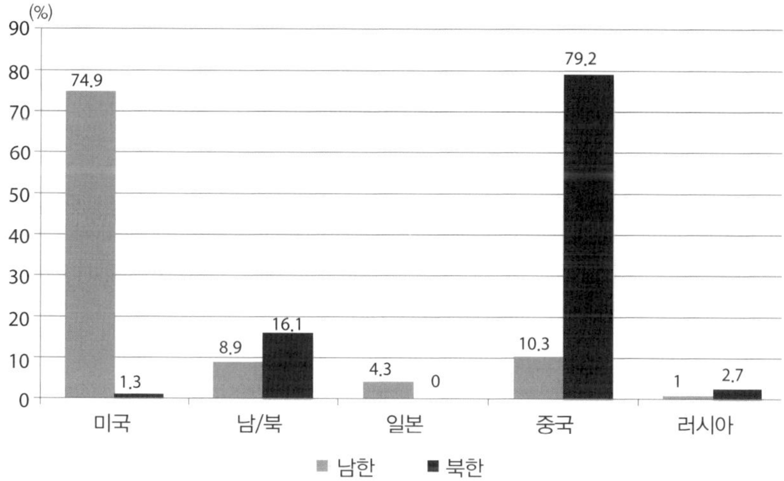

〈그림 13-1〉 남북한이 가장 선호하는 주변국(2014)

강화함으로써 주민을 결속시키고 정권의 지지와 정당성을 오히려 확대하게 된다.

이러한 논의에 기초해 볼 때 향후 남북관계는 김정은 정권의 안정화 또는 불안정화에 상당한 영향을 미칠 것이다. 남한이 통일을 준비하기 위해 '북한주민 민심잡기'를 대북정책의 목표로 설정하고 남북관계를 적극 개선 · 확대한다면 김정은 정권의 불안정성은 커질 수 있다. 반면에 남북관계의 단절이 지속될 경우, 경제적 압박으로 생활난이 심화되고 정권에 대한 주민들의 불만이 높아지겠지만, 이에 대응하여 북한이 대남비방의 요소를 부각하고 주민결속으로 이를 이용한다면 김정은 정권은 안정을 누릴 수도 있다. 이런 점에서 남북관계가 정권의 안정화에 미치는 영향을 결코 소홀히 다룰 수 없다.

4. 종합평가

경제발전과 사회갈등 증대

사회를 안정적으로 유지하려면 경제의 효율성을 기반으로 주민에게 기초생활과 보건, 교육 등 복지혜택을 지속적으로 제공해야 한다. 그러나 북한은 현재 이를 제공할 수 있는 물질적 토대가 거의 붕괴되어 있어서 가장 기초적인 식량문제를 해결하는 것조차 어려운 상황이다. 경제침체와 식량난으로 열악해진 주민생활은 북한사회를 불안정하게 하는 근본적인 요인이 되고 있다. 600만 명에 달하는 빈곤층의 문제와 시장화 과정에서 무너진 중산층, 화폐개혁으로 재산을 빼앗긴 상류층의 불만을 해결하는 것도 기본적인 경제가 성장해야 가능하다. 이런 점에서 북한사회가 안정될 것인가, 아니면 혼란과 해체로 귀결될 것인가 하는 문제는 앞으로 경제발전과 주민생활 향상의 성공 여부에 달려 있다. 물론 경제성장에 실패하고 현재와 같은 생활수준을 유지한다고 해서 사회가 반드시 붕괴되는 것은 아니다. 남한과의 대결 구조 속에서 북한은 끊임없이 전쟁의 위험과 안보불안 심리를 자극하여 열악한 경제 환경에서도 주민결속과 사회통합을 구가할 수 있기 때문이다. 그렇지만 대부분의 주민이 사적 경제활동에 적극적으로 관여하고 있고 생활수준의 향상을 기대하고 있어서 이러한 기대에 부응하지 못하면 북한은 심각한 사회적 갈등과 위기에 처하게 될 공산이 크다.

최근 몇 년 동안 북한이 신년공동사설에서 인민생활 향상과 경제건설을 국가의 최우선 과제로 제시해 온 것도 안정적인 대중적 지지기반 확보를 위해 경제 활성화가 얼마나 중대한 과제인지를 말해 준다. 경제를 발전시키고 "먹고 사는 문제"를 해결하는 것은 대주민 지지기반을 확보하는 절박한 정치사회적 과제인 것이다. 김정은 제1위원장이 2012년 1월 28일 당 간부들에게 "중국의 방법이든 러시아나 일본의 방법이든 활용할 만한 방식이 있다면 도입"하도록 지시한 것이나, "다시는 인민이 허리띠를 졸라매지 않도록 하겠다"고 한 발언은 주민통합과 단결을 위해 주민생활 수준을 향상시키는 일이 얼마나 중요한지를 보여 준다. 황금평·위화도 지역의 공동개발에 착수(2011.6.)하고 관련 경제지대법(2011.12.)을 제정하는 한편, 2012년 8월에는 황금평·위화도 및 나선 지구 개발 관리위원회를 출범시켰다. 또 2012년 6월에는 협동농장 농민의 몫으로 생산물의 30%를 보장하고 기업의 자율성을 강화한 6.28조치를 하달했다. 2013년 신년사에서 과학기술과 경제강국 건설을 가장 중요한 목표로 제시한 것도 가장 시급한 과제가 주민생활의 인프라를 안정시키는 일임을 말해 준다.

그러나 북한이 당면한 현실은 국제적 금융제재를 받고 있는데다, 선군정치를 근본적으로 포기할 가능성이 희박하여 경제개발에 전력투구하기 힘든 상황이다. 한 가지 희망은 2009년 7월 이후 북한에 대한 중국의 적극적 개입정책으로 경제협력이 매우 빠른 속도로 확대되고 있다는 점이다. 단적인 예로 2011년 한 해 동안 북중 간 교역(남북교역 제외)이 41억 7,400만 달러에서 63억 1,600만 달러로 증가하여 전년에 비해 21억 4,200만 달러가 증가하는 초유의 기록을 세웠다. 중국과의 경제협력 확대는 단기적으로 인민생활 향상과 사회적 안정을 가져올 수 있다. 물론 중장기적으로 개방을 촉진하여 불안정성이 커질 수도 있고 중국의 지원으로 경제가 발전하더라도 주체사상 교육으로 자존심이 강한 북한사람들이 중국과 마찰을 빚을 우려도 있다.

더 심각한 문제는 국가의 재정능력이 현저히 부족한 데서 야기되는 사회적 갈등이다. 자본과 노동력을 전적으로 시장에 의존해야 하는 국가는 현재 추진하고 있는 시장화와 사영화를 더 확대함과 동시에 농업과 서비스 분야에서 일정한 수준의 사유화를 허용하지 않을 수 없을 것이다. 북한은 이미 1998년 9월 헌법개정에서 고깃배, 부림짐승, 농기구, 건물 등을 협동소유의 범위에서 제외하여 개인이 소유할 수 있도록 제도화한 바 있다. 이 개정헌법에 따르면 살림집이나 아파트도 개인소유로 전환될 가능성이 있고 가족단위 농업과 식당과 편의시설의 사영화도 허용될 가능성이 있다. 이러한 변화는 이미 진행 중이라는 증언도 많다. 지금도 '돈주'와 같은 신흥자본가 계층이 형성되어 주민들 사이에 위화감이 조성되고 있는데 사영화와 사유화가 더 확대되면 빈부격차와 계층갈등의 문제는 심각해질 것이 분명하다.

이러한 사회적 불만과 박탈감이 향후 주민들의 집단행동으로 이어질 것인가 하는 문제는 초미의 관심사다. 장사연령 제한과 시장단속 등의 문제로 청진과 원산에서 주민항의와 시위가 몇 차례 발생했으나 공권력에 의해 진압됐다. 남북분단구조와 시민의식 미성숙 등을 고려할 때, 주민봉기와 시위를 통해 재스민 혁명과 같은 아래로부터의 변화를 기대하기는 어려운 상황이다. 그러나 식량문제와 간부의 부패문제로 일부 지역에서 집단항의와 시위가 발생할 가능성은 있고, 경제가 어려워질수록 주민들의 집단행동 가능성은 더 높아진다. 2011년 6월 북한 당국이 집단시위 진압에 사용하는 장비를 중국으로부터 도입하고 중국과 치안협력을 강화하고 있는 사실로 미루어 볼 때, 북한주민의 불만이 사회갈등으로 표출될 개연성이 존재한다. 아직까지는 생존형 집단항의가 정치적 시위로 비화되지 않았지만, 북한 당국의 통제와 대응여부에 따라서 주민의 집단항의와 시위가 정치사회적 문제로 발전할 가능성도 없지 않다. 이 과정에서 대주민 통제와 대응을 둘러싼 엘리트 간 이견과 대립이 발생한다면 심각한 사회적 혼란으로 이어질 수 있다.

주민통합자원의 고갈과 차별화 전략

시장화의 증대와 개방 확대는 북한의 기존 사회구조에 균열을 일으키고 있다. 주민들은 식량배급을 제때에 주지 못하는 정부와 간부들에 대해 점차 지배적 권위를 인정하지 않는 경향도 커졌다. 자연스럽게 행정 당국과 간부들에 대한 주민들의 불만의 목소리도 높아지고 있다. 식량난의 악화로 필요한 식량을 충분히 공급하지 못하게 됨으로써 국가의 권위가 실추되고 결과적으로 사적 경제영역이 확대됨으로써 전통적인 사회통합 방식에 균열이 발생하고 있는 것이다. 특히 새로운 상인집단과 신흥자본가계층의 형성은 항일혁명과 한국전쟁의 피해자 출신성분을 우대하는 사회질서를 근본적으로 흔들고 있다.

북한 당국과 선전선동부는 북한에서 진행되는 사회변화를 억제하기 위해 조직통제를 강화하고 주민결속 담론을 만들어 내는 활동을 수행하고 있다. 할아버지 김일성을 빼닮은 김정은의 용모를 최대한 활용하여 과거에 대한 향수를 자극하고 항일혁명전통을 부각함으로써 주민의 지지기반을 확대하고 있다. 또 김정은을 민생 밀착형 지도자의 이미지로 각인하기 위해 미디어 정치를 실시하는 한편, 김정일 장례식 이후 '애도기간' 설정과 같은 통제 분위기로 몰아가지 않고 빠른 시간에 일상으로 돌아가게 함으로써 김정은이 "인민들을 편안하게 해 준다"는 식의 긍정적 평가까지 만들어 내는 선전선동을 구사한다. 과거의 엄격한 분위기와는 다른 모습을 보여 주기 위해 각종 TV프로그램의 보도방식을 더 생동감 있게 변경한다든가, 새로운 세대의 관심을 끌기 위해 김정은과 팔짱을 끼고 현지지도에 나선 리설주의 모습을 공개하기도 했다. 이러한 선전선동의 효과는 북한사회의 분위기를 통합적으로 유지하는 데 유리하게 작동하고 있는 것으로 보인다.

정당성의 위기를 극복하는 방법으로 북한 당국은 북한체제를 이끌어 가는 핵심군중에 집중하는 전략을 취하고 있다. 북한체제를 안정적으로 이끌어 가기 위해 핵심간부를 설득하는 문제는 대단히 중요할 것이다. 북한체제를 지탱하는 간부들이 경제침체를 미국의 경제봉쇄로 정당화하면서 향후 경제발전에 대한 기대감과 자신감을 갖도록 해야 하기 때문이다. 2011년 8월 캐나다 학술회의에서 만난 북한 사회과학원 경제연구실장인 리기성 박사는 북한경제의 발목을 잡고 있는 에너지와 식량 문제를 CNC기술로 상당부분 해소하고 있다는 점과 최근 진행된 중국 및 러시아와의 경제협력에 대한 전망이 확실하다는 근거를 제시했다. 간부들에게 북한의 경제발전에 대한 긍정적 기대감과 확신을 주는 담론이 설득력을 얻는 상황임을 짐작할 수 있다. 2012년 초 북한 당국이 전사자 · 피살자 출신성분 가족에게 외화벌이의 기회를 집중적으로 배려한 것도 체제의 지지기반을 공고히 하기 위해 핵심군중의 민심을 얻으려는 전략이라 할 수 있다. 북한사회가 불안해질수록 체제유지의 골간이 되는 핵심군중에 의존하는 사회정책을 더 많이 구사하게 될 것이다.

그러나 1인당 국민소득이 한국의 40분의 1에 불과한 북한이 향후 5년 안에 생활수준이 현재의 2~3배로 향상된다 하더라도 상대적 박탈감을 면치 못하기 때문에 삶의 질 향상에 대한 기대감을 불어넣기에는 역부족이다. 더군다나 기본적인 의식주 해결이 어려운 일반주민들은 충성심과 집단주의 정신이 약화되어 국가보다는 개인과 가족을 우선시하고 있다. 식량난과 경제난으로 인해 북한사회의 집단주의 가치와 정당성이 흔들리고 있는 것이다. 단결력, 희생정신과 같은 '우월한' 집단주의 가치를 동원하여 주민들을 설득하고 있지만, 집단주의의 이면에는 흔들리는 북한사회의 사회질서를 통제하려는 권위주의와 독재 요소가 도사리고 있다. 이 때문에 북한정권은 유엔인권위원회나 국제사면위원회(AI) 등 인권단체의 비난의 표적이 되고 있다. 현재까지는 대내외적인 불만이나 비난에도 집단주의 정신과 사회질서가 어느 정도 유지되고 있다. 그러나 북한 경제난이 조기에 해결되지 못한다면 개인 · 가족주의는 더욱 확대될 것이고 집단주의 약화에 따른 체제변혁 가능성도 함께 커질 것이다. 더욱이 집단주의에 내재된 권위주의와 독재의 요소를 비판하는 의식이 생겨난다면 집단주의에 대한 내적 저항도 형성될 것이다. 현재의 정보통신 발달과 중국의 개혁개방 추세로 미루어 볼 때 북한의 시장화와 개방화는 계속될 것이고, 집단주의의 이완은 지금까지의 속도보다 훨씬 빠르게 진행될 것이다.

3대 권력을 세습한 김정은 정권이 어떤 차별화 전략으로 체제를 안정적으로 끌고 갈지 관심이 집중되고 있다. 김일성과 김정일은 주석과 국방위원회 직책을 분담하는 방식을 취했는데, 김정은은 당 중심으로 체제를 이끌어 가고 있으므로 당 총책임자의 직책이 부각될 가능성이 높다. 2016년 5월로 예정되어 있는 제7차 당대회에서 김정은 제1비서가 아버지의 '영원한 총비서'직을 가져오는 방식으로든 새로운 당 최고직책을 신설하는 방식으로든 차별화 전략을 추구해 나갈 것이다. 김일성은 수령님으로, 김정일은 장군님으로, 김정은에 대해서는 원수님으로 이미 차별화하고 있다. 이러한 전략과 통치구상이 정권의 실용성을 부각하고 대주민 지지기반을 확대하여 정당성을 높여 줄 것인지, 아니면 정책방향과 노선에 대한 회의를 증가시켜 정권의 정당성을 훼손할 것인지 면밀히 추적해 나가야 할 것이다.

제14장

사회통합의 구조와 역동성: 무엇이 그들을 하나로 묶어 주는가

1. 갈등과 통합의 사회동학

북한 체제붕괴 예측의 빗나감

2011년 12월 김정일의 급작스러운 사망을 계기로 북한이 급격히 붕괴할지 모른다는 우려와 기대가 확산됐으나 예측은 또 빗나갔고 급격한 붕괴 조짐은 아직 나타나지 않고 있다. 북한붕괴에 대한 이러한 우려와 기대는 25년 전 동유럽 사회주의권이 붕괴되던 시기, 그리고 김일성 주석이 사망하던 20년 전에도 동일하게 반복됐다. 식량난과 경제난으로 생존의 어려움을 겪으면서도 주민들의 불만이 폭발하지 않고 김일성을 숭배하는 의식은 회교국가의 근본주의자들을 연상케 할 만큼 종교적 경지에 이른 듯 보인다. '고난의 행군'으로 사회해체의 위기에 빠졌던 1990년대 중반에도 당시 망명한 황장엽 비서는 "공화국이 경제적으로 좀 난관을 겪고 있지만 정치적으로 잘 단결되어 있기 때문에 붕괴될 위험성은 없다고 생각한다"며 극심한 식량난에도 불구하고 북한붕괴론에 대해서는 일축한

바 있다(『조선일보』, 1997.2.13.).

이러한 현실을 과연 어떻게 평가해야 할까? 역사상의 정권이나 체제가 식량난이나 기아문제로 붕괴된 경우가 없다는 사실은 우리에게 식량난과 경제난에 대한 심층 분석의 필요성을 던져 준다. 사회갈등과 통합, 해체를 살펴보려면 식량난과 이를 타개하기 위해 실시한 시장화가 기존 생활방식과 사회질서를 어떻게 변화시키고 있으며 어떠한 정치사회적 결과를 초래하는지 면밀히 살펴보아야 한다. 그뿐 아니라 북한의 지도부가 식량난과 경제적 난관을 어떤 설득담론과 선전활동으로 합리화하고 있는가, 그리고 그 설득담론과 선전선동이 주민들의 불만과 상대적 박탈감을 어느 정도 해소하고 있는지도 검토해 보아야 한다. 이런 점에서 이 장에서는 북한 사회통합의 구조를 분석하고, 통합을 촉진하는 역사 · 문화적 배경을 살펴본 후, 사회통합의 수준이 어느 정도 되는지 경험적 자료를 바탕으로 평가해 보고자 한다.

사회체제의 유지 또는 해체와 관련하여 "무엇이 사회구성원을 하나로 묶어 주는가" 하는 사회통합의 문제는 사회학의 오랜 관심사였다. 일반적으로 사회가 통합되어 있다는 것은 사회구성원들에게서 공동체에 대한 애착과 헌신몰입을 확보하고 공동체적 질서를 확립하며 사회통제를 유지하는 상태를 의미한다(Parsons, 1951: 15-17, 36-45). 사회의 분화된 역할과 기능을 조화롭게 결합하고 구성원들 간 결속력을 높이는 과정을 통합이라고 부른다. 모든 사회는 분화와 갈등을 겪게 마련인데 이 분화와 갈등을 구조적 조정과 문화적 적응을 통해 흡수하지 못하면 해체되거나 붕괴되고 만다. 미국의 사회학자 탈콧 파슨스(Talcott Parsons)는 통합이 잘 되어 있는 사회는 복수의 사람들 사이에 공통의 목표가 존재하며, 그 목적을 달성하기 위한 각자의 역할이 분담되어 있고, 역할의 수행이 당연한 권리이자 의무임을 서로 인정하며, 분담하고 있는 역할은 어떤 식으로든 그 사람의 욕구를 충족시켜 준다고 보고 있다.

사회통합의 양면성

파슨스는 사회적 통합이 긍정적 측면과 부정적 측면의 두 차원에서 복합적으로 이루어진다고 주장했다. 먼저 긍정적인 차원에서 사회통합을 살펴보면, 사회성원으로서 개인은 자발적이고 적극적으로 사회의 가치, 신념, 규범, 언어, 상징과 같은 문화적 유형들을 자신의 신념체계로 내면화함으로써 체제에 통합된다. 그리고 이러한 사회통합에서 중요한 것은 사회성원들이 얼마나 효과적으로 그 사회의 가치, 신념, 규범, 상징과 같은 문화의 유형을 내면화(internalization)했느냐다(Parsons and Shils, 1951). 이런 측면에서 보면 북한은 주체사상과 집단주의, 각종 학습기제를 통해 긍정적 사회통합을 추구하고 있다.

북한은 주체사상을 자주노선, 수령관, 집단주의 조직관, 인간중심철학, 민족주의, 선군사상 등 시대와 상황에 맞게 변형·발전시킴으로써 체제의 필요를 충족하고 취약성을 보완하는 방식으로 주민들의 사회적 통합을 도모해 왔다. 또한 집단주의와 무상교육, 무상복지를 북한체제의 우월성으로 제시하며 주민들의 결속을 다지고 있다. 경제난으로 복지제도의 혜택이 유명무실해졌음에도 북한에서는 "약이 없어서 치료를 못 받는 경우는 있어도 돈이 없어서 치료를 못 받는 경우는 없다"라며 자본주의와 시장체제에서의 문제점을 꼬집으며 북한체제의 우월성을 선전하고 있다. 그런가 하면 사상교육과 교양학습을 통해 주체사상과 집단주의의 제도적 가치들을 연결시킴으로써 끊임없이 자발적 사회통합을 추동하고 있다. 가정과 탁아소, 유치원의 유아교육에서부터 소학교, 중학교 및 대학 교육에 이르기까지 정치사상교육을 효율적으로 실시하고 있음은 주지의 사실이다(온만금, 1992; 남북문제연구소, 1994: 55).[1] 이러한 체계적인

1 인민학교 기간 동안 사상교육은 전체 교육시간의 44%를 차지하며, 국어교과서의 경우 67%가 정치사상성을 강조하는 단원으로 구성되어 있다.

학습기제를 통해 북한주민은 정부와 국가가 만들어 놓은 주체사상이라는 체제가치를 주어진 조건으로 받아들이지 않으면 안 될 뿐만 아니라 그 가치에 스스로 복종하기를 '원하게' 되는 것이다(Berger, 1977: 166). 에밀 뒤르켐(Emile Durkheim)의 말을 빌리자면 주체사상은 "저 밖에" 존재하는 어떤 것일 뿐만 아니라 이미 "이 안에" 들어와 있는, 그래서 북한주민의 내면에 가장 깊숙이 파고들어가 개인의 의식구조가 되어버렸다고 볼 수 있다.

부정적인 차원에서 사회통합은 구성원을 여러 가지 상벌제도와 통제적 수단으로 사회의 가치에 순응하게 하고 체제의 가치에 통합되게 한다고 설명한다. 표면적 혹은 잠재적으로 통합되지 않은 행동이나 가치에 대해서도 사회는 충분히 통제할 수 있는 수단을 가지고 있으며 일탈과 변화의 경향을 어느 정도 미연에 방지하거나 되돌릴 수 있는 기제를 갖추고 있다. 집중단속과 공개처형, 관리소 강제노동 등 물리적 방법을 동원한 사회통제가 그것이다. 노동을 통한 인간개조를 추구하는 북한정권은 혹독한 노동을 통해 체제에 순응하게 하는 정책을 취하고 있다. 이러한 목적을 위해 북한은 '관리소'로 불리는 강제수용소(concentration camp)를 광범위하게 운영하고 있으며, 정치적 혹은 사회적으로 문제가 있다고 판단되는 사람들을 이 통제구역에 구금하여 강제노동을 부과하고 있다. 이처럼 공개처형과 관리소를 통한 격리수용 등을 통해 체제비판자 및 사회일탈행위자를 단속함으로써 체제불안을 해소하고 사회통합력을 제고하고 있다.

이처럼 체제의 가치가 내면화되어 사회통합이 이루어진다고 주장하는 근거는 인생의 가치관과 정치적 성향이 개인의 의지와는 관계없이 대부분 어린 시절에 형성된다고 보기 때문이다. 북한은 특히 유아교육과 학과과정의 상당부분을 주체사상교양에 할애하여 취학전 교육과 반복학습으로 사상교육을 시키고, 소년단과 청년동맹 등의 청소년 조직을 이념교육의 장으로 활용하고 있다. 북한은 유치원교육의 일부분을 의무교육화함으로써 조기에 정치이념을 아이들에게 반복·주입시키는 정책을 펴고 있다. 이뿐만 아니라 신문, 방송, 영화 등 모든 매체를 정치사회화의 도구로 사용하고 있다.

자발적 통합 메커니즘

좀 더 안정적인 사회통합은 두말할 필요 없이 사회의 신념과 가치를 내면화하는 긍정적 방식의 통합일 것이다. 뒤르켐에 의하면, 사회의 분화와 노동의 분화(division of labor)가 심화될수록 집합의식(collective consciousness)이 느슨해지는 것은 사실이지만 사회를 통합해 주는 힘은 아무리 사회가 분화되고 다양화되더라도 결코 사라지지 않는다(Durkheim, 1961; 1964; Westby, 1991: 306-308). 왜냐하면 사회통합은 궁극적으로 감정적인 힘, 도덕, 신성한 것, 종교적인 것으로 구성된 일종의 집합적 표상(collective representation)에 사회성원들이 자발적으로 복종할 때 안정적으로 이루어진다고 보기 때문이다. 그러나 갈등이론(conflict theory)이 주장하는 바와 같이 집합표상에 의한 사회통합이 순전히 자발적 동의에 의한 것으로 본다는 것은 다소 무리가 있다. 헤게모니 이론가들이 주장하듯이 정치권력을 장악한 집단은 사회성원들의 '자발적 동의'를 유도하기 위해 끊임없이 각종 상징조작이나 선전, 검열제도 등을 사용하고 있기 때문에 '자발적 동의'와 '강제적 순응'을 명확하게 구별하는 것은 쉬운 일이 아니다(최장집, 1990: 40-41). 자발적 동의로 보이는 행위도 따지고 보면 강제력에 의한 조직화된 승인이나 묵인에 불과할 수 있기 때문이다. 이러한 시각에서 보면 사회주의 체제는 전체주의적 억압과 통제로 정치사회화를 강요하기 때문에 대부분의 사람들은 체제의 공식이데올로기인 마르크스-레닌주의를 표면적으로 신봉하는 것처럼 보이지만 내면적으로는 동의하지 않고 있다고 볼 수도 있다.

이런 점에서 인간의 행위는 사회의 조건에 영향을 받아 움직이게 되며 사회통합도 사회경제의 구조와 역사적 경험 등의 조건에 따라 달라지게 마련이다(Giddens, 1979: 51). 즉 실질적인 내면화의 진행은 자발적 및 조직화된 동의 혹은 강제력 등 사회체계의 의도적인 정치사회화 기제만으로는 불가능하며 사회경제적 환경이 뒷받침될 때에 가능하다. 따라서 사회 전체가 경험하는 역사적 사회화의 내용과 일치할 경우에는 긍정적인 방향으로 내면화를 촉진시키지만, 사회화의 내용과 사회구조 사이에 괴리가 발생할 경우에는 공식적 사회화의 메커니즘을 통하여 전달되는 사회가치는 내면화되지 못하고 단절이 일어난다. 이런 점에서 북한체제의 통합적 요인을 심층적으로 분석하기 위해서는 이를 사회적 · 역사적 · 문화적 제반 현상과 같은 거시적이고 역사 · 문화적인 관점에서 조명해 볼 필요가 있다.

이와 같은 관점에서 북한사회를 분석하는 데는 다음의 세 가지 역사적 맥락이 중요하다. 첫째, 북한사회가 제3세계라는 사실이다. 이는 북한사회주의 체제가 제2차 세계대전 이후 식민통치의 사회경제적 불평등으로부터 해방되어 민족 독립과 자립을 국가건설의 이념으로 하여 태동한 제3세계의 혁명이데올로기를 체제 내에 흡수하고 있음을 의미한다. 둘째, 북한사회가 내전을 경험했다는 사실이다. 이는 북한이 사회주의 체제를 고수하는 데 중요한 변수가 된다. 내전의 경험은 사회주의 혁명과정에서 대중참여도에 지대한 영향을 줌으로써 혁명체제의 정당성을 높이고 사회통합을 강화하는 데 결정적인 역할을 한다. 셋째, 북한이 아시아권에 속해 있다는 사실이다. 이것은 단순한 지역적 구분을 넘어서 전통문화적 차이를 내포한다. 북한은 사회주의혁명 이후 제도적 정착과정에서 전통사회의 사회통합적 가치들을 흡수 · 융합함으로써 체제의 사회통합력을 유지했다. 그 때문에 유럽과는 상이한 사회주의 체제를 형성할 수 있었다.

2. 북한 사회주의 체제의 역사 · 문화적 뿌리

1) 제3세계 사회혁명으로서의 사회주의

제3세계 사회주의의 두 가지 혁명동인

혁명은 구체제가 해체되고 새로운 사회체제가 이식되는 대변화를 가리킨다. 이는 개인적 · 제도적 가치의 급격한 변화를 수반하는 과정으로 칼 도이치의 사회적 동원 개념을 원용한다면 사람들을 전통적 행위패턴으로부터 탈피시켜 새로운 가치와 구조로 통합시키는 것을 의미한다(Deutsch, 1954: 98-103). 전후 제3세계는 식민통치의 억압구조에서 해방되어 새로운 사회질서를 추구함으로써 일종의 혁명이 시작됐다. 사회통합적 측면에서 볼 때 '제3세계'라는 혁명이념은 매우 중요했다(Horowitz, 1972a: 256; Johnson, 1964: 27-28; 한인숙 · 임현진 · 서재진, 1992: 233).

'제3세계'에 사회주의라는 혁명목표는 크게 두 가지로 대분된다. 하나는 국제적 예속과 사회적 불평등에 대한 대항이었고, 다른 하나는 경제적 낙후성과 경제적 불평등의 해소였다(White, 1983: 4). 전자는 제3세계가 사회주의를 제국주의의 식민통치로부터 해방되는 혁명적 도구로 인식했음을 말한다. 이런 점에서 제3세계 사회주의는 민족주의와 강력하게 혼합되어 있다고 볼 수 있다. 후자는 경제적으로 크게 황폐해 있던 이들 국가들이 사회주의를 소련같이 계획적인 공업화를 단시일에 성취할 수 있게 하는 매력적인 모델로 인식한 것이다. 즉 사회주의 혁명은 제3세계 후진국가들에게 소련 같은 고속성장 국가의 경제를 '따라잡기' 위한 추격수단으로 제시됐다. 젱하스는 사회주의가 주변국가들에게 더 이상의 주변화를 방지하고 자본주의적 발전대안이 부재한 상황에서 '추격발전'할 수 있는 전략으로 제시됐음을 강조했다(Senghass, 1981: 99). 그는 동유럽과 소련의 경험에서 추출된 경제발전 이데올로기로서의 사회주의 개념이야말로

제3세계에 적용할 수 있는 '유일한' 이데올로기라고 지적했다.[2]

제3세계의 공업화가 자본주의와 사회주의를 초월하여 선진국을 모방하는 과정이라는 사실은 후발공업국가들에게 보편적인 현상이다. 마르크스는 이미 그의 『자본론』 서두에서 "선진공업국들은 후진국들에게 그들의 미래상을 보여 준다."라고 언급한 바 있으며(Marx, 1905: 13; Horowitz, 1972b: 3), 거센크론도 후발공업국가들이 정보와 기술의 축적으로 얻게 되는 일반적인 이점에 대해서 언급했다(Gerschenkron, 1962: 9). 즉 후발국은 선발국에 비해서 단시일 내에 대규모로 국민의 소비를 억제시키고 생산재 중심의 공업화를 달성하려 한다고 역설했다. 호로비츠(Horowitz, 1972b: 4-5)는 후발국들에게 선진국의 발전은 일종의 '전시효과'(demonstration effect)를 창출하며 후발공업국들은 이들의 제도를 따라잡기를 열망할 뿐만 아니라 그들이 했던 것보다 더 짧은 시간에 발전을 이룩하려 노력한다고 설명했다. 후발공업국가들은 선진국들이 보여 주는 자신의 발전의 미래상을 보면서 그것들 중 최선의 방법을 선택하기 때문에 이들의 발전내용은 대개 자본주의와 사회주의가 혼합된 형태에 가깝다고 했다.

그러나 사회주의라는 선진국의 경제사회발전의 제도적 장치는 제3세계에 이식되는 과정에서 그들에게 또 다른 의미를 내포하게 됐다. 제3세계의 국가들은 대부분 식민통치로부터 해방된 나라들로서 이들에게는 제일의 국가발전의 가치와 목표가 민족독립과 자립경제를 구축하는 것이었다. 따라서 세계 자본주의와 단절하고 독립적으로 기존의 사회질서를 개혁함으로써 발전의 돌파구를 찾고자 했고, 이것이 곧 사회주의적 발전과 동일시됐다. 이러한 심리적 상황은 식민통치를 경험한 북한의 경

2 이와 같은 경제적 접근을 시도한 대표적인 예로는 사미르 아민(Amin, 1974: 9-26)과 클라이브 토머스(Thomas, 1974)가 있다.

우에도 마찬가지였다. 미군정청이 1946년 8월 실시한 여론조사에서 77%의 남한 주민이 사회주의(70%) 내지 공산주의(7%) 이념을 선호하고 있었다는 사실이 이를 증명하고 있다(『동아일보』, 1946.8.13.).

민족주의(자주, 자립, 평등)와 사회주의의 동일시

제3세계 국가의 경우, 식민 통치에 대한 경험은 자본주의가 갖고 있는 속성 중 제국주의적인 면만을 세뇌되게 했고, 또 식민통치로 인한 치욕감과 굴욕감은 자본주의에 대한 증오와 배격으로 이어졌다. 그러한 상황에서 '제국주의 퇴치'는 민족주의를 싹틔웠고 민족주의는 곧 사회주의와 동일시됐다. 그러므로 제2차 세계대전 후에 생겨난 국가들이 추구한 민족주의적 정신은 다른 서구 여러 나라의 사회경제 발전과정에서 나타나는 현상과는 근본적으로 차이가 있다. 제3세계 혁명 분석에서 슈츠와 슬레이터(Schutz and Slater, 1990: 3-18)가 주장한 정권의 정당성 문제도 이러한 중요성을 지적한 것으로 볼 수 있다. 이들은 10여 개의 제3세계 혁명을 경험적으로 분석한 결과, 모든 제3세계 혁명은 경제적 불평등, 인권과 같은 문제를 혁명이념으로 내세웠으며 식민지 지배체제에 대한 저항으로 민족주의가 강력한 혁명이념으로 작용했다고 주장했다. 이 같은 현상은 대부분의 제3세계 국가들이 마르크스-레닌주의와 사회주의 사상에 물들어 있었기 때문이라고 그 원인을 분석했다.

제3세계 국가들의 경우와는 달리 소련 같은 서구 사회주의 국가의 경우에서는 마르크스의 사회주의가 경제적 효율성을 높이는 제도로 인식됐다. 소련에서의 사회주의는 소위 '경제주의 논쟁'을 불러일으킬 만큼 차르(Tsar)의 부르주아 자본주의 체제가 초래한 경제적 침체를 타파하기 위한 대혁명이었다(Schapiro, 1960: 19-36; 양홍모, 1982: 30-46). 소위 사회주의 운동은 특히 농촌경제의 열악성과 농민들의 경제적 불평등을 해결하기 위한 혁신책으로 전개됐던 것이다(Mills, 1962; 김홍명, 1983:

148). 사회주의의 경제적 효율성은 사회주의 체제가 들어선 후에도 지속적으로 소련사회에서 강조됐을 뿐 아니라, 자본주의에 대한 체제의 장점 내지는 우월성으로 내세워졌다(Dobb, 1947: 368-369). 예를 들면 스탈린(Stalin)은 작업방식에서도 사회주의의 경제적 효율성을 대단히 강조하여, 이 같은 취지에서 스타하노프운동(Stakhanovism)을 제안했고, 이 작업방식은 당시 미국에서 강조했던 자본주의의 효율성, 즉 테일러의 '과학적 관리법'에서 추구하고자 했던 것보다 더 큰 효율성을 지니고 있다고 주장했다(Stalin, 1939; Horowitz, 1972b: 102-103). 프랑스 혁명이 정치혁명이었다면 볼셰비키 혁명은 이런 점에서 경제혁명이었던 셈이다.[3]

북한의 '우리식 사회주의'

북한과 같은 제3세계의 사회주의에서 '추격발전'의 이념은 '하나의' 가능한 형태에 불과했다(White, 1983: 9). 북한 사회주의는 소련과 동유럽 등의 서구 사회주의가 표방했던 경제발전만을 혁명의 '유일한' 이념으로 내세우지는 않았으며, 경제적 의미에서의 '추격발전' 개념은 초기 발전과정에서 주로 강조된 이념이었다고 볼 수 있다. 기본적으로 북한은 민족해방과 사회불평등 해소라는 소위 '사회혁명'을 기본 이념으로 하여 태동됐다.

북한 같은 제3세계가 사회주의 발전을 추구한 데는 경제적 이유보다

3 소련에서 공산주의가 등장했을 당시만 해도 사회가 분화되지 않았으며 경제가 사회의 모든 부분을 차지했다고 할 수 있다. 따라서 사회주의는 자본주의와 다른 하나의 경제제도로 인식됐다. 즉 사회주의는 기본적으로 경제적 생산수단—기업체와 토지—을 사회화하는 대안을 제시했다. 그러나 수십 년의 시간 동안 이 경제제도(economic institution)를 유지하기 위해서는 정치사상과 사회제도 및 문화활동의 수반이 불가피하게 됐다. 생산수단의 사회화로부터 생기는 계급구성의 변화는 심대한 사회적 변동을 가져왔고 정치, 군사, 사회의 모든 분야에서 새로운 형태의 생활방식을 창출했다. 이런 점에서도 제3세계에 사회주의는 단순한 경제체제의 의미를 넘어서 총체적으로 그 사회를 지배하는 사회체제(societal system)로 인식됐다.

는 정치적이고 도덕적인 이유가 더 지배적이었다고 할 수 있다(Sigmund, 1967: 11-22). 식민통치를 경험한 제3세계 국가들은 기존의 자본주의적 세계질서를 부정하고 반의세적이며 전통적인 가치를 고수하려는 민족주의적인 입장에서 독립(independence)이 최고의 발전가치였다. 정치적으로 비동맹노선을 따르고 경제적으로 자립(self reliance)과 자급자족(self-sufficient)을 추구하는 주체적 발전이 이들 신생국가들이 내세우는 발전목표였다. 이와 함께 소득의 균등분배를 실현하겠다는 '사회정의'와 '평등'의 사상도 사회혁명의 중요한 이념이었기 때문에 그 이전의 정치혁명이나 경제혁명과는 차이가 있다. 단시일 내에 공업화를 달성하겠다는 경제적 효율성은 이러한 사회혁명을 달성하기 위한 '하나의' 수단으로 간주됐다. 이렇듯 제3세계에서의 사회주의적 발전은 '주체'의 방법이 발전의 독특한 원리로 채택됐다(김병로, 1992a: 195-207; 1992b: 194-207).

아시아 사회주의 국가들은 사회주의를 민족주의와 연결시키고 있고 사회주의와 민족해방을 동의어로 간주하는 사회체제를 구축했다. 아시아 사회주의 국가들은 역사적으로 식민통치로부터 해방되어 정권을 수립한 체제로서 독립과 해방이라는 사회주의의 윤리적 · 도덕적 · 심리적 이데올로기에 뿌리를 두고 있다고 볼 수 있다. 동구나 소련의 사회주의는 톰 보토모어(Tom Bottomore)가 지적한 바와 같이 사회주의를 받아들인 역사적 환경이 지나치게 경제적 합리성에만 기대를 가짐으로써 경제적 효율성이 떨어지자 체제존립의 정당성이 상실됐지만, 아시아 사회주의는 민족해방과 독립을 사회주의 혁명과 건설에서 중심적 가치로 지니고 있었기 때문에 경제적 침체에도 체제의 정당성이 결정적으로 상실되지 않았다.[4] 이러한 사회주의 이념의 전형적인 예가 북한의 '우리식 사회주의'나

4 톰 보토모어는 마르크스의 사회주의 혁명이념 가운데 사회정의적 측면이 위축되고 '경제적 합리성'만이 부각되게 된 원인을 낙후된 경제, 자본주의 대공황, 경제계획, 파워블록형성 등 네 가지로 지적한다(Bottomore, 1990: 4).

중국의 '중국식 사회주의', 미얀마의 '미얀마식 사회주의' 등으로 각 민족의 혁명적 특수성을 강조하는 경우다.

북한의 경우도 초기 발전과정에서는 소련의 경험을 절대적으로 모방하여 경제혁명의 이념이 등장했다. 이것은 북한이 선진국을 따라잡고 조국을 발전시키겠다는 '추격발전'의 한결같은 열망을 반영하는 것이었다. 북한 초기의 헌법이나 정부구조, 토지개혁과 일련의 국유화, 전후의 농업협동화, 중공업 우선정책 등의 제도적 조치들을 보면, 북한은 소련사회주의 모델을 단시일에 성취하고자 한 것을 알 수 있다. 이 같은 제도적 조치들은 기본적으로 지주의 착취를 없애고 자본주의적 불평등을 제거하려는 사회혁명의 이념에서 출발했지만 경제발전의 수단이 됐다는 측면도 없지 않다. 북한의 경제가 남한보다 앞서 있던 1960년대까지만 해도 북한은 남한보다 잘살고 있다고 하면서 사회주의 체제의 경제적 효율성을 자랑스럽게 주장했기 때문이다(김일성, 1961a: 245-248).

그러나 1960년대 이래 북한경제의 성장속도가 둔화된데다 1970년대 중반 이후 남한경제가 급성장함에 따라 이러한 남북간 경제균형은 깨져 버렸고 북한은 경제우위 대신 자주 · 자립 · 자위 정책으로 구체화된 주체사상이라는 사회심리적 차원으로 체제의 우월감을 강조하게 됐다. 1990년 5월 최고인민회의 9기 시정연설에서 김일성은 북한이 "현재 유족한 생활을 하지는 않지만 기본생활은 보장받고 있다"는 식으로 설명한다. 1984년 2월의 문헌에서 대남 경제적 우월성을 갖추어야 한다고 했던 주장과는 판이하게 다른 분위기다. 1인당 국민소득을 비교해 볼 때 1975년까지 북한이 남한을 능가했으나 1995년에는 남한이 북한을 5배 앞서 있고 2015년에는 20배 앞서고 있는 현실에서 이러한 변화는 당연한 귀결이었을 것이다.

사회주의 체제의 경제적 효율성으로 남한과 경쟁할 수 없게 되자 북한은 사회주의 체제가 갖고 있는 제도적 우월성, 즉 무상교육 · 무상치료, 무세금, 직업보장 등 소위 '사회적 혜택'을 '제3세계 사회혁명'의 가치로 연결시키면서 체제를 정당화하고 있다(김일성, 1972: 345-347). 이러한 정당화는 제국주의 식민통치의 억압이라는 제3세계의 부편적 경험에 입각하여 경제성장보다는 사회적 평등의 가치를 내세움으로써 현 체제를 합리화하고 사회통합을 추구한 것이다. 특히 김정일은 도덕성과 윤리성을 더욱 강조함으로써 '사회혁명' 이념에 더욱 치중했다. 이런 측면에서 북한이 주장하는 사회적 우월성은 제3세계 국가 이념에서 등장하는 자주, 자립과 일맥상통한다.

2) 내전 경험을 통한 체제대결의 내면화

사회주의 혁명과정에서의 내전 경험

혁명의 구조적 특징을 두 가지로 꼽자면 하나는 대중의 '선택적' 참여가 불가피하다는 점이고, 하나는 혁명의 성격과 성공 여부는 얼마나 많은 사람이 실제로 혁명에 가담하는가에 따라 결정된다는 사실이다(Lasswell and Kaplan, 1950: 252; Huntington, 1962: 17-50). 혁명에 관한 많은 고전적 연구—브린톤, 스카치폴, 호퍼 등의 학문적 분석으로부터 레닌, 트로츠키, 룩셈버그, 마오쩌둥 등 혁명활동가들의 이론에 이르기까지—는 대중이 혁명에 참여하는 다양한 형태에 관해 구조적 분석을 시도한 것들이다. 혁명의 유형을 구분하는 일반적 형태, 즉 궁정혁명, 정치혁명, 사회혁명의 구분도 혁명에의 대중 참여도라는 기준으로 분류한 것이며, 이는 대중의 참여도가 혁명의 유형을 구분하는 중요한 변수가 됨을 의미한다.

사회주의 체제를 유지시켜 주는 요인 중의 하나가 공산주의 혁명과정에서 얼마나 많은 대중이 혁명 활동에 참여했고 혁명이념을 내면화했는가 하는 것인데, 대중의 혁명활동 참여에 영향을 미치는 변수 중의 하나가 바로 무력화의 범위와 정도라고 할 수 있다(Guevara, 1961: 10;

Horowitz, 1972a: 205-230). 혁명과정에서 무력화는 혁명이념에 직간접적인 형태로 사람들을 동원하기 때문이다. 소련은 당의 무장화를 통해 정부기관을 장악하는 형태를 띰으로써 마르크스-레닌주의 '고전적' 혁명법칙을 따랐고, 중국은 전면적인 전쟁을 동반한 사회주의혁명이었다. 즉 중국의 혁명전쟁을 승리로 이끌었던 마오쩌둥은 전쟁을 모순해결—그것이 계급 간이건 민족 간이건 국가 간이건 정치집단 간이건—을 위한 투쟁의 최고 형태로 보았으며 따라서 지연작전과 이동작전 등과 같은 전쟁기술을 대단히 중요시했다. 한편 쿠바는 혁명을 지도하는 일군의 게릴라 부대가 민중의 전면에 나서서 혁명을 성공시킴으로써 소수 혁명엘리트의 역할을 부각시켰다(Guevara, 1961: 10).

이처럼 사회주의 혁명과정에서 내전의 경험 유무와 무력화 정도의 차이는 주민들로 하여금 사회주의 대 자본주의 체제대결을 내면화시킴으로써 사회주의 체제고수 의식에 결정적인 영향을 미친다. 내전은 주민들을 혁명이념에 직접적으로 동원·개입시킴으로써 소위 '아래로부터의 혁명'을 체험하게 한다. 설사 혁명이 위로부터 시작됐다고 하더라도 내전을 통한 폭력화의 과정에서 주민들은 혁명이념 선택에 대한 물리적인 강요 혹은 심리적인 불안감 등으로 혁명이념에 동참하게 된다. 더구나 혁명이 내전과 같은 광범위한 무력을 동반했을 경우, 이는 혁명의 가치를 대중에게 확산시켜 소위 '아래로부터의 혁명' 전환을 가능케 한다. 동유럽 국가들의 경우에는 사회주의 정권수립 과정에서 내전을 경험하지 않았으며, 소련도 중국이나 베트남에 비하면 내전이라기보다는 내란의 성격을 띠었고 그 피해도 미미했다(Schapiro, 1960: 180-200).

중국과 베트남, 북한 등 사회주의 체제를 고수하고 있는 아시아 국가들을 보면 사회주의 정권수립 과정에서 내전으로 인한 피해가 극심했으며, 그로 인해 자본주의를 마치 가해자인 양 규정함으로써 자본주의 체제에 대한 불신, 증오가 고착됐음을 알 수 있다. 이런 점에서 내전의 경험은 사회주의 체제 수립 이후 사회통합력을 지속시키는 중요한 역할을 한다.

자본주의 · 제국주의에 대한 적대의식의 심화

한국전쟁의 소산물인 타 체제에 대한 두려움과 불신은 전쟁 이전부터 내재되어 있던 좌우익 사상갈등과 전통사상에 대한 산발적인 이질성 등이 복합적으로 작용하여 북한주민들에게 자본주의 · 제국주의에 대한 적대의식을 더욱 심화시켰다. 특히 한국전쟁으로 인한 피해는 양적인 면과 질적인 면에서 모두 큰 의미를 갖는다. 미 공군은 신의주와 원산, 회령, 평양 등지에 대규모 폭격을 가하여 신의주는 지도상에서 지워질 정도였고 원산은 865일간 끊임없이 미군의 공격을 받아서 폐허가 되어버렸다(Halliday and Cumings, 1988: 117, 159). 그뿐 아니라 미공군은 전쟁 말엽에 평양 근교의 댐들을 폭파하여 농작물에 큰 피해를 주었고, 미군의 세균전과 생체실험 등은 자본주의의 비인도성을 드러내는 데 충분했다(Halliday and Cumings, 1988: 196-199).[5] 제2장에서 보았듯이 북한은 전쟁을 통해 혹독하게 파괴됐고 재산피해도 컸지만 인적 피해가 매우 심각했다. 120만~130만 명이 사망하는 엄청난 인명피해를 입으면서 미국의 군사력과 제국주의적 속성에 대한 두려움이 자리 잡은 한편, 전통적 쇄국주의와 결합된 폐쇄주의 주체노선에 대한 집착이 강해졌다(Yang, 1981: 357-358; 강정구, 1991: 159-201).

전쟁 중 목격한 적대국의 극단적인 잔인성 또한 북한사회에 통합력을 제공했다. 북한은 전쟁 피해를 곧 제국주의에 당한 피해로 주민들에게 인식시킴과 동시에 제국주의의 잔인성과 비인도성을 폭로하여 사회주의

5 북한은 미군이 북한포로들을 대상으로 인체실험을 한 내용의 출판물이 남한에서 발견됐다는 사실을 확인해 달라고 대한적십자사에 요청했다(『조선중앙방송』, 1993.5.6.).

적 가치를 고취시켰다. 자본주의와 제국주의를 '악'으로 규정하고 사회주의를 '선'으로 인식하는 대결구도를 전쟁 중에 체험한 것이다. 공산주의와 마찬가지로 자본주의 · 제국주의는 전쟁 중에 자기 지역에서 타 체제에 동조적이라고 의심되는 반동분자들을 색출 · 처형했고, 학살당한 시체를 본보기로 전시하는 등 온갖 잔혹한 방법을 동원했다. 이 같은 사상전쟁에서 극도의 잔인함을 목격한 북한 사람들은 타 체제에 대한 두려움이 그만큼 커졌으며 자기 체제에 대한 무조건적 동조만이 살길이라고 느끼게 된 것이다. 내전으로 인한 적대의식과 냉소주의는 북한체제에의 맹목적인 동의를 이끌어 냈다. 상대방이 추구하고 있는 체제를 일부라도 이해한다는 것은 이적행위이며 결코 용납할 수 없었다. 북한 정치지도자들이 '먹고 먹히는 식'이라는 말을 자주 사용하는데, 이는 상대방의 자본주의적 요소를 도입하는 것이 곧 상대방에게 '먹힌다'는 제로섬 게임의 갈등구조로 인식하는 것이다.

결손가족의 사회적 동원

3년간의 전쟁으로 한반도 전역은 전장이 됐는데 북한지역은 남한보다 더욱 초토화됐고, 이로써 가족구조는 근본적으로 바뀌었다. 북한에서는 전통적인 호적대장이 대거 유실되어 가족제도의 법적 근거가 크게 미약해짐으로써 전통적인 가족제도는 빠른 속도로 해체됐다. 더구나 대량의 인명손실로 결손가정의 수가 크게 늘어나, 전후 여성가장(전쟁미망인)의 수가 약 40만 명에 달했으며 이산가족의 비율도 25%에 이르렀다(Lee, 1985: 4-18). 전쟁 사망자수가 북한 전체인구의 14%를 차지했고 부상자도 상당하여 최고 182만 명(19%)으로 가정할 경우 전쟁의 피해로 북한인구의 약 33%가 결손가족이 된다.

전통적 가족관계의 해체와 결손가족의 증가는 국가에 의한 주민 생활보호 책임의 증대라는 결과를 초래함으로써 북한에서 주체사상을 포함한 사회주의 제도를 받아들이는 사회적 토대를 마련해 주었다. 전쟁고아들은 사회주의제도의 혜택으로 혁명학원에서 교육받고 생활하게 됨으로써 김일성을 따뜻한 아버지로 여기게 되는 것이다. 김일성을 '아버지'라고 부르게 된 배경이 바로 고아로 자란 혁명유자녀학원 학생들이 실제로 그렇게 불렀기 때문이라고 한다. 또 자녀를 잃고 스스로 생계를 꾸려가지 못하는 부모들로서는 사회주의 체제의 덕택으로 직업이 보장되고 생계를 이어나갈 수 있다고 여기며 김일성과 사회주의에 대해 무한한 고마움을 갖게 된다.

한국전쟁의 경험은 일본 식민지 시기의 수탈경험과 함께 사회주의 사상학습과정에서 중요한 사회적 배경을 제공하고 있다. 예를 들면 북한의 아동 그림책 14책 33편을 무작위로 선정 · 분석한 결과, 33편 모두가 한국전쟁과 일본 식민지 시기를 배경으로 하고 있다는 연구는 이러한 사실을 뒷받침해 준다(박영옥, 1993: 208). 결손가족의 사회적 배경을 바탕으로 체제에 대한 동의를 이끌어 내는 대화를 예로 들면 "... 어려서 부모를 잃고 당의 품속에서 살면서 대학도 마치고 이렇게 성장한 내가 아니요."라고 얘기하는 식이다(『로동신문』, 1993.4.28.). 이와 같은 내용은 사상학습의 중요한 수단으로 활용되는 대부분의 북한영화에서도 자주 등장한다. 북한의 토지개혁과 농업협동화로 북한 사회주의 체제의 가치가 받아들여질 수 있는 사회적 기반이 형성됐다면, 내전으로 인한 사회심리적인 감정은 체제를 수호하는 절대적인 종교로서 북한 인민들의 사고와 삶을 지배하게 됐다. 이런 점에서 북한의 내전으로 인한 극단적 피해의식은 사회주의 체제 수립 이후 사회통합력을 지속시키는 중요한 역할을 할 뿐만 아니라 다원적 체제로의 전환을 억제하는 강력한 기능을 하고 있다고 볼 수 있다.

3) 전통문화의 흡수

변화의 통제와 공고화를 위한 제도적 조치

사회주의 혁명 초기에는 급진적인 변혁이 이루어지다가 시간이 경과함에 따라 그 변화를 통제하고 공고화하기 위한 제도적 조치들이 취해지게 된다. 혁명 후 이 제도화의 과정에서 집권층은 체제이념을 변형하기도 하고 전통적 가치를 흡수하여 범사회적 차원에서의 통합을 시도하기도 한다. 로버트 터커(Robert Tucker)는 이 과정을 '탈급진화'라는 개념으로 설명했다(Tucker, 1967: 343-358). 이러한 '탈급진화'는 혁명과정에 나타나는 증후군의 하나이며, 주로 사회주의의 교리에 대한 전술적 수정작업을 시도하는 것을 의미한다고 했다. 즉 사회주의 사회건설이라는 궁극적 목표는 변함없지만 이를 달성하기 위한 방법적 차원에서 개념을 변경한다는 설명이다. 대표적인 예로 소련의 탈스탈린화와 중국의 탈마오쩌둥화를 들 수 있다. 여기에서 말하는 탈급진화는 단순히 정치적 보복이 아닌 그 이상의 의미를 내포하며 사회적 요구와 역사문화적 가치를 반영하여 사회주의 체제의 통합을 도모하려는 매우 중요한 상징적 과정이다(Thompson, 1988: 124).

케니스 조윗(Kenneth Jowitt)은 제도화 과정을 좀 더 세분하여 사회주의 혁명 이후의 과정을 구사회의 변혁(transformation of the old society), 공고화(consolidation), 흡수(inclusion)의 세 단계로 구분했다(Jowitt, 1975: 69-96). 그중에서도 세 번째 흡수단계는 매우 중요하다. 조윗에 의하면 흡수정책은 상징조작으로부터 제도적 조정으로, 일방적 명령이나 독단으로부터 지도력과 절차를 강조하는 방향으로의 변화, 전문인력의 정책결정과정에의 참여 등 아홉 가지 변화내용을 수반하는 과정으로 지적했다. 흡수정책이라는 개념을 확대한다면 사회주의 사회의 제도화 과정에서 그 사회의 문화적 전통과 가치를 사회주의 제도화의 틀에 포용함으로써 추진해 나가는 제도화 과정으로 볼 수 있다.

실제로 제3세계의 경우 전통주의(traditionalism)가 하나의 사회적 특성으로 제도화되는 경우가 많다(Horowitz, 1982: 14-23). 동양 문화권 사회주의 사회는 동양의 전통적인 집단주의 및 가부장적 속성 등 유교문화의 특성을 적절하게 흡수함으로써 사회주의 체제를 제도화했다고 볼 수 있다. 특히 유교의 통치원리와 구조는 가부장적 사회질서를 가장 잘 드러내는 내용 중의 하나로, 그 특유의 우주론과 인성론에 입각하여 사회질서 혹은 사회관계를 차등적이고도 차별적인 것으로 전제한다. 유교이념의 사회관계에 대한 규범적 통제가 잘 나타나 있는 삼강오륜을 보면, 군주와 백성, 남자와 여자, 신분과 연령 등에 입각한 차별주의가 전체적 사회질서를 유지하는 데 필요불가결하다는 사상이 잘 나타나 있다.

특히 아시아 사회주의 국가들은 가부장질서를 기반으로 한 유교문화의 전통을 유지해 왔기 때문에 시민사회의 발전이나 대안적 정치세력의 형성은 철저히 억제됐다(김병로, 1997b: 49-88). 사회주의체제에서 정치적 대안세력이 부재할 경우 체제전환 이후에도 대안적 정치세력이 나타나기 어렵기 때문에 선거 등의 방법을 통해 정치적 다원주의를 도입한다고 하더라도 라오스와 몽골처럼 결과적으로는 구체제의 지배 엘리트가 그대로 통치권을 행사하는 경우가 많다. 이러한 유교문화의 권위주의적 특징 때문에 사회주의권의 변혁기에 아시아 사회주의 국가들이 공산당을 정점으로 한 권위주의적 사회주의 체제를 지속시킬 수 있었다.

전통적 가치

북한은 서구의 문화를 모두 제국주의로 배척하고 서구의 자본주의적 가치로부터 단절시키려는 시도로 사회주의 가치를 내세움과 동시에 전통 유교문화의 가치를 접목시킴으로써 체제 공고화를 시도했다(안찬일, 1997: 10-192). 특별히 서학보다는 동학을, 실용적인 것보다는 정신적인 가치를, 개인의 창조적 능력발휘보다는 국가를 위하는 집단주의를 최고의 사회가치로 내세웠다. 한국 전통사회의 특성은 한마디로 집단주의라고 표현할 수 있으며, 이는 가족주의와 공동체지향의식으로 심화됐다. 집단주의란 개인생활과 공동체가 미분화된 채 집단으로 생활하고 집단으로 평가한다는 것이다(최재석, 1992: 23-56, 175-202). 북한은 이와 같은 집단주의와 가족주의를 국가와 사회 전체로 확장시켰다고 할 수 있다. 북한은 사회주의 개정헌법 제63조에서 주민의 권리와 의무를 "'하나는 전체를 위하여, 전체는 하나를 위하여'라는 집단주의 원칙에 기초한다."라고 명시했다.

북한사회의 집단주의적 전통은 사회주의 제도화의 과정에서 그대로 흡수됐다. 협동농장을 기존의 리(里) 단위로 조직, 전통적인 농촌의 생활권을 그대로 유지하는 한편, 행정체계와 작업체계가 일치하는 조직생활과 집단생활로 주민들을 유도했다. 아울러 분조단위로 작업하고 생활을 같이하는 전통적 품앗이의 집단생활양식 또한 그대로 유지했다. 도시 주민들은 인민반제도를 생활의 기본조직으로 하여 움직이며, 직장별로 수요강연회, 토요주총화학습 등의 조직활동이나 각종 대중단체활동을 함으로써 사회 전체가 하나의 거대한 집단으로 묶이게 된다. 그 밖에도 소년단, 청년동맹, 직업동맹, 농업근로자동맹, 여성동맹 등 각종 대중단체가 조직되어 있어 사회통합력이 유지되고 있는 것도 집단주의적 전통과 접목되어 있는 점이라고 할 수 있다.

조선시대의 지배적인 사상이었던 유교사상은 상업 활동을 천시했는데 북한은 사회주의의 발전개념에서 상업을 비생산적 노동으로 간주함으로써 묘한 일치를 이룬다. 농업생산 중심이었던 조선사회는 양반계층에 의해 상업의 발달이 극도로 억제됨에 따라 전반적으로 경제가 발전하지 못했다(Lim, 1985: 33-34). 이는 공산주의 사회가 발전이라는 개념을 물질의 생산에 한정짓고, 상업은 자본주의적 교환가치만을 증식시키는 비생산적인 것으로 간주함으로써 상업을 포함하는 대부분의 서비스분야를 발전의 개념에 포함하지 않는 것과 일맥상통한다. 북한의 사회주의 발전과정에서 서비스분야와 소비재 생산성이 낙후되어 전반적인 경제침체를 초래했음에도 불구하고 자본주의의 상업성을 비판하고 공산주의의 발전 개념을 합리화하는 데 전통 유교사상이 긍정적인 영향을 미친 것으로 보인다.

쇄국주의

북한사회의 통합요인으로 작용하는 심리적 배경으로 한국사회의 전통적인 사상의 흐름인 쇄국주의를 언급하지 않을 수 없다. 조선은 임진왜란 이후 300여 년 동안 외세의 침략에서 벗어나 있었고 특히 개항을 강요하며 조선해안에 출몰했던 서구세력을 가차 없이 격퇴함으로써 '은둔의 왕국'이라는 명성을 얻을 만큼 외세에 끈질기게 저항하며 전통을 고수하려 했다. 이것은 서구열강의 도전에 주자학으로 무장하여 이를 극복하려 했던 배타적인 유생들의 위정척사사상에서 연유한 것이었다. 이러한 사상적 흐름은 북한에서 폐쇄적인 사회체제에 대한 심리적 안도감으로 이어진다. 이 쇄국주의 흐름은 일제 강점기에 항일투쟁을 중심으로 공산주의 운동으로 계승됐고 분단 후 사회주의적 가치로 연결되어 체제에 흡수됐다. 북한은 자본주의 체제와 단절하고 사회주의 체제를 건설하는 과정에서 전통적인 쇄국주의 사상으로 무장되어 극단적인 폐쇄성을 강조했다. 한국전쟁 이후에는 이러한 폐쇄성이 더욱 강화되어 국가발전의 여러 분야에까지도 영향을 끼쳐 자립과 자위를 강조하는 발전전략이 형성됐다.

이러한 폐쇄적 사회는 파슨스가 제시한 구조기능주의 이론으로 더욱 의미 있게 설명할 수 있다(Lane, 1976: 19-28, 63-70). 구조기능주의의 입장에서 보면 사회는 A(Adaptation 적응)-G(Goal Attainment, 목표달성)-I(Integration, 통합)-L(Latent Pattern Maintenance, 잠재유형유지)의 기능을 수행하는데 사회주의 사회의 기능체계에서 최상부를 점유하는 마르크스-레닌주의가 잠재적 유형 유지의 기능을 하며 그에 알맞은 법, 정치, 경제, 기술이 발전하는 것으로 분석하고 있다. 예를 들면, 공산당이 마르크스-레닌주의의 가치를 정책으로 만들어 내고 행정기관과 대중조직을 통하여 실천에 옮긴다. 이러한 사회체계는 특히 '국가중심의 사회주의 근대화'를 이룩하는 것으로 데이비드 레인(David Lane)은 분석했다.

유교풍의 유기체론

북한사회는 마르크스-레닌주의 대신에 김일성의 주체사상이 사회와 구성원의 존재에 의미를 제공해 주는 잠재유형 유지의 기능을 하고 있다. 정치는 개별적인 개인의 의사를 전체 인민들의 요구와 이해에 맞게 통일시켜 나가고 통일된 전체 인민의 중심은 수령이 된다. 북한은 초기 계급갈등론에 입각하여 국가와 가족 등의 상부구조를 소멸 또는 개혁의 대상으로 평가하던 엥겔스 · 레닌적 관점으로부터, 점차 사회통제 및 사회통합의 수단으로 인식하는 유교풍의 유기체론적 사회이론 혹은 파슨스 식의 구조기능주의로 이동했다고 볼 수 있다.

유기체적 사회론은 아리스토텔레스 이래 서양정치사상의 한 지파를 형성해 온 고전적 사회사상으로 근대에 이르러 허버트 스펜서(Herbert Spencer)는 이것을 사회유기체론으로 정립했다. 이와 같은 유기체적 국가론과 사회론은 전통사회의 집단주의적 성격과 강한 연계성을 지니고 있다. 북한은 사회를 유기체적 관점에서 바라보며 인민은 세포, 당은 중추신경, 수령은 뇌수로 설명해 왔다. 1986년 김정일은 이를 종합하여 당과 수령, 인민이 하나의 유기체로 연결된 '사회정치적 생명체론'이라는 사회통합이론을 제시했다(김정일, 1986a). 생물 유기체에서 뇌수는 머리만을 위해 존재하는 것이 아니며 신체 각 부위, 즉 몸 전체를 위해 판단, 결정하는 것과 같이 수령과 당은 자신을 위해서가 아니라 인민을 위해 복무한다고 강조한다. 개개인은 죽음으로 사라져 버리는 유한한 존재이지만 사회는 개인을 초월해서 영원히 존재한다는 사회의 영원불멸설까지 주장하는 등 철저히 집단주의적이고 폐쇄적인 주체사상으로 통합을 도모했다.

유기체적 국가이론의 특징은 부분은 항상 전체의 이익을 위해 봉사하고 희생한다는 구조기능주의적 사회인식을 전제로 하고 있다는 것이다. 수령을 유기체의 뇌수에 비유하는 것도 바로 이 때문이다. 이와 같은 유기체적 사회론은 마르크스-레닌의 정통 사회주의 이론에서는 찾아볼 수 없으며, 그렇다고 유교문화적 유산도 아니다(전상인, 1993: 49). 김일성 수령론이 강조하는 혁명성이나 군중노선은 마르크스의 계급론이나 공자의 통치철학과는 거리가 먼 것이며 오히려 서양의 유기체론이나 기독교의 사상이론에 가깝다고 볼 수 있다.

사회주의 대가정

한편 북한의 사회정치적 생명체론은 가부장적 가족주의와도 상통한다. 사회정치적 생명체론은 정치적 생명을 매개로 하여 어버이 수령과 어머니 당, 그리고 그 자식으로서의 인민대중이 '혈연적인 관계' 혹은 '혁명적 의리와 동지애'에 기초하여 소위 '사회주의 대가정'을 이루자는 것을 핵심으로 하고 있다. 김일성은 아버지, 당은 가정의 어머니, 인민대중은 '어버이 수령'과 '어머니 당'의 영도 밑에서 혁명투쟁을 담당 · 수행하는 자식과 같은 존재로서 인식된다. 이는 혈연공동체에서 효를 중심에 두고 개인에게 영원한 생명을 보증하는 봉건유교적 전통과 구조적으로 매우 유사하다(스즈키 마사유키, 1991: 244; 전상인, 1993: 57-58). 북한의 권력구조가 친인척 중심으로 구성되어 있는 일종의 대가족체제라는 사실도 '사회정치적 생명체론'과 일맥상통한다.

이 가부장제의 토양에서 수령은 가정의 어버이로 간주된다. 김정일이 1986년 7월 15일 조선로동당 중앙위원회 책임일꾼 앞에서 행한 연설 "주체사상 교양에서 제기되는 몇 가지 문제에 대하여"에서는 가부장적 가족주의와 유기체적 사회론을 다음과 같이 설명한다.

> 자식들이 자기 부모를 사랑하고 존경하는 것은 자기 부모가 반드시 다른 부모들보다 낫거나 그들로부터 어떤 덕을 입을 수 있기 때문이 아니라, 바로 자기를 낳아 키워준 생명의 은인이기 때문입니다. 혁명적 의리를 지키는 사람이라면 좋을 때나 나쁠 때나 변함없이 오직 자기 생명의 모체인 수령, 당, 대중과 생사운명을 같이해 나갑니다. 만일 그 누가 자기 나라가 뒤떨어졌다고 하여 실망하고 자기 조국에 대하여 다른 마음을 먹거나 조국이 위험에 처했을 때 자기를 키워준 어머니조국을 배반하고 자기 한몸만을 건지려고 한다면 그 어느 나라 인민도 그러한 인간을 양심을 가진 사람이라 보지 않을 것입니다. 혁명적 의리를 가진 사람이라면 어떤 바람이 불어와도 사대주의를 하거나 자기 수령, 자기 당, 자기 조국을 배반하는 일이 없을 것입니다.(김정일, 1986a: 166)

사회정치적 생명체론에 입각한 북한의 통치이론은 유교적 전통 가운데서도 가장 보수적인 주자학의 윤리관에 근접해 있다(이종석, 1993: 92). 사회정치적 생명체론에서 주장하는 수령에 대한 무조건적 충성과 효성은 수령의 무오류성과 완전성을 전제로 하기 때문에, 군주의 완전성을 부인하고 역성혁명도 용납한 원시유교나 양명학적 전통보다 더욱 보수적인 것이다. 이는 유교적 가족이론의 토양에 기독교적 유일신 사상 등의 영향도 받은 것으로 보인다.

3. 사회통합 수준에 대한 경험적 평가

북한의 사회통합 노력과 역사 · 문화적 조건들은 사회성원들의 자발적 동의를 유도하는 데 어느 정도의 성과를 거두고 있는가? 경험적으로 볼 때 전반적으로 북한이 목표하고 공식적으로 주장하는 만큼 사회성원들이 체제가치에 자발적으로 동의하고 있다고는 볼 수 없으나, 자발적 믿음과 확신이 어느 정도 작동하고 있는 것으로 평가된다. 1990년대 중반과 2010년대를 비교할 수 있는 자료를 활용하여 북한의 사회통합 수준의 추이를 평가해 본다.

주체사상의 내면화와 자부심

1990년대 중반의 시점에서 북한의 주체사상이 주민 단결과 결속을 어느 정도로 촉진해 주고 있는가를 살펴보자. 산술적으로 평가하는 것이 무리이기는 하지만 1994년 조사에서 체제가치의 여러 하부 이념에 대해 적게는 50%에서 많게는 90% 이상의 사람들이 개인의 신념으로 내면화하고 있는 것으로 판단됐다(김병로, 1994c: 81-96). 주체사상의 철학적 이념에 대해 자신의 세계관 또는 인생관으로 신봉하고 있는 사람들은 신념의 정도에서는 차이가 있지만 전체 주민의 70~75% 정도가 됐다. 북한주민들의 주체철학에 대한 태도는 "사람이 모든 것의 주인이라는 말은 너무 당연한 것 아니냐"는 한 귀순자의 대답처럼 주체철학은 북한주민들의 의식 속에 아무런 장애 없이 인생의 의미를 부여하는 궁극적인 가치관으로 자리잡고 있었다. 이와 함께 우리 역사에 대한 민족주의적 해석은 북한체제의 가치를 정당화하고 사회성원들을 통합하는 데 강력한 설득력을 확보하고 있다.

〈그림 14-1〉은 20년이 지난 2008~2015년에도 주체사상 이념에 대한 내면화 수준이 어느 정도 유지되고 있음을 보여 준다. 2015년의 경우, "북한주민들이 주체사상에 대해 얼마나 자부심을 가지고 있다고 생각하십니까?"라는 질문에 주체사상에 대해 자부심이 '있다'고 답한 응답률은 52.7%로 '없다'는 응답률 47.3%에 비해 조금 많았다. "매우 큰 자부심을

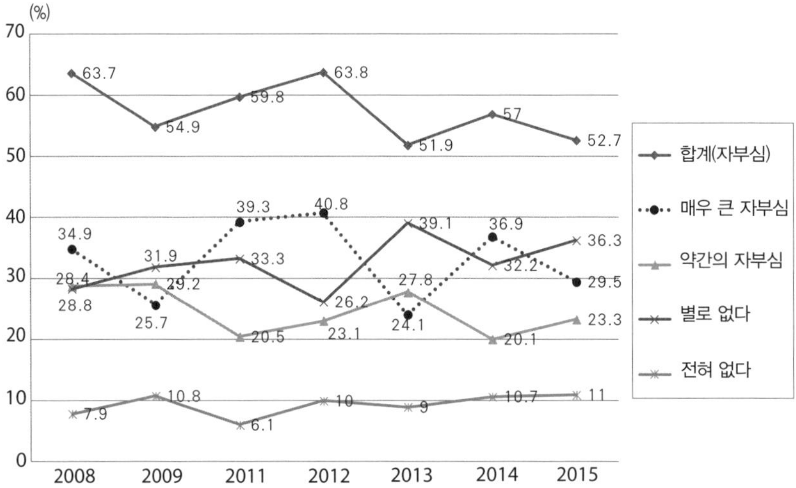

〈그림 14-1〉 주체사상에 대한 자부심(2008~2015)

갖고 있다"라고 평가한 응답은 29.5%로 많았고 "약간의 자부심을 갖고 있다"는 응답은 23.3%로 나타났다. 반면, '없다'고 응답한 사람들의 경우, "별로 없다"는 응답이 36.3%로 많은 반면 "전혀 없다"는 응답은 11.0%로 매우 적었다. 즉 강한 자부심을 가진 사람은 29.5%로 많은 반면, 전혀 없다고 강하게 부정하는 사람은 11.0%로 매우 적다는 것이다. 이는 북한 사회가 아직 주체사상 이데올로기가 어느 정도 작동하고 있음을 보여 주는 중요한 조사결과라 할 수 있다.

북한의 공식이데올로기인 주체사상에 대해 탈북자들의 평가가 이 정도로 나온다면 북한 내부에 살고 있는 주민들의 경우에는 어떤 의식을 형성하고 있을까에 대해 관심이 생기지 않을 수 없다. 중국을 방문 중인 북한주민을 대상으로 조사한 자료에 의하면 주체사상에 대해 "매우 큰 자부심"을 갖고 있는 사람이 51%, "약간의 자부심"을 갖고 있는 사람이 14%, "자부심이 별로 없다"는 사람이 13%, "전혀 없다"는 사람은 22%로 나타났다(강동완 · 박정란, 2014: 354). 즉 북한 내부에 거주하는 주민들은 북한주민 중 주체사상 자부심을 갖고 있는 사람들을 65%로 평가하여 탈북자의 평가(57%)보다 높게 나타났다. 한마디로 북한 내부에 거주하는 주민들의 주체사상 자부심이 탈북자의 평가보다 높게 나타난다

집단주의와 개인주의

북한에서 강조하는 집단주의 생활방식은 주체철학보다는 자발적 사회통합의 효과가 크지 않은 것으로 보인다. 개인주의에 반대하고 집단과 조직을 위해 희생하는 공산주의적 인간개조는 사회주의 체제의 본질적 특성이라는 점에서 긍정적으로 이해되고 있다. 그러나 사람의 이기적 본능 때문에 1994년 조사에서 60~65% 정도의 사람들만이 집단주의적 생활방식에 대해 자발적으로 복종하고 있는 것으로 분석됐다.

2000년대에는 〈그림 14-2〉가 보여 주듯이 북한에서 집단주의 대 개인주의 가치는 개인주의 지향으로 지속적으로 상승하고 있는 것으로 나타나고 있다. 2014년에 82.6%로 낮아졌으나 2015년에 다시 89%로 높아졌고 대신, 집단주의 가치 선호는 17.4%에서 11.0%로 낮아졌다. 전체적으로 보면 집단주의 대 개인주의가 20 대 80 혹은 10 대 90으로 개인주의가 압도적으로 우세하다. 집단주의를 강조하는 북한에서 개인주의가 강하게 작동하는 것은 경제발전과 주민유동성 및 정보유통의 증대로 과거 사회주의 체제가 강조하던 집단주의 가치가 그 정당성을 상실하고 있기 때문으로 보인다. 2013~2014년 1년 사이에는 집단주의 가치가 조금 강화됐으나 2015년에 다시 약화되어 큰 틀에서는 개인주의 가치를 선호하는 경향이 지배적인 추세다.

북한은 개인의 이익보다 사회와 집단의 이익을 더 중시하는 집단주의를 주민들의 행동규범과 책무로 헌법에 명시하고 있고 공식적으로 강조하고 있으나, 8 대 2로 개인주의가 압도하고 있는 것이 현실이다. 통일연구원은 1996년과 2006년에 북한체제의 내구력 평가 요소로서 '집단주의'를

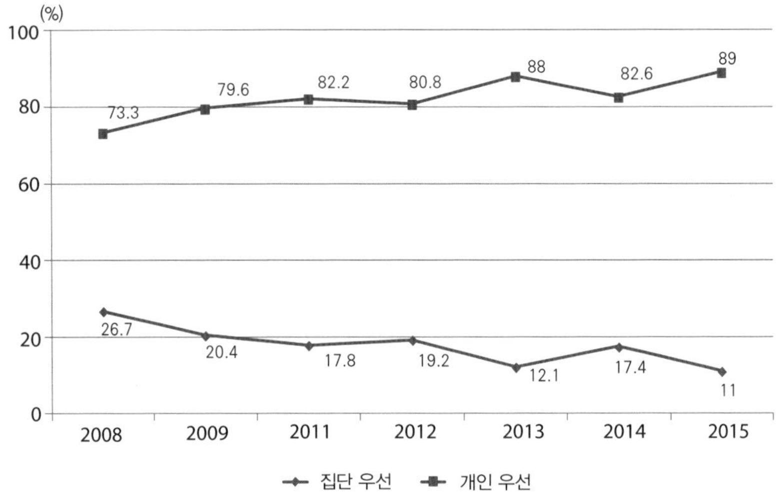

〈그림 14-2〉 개인/집단 우선 가치(2008~2015)

분석했다. 두 보고서는 1986~2005년까지 20년의 변화를 추적한 것으로 북한 집단주의 규범의 변화추이를 볼 수 있는 경험적 자료다. 1986년에는 2.6(4.0만점)을 기록하여 비교적 낮았으나, 1996년에는 3.0으로 높아졌다(김성철 · 정영태 · 오승렬 외, 1996: 35-38). 이처럼 큰 문제 없이 유지되던 집단주의는 2006년 조사에서 상당히 약화된 것으로 나타났다. 2006년 조사 결과 북한주민들은 국가나 정부보다는 나와 가족을 더 우선시하는 정도가 3.74(4.0만점)로서 매우 높게 나타났다(전현준 · 허문영 · 김병로 외, 2006: 35). 개인 · 가족주의가 1996년과 1997년에는 각각 2.68, 2.91로 낮았으나, 2000년대 이후 지속적으로 높아졌다. 개인주의적 성향의 강화와 집단주의의 약화 현상은 다른 부문보다 빠르게 변화하고 있는 것으로 보인다.

그러나 북한의 집단주의가 여전히 작동하고 있다는 다른 증거도 있다. "(북한에 살고 있는 북한주민들은) 통제가 없는 곳에서도 당의 요구대로 생활한다"라는 질문을 통해 집단주의 가치가 어느 정도 내면화되어 있는가를 살펴보았다. 이 질문에 대해 기대 이상으로 "그렇다"고 평가한 사람들이 많았다. ‘매우 그렇다’ 19.6%, ‘어느 정도 그렇다’ 23.3%로 42.9%가 “통제가 없는 곳에서도 당의 요구대로 생활한다”고 응답했다. 반면, ‘별로 안 그렇다’ 35.0%, ‘전혀 안 그렇다’ 20.9%로 전체의 55.9%가 “그렇지 않다”고 대답했다(전우택 · 홍창형 · 엄진섭, 2003: 634). 통제가 없는 곳에서도 당의 요구대로 생활하는 사람들이 많이 있다는 것은 당과 국가에서 실시하는 집단주의 학습과 교양이 북한주민들의 생활 속에 어느 정도 내면화되어 있는 것으로 평가해 볼 수 있다.

지도자에 대한 지지

1994년 조사에서 김일성에 대한 북한주민들의 지지는 “열렬하며 결코 무시할 수 없다”는 것이 공통적이었다. 아무리 적게 잡아도 북한주민의 60~70% 이상은 김일성을 절대적으로 신봉하고 있었으며, 많게는 99%의 북한주민이 김일성에 대한 지지를 보내고 있는 것으로 분석됐다. 주민들이 김일성을 이처럼 지지하는 이유는 첫째, 항일운동을 주도하여 일제를 타도하고 민족해방을 성취시켰으며, 둘째 한국전쟁에서 미국과 대결하여 승리했고, 셋째 전후 급속한 경제성장을 이룩했다는 점을 꼽는다.

북한의 사회통합은 수령론에 입각하여 김일성 · 김정일이라는 개인을 상징적 통일로 삼고 있는 독특한 성격을 갖고 있다. 거의 모든 북한주민이 김일성을 신적인 존재로 생각하고 있다고 볼 때 북한의 자발적 사회통합에서 수령론이 차지하는 역할은 지대하다고 할 수 있다. 아래의 〈그림 14-3〉에서는 2015년 김정은에 대한 지지도가 “50% 이상”이라고 답한 사람이 58.1%로 비교적 높게 나타나고 있다. 김정은에 대한 지지도가 이처럼 높게 나타난 이유는 일차적으로는 선전선동부의 활동 때문이라 할 수 있겠지만, 군사적으로 위험하다고 느낄 수 있는 섬지역과 최전방지역 현지시찰이라든가, 경제건설 현장을 수시로 현지 지도하는

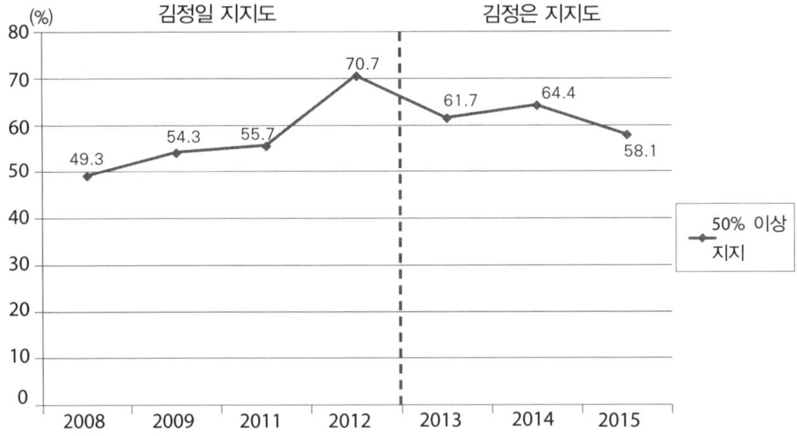

〈그림 14-3〉 김정일-김정은에 대한 지지도(2008~2015)

모습을 미디어를 통해 보도함으로써 패기 있고 대범한 이미지, 생활밀착형 지도자, 젊은 지도자의 이미지가 주민들에게 전달됐기 때문으로 생각된다.

사회통제 실태

북한의 사회통제 실태를 가장 잘 보여 줄 수 있는 지표 중 하나는 주간 생활총화의 참가실태일 것이다. 〈그림 14-4〉에서 보이는 바와 같이 2014년에 소폭 개선됐던 생활총화 참여율은 더는 상승하지 않고 예년과 비슷한 수준을 유지하고 있다. 생활총화 참여율 70~90%라는 응답이 최근 3년 동안 29.3%에서 34.2%로, 그리고 다시 26.6%로 다소 떨어졌고, 90% 이상이라는 응답은 17.3%에서 19.5%, 그리고 다시 19.9%로 늘어났다. 이 문항은 2011년에 처음 조사하기 시작한 항목으로 과거 통일연구원의 자료[6]에서 "90% 이상"이라는 응답이 2008년에는 26.0%, 2009년에 16.2%,

6 통일연구원 자료는 2010년 8월 말부터 9월 초에 걸쳐 탈북자 694명을 대상으로 실시한 면

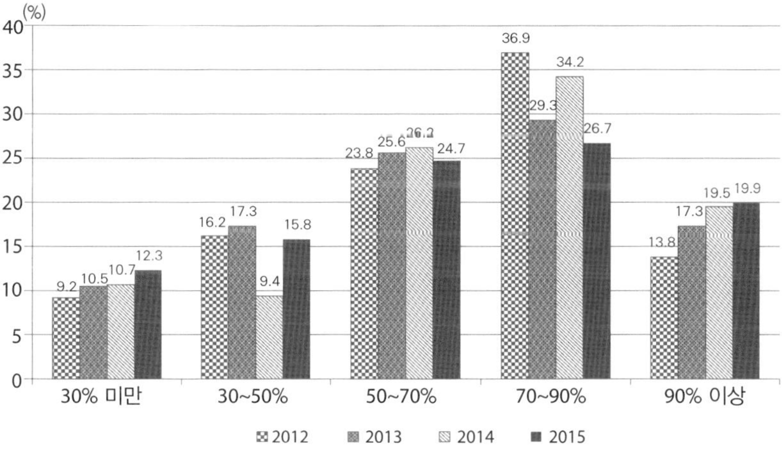

〈그림 14-4〉 생활총화 출석률(2012~2015)

2010년 19.5%로 조사된 것과 비교하면 2011년에는 17.5%, 2012년 13.8%, 2013년 17.3%, 2014년 19.5%, 2015년 19.9%로 2010년대 들어 조금 더 낮아졌음을 알 수 있다. 그러나 2013년부터 소폭 증가하기 시작하여 2014년에 다시 높아져 생활총화가 조금씩 정상을 회복하고 있는 것으로 평가된다.

"북한에 거주할 당시 공안기관에 의한 사회통제는 어느 정도 유지되고 있다고 생각하셨습니까?"라는 사회통제 실태에 대해 2015년 조사는 "잘 유지되고 있다"는 응답이 50.0%, "잘 유지되지 못하고 있다"는 응답이 50.5%로 의견이 팽팽하게 맞섰다. 〈그림 14-5〉에서 보이듯이 2013년에 특이하게도 사회통제가 "잘 유지되고 있다"는 의견이 9% 포인트 상승했고, 2015년에도 다시 9%가 상승한 것으로 보아 김정은 정권이 들어선 이후 공안기관에 의한 사회통제가 이전보다 강화됐음을 알 수 있다.

접조사 결과다.

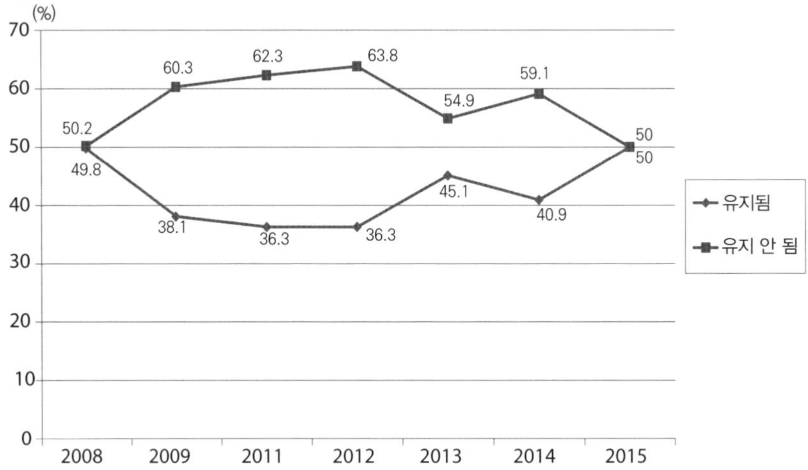

〈그림 14-5〉 사회통제 실태(2008~2015)

정치적 비판행위 실태

김정은 정권 출범 이후 북한 내부의 정치적 비판 행위가 현저히 줄어드는 현상이 발견됐다. 서울대 통일평화연구원의 북한주민 통일의식조사에 따르면 "북한에 거주할 당시 북한에 지도자나 정부에 대한 비판 행위(낙서, 삐라 등)가 얼마나 있다고 생각하셨습니까?"라는 질문에 "있다"는 응답이 2012년에는 73.1%였다가 2013년에는 66.2%, 2014년 44.7%, 2015년 62.3%로 감소 추세가 나타났다. 최근 4년 사이에 북한에서 정치적 비판행위가 급감했다가 2015년에 다시 상승한 이유는 무엇일까? 하나의 이유는 최근 몇 년간 북한이 주민통제에 관한 법제를 정비하고 대주민 통제를 강화한 데 따른 결과 때문으로 보인다. 북한은 2009년 4월 28일 형법을 개정하고 7월 21일과 10월 19일 추가 개정을 단행했다. 2010년 7월 8일에는 주민행정법을 제정했으며 행정검열법도 2010년에 제정했을 가능성이 높다(이규창, 2012). 2011년 10월 16일에는 행정처벌법도 개정하여 경제관리질서 위반행위를 단속할 수 있는 법조항을 신설했다. 제정된

법규를 김정은 정권이 출범한 2012년부터 적극 집행함으로써 사회통제가 전반적으로 강화되어 북한 내 비판행위가 줄었을 가능성이 있다.

그러나 2014년 정치적 비판행위가 급감한 원인이 북한 내부에 있기보다 외부에 있을 가능성이 더 높다. 즉 이명박 정부 시기 미국과 한국의 재정적 · 인적 지원을 바탕으로 북한민주화 운동을 적극 전개하면서 민주화 운동의 일환으로 대북전단과 낙서 등의 활동이 활발히 이루어지다가 2013년부터 이러한 운동이 소강국면에 들어갔기 때문이 아닌가 싶다. 미국의 '북한인권법'에 의한 재정지원으로 중국 등지에서 북한민주화 운동이 활발하게 시도됐으나 재정지원이 중단된데다 중국의 시진핑 정권이 중국 내 한국인들의 활동에 대한 단속을 강화함으로써 대북활동이 크게 위축됐다. 그 결과 북한주민들이 보기에 낙서나 대북전단과 같은 정부 비판행위가 급감한 것으로 인식됐을 것이다. 그러나 유엔의 대북인권 결의안(2014년) 등으로 대북단체들의 민주화 활동이 재개됐고 북한 내부의 시장이 다시 확산됨으로써 정부에 대한 비판적 행위가 44.7%에서 62.3%로 늘어난 것으로 보인다.

4. 사회통합의 전망

통합의 위기관리

북한은 사회를 지탱하는 이념인 주체사상을 시대상황에 맞게 변형 · 발전시켜 왔으며, 집단주의의 가치와 복지제도를 통합의 상징과 의식으로 충분히 활용하고 있고, 교육 · 교양체계를 통해 체제이념과 경험적 현실을 연결시킴으로써 자발적 사회통합을 도모하고 있다. 동시에 1980년대 이후 경제침체와 사회구조 변화 및 대외적 개방으로 불가피하게 초래된 여러 사회갈등 요인을 해소하기 위해 새로운 정책대안을 제시하고, 주체사상 이론의 변형적용 및 사회통제를 병행함으로써 사회통합의 위기를 관리해 나가고 있다. 현재까지 사회갈등은 비교적 성공적으로 관리된 것으로 평가되며 이와 같은 사회갈등이 북한에서 당장에 자발적 사회통합을 균열시킬 가능성은 낮은 것으로 보인다.

북한사회는 제3세계라는 역사적 상황에서 태동됐고 자주, 자립의 심리적 열망을 안고 출발했다. 사회주의 이념은 북한주민들에게 단지 '추격발전'의 경제적 수단으로서만 전달된 것이 아니라 제국주의의 억압과 굴레로부터 민족을 해방시키고 민족적 자긍심을 심어 주는 희망의 메시지였다. 경제효율성을 상실한 북한체제가 이러한 사회주의 이념을 가지고 실업, 마약, 매춘, 소득불평등과 같은 소위 '자본주의적 병폐'를 공격하면서, 사회복지시설, 무상교육, 무료치료, 배급제 등 소위 '사회적 혜택'과 '사회적 정의'를 북한사회주의 체제의 우월성으로 내걸 수 있었다. 따라서 '추격발전'에 실패한 북한 사회주의 체제가 지속할 수 있는 여지는 어느 정도 남아 있는 셈이 된다.

또한 북한 사회주의 체제는 내전의 과정을 거치면서 공고화됐다. 북한은 세계적 냉전체제의 절정기에 한국전쟁이라는 정치사상전을 경험함으로써 주민들로 하여금 사회주의 대 자본주의의 대결구도를 뿌리깊게 심어 주었다. 내전의 질적 · 양적 피해의 심대성 때문에 사회주의 대 자본주의라는 갈등구조는 북한 전체 주민에게 자연스럽게 내면화됐다. 그런가 하면 전통 유교문화의 쇄국주의적 성향과 상업에 대한 부정적 태도 등이 북한사회의 폐쇄성과 경제구조의 미분화에 기여한 것으로 보이며, 가부장적 속성과 집단주의 등은 사회정치적 생명체론이 뿌리내리기에 유리한 토양이 됐다. 북한의 사회는 수령 · 당 · 대중의 유기적 국가관으로부터 행정체계, 작업장, 생활공간에 이르기까지 생명유기체적 관점에서 조직·관리되고 있다.

정당화 담론의 변화

북한이 경제체제가 붕괴했음에도 사회통합력을 나름대로 유지하고 있는 데는 분단구조 속에서 남한과의 비교우위를 활용하여 사상교육을 시키고 있기 때문이다. 북한은 사회주의 체제의 정당성을 확보하기 위해 경제가 침체되는 상황에서 이론적 수정작업을 시도했다. 즉 사회주의 체제의 우월성을 경제적 효율성보다 사회적 합리성 내지 도덕적 우월성으로 연결시키면서 정당화하고자 했다. 북한은 1980년대까지만 해도 남북한을 비교하면서 북한체제가 훨씬 잘먹고 잘산다는 경제적 우월성을 강조해 왔었다. 그러나 1990년대부터는 남한과의 경제적 격차가 현격해짐에 따라 북한은 경제우위 대신에 무상교육, 무상치료 등 사회복지제도와 실업 및 윤리적 타락 등 소위 '자본주의적 사회문제'의 부재를 우월적 요인으로 내세우며 체제를 정당화하고 있다.[7]

이러한 북한의 논리전개는 식량난을 정당화하고 사회주의 체제의 우월성을 주지시키는 데 중요한 근거가 되고 있다. 즉 북한의 사회주의가 남한의 자본주의 제도보다 효율성이 높다고 생각하는 사람은 30~40%에 불과하지만, 사회주의 제도가 소위 사회적 불평등을 제거하는 데 좀 더 나은 제도로 인식하는 사람들은 70%나 되는 효과를 보게 된 것이다(김병로, 1994c: 99-100). 이들은 사회주의 경제가 더 효율적일 수 없으나 자본주의는 개인이 경쟁을 해야 하며 그만큼 개인의 부담이 커지고 부익부 · 빈익빈 현상이 발생한다는 '사회적' 문제점을 지적함으로써 사회주의를 정당화한다. "북한사람들 가운데 남한이 북한보다 잘살고 있다는 사실을 모르는 사람은 많지 않을 것이다. 그렇지만 남한은 사람 살 만한 곳이 못

7 이러한 정당화의 시도는 1990년대에 들어 김일성 · 김정일의 교시에도 두드러지게 나타난다. 1990년 5월 최고인민회의 9기 시정연설에서 김일성은 북한이 현재 "비록 유족한 생활을 한다고는 할 수 없지만" 기본생활은 보장받고 있다며 경제 효율성보다는 사회적 우월성을 강조했다(김일성, 1990: 298; 김정일, 1992a).

된다는 식으로 생각하는 사람들이 대부분이다"라는 한 고위층 탈북자의 진술은 북한체제가 남한의 사회적 취약성을 사회통합에 어떻게 이용하고 있는지 명백히 보여 준다. 오히려 사회주의에서 실업자를 없애기 위해 '완전고용' 제도를 추구하는 한, 사회주의는 자본주의에 비해 비효율적일 수밖에 없다고 주장하며 이러한 북한체제를 정당화하고 있다. 이러한 이유 때문에 북한이 동유럽처럼 체제가 붕괴하지 않고 사회통합력을 나름대로 유지하고 있는 것이다.

응집력 약화의 객관적 요인들

그러나 북한은 사회주의 체제 발전과정에서 계급노선의 시대적 낙후와 경직성, 주체이데올로기의 재해석 필요성 증대, 경제침체 및 개혁·개방에 따른 사회적 부작용 등이 드러남으로써 사회적 응집력이 약화되고 있는 것도 사실이다. 이는 국제정세의 변화와 사회주의 체제의 정치적 경직성, 산업화에 따른 사회구조의 변화 및 대외개방으로부터 불가피하게 초래되는 현상들이다. 이러한 구조적 변화들은 자발적 사회통합을 유지·관리하는 데 적잖은 부담이 되고 있다.

북한은 최근까지 자발적 사회통합 메커니즘은 비교적 효율적으로 작동했으나 향후 다음의 두 가지 사회변화에 주의를 기울여야 한다. 첫째, 사회주의 체제는 공산당독재라는 명분하에 주민들을 정치적으로 탄압해 왔고 이에 대한 주민들의 불만이 누적되어 있다는 점이다. 둘째, 경제침체를 타개하기 위해 개혁·개방을 추진한 결과 빈부격차와 계층갈등, 가치관의 변화 등 사회적 부작용이 발생했고 이는 결국 체제에 대한 불만으로 이어지고 있다는 사실이다.

이런 점에서 2009년 개정헌법에서 '공산주의'를 국가의 목표에서 삭제한 것은 중대한 변화다. 즉 기존 헌법의 "사회주의, 공산주의는 근로대중의 창조적 로동에 의하여 건설된다"(29조)는 내용에서 '공산주의'를 삭제하고 사회주의만을 남겨 놓았다. 문화혁명의 목표(40조)도 "사회주의, 공산주의 건설자"로 만드는 것에서 "사회주의 건설자"를 만든다고 했고, 교육의 목표(43조)에서도 "공산주의적 새 인간" 육성에서 "주체형의 새 인간"으로 바꾸었다. 그동안 체제의 목표로 제시해 왔던 '공산주의'의 깃발을 내린 것은 그만큼 북한체제의 결속력이 약화되고 있음을 의미한다.

이러한 정치적 · 경제사회적 문제점 때문에 자발적 사회통합력은 점차 약해지고 있다. 계급노선과 성분정책에 입각하여 주민을 분류하고 전사자 · 피살자 가족과 같은 핵심군중을 우대함으로써 이들로부터 열렬한 지지를 확보했으나, 여기에서 소외된 복잡군중과 기본군중들의 정치적 불만을 불식시키지 못하고 있다. 북한 당국이 이들의 정치적 불만을 해소하기 위해 '사랑과 믿음의 정치'를 표방하고 있지만 이는 결과적으로 자발적 동의에 기초한 북한의 사회통합의 취약성을 드러내고 있는 것이다.

청년학생과 지식인

가장 먼저 주시해야 할 집단은 청년학생과 지식인 집단이다. 김정일은 동독, 루마니아 등 사회주의 체제의 붕괴 원인이 바로 관료주의, 지식인과 청소년의 사상이완, 엘리트 분열 때문이라고 결론을 내린 바 있다(김정일, 1992b). 개혁 · 개방정책을 추진한 결과 관료주의가 팽배하고, 지식인과 청소년들의 사상오염이 심각해짐에 따라 엘리트 계층이 분열된다고 보고, 이러한 일탈현상과 부작용을 해소하기 위해 강력한 단속과 사회통제의 필요성을 강조했다.

북한 청년학생의 의식 상태는 현재까지 다른 연령층에 비해 비교적 나은 편이다. 북한이 주장하는 사회주의와 주체사상의 가치를 가장 잘 내면화하고 있는 집단이 20대 청년학생들이다. 김정은 제1위원장이 2015년 10월 10일 당창건 70주년 기념연설에서 '청년강국'을 화두로 내세운 것도 북한 체제 유지에 청년들의 지지가 필요하다고 판단했기 때문일 것이다. 과거 공산주의나 파시즘과 같은 급진적인 정치운동을 지도자들이 확산시키기 위해 청년학생들의 이념적 열정을 이용했다는 사실을 돌이켜 보더라도 청년에 대한 강조는 그리 놀라운 일이 아니다. 동시에 서구 민주주의 가치나 자유화의 바람에 가장 민감하게 반응할 집단이 청년학생인 것도 사실이므로 이들에 대한 우려도 크다. 2013년 10월 30일 몽골 대통령은 김일성종합대학에서 독재를 비판하며 '자유'가 정치 · 사회 발전에 동력이며 자산이라는 연설을 함으로써 많은 사람을 긴장시켰다. 이러한 활동에 영향을 받아 '자유'의 소중함을 깨닫는 청년학생들이 생겨난다면 북한은 심각한 위기를 맞을 것이다.

향후 북한의 사회통합력은 평화체제 구축과 같은 군사적 긴장의 해소 여부, 경제의 회복정도, 그리고 개혁 · 개방의 속도 등에 따라 크게 달라질 것으로 예상된다. 경제침체로 불가피하게 추진하는 개혁 · 개방조치가 주민들 간의 소득불평등을 초래하여 주민 간 및 일반주민과 간부계층 간 상대적 박탈감을 불러일으킨다면 북한의 자발적 사회통합 메커니즘의 작동체계는 급격히 둔화될 가능성도 없지 않다. 그러나 북한의 정치경제적 불만으로 인한 사회통합에서의 결정적인 균열은 군사적 위기가 상당부분 해소된 후에야 가능할 것이다.

지금까지 유지되어온 북한체제의 통합력이 최근 북한사회의 개방정책 추진과 관련하여 어떻게 변화될 것인가 관심이 크다. 국제화 · 개방화 시대를 맞이하여 북한사회가 추진하려는 개방정책들이 북한주민들 사이에 어떠한 이반현상을 초래할지는 단언할 수 없지만, 북한은 이미 서구 기독교 사상을 흡수할 수 있다는 자신감을 바탕으로 1988년부터 교회를 설립하고 체제의 유연성을 시험한 바 있다. 이러한 연장선상에서 김정은 정권은 2012년 경제개혁과 주민생활 향상을 기치로 내걸고 야심차게 등장했다. 장성택의 몰락으로 경제강국 정책이 '병진노선'으로 후퇴하고 새로 만든 김일성-김정일주의가 경직된 면이 없지 않으나, 경제강국과 김정일애국주의 등의 담론을 동원하여 현재 경제특구와 개혁정책을 나름대로 추진하고 있다. 북한사회가 처한 역사적 · 사회적 · 문화적 환경이 북한주민을 구속하는 강력하고도 설득력 있는 조건이 될지, 아니면 점증하는 경제적 욕구가 이 조건을 뚫고 분출할 것인지 귀추가 주목된다.

종장

지구화 시대 '조선'의 미래

1. 붕괴냐 통일이냐?

세계 사회주의 위기 속에 체제 불안정성이 점증하고 있는 '조선'의 미래는 과연 어떤 결말을 맞을 것인가? 전 세계의 소식이 안방까지 바로 전달되는 지구화 시대에 교류와 왕래가 단절된 유일한 국가로 남게 된 북한은 중국의 개방과 한국의 발전상을 보면서 고민이 깊어질 것이다. 전쟁과 '고난의 행군'의 아픔을 그대로 간직한 채 21세기 북한은 조선식 국제화와 강성국가를 희망하고 있다. 국제적 압박에 분노하며 폭발적 종말을 맞을 것인지, 아니면 국제사회와 무리 없이 소통하고 화합하는 나라로 발전해 나갈지 세계의 관심이 쏠리고 있다.

북한사회의 미래를 전망해 볼 때 두 가지 가능성이 있다. 하나는 붕괴이고, 다른 하나는 통일이다. 우선 붕괴라는 측면에서 보면 북한이 유일지도체제에서 앞으로 최소한 30년간 정권이 교체되지 않고 2050년까지 김정은 체제로 가는 것으로 상정하고 있을 터인데 과연 그러한 미래가 가능한가 하는 것이다. 북한 내부에서의 정권 전복 가능성에 대해 끊임없는 관심이 제기되고 있고 장성택 처형 이후 이러한 가능성과 관심은 더 커지고 있다. 빈민층 확대와 빈부격차는 더욱 심화되고 민중의 심리적 이반 현상들이 상당히 진행되고 있으며 경제는 회복하기 어려운 상황이어서 그러한 기대는 더 높다.

그럼에도 상류층과 그동안 체제를 지탱해온 사람들이 체제를 버리고 떠나는 상태에까지는 아직 이르지 않았다. 핵심군중으로 간주되는 20%의 상층은 김정은 체제와 운명을 같이하는 사람들이다. 또 김정은이 현지지도와 감성정치 등을 통해 사람들의 지지를 이끌어내고 있는 측면도 있어서 내부에서 체제를 전복하려는 조직적인 세력들이 형성돼 있지는 않다. 체제의 불안요인이 증가하고 있는 것은 사실이나 북한사회의 변화와 민심 수준이 정권붕괴나 체제붕괴를 촉발할 정도는 아닌 듯하다. 주체사상에 대한 자긍심과 김정일 위원장의 지지도 또한 어느 정도 유지되고 있는 상황을 고려해 볼 때, 가까운 시일에 즉 10년 이내에 북한체제가 붕괴할 가능성은 그리 높지 않아 보인다.

문제는 김정은 정권이 핵문제로 막혀 있는 서방세계와의 외교관계를 어떻게 개선하면서 경제를 재건할 수 있느냐 하는 것이다. 김정은 정권이 선군사상과 병진노선 등의 이념과 노선에서는 향후 10년 동안 급격한 변화를 보이기는 어려울 것이다. 2014년 7월 서울대 통일평화연구원이 조사한 북한주민 통일의식조사에 따르면, 북한 '사회주의 정권'이 향후 단기간 내 붕괴하기보다는 상당 기간 유지될 것이라는 의견이 압도적으로 많았다.[1] 이런 측면에서 북한의 사회주의 체제가 향후 10년 이상 존속할 가능성은 높다.

1 '북한 사회주의 정권'의 미래전망에 대해 '생각해본 적 없다'는 응답이 25.5%로 가장 많았고, 5~10년 지속(23.5%), 30년 이상 지속(16.1%), 5년 미만 지속(12.8%), 10~15년 지속(11.4%)의 순으로 조사됐다(정은미 · 김병로 · 박명규 외, 2015: 109).

식량난과 경제문제가 점점 심각해지고 있어서 북한의 미래전망에서 결정적 변수는 경제문제가 될 것이다. 선군정치를 전면에 내건 북한은 군수산업에 자원을 우선 배분하는 중공업 위주의 경제발전 전략의 틀을 크게 수정하지는 않을 것으로 보인다. 대신 북한의 체제는 '단번도약'의 중심고리로 선정한 IT산업 개발을 어떻게 성공적으로 추진할 수 있느냐 하는 문제와 중국, 한국, 미국 등 외부세계의 대규모 지원 여부에 따라 그 미래가 달라질 것이다.

사회적 측면에서 내부 구조의 변화와 문화적 개방은 지속적으로 확대될 것이다. 앞에서 언급했듯이 시장의 확대로 빈부격차가 심화되어 장사·외화벌이로 돈을 번 신흥부유계층과 빈곤층의 격차가 크게 벌어짐에 따라 사회적 갈등이 확대되고 있다. 개인소상공업이 확산되고 군대와 군외화벌이 기관, 핵심 권력자들은 무역과 장사를 통해 많은 이익을 축적한 것으로 보인다. 반면, 생존을 위한 지리적 이동과 사회적 변화가 급속도로 진행됐고 편법과 일탈이 일상화됐다. 대부분의 공장 노동자들은 생활비(월급)를 못 받기 때문에 편법적 시장활동으로 이를 충당한다. 이러한 변화는 앞으로도 지속될 것으로 보아야 할 것이다.

전반적으로 북한의 시장화와 개방화는 계속될 것이고 그에 따른 구조적 변화가 가속화될 것이다. 탈냉전 이후 북한은 무역활동과 해외 근로자, 친척방문자, 유학생, 외교관, 남북 간 인적·물적 왕래, 금강산 관광, 탈북자 등을 통해 문화접촉이 지속적으로 증가했다. 또한 정보통제가 엄격하여 정치적 시위가 불가능한 북한체제에서 불만을 품은 국민들이 택할 수 있는 유일한 길은 체제를 탈출하는 방법뿐이다. 이런 점에서 북한의 문화개방과 탈북자의 발생은 지속적으로 이루어질 것이며, 현재의 정보통신 발달과 중국의 개혁개방 추세로 미루어 볼 때, 2025년까지 문화접촉으로 인한 북한의 변화는 지금보다 훨씬 빠르게 진행될 것이다.

현재의 북한체제는 10년 후인 2025년까지 붕괴되지는 않겠지만 시장의 확산과 유입된 문화는 지역자립체제와 계층구조, 주체사상 신념을 서서히 변화시켜 나갈 것이며, 정치, 경제, 사회문화 영역에서 불안정성은 매우 높아질 것이다. 물론 북한은 핵무기 협상을 집요하게 끌며 군사적 협상을 통해 경제지원을 확보하고 특구 중심으로 개혁 · 개방정책을 추진하며 체제유지를 도모하려 하고 있다. 또 안보위협을 부각하며 민주적 요구를 억제해 나갈 것이다. 그러나 사회주의 체제를 개혁 · 개방한다는 것은 통제의 완화와 개인의 자유 허용을 필연적으로 수반한다. 외부정보 유입의 증대와 핵문제 · 인권문제 등으로 외부의 개방 요구와 압박은 더욱 강해질 것이어서 체제위기로 발전할 수 있다. 이러한 위기가 상존하는 가운데 북미 간 갈등과 대립이 여전히 지속되어 북한의 전시사회체제는 빛바랜 채 힘겹게 버텨나갈 것이다.

북한사회의 미래를 전망해 볼 때, 다른 하나의 가능성은 바로 통일이다. 북한주민들의 통일의지는 대단히 강하다. 특히 통일을 하면 경제적으로 잘살 수 있다는 생각 때문에 통일에 대한 열망이 매우 높다. 탈북자들을 통한 북한주민 의식조사를 보면 98% 내지 100%의 북한주민이 통일을 열망하는 것으로 나타난다. 그러나 문제는 통일의 열망에도 불구하고 통일의 미래를 진지하게 준비하고 있지는 않다는 점이다. 통일의 방법은 '수령'이 교시를 내려준 '연방제'로 통일하면 되는 것이어서 그 이상의 논의는 할 수도 없고 하지도 않고 있다. 통일에 수반되는 교류와 협력에 관한 문제를 진지하게 논의할 공간이 전혀 마련되어 있지 않은 것이다. 북한학자들과 통일문제로 토론을 해보면 통일준비가 거의 되어 있지 않다는 사실을 직감할 수 있다. 통일은 한반도에 주둔하고 있는 미군철수가 시작이며, 연방제 안으로 제기한 정치군사적 논의를 제외하면 아무런 준비도 하지 않고 있다.

통일문제는 별도로 다루어야 할 주제이지만, 앞으로 한반도 통일은 북한주민들이 남한체제를 선택하는 방식으로 진행될 가능성이 높다. 이런 맥락에서 북한주민들이 남한을 어떻게 생각하고 있느냐가 대단히 중요하다. 통일을 실현하려면 남북의 체제와 제도를 하나로 묶어 주는 통합 메커니즘이 필요하다. 마치 육중한 자동차를 움직이는 엔진과 같은 역할에 비유할 수 있을 것이다. 경제공동체나 평화체제 같은 통합제도가 바로 이런 것들이다. 또한 통일외교도 필요하고 갈등을 조정하는 리더십도 필요하며, 무엇보다 자동차를 움직이는 연료와 같은 남북한 구성원들의 통일열망도 중요하다. 남한주민의 통일의지도 중요하지만 북한주민들이 한국과 통일을 하려는 마음의 준비가 되어 있는가 하는 문제가 매우 중요하다. 동독주민들이 서독체제를 선택했듯이 통일은 결국 북한주민이 한국을 선택하는 과정이 될 것이기 때문이다.

이런 관점에서 보면, 현재 북한주민들의 대남 선호도는 매우 낮으므로 통일 가능성 또한 낮다고 할 수 있다. 북한사람들이 가장 선호하는 국가는 남한(남조선)이 아니라 중국이다. 2014년 서울대 통일평화연구원의 북한주민 통일의식조사에서 북한사람들의 중국선호도는 79%인 데 비해 남한선호도는 16%에 그쳤다. 이런 현실에서는 만약 북한이 붕괴한다 해도 그들은 중국에 도움을 요청하지 남한에 손을 내밀지는 않을 것이다. 북한주민들은 '대한민국'을 모른 채 '남조선' 의식만 갖고 있다. 북한사람들은 남조선을 해방되어야 할 식민지이며 학생과 노동자들이 연일 반정부 데모를 일삼아서 미제와 파쇼정권이 무력으로 정권을 유지하지 않으면 당장이라도 붕괴하고 말 취약한 사회로 인식하고 있다. 영화와 음악, 드라마와 같은 문화상품, 화장품과 전자제품 등 질 좋은 상품을 통해 '대한민국'을 조금씩 알아가고 있으나 선호도와 인식수준이 여전히 '남조선'에 머물러 있다.

이런 상황에서 통일을 기대하기는 어렵다. 상품에 대한 평가는 그런대로 선호하는 측면이 있지만 남조선 '사람'에 대해서는 불신과 편견, 두려움이 여전히 크다. 현재의 남북관계로 미루어볼 때 향후 몇 년 동안 북한주민들의 대남인식이 크게 달라질 것 같지는 않다. 최근 탈북자 조사가 보여 주듯이 남북관계의 악화로 북한주민들의 대남 적개심은 최근에 오히려 높아지고 있는 추세다. 물론 이러한 의식의 흐름은 정책의 변화에 따라 달라질 수 있으므로 너무 비관할 것만은 아니나, 대립적이며 소통과 이해가 부족한 남북교류의 현실에서 가까운 장래에 통일이 실현되리라고 생각하는 것은 지극히 현실성이 없어 보인다.

2. '조선'의 개방과 국제화의 도전

북한의 미래가 붕괴도 아니고 통일도 아니라면 제3의 길은 있는가? 있다면 그 길은 무엇이고 어떻게 갈 수 있는가? 젱하스의 주장처럼 분리평화(dissociative peace)가 지배하고 있는 국제사회의 현실은 북한과 같은 작은 나라가 제3의 길을 쉽게 찾지 못하도록 되어 있다(Senghaas, 1974: 59-103). 분리평화란 행위자들 간의 분리와 단절을 통해 질서를 유지하는 현상을 가리킨다. 국제사회에서 강대국은 현 질서를 유지하기 위해 적대관계에 있는 상대국을 소외시키고 따돌려 평화를 유지하는 경향이 있으며, 대체로 약소국을 희생양으로 삼아 자기편을 결속하고 정당화하는 수단으로 이 분리평화를 사용한다. 분리평화를 재생산하고 있는 현대 국제위계질서 속에서 북한 같은 어느 한 국가가 자폐적 적대성을 스스로 완화하고 협력의 길에 들어서기는 쉽지 않다. 국제사회가 정치적 착취 현실을 개선하고 자폐적 적대성을 완화하기 어려운 구조를 갖고 있기 때문이다. 따라서 이러한 구조에서 북한이 지금까지 추구해 온 폐쇄노선을 벗어나 개혁 · 개방과 발전의 길로 들어서기 위해서는 국제사회의 자기교정 노력이 수반되지 않고서는 불가능하다.

분리평화가 관행화되어 있는 국제환경에서는 국가 간에 단순히 상호

의존성만 증대한다고 하여 문제가 해결되지는 않는다. 적절한 조정능력이 결여되어 있다면 국제체계 안에서 상호의존성을 증대하면 할수록 더 깊은 갈등의 수렁으로 빠질 수도 있다. 따라서 분리평화의 폐해를 극복하려면 국제관계의 현실적 문제를 개선하는 평화프로그램과 실제적 전략 구상이 필요하다. 그리고 프로그램과 전략을 수행할 수 있는 역량강화를 위해 여러 국제조직의 도움이 필요하다. 이런 맥락에서 젱하스는 연대평화(associative peace)의 필요성을 강조한다(Senghaas, 1974: 90-92; 2013: 65-66). 즉 접촉을 억제하고 압박을 행사하는 것이 아니라 대등한 관계에서 형성되는 협력과 상호의존에 입각한 평화를 추구해야 한다는 것이다. 국가 간에 적 이미지를 완화하고 공격성을 띠지 않는 경쟁관계를 조성하며 상호신뢰와 조정능력을 통해 평화공존을 학습하는 연대평화의 증진을 제안하고 있다.

연대평화를 실현하려면 국가 간 관계의 구조적 재구성을 포함하는 사회적 대변환이 필요하다. 즉 자폐적 적대성을 억제하는 구조강화의 노력과 국가 간 관계의 심화 및 현실 판단 능력 향상이 함께 이루어져야 한다. 국가 간 불균형이 기존의 종속관계를 강화할 수 있으므로 특히 약한 국가들의 필요를 고려하는 비판적 사유가 필요하다. 그러지 않을 경우 강대국과 약소국이 공존하는 비대칭적 구조에서 약소국은 구조적 폭력의 악순환을 끊으려고 극단적 위협수단을 동원하는 반면, 강대국은 현상을 타파하려는 약소 적대국의 움직임을 차단하고자 더 큰 위협전략을 사용함으로써 종종 직접적인 폭력으로 귀결되고 만다(Senghaas, 1974: 94; 2013: 69). 국제적 지원이 없는 약소국의 위협전략만으로는 강대국의 아성을 무너뜨릴 수 없고 그것이 효과를 발휘한다 해도 시간이 매우 오래 걸린다.

연대평화로 가는 길은 길고 험난한 과정으로 첫 단계는 생존이라는 표현이 적합할 만큼 평화공존을 추구하는 것이 매우 중요하다. 젱하스는 연대평화로 가는 첫걸음으로 네 가지를 조언한다(Senghaas, 1974: 95-

96; 2013: 70). 첫째, 자기비판(self-criticism) 활동을 통해 위협전략이 갖고 있는 자기중심성(self-centeredness)을 극복해야 한다. 자기비판은 정치전략 수정과 조직배치 및 정치교육을 촉진하는 효과적인 사유과정으로, 위협전략과 분리평화의 위험성을 상기시킴으로써 냉전시기 형성된 국민들의 퇴행적 의식구조를 극복하는 데 기여한다. 둘째, 적대적 혹은 비우호 국가에 대해 의식적으로 민감하게 반응하지 않는 자기교정(self-correction) 기능이 필요하다. 갈등의 악순환을 방지하고 가능한 한 행동-반응 증후를 완화하기 위해 의식적인 노력을 기울임으로써 감정에 휩쓸리지 않는 비강화(non-escalation) 또는 탈강화(de-escalation) 전략을 견지해야 한다. 셋째, 자폐적 적대성을 촉발하는 요인들을 찾아내고 그 행동을 조정하는 제도적 · 조직적 기회를 점진적으로 확대해야 한다. 현재의 분리평화 틀 안에서는 각국의 자기교정 조치가 양측에서 동시에 실행되지 않거나 포괄적 사회변화가 뒤따르지 않으면 강대국들 간의 음모에 휘둘릴 가능성이 크다. 넷째, 새로 시도되는 국내 · 국제 정책들 사이에서 긍정적인 환류과정이 이루어지도록 노력해야 한다. 그러한 긍정적 환류과정은 대안적 전략을 발전시키려는 시도를 성장 · 확장시키는 촉진 기능을 한다.

이러한 네 가지 가이드라인이 연대평화의 전략으로 적절한 출발점인지 아닌지는 정치엘리트의 헌신과 준비 정도에 전적으로 달려 있다(Senghaas, 1974: 96; 2013: 71). 지금까지 유럽의 경험으로 보면, 자기비판과 자기교정의 가능성은 충분히 있을 것으로 보인다. 그러나 만약 새로운 정책을 위한 네 가이드라인이 국내의 정치, 경제, 사회 및 대외정책의 전 영역으로 전환되지 않는다면 자폐적 적대성의 구조는 크게 바뀌지 않을 것이다. 이러한 전략이 성공할지, 그리고 변화가 나타날지는 전적으로 개혁적 정치집단의 끊임없는 노력과 결심에 달려 있다.

이런 점에서 볼 때 북한이 자폐적 적대성을 타파하고 창의적 신질서에 편입하도록 만들기 위해서는 국제사회와의 만남과 교류, 대화가 지금보다 훨씬 큰 규모로 추진되어야 한다. 시장 확산을 지원하고 문화교류를 확대함으로써 북한 내부에 일고 있는 민주, 시장, 문화의 역량을 축적해 나가야 한다. 이를 위해 한국이 선택할 수 있는 최선의 정책은 북한이 세계무대에 더 적극적으로 나올 수 있도록 도움을 주는 것이다. 이런 점에서 "북한을 국제사회의 책임 있는 일원으로 편입"시키는 '국제화' 정책이 필요하다(박명규 · 전재성 · 김병연 외, 2013). 북한과 국제사회의 상호관계가 확대되어 북한이 국제적 규범에 부합하는 정책을 구사할 수 있도록 돕는 전략이다. 북한국제화의 비전을 주변국과 공유하고 북한과의 전략적 관계 설정을 시도해 나감으로써 북한사회를 치유하고 통일의 가능성을 열어가야 한다. 이를 위해 동북아의 연대평화를 적극 실현해 나가야 할 것이다. 북한의 붕괴나 흡수통일을 지양하고 오히려 미국 · 일본과 외교관계를 개선하도록 지원하는 정책을 추진하며 핵문제에 대해서는 남북관계와 분리하여 접근하는 투트랙(Two Track) 정책을 구사해야 한다. 한국이 자기비판과 자기교정 역량을 발휘하여 주변국에 휘둘리지 않고 중견국에 걸맞은 일관된 통일정책을 펴나가야만 자기폐쇄적인 북한의 개방과 변화가 가능할 것이다. 한국이 갖고 있는 경제적 수단과 평화협정 카드를 활용한다면 비관적이지만은 않다.

3. 연대평화, '최후승리'의 길

김정은 정권이 출범한 2012년부터 가시적으로 드러나는 북한사회의 변화는 일말의 기대를 던져 준다. 김정은 제1위원장이 부인을 대동하고 현지지도를 하는 거침없는 행보와 신세대다운 발랄한 의상을 입고 파격적으로 등장한 퍼스트레이디 리설주의 모습은 이전에는 상상할 수 없는 북한의 모습이다. 신설 모란봉악단 공연 무대에 디즈니 만화 캐릭터가 무대에 등장하고 이를 TV로 방영하는가 하면, 평양 시내에 피자와 스파게티를 파는 패스트푸드 식당도 생겨났다. CNC라는 영어를 기술혁명의 보편적 담론으로 사용하고 있고 첫 공개연설에서 "다시는 인민이 허리띠를 졸라매지 않도록 하겠다"는 김정은의 선언은 금방이라도 무슨 중대한 변화의 조치를 단행할 것 같은 태세다. 어둡고 침울한 시대, 고난의 행군 시대를 마감하고 북한이 공언한 대로 '강성국가'로 진입하는 문을 열었다는 느낌을 준다.

동독과 사회주의 체제가 붕괴될 것이라고 아무도 예측하지 못했듯이, 북한의 미래가 어떻게 될지에 대해서는 장담할 수 없다. 많은 사람들은 사회주의 체제가 붕괴했기 때문에 북한체제의 미래에 대해서도 시간문제이지 언제 붕괴할지 모른다고 생각한다. 사회주의 경제 시스템은 분명 비효율적이어서 시장체제로 바꾸지 않으면 지속할 수 없다. 그러나 중국이 그랬듯이 북한도 만약 사회주의 경제를 시장경제로 바꾸면 경제발전의 전기를 맞아 신흥강국으로 부상할 수도 있다.

문제는 바깥세계에 대한 두려움과 불안의 심리를 어떻게 극복하며 국제협력을 도모할 것이냐다. 김정일 사망 이후 선군정치에서 경제강국 건설로 방향을 전환했던 김정은 정권은 장성택 몰락 이후 이른바 병진노선을 앞세워 균형을 유지하려는 경향으로 가고 있다. 모란봉악단 공연이 뜸해지고 파격적이었던 리설주의 행보가 신중해진 것도 이러한 분위기를 말해 준다. 북한은 지난 15년 동안 7.1조치와 종합시장 개설, 황금평 · 위화도와 나진 · 선봉 경제특구 설치 등 시장화 개혁과 개방 정책을 대대적으로 추진했으며, 금강산관광사업과 남북정상회담, 개성공단 등 대남사업에도 적극적이었다. 2013년 11월과 2014년 7월에는 신의주 특구와 19개 경제개발구를 최고인민회의 상임위원회 정령으로 발표하고 '핵무력'에 대한 발언을 자제하며 경제개발에 대한 의지를 부각시키고 있다.

북한 당국은 스스로 해낼 수 있다는 믿음과 비전을 북돋고 있다. "오늘을 위한 오늘을 살지 말고 내일을 위한 오늘을 살자!", "자기 땅에 발을 붙이고 눈은 세계를 보라!"는 등의 구호를 동원하여 과거에 사로잡히지 않고 미래를 향해 나아갈 것을 독려하고 있다. 북한사람들은 고난의 행군과 굶주림 속에서 포기하지 않고 견디어 낸 저력이 있다. 북한인의 잠재력을 끌어내 주기만 하면 변화와 성장은 충분히 가능할 것이다. 북한이 이대로 주저앉을 것인가, 아니면 어떤 계기를 맞아 자폐적 적대성이 완화되고 새로운 도약의 시대를 열어갈 것인가, 지금 시험대에 올라와 있다.

전쟁으로 다져진 강인함과 민첩성이 한국인들에게도 있고 북한의 '조선인'에게도 있다. 전쟁과 고난의 행군을 뚫고 살아남은 자들만이 느낄 수 있는 코리안의 저력이 숨어 있는 것이다. 김정은이 통치하든, 다른 지도자가 통치하든 간에 북한사람들에게, 아니 조선사람들에게 학습되고 훈련된 강인함이 있다는 것이다. 그러나 과거의 고통스러운 경험 때문에 두려움과 트라우마에 갇혀 미래를 제대로 준비하지 못할 수도 있다. 과거의 상처들이 치유되어야만 자기 폐쇄적 집착에서 벗어나 건강한 생각과 창의력이 나올 수 있다.

김정일 위원장은 2000년 6월 정상회담에서 김대중 대통령에게 세계 언론이 "은둔에서 나를 해방시켰다"는 표현을 언급하며 '뭐 좋다'라는 태도를 취했다. 한편으로는 감사의 표현이며 다른 한편으로는 개방의지를 갖고 있는 북한을 이해해 주지 않는 데 대한 섭섭함의 표시다. 은둔생활을 하던 김정일을 국제무대로 끌어냈듯이 북한이 외부세계와 접촉하고 교류할 수 있도록 기회를 열어 주어야 한다. 2009년 12월 17일 김정일은 김일성종합대학을 방문하고 "자기 땅에 발을 붙이고 눈은 세계를 보라!"는 구호를 하달했다. 북한의 젊은이들이 추구해야 할 북한의 미래비전인 것이다. 북한이 드디어 세계로 향하는 마음의 문을 적극적으로 열기 시작한 것인가! 북한식 국제화 담론이라 할 수 있는 이 구호를 해외유학 경험이 있는 김정은 제1위원장이 어떻게 실행해 나갈지 관심이 쏠리고 있다. 이런 점에서 '북한 국제화' 정책은 '조선'을 열린 사회로 변화시키고 남북 화해의 문을 여는 계기를 제공할 것이다.

이제 북한은 자신들의 말처럼 '최후승리'를 향하여 달려가고 있다. 젊은 김정은 제1위원장은 2012년 4월 태양절 100주년 기념연설이자 자신의 첫 공개연설에서 "다시는 인민이 허리띠를 졸라매지 않도록 하겠다"며 연설 말미에 "최후승리를 향하여 앞으로!"라는 구호를 외쳤다. 2015년 신년사에서도 '최후승리를 향한 총공격전'이라는 구호로 '최후승리'를 다시 내세웠다.[2] 경제고지 점령이 목전에 왔음을 강조하는 표현이다. 2016년 5월 개최하기로 선언한 제7차 당대회를 계기로 최후승리를 향한 자신들의 원대한 비전을 제시할 것이다. 그러한 희망과 기대가 결국 붕괴로 귀결될 것인지, 아니면 한국과의 통일로 새로운 전기를 맞을 것인지, 아니면 제3의 길을 찾아 한국과 공존하는 새로운 발전계기를 창출할 수 있을 것인지는 한국을 포함한 국제사회의 역할에 따라 좌우될 것이다.

북한의 경험이 보여 주듯 전쟁과 폭력은 생존자들에게 치명적인 상처를 남긴다. 전쟁의 동기와 무관하게 북한은 결과적으로 미국으로부터 엄청난 폭격을 받고 궤멸 직전에 구사일생으로 살아났다. 전쟁의 피해는 막대했고 충격은 심각했다. 그 충격으로 북한은 외부 세계로부터 자신을 완전히 닫아버리는 폐쇄사회로 전락했다. 자신의 안전을 스스로 지켜야 한다는 신념과 수령에 대한 믿음으로 심리적 안도감을 찾고자 했으나 두려움과 불안은 떨칠 수 없다. 남북정상회담과 같은 국가적 일정도 외부의 '적'들이 파고들지 모른다는 두려움 때문에 전격적으로 하루를 연기하는가 하면, 인도적 지원 과정에도 외부 불순한 세력의 정보공작이 이루어질

2 '최후승리'라는 표현이 신년사에 자주 등장하는 말은 아니며 주로 경제발전과 관련하여 이 구호를 사용했다. 북한에서 시장개혁이 한창 진행 중이던 2000년대 초 김정일 위원장이 공동사설에서 사용했던 표현이고, '강성대국의 문'을 목전에 두었던 2011년, 그리고 '경제강국건설'을 구호로 내걸었던 2013년에 사용했다.

수 있으므로 사전 언론공개를 결사적으로 차단한다. 몸을 숨기기 위해 땅굴이 필요했고, 지상으로 나오기 위해서는 공격무기가 필요했다. 외부세계에 마음을 열지 못하고 자신의 세계에 갇혀 고집스러운 행태를 보이는 사람처럼 북한은 핵무기 개발에 집착했다. 그들에게 핵무기는 단순한 무기가 아니라 자신의 생명과 운명을 담보해 주는 절대적 존재다. 안전과 안보에 대한 원초적 불안의식이 여전히 심각한 상태다.

북한이 과연 스스로의 의지와 역량을 동원하여 폐쇄사회의 빗장을 걷어낼 수 있을 것인가? 전쟁과 '고난의 행군'으로 다져진 삶의 의지와 민첩성이 경제건설 역량으로 발현될 수 있는 길은 무엇일까? 무엇보다 전쟁의 불안과 두려움에서 벗어날 수 있는 평화로운 환경조성이 필요하며, 개방과 협력을 통해 경제건설에 매진하도록 하는 데는 한국과 주변국 등 외부 세계의 지원과 도움이 절실하다. 자폐적 적대성이 만성화된 사회는 내부통합능력은 갖고 있으나 외부와의 소통 능력은 현저히 결여되어 있기 때문이다. 최근 북한으로부터 들려오는 군장성들에 대한 숙청 소식은 개방과 경제강국 건설로의 전환이 쉽지 않음을 보여 준다. 북한이 눈만 세계로 여는 것이 아니라 발걸음을 그곳으로 옮길 때 최후승리의 길이 열릴 터인데 전쟁과 폭력, 경제적 고난, 유엔제재, 인권압박으로 점철된 과거의 경험과 대내외 환경으로 볼 때 그들이 세계를 향해 발걸음을 스스로 옮기는 일은 쉽지 않아 보인다. 북한이 국제사회와 협력관계를 증진할 수 있도록 연대평화로의 전환노력이 절실히 필요한 때다.

참고문헌

국문

강동완 · 박정란. 2014. "김정은 시대 북한 사회의 변화: 북한주민 심층 면접조사를 중심으로". 『세계 속의 북한학: 과거, 현재, 미래』. 제1회 세계 북한학 학술대회 발표논문, 연세대학교 은명대강당(10.29.).

강응빈. 1985. 『주체사상총서 6』. 평양: 사회과학출판사.

강정구. 1991. "한국전쟁과 북한사회주의 건설". 손호철 외. 『한국전쟁과 남북한사회의 구조적 변화』. 서울: 경남대학교 극동문제연구소.

강정구 · 법륜 엮음. 1999. 『1999 민족의 희망찾기』. 서울: 정토출판.

건국대학교 통일인문학연구단. 2012. 『고난의 행군시기 탈북자 이야기』. 서울: 박이정.

고유환. 2010. "김정은 후계 구축 논리와 징후". 『통일문제연구』 제53호: 93-122.

공용철. 2012. "2012 북한의 정치사회 변동과 김정은 체제 전망". 『북한주민통일의식과 북한사회변동: 2012 북한이탈주민 조사결과 발표』. 서울대학교 통일평화연구원 학술회의(8.29.).

과학 · 력사사전출판사. 1982. 『위대한 수령 김일성동지의 로작 용어사전』. 평양: 과학 · 력사사전출판사.

과학백과사전종합출판사. 1989. 『위대한 수령 김일성 동지의 《세기와 더불어》학습사전 1』. 평양: 과학백과사전종합출판사.

과학 · 백과사전출판사. 1981. 『조선전사 26』. 평양: 과학 · 백과사전출판사.

______. 1982. 『백과전서』 제1권. 평양: 과학백과사전출판사.

______. 1985.『정치사전』 제1권. 평양: 과학백과사전출판사.

국가정보원. 2010.『북한법령집(上)』. 서울: 국가정보원.

국방군사연구소. 1997.『한국전쟁(下)』. 서울: 국방군사연구소.

국방부 전사편찬위원회. 1987.『한국전쟁』. 서울: 국방부 전사편찬위원회.

근로자 편집부. 1980a. "우리 당과 혁명발전에서의 새로운 리정표".『근로자』 제1호.

______. 1980b. "우리 당은 불패의 위력과 령도력을 지닌 위대한 당".『근로자』 제2호.

______. 1980c. "우리 당의 혁명전통을 빛나게 계승발전시켜 주체의 혁명위업을 끝까지 완성하자".『근로자』 제12호.

김광욱. 1999. "위대한 수령 김일성동지께서 밝히신 지하공장건설의 사회경제적 유리성".『경제연구』 제2호.

김귀옥. 1992. "한국전쟁과 북한의 사회주의 건설".『한국전쟁과 한국사회변동』. 1992년 여름 사회학회 발표논문.

김명훈. 1997. "위대한 령도자 김정일동지께서 밝히신 지방공업발전에 관한 리론".『경제연구』 제1호.

김민 · 한봉서. 1985.『주체사상총서 9』. 평양: 사회과학출판사.

김병로. 1992a. "남북한 사회경제발전 모델의 비교 (Ⅰ)".『북한연구』 제3권 제1호: 195-207.

______. 1992b. "남북한 사회경제 발전모델의 비교 (Ⅱ)".『북한연구』 제3권 제2호: 194-207.

______. 1992c. "북한 사회주의 체제의 개혁과 전망".『사회과학』 제31권(통권 35호): 213-234.

______. 1993a.『김일성저작 해제』. 서울: 민족통일연구원.

______. 1993b. "북 · 미회담 이후의 남북한관계 전망".『사회과학』 제32권 제2호: 237-262.

______. 1994a.『탈북자 발생 배경 분석』. 서울: 민족통일연구원.

______. 1994b. "북한의 사회통합 방식과 기독교의 유사성".『민족통일을 준비하는 그리스도인』. 서울: 두란노.

______. 1994c.『주체사상의 내면화 실태』. 서울: 통일연구원.

______. 1997a.『북한인권문제와 국제협력』. 서울: 통일연구원.

______. 1997b. "아시아 사회주의 체제의 발전과 민주화".『성균사회학』 제2집: 49-88.

_____. 1998. "북한식량난이 사회통합에 미치는 영향". 『통일연구논총』 제7권 제1호: 133-161.

_____. 1999. 『북한의 지역자립체제』. 서울: 통일연구원.

_____. 2000a. "한국전쟁의 인적 손실과 북한 계급정책의 변화". 『통일정책연구』 제9권 제1호: 219-242.

_____. 2000b. 『북한사회의 종교성: 주체사상과 기독교의 종교양식 비교』. 서울: 통일연구원.

_____. 2007. "경제조치 이후 북한의 사회적 변화". 윤영관 · 양운철. 『7.1경제관리개선조치 이후 북한경제와 사회: 계획에서 시장으로?』. 서울: 한울아카데미.

_____. 2010. "중국의 정책변화로 한반도 정세가 변화되고 있다". 한반도평화연구원 KPI칼럼. 〈http://www.koreapeace.or.kr/, 2010.3.10.〉

_____. 2012a. "북한의 분절화된 시장화와 정치사회적 함의". 『북한연구학회보』 제16권 제1호: 93-121.

_____. 2012b. "북한주민의 대남인식과 북한사회 변화실태". 『북한주민통일의식과 북한사회변동: 2012 북한이탈주민 조사결과 발표』. 서울대학교 통일평화연구원 학술회의(8.29.).

_____. 2013a. "분단체제와 분단효과: 남북관계의 상호작용 방식과 영향 분석". 『통일문제연구』 제25권 제1호: 77-112.

_____. 2013b. "북한의 문화 · 생태적 상황". 박명규 · 김성철 · 이찬수 외. 『녹색평화란 무엇인가?』. 서울: 아카넷.

_____. 2013c. "북한의 시장화와 계층구조의 변화". 『현대북한연구』 제16권 제1호: 171-213.

김병로 · 김성철. 1998. 『북한사회의 불평등 구조와 정치사회적 함의』. 서울: 민족통일연구원.

김병연. 2005. "사회주의 경제개혁과 체제이행의 정치적 조건". 『비교경제연구』 제12권 제2호: 215-251.

_____. 2009. 『체제이행과 경제통합: 동유럽, 중국, 독일, 그리고 북한』. 서울: 대한발전전략연구원.

김병연 · 양문수. 2012. 『북한 경제에서의 시장과 정부』. 서울: 서울대학교출판문화원.

김봉호. 2004. 『위대한 선군시대』. 평양: 평양출판사.

_____. 2005. 『선군으로 위력 떨치는 강국』. 평양: 평양출판사.

김성진. 2009. “체제이행기 러시아 연방관계의 변화와 특징”. 『사회이론』 통권 제36호.

김성철 · 정영태 · 오승렬 · 이헌경 · 이기동. 1996. 『북한 사회주의 체제의 위기수준 평가 및 내구력 전망』. 서울: 민족통일연구원.

김수암 · 김국신 · 김영윤 · 임순희 · 박영자 · 정은미. 2011. 『북한주민의 삶의 질: 실태와 인식』. 서울: 통일연구원.

김영윤. 1994. “남북한 사회보장제도 비교”. 『통일한국의 사회보장정책 방향』. 한국개발연구원 1994년도 하반기학술발표회(12.9.).

_____. 2006. 『북한 경제개혁의 실태와 전망에 관한 연구』. 서울: 통일연구원.

김익성 외. 1989. 『조선지리전서: 공업지리』. 평양: 교육도서출판사.

김일. 1966. “사회주의 경제건설의 당면과업에 대하여”. 『로동신문』(10.11.)

김일성. 1945. “새 민주주의 국가건설을 위한 우리의 과업(1945.10.)”. 『김일성저작집 1』. 평양: 조선로동당출판사(1979).

_____. 1952. “지방행정체계와 행정구역을 개편할 데 대하여”. 『김일성저작집 7』. 평양: 조선로동당출판사(1980).

_____. 1953. “모든 것을 전후 인민경제 복구발전을 위하여”(조선로동당 중앙위원회 제6차 전원회의에서 한 보고, 1953.8.5.). 『김일성저작집 8』. 평양: 조선로동당출판사(1980).

_____. 1954. “현 계단에 있어서의 우리나라 혁명의 성격과 제1차5개년계획의 기본방향에 대하여”(조선로동당 중앙위원회 정치위원회에서 한 결론, 1954.12.29.). 『김일성 저작집 9』. 평양: 조선로동당출판사(1980).

_____. 1955. “사상사업에서 교조주의와 형식주의를 퇴치하고 주체를 확립할 데 대하여”. 『김일성저작집 9』. 평양: 조선로동당출판사(1980).

_____. 1956. “8.15해방 10주년 기념보고(1956.8.15.)”. 『김일성저작집 10』. 평양: 조선로동당출판사(1980).

_____. 1959. “사회주의 경제건설에서 나서는 당면한 몇 가지 과업들에 대하여”(조선로동당 중앙위원회 전원회의에서 한 결론, 1959.12.4.). 『김일성저작집 13』. 평양: 조선로동당출판사(1981).

_____. 1960. 『김일성선집』. 제2판. 4권. 평양: 조선로동당출판사.

_____. 1961a. “조선로동당 제4차대회에서 한 중앙위원회 사업총화보고(1961.9.)”. 『김일성저작집 15』. 평양: 조선로동당출판사(1981).

______. 1961b. "새 환경에 맞게 공업에 대한 지도와 관리를 개선할 데 대하여"(대안전기공장 당위원회 확대회의에서 한 결론, 1961.12.16.). 『김일성저작집 15』. 평양: 조선로동당출판사(1981).

______. 1961c. "우리나라의 정세와 몇 가지 군사과업에 대하여"(조선로동당 인민군위원회 제2기 제2차 전원회의 확대회의에서 한 연설, 1961.12.25.). 『김일성저작집 15』. 평양: 조선로동당출판사(1981).

______. 1962a. "당 조직사업과 사상사업을 개선강화할 데 대하여(1962.3.8.)". 『김일성저작집 16』. 평양: 조선로동당출판사(1982).

______. 1962b. "군의 역할을 강화하며 지방공업과 농촌경리를 더욱 발전시켜 인민생활을 훨씬 높이자". 『김일성저작집 16』. 평양: 조선로동당출판사(1982).

______. 1966. "현 정세와 우리 당의 과업"(조선로동당대표자회에서 한 보고, 1966.10.5.). 『김일성저작집 20』. 평양: 조선로동당출판사(1982).

______. 1967a. "농민을 혁명화하며 농업부문에서 당대표자회 결정을 철저히 관철할 데 대하여". 『김일성저작집 21』. 평양: 조선로동당출판사(1983).

______. 1967b. "국가활동의 모든 분야에서 자주, 자립, 자위의 혁명정신을 더욱 철저히 구현하자". 『김일성저작집 21』. 평양: 조선로동당출판사(1983).

______. 1968a. "혁명가유자녀들을 직업적 혁명가로 키우자". 『김일성저작집 22』. 평양: 조선로동당출판사(1983).

______. 1968b. "사회주의 농촌건설을 다그치며 군을 잘 꾸릴데 대하여". 『김일성저작집 22』. 평양: 조선로동당출판사(1983).

______. 1969. "사회주의 경제의 몇 가지 리론문제에 관하여(1969.3.1.)". 『김일성저작집 23』. 평양: 조선로동당출판사(1983).

______. 1971a. "자강도 인민들의 후방공급사업을 개선하기 위한 몇가지 과업에 대하여". 『김일성저작집 26』. 평양: 조선로동당출판사(1984).

______. 1971b. "조선로동당 중앙위원회 제5기 제3차 전원회의에서 한 결론(1971.11.18.,23.)". 『김일성저작집 26』. 평양: 조선로동당출판사(1984).

______. 1972. "우리나라 사회주의 제도를 더욱 강화하자(1972.12.)". 『김일성저작선집 6』. 평양: 조선로동당출판사(1980).

______. 1974a. "사회주의 농촌건설에서 이룩한 성과를 더욱 공고발전시키자"(전국농업대회에서 한 연설, 1974.1.10.). 『김일성저작집 29』. 평양: 조선로동당출판사(1985).

______. 1974b. 『김일성저작선집 6』. 평양: 조선로동당출판사(1980).
______. 1975. “지방예산제를 더욱 발전시킬 데 대하여”. 『김일성저작집 30』. 평양: 조선로동당출판사(1985).
______. 1976. “민족간부양성사업을 더욱 개선강화할 데 대하여”(김일성종합대학 교직원들 앞에서 한 연설, 1976.11.28.). 『김일성저작집 31』. 평양: 조선로동당출판사(1986).
______. 1977. “축하문: 만경대혁명학원 교직원, 학생들에게”. 『김일성저작집 32』. 평양: 조선로동당출판사(1986).
______. 1983. “주체사상을 구현하기 위한 조선인민의 투쟁에 대하여”. 『김일성저작집 38』. 평양: 조선로동당출판사(1992).
______. 1984a. “남남협조와 대외경제사업을 강화하며 무역사업을 더욱 발전시킬 데 대하여”(조선민주주의 인민공화국 최고인민회의 결정, 1984.1.26.). 『김일성저작집 38』. 평양: 조선로동당출판사(1992).
______. 1984b. “독립채산제를 바로 실시하는 데서 나서는 몇 가지 문제에 대하여”(정무원 상무회의에서 한 연설, 1984.11.13.). 『김일성저작집 38』. 평양: 조선로동당출판사(1992).
______. 1987. “조선로동당 건설의 역사적 경험”(김일성고급당학교 창립 40돐 기념 연설, 1987.5.31.). 『김일성저작선집 9』. 평양: 조선로동당출판사.
______. 1990. “우리나라 사회주의 우월성을 더욱 높이 발양시키자”(조선민주주의 인민공화국 최고인민회의 제9기 제1차회의에서 한 시정연설, 1990.5.24.). 『김일성저작집 42』. 평양: 조선로동당출판사(1995).
김정일. 1964. “사회주의 건설에서 군의 위치와 역할”. 『근로자』(1985년 제3호).
______. 1967. “경제건설과 국방건설에서 혁명적 앙양을 일으키기 위한 사상선전을 강화할 데 대하여(7.3.)”. 『김정일선집 1』. 평양: 조선로동당출판사(1992).
______. 1983. “주체사상에 대하여”. 『친애하는 지도자 김정일 동지의 문헌집』. 평양: 조선로동당출판사(1992).
______. 1984. 『인민생활을 더욱 높일 데 대하여』. 평양: 조선로동당출판사.
______. 1986a. “주체사상교양에서 제기되는 몇 가지 문제에 대하여(1986.7.15.)”. 『친애하는 지도자 김정일동지의 문헌집』. 평양: 조선로동당출판사(1992) 및 『근로자』(1987년 제7호).
______. 1986b. 『주체사상의 기본에 대하여』. 평양: 조선로동당출판사.

_____. 1992a. “사회주의 건설의 력사적 교훈과 우리 당의 총 로선(1992.1.3.)”. 『김정일선집 12』. 평양: 조선로동당출판사(1997).

_____. 1992b. “혁명적 당건설의 근본문제에 대하여(1992.10.10.)”. 『김정일선집 13』.평양: 조선로동당출판사(1998).

_____. 1994. “군의 역할을 높여 인민생활에서 전환을 일으키자”(조선로동당 중앙위원회 책임일군들과 한 담화, 1994.10.20.). 『김정일선집 13』. 평양: 조선로동당출판사(1998).

_____. 1997. 『위대한 수령님을 영원히 높이 모시고 수령님의 위업을 끝까지 완성하자』. 평양: 조선로동당출판사.

김진하. 2010. 『북한 3대 세습 후계구도 분석 및 정책변화 전망』. 서울: 통일연구원.

김철희. 1993. “북한의 남침땅굴과 안보”. 『아태』 통권 제7호.

_____. 1998. “남침땅굴, 북핵 그리고 대남적화공작”. 『아태』 통권 제10호: 77-110

김태우. 2013. 『폭격: 미공군의 공중폭격 기록으로 읽는 한국전쟁』. 서울: 창비.

김학준. 1989. 『한국전쟁』. 서울: 박영사.

김홍명 역. 1983. 『마르크스 주의자들』. 서울: 한길사.

남북문제연구소. 1994. 『교과서를 통해서 본 북한』. 서울: 남북문제연구소.

대북협력민간단체협의회 · 대북지원민관정책협의회. 2005. 『대북지원 10년 백서』. 서울: 대북협력민간단체협의회.

동국대학교 북한일상생활연구센터. 2010. “북한의 부자들”. 동국대학교 북한학과 북한일상생활연구센터 조사자료. 〈http://blog.daum.net/kjw77/13755708, 2010.8.6.〉

동지에. 2012. “1950~1960년대 북한 산업연수생의 북경 연수활동”. 『현대북한연구』 제15권 제1호: 7-38.

들뢰즈, 질. 2004. 『차이와 반복』. 김상환 옮김. 서울: 민음사.

디지털 북한 백과사전, 2015. “집단조리제”. 〈http://www.kplibrary.com/nkterm/read.aspx?num=881, 2015.5.27.〉

리경제. 1991. “독립채산제를 바로 실시하는 것은 공장, 기업소들에서 재정관리를 개선하기 위한 중요방도”. 『근로자』 제8호.

리기성. 1992. 『주체의 사회주의 정치경제학의 법칙과 범주 (1)』. 평양: 사회과학출판사.

림진강 편집부. 2007. “인터뷰: 우리나라의 경제형편(상)”. 『림진강』 창간호(11월):

53-70.

민화협. 2011. 『인도적 대북지원과 남북관계: 구조, 쟁점, 추진방향』. 2011 남남대화 — 제6차 화해공영포럼, 프레스센타 19층 기자회견장(10.27.)

박승덕. 1993. “기독교에 대하는 주체사상의 새로운 관점”. 『기독교와 주체사상』. 서울: 신앙과 지성사.

박재규 편. 2007. 『새로운 북한읽기를 위하여』. 개정증보판. 서울: 법문사.

_____ 편. 2011. 『북한의 딜레마와 미래』. 서울: 법문사.

박명규 · 김병로 · 김수암 · 송영훈 · 양운철. 2011. 『노스 코리안 디아스포라: 북한 주민의 해외탈북이주와 정착실태』. 서울: 서울대학교 통일평화연구원.

박명규 · 장용석 · 정은미 · 송영훈. 2014. 『북한사회변동 2012~2013』. 서울: 서울대학교 통일평화연구원.

박명규 · 전재성 · 김병연 · 장용석 · 송영훈. 2013. 『북한국제화 2017』. 서울: 서울대학교 통일평화연구원.

박명규 · 전현준 · 정성장 · 진희관 · 김병로 · 정근식. 2011. 『북한 김정은 후계체제: 구축과정 · 엘리트 · 정책 · 안정성』. 서울대학교 통일평화연구원.

박승민 · 배진영. 2007. “북한사회안전부 주민등록사업참고서”. 『월간조선』 7월호.

박영옥. 1993. “북한의 지배이데올로기와 초기정치사회화: 사회화매체 분석을 중심으로”. 『1993년도 후기 사회학대회 발표문 요약집』(12.10.~11.).

박영호 · 박종철. 1993. 『남북한 정치공동체 형성방안 연구』. 서울: 민족통일연구원.

박용곤 · 김화효. 1989. 『주체사상입문』. 동경: 구월서방.

박형중. 1997. 『90년대 북한체제의 위기와 변화』. 서울: 민족통일연구원.

_____. 2011. “북한에서 1990년대 정권기관의 상업적 활동과 시장 확대”. 『통일정책연구』 제20권 제1호: 213-237.

박형중 · 조한범 · 장용석. 2009. 『북한 ‘변화’의 재평가와 대북정책 방향』. 서울: 통일연구원, 2009.

북한연구소. 1987. “북한의 계급정책”. 양호민 외. 『북한사회의 재인식 1』. 서울: 한울.

사회과학원 력사연구소. 1991. 『조선전사2: 고대편』. 평양: 과학백과사전종합출판사.

사회과학원 력사편집실. 1994. 『단군과 고조선에 관한 연구론문집』. 평양: 사회과학출판사.

사회과학원 철학연구소. 1985. 『철학사전』. 평양: 사회과학출판사.

사회과학출판사. 1970. 『정치용어사전』. 평양: 사회과학출판사.

_____. 1973. 『정치사전』. 평양: 사회과학출판사.

_____. 1992a. 『조선말 대사전 1』. 평양: 사회과학출판사.

_____. 1992b. 『조선말 대사전 2』. 평양: 사회과학출판사.

서울대학교 통일평화연구원. 2012. 『북한주민통일의식과 북한사회변동: 2012 북한이탈주민 조사 결과발표』. 서울대학교 통일평화연구원 학술회의 자료집(8.29.).

서재진. 1995. 『또 하나의 북한사회』. 서울: 나남출판.

_____. 1996. 『북한사회의 계급갈등 연구』. 서울: 민족통일연구원.

_____. 2004a. "김정일 정권 10년: 북한의 사회변화". 『김정일 정권 10년: 변화와 전망』. 통일연구원 국내학술회의 발표논문집.

_____. 2004b. 『7.1조치 이후 북한의 체제 변화: 아래로부터의 시장사회주의화 개혁』. 서울: 통일연구원.

_____. 2006. "북한사회의 계급구조와 계급갈등". 북한연구학회 편. 『북한의 사회』. 서울: 경인문화사.

서재진 · 강원식 · 유호열 · 김성철 · 오승렬 · 전상인. 1993. 『사회주의체제 개혁 · 개방 사례 비교연구』. 서울: 민족통일연구원.

서재진 · 김병로. 1994. 『북한의 변화와 김정일정권의 장래』. 서울: 민족통일연구원.

손영규. 1985. 『위대한 주체사상 총서 10: 령도예술』. 평양: 사회과학출판사.

손영종 · 박영해 · 김용간. 1991. 『조선통사(상)』. 평양: 사회과학출판사.

송영훈 · 김병로 · 박명규. 2014. 『북한주민통일의식조사 2008~2013: 북한이탈주민에게 묻다』. 서울: 서울대학교 통일평화연구원.

스즈키 마사유키. 1991. "북한의 사회정치적 생명체론". 박한식 편. 『북한의 실상과 전망』. 서울: 동화연구소.

스칼라피노 · 이정식. 1987. 『한국공산주의 운동사 Ⅲ』. 한홍구 역. 서울: 돌베개.

안찬일. 1997. 『주체사상의 종언』. 서울: 을유문화사.

양운철. 2008. "김정일 정권의 경제정책 변화와 경제실적". 정성장 엮음. 『북한은 변하고 있는가? 1997 vs. 2007』. 성남: 세종연구소.

양홍모 역. 1982. 『소련 공산당사』. 서울: 문학예술사.

NK지식인연대. 2009. "새로운 시장 '돈주' 출현과 직장 탐색". 〈http://cafe.daum.net/nkic/1VVj/122?docid=688462823&q=% BA%CF%C7%D1%C0%C7%20%B5%B7%C1%D6&re=1, 2009.12.18.〉

온만금. 1992. "북한의 정치사회화 실태와 결과분석". 『'92 북한통일연구 논문집

(5): 북한의 정치사회화 실태분야』. 서울: 통일원.
와다 하루키. 2002.『북조선: 유격대국가에서 정규군국가로』. 서동만 외 옮김. 서울: 돌베개.
외교안보연구원. 1994.『주요국제문제분석』(8.17.). 서울: 외교안보연구원.
우리민족서로돕기 불교운동본부. 1998.『북한 식량난의 실태보고서』.
원종문. 1998. "우리나라에서 군들 사이의 경제적 차이와 그 소멸의 조건".『경제연구』 제4호.
유엔경제사회이사회. 2002.『경제적, 사회적, 문화적 권리에 관한 국제규약 제2차 정기보고서』(5.15).
유완식 · 김태서. 1975.『북한30년사』. 서울: 현대경제일보사.
윤복녀. 1992. "군을 단위로 하는 지방공업의 합리적 배치를 위한 중요방도".『경제연구』 제3호.
윤영관 편저. 2014.『북한의 오늘』. 서울: 늘품플러스.
윤영관 · 양운철. 2009.『7.1경제관리개선조치 이후 북한경제와 사회: 계획에서 시장으로?』. 서울: 한울아카데미.
윤지현. 2014. "통합적 통일준비와 서울대 연구네트워크 구축 방안: 영유아 지원 영역". 경계를 넘어선 평화구축과 통일구상: 서울대 통일연구네트워크 구축 회의(서울대학교 호암교수회관, 4.28.).
이교덕. 2003.『북한의 후계자론』. 서울: 통일연구원.
이교덕 · 김병로 · 박병광. 2014.『북 · 중 간 인적 교류 및 네트워크 연구』. 서울: 통일연구원.
이교덕 · 임순희 · 조정아 · 송정호. 2007.『새터민의 증언으로 본 북한의 변화』. 서울: 통일연구원.
이규창. 2012. "북한의 주민통제 법제 정비와 체제유지".『통일연구원 온라인 시리즈 2012-45』. 서울: 통일연구원.
이금순. 1997.『국제기구 및 비정부기구의 인도적 지원사례』. 서울: 민족통일연구원.
______. 2001.『남북한 재난관리 협력방안』. 서울: 통일연구원.
______. 2003.『대북 인도적 지원의 영향력 분석』. 서울: 통일연구원.
이북5도위원회 편. 1981.『이북5도 30년사』. 서울: 이북5도위원회.
이석 · 김창욱 · 양문수 · 이석기 · 김은영. 2009.『북한 계획경제의 변화와 시장화』. 서울: 통일연구원.

이승훈 · 홍두승. 2007.『북한의 사회경제적 변화: 비공식 부문의 대두와 계층구조 변화』. 서울: 서울대학교출판부.
이영일. 2008. “북 김정일 인민관, 중국 등소평과 다르다”(9.22.).『브레이크뉴스』(온라인). 〈http://gg.breaknews.com/sub_read.html?section=sc1&uid=1389, 2011.10.21.〉
이영종. 2010.『후계자 김정은』. 서울: 늘품플러스.
이영형. 2012.『러시아의 극동개발과 북한 노동자』. 서울: 통일연구원.
이영환. 2009. “북한 체제의 특성과 인권문제의 근원”. 그리스도대학교 남북통합지원센터 편.『북한이탈주민의 이해』. 서울: 그리스도대학교 남북통합지원센터.
이영훈. 2007.『탈북자를 통한 북한경제 변화상황 조사』. 서울: 금융경제연구원.
이온죽. 1993.『북한 사회의 체제와 생활』. 서울: 법문사.
이우영. 2000.『북한사회의 상징체계 연구: 혁명구호의 변화를 중심으로』. 서울: 통일연구원.
_____. 2011. “2000년대 이후 북한사회의 변화: 특징과 전망”.『KDI 북한경제리뷰』제13권 제11호: 21-34.
_____ 엮음. 2008.『북한 도시주민의 사적 영역 연구』. 서울: 한울아카데미.
이재열. 2005.『한국사회의 위험구조 변화』. 정보통신정책연구원.
이정호. 2015. “북한의 경제관리 방법의 변화와 노동관리 실태”. 서울대학교 통일평화연구소 제50차 통일정책포럼(11.10.).
이정희. 2014. “북한 어린이 영양실태 비교: 1998~2012년 북한 어린이 영양조사 보고서 분석”.『KDI북한경제리뷰』(4): 19-30.
이종석. 1993. “조선로동당의 지도사상과 구조변화에 관한 연구: 주체사상과 유일지도체계를 중심으로”. 성균관대학교 정치외교학과 박사학위논문.
_____. 2000.『새로 쓴 현대북한의 이해』. 고양: 역사비평사.
_____. 2008. “북한 국민소득 재평가”.『정세와 정책』통권 143호.
이종운 · 홍이경. 2012.『북한 환경문제의 실태와 국제사회의 지원방안』. KIEP 지역경제 포커스 Vol.6, No.38.
이항동. 1994.『북한정치와 발전전략』. 서울: 대영문화사.
이희상. 1987. “남북한의 경제대화 배경 및 전망”. 민병천 편.『오늘의 남북한』. 서울: 고려원.
이희옥. 2010. “북중관계의 새로운 발전”.『동아시아 브리프』제5권 제2호.

임강택. 2009a. 『북한경제의 시장화 실태에 관한 연구』. 서울: 통일연구원.
_____. 2009b. "사회주의 국가에서의 제2경제와 계획경제(제1경제)의 관계성 연구". 『KDI 북한경제리뷰』 (10): 12-14.
임수호. 2008. 『계획과 시장의 공존』. 서울: 삼성경제연구소.
장용석. 2008. "북한의 국가계급 균열과 갈등구조: 1990년대 경제위기 이후 변화를 중심으로". 성균관대학교 박사학위논문.
장용석 · 정은미 · 박명규. 2015. 『북한사회변동 2014』. 서울: 서울대학교 통일평화연구원.
장종록. 1991. "선행부문의 빠른 발전을 밝혀준 강령적 지침". 『경제연구』 제1호.
전광희. 1992. "한국전쟁과 남북한 인구의 변화". 한국사회학회 편. 『한국전쟁과 사회변동』. 서울: 풀빛.
전상인. 1993. 『북한가족정책의 변화』. 서울: 민족통일연구원.
_____. 1994. 『북한민족주의 연구』. 서울: 민족통일연구원.
전우택. 2007. 『사람의 통일, 땅의 통일』. 서울: 연세대학교 출판부.
전우택 · 홍창형 · 엄진섭. 2003. "탈북자들을 통하여 본 북한주민 의식 조사". 『신경정신의학』 제42권 제5호: 631-643.
전쟁기념사업회. 1990. 『한국전쟁사』 제1권. 서울: 전쟁기념사업회.
전현준. 1992. 『北韓의 權力엘리트 硏究』. 서울: 민족통일연구원.
_____. 2003. 『북한의 사회통제 기구 고찰: 인민보안성을 중심으로』. 서울: 통일연구원.
전현준 · 안인해 · 이우영. 1992. 『북한의 권력엘리트 연구』. 서울: 민족통일연구원.
전현준 · 김성철 · 최진욱 · 김창근 · 정영태 · 박형중 · 임강택 · 김병로 · 허문영 · 홍용표. 2005. 『북한이해의 길잡이』. 개정판. 서울: 박영사.
전현준 · 허문영 · 김병로 · 배진수. 2006. 『북한체제의 내구력 평가』. 서울: 통일연구원.
정근식. 2002. "북한의 집단 체조와 문화 정치: 동원된 열광과 신체 규율". 『당대비평』 19호: 335-358.
정병호 · 권헌익. 2013. 『극장국가 북한』. 서울: 창비.
정상훈. 1987. "경제계획과 성과". 김준엽 · 스칼라피노 공편. 『북한의 오늘과 내일』. 서울: 법문사.
정성장. 2008, "Post-김정일 체제 전망: 후계자 문제를 중심으로". 『北韓學報』 제33

집 제1호: 9-40.
______. 2011.『현대 북한의 정치: 역사 · 이념 · 권력체계』. 서울: 한울아카데미.
______ 엮음. 2008.『북한은 변하고 있는가?: 1997 vs. 2007』. 성남: 세종연구소.
정영철. 2004. “북한의 시장화 개혁: 시장사회주의의 북한식 실험”.『북한연구학회보』 제8권 제1호: 77-104.
______. 2006. “북한의 사회통제와 조직생활,” 북한연구학회 편.『북한의 사회』. 서울: 경인문화사.
정영철 · 고성호 · 최봉대. 2005. “계층구조와 주민의식 변화”.『1990년대 이후 북한사회 변화』. 서울: 한국방송공사.
정영태. 2007. “북한의 ‘전국 당세포비서 대회’ 개최 배경과 전망”.『통일정세분석 2007-11』. 서울: 통일연구원.
정영태 · 김진무 · 안찬일 · 이영종 · 이윤걸 · 임을출 · 현인애. 2011.『북한의 부문별 조직 실태 및 조직문화 변화 종합연구: 당 · 정 · 군 및 경제 · 사회부문 기간조직 내의 당 기관 실태를 중심으로』. 서울: 통일연구원.
정우권. 2004. “1990년대 북한 주민생활보장제도와 도시 계층구조 재편”.『현대북한연구』 제7권 제2호: 71-125.
정은미 · 김병로 · 박명규 · 송영훈. 2015.『북한주민 통일의식 2014』. 서울: 서울대학교 통일평화연구원.
조동진. 2001. “역사적 전환기의 전방위 선교로서의 대북활동”. 2001 한기총 통일선교대학 강의자료.
조선로동당 중앙위원회 간부부. 2006.『조선로동당 간부사업편람』. 평양: 조선로동당 중앙위원회.
조선로동당출판사. 2002. “당의 방침에 대하여”.『학습제강(당원 및 근로자)』. 평양: 조선로동당출판사.
조선인권협회. 2014.『조선인권협회 보고서』(2014.9.13.). 평양: 조선인권협회.
조선중앙통신사. 1954.『조선중앙년감 1954～55』. 평양: 조선중앙통신사.
______. 1991.『조선중앙년감 1991』. 평양: 조선중앙통신사.
조순래 외. 2003.『북한용어소사전』. 서울: 연합뉴스.
조용관 · 김병로. 2002.『북한 한 걸음 다가서기』. 서울: 예수전도단.
조정아 · 김영윤 · 박영자. 2010.『북한 시장 진화에 관한 복잡계 시뮬레이션』. 서울: 통일연구원.

조정아 · 서재진 · 임순희 · 김보근 · 박영자. 2008. 『북한주민의 일상생활』. 서울: 통일연구원.

조한범. 1998. 『NGOs를 통한 남북 사회문화 교류협력 증진방안 연구』. 서울: 통일연구원.

_____. 2005. 『러시아 탈사회주의 체제전환과 사회갈등』. 서울: 통일연구원.

주용설. 1991. “기업관리의 합리화와 경영활동에 대한 과학적 분석”. 『근로자』 제9호.

진승권. 2003. 『동유럽 탈사회주의 체제개혁의 정치경제학 1989~2000』. 서울: 서울대학교출판부.

차문석. 2011. “북한의 후계체제와 대남 정책”. 『북한 후계체제와 핵문제, 어디로 가는가?』. 한국세계지역학회-통일연구원 공동학술회의(4.13.).

차석칠 · 박청송 · 박석규 외. 1990. 『조선지리전서(경제지리)』. 평양: 교육도서출판사.

최경희. 2003. “사회주의사회에서 상품공급의 경제적 내용”. 『경제연구』 제2호.

최기환. 2003. 『민족과 선군정치』. 평양: 평양출판사.

최대석 · 박희진. 2011. “비사회주의적 행위유형으로 본 북한사회 변화”. 『통일문제연구』 제23권 제2호: 69-105.

최봉대. 2008. “북한 도시 사적 부문의 시장화와 도시가구의 경제적 계층분화: 개별가구의 비공식적인 연결망자원의 계층화 매개효과 분석을 중심으로”. 이우영 엮음. 『북한 도시주민의 사적 영역 연구』. 서울: 한울아카데미.

최수영. 1996. 『북한의 농업정책과 식량문제 연구』. 서울: 민족통일연구원.

_____. 1997. 『북한의 제2경제』. 서울: 민족통일연구원.

_____. 2004. 『〈7.1경제관리개선조치〉 이후 북한경제 변화전망』. 서울: 통일연구원.

_____. 2010. “북한 최고인민회의 제12기 제2차 회의결과 분석”. 『통일정세분석 2010-02』. 서울: 통일연구원.

최장집. 1990. “그람시의 헤게모니 개념”. 김홍명 · 최장집 · 손영원 공저. 『국가이론과 분단한국』. 서울: 한울.

최재석. 1992. 『한국인의 사회적 성격』. 서울: 개문사.

최진욱. 1997. 『북한의 지방행정체계』. 서울: 통일연구원.

클라인, 멜리니. 2011. 『아동정신분석』. 이만우 옮김. 서울: 새물결.

통계청. 2012. 『2012 북한의 주요통계지표』. 서울: 통계청.

_____. 2013. 『2013 북한의 주요통계지표』. 서울: 통계청.

_____. 2014. 『2014년 북한의 주요통계지표』. 서울: 통계청.

통계청 국가통계포털(KOSIS). 2015. "북한통계". 〈http://kosis.kr/statisticsList/statisticsList_03List.jsp?vwcd=MT_BUKHAN&parmTabId=M_03_02#SubCont, 2015.5.16.〉
통일교육원. 2011. 『북한이해 2011』. 서울: 통일부 통일교육원.
통일부. 1999. 『2000 북한개요』. 서울: 통일부.
_____. 2010. 『북한 기관 · 단체별 인명집 2010』. 서울: 통일부.
_____. 2014. "통계자료". 〈http://www.unikorea.go.kr/CmsWeb/viewPage.req?idx=PG0000000241, 2014.3.10.〉
통일신학동지회 엮음. 1990. 『통일과 민족교회의 신학』. 서울: 한울.
통일연구원. 2005. "북한의 경제개혁 동향". 『통일정세분석 05-02』. 서울: 통일연구원.
_____. 2009a. 『2009 북한개요』. 서울: 통일연구원.
_____. 2009b. 『2009 북한인권백서』. 서울: 통일연구원.
_____. 2014. 『2014 북한인권백서』. 서울: 통일연구원.
통일원. 1991. 『남북한 사회지표』. 서울: 통일원.
_____. 1997. 『주간 북한동향』 제336호.
하지현. 2015. "자폐증의 역사". 〈http://navercast.naver.com/contents.nhn?rid=241&contents_id=64168&spi_ref=pc_navercast_twitter, 2015.6.4.〉
한국민족문화대백과사전. 2015. "땅굴". 〈http://100.daum.net/encyclopedia/view/14XXE0017183, 2015.4.30.〉
한국정책금융공사. 2010. 『북한의 산업』. 서울: 한국정책금융공사.
한기범. 2009. "북한 정책결정과정의 조직행태와 관료정치: 경제개혁 확대 및 후퇴를 중심으로(2000~2009)". 경남대학교 대학원 박사학위 논문.
한상복 · 권태환. 1993. 『중국 연변의 조선족』. 서울: 서울대학교출판부.
한성주. 2013. 『땅굴전쟁의 책략』. 서울: 예수님포럼.
한인숙 · 임현진 · 서재진. 1992. "스카치폴의 사회혁명 비교연구". 한국비교사회연구회 편저. 『비교사회학: 방법과 실제 Ⅱ』. 서울: 열음사.
한화룡. 2000. 『4대신화를 알면 북한이 보인다』. 서울: IVF.
함인희. 2007. "북한주민의 일상생활과 가치관의 변화: 집단주의의 균열". 박재규 편. 『새로운 북한읽기를 위하여』. 서울: 법문사.
현성일. 1998. "북한 인사제도 연구". 『북한조사연구』 제2권 제1호: 1-34.
_____. 1999. "북한노동당의 조직구조와 사회통제체계에 관한 연구". 한국외국어대

학교 정책과학대학원 석사학위논문.

_____. 2007. 『북한의 국가전략과 파워엘리트: 간부정책을 중심으로』. 서울: 선인.

홍 민. 2012. "북한경제 연구에 대한 위상학적 검토: 수령경제와 시장세력을 중심으로". 『KDI북한경제리뷰』 1월호: 47-62.

황장엽. 1999. 『나는 역사의 진리를 보았다』. 서울: 한울아카데미.

후지모토 겐지. 2003. 『김정일의 요리사』. 신현호 역. 서울: 월간조선사.

영문

Abramowitz, Morton and James T. Laney. 1998. *Managing Change on the Korean Peninsula*. Council on Foreign Relations (CFR).

Amin, Samir. 1974. "Accumulation and Development: A theoretical model". *Review of African Political Economy*, 1 (August-November).

_____ et al. 1982. *Dynamics of Global Crisis*. New York: Monthly Review Press.

Arbatov, G. and W. Oltmans. 1983. *The Soviet Viewpoint*. London: Zed Books.

Berger, Peter L. 1977. *Invitation to Sociology*. 한완상 역. 『社會學에의 招待』. 서울: 현대사상사.

Bleuler, Eugen. 1927. *Das autistisch-undisziplinierte Denken in der Medizin und seine Überwindung*. Berlin: Julius Springer.

Bottomore, Tom. 1990. *The Socialist Economy: Theory and Practice*. Hertfordshire: Harvester Wheatsheaf.

Brinton, Crane. 1964. "The Anatomy of Revolution: Tentative Uniformities". Amitai Etzioni and Eva Etzioni-Halevy (Eds.). *Social Change: Sources, Patterns, and Consequences*. New York: Basic Books.

Brucan, Cilviu. 1987. *World Socialism at the Crossroads: An Insider's View*. Westport: Praeger Publishers.

Brus, W. and K. Laski. 1989. *From Marx to the Market*. New York: Oxford University Press.

Brzezinski, Zbigniew. 1989. *The Grand Failure: The Birth and Death of Communism in the Twentieth Century*. New York: Charles Scribener's Sons.

Central Bureau of Statistics, DPRK. 1995. *Tabulation on the Population Census of the Democratic People's Republic of Korea* (조선민주주의인민공화국 인구일제조사자

료집) (31 December 1993). Pyongyang: Central Bureau of Statistics, DPRK.

_____. 2009. *DPR Korea 2008 Population Census: National Report*. Pyongyang: Central Bureau of Statistics, DPRK.

Demick, Barbara. 2009. *Nothing To Envy: Ordinary Lives in North Korea*. New York: Spiegel & Grau.

Delisle, Guy. 2005. *Pyongyang: A Journey in North Korea*. New York: Farrar, Straus and Giroux.

Deutsch, Karl. 1954. *Political Community at the International Level*. New York: Random House.

Djilas, Milovan. 1962. *The New Class: An Analysis of the Communist System*. New York: Praeger Publishers.

Dobb, Maurice. 1947. *Studies in the Development of Capitalism*. New York: International Publishers.

DPRK Central Bureau of Statistics. 1995. *Tabulation on the Population Census of the Democratic People's Republic of Korea* (31 December 1993). Pyongyang: Central Bureau of Statistics, DPRK.

_____. 2009. *DPR Korea 2008 Population Census National Report*. Pyongyang: Central Bureau of Statistics, DPRK.

Duberman, Lucile. 1976. *Social Inequality: Class and Caste in America*. New York: J.B. Lippincott Company.

Durkheim, Emile. 1961. *The Elementary Forms of the Religious Life*. New York: Mcmillan.

_____. 1964. *The Division of Labor in Society*. New York: Free Press.

Easton, David. 1953. *The Political System: An Inquiry into the State of Political Science*. New York: Alfred Knopf.

Eberstadt, Nicholas. 2007. *The North Korean Economy: Between Crisis and Catastrophe*. Edison, NJ:Transaction Books.

Eberstadt, Nicholas and Judith Banister. 1990. *North Korea: Population Trends and Prospects* (Monograph). Washington, D.C.: Center for International Research, US Bureau of the Census.

Far Eastern Economic Review. 1988. *Yearbook 1988*. Hong Kong: FEER.

Frank, Andre G. 1981. *Crisis:In the Third World*. New York: Holms & Meier Publishers.

Gerschenkron, Alexander. 1962. *Economic Backwardness in Historical Perspective*. Cambridge, MA: Harvard University Press.

Gerth, Hans H. and C. Wright Mills (Trans. and Ed.). 1970. *From Max Weber:Essays in Sociology*. London and Boston: Routledge & Kegan Paul Ltd.

Giddens, Anthony. 1979. *Central Problems in Social Theory:Action, Structure, and Contradictions in Social Analysis*. London: Mcmillan Press.

Goldstone, Jack A. 2010. "Scientific Assessment of the Risks of Imminent Instability in North Korea"(unpublished paper).

Goldstone, Jack A. et al. 2010. "A Global Model for Forecasting Political Instability". *American Journal of Political Science*. Vol. 54, No. 1: 190-208.

Grinker, Roy R. 1998. *Korea and Its Futures : Unification and the Unfinished War*. New York: St. Martin's Press.

Guevara, Ernesto "Che". 1961. *Guerrilla Warfare*. New York: Monthly Review Press.

Haggard, Stephan and Marcus Noland. 2007. *Famine in North Korea: Markets, Aid, and Reform*. New York: Columbia University Press.

Halliday, Jon and Bruce Cumings. 1988. *Korea:The Unknown War*. New York: Pantheon Books.

Horowitz, Irving L. 1972a. *Foundations of Political Sociology*. New York: Harper & Row Publishers.

_____. 1972b. *Three Worlds of Development*. New York: Oxford University Press.

_____. 1982. *Beyond Empire & Revolution*. New York: Oxford University Press.

_____. 1985. "Militarism and Civil-Military Relationships in Latin America: Implications for the Third World". Richard G. Braungart and Margaret M. Braungart (Eds.). *Research in Political Sociology*. Vol. 1. Greenwich, CT: JAI Press Inc.

Huntington, Samuel (Ed.). 1962. *Changing Patterns of Military Politics*. New York: Free Press.

ICG(International Crisis Group). 2009. *The Shades of Red: China's Debate over North*

Korea. Asia Report, No. 179(November).

Johnson, Chalmers. 1964. *Revolutionary Change*. Boston, MA: Little, Brown.

Jowitt, Kenneth. 1975. "Inclusion and Mobilization in European Leninist Regimes". *World Politics*. Vol. 28 (October): 69-96.

Kang, Chol-Hwan and Pierre Rigoulot. 2001. *The Aquariums of Pyongyang: Ten Years in the North Korean Gulag*. Trans. by Yair Reiner. New York: Basic Books.

Kihl, Young Whan. 1984. *Politics and Policies in Divided Korea: Regimes in Contest*. Bounder, CO: Westview Press.

Kim, B. Philo. 1992. *Two Koreas in Development*. New Brunswick, NJ: Transaction Publishers.

Kornai, Janos. 1992. *The Socialist System: The Political Economy of Communism*. Princeton, NJ: Princeton University Press.

Kwon, Heonik and Byung-Ho Chung. 2012. *North Korea: Beyond Charismatic Politics*. Plymouth: Rowman & Littlefield Publishers.

Lane, David. 1976. *The Socialist Industrial State: Toward a Political Sociology of State Socialism*. Boulder, CO: Westview Press.

Lankov, Andrei. 2007. *North of the DMZ: Essays on Daily Life in North Korea*. Jefferson, NC: McFarland and Co.

_____. 2013. *The Real North Korea: Life and Politics in the Failed Stalinist Utopia*. Oxford: Oxford University Press.

Lasswell, H. and A. Kaplan. 1950. *Power and Society*. New Haven, CT: Yale University Press.

Lee, Hy-Sang. 1988. "North Korea's Closed Economy: The Hidden Opening". *Asian Survey*. Vol. 28, No. 12: 1264-1279.

Lee, Hyo-Jae. 1985. "National Division and Family Problems". *Korea Journal*. Vol. 25, No. 8: 4-18.

Levy, Nicolas. 2015. "International Cooperation for the Korean Unification: The Case of the cooperation between Poland and North Korea". Proceedings of The 2nd International Academic Conference on Korean Unification (July 8, 2015, University of North Korean Studies).

Lim, Hyun-Chin. 1985. *Dependent Development in Korea 1963-1979*. Seoul: Seoul

National University Press.

Lindemann, Erich. 1966. "Individual Hostility and Group Integration". J. K. Zawodny (Ed.). *Man and International Relations—Contributions of the Social Sciences to the Study of Conflict and Integration.* 2 volumes. San Francisco, CA: Chandler.

Marshall, Monty and Benjamin Cole. 2010. *Global Report on Conflict, Governance, and State Fragility 2008* (Paper).

_____. 2013. *State Fragility Index and Matrix 2013*. ⟨http://www.systemicpeace.org/, 2015.7.10.⟩

Marshall, Monty G. and Jack A. Goldstone. 2007. "Global Report on Conflict, Governance and State Fragility 2007". *Foreign Policy Bulletin* 17 (Winter): 3-21.

Martin, Bradley K. 2006. *Under the Loving Care of the Fatherly Leader:North Korea and the Kim Dynasty*. New York: Thomas Dune Books.

Marx, Karl. 1905. *Das Kapital*. Vol. 1. Chicago: Charles Kerr Publishers.

Mills, C. Wright. 1962. *The Marxists*. New York: Dell Publishing Company, Inc.

Natsios, Andrew S. 2001. *The Great North Korean Famine:Famine, Politics, and Foreign Policy*. Washington, D.C.: The United States Institute of Peace Press.

Newcomb, Theodore M. 1947. "Autistic Hostility in Social Reality". *Human Relations*. Vol. 1, No. 1: 69-86.

Oberdorfer, Don. 1997. *Two Koreas:A Contemporary History*. New York: Basic Books.

Parsons, Talcott. 1951. *The Social System:The Major Exposition of the Author's Conceptual Scheme for the Analysis of the Dynamics of the Social System*. Glencoe, IL: The Free Press.

Parsons, Talcott and Edward Shils. 1951. *Toward a General Theory of Action*. Cambridge, MA: Harvard University Press.

Porter, Bruce D. 1994. *War and the Rise of the State:The Military Foundations of Modern Politics*. New York: The Free Press.

Rapoport, Anatol and Albert Chammah. 1965. *Prisoner's Dilemma*. Ann Arbor, MI: University of Michigan Press.

Rice, Susan and Stewart Patrick. 2008. *Index of State Weakness in the Developing World*. The Brookings Institution.

Rotberg, Robert I. 2010. "State Failure and North Korea: A Conceptual Framework". *IIRI Working Paper Series 01*. Seoul: Ilmin International Relations Institute.

Scalapino, Robert A. and Chong-Sik Lee. 1972. *Communism in Korea*. Part Ⅰ(The Movement) and Part Ⅱ(The Society). Berkeley, CA: University of California Press.

Schapiro, Leonard. 1960. *The Communist Party of the Soviet Union*. London: Cambridge University Press.

Schutz, Barry M. and Robert O. Slater. 1990. *Revolution & Political Change in the Third World*. London: Adanmantine Press.

Senghaas, Dieter. 1974. "Towards an Analysis of Threat Policy in International Relations". *German Political Studies*. Vol. 1: 59-103.

_____. 1981. "Socialism in historical and developmental perspective". *Economics*. Vol. 23: 287-301.

_____. 2013. *Dieter Senghaas: Pioneer of Peace and Development Research*. New York: Springer.

Sigmund, Paul E. (Ed.). 1967. *The Ideologies of Developing Nations*. New York: Praeger Publishers.

Singer, David. 1968. "Feedback Process in International Conflicts". *MHRI* (Reprint). Ann Arbor, MI: Mental Health Research Institute.

Smith, Hazel. 2002. "Socio-economic change in the DPRK since 1995: Marketization without liberalization"(발표논문, 7.3., 통일연구원).

Spoorenberg, Thomas and Daniel Schwekendiek. 2012. "Demographic Changes in North Korea: 1993~2008". *Population and Development Review*. Vol. 38, No. 1: 133-158.

Stalin, Joseph V. 1939. *Foundations of Leninism*. New York: International Publishers.

Suh, Dae-Sook. 1988. *Kim Il Sung: The North Korean Leader*. New York: Columbia University Press.

Thomas, Clive. 1974. *Dependence and Transformation: The Economics of Transition to Socialism*. New York, NY: Monthly Review Press.

Thompson, Robert J. 1988. "Reassessing Personality Cults: The Cases of Stalin and Mao". *Studies in Comparative Communism*. Vol. 21, No. 1: 99-128.

Tucker, Robert C. 1967. "The Deradicalization of Marxist Movement". *American Political Science Review*. Vol. 61(June): 343-358.

UNDP. 1991. *Human Development Report 1991*. New York: Oxford University Press.

UN Economic and Social Council. 2002. "Implementation of the international covenant on economic, social, and cultural rights". Second periodic report submitted by State partied under articles 16 and 17 of the Covenant, Democratic People's Republic of Korea (9 April). (E/1990/6/Add.35). 〈http://www.search.un.org/results.php?filter=p&getfields=DocumentSymbol.Title.Size.PublicationDate&lang=en&tpl=ods&query=E%2F1990%2F6%2FAdd.35, 2016.3.12.〉

UNEP. 2012. *DPRK Environment and Climate Change Outlook*. UNEP.

_____. 2003. *DPR Korea: State of the Environment 2003*. UNEP.

Wallerstein, Immanuel. 1989. *The Capitalist World Economy*. New York: Cambridge University Press.

Weaver, James H. and Alexander Kronemer. 1981. "Tanzanian and African Socialism". *World Development*. Vol. 9, No.9/10: 839-849.

Westby, David L. 1991. *The Growth of Sociological Theory: Human Nature, Knowledge, and Social Change*. Englewood Cliffs, NJ: Prentice Hall.

White, Gordon. 1983. "Revolutionary Socialist Development in the Third World: An Overview". Gordon White, Robin Murray and Christine White (Eds.). *Revolutionary Socialist Development in the Third World*. Lexington, KY: The University Press of Kentucky.

Wolf, Charles Jr. & Norman D. Levin. 2008. *Modernizing the North Korean System: Objectives, Method, and Application*. RAND Corporation.

Yang, Sung Chul. 1981. *Korea and Two Regimes: Kim Il Sung and Park Chung Hee*. Cambridge, MA: Schenkman Publishing Co.

_____ (Ed.). 1995. *Democracy and Communism: Theory, Reality and the Future*. Seoul: The Korean Association of International Studies.

Yoder, Carolyn. 2005. *The Little Book of Trauma Healing*. Intercourse, PA: Good Books.

기타

〈인터뷰자료〉 (인터뷰 자료는 필자가 중국 및 국내에서 북한인, 조선족, 탈북자, 한국인을 대상으로 직접 수행한 것이며 신원공개를 원치 않은 인터뷰 대상자들의 요청에 따라 성함은 영문 이니셜로 표기하였다.)

대한민국 선양(瀋陽)총영사관. 2007. "대한민국 선양총영사관 인터뷰". 2007.9., 중국 선양(瀋陽) 시.

북한인인터뷰. 2007a. "북한인 K 씨 인터뷰". 2007.9., 중국 단둥(丹東) 시.

_____. 2007b. "북한인 KD 씨 인터뷰". 2007.9., 중국 단둥 시.

조선족인터뷰. 2007a. "조선족 대북사업가 J 씨 인터뷰". 2007.10.29., 중국 옌지(延吉) 시.

_____. 2007b. "북한의 병원을 왕래하며 진료하는 조선족 의사 K 씨 인터뷰". 2007.9.

_____. 2007c. "중국의 북한전문가 KC 씨 인터뷰". 2007.10.25.

_____. 2007d. "조선족 사업가 KY 씨 인터뷰". 2007.9., 중국 단둥 시.

_____. 2007e. "조선족 L 씨 인터뷰". 2007.9., 중국 옌지 시.

_____. 2007f. "중국 옌볜조선족자치주정부 상무국 및 통상구 사무실 관계자 면담". 2007.10.29.

_____. 2007g. "중국 연변대학의 북한경제 전문가 6인 인터뷰". 2007.10.29., 중국 옌지 시.

_____. 2007h. "옌볜조선족자치정부 상무국 관계자 인터뷰". 2007.10.29.

탈북자인터뷰. 1998a. "탈북자 김정민 씨 인터뷰". 1998.3.4.

_____. 1998b. "탈북자 현성일 씨 인터뷰". 1998.3.4.

_____. 2004a. "북한이탈주민 JYH의 증언". 2004.11.1., 양평.

_____. 2004b. "북한이탈주민 YJS 인터뷰". 2004.11.18., 부천.

_____. 2005a. "북한이탈주민 KKO의 증언". 2005.2.23., 서울.

_____. 2005b. "북한이탈주민 SKI 인터뷰". 2005.2.25., 대구.

_____. 2007a. "탈북자 KS 인터뷰". 2007.8.25.

_____. 2007b. "탈북자 KR 씨 인터뷰". 2007.9.1.

_____. 2007c. "탈북자 LH 씨 인터뷰". 2007.9., 중국 옌지 시.

_____. 2010a. "탈북자 HJS 인터뷰". 2010.1.28.

_____. 2010b. "탈북자 CJY 인터뷰". 2010.1.28.

_____. 2010c. "탈북자 HIA 인터뷰". 2010.2.8.

_____. 2010d. "탈북자 KY 인터뷰". 2010.2.18.

_____. 2010e. "탈북자 KHE 인터뷰". 2010.2.24.

_____. 2010f. "탈북자 BYS 인터뷰". 2010.4.14.

_____. 2013. "탈북자 LJE 인터뷰". 2013.1.16.

한국인인터뷰. 2007a. "옌볜복지병원 이사장 J 씨 인터뷰". 2007.9., 중국 옌지 시.

_____. 2010a. "OOO 선교회 대표 OOO 인터뷰". 2010.9.9.

_____. 2010b. "OOO 선교회 국장 OOO 인터뷰". 2010.9.14.

〈신문 · 방송 · 잡지〉

『국민일보』. 2002.3.5.

『동아일보』. 1946.8.13.; 1999.9.13.("휴전선 땅굴 20여 개 화학무기시설 8곳" 美과학자協 '북한핸드북' 공개); 2012.4.2.

『로동신문』. 1955.8.16.; 1984.1.27.; 1984.7.10.; 1992.5.16.; 1993.1.28.; 1993.4.28.; 1997.1.5.; 1998.8.22.; 2001.11.11.; 2002.11.11.; 2002.11.18.; 2003.3.12.; 2006.4.27.; 2013.5.3.

『문화일보』. 1998.5.21.

『세계일보』. 2014.9.22.

『연합뉴스』. 1999.8.2.; 1999.12.23.; 2003.12.29.; 2004.9.17.; 2009.2.21.; 2013.5.31.; 2015.3.21.; 2015.5.14.

『월간조선』. 1997(4월호). "우리는 지금 식량 때문에 무정부 상태가 되고 있다". 김정일 위원장의 김일성종합대학 창립 50주년 기념 연설문(1996.12.).

『조선신보』. 2013.5.10.

『조선일보』. 1997.2.13.

『조선중앙방송』, 1993.5.6.

『평양방송』. 1993.11.27.; 1999.12.21.
『한겨레신문』. 2011.6.21.; 2014.9.22.[중국 베이징대학교 진징이(金景一) 교수, "북한의 조용한 변화와 남북관계"]
Toitsu Chosen Shimbun, June 27, 1970.
USA Today, 1997.7.25.

원문출처

이 책의 내용 가운데 일부는 이미 발표된 글을 부분적으로 인용하거나 최근 자료를 보완하여 사용하였다. 그 글들의 출전은 다음과 같다.

제1장 『북한의 지역자립체제』, 통일연구원, 1999.

제2장 "한국전쟁의 인적 손실과 북한 계급정책의 변화", 『통일정책연구』 제9권 제1호(2000).

제3장 『북한사회의 종교성: 주체사상과 기독교의 종교양식 비교』, 통일연구원, 2000.

제8장 "북한의 재해, 기근, 사회적 불평등", 김성철 편, 『재난과 평화』, 아카넷, 2015.

제9장 "북한의 분절화된 시장화와 정치사회적 함의", 『북한연구학회보』 제16권 제1호(2012.8.); "북한의 시장화와 계층구조의 변화", 『현대북한연구』 제16권 제1호(2013.4.).

제13장 『김정은 후계체제: 구축과정 · 엘리트 · 정책 · 안정성』, 통일평화연구원, 2011.

제14장 "북한 사회주의 체제의 사회통합적 성격에 관한 분석", 『일죽 김광수 교수 회갑기념 논문집』, 숭실대학교 사회과학편 제23집(1994).

찾아보기

ㄱ

ㄴ

ㄷ

ㄹ

ㅁ

ㅇ

ㅈ

Reading North Korea by *Chosun* Korea

In-depth Analysis of the Real North Korean Society

Philo Kim

The purpose of this book is to analyze the real North Korea in depth by the frame of *Chosun* which has existed in the north of Korean peninsula for the past seventy years. It is a task of reading the real North Korea, *Chosun*, which exists in the North, not the one of being made of one-sided expectations or prejudices by the South. Reading North Korea by *Chosun* Korea means to portray North Korea as it is, not as a wishful thinking of the South. It is an attempt to break away the habitual analysis of North Korea, rather it tries to trace the formation and evolution of *Chosun* Korea which has been built in the North.

Chosun Korea has been formed of a closed social systems of providing for an emergency by the impact of the Korean war, and that the system has evolved into a military-first system almost intact to the present day. Regional self-reliant system with decentralization and underground tunnels established as a national development strategy in preparation for war, restructuring of class order according to the degree of the war damage, and quasi religious and organizational life based upon the *Juche* idea, have become the basic social structure of North Korea. The basic characteristics of society, which is much of autistic nature, have been spreaded in politics, economy, education, and culture in North Korea. The Korean war had provided the social soil to raise the buds of the authoritarian political leadership, especially has made a monolithic guidance system a deeply rooted in North Korea.

This closed social system indulged in crisis with the catastrophe called "the Arduous March." North Korea has suffered a series of crisis; severe food shortages and large-scale famine, marketization experiment, and as a result cracks of class order, defecters, human rights, and religion, which expedites a maximum of relaxation and dismantling of social structure. North Korea's ambitious reform and opening attempt to overcome the crisis, however, has been frustrated completely by opposition of China and the United States. Frustration and anger developed into a dangerous obsession, and eventually succeeded in developing a nuclear weapons, and autistic hostility has been furthermore strengthened to reject and deny all of the external world. Although 60 years have passed since the end of the war, North Korea is still obsessed with the fear of war, cannot escape from it, and is in deep war trauma. This book shows that how the war and violence made the formation and evolution of a war system in North Korea, and that how they have plagued much of the country persistently.